MKTG
Você está nessa?

Conceito inovador em soluções de ensino e aprendizagem desenvolvidas de modo a atingir os estudantes contemporâneos

CB056061

Tradução
EZ2TRANSLATE

Revisão técnica

PROF. DR. MARCELO D'EMIDIO
Doutor em Administração pela Universidade de São Paulo (USP) e Pró-reitor de Graduação da Escola Superior de Propaganda e Marketing (ESPM).

PROF. DR. RODNEY NASCIMENTO
Doutor em Comunicação e Semiótica pela Pontifícia Universidade Católica de São Paulo (PUC-SP), professor das cadeiras de Elementos e Técnica de Comunicação e Gerência de Comunicação com o Mercado da Escola Superior de Propaganda e Marketing (ESPM), e professor da cadeira de Marketing e Imagem da Moda – Pós-Graduação Lato Sensu – do Senac-SP.

está nessa?

MKTG
Tradução da 5ª edição norte-americana

Charles W. Lamb, Joseph F. Hair Jr. e Carl McDaniel

Gerente Editorial: Patricia La Rosa

Supervisora Editorial: Noelma Brocanelli

Supervisora de Produção Editorial e Gráfica:
  Fabiana Alencar Albuquerque

Editora de Desenvolvimento: Viviane Akemi Uemura

Título Original: *MKTG5*,
  (ISBN 10: 1-111-52809-8; ISBN 13: 978-1-111-52809-6)

Tradução: Ez2Translate

Revisão Técnica: Marcelo D'Emidio e Rodney Nascimento

Copidesque: Andrea Pisan

Revisão: Áurea Faria, Temas e Variações Editoriais,
  Maria Dolores S. Mata e Miriam dos Santos

Índice Remissivo: Casa Editorial Maluhy e Co.

Diagramação: PC Editorial Ltda.

Capa: Ale Gustavo/Blenderhead Ideias Visuais

Pesquisa iconográfica: Fernanda Catalão e Ana Parra

Editora de direitos de aquisição e iconografia: Vivian Rosa

Analista de conteúdo e pesquisa: Milene Uara

© 2012, 2011 South-Western, parte da Cengage Learning
© 2014 Cengage Learning Edições Ltda.

Todos os direitos reservados. Nenhuma parte deste livro poderá ser reproduzida, sejam quais forem os meios empregados, sem a permissão, por escrito, da Editora. Aos infratores aplicam-se as sanções previstas nos artigos 102, 104, 106 e 107 da Lei nº 9.610, de 19 de fevereiro de 1998.

Esta editora empenhou-se em contatar os responsáveis pelos direitos autorais de todas as imagens e de outros materiais utilizados neste livro. Se porventura for constatada a omissão involuntária na identificação de algum deles, dispomo-nos a efetuar, futuramente, os possíveis acertos.

Para informações sobre nossos produtos, entre em contato pelo telefone 0800 11 19 39

Para permissão de uso de material desta obra, envie seu pedido para
direitosautorais@cengage.com

© 2014 Cengage Learning. Todos os direitos reservados.

ISBN-13: 978-85-221-1132-9
ISBN-10: 85-221-1132-4

Cengage Learning
Condomínio E-Business Park
Rua Werner Siemens, 111 – Prédio 20 – Espaço 04
Lapa de Baixo – CEP 05069-900 – São Paulo – SP
Tel.: (11) 3665-9900 – Fax: (11) 3665-9901
SAC: 0800 11 19 39

Para suas soluções de curso e aprendizado, visite
www.cengage.com.br

Dados Internacionais de Catalogação na Publicação (CIP)
(Câmara Brasileira do Livro, SP, Brasil)

```
Lamb, Charles W.
    MKTG / Charles W. Lamb, Joseph F. Hair Junior, Carl
McDaniel ; [tradução EZ2 Translate]. -- São Paulo : Cengage
Learning, 2012 -- (Coleção 4LTR)

    Título original: MKTG 5. .
    ISBN 978-85-221-1132-9

    1. Marketing 2. Marketing - Administração I. Hair Jr.,
Joseph F.. II. McDaniel, Carl. III. Título.


12-11265                                        CDD-658.8
```

Índice para catálogo sistemático:
  1. Marketing : Administração de empresas   658.8

Impresso no Brasil.
Printed in Brazil.
1 2 3   13 12 11

Breve Sumário

PARTE 1
O MUNDO DO MARKETING 2
1. Uma Visão Geral do Marketing 2
2. Planejamento Estratégico para Vantagem Competitiva 16
3. Ética e Responsabilidade Social 32
4. O Ambiente de Marketing 42
5. Desenvolvendo uma Visão Global 58

PARTE 2
ANALISANDO OPORTUNIDADES DE MARKETING 78
6. Tomada de Decisão do Consumidor 78
7. Marketing Empresarial 106
8. Segmentação de Mercados-Alvo 124
9. Sistemas de Apoio à Decisão e Pesquisa de Marketing 142

PARTE 3
DECISÕES DE PRODUTO 160
10. Conceitos de Produtos 160
11. Desenvolvimento e Gerenciamento de Produtos 174
12. Marketing de Serviços e de Organizações Sem Fins Lucrativos 190

PARTE 4
DECISÕES DE DISTRIBUIÇÃO 204
13. Canais de Marketing 204
14. Gestão da Cadeia de Suprimentos 220
15. Varejo 234

PARTE 5
ESTRATÉGIAS DE PROMOÇÃO E DE COMUNICAÇÕES 252
16. Comunicação Integrada de Marketing 252
17. Publicidade e Relações Públicas 268
18. Promoção de Vendas e Venda Pessoal 286

PARTE 6
DECISÕES DE PRECIFICAÇÃO 304
19. Conceito de Precificação 304
20. Fixando o Preço Correto 322

PARTE 7
MARKETING ORIENTADO PELA TECNOLOGIA 340
21. Gerenciamento de Relacionamento com o Cliente (CRM) 340
22. Mídia Social e Marketing 354

NOTAS FINAIS 373
ÍNDICE REMISSIVO 383

Sumário

PARTE 1
O MUNDO DO MARKETING

1 Uma Visão Geral do Marketing 2

O que é Marketing? 3
Filosofias de Gestão de Marketing 4
   Orientação para Produção 5
   Orientação para Vendas 5
   Orientação para Mercado 6
   Orientação para Marketing Social 6
Diferenças entre Orientação para Vendas e Orientação para Mercado 7
   O Foco da Organização 7
   O Negócio da Empresa 11
   Aqueles a quem o Produto é Direcionado 11
   O Principal Objetivo da Empresa 12
   Ferramentas Utilizadas pelas Organizações para Atingir os Objetivos 12
   Cuidado 13
Por que Estudar Marketing 13
   O Marketing Desempenha um Papel Importante na Sociedade 13
   O Marketing É Importante para as Empresas 13
   O Marketing Oferece Excelentes Oportunidades de Carreira 13
   O Marketing na Vida Cotidiana 14

2 Planejamento Estratégico para Vantagem Competitiva 16

A Natureza do Planejamento Estratégico 17
   O que é um Plano de Marketing? 18
   Por que Elaborar um Plano de Marketing? 18
   Elementos do Plano de Marketing 18
   Elaboração do Plano de Marketing 19
Definição da Missão da Empresa 19
Realização de uma Análise Situacional 20
Definição dos Objetivos do Plano de Marketing 21
Vantagem Competitiva 21
   Vantagem Competitiva de Custo 21

Vantagem Competitiva da Diferenciação entre Produtos e Serviços 23
Vantagem Competitiva dos Nichos 23
Construção de Vantagem Competitiva Sustentável 24
Direções Estratégicas 25
Alternativas Estratégicas 25
Seleção de uma Alternativa Estratégica 25
Descrição do Mercado-Alvo 27
Estratégia de mercado-alvo 27
O Composto de Marketing 27
Estratégias de Produto 28
Estratégias de Praça (Distribuição) 28
Estratégias de Promoção 28
Estratégias de Preços 28
Acompanhamento do Plano de Marketing 29
Implantação 29
Avaliação e Controle 29
Planejamento Estratégico Eficaz 30

3 Ética e Responsabilidade Social 32

Conceito de Comportamento Ético 33
Comportamento Ético nos Negócios 34
Moralidade e Ética nos Negócios 35
Tomada de Decisões Éticas 35
Diretrizes Éticas 36
Ética em Outros Países 37
Responsabilidade Social Corporativa 37
Crescimento da Responsabilidade Social 38
O Custo de Ignorar a Responsabilidade Social 39
Marketing Verde 40

4 O Ambiente de Marketing 42

O Ambiente Externo de Marketing 43
Compreendendo o Ambiente Externo 44
Gestão Ambiental 44
Fatores Sociais 44
Valores Americanos 45
Crescem os estilos de vida complementares 45
O Novo Papel das Famílias e das Mulheres que Trabalham 45
Nunca Há Tempo Suficiente 46
Fatores Demográficos 46
População 46
Pré-adolescentes 47
Adolescentes 47
Geração Y 47
Geração X 48
Baby Boomers 48
Mercados Étnicos em Crescimento nos Estados Unidos 49
Marketing para Hispano-americanos 49
Marketing para Afro-americanos 49
Marketing para Americanos de Origem Asiática 50
Fatores Econômicos 50
O Rendimento dos Consumidores 50
Poder Aquisitivo 51
Inflação 51

  Recessão 51
Fatores Tecnológicos 52
  Pesquisa 52
  Estimular a Inovação 52
Fatores Políticos e Jurídicos 53
  Legislação Federal Norte-americana 53
  Leis Estaduais 53
  Órgãos Reguladores 54
Fatores Competitivos 56
  Competição por Participação de Mercado e Lucro 57
  Competição Global 57

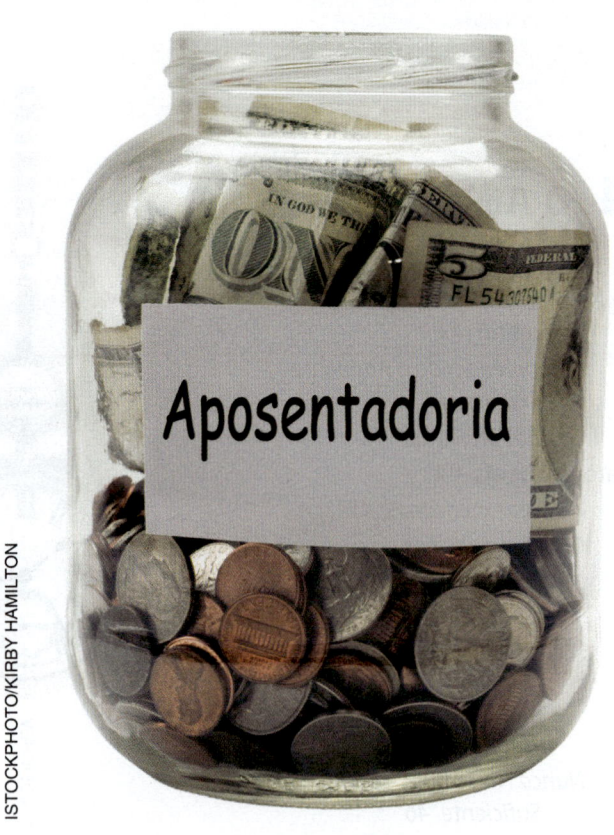

5 Desenvolvendo uma Visão Global 58

Recompensas do Marketing Global 59
  Importância do Marketing Global para os Estados Unidos 60
Empresas Multinacionais 61
  Bloqueio de Investimento Estrangeiro 62
  Padronização do Marketing Global 62
Ambiente externo enfrentado por empresas que atendem o mercado global 63
  Cultura 63
  Desenvolvimento Econômico e Tecnológico 64
  Fazer Negócios na China e na Índia 64
  Estrutura e Ações Políticas 65

  Composição Demográfica 69
  Recursos Naturais 70
Marketing Global pela Empresa Individual 70
  Exportação 70
  Licenciamento e Criação de Franquias 71
  Joint Venture 72
  Investimento Direto 72
O Composto de Marketing Global 72
  Produto e Promoção 73
  Adaptação de Promoções 74
  Praça (Distribuição) 75
  Preços 75
O Impacto da Internet 77

PARTE 2
ANALISANDO OPORTUNIDADES DE MARKETING

6 Tomada de Decisão do Consumidor 78

A Importância de Entender o Comportamento do Consumidor 79
O Processo de Tomada de Decisão do Consumidor 80
  Reconhecimento da Necessidade 80
  Busca de Informações 81
  Avaliação de Alternativas e Compra 83
Comportamento Pós-Compra 84
Tipos de Decisão de Compra e Envolvimento do Consumidor 85
  Fatores que Determinam o Nível de Envolvimento do Consumidor 86
  Implicações do Envolvimento para o Marketing 87
Fatores que Influenciam nas Decisões de Compra do Consumidor 88
Influências Culturais na Decisão de Compra dos Consumidores 88
  Cultura e Valores 89

  Compreendendo as Diferenças Culturais 89
  Subcultura 90
  Classe Social 90
 Influências Sociais nas Decisões de Compra dos Consumidores 92
  Grupos de Referência 92
  Líderes de Opinião 94
  Família 95
 Influências Individuais nas Decisões de Compra dos Consumidores 96
  Gênero 96
  Idade e Estágio do Ciclo de Vida Familiar 96
  Personalidade, Autoconceito e Estilo de Vida 98
 Influências Psicológicas nas Decisões de Compra do Consumidor 99
  Percepção 99
  Motivação 101
  Aprendizagem 102
  Crenças e Atitudes 103

7 Marketing Empresarial 106

O que é Marketing Empresarial? 107
Marketing Empresarial na Internet 108
 Medindo o Sucesso On-line 109
 Tendências do Marketing de Internet B2B 109
Marketing de Relacionamento e Alianças Estratégicas 110
  Alianças Estratégicas 110
  Relacionamentos em Outras Culturas 111
Principais Categorias de Clientes Empresariais 111
  Produtores 112
  Revendedores 112
  Governo 112
  Instituições 112
Sistema de Classificação Industrial Norte-americano 113
Empresas versus Mercados de Consumo 114
  Demanda 114
  Volume de Compra 115
  Número de Clientes 115
  Localização de Compradores 115
  Estrutura de Distribuição 115
  Natureza da Compra 115
  Natureza da Influência da Compra 116
  Tipos de Negociação 116
  Reciprocidade 116
  Arrendamento 116
  Principal Método Promocional 116
Tipos de Produtos Comerciais 116
  Equipamentos Principais 117
  Equipamentos Acessórios 117
  Matérias-Primas 117
  Componentes 117
  Materiais Processados 118
  Suprimentos 118
  Serviços Empresariais 119
Comportamento de Compra Empresarial 119
  Centros de Compras 119
  Critérios de Avaliação 120
  Situações de Compra 120
  Ética Empresarial 121
  Serviço ao Cliente 121

8 Segmentação de Mercados-Alvo 124

Segmentação de Mercado 125
A Importância da Segmentação de Mercado 126
Critérios para uma Segmentação de Sucesso 126
Bases para Segmentar Mercados de Consumo 127
   Segmentação Geográfica 127
   Segmentação Demográfica 128
   Segmentação Psicográfica 131
   Segmentação de Benefícios 133
   Segmentação de Taxa de Utilização 133
Bases para Segmentar Mercados Empresariais 133
   Características da Empresa 134
   Processo de Compra 134
Etapas na Segmentação de Mercados 135
Estratégias para Selecionar Mercados-Alvo 135
   Alvo Indiferenciado 136
   Alvo Concentrado 137
   Alvo Multissegmento 138
Marketing um para um 138
Posicionamento 139
   Mapeamento Perceptual 140
   Bases de Posicionamento 140
   Reposicionamento 141

9 Sistemas de Apoio à Decisão e Pesquisa de Marketing 142

Sistemas de Apoio à Decisão de Marketing 143
O Papel da Pesquisa de Marketing 144
Etapas de um Projeto de Pesquisa de Marketing 144
   Dados Secundários 145
   A Nova Era das Informações Secundárias: A Internet 146
   Agregadores de Pesquisa de Marketing 146
   Planejamento de Projeto de Pesquisa e Coleta de Dados Primários 146
   Especificando os Procedimentos de Amostragem 152
   Coletando os Dados 154
   Analisando os Dados 154
   Elaboração e Apresentação do Relatório 154
   Acompanhamento 155
O Profundo Impacto da Internet sobre a Pesquisa de Marketing 155
   Vantagens das Pesquisas por Internet 156
   Usos da Internet por Pesquisadores de Marketing 156
   Pesquisa de Comunidade Virtual 157
   O Papel da Mídia Gerada pelo Consumidor na Pesquisa de Marketing 158
Pesquisa Baseada em Varredura 158
Quando Realizar a Pesquisa de Marketing? 159
Inteligência Competitiva 159

PARTE 3
DECISÕES DE PRODUTO

10 Conceitos de Produtos 160

O Que é um Produto? 161
Tipos de Produto de Consumo 162

- Produtos de Conveniência 162
- Produtos de Compra Comparada 162
- Produtos Especializados 162
- Produtos Não Procurados 163

Itens, Linhas e Mixes de Produtos 163
- Ajustes para Itens, Linhas e Mixes de Produtos 164

Marca 166
- Benefícios da Marca 166
- Estratégias de Marca 166
- Marcas Registradas 168

Embalagem 170
- Funções da Embalagem 170
- Rotulagem 171
- Código Universal de Produtos 172

Questões Globais em Relação a Marcas e Embalagens 172

Garantia dos Produtos 173

11 Desenvolvimento e Gerenciamento de Produtos 174

A Importância de Novos Produtos 175
- Categorias de Novos Produtos 175

O Processo de Desenvolvimento de Novos Produtos 176
- Estratégia de Novos Produtos 176
- Geração de Ideias 177
- Triagem de Ideias 179
- Análise de Mercado 179
- Desenvolvimento 179
- Teste de Marketing 181
- Comercialização 182

Questões Globais no Desenvolvimento de Novos Produtos 183

Propagação de Novos Produtos 183
- Difusão das Inovações 183
- Características do Produto e Taxa de Adoção 184
- Implicações do Processo de Difusão para o Marketing 184

Ciclo de Vida do Produto 185
- Estágio de Lançamento 186
- Estágio de Crescimento 186
- Estágio de Maturidade 187
- Estágio de Declínio 187
- Implicações para a Gestão de Marketing 187

12 Marketing de Serviços e de Organizações Sem Fins Lucrativos 190

A Importância dos Serviços 191

Como os Serviços se Diferenciam dos Produtos 192
- Intangibilidade 192
- Inseparabilidade 192
- Heterogeneidade 192
- Perecibilidade 193

Qualidade dos Serviços 193
- Modelo Gap de Qualidade dos Serviços 193

Marketing Mix para o Setor de Serviços 195
- Estratégia de Produtos (Serviços) 195
- Estratégia de Posicionamento (Distribuição) 196
- Estratégia de Promoção 196
- Estratégia de Preço 197

Marketing de Relacionamento no Setor de Serviços 198

Marketing Interno nas Empresas Prestadoras de Serviços 199

Questões Globais no Marketing de Prestação de Serviço 200

Marketing de Organizações Sem Fins Lucrativos 200
- O Que É Marketing de Organizações Sem Fins Lucrativos? 200
- Aspectos Exclusivos das Estratégias de Marketing das Organizações Sem Fins Lucrativos 201

PARTE 4 — DECISÕES DE DISTRIBUIÇÃO

13 Canais de Marketing 204

Canais de Marketing 205
- Especialização e Divisão da Mão de Obra 206
- Superando as Discrepâncias 206

Proporcionando Eficiência no Contato 207
Canais Intermediários e suas Funções 208
Funções dos Canais Realizadas por Intermediários 209
Estruturas dos Canais 210
Canais para Produtos de Consumo 210
Canais para Produtos Comerciais e Industriais 211
Acordos entre Canais Alternativos 212
Canais Não Tradicionais 212
Alianças Estratégicas entre Canais 212
Tomando Decisões Estratégicas de Canal 212
Fatores que Afetam a Escolha do Canal 212
Níveis de Intensidade de Distribuição 214
Tipos de Relacionamento entre Canais 215
Gerenciando Relacionamentos entre Canais 216
Poder, Controle e Liderança dos Canais 216
Conflito de Canais 216
Parceiros de Canais 217
Canais e Decisões de Distribuição para Mercados Globais 217
Desenvolvendo Canais de Marketing Global 217
Canais e Decisões de Distribuição para Serviços 218

14 Gestão da Cadeia de Suprimentos 220

Cadeia de Suprimentos e Gestão da Cadeia de Suprimentos 221
Benefícios da Gestão da Cadeia de Suprimentos 222
Integração da Cadeia de Suprimentos 222
Principais Processos da Gestão da Cadeia de Suprimentos 223
Gestão do Relacionamento com o Cliente 223
Gestão do Atendimento ao Cliente 224
Gestão da Demanda 224
Atendimento de Pedidos 225
Gestão do Fluxo de Produção 225
Gestão do Relacionamento com o Fornecedor 225
Desenvolvimento e Comercialização do Produto 226
Gestão de Devoluções 226

Gestão dos Componentes de Logística da Cadeia de Suprimentos 226
Fornecimento e Aquisição 227
Programação da Produção 227
Processamento de Pedidos 228
Controle de Estoque 229
Armazenagem e Manuseio de Materiais 230
Transporte 231
Tendências na Gestão da Cadeia de Suprimentos 231
Avançada Tecnologia da Informação 231
Terceirização das Funções Logísticas 232
Distribuição Eletrônica 233
Gestão da Cadeia de Suprimentos Verde 233
Gestão da Logística Global e da Cadeia de Suprimentos 233

15 Varejo 234

O Papel do Varejo 235
Classificação das Operações de Varejo 236
Propriedade 236
Nível de Serviço 236
Variedade de Produtos 236
Preço 237
Principais Tipos de Operações de Varejo 237
Lojas de Departamentos 237
Lojas Especializadas 238
Supermercados 238
Drogarias 238
Lojas de Conveniência 239
Lojas de Descontos 239
Restaurantes 240
Varejo Fora das Lojas 241
Venda Automática 241
Varejo Direto 241
Marketing Direto 242
Varejo Eletrônico 243
Franquias 245
Estratégia de Marketing de Varejo 245
Definição do Mercado-Alvo 245

Escolha do Mix de Varejo 246
Novos Avanços no Varejo 250
    Interatividade 250
    M-Commerce 250

PARTE 5
ESTRATÉGIAS DE PROMOÇÃO E DE COMUNICAÇÕES 252

16 Comunicação Integrada de Marketing 252

O Papel da Promoção no Marketing Mix 253
Mix promocional 254
    Publicidade 254
    Relações Públicas 254
    Promoção de Vendas 255
    Venda Pessoal 255
Comunicação de Marketing 256
    O Processo de Comunicação 256
    O Processo de Comunicação e o Mix Promocional 259
    O Impacto da Web 2.0 na Comunicação de Marketing 260
Objetivos e Tarefas da Promoção 260
    Informar 260
    Persuadir 260
    Lembrança 261
Objetivos Promocionais e o Conceito AIDA 261
    AIDA e o Mix Promocional 262
Fatores que Afetam o Mix Promocional 263
    Natureza do Produto 263
    Estágios do Ciclo de Vida do Produto 263
    Características do Mercado-Alvo 264
    Tipo de Decisão de Compra 264
    Fundos Disponíveis 265
    Estratégias de empurrar e puxar 265
Comunicação Integrada de Marketing 266

17 Publicidade e Relações Públicas 268

Os Efeitos da Publicidade 269
    Publicidade e Quota de Mercado 270
    Os Efeitos da Publicidade sobre os Consumidores 270
Principais Tipos de Publicidade 271
    Publicidade Institucional 271
    Publicidade do Produto 271
Decisões Criativas na Publicidade 272
    Identificação de Benefícios do Produto 273
    Desenvolvimento e Avaliação do Apelo Publicitário 273
    Execução da Mensagem 273
    Avaliação Pós-Campanha 275
Decisões do Meio na Publicidade 275
    Tipos de Mídia 276
    Considerações sobre a Seleção de Mídia 280
    Programação de Mídia 282
Relações Públicas 282
    Principais Ferramentas de Relações Públicas 283
    Gerenciando a Publicidade Desfavorável 285

18 Promoção de Vendas e Venda Pessoal 286

Promoção de Vendas 287
    Objetivos da Promoção de Vendas 288
Ferramentas para Promoção de Vendas ao Consumidor 288
    Cupons e Descontos 288
    Bonificação 289
    Programas de Marketing de Fidelização 290
    Concursos e Sorteios 290
    Amostragem 291
    Promoção de Ponto de Venda 292
    Promoção de Vendas On-line 292
Ferramentas para Promoção de Vendas Negociadas 292
Venda Pessoal 294
Venda de Relacionamento 294
Etapas do Processo de Venda 296
    Etapa 1: Gerando leads 296
    Etapa 2: Qualificando leads 297
    Etapa 3: Aproximando-se do Cliente e Sondando Necessidades 298
    Etapa 4: Desenvolvendo e Propondo Soluções 299

Etapa 5: Lidando com Objeções 300
Etapa 6: Concluindo a Venda 300
Etapa 7: Fazendo o Follow-Up 301
O Impacto da Tecnologia na Venda Pessoal 301

PARTE 6
DECISÕES DE PRECIFICAÇÃO 304

19 Conceito de Precificação 304

A Importância do Preço 305
   O Que É Preço? 305
   Importância do Preço para os Gestores de Marketing 306
Objetivos da Precificação 306
   Objetivos de Precificação com Fins Lucrativos 306
   Objetivos de Precificação Orientados para a Venda 307
   Objetivos de Precificação Status Quo 309
A Demanda como Determinante de Preços 309
   A Natureza da Demanda 309
   Elasticidade da Demanda 311
O Poder dos Sistemas de Gestão de Rendimentos 312
O Custo como Determinante do Preço 313
   Preço de Remarcação 314
   Preços de Maximização de Lucro 315
   Precificação de Ponto de Equilíbrio 315
Outros Determinantes do Preço 317
   Etapas do Ciclo de Vida do Produto 317
   A Concorrência 318
   Estratégia de Distribuição 318
   O Impacto da Internet e da Extranet 318
   Estratégias de Promoção 319
   Demandas dos Grandes Clientes 320
   A Relação entre Preço e Qualidade 320

20 Fixando o Preço Correto 322

Como Fixar o Preço de um Produto 323
   Estabelecendo Metas da Precificação 323
   Calculando Demanda, Custos e Lucros 324
   Escolhendo uma Estratégia de Preço 324
Legalidade e Ética da Estratégia de Preço 326
   Práticas Desleais de Comércio 327
   Fixação de Preços 327
   Discriminação de Preços 327
   Precificação Predatória 328
Táticas para o Ajuste do Preço-Base 329
   Descontos, Subsídios, Abatimentos e Precificação com Base no Valor 329
   Precificação Geográfica 332
   Outras Táticas de Precificação 333
   Penalidades ao Consumidor 336

Precificação da Linha de Produtos 337
    Relações entre Produtos 337
    Custos Conjuntos 337
Precificando Durante Períodos Econômicos Difíceis 337
    Inflação 337
    Recessão 339

PARTE 7
MARKETING ORIENTADO PELA TECNOLOGIA 340

21 Gerenciamento de Relacionamento com o Cliente (CRM) 340

O Que é Gerenciamento de Relacionamento com o Cliente? 341
    O Ciclo de Gerenciamento de Relacionamento com o Cliente 342
    Implantação do Sistema de Gestão de Relacionamento com o Cliente 343
Identificando o Relacionamento com o Cliente 343
Entendendo as Interações da Base Atual de Clientes 345
Captando Dados do Cliente 345
Armazenando e Integrando Dados do Cliente 346
Identificando os Melhores Clientes 347
    Mineração de Dados 347
    Segmentação de Clientes 348
Nivelando as Informações do Cliente 349
    Gerenciamento de Campanha 349
    Mantendo Clientes Fiéis 350
    Venda Cruzada de Outros Produtos e Serviços 350
    Projetando Comunicações Segmentadas de Marketing 350
    Reforçando Decisões de Compra do Cliente 351
    Induzindo Testes de Produto por Parte de Novos Clientes 352
    Aumentando a Eficácia do Marketing do Canal de Distribuição 352
    Melhorando o Atendimento ao Cliente 352
    Preocupações Relacionadas a Privacidade e CRM 353

22 Mídia Social e Marketing 354

O Que É Mídia Social? 355
    Como os Consumidores Utilizam as Mídias Sociais 356
    Mídia Social e Comunicação Integrada de Marketing 357
Criando e Aproveitando uma Campanha de Mídia Social 358
    O Sistema de Escuta 359
    Objetivos da Mídia Social 359
Avaliação e Mensuração de Mídias Sociais 360
Comportamento Social dos Consumidores 362
Ferramentas de Mídia Social: Conteúdo Gerado pelo Consumidor e pela Empresa 362
    Blogs 363
    Microblogs 364
    Redes Sociais 364
    Sites de Compartilhamento de Mídia 365
    Sites Sociais de Notícias 366
    Sites de Redes Sociais Baseados em Localização 367
    Sites de Críticas 367
    Mundos Virtuais e Jogos On-line 368
Mídia Social e Tecnologia Móvel 368
    Tecnologia de Telefonia Móvel e Smartphones 368
    Aplicativos e Widgets 369
    O Mundo da Mídia Social em Mudança 371

NOTAS FINAIS 373
ÍNDICE 383

CAPÍTULO **1** Uma Visão Geral do **Marketing**

Objetivos da Aprendizagem

OA 1 Definir o termo *marketing*

OA 2 Descrever as quatro filosofias de gestão de marketing

OA 3 Discutir as diferenças entre orientação para vendas e orientação para mercado

OA 4 Descrever as várias razões para estudar marketing

"O marketing é importante demais para ser deixado apenas a cargo do departamento de marketing."
– David Packard

OA 1 O que é Marketing?

APÓS CONCLUIR ESTE CAPÍTULO, SIGA PARA A PÁGINA 13 PARA OBTER AS FERRAMENTAS DE ESTUDO

O que o termo *marketing* significa para você? Para muitas pessoas, marketing significa o mesmo que venda pessoal. Outras acreditam que marketing é o mesmo que publicidade. Há, ainda, as que acreditam que marketing tem algo a ver com colocar produtos à disposição nas lojas, organizar vitrines e manter estoques para vendas futuras. Na verdade, o marketing inclui todas essas atividades e muito mais.

O marketing tem duas facetas. Em primeiro lugar, é uma filosofia, uma atitude, uma perspectiva ou uma orientação de gestão que enfatiza a satisfação do cliente. Em segundo lugar, é uma função de organização e um conjunto de processos utilizados para implantar essa filosofia.

A definição de marketing da American Marketing Association (Associação Americana de Marketing) concentra-se na segunda faceta. **Marketing** é uma atividade, um conjunto de normas e processos destinados a criar, comunicar, proporcionar e trocar ofertas que têm valor para consumidores, clientes, parceiros e sociedade.[1]

O marketing envolve mais do que apenas as atividades realizadas por um grupo de pessoas em uma determinada área ou departamento. Nas palavras de David Packard, cofundador da Hewlett-Packard, "O marketing é importante demais para ser deixado apenas a cargo do departamento de marketing". Envolve processos que visam a proporcionar valor e benefícios aos clientes, e não apenas vender produtos, serviços e/ou ideias. Utiliza estratégias de comunicação, distribuição e preços para oferecer aos clientes e demais partes interessadas produtos, serviços, ideias, valores e benefícios que eles desejam, quando e onde desejarem. Isso envolve estabelecer relações de longo prazo mutuamente gratificantes quando beneficiam todas as par-

> **marketing** é uma atividade, um conjunto de normas e processos destinados a criar, comunicar, proporcionar e trocar ofertas que têm valor para consumidores, clientes, parceiros e sociedade

Qual a sua opinião?

Marketing é vender.

1 2 3 4 5 6 7
DISCORDO PLENAMENTE — CONCORDO PLENAMENTE

FUNCIONÁRIOS COMO VANTAGEM COMPETITIVA

Recompensar os funcionários pelo bom desempenho (em relação a vendas, alcance das metas de desenvolvimento etc.) reforça comportamentos positivos, como **excelência do serviço ao cliente**, e mantém a satisfação do funcionário (e, consequentemente, a do cliente). Designar um funcionário de destaque para lidar com clientes importantes ou incluir uma excelente equipe no próximo grande negócio não só incentiva os funcionários a trabalhar mais como também ajuda a garantir que os clientes recebam os melhores talentos e esforços da empresa. Um bom ambiente de trabalho é transmitido ao cliente por meio dos funcionários, o que acaba por beneficiar o negócio e fazer o cliente se sentir confortável, confiante e feliz.[5]

---

tes envolvidas. O marketing implica também o entendimento de que as organizações têm muitos "parceiros" interessados envolvidos, incluindo funcionários, fornecedores, acionistas, distribuidores, entre outros.

De acordo com pesquisas, as empresas que recompensam seus funcionários com incentivos e reconhecimento de forma consistente apresentam melhor desempenho.[2] Frank Blake, CEO (diretor executivo, do inglês *chief executive officer*) da Home Depot, rejeita a noção de que se deve pagar aos funcionários o mínimo possível e obter deles o máximo de trabalho. A Home Depot acredita que seus funcionários são sua maior vantagem competitiva e relaciona no site da empresa o item "cuidar do nosso pessoal" como seu primeiro valor.[3]

Um dos resultados desejados do marketing é a **troca**, ou seja, as pessoas abrirem mão de algo para receber em troca algo de sua preferência. Normalmente, pensamos no dinheiro como meio de troca. Nós "desistimos" do dinheiro para "obter" os bens e serviços que desejamos. Entretanto, uma troca não requer dinheiro. Duas pessoas podem trocar ou negociar itens como figurinhas de futebol ou telas a óleo. A troca só ocorre com as seguintes condições:

1. Deve haver, pelo menos, duas partes envolvidas.
2. Cada parte possui algo que pode ter valor para a outra parte.
3. Cada uma das partes é capaz de se comunicar e negociar.
4. Cada parte é livre para aceitar ou rejeitar a oferta de troca.
5. Cada uma das partes acredita que é apropriado ou desejável negociar com a outra.[4]

troca pessoas abrirem mão de algo para receber em troca algo de sua preferência

É possível que a troca não ocorra, mesmo havendo todas as condições citadas. No entanto, elas são necessárias para que haja a possibilidade de troca. Pode-se colocar um anúncio em um jornal local informando que se tem um automóvel usado para venda por determinado preço. Várias pessoas podem entrar em contato para perguntar sobre o carro, algumas podem realizar um *test-drive* e é possível até que façam uma oferta. Todas as cinco condições são necessárias para existir uma troca. No entanto, a menos que se chegue a um acordo com um comprador e o carro seja realmente vendido, a troca não ocorrerá. Observe que o marketing pode ocorrer mesmo que a troca não ocorra. No exemplo que acabamos de discutir, o marketing teria ocorrido, mesmo que ninguém tivesse comprado o veículo usado.

OA 2 Filosofias de Gestão de Marketing

Quatro filosofias concorrentes influenciam os processos de marketing de uma organização. Essas filosofias são comumente citadas como orientação para produção, orientação para vendas, orientação para mercado e orientação para marketing social.

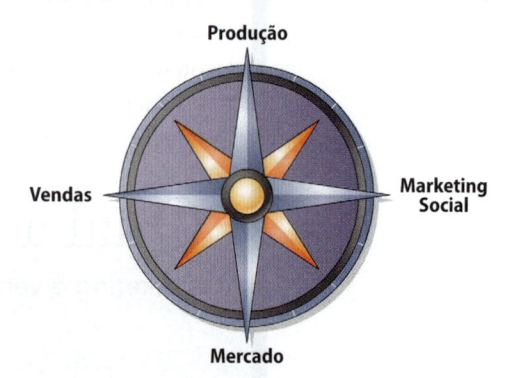

Orientação para Produção

A **orientação para produção** é uma filosofia que se concentra nos recursos internos da empresa, em vez de se concentrar nos desejos e nas necessidades do mercado. De acordo com essa filosofia, a administração deve avaliar seus recursos e fazer as seguintes perguntas: "O que podemos fazer melhor?", "O que nossos engenheiros podem projetar?", "O que é fácil de produzir tendo em vista os nossos equipamentos?". No caso de uma organização de serviços, os administradores questionam: "Quais são os serviços mais convenientes para a empresa oferecer?" e "Onde estão os nossos talentos?". Alguns se referem a essa orientação como *Campo dos Sonhos*, em razão de uma fala presente no conhecido filme de mesmo nome, "Se nós construirmos, eles virão". A indústria moveleira é famosa por seu descaso pelos clientes e por seus períodos de ciclo lento. Essa sempre foi uma indústria orientada para produção.

Não há nada de errado com a avaliação dos recursos de uma empresa; na realidade, tal avaliação diz respeito a considerações importantes no planejamento estratégico de marketing (ver Capítulo 2). A orientação para produção por si só é insuficiente, pois não considera se os bens e serviços que a empresa produz de forma mais eficiente também atendem às necessidades do mercado. Às vezes, o que a empresa é capaz de produzir melhor é exatamente o que o mercado deseja. A Apple tem um histórico de orientação para produção, pois cria computadores, sistemas operacionais e outras engenhocas porque ela pode e espera vender o resultado. Alguns itens têm encontrado um mercado em espera (primeiros computadores, iPod, iPhone). Outros produtos, como o Newton, uma das primeiras versões de um *palmtop*, foi simplesmente um fracasso. Em outras situações, como quando a concorrência é fraca ou a demanda é maior que a oferta, uma empresa orientada para produção pode sobreviver e até prosperar. Mais frequentemente, entretanto, as empresas que tiveram sucesso em mercados competitivos têm um entendimento claro de que primeiro é preciso determinar o que os clientes desejam e, depois, produzir, em vez de se concentrar no que a administração da empresa acha que deve ser produzido.

Orientação para Vendas

A **orientação para vendas** baseia-se na ideia de que as pessoas comprarão mais bens e serviços se forem utilizadas técnicas de venda agressivas e que o aumento nas vendas resultará em aumento nos lucros. A ênfase não recai apenas nas vendas ao consumidor final; o intermediário também é incentivado a oferecer os produtos dos fabricantes de forma mais agressiva. Para as empresas orientadas para vendas, o marketing significa vender produtos e arrecadar dinheiro.

O principal problema com a orientação para vendas, assim como com a orientação para produção, é a falta de entendimento das necessidades e carências do mercado. Frequentemente, empresas orientadas para vendas constatam que, apesar da qualidade de suas equipes de vendas, elas não podem convencer as pessoas a comprar mercadorias ou serviços que não desejam ou dos quais não precisam.

Um dos riscos da orientação para vendas é não compreender o que é importante para os clientes. Quando isso ocorre, as empresas que adotam essa orientação podem se valer de incentivos agressivos para impulsionar as vendas. Após a Toyota efetuar o *recall* de milhões de veículos em virtude de problemas com aceleração e itens de segurança, a empresa adotou incentivos agressivos para recuperar os clientes. Medidas como financiamento com taxa zero, aumento do reembolso e pacotes

> **orientação para produção** filosofia que se concentra nos recursos internos da empresa em vez de se concentrar nos desejos e nas necessidades do mercado
>
> **orientação para vendas** ideia de que as pessoas comprarão mais bens e serviços se forem utilizadas técnicas de venda agressivas e que o aumento nas vendas resultará em aumento nos lucros

CAPÍTULO 1: UMA VISÃO GERAL DO MARKETING

conceito de marketing a justificativa social e econômica para a existência de uma organização é satisfazer os desejos e as necessidades dos clientes e, ao mesmo tempo, atender aos objetivos organizacionais da corporação

orientação para mercado filosofia segundo a qual uma venda não depende da força de venda agressiva, e sim da decisão de um cliente de comprar um produto; é sinônimo do conceito de marketing

orientação para marketing social ideia de que uma organização existe não somente para satisfazer os desejos e as necessidades do cliente e atender aos objetivos organizacionais, mas também para preservar ou aumentar, em longo prazo, os melhores interesses do indivíduo e da sociedade

de manutenção gratuita, além de outros incentivos, permitiram que alguns clientes comprassem o novo Rav 4s por meio de *leasing* a um custo de US$ 169 por mês, ao passo que antes pagariam US$ 279.[6]

Orientação para Mercado

O **conceito de marketing** é uma filosofia simples e intuitivamente atraente que expressa uma orientação para mercado. De acordo com esse conceito, a justificativa social e econômica para a existência de uma organização é satisfazer os desejos e as necessidades dos clientes e, ao mesmo tempo, atender aos objetivos organizacionais. O que uma empresa acredita produzir não é de importância primordial para seu sucesso. Em vez disso, é o que os clientes pensam que estão comprando, o valor percebido, que define um negócio. O conceito de marketing inclui o seguinte:

- Concentrar-se nos desejos e nas necessidades do cliente, para que a organização possa diferenciar seu(s) produto(s) daqueles oferecidos pelos concorrentes.
- Integrar todas as atividades da organização, incluindo a produção, para satisfazer esses desejos.
- Alcançar metas de longo prazo da organização por meio da satisfação dos desejos e das necessidades dos clientes de forma legal e responsável.

A receita para o sucesso é proporcionar, de forma consistente, uma experiência única que os concorrentes não consigam oferecer e que atenda às intenções e preferências do consumidor-alvo.[7] Isso requer a total compreensão dos clientes e dos recursos característicos que permitem à empresa executar planos com base nesse entendimento e oferecer a experiência desejada, empregando e integrando todos os recursos da organização.[8]

Empresas que adotam e aplicam o conceito de marketing são conhecidas como empresas **orientadas para mercado**, ou seja, elas assumem que uma venda não depende de uma força de venda agressiva, e sim da decisão do cliente de comprar um produto. Alcançar uma orientação para mercado envolve obter informações sobre clientes, concorrentes e mercados; analisar essas informações com base em uma perspectiva comercial; determinar como proporcionar maior valor ao cliente; e implantar ações para oferecer-lhe valor.

Quais são as empresas conhecidas por proporcionar maior valor e satisfação aos seus clientes? O levantamento de 2009 da National Retail Federation/American Express Customer Service Survey listou L. L. Bean, Overstock.com, Zappos.com, Amazon.com e QVC como os cinco principais varejistas dos Estados Unidos no que se refere a atendimento ao cliente.[9] A revista *Bloomberg Businessweek* listou a L. L. Bean, a USAA, a Apple, o Four Seasons Hotelsand Resorts e o Publix Super Markets como os cinco melhores na categoria Customer Service Champs (Campeões no Atendimento ao Cliente)[10].

Compreender a própria arena competitiva e os pontos fortes e fracos dos concorrentes é um componente crucial da orientação para o mercado. Isso inclui avaliar o que intencionam fazer os concorrentes existentes ou potenciais, bem como avaliar o que estão fazendo hoje. A Western Union não se posicionou claramente como uma empresa de telecomunicações e concentrou-se nos serviços telegráficos, que acabaram sendo superados pela tecnologia do fax. Se a Western Union fosse uma empresa orientada para mercado, sua administração poderia ter compreendido melhor as mudanças que estavam ocorrendo, visualizado a ameaça competitiva e desenvolvido estratégias para atacar a ameaça.

Orientação para Marketing Social

A **orientação para marketing social** amplia o conceito de marketing por meio do reconhecimento de que alguns produtos que os consumidores desejam podem, na realidade, não servir aos seus interesses ou aos interesses da sociedade. De acordo com essa filosofia, uma organização não existe apenas para satisfazer os desejos e as necessidades dos clientes e para atender aos objetivos organizacionais, mas também para preservar ou melhorar os interesses de longo prazo dos indivíduos e da sociedade. A comercialização de produtos e contêineres menos tóxicos que o normal, mais duráveis, que contenham materiais reutilizáveis ou sejam feitos de materiais recicláveis é consistente com uma orientação de marketing social. A definição de marketing da American Marketing Association reconhece a importância de uma orientação de marketing social, incluindo "a sociedade em geral" como um dos públicos-alvo para o qual o marketing procura oferecer valor.

Embora o conceito de marketing social seja discutido há mais de 30 anos, só recebeu amplo suporte a partir do início dos anos 2000. Preocupações como mudança climática, esgotamento da camada de ozônio, escassez de combustível, poluição e crescentes problemas de saúde fizeram os consumidores e legisladores se tornarem mais conscientes da necessidade de que empresas e consumidores adotassem medidas que poupem recursos e causem menos danos ao meio ambiente. Estudos que relatam as atitudes dos consumidores e sua intenção de comprar produtos mais ecológicos mostram resultados muito divergentes. Um estudo que ajuda a explicar parte dessa contradição concluiu que 44% dos consumidores estavam "teoricamente" interessados em comprar produtos amigos do ambiente, mas a porcentagem que o fazia era muito menor.[11] As três principais razões que os consumidores deram para não prosseguir com a compra e o uso desses produtos foram dúvidas sobre a eficácia, valor elevado e falta de disponibilidade nas lojas de varejo próximas.[12] Em outro estudo, 35% dos consumidores disseram que pagariam mais por produtos ecologicamente corretos.[13] Um estudo concluiu que enquanto metade de seus entrevistados acreditavam que o histórico ambiental da empresa era importante, apenas 7% eram capazes de citar um produto ecologicamente correto que tivessem comprado[14].

Muitos empresários assumiram compromissos substanciais para fabricar produtos por meio de processos que respeitem mais o meio ambiente ou para produzir produtos mais ecologicamente corretos. A Coca-Cola assumiu o compromisso de longo prazo de recuperar e reutilizar 100% das garrafas e latas que coloca no mercado. Em 2008, a empresa inaugurou a maior planta de reciclagem de garrafas do mundo, localizada na Carolina do Sul.[15] A Burt's Bees, a Whole Foods, a Google e a Microsoft também estão entre as empresas líderes do movimento "ecologicamente correto".[16]

O que o futuro trará? De acordo com as tendências atuais, a cada ano, mais consumidores estão se preocupando com o meio ambiente, comprando produtos amigos do meio ambiente e apoiando empresas ecologicamente corretas; mais empresas estão aderindo ao movimento por meio do desenvolvimento de processos e produtos que prejudicam menos o meio ambiente em comparação ao que ocorria no passado. O mercado verde cresceu 41% de 2004 a 2009 e, apesar da recessão, superou o resto da economia em 2009, apresentando crescimento contínuo em vez de decair.[17] Adotar uma orientação para marketing social e comunicar de forma clara essa decisão e as ações que a sustentam ajuda as empresas a se diferenciar dos concorrentes e fortalece seu posicionamento.

OA 3 Diferenças entre Orientação para Vendas e Orientação para Mercado

As diferenças entre orientação para vendas e orientação para mercado são substanciais. Ambas podem ser comparadas com base em cinco características: o foco da organização, os negócios da empresa, aqueles a quem o produto é direcionado, o principal objetivo da empresa e as ferramentas utilizadas para atingir objetivos.

O Foco da Organização

Os funcionários das empresas orientadas para vendas tendem a ser "voltados para dentro", concentram-se em vender o que a organização produz em vez de realizar o que o mercado deseja. Muitas das fontes históricas de vantagem competitiva, como tecnologia, inovação e economia de escala, permitiram que as empresas concentrassem seus esforços internamente e prosperassem. No entanto, a característica de ter o foco interno da orientação para vendas levou ao desaparecimento de empresas como 3D Realm, Steve and Barry's e SeeqPod.

Hoje, muitas empresas de sucesso obtêm vantagem competitiva de um foco externo orientado para mercado. A orientação de mercado tem ajudado empresas como a Zappos.com e a Bob's Red Mill Natural Foods a superar os concorrentes. Essas empresas colocam os clientes no centro de seus negócios de uma forma que a maioria das empresas faz sem muito empenho, ou simplesmente não fazem.

Valor do Cliente O **valor do cliente** é a relação entre os benefícios e o sacrifício necessário para obter esses benefícios. Não se trata simplesmente de uma questão de alta qualidade. Um produto de alta qualidade que está disponível somente a um preço alto não será considerado bom, assim como serviços ínfimos ou produtos de baixa qualidade não serão vendidos nem mesmo por um preço baixo. Em vez disso, os clientes valorizam pro-

> **valor do cliente**
> relação entre os benefícios e o sacrifício necessário para obter esses benefícios

Muitos desenvolvedores de e-readers rivalizam-se para obter vantagem competitiva: consulte a próxima página para obter mais informações.

dutos e serviços que têm a qualidade que eles esperam e que são vendidos a preços que estão dispostos a pagar. O valor pode ser usado para vender tanto um Mercedes-Benz quanto um jantar feito com frango congelado.

Consumidores de baixa renda são sensíveis ao preço, mas pagarão pelos produtos se esses oferecerem um benefício que valha o dinheiro.[18]

O mercado em expansão e altamente competitivo dos colchões de luxo levou os fabricantes a desenvolverem conjuntos de colchões ultraluxo que são vendidos por dezenas de milhares de dólares. A E. S. Kluft, empresa de colchões com sede na Califórnia, incorpora fibras nobres, como caxemira e seda, aos seus colchões para seduzir os clientes a comprar seus conjuntos de US$ 33 mil, que levam aproximadamente 20 dias para serem confeccionados à mão. Hästens, uma empresa sueca, oferece o serviço de virar seu colchão todos os meses, dessa forma, agrega valor aos seus produtos de US$ 27.500. Até mesmo as lojas de departamento, como a Bloomingdale's, apoiam essa tendência, oferecendo um ambiente de pouca pressão no qual potenciais compradores podem testar uma variedade de colchões de luxo, e funcionários bem informados estão disponíveis para responder às perguntas deles.[19]

Entretanto, o valor não se refere somente ao preço. A Barnes & Noble tem contado com suas livrarias confortáveis e de alta classe para agregar mais valor a suas ofertas de livros, oferecendo mais que os concorrentes. As lojas colocam à disposição dos clientes *e-readers* Nook para que eles possam testar o produto antes de comprar. Além disso, os clientes que levam seus próprios Nooks podem usufruir dos serviços de "browsing" e ler *e-books* selecionados por uma hora de cada vez.

Os profissionais de marketing interessados no valor do cliente devem:

▸▸ *Oferecer produtos que funcionem*: esse é o requisito mínimo. Após enfrentar os problemas associados ao seu sistema operacional Vista, a Microsoft ouviu os clientes e fez mudanças drásticas para o Windows 7, que tem recebido críticas muito melhores.

▸▸ *Ganhar a confiança*: uma base estável de clientes leais pode ajudar uma empresa a crescer e prosperar. Os moradores do Brooklyn são extremamente leais aos empreendimentos do bairro. Assim, como parte da estratégia de lançamento dos seus produtos, a cervejaria Sixpoint Craft Ales e o café Crop to Cup lançaram suas marcas de forma extensiva nas calçadas do Brooklyn, oferecendo amostras aos transeuntes e entrando em contato pessoalmente com os varejistas locais para que colocassem em suas prateleiras e restaurantes os produtos das marcas. Ambas tiveram um enorme impacto de mercado no Brooklyn, e o Crop to Cup abriu sua primeira loja.[20]

▸▸ *Evitar preços irreais*: os comerciantes on-line estão aproveitando a tecnologia da internet para redefinir a forma como os preços são estabelecidos e negociados. Com custos mais baixos, os comerciantes on-line podem, muitas vezes, oferecer preços mais baixos que concorrentes que possuem uma estrutura convencional. A enorme popularidade dos sites de leilão, como o eBay, e do modelo "lance do cliente", adotado pelo Priceline e pelo uBid, mostra que os clientes on-line estão interessados em negociar preços. Muitos não estão dispostos a pagar o preço pela conveniência de examinar a mercadoria e levá-la para casa. Outros pagarão o preço de bom grado por uma experiência que não é apenas funcionalmente gratificante, mas recompensadora no aspecto emocional. Os executivos da cadeia "W", da Starwood Hotelsand Resorts, acreditam que são capazes de estabelecer uma conexão emocional quando os clientes entram no quarto e veem a cama com lençóis suntuosos de aspecto limpo e outras amenidades.[21]

▸▸ *Apresentar fatos ao cliente*: o consumidor sofisticado de hoje quer publicidade informativa e vendedores esclarecidos. Está se tornando muito difícil para os comerciantes se diferenciarem dos concorrentes. Em vez de tentar vender produtos, os vendedores precisam descobrir o que o cliente precisa, que geralmente é uma combinação de produtos, serviços e liderança de pensamento.[22] Em outras palavras, os vendedores precisam começar pelas necessidades do cliente e trabalhar para obter a solução.

▸▸ *Demonstrar compromisso por parte da organização com relação aos serviços e suporte pós-venda*: Na USAA,* a principal prioridade é o atendimento ao cliente. A principal base de clientes da empresa consiste em militares e famílias que são frequentemente transferidas ou estão se mudando. Para esses clientes itinerantes, a USAA desenvolveu uma série de aplicações que permitem a seus clientes receber o saldo bancário por meio de texto, depositar cheques remotamente tirando uma foto do documento e até dar entrada no pedido de pagamento de indenização de seguro por telefone. A USAA também personaliza os serviços quando os clientes comparecem à agência. Todos os representantes da USAA têm acesso ao histórico de navegação do cliente na agência, para que eles possam fornecer rapidamente as informações que o cliente está procurando, além de fazer perguntas específicas sobre as necessidades deles.[23]

▸▸ *Cocriação*: algumas empresas e produtos permitem que os clientes ajudem a criar a sua própria experiência. A Case-Mate, por exemplo, empresa que produz estojos com formatos para produtos específicos, como telefones celulares, *laptops* e outros dispositivos pessoais, permite que os clientes desenhem seu próprio estojo. As pessoas podem enviar fotos para servir de design para capa de

---

* United Services Automobile Association (USAA) é uma empresa de serviços financeiros que oferece opções de investimento, seguros, entre outros serviços, para militares, ex-militares e suas famílias. (N.R.T.)

seu iPhone. Os clientes que não têm um design próprio podem adequar a arte dos *designers* usando o recurso "design with" no site case-mate.com. De qualquer maneira, os clientes produzem capas exclusivas para seus aparelhos.

Satisfação do Cliente A **satisfação do cliente** é a avaliação dos clientes para um produto ou serviço com relação a se esse produto ou serviço atende as suas necessidades e expectativas. A incapacidade de satisfazer as necessidades e expectativas resulta em insatisfação com o produto ou serviço. Algumas empresas, na ânsia por reduzir custos, prejudicaram suas relações com os clientes. A Comcast, a Dish Network e a Sprint Nextel são exemplos de empresas cujos executivos perderam a noção do delicado equilíbrio entre eficiência e serviço.[24] As empresas que têm a reputação de proporcionar níveis elevados de satisfação ao cliente agem diferente de seus concorrentes. A alta administração é obcecada pela satisfação dos clientes e os funcionários entendem a ligação entre o seu trabalho e clientes satisfeitos. A cultura da organização está focada na satisfação dos clientes, e não na venda de produtos.

Pode ser difícil se recuperar diante da insatisfação dos clientes – especialmente no caso de organizações enormes como o Walmart. Em 2008, a taxa de satisfação dos clientes em relação a essa gigante do varejo era de 45,5%, segundo pesquisa do *MSN Money*. Em 2010, a satisfação dos clientes havia subido para 56,9%, o maior ganho na pesquisa. Como o Walmart melhorou de forma tão drástica? A empresa focou nos clientes da recessão: renovou suas lojas para oferecer uma experiência de compra mais agradável e aumentou sua oferta de produtos de melhor qualidade a preços baixos. Até o novo *slogan* da empresa reflete o foco na satisfação do cliente: "Economize dinheiro, viva melhor".[25]

Construindo Relacionamentos Atrair novos clientes para um negócio é apenas o início. As melhores empresas veem a atração de novos clientes como ponto de partida para desenvolver e intensificar um relacionamento de longo prazo. As empresas podem expandir sua participação de mercado de três maneiras: atraindo novos clientes, aumentando os negócios com os clientes existentes e mantendo os clientes atuais. A construção de relacionamentos com os clientes existentes visa a duas das três possibilidades e envolve indiretamente a outra.

O **marketing de relacionamento** é uma estratégia que se concentra em manter e aprimorar as relações com os clientes atuais. Pressupõe-se que muitos consumidores e clientes corporativos preferem ter um relacionamento estável com uma organização a mudar frequentemente de fornecedor em busca de valor. A USAA é um bom exemplo de empresa focada na construção de relacionamentos de longo prazo com os clientes. No levantamento anual do Customer Service Champs realizado pela *Bloomberg Businessweek* e J. D. Power and Associates, a USAA foi a única empresa a figurar entre os dois primeiros colocados por quatro anos consecutivos. A USAA não só apresenta a incrível taxa de 97,8% de retenção de clientes; 87% dos entrevistados disseram que comprariam novamente da USAA. Claramente, a empresa fornece serviços que facilitam a vida do cliente que, por sua vez, responde de forma muito positiva.[26]

> **satisfação do cliente** avaliação dos clientes quanto ao atendimento de suas necessidades e expectativas em relação a um produto ou serviço
>
> **marketing de relacionamento** estratégia que se concentra em manter e aprimorar as relações com os clientes atuais

A ESSÊNCIA DO MARKETING

Um tema que será abordado ao longo deste texto é a importância de proporcionar uma **boa experiência ao cliente**.

Livre-se de todas as funções, planos e estratégias de marketing e faça uma pergunta simples: "Do que se trata tudo isso?", e a resposta será "Trata-se da experiência do cliente". Pense nisto: comprar algo uma segunda ou terceira vez ou ser fiel a uma marca são comportamentos diretamente relacionados à primeira experiência de comprar e consumir o produto ou serviço? A maioria dos produtos precisa ser vendida a um cliente mais de uma vez para que a empresa comece a ter lucro. Os lugares favoritos baseiam-se na repetição: uma quitanda favorita, a loja de CDs/livraria local, a melhor opção na praça de alimentação. Considerando o produto, a conveniência, os preços e o atendimento, esses lugares proporcionam uma boa experiência ao cliente, então, com tudo isso, o cliente retornará.

empowerment
atribuição de autoridade para resolver os problemas dos clientes rapidamente; em geral, essa responsabilidade é delegada à primeira pessoa que o cliente notifica a respeito de um problema

trabalho em equipe
esforços colaborativos por parte das pessoas para alcançar objetivos comuns

As estratégias de marketing de relacionamento mais bem-sucedidas dependem de pessoal orientado para o cliente, programas de treinamento eficazes, funcionários com autoridade para tomar decisões e resolver problemas, bem como trabalho em equipe.

Pessoal Orientado para o Cliente Para que uma organização tenha foco na construção de relacionamentos com os clientes, a postura e as ações dos funcionários devem ser orientadas para o cliente. O funcionário pode ser o único contato que determinado cliente tem com a empresa. Aos olhos desse cliente, o funcionário é a empresa. Qualquer pessoa, departamento ou divisão que não esteja orientado para o cliente enfraquece a imagem positiva de toda a organização. Um cliente em potencial que é cumprimentado grosseiramente pode muito bem supor que a atitude do funcionário representa a atitude da empresa.

De acordo com Isadore Sharp, fundadora, presidente e CEO da cadeia de hotéis Four Seasons, "O atendimento pessoal não é algo que se pode ditar como uma política. Ele vem da cultura. Como você trata seus funcionários é como espera que eles tratem o cliente".[27]

Algumas empresas, como a Coca-Cola, a Delta Air Lines, a Hershey, a Kellogg, a Nautilus e a Sears, nomearam diretores de atendimento ao cliente (CCOs, do inglês *chief customer officers*). Esses defensores do cliente representam a voz do cliente entre os executivos e se reportam diretamente ao CEO. Suas responsabilidades incluem assegurar que a empresa mantenha uma cultura centrada no cliente e que os funcionários foquem em oferecer valor ao cliente.

Vou impressioná-lo com um serviço excelente!

O Papel do Treinamento Os profissionais de marketing líderes reconhecem o papel do treinamento dos funcionários no atendimento ao cliente e na construção de relacionamentos. A equipe de vendas da The Container Store passa por mais de 240 horas de treinamento e recebe generosos benefícios em comparação com uma média de 8 horas de treinamento e benefícios modestos oferecidos pela indústria.

Empowerment Além do treinamento, muitas empresas orientadas para mercado estão delegando aos funcionários mais autoridade para resolver os problemas dos clientes. O termo usado para descrever essa atribuição de autoridade é **empowerment**. Os funcionários desenvolvem atitudes de propriedade quando são tratados como coproprietários do negócio, e espera-se que eles ajam como tal. Esses funcionários gerenciam a si mesmos, são mais propensos a trabalhar duro, respondem por seu próprio desempenho e pelo desempenho da empresa, bem como assumem riscos prudentes para construir uma empresa mais forte e para manter o sucesso dela. Em uma tentativa de mudar a imagem do Cadillac, a General Motors está procurando impressionar seus clientes oferecendo um serviço excelente, rápido e confiável. Seguindo o exemplo dos hotéis Ritz-Carlton, os chefes de serviços do Cadillac recebem de US$ 300 a US$ 500 para gastar com clientes individuais. Um chefe pode reduzir as taxas, oferecer manutenção gratuita ou reduzir taxas de serviço para os clientes insatisfeitos, tudo a seu critério. Alguns distribuidores passaram a fazer um acompanhamento para verificar como seus clientes se sentem em relação aos serviços oferecidos.[28]

O *empowerment* proporciona aos clientes a sensação de que suas preocupações estão sendo consideradas e fornece aos funcionários a sensação de que seu conhecimento importa. O resultado é uma maior satisfação tanto de clientes quanto de funcionários.

Trabalho em Equipe Muitas organizações, como a Southwest Airlines e o Walt Disney World, que são reconhecidas por oferecer maior valor aos clientes e apresentar altos níveis de satisfação, designam funcionários para as equipes e os ensinam a formar equipes. O **trabalho em equipe** envolve esforços colaborativos para alcançar objetivos comuns. Desempenho no trabalho, desempenho da empresa, valor do produto e satisfação do cliente, todos esses fatores melhoram quando as pessoas no mesmo departamento ou grupo de trabalho começam a apoiar e ajudar uns aos outros e a enfatizar a cooperação em vez da competição. O desempenho também é reforçado quando equipes multidisciplinares alinham seus trabalhos com as necessidades dos clientes. Se uma equipe de representantes de serviços de telecomunicações está trabalhando para melhorar a interação com os consumidores, os funcionários de

"SE EU TIVESSE OUVIDO O MERCADO, TERIA CONSTRUÍDO UM CAVALO MAIS RÁPIDO E MAIS BARATO."

– Henry Ford

QUAL É O NEGÓCIO DESSA EMPRESA?

Responder à pergunta "Qual é o negócio dessa empresa?" com relação aos benefícios que os clientes procuram, em vez de bens e serviços, oferece pelo menos três vantagens importantes:

- Garante que a empresa mantenha o foco nos clientes e evita a preocupação com produtos, serviços ou necessidades internas da organização.
- Incentiva a inovação e a criatividade, lembrando as pessoas que há muitas maneiras de satisfazer as necessidades do cliente.
- Estimula a consciência das mudanças nos desejos e nas preferências dos clientes para que a oferta de produtos seja mais propensa a permanecer relevante.

suporte, como técnicos de informática ou pessoal de treinamento, podem se tornar parte da equipe visando proporcionar valor e satisfação superior ao cliente.

O Negócio da Empresa

Uma empresa orientada para vendas define o seu negócio (ou missão) em termos de bens e serviços. Uma empresa orientada para o mercado define o seu negócio em termos dos benefícios que seus clientes procuram. Pessoas que gastam dinheiro, tempo e energia esperam receber benefícios, e não apenas bens e serviços. Essa distinção tem enormes implicações. Como um executivo sênior da Coca-Cola observou, a Coca-Cola está no negócio de hidratação.[29]

Em razão da maneira limitada como define seu negócio, uma empresa orientada para vendas muitas vezes perde oportunidades de atender clientes cujos desejos podem ser satisfeitos por meio de uma ampla gama de ofertas de produtos em vez de produtos específicos. Em 1989, a Britannica, empresa com 220 anos, tinha uma receita estimada de US$ 650 milhões e uma força de vendas mundial de 7.500 funcionários. Apenas cinco anos depois, após três anos consecutivos de perdas, a força de vendas tinha sido reduzida para um mínimo de 280 representantes. Como essa respeitada empresa decaiu tanto? Os gestores da Britannica viram que os concorrentes estavam começando a usar CD-ROM para armazenar enormes quantidades de informações, mas preferiram ignorar a nova tecnologia, bem como a oferta de se juntar à Microsoft.

Ter uma orientação para mercado e foco no cliente não significa oferecer-lhe tudo o que ele quer. É impossível, por exemplo, produzir e comercializar de forma lucrativa pneus de automóvel que durem 150 mil quilômetros por US$ 25. Além disso, as preferências dos clientes devem ser analisadas por um julgamento profissional sensato quanto à forma de oferecer os benefícios que eles procuram. Como Henry Ford disse uma vez: "Se eu tivesse ouvido o mercado, teria construído um cavalo mais rápido e mais barato".[30] Os consumidores têm um conjunto limitado de experiências. Eles não são suscetíveis a pedir nada além dessas experiências, porque eles não têm consciência dos benefícios que podem obter com outras ofertas em potencial. Antes da internet, por exemplo, muitas pessoas achavam que comprar determinados produtos era chato e demorado, mas não conseguiam expressar a necessidade por compras eletrônicas.

Aqueles a quem o Produto é Direcionado

Os produtos de uma organização orientada para vendas são direcionados a "todos" ou ao "cliente médio". Uma organização orientada para o mercado visa a grupos específicos de pessoas. A falha no desenvolvimento de produtos direcionados ao usuário médio está no fato de que, na realidade, existem relativamente poucos usuários médios. Normalmente, as populações caracterizam-se pela diversidade. A média é apenas um ponto médio em um conjunto de características. Porque a maioria dos clientes potenciais não são "médios", eles não são suscetíveis a serem atraídos para um produto médio comercializado para o cliente médio. Considere o mercado de xampus como um exemplo simples. Existem xampus para cabelos oleosos, secos e com caspa. Alguns xampus eliminam os cabelos grisalhos, outros colorem os cabelos. Xampus especiais são comercializados para bebês e idosos. Existem até xampus para pessoas com cabelos médios ou normais (seja lá o que isso signifique), mas essa é uma parcela relativamente pequena do mercado total desse item.

Uma organização orientada para o mercado reconhece que diferentes grupos de clientes desejam recursos ou benefícios diferentes. Assim, pode ser necessário desenvolver diferentes produtos, serviços e atrativos promocionais. Uma organização orientada para o mercado analisa cuidadosamente o mercado, dividindo-o em grupos de pessoas que são bastante semelhantes quanto às características selecionadas. Então, a organização desenvolve programas de marketing que originarão trocas mutuamente satisfatórias com um ou mais desses grupos. O Capítulo 8 explora exaustivamente o tema da análise de mercados e seleção daqueles que parecem mais promissores para a empresa.

O Principal Objetivo da Empresa

Uma organização orientada para vendas procura alcançar rentabilidade por meio do volume de vendas e tenta convencer potenciais clientes a comprar, mesmo o vendedor sabendo que cliente e produto são incompatíveis. As organizações orientadas para vendas atribuem maior valor à venda que ao desenvolvimento de um relacionamento de longo prazo com o cliente. O principal objetivo da maioria das organizações orientadas para mercado é obter lucro por meio da criação de valor para o cliente, proporcionando-lhe a satisfação e estabelecendo com ele relacionamentos de longo prazo. A exceção são as chamadas organizações sem fins lucrativos que existem para atingir outros fins que não os lucros. Organizações sem fins lucrativos podem e devem adotar uma orientação para mercado. A comercialização feita por organizações sem fins lucrativos é abordada com mais detalhes no Capítulo 12.

Ferramentas Utilizadas pelas Organizações para Atingir os Objetivos

Organizações orientadas para vendas procuram gerar volume de vendas por meio de atividades promocionais intensivas, principalmente a venda pessoal e a publi-

O POTENCIAL DO MARKETING NO TWITTER

Noventa por cento dos mais de 300 milhões de pessoas nos Estados Unidos têm conhecimento da existência do site de rede social Twitter, mas somente 17 milhões de americanos o utilizam. Com o enorme potencial de crescimento de usuários, as empresas estão procurando maneiras de usar o Twitter para aumentar a notoriedade de suas marcas. O relatório sobre o uso do Twitter nos Estados Unidos (Twitter Usage in America), produzido pela Edison Research and Arbitron, concluiu que mais de 40% dos usuários localizam e avaliam informações sobre produtos e serviços em suas contas. Obter uma palavra desses usuários poderia ser um benefício em potencial para os empresários, desde que esses ofereçam informações divertidas que não pareçam *spam*. As empresas com as contas de Twitter mais bem-sucedidas atualizam-nas regularmente e respondem às informações postadas nelas e a respeito delas. Confira @GrayWolfPress – uma conta com 29 mil seguidores que se concentra em conteúdos divertidos que não estão necessariamente relacionados a seus livros, mas mantêm a atenção na empresa.[31]

cidade. Já as organizações orientadas para mercado reconhecem que as decisões promocionais referem-se a apenas uma das quatro decisões básicas na composição do marketing: decisões de produto, decisões de local (ou distribuição), decisões promocionais e decisões de preços. Uma organização orientada para o mercado reconhece que cada um desses quatro componentes é importante. Além disso, as organizações orientadas para mercado reconhecem que o marketing não é uma responsabilidade apenas do departamento de marketing. Uma coordenação interfuncional significa que as habilidades e os recursos de toda a organização são necessários para criar, comunicar e oferecer melhores serviços e valores ao cliente.

Cuidado

A comparação entre orientação para vendas e orientação para mercado não tem a intenção de menosprezar o papel da promoção, especialmente as vendas pessoais, na composição de marketing. A promoção é o meio pelo qual as empresas se comunicam com os clientes atuais e potenciais sobre os méritos e as características de sua organização e produtos. A promoção eficaz é uma parte essencial do marketing. Os vendedores que trabalham em organizações orientadas para mercado geralmente são vistos por seus clientes como solucionadores de problemas e elos importantes com as fontes de fornecimento e os novos produtos. O Capítulo 18 aborda detalhadamente a natureza da venda pessoal.

OA 4 Por que Estudar Marketing

Agora que você entendeu o significado do termo *marketing*, por que é importante adotar uma orientação de marketing, como as organizações aplicam essa filosofia e como ela está evoluindo, você deve estar se perguntando: "O que eu tenho a ver com isso?" ou "Por que eu devo estudar marketing?". Essas são questões importantes se você está se formando em uma área de administração que não seja marketing (como contabilidade, economia ou administração de sistemas de informação) ou em uma área não comercial (como comunicação, pedagogia ou agricultura). Há várias razões importantes para estudar marketing: o marketing desempenha um papel importante na sociedade, ele é crucial para as empresas, oferece excelentes oportunidades de carreira e afeta a sua vida diária.

O Marketing Desempenha um Papel Importante na Sociedade

A população total dos Estados Unidos é superior a 300 milhões de pessoas.[32] Imagine quantas transações são necessárias a cada dia para alimentar, vestir e abrigar uma população desse tamanho. O número é enorme. E, ainda assim, tudo isso funciona muito bem, em parte porque o bem desenvolvido sistema econômico americano distribui de forma eficaz a produção de fazendas e indústrias. Uma família americana típica, por exemplo, consome 2,5 toneladas de alimento por ano. A comercialização torna os alimentos disponíveis quando queremos, nas quantidades desejadas, em locais acessíveis e em embalagens e formas higiênicas e convenientes (como alimentos instantâneos e congelados).

O Marketing É Importante para as Empresas

Os principais objetivos da maioria das empresas são sobrevivência, lucros e crescimento, e o marketing contribui diretamente para que esses objetivos sejam alcançados. O marketing inclui as seguintes atividades, que são vitais para as organizações empresariais: avaliar os desejos e a satisfação dos clientes atuais e potenciais, conceber e gerenciar a oferta de produtos, determinar preços e políticas de preços, desenvolver estratégias de distribuição e comunicar-se com os clientes atuais e potenciais.

Os envolvidos com a área de negócios, independentemente de sua especialização ou área de responsabilidade, precisam estar familiarizados com a terminologia e com os fundamentos de contabilidade, economia, administração e marketing. É necessário que esses indivíduos sejam capazes de se comunicar com especialistas de outras áreas. Além disso, o marketing não é apenas uma atividade desempenhada por algumas pessoas em um departamento de marketing. Ele é uma parte do trabalho de todos na organização. Assim, uma compreensão básica do marketing é importante para todas as pessoas envolvidas com a área de negócios.

O Marketing Oferece Excelentes Oportunidades de Carreira

Entre um quarto e um terço de todos os trabalhadores civis nos Estados Unidos desempenha atividades relacionadas ao marketing. O marketing oferece ótimas oportunidades de carreira em áreas como vendas, pesquisa, publicidade, varejo, gerenciamento de distribuição, gerenciamento de produtos, desenvolvimento de produtos e atacado. As oportunidades profissionais na área de marketing também existem em uma série de organizações não comerciais, incluindo hospitais, museus, universidades, forças armadas e vários órgãos governamentais e de serviços sociais.

O Marketing na Vida Cotidiana

O marketing desempenha um papel importante em sua vida cotidiana. Você participa do processo de marketing como consumidor de produtos e serviços. Cerca de metade de cada dólar gasto paga os custos de marketing, como pesquisa de mercado, desenvolvimento de produtos, embalagem, transporte, armazenamento, publicidade e despesas com vendas. Ao desenvolver uma melhor compreensão do marketing, você vai se tornar um consumidor mais bem informado. Além disso, entenderá melhor o processo de compra e será capaz de negociar de forma mais eficaz com os vendedores; estará mais bem preparado para exigir satisfação quando os produtos e serviços que comprar não atenderem aos padrões prometidos pelo fabricante ou pelo comerciante.

FERRAMENTAS DE ESTUDO CAPÍTULO 1

Acesse a Trilha de MKTG em www.cengage.com.br/4ltr para:

- ❏ Acessar os cartões de revisão dos capítulos
- ❏ Responder aos questionários práticos para se preparar para as provas
- ❏ Realizar as atividades "Vença o relógio" para dominar os conceitos
- ❏ Completar as "Palavras cruzadas" para revisar os termos-chave

87% dos estudantes consultados acreditam que MKTG possui valor maior do que outros livros didáticos.

EXPRESSE-SE!

ELES DIZEM

"Eles são escritos com uma linguagem **concisa e objetiva**. Há toneladas de fotos e sinopses com informações interessantes. É muito relevante para minha vida. É bom ter um livro/site que parece **chegar até os estudantes e que realmente se preocupa** com a forma como aprendemos, e tenta se adequar às nossas necessidades, tanto quanto possível. Obrigada por isso."

– Alice Brent, aluna da Universidade Estadual do Arizona

MKTG foi desenvolvido sobre um princípio simples: criar uma nova solução de ensino e aprendizagem que reflete o modo como os docentes ensinam atualmente e a forma como você aprende.

Por meio de conversas, grupos, pesquisas e entrevistas, coletamos dados que resultaram na criação do livro MKTG que você está utilizando hoje. Mas não paramos por aí. Para tornar o MKTG uma experiência de aprendizagem ainda melhor, gostaríamos que você nos dissesse como o MKTG funcionou com você.

O que você gostou nele?
O que você mudaria?
Você tem ideias sobre os princípios de marketing que poderiam nos ajudar a desenvolver um produto melhor para os alunos?

Ao acessar a Trilha de MKTG, você encontrará todos os recursos necessários para ser bem-sucedido com os princípios de marketing – **cartões de revisão dos capítulos**, **games interativos**, **flashcards** e muito mais!

Expresse-se! Acesse **www.cengage.com.br/4ltr**.

CAPÍTULO **2** Planejamento Estratégico para Vantagem Competitiva

Objetivos da Aprendizagem

OA 1 Compreender a importância do marketing estratégico e conhecer um plano de marketing básico

OA 2 Desenvolver a declaração de missão da empresa

OA 3 Descrever os componentes de uma análise situacional

OA 4 Explicar os critérios para declarar os objetivos de marketing

OA 5 Identificar as fontes de vantagem competitiva

OA 6 Identificar alternativas estratégicas

OA 7 Discutir estratégias de mercado-alvo

OA 8 Descrever os elementos do composto de marketing

OA 9 Explicar por que a implantação, a avaliação e o controle do plano de marketing são necessários

OA 10 Identificar as técnicas que ajudam a tornar o planejamento estratégico eficaz

Um bom plano estratégico pode ajudar a proteger e incrementar os recursos da empresa.

APÓS CONCLUIR ESTE CAPÍTULO, VÁ PARA A PÁGINA 31 PARA OBTER AS FERRAMENTAS DE ESTUDO

OA 1 — A Natureza do Planejamento Estratégico

O **planejamento estratégico** é o processo gerencial de criação e manutenção do equilíbrio entre os objetivos e os recursos da organização e as oportunidades de mercado em evolução. O objetivo do planejamento estratégico é a rentabilidade e o crescimento a longo prazo. Assim, as decisões estratégicas requerem compromissos de longo prazo em relação aos recursos.

Um erro estratégico pode ameaçar a sobrevivência de uma empresa. Já um bom plano estratégico pode ajudar a proteger e incrementar os recursos da organização. Se a March of Dimes decidisse se concentrar apenas na luta contra a poliomielite, a empresa não existiria mais. Para a maioria das pessoas, a pólio é uma doença erradicada. A March of Dimes sobreviveu tomando a decisão estratégica de se voltar para o combate a defeitos congênitos.

A gestão de marketing estratégico aborda duas questões: Qual é a principal atividade da organização em determinado momento? Como ela vai atingir os objetivos? Aqui estão alguns exemplos de decisões estratégicas:

» A Macy's está implantando uma abordagem adicional de vendas de produtos de beleza para mais mercados desse nicho. A seção Impulse Beauty exibe uma série de marcas menores e permite que os compradores analisem os produtos sozinhos. Se os clientes precisarem de auxílio, os consultores da Impulse Beauty têm bastante conhecimento sobre várias linhas. A ideia é proporcionar acesso a itens adicionais exclusivos daquela loja.

planejamento estratégico processo gerencial de criação e manutenção do equilíbrio entre os objetivos e os recursos da organização e as oportunidades de mercado em evolução

Qual a sua opinião?
Nada é realizado sem planejamento.

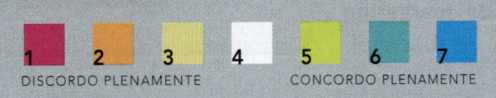

1 2 3 4 5 6 7
DISCORDO PLENAMENTE — CONCORDO PLENAMENTE

AP IMAGES/JENNIFER GRAYLOCK

17

planejamento processo de prever eventos futuros e determinar estratégias para alcançar os objetivos organizacionais

planejamento de marketing atividades de desenvolvimento relacionadas aos objetivos de marketing e à mudança do ambiente de marketing

plano de marketing documento por escrito que serve de guia para o gestor de marketing em relação às atividades da área

A Macy's já implantou uma estratégia semelhante no segmento de vestuário.[1]

▶▶ Após 20 anos com a sueca Saab, a General Motors a vendeu para Victor Muller, proprietário da montadora de carros de luxo Spyker Cars, que planeja retornar a marca às suas raízes. Os mais recentes projetos de Muller para a Saab lembram o 92, um carro veloz adorado pelos corredores europeus nos anos de 1950, e trazem de volta o peculiar e útil "saabismo", que tem um histórico de extrema lealdade entre motoristas adeptos dos veículos da marca Saab. Tudo o que Muller precisa é investir no desenvolvimento, equipar os carros com tecnologia e convencer os compradores de que a Saab está de volta.[2]

▶▶ Com o iPad ameaçando o mercado de *netbooks* superportáteis, a Asustek transferiu sua atenção para a pesquisa e o desenvolvimento de *tablets* com processadores Intel, teclados embutidos e telas sensíveis ao toque. A empresa também está explorando o mercado de *netbooks* de luxo com sistemas de som de alta capacidade e estojos de bambu.[3]

Essas decisões têm afetado ou afetarão os negócios das empresas, sua alocação de recursos e, principalmente, seu sucesso financeiro. Já uma decisão operacional, como alterar o design da embalagem do cereal Post's Toasties ou a doçura do molho para saladas da Kraft, provavelmente não terá grande impacto na lucratividade das empresas no longo prazo.

Como as empresas lidam com o planejamento estratégico de marketing? Como os funcionários sabem implantar os objetivos de longo prazo da empresa? A resposta é: plano de marketing.

O que é um Plano de Marketing?

O **planejamento** é o processo de prever eventos futuros e determinar as estratégias para alcançar os objetivos organizacionais. O **planejamento de marketing** envolve atividades de desenvolvimento relacionadas aos objetivos de marketing e à mudança do ambiente de marketing. É a base para todas as estratégias e decisões de marketing. Questões como linhas de produtos, canais de distribuição, comunicação de marketing e definições de preços são descritas no **plano de marketing**. O plano de marketing é um documento por escrito que serve de guia para o gestor de marketing em relação às atividades da área. Neste capítulo, você aprenderá a importância de elaborar um plano de marketing e o tipo de informação contido nele.

Por que Elaborar um Plano de Marketing?

Especificando os objetivos e definindo as ações necessárias para atingi-los, pode-se determinar no plano de marketing a base pela qual o desempenho real e o esperado podem ser comparados. O marketing pode ser uma das atividades comerciais mais caras e complicadas, mas também é uma das mais importantes. O plano de marketing prevê atividades claramente definidas que ajudam os funcionários e os gestores a compreender e a trabalhar para atingir objetivos comuns.

A redação de um plano de marketing permite que se examine o ambiente de marketing juntamente com o funcionamento interno da empresa. Após ser elaborado, o plano serve de ponto de referência para o sucesso de atividades futuras. Por fim, ele permite que o gestor entre no mercado tendo consciência das possibilidades e dos problemas.

Elementos do Plano de Marketing

Os planos de marketing podem ser apresentados de muitas formas. A maioria das empresas necessita de um plano de marketing por escrito, porque ele é extenso e pode ser complexo. Detalhes sobre as tarefas e atribuições podem se perder se forem comunicados verbalmente. Como quer que sejam apresentados, alguns elementos são comuns a todos os planos de marketing. A Figura 2.1 apresenta esses elementos, incluindo a definição da missão

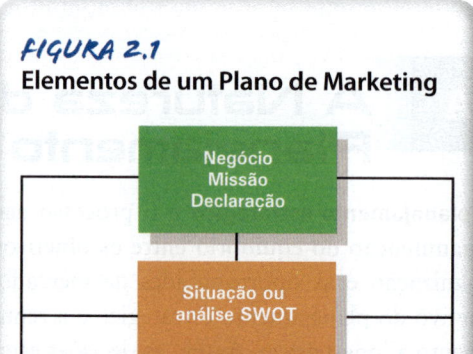

FIGURA 2.1
Elementos de um Plano de Marketing

- Negócio / Missão / Declaração
- Situação ou análise SWOT
- Objetivos
- Estratégia de marketing
  - Estratégia para o mercado-alvo
  - Composto de marketing
    - Produto
    - Distribuição
    - Promoção
    - Preço
- Implementação / Avaliação / Controle

da empresa, a realização de uma análise situacional, a definição de objetivos, a descrição do mercado-alvo e o estabelecimento dos componentes do marketing mix. Outros elementos que podem ser incluídos em um plano são orçamentos, cronogramas de implantação, esforços de pesquisa de marketing necessários e elementos de planejamento estratégico avançado. Para obter um modelo de planejamento de marketing e um exemplo de plano de marketing, acesse e faça o login na Trilha de MKTG, em www.cengage.com.br/4ltr.

A seleção de quais alternativas seguir depende da filosofia geral e da cultura da empresa. A escolha também depende da ferramenta usada para tomar a decisão. As empresas têm, geralmente, uma das duas filosofias sobre quando esperam lucros: ou elas querem lucros imediatos ou buscam primeiro aumentar sua participação de mercado e, depois, buscar lucros. Em longo prazo, a participação de mercado e a rentabilidade são objetivos compatíveis. Muitas empresas vêm seguindo, há muito tempo, a seguinte crença: construa uma participação de mercado e os lucros certamente virão. A Amazon lançou o primeiro *e-reader* e estabeleceu preços baixos para *e-books* na tentativa de ganhar uma parcela do mercado antes que a Apple, a Barnes & Noble e a Borders lançassem tecnologia semelhante. A IBM, por sua vez, dá mais importância à rentabilidade e à valorização das ações que à participação de mercado, qualidade e atendimento ao cliente. Como é possível perceber, a mesma alternativa estratégica pode ser encarada de forma diferente por diferentes empresas.

Existe uma série de ferramentas para ajudar os gestores a escolher uma alternativa estratégica. As mais comuns entre essas ferramentas são aquelas em forma de matriz. Descrevemos aqui a matriz de portfólio com mais detalhes.

Elaboração do Plano de Marketing

A criação e a implantação de um plano de marketing completo permitirão à organização alcançar seus objetivos de marketing e ter sucesso. Entretanto, a qualidade do plano de marketing depende da qualidade das informações que contém, bem como o esforço, a criatividade e o pensamento empregados em sua criação. Ter um bom sistema de informação de marketing e uma riqueza de inteligência competitiva (abordados no Capítulo 9) é fundamental para uma análise situacional ampla e precisa. O papel da intuição gerencial também é importante na criação e seleção das estratégias de marketing. Os gestores devem ponderar qualquer informação com relação à sua precisão, assim como seu próprio julgamento ao tomar uma decisão de marketing.

Observe que a estrutura geral do plano de marketing (Figura 2.1) deve ser vista como uma série de etapas de planejamento sequenciais. Muitos dos elementos do plano de marketing são decididos simultaneamente e em conjunto. Além disso, todo plano de marketing tem um conteúdo diferente, dependendo da organização, da missão, dos objetivos, das metas e dos componentes do composto de marketing. Não existe um formato único correto para um plano de marketing. Muitas organizações têm seu próprio formato diferenciado ou terminologia para a criação de um plano de marketing. O plano de marketing deve ser exclusivo para a empresa para a qual foi criado. Lembre, no entanto, que embora o formato e a ordem de apresentação devam ser flexíveis, os mesmos tipos de perguntas e áreas temáticas devem compor qualquer plano de marketing.

OA 2 Definição da Missão da Empresa

A base de qualquer plano de marketing é a **declaração de missão** da empresa, que responde à pergunta "Qual é o nosso negócio?". A forma como a empresa define sua missão comercial afeta profundamente a alocação de recursos, a rentabilidade e a sobrevivência dela em longo prazo. A declaração de missão baseia-se em uma análise cuidadosa dos benefícios que clientes atuais e potenciais buscam, bem como em uma análise das condições ambientais atuais e previstas. Ela estabelece limites para todas as decisões, objetivos e estratégias subsequentes.

Uma declaração de missão deve concentrar-se no mercado ou nos mercados que a organização está tentando atender, e não nos produtos ou serviços oferecidos. Caso contrário, uma nova tecnologia pode rapidamente tornar os produtos ou

> **declaração de missão** definição dos negócios da empresa baseada em uma análise cuidadosa dos benefícios que clientes atuais e potenciais buscam, bem como em uma análise das condições ambientais atuais e previstas

> A QUALIDADE DO PLANO DE MARKETING DEPENDE DAS INFORMAÇÕES QUE CONTÉM, BEM COMO QUANTO O ESFORÇO, A CRIATIVIDADE E O PENSAMENTO EMPREGADOS EM SUA CRIAÇÃO.

CAPÍTULO 2: PLANEJAMENTO ESTRATÉGICO PARA VANTAGEM COMPETITIVA

miopia de marketing
definição de um negócio baseada em bens e serviços, e não em benefícios que os clientes procuram

unidade estratégica de negócios (UEN)
subgrupo de uma única empresa ou de um conjunto de empresas associadas dentro de uma organização maior

análise SWOT
identificação dos pontos fortes (Strengths) e fracos (Weaknesses) internos e análise das oportunidades (Opportunities) e ameaças (Threats) externas

monitoramento ambiental coleta e interpretação de informações sobre forças, eventos e relacionamentos no ambiente externo que podem afetar o futuro da organização ou a implantação do plano de marketing

serviços obsoletos e a declaração de missão irrelevante para as funções da empresa. Declarações de missão empresariais que são definidas de forma muito restritiva sofrem de **miopia de marketing**, ou seja, a definição baseia-se em bens e serviços, e não nos benefícios que os clientes procuram. Nesse contexto, *miopia* pode significar um pensamento restrito em curto prazo. A Frito-Lay define sua missão como estar no negócio de petiscos, e não no negócio de salgadinhos de milho. A missão das equipes esportivas não é apenas jogar, mas atender aos interesses dos torcedores.

As missões empresariais podem ser definidas de forma demasiadamente ampla. "Oferecer produtos de qualidade e valor superior que melhorem a vida dos consumidores ao redor do mundo" é, provavelmente, uma declaração de missão abrangente para qualquer empresa, exceto para a Procter & Gamble. É preciso ter cuidado ao definir o negócio no qual a empresa está envolvida. A missão da Ben & Jerry's concentra-se em três aspectos importantes do seu negócio de sorvetes: (1) Produto: "Produzir, distribuir e vender sorvetes naturais da melhor qualidade, além de assumir o compromisso contínuo de incorporar ingredientes naturais e integrais e promover práticas comerciais que respeitem a Terra e o meio ambiente" (2) Economia: "Dirigir a empresa de forma sustentável do ponto de vista financeiro, com crescimento rentável, aumentando o valor para os acionistas e ampliando as oportunidades de desenvolvimento profissional dos funcionários" e (3) Social: "Dirigir a empresa de uma forma que reconheça o papel central que o negócio desempenha na sociedade, dando início a formas inovadoras de melhorar a qualidade de vida em âmbito local, nacional e internacional".[4] Declarando-se corretamente a missão empresarial com relação aos benefícios que os clientes procuram, a base para o plano de marketing está definida. Em razão da exposição na internet, muitas empresas estão se concentrando em desenvolver declarações de missão mais adequadas.

É possível que uma organização precise definir a declaração de missão e os objetivos para uma **unidade estratégica de negócios (UEN)**, um subgrupo de uma única empresa ou um conjunto de empresas associadas dentro de uma organização maior. Uma UEN adequadamente definida deve ter uma missão distinta e um mercado-alvo específico, um controle sobre seus recursos, seus próprios concorrentes e planos independentes das outras UENs da organização. Assim, uma grande empresa como a Kraft Foods pode ter planos de marketing para cada uma de suas UENs, que incluem alimentos para o desjejum, sobremesas, alimentos para animais e bebidas.

OA 3 Realização de uma Análise Situacional

Os profissionais de marketing devem entender o ambiente atual e potencial no qual o produto ou serviço será comercializado. Muitas vezes, uma análise situacional é tomada como uma **análise SWOT**, isto é, a empresa deve identificar seus pontos fortes (**S**, *Strengths*) e fracos (**W**, *Weaknesses*) internos e avaliar as oportunidades (**O**, *Opportunities*) e ameaças (**T**, *Threats*) externas.

Ao examinar os pontos fortes e fracos internos, o gestor de marketing deve se concentrar nos recursos organizacionais, como custos de produção, habilidades de marketing, recursos financeiros, imagem da empresa e da marca, mão de obra e tecnologia disponível. As ações da Dell, por exemplo, caíram 42% desde janeiro de 2007, portanto a administração precisa examinar os pontos fortes e fracos da empresa e sua concorrência. A Dell tem um negócio de servidores de US$ 6 bilhões (ponto forte), mas as contas no mercado de PCs apresentaram um encolhimento significativo para 24% das vendas (ponto fraco). Concorrentes como IBM e Hewlett-Packard (HP) estão se voltando maciçamente para os negócios de softwares e consultorias, assim, para evitá-los, a Dell pode considerar o mercado de equipamentos para redes estimado em US$ 7,1 bilhões.[5] Outra questão a considerar nessa seção do plano de marketing é o contexto da empresa, seu histórico de vendas e lucros.

Ao examinar as oportunidades e ameaças externas, os gestores de marketing devem analisar os aspectos do ambiente de marketing. Esse processo é chamado de **monitoramento ambiental**, ou seja, coleta e interpretação de informações sobre forças, eventos e relacionamentos presentes no ambiente externo que podem afetar o futuro da organização ou a implantação do plano de marketing. O monitoramento ambiental ajuda a identificar oportunidades e ameaças de mercado e fornece orientações para a concepção de estratégia de marketing. As seis forças macroambientais mais estudadas são: social, demográfica, econômica, tecnológica, política e jurídica e concorrencial. Essas forças são analisadas em detalhes no Capítulo 4. Desde 2001, a PepsiCo tem tentado aumentar a participação de mercado da SoBe Lifewater, mas quando a Coca-Cola comprou a *vitaminwater*, em 2007, a urgência aumentou repentinamente. Com a ajuda de Tom Silk, um profissional de marketing da Web-savvy que supervisionou as atividades de marketing das séries de *videogames Call of Duty* e *Guitar Hero*, a Lifewater concentrou-se novamente no mercado que tornou a SoBe popular: a geração do milênio. Compreendendo o gosto dos jovens pelo marketing viral, a SoBe testa os anúncios de TV no YouTube antes de colocá-los no ar. Para impulsionar as vendas, a SoBe baixou o preço por garrafa em quatro centavos, ao passo que a concorrente *vitaminwater* aumentou seus preços em quatro centavos. As mudanças estão dando resultado. Compreender quem compra a Lifewater e fazer mudanças de marketing para abordar o ambiente dobrou a participação de mercado da marca este ano. [6]

OA 4 Definição dos Objetivos do Plano de Marketing

Antes que os detalhes de um plano de marketing possam ser desenvolvidos, seus objetivos devem ser estabelecidos. Sem objetivos, não há base para medir o sucesso das atividades do plano de marketing.

Um **objetivo de marketing** é uma definição do que deve ser alcançado por meio das atividades de marketing. Para serem úteis, os objetivos estabelecidos devem:

» *Ser realistas*: os gestores devem desenvolver objetivos que possam ser alcançados. Por exemplo, pode ser irreal para novas empresas ou novos produtos controlar a participação de mercado dominante em razão de existirem concorrentes no mercado.

» *Ser mensuráveis*: os gestores precisam ser capazes de medir quantitativamente se um objetivo foi alcançado ou não. Seria difícil determinar o sucesso de um objetivo como este: "Aumentar as vendas de ração para gatos". Se a empresa vende 1% a mais de ração para gatos, isso significa que o objetivo foi alcançado? Em vez disso, deve ser estabelecido um número específico, por exemplo, "Aumentar as vendas de ração para gatos da marca Purina de US$ 300 milhões para US$ 345 milhões".

» *Ter um prazo específico*: Qual o prazo para o objetivo ser atendido? "Aumentar as vendas de ração para gatos da marca Purina entre 1º de janeiro de 2011 e 31 de dezembro de 2011".

» *Ser comparados a um benchmark*: se o objetivo é aumentar as vendas em 15%, é importante conhecer a base pela qual o objetivo será medido. As vendas atuais? As vendas do último ano? Por exemplo, "Aumentar as vendas de ração para gatos da marca Purina em 15% acima dos US$ 300 milhões obtidos com as vendas de 2010".

Os objetivos também devem ser coerentes e indicar as prioridades da organização. Mais especificamente, os objetivos fluem da declaração da missão empresarial para o resto do plano de marketing.

Objetivos cuidadosamente especificados servem a várias funções. Primeiro, eles traduzem filosofias de gestão de marketing e fornecem orientação para os gestores de marketing de nível mais baixo de modo que os esforços sejam integrados e direcionados de forma consistente. Os objetivos também servem de motivação ao criar algo que incentive os funcionários a se esforçarem. Quando os objetivos são atingíveis e desafiadores, eles motivam aqueles que estão encarregados de atendê-los. Além disso, o processo de redigir objetivos específicos força os executivos a esclarecer seus pensamentos. Por último, os objetivos formam uma base de controle: a eficácia de um plano pode ser medida com base nos objetivos definidos.

> **objetivo de marketing** declaração do que deve ser alcançado por meio das atividades de marketing
>
> **vantagem competitiva** conjunto de características específicas de uma empresa e seus produtos percebido pelo mercado-alvo como importantes e superiores ao que oferece a concorrência

OA 5 Vantagem Competitiva

A realização de uma análise SWOT permite que as empresas identifiquem sua **vantagem competitiva**. Uma vantagem competitiva é um conjunto de características específicas de uma empresa e seus produtos percebidos pelo mercado-alvo como importantes e superiores ao que oferece a concorrência. O fator ou os fatores que fazem os clientes optarem por determinada empresa, e não pela concorrência. Existem três tipos de vantagem competitiva: custo, diferenciação produtos/serviços e nichos.

Vantagem Competitiva de Custo

A liderança de custo pode resultar da obtenção de matérias-primas baratas, da criação de uma escala eficiente

vantagem competitiva de custo ser um concorrente de baixo custo e, ainda assim, manter margens de lucro satisfatórias

curvas de experiência curvas que mostram a queda dos custos a uma taxa previsível, conforme a experiência com um produto aumenta

para as operações de fábrica, da concepção de produtos de fabricação fácil, do controle de despesas gerais e do ato de evitar clientes marginais. Muitas das modernas empresas de design e fabricação de móveis, como a IKEA, consideram a criatividade sua única vantagem competitiva. No entanto, a empresa obtém significativa vantagem competitiva em relação aos custos concentrando-se nos preços. Ao desenvolver um novo produto, a primeira decisão dos *designers* refere-se a quanto o produto final irá custar na loja. Em seguida, eles desenvolvem o projeto de acordo com esse valor. O resultado é um produto divertido, funcional e de alta qualidade por muito menos que oferece qualquer concorrente.[7] Ter **vantagem competitiva de custo** significa ser um concorrente de baixo custo e, ainda assim, manter margens de lucro satisfatórias.

A vantagem competitiva de custo permite que uma empresa ofereça maior valor ao seu cliente. O Walmart, líder mundial em supermercados que comercializa mercadorias de baixo custo, oferece um bom valor a seus clientes porque se concentra em fornecer uma grande variedade de mercadorias a preços baixos e bom atendimento ao cliente. A empresa é capaz de manter seus preços porque exerce forte poder de compra nas suas relações com os fornecedores. Os custos podem ser reduzidos de várias formas:

▶▶ *Curvas de experiência*: as **curvas de experiência** mostram que os custos caem a uma taxa previsível, conforme a experiência com um produto aumenta. O efeito da curva de experiência abrange uma ampla gama de custos de fabricação, de marketing e administrativos. As curvas de experiência refletem o aprendizado por meio de procedimentos, avanços tecnológicos e economias de escala. Empresas como a Boeing utilizam as curvas de experiência histórica como base para prever e definir preços. As curvas de experiência permitem à administração prever custos e definir preços com base nos custos previstos em relação aos custos atuais.

▶▶ *Mão de obra eficiente*: os custos de mão de obra podem ser um componente importante dos custos totais nas indústrias de baixa qualificação e trabalho intenso, como a montagem de produtos e fabricação de peças de vestuário. Muitos editores e desenvolvedores de software dos Estados Unidos enviam entradas de dados, projetos e tarefas de formatação para a Índia, onde engenheiros qualificados estão disponíveis a um custo mais baixo.

▶▶ *Produtos e serviços sem supérfluos*: os comerciantes podem reduzir os custos eliminando supérfluos e opcionais de um produto ou serviço. A Southwest Airlines, por exemplo, oferece tarifas baixas, porém não há assentos determinados nem refeições. Os custos baixos proporcionam à empresa um fator de carga mais elevado e maior economia de escala, o que, por sua vez, significa preços mais baixos.

▶▶ *Subsídios do governo*: os governos podem fornecer subsídios e empréstimos sem juros para determinados ramos da indústria. Esse apoio permitiu que os fabricantes de semicondutores japoneses se tornassem líderes mundiais.

▶▶ *Design de produto*: a tecnologia de design de ponta pode ajudar a compensar os altos custos com mão de obra. A BMW é líder mundial em design de carros que são de fácil fabricação e montagem. A engenharia reversa, processo de desmontar um produto peça a peça para conhecer seus componentes e obter pistas sobre o processo de fabricação, também pode significar economia. Realizar a engenharia reversa em um produto de baixo custo de um concorrente pode economizar custos de pesquisa e projeto. Engenheiros japoneses têm revertido muitos produtos, como *chips* de computador do Vale do Silício.

▶▶ *Reengenharia*: a reengenharia implica repensar e reprojetar os processos comerciais para alcançar melhorias drásticas em medidas críticas de desempenho. Em geral, envolve a reorganização de departamentos funcionais, como vendas, engenharia e produção, em equipes interdisciplinares.

▶▶ *Inovações de produção*: as inovações de produção, como novas tecnologias e técnicas de produção simplificadas, ajudam a reduzir o custo médio de produção. Tecnologias, como projeto assistido por computador (CAD), produção assistida por computador (CAM) e robôs cada vez mais sofisticados, ajudam empresas como a Boeing, a Ford e a General Electric a reduzir custos de produção.

▶▶ *Novos métodos de prestação de serviços*: as despesas médicas têm sido substancialmente reduzidas por meio de cirurgias ambulatoriais e clínicas de pronto-atendimento. Revistas exclusivas para leitura on-line proporcionam uma grande economia; até algumas revistas impressas estão explorando formas de estarem disponíveis on-line para economizar custos com material e envio.

Vantagem Competitiva da Diferenciação de Produtos e Serviços

Em razão das vantagens competitivas de custo estarem sujeitas à erosão contínua, a diferenciação entre produtos e serviços tende a proporcionar uma vantagem competitiva mais duradoura. A durabilidade dessa estratégia tende a torná-la mais atraente para muitos gestores importantes. A **vantagem competitiva da diferenciação de produtos e serviços** existe quando uma empresa oferece algo que é exclusivo e valioso para os compradores, além de simplesmente oferecer um preço mais baixo que o da concorrência. Os exemplos incluem marcas comerciais (Lexus), uma rede forte de distribuidores (Caterpillar para a construção civil), confiabilidade do produto (utensílios Maytag), imagem (Neiman Marcus no varejo) ou serviços (FedEx). Fazendas orgânicas e feiras de agricultores locais são bastante comuns, mas não há muitas empresas que entreguem os produtos em casa. A Green B. E. A. N. Delivery, em Ohio, utiliza sua rede de agricultores orgânicos e artesanais locais para entregar produtos frescos em domicílio. Em vez de levar os clientes ao produto, a Green B. E. A. N. Delivery leva o produto ao clientes. 8

Vantagem Competitiva dos Nichos

A **vantagem competitiva dos nichos** busca se concentrar em um único segmento do mercado e atendê-lo de forma eficaz (ver Capítulo 8). Para pequenas empresas com recursos limitados que enfrentam concorrentes gigantes, focar em um nicho pode ser a única opção viável. Um segmento de mercado com bom potencial de crescimento, mas que não é crucial para o sucesso dos principais concorrentes, é um bom candidato para desenvolver uma estratégia de nicho.

Muitas empresas que utilizam uma estratégia de nicho atendem a apenas um mercado geográfico limitado. Buddy Freddy's é uma cadeia de restaurantes muito bem-sucedida, mas situa-se apenas na Flórida. A Migros é a principal cadeia de mercearias da Suíça. Ela não tem lojas fora desse pequeno país.

> **vantagem competitiva da diferenciação de produtos e serviços** oferta de algo que é exclusivo e valioso para os compradores além de simplesmente ter um preço mais baixo que o da concorrência
>
> **vantagem competitiva dos nichos** vantagem alcançada quando uma empresa tem como alvo um pequeno segmento do mercado e o atende de forma eficaz

AS BICICLETAS

O uso da bicicleta como meio de transporte nos Estados Unidos cresceu 35% nos últimos cinco anos, mas o design das bicicletas não acompanhou esse ritmo. A maioria das bicicletas americanas são modelos para pistas ou *mountain bike*, ou seja, são desenvolvidas para competições de velocidade ou para terem durabilidade fora da estrada, e não para uso diário. Rob Forbes quer mudar isso com sua nova fábrica de bicicletas, a Public. Para desenvolver uma bicicleta própria para o transporte diário, ele foi direto para a capital mundial desse meio de transporte, Utrecht, na Holanda, onde a hora do *rush* refere-se somente a bicicletas, não a carros. As bicicletas da Public assemelham-se às europeias. Todas possuem para-lamas, suportes, cestos e apoios coloridos, mas os modelos são leves e suficientemente resistentes para enfrentar as colinas e as lombadas, comuns nas vias americanas. Em muitas lojas do país, os clientes podem testar uma bicicleta Public antes de gastar de US$ 850 a US$ 1.200 comprando uma nova. Adaptar o modelo europeu para o consumidor norte-americano pode ser a chave para fazer os ciclistas americanos se revelarem.9

vantagem competitiva sustentável vantagem que não pode ser copiada pela concorrência

Chef's Garden, uma fazenda de 225 acres em Ohio, é especializada no cultivo artesanal de vegetais raros e envio direto para seus clientes. *Chefs* de todo o mundo ligam para solicitar algum item exclusivo cultivado e enviado pela Chef's Garden. A fazenda fornece serviços personalizados e vegetais especiais da melhor qualidade que não estão disponíveis em nenhum outro lugar e conta com seus clientes para dar ideias do que gostariam de oferecer em seus restaurantes. O excelente serviço e a sensação de contribuição fazem os *chefs* se tornarem clientes assíduos.[10]

Construção de Vantagem Competitiva Sustentável

A chave para ter uma vantagem competitiva é a capacidade de sustentá-la. A **vantagem competitiva sustentável** é aquela que não pode ser copiada pela concorrência. A Netflix, serviço de assinatura de filmes on-line, mantém o controle do mercado de aluguel de filmes. Nenhuma empresa chegou perto da quantidade incomparável de títulos disponíveis que podiam ser enviados diretamente para a casa dos clientes ou transmitidos on-line. A Blockbuster tentou criar um serviço semelhante vinculado a novos lançamentos, mas até agora não foi capaz de competir com a conveniência e a seleção oferecidas pela Netflix. Os 14 milhões de assinantes da Netflix têm um atraso de 28 dias para a maioria dos filmes mais recentes, mas, de acordo com a empresa, somente algumas centenas de clientes reclamaram dessa situação. A promissora Hulu acabou de lançar um novo serviço por assinatura e a Netflix espera manter sua vantagem desenvolvendo um aplicativo para iPhone que permite levar a Netflix no bolso.[11] Quando lançado no mercado de analgésicos, o Datril foi anunciado como sendo exatamente igual ao Tylenol, só que mais barato.

O Tylenol respondeu baixando o seu preço, destruindo, assim, a vantagem competitiva do Datril e sua capacidade de se manter no mercado. Nesse caso, o preço baixo não era uma vantagem competitiva sustentável. Sem uma vantagem competitiva, os clientes-alvo não veem nenhuma razão para favorecer determinada organização em vez dos concorrentes.

A noção de vantagem competitiva significa que uma empresa bem-sucedida destaca-se em uma posição única de alguma forma com relação à concorrência. A imitação pelos concorrentes indica falta de vantagem competitiva e leva a um desempenho medíocre. Além disso, os concorrentes raramente ficam parados, então, não é surpreendente que a imitação faça os gestores se sentirem presos em um interminável pega-pega. Eles são regularmente surpreendidos pelas novas realizações de seus concorrentes.

Em vez de copiar, as empresas precisam criar suas próprias vantagens competitivas. As fontes de vantagens competitivas de amanhã são as habilidades e os recursos da organização. Esses recursos incluem patentes, direitos autorais, localização, equipamentos e tecnologia superiores aos da concorrência. As habilidades são funções, como atendimento ao cliente e promoção, que a empresa pode desempenhar melhor que seus concorrentes. Os gestores de marketing devem estar continuamente focados nas habilidades e nos recursos da empresa para sustentar e criar vantagens competitivas.

Lembre-se, uma vantagem competitiva sustentável é uma função da velocidade com a qual os concorrentes são capazes de imitar a estratégia e os planos de uma empresa líder. A imitação requer que um concorrente identifique a vantagem competitiva do líder, determine como ela é alcançada e, então, aprenda a copiá-la.

FIGURA 2.2
Matriz de Oportunidades Estratégicas de Ansoff

	Produto Atual	**Produto Novo**
Mercado Atual	*Penetração de Mercado* A Starbucks vende mais café para os clientes que registram seus cartões recarregáveis Starbucks.	*Desenvolvimento de Produto* A Starbucks desenvolve o café instantâneo em pó Via.
Mercado Novo	*Desenvolvimento de Mercado* A Starbucks abre lojas no Brasil e no Chile.	*Diversificação* A Starbucks lança o Hear Music e compra a Águas Ethos.

PARTE 1: O MUNDO DO MARKETING

OA 6 Direções Estratégicas

O resultado final da análise SWOT e a identificação de uma vantagem competitiva têm como objetivo avaliar a direção estratégica da empresa. A seleção de uma alternativa estratégica é o próximo passo no planejamento de marketing.

Alternativas Estratégicas

Para descobrir uma oportunidade de marketing, os gestores devem saber identificar as alternativas. Um método para o desenvolvimento de alternativas é a matriz de oportunidades estratégicas de Ansoff (ver Figura 2.2), que apresenta a correlação entre produtos e mercados. Há quatro opções que podem ser exploradas pelas empresas:

- *Penetração de mercado*: uma empresa que utiliza a alternativa de **penetração de mercado** tenta ampliar sua participação de mercado entre os clientes atuais. Se a Kraft Foods iniciasse uma grande campanha para o café Maxwell House com publicidade agressiva e cupons de descontos para os clientes atuais, teríamos uma estratégia de penetração. Os bancos de dados de clientes, discutidos nos capítulos 9 e 21, ajudariam os gestores a implantar essa estratégia.

- *Desenvolvimento de mercado*: o **desenvolvimento de mercado** significa atrair novos clientes para os produtos existentes. O ideal é que sejam desenvolvidos novos usos para antigos produtos, o que estimularia as vendas adicionais entre os clientes já existentes e, ao mesmo tempo, traria novos compradores. O McDonald's, por exemplo, abriu restaurantes na Rússia, China e Itália e está se expandindo avidamente na Europa Oriental. Nos negócios sem fins lucrativos, a ênfase crescente na educação continuada e no desenvolvimento de executivos, dada pelas faculdades e universidades, é uma estratégia de desenvolvimento de mercado.

- *Desenvolvimento de produto*: uma estratégia de **desenvolvimento de produto** implica a criação de novos produtos para os mercados atuais. O McDonald's introduziu sobremesas à base de iogurte, saladas e frutas no seu cardápio para oferecer a seus clientes atuais opções mais saudáveis. Os gestores que optam pela estratégia de desenvolvimento de produto podem contar com seu amplo conhecimento do público-alvo. Geralmente, eles têm boa percepção do que os clientes gostam e não gostam com relação aos produtos atuais e quais necessidades atuais não estão sendo atendidas. Além disso, os gestores podem contar com canais de distribuição estabelecidos.

- *Diversificação*: a **diversificação** é uma estratégia para aumentar as vendas por meio da introdução de novos produtos em novos mercados. A CVS, que sempre comercializou cosméticos, inaugurou as lojas afiliadas Beauty 360, que comercializam uma linha de cosméticos de qualidade superior. Quarenta por cento dos compradores que vão à Beauty 360 são clientes novos em busca de um excelente atendimento e linhas de cosméticos de maior qualidade.[12] A Avon Cosméticos empregou uma estratégia de diversificação ao adquirir a Silpada. Ambas as empresas usam um modelo de vendas diretas – a Avon para vender cosméticos e produtos de beleza e a Silpada para vender, em reuniões domiciliares, joias banhadas em prata. A aquisição da Silpada permitiu à Avon entrar no mercado da moda. A Coca-Cola produz e comercializa equipamentos de tratamento e condicionamento de água, uma tarefa desafiadora para a tradicional empresa de refrigerantes. Uma estratégia de diversificação pode ser arriscada quando a empresa está entrando em mercados desconhecidos. No entanto, pode ser muito rentável quando a empresa está entrando em mercados em que há pouca ou nenhuma concorrência.

> **penetração no mercado** estratégia de marketing que tenta aumentar a participação de mercado entre os clientes atuais
>
> **desenvolvimento de mercado** estratégia de marketing que envolve atrair novos clientes para os produtos existentes
>
> **desenvolvimento de produto** estratégia de marketing que implica a criação de novos produtos para os mercados atuais
>
> **diversificação** estratégia para aumentar as vendas por meio da introdução de novos produtos em novos mercados
>
> **matriz de portfólios** ferramenta para alocação de recursos entre produtos ou unidades de negócios estratégicas com base na participação relativa de mercado e na taxa de crescimento de mercado

Seleção de uma Alternativa Estratégica

Lembre que grandes organizações comprometidas com o planejamento estratégico podem criar unidades estratégicas de negócios. Cada UEN tem sua própria taxa de retorno sobre o investimento, de potencial de crescimento e de riscos associados. A administração deve encontrar um equilíbrio entre as UENs que produza o crescimento e a rentabilidade desejados para a organização, com um nível de risco aceitável. Algumas UENs geram grandes montantes de dinheiro, ao passo que outras precisam de dinheiro para impulsionar seu crescimento. O desafio é equilibrar o portfólio de UENs da organização para obter o melhor desempenho em longo prazo.

Para determinar as contribuições de caixa futuras e as necessidades de caixa esperadas para cada UEN, os gestores podem utilizar a matriz de portfólios do Boston Consulting Group. A **matriz de portfólios** classifica cada UEN com base em seu crescimento e em sua participação de mercado atual ou prevista. O pressuposto básico é que a participação de mercado e a rentabilidade mantêm forte ligação. A medida da participação de mercado utilizada na abordagem de portfólios é a *participação de mercado relativa*, a razão entre a participação da empresa e a participação do maior

estrela na matriz de portfólios, unidade de negócios que é líder de um mercado em rápido crescimento

vaca leiteira na matriz de portfólios, unidade de negócios que gera mais dinheiro do que necessita para manter sua participação de mercado

provável oportunidade na matriz de portfólios, unidade de negócios que apresenta crescimento rápido, mas margens de lucro insatisfatórias

abacaxi na matriz de portfólios, unidade de negócios que tem baixo potencial de crescimento e pequena participação de mercado

concorrente. Se uma empresa tem uma participação de 50% e seu concorrente tem 5%, a proporção é de 10 para 1. Se uma empresa tem uma participação de mercado de 10% e a sua maior concorrente tem 20%, a razão é de 0,5 para 1.

A Figura 2.3 mostra uma matriz de portfólios hipotética para um fabricante de computadores. O tamanho do círculo em cada célula da matriz representa as vendas em dólares da UEN em relação às vendas em dólares de outras UENs da empresa. A matriz de portfólios divide as UENs em quatro categorias:

▸ *Estrela*: **estrela** é um líder de mercado em franco crescimento. O iPAD é a estrela atual da Apple. UENs estrelas costumam gerar grandes lucros, mas precisam de muito dinheiro para financiar o crescimento rápido. A melhor tática de marketing é proteger a participação de mercado atual, reinvestindo os ganhos na melhoria do produto, em uma melhor distribuição, em mais promoção e na eficiência da produção. A administração deve captar novos usuários conforme eles entram no mercado.

▸ *Vaca leiteira*: **vaca leiteira** é uma UEN que gera mais dinheiro do que precisa para manter sua participação de mercado. Isso ocorre em um mercado de baixo crescimento, mas o produto tem uma participação de mercado dominante. Computadores pessoais e *laptops* são classificados como vacas leiteiras na Figura 2.3. A estratégia básica para uma vaca leiteira é manter o domínio

FIGURA 2.3
Matriz de Portfólios para um Grande Fabricante de Computadores

	Alto	Baixo
Alto (Taxa de crescimento de mercado)	*Netbooks*, computadores portáteis e *tablets* (estrelas)	Aparelhos de telefone/*palms* integrado (provável oportunidade)
Baixo	Laptops e computadores pessoais (vacas leiteiras)	Computador *mainframe* (abacaxi)

Domínio de participação de mercado (participação relativa ao maior concorrente): 10x — Alto — 1x — Baixo — 0,1x

de mercado, tornando-se líder de preços e implantando melhorias tecnológicas no produto. Os gestores devem resistir à pressão de expandir a linha básica, a menos que possam aumentar drasticamente a demanda. Em vez disso, eles devem alocar o excesso de caixa para as categorias de produtos nas quais há melhores perspectivas de crescimento. A linha Macintosh é a vaca leiteira da Apple. Apesar de ter encerrado sua campanha publicitária "I'm a Mac" ("Eu sou um Mac"), a Apple vendeu mais de 3, 36 milhões de Macs no primeiro trimestre de 2010. (Em 2004, vendeu 3, 29 milhões.).[13] Outro exemplo é a Heinz, que possui duas vacas leiteiras: o ketchup e os pratos congelados Weight Watchers.

▸ *Provável oportunidade*: uma **provável oportunidade** mostra rápido crescimento, mas pequena margem de lucro. Tem pouca participação de mercado em uma indústria de grande crescimento. As oportunidades precisam de uma grande quantidade de dinheiro. Sem suporte financeiro, tornam-se abacaxis. As opções de estratégia são investir pesadamente para obter uma melhor participação de mercado, adquirir concorrentes para obter a participação de mercado necessária ou eliminar a UEN. Às vezes, uma empresa pode reposicionar os produtos da UEN para transferi-los para a categoria de estrela. As cordas para guitarra Elixir, produzidas por W. L. Gore & Associates, fabricante dos produtos Gore-Tex e do fio dental Glide, foram testadas e comercializadas originalmente para os parques temáticos Walt Disney para controlar as marionetes. Após o fracasso nos testes, a Gore reposicionou e comercializou as cordas para músicos, que as adoram.

▸ *Abacaxis*: um **abacaxi** tem baixo potencial de crescimento e pequena participação de mercado. A maioria dos abacaxis termina por sair do mercado. No exemplo dos fabricantes de computadores, o computador *mainframe* tornou-se um abacaxi. Outros exemplos incluem os antissépticos bucais Warner-Lambert Reef e as sopas Campbell's Red Kettle. A Microsoft parou de desenvolver sua série de telefones Kin depois de apenas dois meses no mercado porque não conseguiu se conectar com os compradores em um mercado inundado por iPhones e Androids.[14] As opções de estratégias para os abacaxis são **criar participação de mercado** ou **desinvestir**.

Após a classificação das UENs da empresa na matriz, o próximo passo é alocar recursos futuros para cada uma delas. As quatro estratégias básicas são:

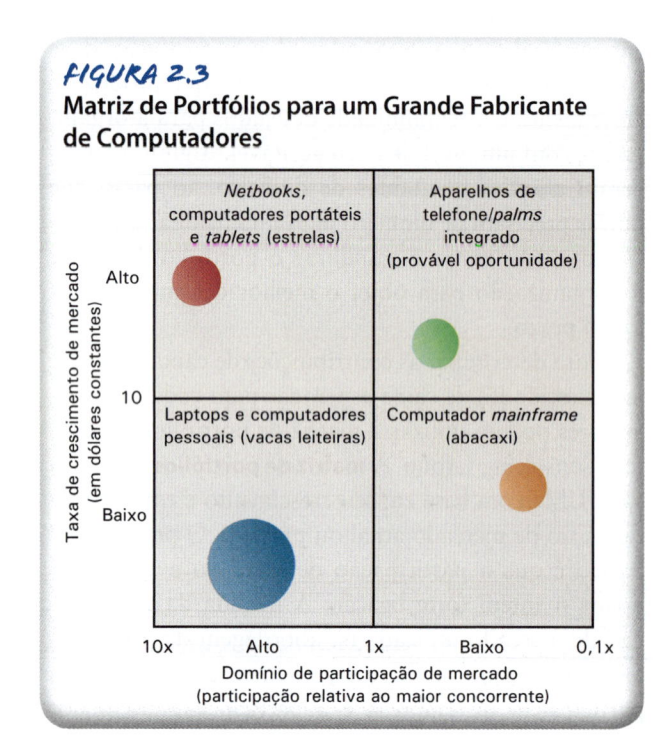

▸ *Construir*: se uma organização tem uma UEN que acredita ter potencial para ser uma estrela (uma provável oportunidade no momento), a construção seria um objetivo adequado. A organização pode decidir desistir dos lucros no curto prazo e utilizar seus recursos financeiros para atingir esse objetivo. No caso das cordas para guitarra Elixir produzidas pela W. L. Gore & Associates, a empresa já havia investido em pesquisa e desenvolvimento dos cabos de alta tecnologia para marionetes. Em vez de abandonar o produto, os gestores decidiram construir com base nas pesquisas para reprojetar os cabos como cordas de guitarra.

- *Manter*: se uma UEN for uma vaca leiteira muito bem-sucedida, um objetivo-chave certamente seria manter ou preservar a participação de mercado de forma que a organização pudesse tirar vantagem de um fluxo de caixa positivo. A Apple planeja acrescentar alguns recursos, como projetores embutidos, à sua linha Macintosh, para manter a participação de mercado em crescimento.[15]
- *Criar participação de mercado*: essa estratégia é adequada para todas as UENs, exceto aquelas classificadas como estrelas. O objetivo básico é aumentar o retorno de caixa no curto prazo sem se preocupar muito com o impacto no longo prazo. É especialmente útil quando há necessidade de obter mais dinheiro de uma vaca leiteira com perspectivas de longo prazo que são desfavoráveis em razão da baixa taxa de crescimento de mercado. A Lever Brothers tem aumentado a participação de mercado do sabonete Lifebuoy há vários anos com pouco suporte promocional.
- *Desinvestir*: geralmente, é apropriado livrar-se das UENs com pequenas participações de mercado de baixo crescimento. Provável oportunidade e abacaxis ajustam-se muito bem a essa estratégia. A Procter & Gamble descartou o Cincaprin, uma aspirina revestida, em virtude do baixo potencial de crescimento.

OA 7 Descrição do Mercado-Alvo

Uma **estratégia de marketing** envolve as atividades de seleção e descrição de um ou mais mercados-alvo, bem como o desenvolvimento e a manutenção de um composto de marketing que produzirá trocas mutuamente satisfatórias com esses mercados.

Estratégia de mercado-alvo

Um segmento de mercado consiste em um grupo de indivíduos ou organizações que compartilham uma ou mais características. Dessa forma, eles podem ter necessidades de produtos relativamente semelhantes. Os pais de recém-nascidos, por exemplo, precisam de leite em pó, fraldas e alimentos especiais.

A estratégia de mercado-alvo identifica o segmento ou os segmentos de mercado nos quais se concentrar. Esse processo começa com uma **análise de oportunidade de mercado (AOM)**, ou seja, a descrição e estimativa do tamanho e potencial de vendas de segmentos de mercado que são de interesse para a empresa e a avaliação dos principais concorrentes nesses segmentos de mercado. Após a empresa descrever os segmentos de mercado, ela pode visar a um ou mais deles. Existem três estratégias para a seleção de mercados-alvo.

Os mercados-alvo podem ser selecionados tentando-se atrair o mercado por inteiro com um único composto de marketing, concentrando-se em um segmento ou tentando atrair vários segmentos de mercado por meio do uso de vários compostos de marketing. As características, vantagens e desvantagens de cada opção estratégica são examinadas no Capítulo 8. Os mercados-alvo poderiam ser mulheres entre 18 e 25 anos de idade interessadas em moda (desenvolvedores do Nintendo DS e do Wii), pessoas preocupadas com o teor de açúcar e calorias dos refrigerantes (Diet Pepsi) ou pais sem tempo para ensinar os filhos a ir ao banheiro (Booty Camp, aulas nas quais as crianças são treinadas para deixar as fraldas).

Qualquer segmento de mercado considerado alvo deve ser descrito integralmente. Dados demográficos, psicográficos e o comportamento do comprador devem ser avaliados. O comportamento do comprador é abordado nos capítulos 6 e 7. Se os segmentos são diferenciados por etnia, os aspectos multiculturais do composto de marketing devem ser examinados. Se o mercado-alvo for internacional, é importante descrever as diferenças culturais, econômicas e de desenvolvimento tecnológico, bem como a estrutura política, pois esses itens podem afetar o plano de marketing. O marketing global é abordado com mais detalhes no Capítulo 5.

OA 8 O Composto de Marketing

O termo **composto de marketing** refere-se a uma mistura única das estratégias de produto, praça (distribuição), promoção e preço (frequentemente citados como os **quatro Ps**, do inglês, *product*, *place*, *promotion*, *pricing*) desenvolvida para produzir trocas mutuamente satisfatórias com um mercado-alvo. O gestor de marketing pode controlar cada componente do composto de marketing, mas as estratégias para todos os quatro componentes devem ser misturadas para que seja possível atingir os resultados ideais. Qualquer composto de marketing é tão bom quanto seu componente mais fraco. As primeiras pastas de dente em embalagem *pump* foram colocadas na seção de cosméticos e foram um fracasso. Apenas quando passaram a ser distribuídas da mesma forma que as em tubo tive-

---

estratégia de marketing atividades de seleção e descrição de um ou mais mercados-alvo, bem como o desenvolvimento e a manutenção de um composto de marketing que produzirá trocas mutuamente satisfatórias com os mercados-alvo

análise de oportunidade de mercado (AOM) descrição e estimativa do tamanho e potencial de vendas de segmentos de mercado que são de interesse para a empresa e a avaliação dos principais concorrentes nesses segmentos

composto de marketing mistura única das estratégias de produto, praça (distribuição), promoção e preço desenvolvida para produzir trocas mutuamente satisfatórias com um mercado-alvo

quatro Ps produto, distribuição, promoção e preço que juntos formam o composto de marketing

ram sucesso. Nem a melhor promoção nem o preço mais baixo podem salvar um produto ruim. Da mesma forma, produtos excelentes com distribuição, preços ou promoção desfavoráveis provavelmente fracassarão.

Compostos de marketing bem-sucedidos foram cuidadosamente projetados para satisfazer seus mercados-alvo. À primeira vista, o McDonald's e o Wendy's parecem ter compostos de marketing idênticos, porque ambos estão no negócio de hambúrgueres e *fast-food*. No entanto, o McDonald's tem sido mais bem-sucedido ao se concentrar nos pais com filhos pequenos para as refeições do horário de almoço, ao passo que o Wendy's tem como alvo o público adulto para almoços e jantares. O McDonald's possui áreas de recreação, o palhaço Ronald McDonald e o McLanche Feliz para as crianças. O Wendy's oferece bufê de saladas e restaurantes acarpetados, mas não tem área de recreação.

As variações nos compostos de marketing não ocorrem por acaso. Gestores de marketing perspicazes elaboram estratégias de marketing para obter vantagens sobre os concorrentes e atender melhor as necessidades e os desejos de um segmento específico do mercado-alvo. Manipulando os elementos do composto de marketing, os gestores de marketing podem ajustar a oferta ao cliente e alcançar o sucesso competitivo.

Estratégias de Produto

Dos quatro Ps, o composto de marketing geralmente começa pelo produto. O coração do composto de marketing, seu ponto de partida, é a oferta e a estratégia do produto. É difícil conceber uma estratégia de distribuição, decidir sobre uma campanha de promoção ou definir preços sem conhecer o produto a ser comercializado.

Um produto envolve não apenas a unidade física, mas também sua embalagem, garantia, serviço pós-venda, marca, imagem da empresa, valor e muitos outros fatores. O chocolate Godiva tem muitos elementos de um produto: o próprio chocolate, um elegante invólucro dourado, a garantia de satisfação do cliente e o prestígio da marca Godiva. Nós compramos as coisas não apenas por aquilo que fazem (benefícios), mas também pelo que significam para nós (status, qualidade ou reputação).

Um produto pode ser um bem tangível, como computadores, ou então uma ideia, como aquelas oferecidas por um consultor, ou um serviço, como cuidados médicos. Um produto também deve oferecer valor ao cliente. As decisões sobre produtos são discutidas nos capítulos 10 e 11 e o marketing de serviços é detalhado no Capítulo 12.

Estratégias de Praça (Distribuição)

As estratégias de praça, ou distribuição, referem-se a colocar à disposição os produtos quando e onde os clientes desejam. Você prefere comprar um kiwi no supermercado 24 horas a uma pequena distância de onde você está ou voar para a Austrália para escolher o seu próprio kiwi? Uma parte desse P – praça – é a distribuição física, que envolve todas as atividades comerciais relacionadas ao armazenamento e transporte de matérias-primas ou produtos acabados. O objetivo é certificar-se de que os produtos cheguem em condições de uso aos locais designados, quando necessário. As estratégias de praça são abordadas nos capítulos 14 e 15.

Estratégias de Promoção

Promoção inclui publicidade, relações públicas, promoção de vendas e vendas pessoais. O papel da promoção no composto de marketing é promover trocas mutuamente satisfatórias com os mercados-alvo, informando, instruindo, persuadindo e lembrando-os dos benefícios de uma organização ou de um produto. Uma boa estratégia de promoção, por exemplo, a utilização de Bob Esponja para vender balas de goma, pode aumentar drasticamente as vendas. Cada elemento desse P – promoção – é coordenado e gerenciado com os demais para criar uma mistura ou um mix promocional. Essas atividades integradas de comunicação de marketing são descritas nos capítulos 16, 17 e 18. Os aspectos relacionados à tecnologia do marketing promocional são abordados no Capítulo 21.

Estratégias de Preços

O preço refere-se àquilo de que um comprador deve abrir mão para obter um produto. Geralmente, é o mais flexível dos quatro Ps – o elemento que muda mais rápido. Os profissionais de marketing podem aumentar ou diminuir os preços com mais frequência e mais facil-

COLOCANDO A "STREET" NO STREET FIGHTER

A versão mais recente do *Street Fighter* da Capcom é ultrarrefinada, com um estilo de sombreamento de gráficos atualizado que torna o jogo ainda mais artístico. Desde seu lançamento nos fliperamas, em 1992, o *Street Fighter* conquistou fãs leais, mas a Capcom queria demonstrar os recursos adicionais do *Super Street Fighter IV*, como uma experiência on-line aprimorada e rodadas de bônus, além de enfatizar a arte do *Street Fighter*. Para isso, os engenheiros de jogos se reuniram com cinco artistas urbanos e gráficos emergentes para criar anúncios impressos com o estilo de assinatura próprio de cada um. A mensagem ilustra o novo estilo *sketch* do *Super Street Fighter IV* com uma aparência de anotação/rabisco/grafite, além de informar o ponto de menor preço US$ 39,99. Os artistas Futura, 123 Klan, Dalek, Grotesk e Cody Hudson exibem vários estilos de grafite, além de suas próprias histórias artísticas, nessa campanha publicitária única e de rua.[16]

mente do que é possível alterar as demais variáveis do composto de marketing. O preço é uma arma competitiva importante e é muito relevante para a organização porque o preço multiplicado pelo número de unidades vendidas é igual à receita total para a empresa. As decisões sobre preços são abordadas nos capítulos 19 e 20.

OA 9 Acompanhamento do Plano de Marketing

Implantação

A **implantação** é o processo que transforma um plano de marketing em atribuições de ações e assegura que essas atribuições sejam executadas de forma a atender aos objetivos do plano. As atividades de implantação podem envolver atribuições detalhadas de trabalhos, descrições de atividades, cronogramas, orçamentos e muita comunicação. Embora a implantação seja essencialmente "fazer o que você disse que faria", muitas organizações falham repetidamente na implantação estratégica. Excelentes planos de marketing estão fadados a fracassar se não forem implantados corretamente. Essas comunicações detalhadas podem ou não fazer parte do plano de marketing por escrito. Se elas não forem inseridas no plano, devem ser especificadas em algum outro documento assim que o plano for divulgado.

Avaliação e Controle

Após a implantação de um plano de marketing, ele deve ser avaliado. A **avaliação** implica medir até que ponto os objetivos de marketing foram alcançados durante o período especificado. Os quatro motivos mais comuns para não se alcançar um objetivo de marketing são objetivos não realistas, estratégias inadequadas, implantação ineficaz e mudanças no ambiente após o objetivo ter sido especificado e a estratégia implantada.

Após o plano ser escolhido e implantado, sua eficácia deve ser monitorada. O **controle** proporciona

---

implantação processo que transforma um plano de marketing em atribuições de ações e assegura que essas atribuições sejam executadas de forma a atender aos objetivos do plano

avaliação medição de até que ponto os objetivos de marketing foram alcançados durante o período especificado

controle proporciona os mecanismos para avaliar os resultados de marketing com relação aos objetivos do plano e corrigir ações que não ajudam a organização a alcançar esses objetivos dentro das diretrizes orçamentárias

CAPÍTULO 2: PLANEJAMENTO ESTRATÉGICO PARA VANTAGEM COMPETITIVA

QUATRO CARACTERÍSTICAS DE UMA AUDITORIA DE MARKETING:

- *Abrangente*: a auditoria de marketing abrange as principais questões de marketing enfrentadas por uma organização, e não apenas problemas específicos.
- *Sistemática*: a auditoria de marketing ocorre em uma sequência ordenada e abrange o ambiente de marketing da organização, o sistema interno de marketing e as atividades específicas de marketing. O diagnóstico é seguido por um plano de ação com propostas de curto e de longo prazo para melhorar a eficácia de marketing global.
- *Independente*: normalmente, a auditoria de marketing é conduzida por uma parte interna ou externa, independente o suficiente para ter a confiança da alta administração e capaz de ser objetiva.
- *Periódica*: a auditoria de marketing deve ser realizada regularmente em vez de apenas nas crises. Independentemente de parecer bem-sucedida ou estar em apuros, qualquer organização pode se beneficiar muito com a auditoria.

OA 10 Planejamento Estratégico Eficaz

Um planejamento estratégico eficaz requer atenção contínua, criatividade e compromisso por parte da administração. Ele não deve ser um exercício anual em que os gestores cumprem o cronograma e depois o esquecem até o ano seguinte. Deve ser um processo contínuo porque o ambiente está em constante mudança e os recursos e as qualificações da empresa estão em permanente evolução.

Um bom planejamento estratégico baseia-se na criatividade. Os gestores devem desafiar pressupostos sobre a empresa e o meio ambiente e estabelecer novas estratégias. As grandes companhias de petróleo desenvolveram o conceito de postos de gasolina numa época

os mecanismos para avaliar os resultados de marketing com relação aos objetivos do plano e corrigir ações que não ajudam a organização a alcançar esses objetivos dentro das diretrizes orçamentárias. As empresas precisam estabelecer programas de controle formais e informais para tornar toda a operação mais eficiente.

Talvez o dispositivo de controle mais abrangente disponível para os gestores de marketing seja a **auditoria de marketing**, uma avaliação periódica, sistemática e completa de objetivos, estratégias, estrutura e desempenho da organização de marketing. A auditoria de marketing ajuda a administração a alocar recursos de marketing de forma eficiente.

Embora o objetivo principal da auditoria de marketing seja desenvolver um perfil completo do esforço de marketing da organização e fornecer uma base para o desenvolvimento e a revisão do plano de marketing, ela é também uma excelente forma de melhorar a comunicação e aumentar o nível de consciência de marketing dentro da empresa. É um veículo útil para transmitir a filosofia e as técnicas de marketing estratégico para os demais membros da organização.

auditoria de marketing avaliação periódica, sistemática e completa de objetivos, estratégias, estrutura e desempenho da organização de marketing

em que os carros precisavam de manutenção frequente e bastante trabalhosa. Elas mantiveram a abordagem de serviço completo, porém as companhias independentes foram rápidas em responder à nova realidade e adotar operações de autosserviço de baixo custo e lojas de conveniência. As grandes empresas levaram várias décadas para se recuperar.

Talvez o elemento mais crítico em um planejamento estratégico de sucesso seja o apoio e a participação da alta administração. Michael Anthony, CEO da Brookstone, Inc., e a equipe de compras da Brookstone acumulam centenas de milhares de milhas de voo rodando o mundo em busca de fabricantes e inventores de produtos exclusivos que possam ser incluídos em suas lojas de varejo, catálogos e website. Anthony foi codesenvolvedor de alguns desses produtos e tem participado ativamente dos esforços de reforma das 250 lojas permanentes e sazonais da Brookstone.

O PLANEJAMENTO ESTRATÉGICO DEVE SER UM **PROCESSO** CONTÍNUO, E NÃO UM EXERCÍCIO ANUAL.

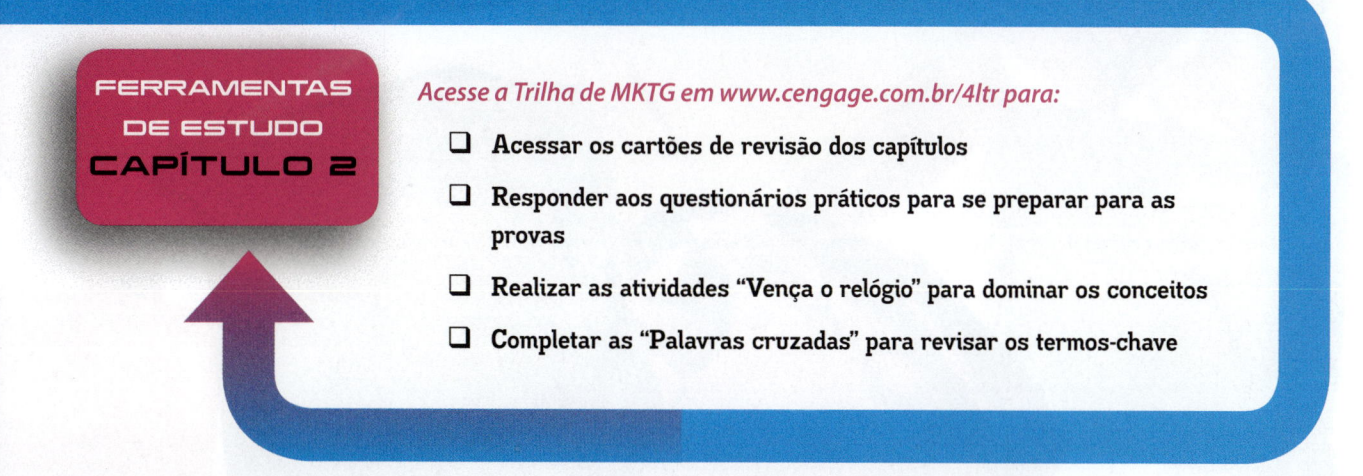

FERRAMENTAS DE ESTUDO CAPÍTULO 2

Acesse a Trilha de MKTG em www.cengage.com.br/4ltr para:

☐ **Acessar os cartões de revisão dos capítulos**

☐ **Responder aos questionários práticos para se preparar para as provas**

☐ **Realizar as atividades "Vença o relógio" para dominar os conceitos**

☐ **Completar as "Palavras cruzadas" para revisar os termos-chave**

CAPÍTULO **3** **Ética e Responsabilidade Social**

Objetivos da Aprendizagem

OA 1 Explicar o conceito de comportamento ético

OA 2 Descrever o comportamento ético nos negócios

OA 3 Discutir a responsabilidade social corporativa

Se você já se ressentiu com alguém que furou fila, entende o que é ética e aplica padrões éticos na sua vida.

APÓS CONCLUIR ESTE CAPÍTULO, VÁ PARA A PÁGINA 40 PARA OBTER AS FERRAMENTAS DE ESTUDO

OA 1 Conceito de Comportamento Ético

Ética é algo de que todo mundo gosta de falar, mas poucas pessoas são capazes de defini-la. Há quem diga que "definir ética é como tentar pregar gelatina na parede. Você acha que entende do negócio, mas é aí que ela começa a escapar por entre os dedos".

A **ética** refere-se aos princípios ou valores morais que governam a conduta de um indivíduo ou grupo. Ela pode ser considerada o padrão de comportamento pelo qual uma conduta é julgada. Os padrões legais nem sempre são éticos e vice-versa. As leis representam valores e padrões impostos pelos tribunais. A ética, por sua vez, consiste em princípios morais pessoais. Nenhum estatuto legal indica que é crime alguém "furar uma fila". No entanto, se um indivíduo não quer esperar na fila e passa na frente, ele provoca muita raiva nas demais pessoas.

Se você já se ressentiu com alguém que fura fila, entende o que é ética e aplica padrões éticos na sua vida. Esperar a sua vez é uma expectativa social que existe porque as filas garantem a ordem e definem o espaço e o tempo necessários para completar as transações. Aguardar a sua vez é um comportamento esperado, mas não especificado por escrito, que desempenha um papel crítico em uma sociedade ordenada.[1]

Assim é com a ética. A ética consiste nas regras não escritas que desenvolvemos para nossas interações com os outros. Essas regras não escritas nos orientam ao compartilharmos recursos ou honrarmos contratos. "Aguardar a sua vez" é um padrão mais elevado que as leis impostas para manter a ordem. Essas leis se aplicam quando força física ou ameaças são usadas para forçar a entrada na frente. Violência, agressão e ameaças são formas de conduta criminosa pelas quais

ética refere-se aos princípios ou valores morais que governam a conduta de um indivíduo ou grupo

Qual a sua opinião?

As empresas precisam focar em ajudar as pessoas.

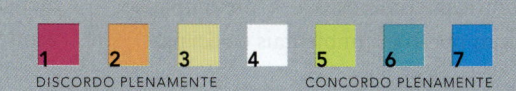

| 1 | 2 | 3 | 4 | 5 | 6 | 7 |
DISCORDO PLENAMENTE — CONCORDO PLENAMENTE

CEREAL É O NOVO ALIMENTO "SAUDÁVEL"?

A **Kellogg Company** e a General Mills têm divulgado o caráter saudável de alguns de seus cereais voltados para consumidores que se preocupam com esse quesito. O Cheerios, da General Mills, alegou reduzir o colesterol, citando um estudo clínico. A Food and Drug Administration* (FDA) advertiu que, com essa declaração, o Cheerios passaria a ser considerado uma droga e estaria sujeito à lei federal. Em 2010, a Kellogg excedeu seus limites de publicidade duas vezes. Primeiro, a empresa alegou que a ingestão de Frosted Mini-Wheats melhorava a atenção das crianças em 25%. Mais recentemente, a Kellogg afirmou que o cereal Rice Krispies aumenta a imunidade de crianças por conter antioxidantes e nutrientes. Como resultado dessas alegações exageradas, a Federal Trade Commission** (FTC) está submetendo a Kellogg a novas restrições referentes à publicidade. No geral, as agências federais estão examinando a publicidade para proteger as crianças e seus pais contra mensagens de marketing que reportam benefícios de saúde quando, na verdade, não existem. Há novas regulamentações em desenvolvimento para limitar os alimentos cujo público-alvo sejam crianças.[2]

---

* FDA (Food and Drug Administration) é um órgão do governo dos Estados Unidos que controla alimentos (tanto humano como animal), suplementos alimentares, medicamentos (humano e animal), cosméticos, equipamentos médicos, materiais biológicos e produtos derivados do sangue humano. (N.R.T.)

** FTC (Federal Trade Commission) é um órgão não governamental cuja principal missão é a promoção da defesa do consumidor. Assim, essa agência busca prevenir o que os reguladores consideram ser nocivo as práticas comerciais anticompetitivas, tais como o monopólio. (N.R.T.)

---

o transgressor pode ser processado. Entretanto, a lei não se aplica àquele que fura a fila sorrateiramente e se coloca na frente, talvez usando um amigo e uma conversa como formas de despistar. Nenhuma lei é quebrada, mas as noções de integridade e justiça são ofendidas por um indivíduo que se coloca acima dos outros e tira vantagem do tempo e da posição deles.

As questões éticas variam de questões práticas de definição restrita, como a obrigação de um empresário de ser honesto com seus clientes, até questões sociais e filosóficas mais amplas, como o fato de uma empresa ser ou não responsável pela preservação do meio ambiente e pela proteção dos direitos dos funcionários. Muitos conflitos éticos têm como base conflitos entre interesses divergentes dos proprietários da empresa e seus funcionários, clientes e a comunidade ao redor. Os gestores devem manter o equilíbrio entre o ideal e o prático, ou seja, igualar a necessidade de produzir um lucro razoável para os acionistas da empresa com a honestidade nas práticas comerciais e a preocupação com questões ambientais e sociais.

moral conjunto de regras que as pessoas desenvolvem como resultado de valores e normas culturais

OA 2 Comportamento Ético nos Negócios

A **moral** é um conjunto de regras que as pessoas desenvolvem como resultado de valores e normas culturais. A cultura é uma força de socialização que dita o que é certo e errado. Os padrões morais também podem refletir as leis e os regulamentos que afetam o comportamento social e econômico. Assim, a moral pode ser considerada a base do comportamento ético.

Normalmente, a moral é caracterizada como um comportamento bom ou mau. "Bom" e "mau" têm conotações diferentes, incluindo "eficaz" e "ineficaz". Um bom vendedor atinge ou excede as metas estabelecidas. Se ele vende um aparelho de som ou uma televisão nova a um consumidor sem condições, sabendo que a pessoa não conseguirá arcar com os pagamentos mensais, ainda assim, ele é um bom vendedor? E se a venda permite ao vendedor exceder sua meta?

PARTE 1: O MUNDO DO MARKETING

"Bom" e "mau" também podem se referir à "conformidade" e ao "desvio" de comportamento. Um médico que publica anúncios oferecendo descontos em cirurgia cardíaca seria considerado um mau médico, ou antiprofissional, no que se refere a não atender às normas que regem a profissão. "Bom" e "mau" também são usados para expressar a diferença entre comportamento criminoso e comportamento em conformidade com a lei. Por fim, as religiões definem "bom" e "mau" de maneiras muito diferentes. Um muçulmano que come carne de porco seria considerado mau, assim como um fundamentalista cristão que bebe uísque.

Moralidade e Ética nos Negócios

A ética empresarial atual consiste em um subconjunto de valores aprendidos desde o nascimento. Os valores nos quais os empresários se baseiam para tomar decisões foram adquiridos por meio de instituições, como família, escola e religião.

Os valores éticos são específicos para cada situação e orientados de acordo com a época. Todos devem ter uma base ética que se aplica à conduta no mundo dos negócios e na vida pessoal. Uma forma de desenvolver um comportamento ético é examinar as consequências de um ato específico. Quem é ajudado ou prejudicado? Quanto tempo duram as consequências? Que ações produzem o bem maior para o maior número de pessoas? A segunda abordagem enfatiza a importância das regras. As regras apresentam-se na forma de costumes, leis, normas profissionais e senso comum. "Sempre trate os outros como você gostaria de ser tratado" é um exemplo de regra.

Outra abordagem enfatiza o desenvolvimento do caráter moral dos indivíduos. O desenvolvimento ético pode ser visto como tendo três níveis:[3]

- *A moralidade pré-convencional*, o nível mais básico, é infantil. É calculista, egocêntrico e até egoísta, baseia-se no que será imediatamente punido ou recompensado. Felizmente, a maioria dos empresários tem progredido além das ações egocêntricas e manipuladoras da moralidade pré-convencional.
- *A moralidade convencional* parte de um ponto de vista egocêntrico em direção às expectativas da sociedade. Lealdade e obediência à organização (ou à sociedade) tornam-se primordiais. Um tomador de decisões de marketing estaria preocupado apenas com a questão da ação proposta ser ou não legal e como ela seria vista pelos demais.
- *A moralidade pós-convencional* representa a moralidade do adulto. Nesse nível, os indivíduos estão menos preocupados em como os outros poderão vê-los e mais preocupados em como eles veem e julgam a si mesmos em longo prazo. Um tomador de decisões de marketing que tenha atingido um nível de moralidade pós-convencional pode perguntar: "Mesmo que seja legal e aumente os lucros da empresa, isso é certo em longo prazo? Poderia fazer mais mal que bem?".

Tomada de Decisões Éticas

Raramente, existe uma resposta predeterminada para questões éticas. Estudos mostram que os seguintes fatores tendem a influenciar a tomada e o julgamento de decisões éticas:[4]

- *Extensão dos problemas éticos dentro da organização*: os profissionais de marketing que observam menos problemas éticos em suas organizações tendem a reprovar mais veementemente práticas "antiéticas" ou questionáveis que aqueles que se deparam com mais problemas éticos. Ao que parece, quanto mais saudável o ambiente ético, maior a tendência de os profissionais de marketing assumirem um posicionamento firme contra práticas questionáveis.
- *Ações da alta administração sobre ética*: a alta administração pode influenciar o comportamento dos profissionais de marketing incentivando o comportamento ético e desencorajando o antiético. Pesquisas revelaram que quando os gestores da alta administração desenvolvem uma forte cultura ética, há redução na pressão para adotar atitudes antiéticas, menos atos antiéticos são realizados e o comportamento antiético é relatado com mais frequência.[5]
- *Magnitude das consequências potenciais*: quanto maior o dano causado às vítimas, mais provavelmente os profissionais de marketing vão identificar um problema como antiético.
- *Consenso social*: quanto maior o grau de concordância entre os gestores de que uma ação é prejudicial, maior a tendência de os profissionais de marketing identificarem um problema como antiético. Pesquisas revelaram que uma forte cultura ética entre colegas de trabalho diminui

É do interesse das empresas encontrar formas de atacar os males da sociedade e oferecer ajuda.

CAPÍTULO 3: ÉTICA E RESPONSABILIDADE SOCIAL

> **código de ética** diretriz que ajuda os gestores de marketing e outros funcionários a tomar decisões maia acertadas

observações de conduta antiética. Em empresas com sólida cultura ética, 8% dos funcionários notaram má conduta, em comparação com 31% nas empresas com culturas mais fracas.[5]

- *Probabilidade de resultado prejudicial*: quanto maior a probabilidade de uma ação originar um resultado nocivo, maior a tendência de os profissionais de marketing identificarem um problema como antiético.
- *Intervalo entre a decisão e o início das consequências*: quanto menor o intervalo de tempo entre a ação e o surgimento de consequências negativas, maior a tendência de os profissionais de marketing identificarem um problema como antiético.
- *O número de pessoas que serão afetadas*: quanto maior o número de pessoas afetadas por um resultado negativo, maior a tendência de os profissionais de marketing identificarem um problema como antiético.

O governo norte-americano percebe a importância de demonstrar liderança ética. Em 2008, o Congresso criou o Departamento de Ética do Congresso (OCE, do inglês *Office of Congressional Ethics*), a fim de estabelecer um Congresso mais ético. É um esforço bipartidário que tem tido sucesso no exame do financiamento de campanhas e tem adotado uma postura agressiva na investigação de parlamentares, como John Campbell (do partido Republicano do estado da Califórnia), Laura Richardson (do partido Democrata do estado da Califórnia), Charles Rangel (do partido Democrata do estado de Nova York) e Maxine Waters (do partido Democrata do estado da Califórnia).

Diretrizes Éticas

Muitas organizações passaram a se interessar mais por questões éticas. Um sinal desse interesse é o aumento no número de grandes empresas que nomeiam executivos éticos: de praticamente nenhuma organização há vários anos para quase 33% das grandes corporações hoje. Além disso, muitas empresas de vários tamanhos desenvolveram um **código de ética** – uma diretriz para ajudar os gestores de marketing e outros funcionários a tomar decisões mais acertadas. A criação de diretrizes éticas tem várias vantagens:

- As diretrizes ajudam os funcionários a identificar o que sua empresa reconhece como práticas comerciais aceitáveis.
- Um código de ética pode ser uma forma de controle interno eficaz sobre o comportamento, o que é mais desejável que controles externos, como regulamentações do governo.
- Um código por escrito ajuda os funcionários a evitar confusão ao determinar se suas decisões são éticas.
- O processo de formulação do código de ética facilita a discussão entre os funcionários sobre o que é certo e errado e acaba por resultar em decisões mais acertadas.

As empresas, no entanto, devem ter cuidado para não tornar o seu código de ética nem muito vago nem muito detalhado. Códigos que são demasiadamente vagos oferecem pouca ou nenhuma orientação aos funcionários em suas atividades diárias. Códigos muito detalhados incentivam os funcionários a substituir as regras pelo julgamento. Se os funcionários estão envolvidos em um comportamento questionável, podem se basear na ausência de uma regra por escrito para manter o comportamento, mesmo que sua consciência possa estar lhes dizendo para parar. Seguir um conjunto de diretrizes éticas não garante a "exatidão" de uma decisão, mas melhora as chances de a decisão ser ética.

Embora muitas empresas tenham elaborado políticas sobre o comportamento ético, os gestores de marketing têm de colocar essas políticas em vigor. Eles devem abordar o clássico problema da "questão de grau". Os pesquisadores de marketing frequentemente recorrem a subterfúgios para obter respostas imparciais para suas pesquisas. Pedir uns poucos minutos do tempo de um entrevistado é desonesto quando o pesquisador sabe que a entrevista vai durar 45 minutos. A administração não só deve elaborar um código de ética, mas também dar exemplos do que é ético e antiético para cada item do código. Além disso, a alta administração deve enfatizar para os funcionários a importância de aderir ao código de ética da empresa. Sem um código de ética detalhado e o apoio da alta administração, a criação de diretrizes éticas torna-se um exercício sem sentido. O código de ética da AMA (do inglês, American Marketing Association) destaca três normas gerais e seis valores éticos.

O treinamento para a ética é uma excelente maneira de ajudar os funcionários a colocar a boa ética em prática. Por meio da Pesquisa National Business Ethics de 2008, o Ethics Resource Center concluiu que 75% das empresas têm um código de ética físico por escrito, mas somente 66% têm uma orientação ou treinamento para ética implantado. As empresas devem lembrar que, geralmente, são os funcionários de nível médio a inferior que estão mais bem preparados para detectar um ponto cego ético que os gestores não percebem quando estão envolvidos em manter a sobrevivência da empresa. Incentivando e treinando os funcionários para que relatem comportamentos antiéticos, as empresas podem se manter fora de escândalos éticos e ser respeitadas.[7]

Ética em Outros Países

Estudos sugerem que as crenças éticas variam pouco de cultura para cultura. Certas práticas, no entanto, como pagamentos ilegais e subornos, são mais aceitáveis em alguns lugares que em outros, embora as leis cada vez mais estejam tornando essas práticas menos aceitas. Uma dessas leis refere-se a pagamentos ilegais e subornos feitos por empresas americanas em transações comerciais internacionais, o chamado **Foreign Corrupt Practices Act** (FCPA, do inglês, Lei sobre Práticas Corruptas Estrangeiras). Essa lei proíbe empresas norte-americanas de fazer pagamentos ilegais a funcionários públicos de governos estrangeiros para obter os direitos comerciais ou para melhorar as transações comerciais nesses países. A lei tem sido criticada por colocar as empresas americanas em desvantagem competitiva. Muitos afirmam que o suborno é uma parte desagradável, mas necessária nas transações internacionais, especialmente, em países como a China, onde a prática de dar presentes às empresas é amplamente aceita e esperada. Entretanto, com o aumento nos processos instaurados com base na FCPA em todo o mundo, alguns países estão implantando as suas próprias leis antissuborno. Apesar de a China estar entre os três países com o maior número de processos instaurados por corrupção internacional, de acordo com a FCPA, está trabalhando para desenvolver suas próprias leis antissuborno. Em 2010, os tribunais chineses prenderam quatro funcionários da Rio Tinto, uma empresa de mineração de Londres, por aceitarem suborno.[8]

> **Foreign Corrupt Practices Act (FCPA)** lei que proíbe empresas americanas de fazer pagamentos ilegais a funcionários públicos de governos estrangeiros para obter os direitos comerciais ou para melhorar as transações comerciais nesses países
>
> **responsabilidade social corporativa (RSC)** preocupação da empresa com o bem-estar da sociedade

OA 3 Responsabilidade Social Corporativa

A **responsabilidade social corporativa (RSC)** é a preocupação da empresa com o bem-estar da sociedade. Essa preocupação é demonstrada pelos gestores que consi-

ÉTICA AMBIENTAL

Conforme as **leis e regulamentações ambientais dos Estados Unidos** ganham força, muitas empresas estão transferindo suas operações para países em desenvolvimento, nos quais costuma ser menos dispendioso operar. Esses países, em geral, impõem pouca ou nenhuma regulamentação quanto à qualidade do ar e descarte de resíduos. Um número cada vez maior de empresas nos Estados Unidos tem construído fábricas conhecidas como *maquiladoras** no México, ao longo da fronteira entre os dois países. Em razão de o México querer atrair empresários estrangeiros, as *maquiladoras* pagam poucos impostos, os quais normalmente seriam empregados na melhoria da infraestrutura do país. Muitos culpam as *maquiladoras* por sobrecarregar os esgotos e as usinas de tratamento de água já inadequados da região. Ciudad Juárez, uma cidade *maquiladora* populosa e poluída na fronteira com El Paso, Texas, gera milhões de galões de esgoto por dia e não possui sistema de saneamento.

A fronteira entre El Paso, no Texas, e Ciudad Juárez, no México

* Fábricas mexicanas dirigidas por empresas normalmente sediadas nos Estados Unidos e direcionadas apenas à montagem de produtos. Empresas que fazem apenas a montagem do produto, se beneficiando do imposto e da mão de obra mais barata. (N.R.T.)

Fonte: US Environmental Protection Agency

sustentabilidade
ideia de que as empresas socialmente responsáveis superarão seus concorrentes concentrando-se nos problemas sociais e visualizando-os como oportunidades para gerar lucros e ajudar o mundo ao mesmo tempo

pirâmide da responsabilidade social corporativa
modelo segundo o qual a responsabilidade social corporativa é composta de responsabilidades econômicas, legais, éticas e filantrópicas e que o desempenho econômico da empresa sustenta toda a estrutura

deram tanto os melhores interesses de longo alcance da empresa quanto o seu relacionamento com a sociedade em que opera. A mais recente teoria sobre responsabilidade social é denominada **sustentabilidade**. Ela se refere à ideia de que as empresas socialmente responsáveis superarão seus concorrentes concentrando-se nos problemas sociais e visualizando-os como oportunidades para gerar lucros e ajudar o mundo ao mesmo tempo. É também a noção de que as empresas não podem prosperar por muito tempo (ou seja, falta de sustentabilidade) em um mundo no qual bilhões de pessoas estão sofrendo e são extremamente pobres. Portanto, é do interesse das empresas encontrar formas de atacar os males da sociedade.

Outro ponto de vista é que as empresas devem se concentrar em gerar lucros e deixar os problemas sociais e ambientais para organizações sem fins lucrativos e para o governo. De acordo com o economista Milton Friedman, o livre mercado, e não as empresas, é que deve decidir o que é melhor para o mundo.[9] Friedman argumentou que conforme os executivos gastam mais que o necessário para comprar veículos de entrega com motor híbrido, pagar salários mais altos nos países em desenvolvimento ou mesmo doar fundos da empresa para a caridade, estão gastando dinheiro dos acionistas para promover suas próprias agendas. É melhor pagar dividendos e deixar os acionistas distribuírem o dinheiro, se assim desejarem.

O conceito de RSC tem quatro componentes: econômico, legal, ético e filantrópico.[10] A **pirâmide da responsabilidade social corporativa**, como consta na Figura 3.1, retrata o desempenho econômico como base para as outras três responsabilidades. Ao mesmo tempo em que visa ao lucro (responsabili-

dade econômica), espera-se que uma empresa obedeça à lei (responsabilidade legal), faça o que é certo, justo e íntegro (responsabilidade ética) e seja boa cidadã corporativa (responsabilidade filantrópica). Esses quatro componentes são distintos, mas, juntos, constituem o todo. Ainda assim, se a empresa não gerar lucros, as outras três responsabilidades passam a ser discutíveis.

Crescimento da Responsabilidade Social

A responsabilidade social das empresas está crescendo em todo o mundo. Um estudo recente sobre responsabilidade social em países selecionados perguntou o seguinte: "A sua empresa considera fatores de responsabilidade social na tomada das decisões comerciais?". O percentual de empresas que disseram sim foi: Brasil, 62%; Canadá, 54%; Austrália, 52%; Estados Unidos, 47%; Índia, 38%; China, 35%; e México, 26%.[11] Outra pesquisa apontou que 47% das empresas americanas simplesmente não se adequavam. Na opinião de 75% dos entrevistados essas empresas precisam fazer mais na área de responsabilidade social.[12]

Pacto Global Uma forma pela qual as empresas americanas podem fazer mais é unindo-se ao Pacto Global (UNGC, do inglês, United Nations Global Compact). O Pacto Global, a maior iniciativa de cidadania corporativa global, viu sua classificação aumentar ao longo dos últimos anos. Em 2001, o primeiro ano cheio após seu lançamento, apenas 67 empresas juntaram-se a ele, concordando em se submeter aos dez princípios que abrangem, entre outras coisas, direitos humanos, práticas trabalhistas e meio ambiente. Em sua revisão anual de dez anos, o Pacto Global conta com mais de 8 mil participantes em 135 países.[13]

As empresas estão percebendo que a RSC não é algo fácil nem rápido. Ela não funciona sem uma estratégia de longo prazo, esforço e coordenação por parte de toda a empresa. Isso nem sempre sai barato. E o retorno do investi-

FIGURA 3.1
Pirâmide da Responsabilidade Social Corporativa

Responsabilidades filantrópicas
Ser um bom cidadão corporativo.
Contribuir com recursos para a comunidade; melhorar a qualidade de vida.

Responsabilidades éticas
Ser ético.
Fazer o que é certo, correto e justo. Evitar prejuízos.

Responsabilidades legais
Obedecer à lei.
A lei é a codificação da sociedade do que é certo e errado.
Jogar segundo as regras do jogo.

Responsabilidades econômicas
Ser rentável.
O lucro é a base de todas as outras responsabilidades.

mento, tanto para a sociedade quanto para a própria empresa, nem sempre é imediato. As empresas dizem que desejam ser cidadãs responsáveis, mas geralmente essa não é a única razão para agir. Em uma pesquisa recente, o UNGC perguntou aos seus membros por que eles haviam se associado. "Oportunidade de fazer contatos comerciais" foi a segunda razão mais citada; "abordar questões humanitárias" foi a terceira. A primeira foi "aumentar a confiança na empresa".[14]

O Custo de Ignorar a Responsabilidade Social

A implementação de um programa para RSC pode colher dividendos significativos, como mostrou uma pesquisa realizada com 1.001 adultos em 2010. Setenta por cento dos entrevistados disseram que pagariam um preço mais caro por produtos de uma empresa socialmente responsável e 28% pagariam até US$ 10 a mais por um produto de uma empresa dessas.[15]

Com esse tipo de retorno potencial, não é de estranhar que muitas empresas estejam buscando aumentar a conscientização quanto à sua RSC. No entanto, fazer afirmações falsas sobre responsabilidade social pode ter custos enormes. A BP posicionou-se como líder em exploração de petróleo responsável e investimentos em fontes alternativas de energia. Essa posição permitiu que ela se tornasse a maior produtora de petróleo e gás dos Estados Unidos, bem como um exemplo para empresas responsáveis e bem-sucedidas. Então, uma explosão em uma refinaria de petróleo em 2005 resultou em uma investigação federal. Com mais de 700 violações de segurança até 2009, os investidores responsáveis pela gestão do fundo de "responsabilidade social" começaram a retirar seu apoio à BP, citando preocupações quanto ao compromisso da empresa com a segurança dos funcionários.[16]

Hoje, a imagem da BP está abalada porque uma de suas plataformas de petróleo explodiu no Golfo do

> **marketing verde**
> desenvolvimento e comercialização de produtos projetados para minimizar os efeitos negativos no ambiente físico ou melhorar o meio ambiente

México em 20 de abril de 2010. Até o momento da redação deste texto, as economias costeiras estavam sofrendo com a queda da pesca e do turismo, a pressão da Casa Branca estava aumentando e a BP estava tendo enormes gastos com a explosão. No mínimo, a BP teve de dedicar um fundo de US$ 20 bilhões para custear os danos causados aos Estados Unidos e reivindicações salariais, conforme ordenado pela Casa Branca. Além disso, a BP deve criar um fundo separado de US$ 100 milhões para apoiar os funcionários demitidos em virtude da proibição da prospecção em águas profundas. Alguns analistas estimam que a limpeza pode chegar a custar US$ 100 bilhões, o que levaria a BP à falência.[17]

Marketing Verde

Uma consequência do movimento de responsabilidade social é o marketing verde. O **marketing verde** é o desenvolvimento e a comercialização de produtos projetados para minimizar os efeitos negativos no ambiente físico ou melhorar o meio ambiente.[18] Por meio do marketing verde, uma empresa pode ajudar não só o meio ambiente como também os resultados financeiros. Consumidores conscientes no que se refere ao aspecto ambiental tendem a ganhar mais e estão dispostos a pagar mais por produtos verdes. Entretanto, apenas uma porcentagem muito pequena de clientes toma decisões de compra com base nas qualidades ecológicas de um produto.[19] Além disso, pode ser necessário que os profissionais de marketing esclareçam o consumidor quanto ao produto verde, caso seu benefício ambiental não seja facilmente perceptível. Para fazer a venda, o profissional de marketing verde pode até usar um benefício tradicional não ecológico. Os holofotes CFL da General Electric (GE), que têm consumo eficiente de energia, são melhores para o meio ambiente que as lâmpadas incandescentes. O tema promocional é "Vida longa para locais de difícil acesso". A GE está vendendo conveniência porque o holofote não precisa ser substituído com tanta frequência.[20]

Alguns produtos verdes oferecem ao consumidor benefícios práticos que podem ser facilmente percebidos. Os aparelhos cujo consumo de energia é eficiente (reduzem as contas de energia elétrica), as janelas refletoras de calor (reduzem os custos com ar-condicionado) e os alimentos orgânicos (sem agrotóxicos que envenenam o alimento e o planeta) são alguns exemplos. Cada banana orgânica Dole tem uma etiqueta com um número. Se você digitar esse número no site www.doleorganic.com, uma aplicação Google Earth mostra o lugar exato onde a fruta foi cultivada.[21]

FERRAMENTAS DE ESTUDO CAPÍTULO 3

Acesse a Trilha de MKTG em www.cengage.com.br/4ltr para:

- **Acessar os cartões de revisão dos capítulos**
- **Responder aos questionários práticos para se preparar para as provas**
- **Realizar as atividades "Vença o relógio" para dominar os conceitos**
- **Completar as "Palavras cruzadas" para revisar os termos-chave**

92% dos estudantes consultados acreditam que os questionários interativos são uma ferramenta de estudos útil.

FIQUE ON-LINE

ELA FICA

"No geral, eu gosto do livro e achei que ele **tornou muito fácil ser bem-sucedido neste curso, fornecendo inúmeros recursos para estudo on-line.**"

– Ben Larkins, aluno da Universidade Estadual Middle Tennessee

Descubra sua experiência on-line em **MKTG** na Trilha para MKTG em: www.cengage.com.br/4ltr

Você encontrará tudo o que precisa para ter sucesso.

- Slides em PowerPoint®
- Flash Cards para impressão
- Games interativos
- E muito mais

CAPÍTULO **4** O **Ambiente** de Marketing

Objetivos da Aprendizagem

OA 1 Discutir o ambiente externo de marketing e explicar como ele afeta uma empresa

OA 2 Descrever os fatores sociais que afetam o marketing

OA 3 Explicar as atuais tendências demográficas para os gestores de marketing

OA 4 Explicar a importância de mercados étnicos em crescimento para os gestores de marketing

OA 5 Identificar as reações do consumidor e do profissional de marketing ao estado da economia

OA 6 Identificar o impacto da tecnologia sobre as empresas

OA 7 Discutir o ambiente político e legal do marketing

OA 8 Explicar os princípios básicos da concorrência externa e interna

> Embora os gestores sejam capazes de controlar o composto de marketing, eles não conseguem controlar os elementos presentes no ambiente externo.

APÓS CONCLUIR ESTE CAPÍTULO, VÁ PARA A PÁGINA 57 PARA OBTER AS FERRAMENTAS DE ESTUDO

OA 1 O Ambiente Externo de Marketing

Talvez as decisões mais importantes que um gestor de marketing deve tomar estejam relacionadas à criação do **composto de marketing**. Nos capítulos 1 e 2, apresentamos o composto de marketing como a combinação única de produto, lugar (distribuição), promoção e estratégias de preços. Obviamente, o composto de marketing está sob controle da empresa e é designado para atrair um grupo específico de potenciais compradores. Um **mercado-alvo** refere-se a determinado grupo que os gestores acreditam ter mais propensão a comprar o produto de uma empresa.

Os gestores devem alterar o composto de marketing em razão das alterações no ambiente em que os consumidores vivem, trabalham e decidem realizar suas compras. Além disso, à medida que os mercados amadurecem, novos consumidores tornam-se parte do mercado-alvo; outros o abandonam. Aqueles que permanecem podem ter gostos, necessidades, rendas, estilos de vida e hábitos de compra diferentes daqueles dos consumidores-alvo originais. A Barbie, da Mattel, foi a boneca mais vendida por quase 50 anos. No entanto, ela foi vítima da mudança de gostos e da concorrência, especialmente da Bratz, uma linha de bonecas mais ousada e com maior diversidade étnica. Em 2000, a Barbie teve uma participação de 80% no mercado; hoje tem menos de 50%.[1] A Mattel lançou-se num esforço maior de marketing para recuperar sua participação de mercado.

mercado-alvo
determinado grupo que tem mais propensão a comprar o produto de uma empresa

Qual a sua opinião?

O marketing tem de mudar de acordo com o que desperta o interesse das pessoas ou ele não funciona.

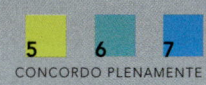

1 2 3 4 5 6 7
DISCORDO PLENAMENTE — CONCORDO PLENAMENTE

MARK HERREID/SHUTTERSTOCK

> **gestão ambiental**
> diz respeito ao fato de uma empresa implementar estratégias que tentam moldar o ambiente externo no qual ela opera

Embora os gestores sejam capazes de controlar o composto de marketing, eles não conseguem controlar os elementos presentes no ambiente externo, os quais modelam e remodelam continuamente o mercado-alvo.

As variáveis controláveis e não controláveis afetam o mercado-alvo, quer no que diz respeito aos consumidores, quer no que diz respeito aos compradores. Os elementos incontroláveis evoluem e provocam mudanças no mercado-alvo. Em contraposição, os gestores podem moldar e remodelar o composto de marketing para influenciar o mercado-alvo. Isso significa que os gestores reagem às mudanças do ambiente externo e tentam criar um composto de marketing mais eficaz.

Compreendendo o Ambiente Externo

A menos que os gestores de marketing entendam o ambiente externo, a empresa não consegue planejar o futuro de forma inteligente. Assim, muitas organizações montam uma equipe de especialistas para reunir e avaliar informações ambientais, um processo chamado varredura ambiental. O objetivo na reunião de dados ambientais é identificar oportunidades de mercado e ameaças futuras.

Gestão Ambiental

Nenhuma empresa é grande ou poderosa o suficiente para provocar uma mudança significativa no ambiente externo. Assim, os gestores de marketing são adaptadores em vez de agentes de mudança. Apesar do tamanho enorme de empresas como a General Electric, Walmart, Apple e Caterpillar, elas não controlam a mudança social, os fatores demográficos ou outros elementos presentes no ambiente externo.

Entretanto, não é porque uma empresa não pode controlar totalmente o ambiente externo, que ela está de mãos atadas. Às vezes, uma empresa pode influenciar eventos externos. O lobby intenso da FedEx lhe permitiu adquirir praticamente todas as rotas japonesas que ela tem tentado. Quando uma empresa implementa estratégias que tentam moldar o ambiente externo dentro do qual opera, ela está se envolvendo em **gestão ambiental**.

Os fatores do ambiente externo importantes para os gestores de marketing podem ser classificados como sociais, demográficos, econômicos, tecnológicos, políticos e jurídicos e competitivos.

OA 2 Fatores Sociais

Talvez, a mudança social seja a variável externa mais difícil de ser prevista, influenciada ou integrada aos planos de marketing pelos gestores de marketing. Os fatores sociais incluem nossas atitudes, nossos valores e estilos de vida. Os fatores sociais influenciam os produtos que as pessoas compram; os preços pagos pelos produtos; a eficácia de promoções específicas; e como, onde e quando as pessoas esperam comprar os produtos.

---

e-READER BONANZA DO BORDERS GROUP

Enquanto as livrarias concorrentes vendem seus próprios *e-readers*, a Apple vende seus iPads e a Sony amplia sua linha de aparelhos, o Borders Group está entrando na disputa, mas com uma estratégia voltada para o cliente de classe média, que quer o status de uma nova tecnologia sem ter de pagar um valor altíssimo por ela. Segundo uma pesquisa do Borders, os clientes queriam ter várias opções de *e-readers* com preços entre US$ 100 e US$ 150. O grupo fez parceria com uma série de empresas de tecnologia para oferecer *e-readers* a preços mais acessíveis. A empresa já lançou dois: o eReader Kobo, de US$ 149, e o eBook Reader Pro Libre, de US$ 119. O Borders Group também planeja organizar demonstrações, ocasião em que os clientes poderão navegar e comprar *e-readers* com a ajuda de equipes de vendas em lojas que oferecerão todas as facilidades para os *e-readers*.

Valores Americanos

Um *valor* é uma crença arraigada e duradoura. Durante os primeiros 200 anos dos Estados Unidos, quatro valores básicos influenciaram atitudes e estilos de vida:

- *Autossuficiência*: cada pessoa deve se manter por si mesma.
- *Mobilidade ascendente*: o sucesso chega para qualquer um que estude, trabalhe duro e jogue de acordo com as regras.
- *Ética de trabalho*: trabalho árduo, dedicação à família e austeridade são consideradas éticas e corretas.
- *Conformidade*: ninguém deve esperar ser tratado de forma diferente de outras pessoas.

Esses valores ainda são adotados pela maioria dos americanos. Os valores são determinantes essenciais daquilo que é e não é importante, das ações que se deve tomar ou não e como alguém deve se comportar em situações sociais.

Normalmente, as pessoas formam seus valores por meio da interação com a família, com os amigos e com outras pessoas influentes, por exemplo, professores, líderes religiosos e políticos. A mudança ambiental também pode desempenhar um papel fundamental na formação dos valores de cada um.

O Natural Marketing Institute marcou algumas tendências crescentes que estão, aparentemente, se tornando valores americanos. Algumas delas são:

- *Fora da malha*: os consumidores estão buscando maneiras de se tornarem mais autossuficientes, inclusive no que se refere à geração de energia doméstica, conservação e purificação de água e manutenção de jardins particulares.
- *Verde significante*: as iniciativas verdes devem ser distintas, memoráveis e mensuráveis, para causar impacto nas dimensões ambientais, sociais e econômicas.
- *EcoTechMed*: novas realidades econômicas estão motivando as pessoas a tomarem medidas para que haja uma preocupação proativa com a prevenção de doenças em vez de cuidar de doentes, e uma responsabilidade maior com a própria saúde e o próprio bem-estar.[2]

Os valores influenciam nossos hábitos de compra. Os consumidores atuais são exigentes, curiosos e esclarecidos. Eles não estão mais dispostos a tolerar produtos que quebram, insistem cada vez mais em produtos de alta qualidade que economizam tempo, energia e, muitas vezes, calorias. Os consumidores dos Estados Unidos classificam as características da qualidade dos produtos em (1) confiabilidade, (2) durabilidade, (3) fácil manutenção, (4) fácil utilização, (5) marca confiável e (6) preço baixo. Os compradores também estão preocupados com a nutrição e querem saber o que há nos alimentos que consomem; além disso, muitos têm preocupações ambientais.

estilo de vida complementares
prática de escolher bens e serviços que atendam às necessidades e aos interesses dos indivíduos, em vez de escolher aqueles que estão em conformidade com um estilo de vida único e tradicional

Crescem os estilos de vida complementares

Nos Estados Unidos, as pessoas estão unindo **estilos de vida complementares**. Um estilo de vida é um modo de vida; é a forma como as pessoas decidem viver. Em outras palavras, elas escolhem produtos e serviços que atendam as diversas necessidades e os interesses, em vez de escolher produtos que estão em conformidade com estereótipos tradicionais.

No passado, a profissão de uma pessoa, por exemplo, um executivo de banco, definia seu estilo de vida. Atualmente, uma pessoa pode ser banqueiro e também gourmet, um amante de fitness, um pai solteiro dedicado e um guru da internet. Cada um desses estilos de vida está associado a diferentes bens e serviços, e representa um público-alvo. Os estilos de vida complementares aumentam a complexidade dos hábitos de compra dos consumidores. O estilo de vida de cada consumidor pode exigir um composto de marketing diferente.

O CRESCIMENTO DE FAMÍLIAS COM DUAS RENDAS RESULTOU NO AUMENTO DO PODER AQUISITIVO.

O Novo Papel das Famílias e das Mulheres que Trabalham

Os estilos de vida complementares evoluíram porque os consumidores podem escolher entre um número crescente de bens e serviços; e a maioria desses consumidores possui dinheiro para

demografia estudo das estatísticas vitais das pessoas, como idade, raça e etnia e localização

ter mais opções. O crescimento de famílias com duas rendas resultou no aumento do poder aquisitivo. Cerca de 59% de todas as mulheres entre 16 e 65 anos de idade estão no mercado de trabalho. Esposas que trabalham representam 45% do total da renda familiar.[3] Provavelmente, o fenômeno das mulheres que trabalham teve um efeito maior sobre o marketing que qualquer outra mudança social.

À medida que a renda das mulheres aumenta, o nível de qualificação, experiência e autoridade também aumentam. Mulheres economicamente ativas não são o mesmo grupo-alvo de 30 anos atrás. Elas esperam coisas diferentes da vida, de seus empregos, de seus cônjuges e dos produtos e serviços que adquirem. Lojas de material de construção e decoração, como a Home Depot e a Lowe's, sabem que as consumidoras são vitais para seu sucesso. No entanto, para as mulheres, essas lojas têm um processo de compras desnecessariamente complexo. Um estudo constatou que as mulheres desejam ter uma experiência sem estresse e querem sentir que a Lowe's e a Home Depot dão valor às compras que elas fazem. Noventa e sete por cento das mulheres entrevistadas disseram que ter uma pessoa capaz de responder a todas as suas perguntas é um dos serviços mais importantes que uma loja de materiais de construção e decoração pode oferecer.[4]

Nunca Há Tempo Suficiente

Pesquisas mostram que o percentual de pessoas que dizem nunca ter tempo suficiente para fazer tudo o que precisam fazer continua aumentando. Estima-se que mais de 80% da população ativa está preocupada com o pouco tempo de que dispõe.[5] Mais de 31% de homens trabalhadores de nível universitário trabalham regularmente 50 horas ou mais por semana, acima dos 22% observados em 1980. Aproximadamente 40% dos adultos americanos dormem menos de sete horas por noite durante a semana, acima dos 34% em 2001. Quase 60% das refeições são feitas de forma apressada e 34% dos almoços também. Para gerir o tempo escasso, cerca de 74% dos adultos que trabalham se envolvem em muitas tarefas simultâneas.[6]

"Com os americanos gastando um recorde de 60% das horas em que estão acordados no trabalho, os momentos em que paravam para conversar na varanda de seus vizinhos à tarde para discutir os acontecimentos e tomar um chá gelado se foram", disse Stephanie Molnar, CEO da WorkPlace Media. "Hoje em dia, os consumidores sem tempo estão mais propensos a parar em um cubículo para uma bebida em vez de se socializar com os vizinhos ao voltar para casa, onde lhes esperam tarefas domésticas e responsabilidades familiares que têm precedência sobre qualquer conversa casual".[7] Em um dia comum (que inclui os sete dias da semana), 83% das mulheres e 66% dos homens gastam algum tempo com atividades domésticas, como cozinhar, fazer reparos ou gerir as finanças e outros assuntos familiares.[8]

Um sociólogo de Nova York chama nossa cultura emergente trabalho-família de "weisure time" (junção das palavras *work* (trabalho) e *leisure* (lazer). Isso significa que mais americanos estão usando smartphones e outras tecnologias para colaborar com parceiros comerciais enquanto estão envolvidos em atividades familiares ou de lazer.[9] Ao misturarmos trabalho e lazer, sobra menos tempo para sermos o que chamamos de "nossos verdadeiros eus". Não há tempo para relaxar. Além disso, novas pesquisas mostram que estar constantemente preso a e-mails, smartphones, tablets e outros meios digitais pode ter grande repercussão na vida de uma pessoa e até mesmo diminuir sua capacidade de concentração. Essa imersão em uma vida digital pode levar as pessoas que fazem tudo ao mesmo tempo a ter o pensamento mais fragmentado e problemas para reter informações importantes – mesmo quando estão offline.[10]

OA 3 Fatores Demográficos

Outra variável incontrolável no ambiente externo – extremamente importante para os gestores de marketing – é a **demografia**, o estudo das estatísticas vitais das pessoas, como idade, raça e etnia e localização. A demografia é importante porque a base de qualquer mercado são as pessoas. As características demográficas estão fortemente relacionadas ao comportamento do consumidor no mercado.

População

As pessoas são, direta ou indiretamente, a base do mercado, o que torna a população a estatística mais básica no marketing. Atualmente, a população dos Estados Unidos está ligeiramente acima dos 300 milhões e deve chegar a 400 milhões em 30 a 35 anos. Esses 100 milhões de pessoas, muitas delas imigrantes, vão substituir os *baby boomers* em idade avançada na força de trabalho, encher os cofres da previdência social e, muito provavelmente, manter a economia vital e a vida interessante. Entretanto, elas também irão abarrotar ainda mais cidades e rodovias, pressionar os recursos naturais, acabar com o status da "maioria branca" e, provavelmente, aumentar o abismo social.

Os Estados Unidos têm aproximadamente 86 pessoas por milha quadrada e, mesmo depois de adicionar as 100 milhões de pessoas mais próximas, ainda terão um sexto da densidade da Alemanha. A maioria do aumento populacional está acontecendo em apenas uma dúzia de estados, como o Colorado, a Flórida, a Carolina do Norte e o Texas, ao passo que estados da região central e do Centro-Oeste estão crescendo lentamente, se estiverem.[11] Aqueles que são capazes de se mudar, apesar do mercado imobiliário difícil e da desaceleração da economia, tendem a diminuir em número e a mudar dos subúrbios de volta para cidades onde existem mais possibilidades de emprego.[12] Essa tendência tem a probabilidade de resultar em megalópoles de 25 milhões ou mais, já que a população aumenta e mais empregos são criados.

A população é uma estatística útil quando fragmentada em pequenos segmentos. Os grupos etários apresentam oportunidades para se concentrar em uma parte da população e oferecem oportunidades para os profissionais de marketing. Esses grupos são chamados de pré-adolescentes, adolescentes, geração Y, geração X e *baby boomers*. A seguir, você verá que cada grupo de coorte tem necessidades, valores e padrões de consumo próprios.

Pré-adolescentes

Os pré-adolescentes da América do Norte (entre 8 e 12 anos) formam uma população de mais de 20 milhões. Com atitudes, acesso às informações, sofisticação muito além de sua idade e poder de compra condizente, esses jovens consumidores gastam mais de US$ 200 bilhões anuais. Eles gastam por si sós cerca de US$ 50 bilhões por ano, o restante é gasto pelos pais e membros da família com eles.[13] Durante o período de volta às aulas, por exemplo, os pais gastam em média US$ 230 em roupas por pré-adolescente.[14]

A esmagadora maioria de pré-adolescentes (92%) considera comerciais de televisão o que eles são – "apenas comerciais". Cerca de três quartos consideram os cartazes e as estações de rádio como propagandas pagas e cerca de metade reconhece os meios promocionais, como merchandising nos shows de televisão.[15] Como os pais geralmente orientam os filhos a não clicar em *banners* ou *pop-ups*, os pré-adolescentes entendem os anúncios desse tipo como algo que polui a página e deve ser ignorado.[16]

Adolescentes

Há cerca de 25 milhões de adolescentes nos Estados Unidos. Eles passam aproximadamente 72 horas semanais conectados. Isso inclui televisão, internet, música, videogames, telefones celulares e mensagens de texto. Perto de 93% desses adolescentes estão na internet, 75% possuem telefone celular e 66% enviam mensagens de texto. Setenta e três por cento estão em redes sociais e 50 milhões de adolescentes em todo o mundo colocam seus perfis no Facebook. Apenas 14% dos adolescentes norte-americanos têm blogs, mas cerca de metade posta comentários em blogs. Apenas 8% dos adolescentes utilizam o Twitter.[17]

geração Y pessoas nascidas entre 1979 e 1994

Para os adolescentes, comprar tornou-se um esporte que acontece on-line ou no *shopping center*. Mais de 62% afirmam adorar fazer compras e 58% compram on-line. O adolescente ou pré-adolescente médio ganha cerca de US$ 45 por semana (63% deles trabalham um mínimo de quatro semanas por ano). Uma quantia substancial de seu orçamento (43%) é gasta com vestuário. Os adolescentes amam Armani, Gucci e Coach. Eles também vão ao Taco Bell e bebem Coca-Cola. Os que fazem compras on-line gastam em média US$ 46 por mês e 26% gastam US$ 50 ou mais. As compras de vestuário e música são as mais populares, seguidas pelas compras de livros e aparelhos eletrônicos.[18]

Duas maneiras de vender de forma eficaz para adolescentes são:

▸ *Produzir de forma moderna e conveniente.* O iPod da Apple é fácil de usar, é compacto, possui uma grande capacidade de armazenamento de músicas e tem sido um sucesso entre os adolescentes.

▸ *Envolver os adolescentes por meio de promoções que os façam participar.* É importante envolvê-los em concursos interativos e desafios que dependem de votação e conferir poder de engajamento aos adolescentes com a oportunidade de ajudar uma empresa com ideias, comerciais e nomes para marcas.[19]

Geração Y

Aqueles designados como **geração Y**, também chamados de geração do milênio, nasceram entre 1979 e 1994. A princípio, a geração Y foi um corte menor que os *baby boomers* (que discutiremos adiante). No entanto, em virtude da imigração e do envelhecimento da geração *boomer*, a geração Y passou os *boomers* em população total em 2010. Atualmente, a geração Y está em duas fases diferentes do ciclo de vida. Os membros mais jovens, nascidos em 1994, estão no final da adolescência e se encaixam no grupo de corte acima. Em contraposição, a geração Y mais antiga, nascida em 1979, estava com 31 anos de idade em 2010. Eles começaram

CAPÍTULO 4: O AMBIENTE DE MARKETING

> **geração X** pessoas nascidas entre 1965 e 1978
>
> **baby boomers** pessoas nascidas entre 1946 e 1964

suas carreiras e muitos se tornaram pais pela primeira vez, provocando dramáticas mudanças no estilo de vida. Eles cuidam de seus bebês em vez de saírem e gastam dinheiro com produtos infantis. A geração Y já gastou mais de US$ 200 bilhões anuais e ao longo de suas vidas, provavelmente, gastarão cerca de US$ 10 trilhões. Muitos já começaram suas carreiras e estão tomando decisões importantes, como compra de carros e casas; no mínimo, eles estão comprando computadores, MP3 players, telefones celulares, iPads e tênis.

Os pesquisadores descobriram que a geração Y é:

- *Curiosa*: quer saber por que as coisas acontecem, como funcionam e o que podem fazer a seguir.
- *Opinativa*: a geração Y tem sido incentivada pelos pais, professores e por outras figuras de autoridade a compartilhar suas opiniões. Como resultado, esse grupo sente que suas opiniões são sempre necessárias e bem-vindas.
- *Diversa*: é a geração com a maior diversidade étnica que os Estados Unidos já viu, o que torna mais aceito o grupo total de pessoas que são diferentes entre si.
- *Gestores do tempo*: desde crianças eles se acostumaram a ter horários – desde as atividades escolares às esportivas, portanto não é nenhuma surpresa que tenham adquirido talento para planejamento.
- *Compradores rápidos*: preferem supercentros e hipermercados, como Walmart e Target, em detrimento de outros estabelecimentos mais tradicionais, como mercearias e farmácias. A geração Y é mais propensa a usar listas de compras e cupons que outros grupos de corte.[20]
- *Querem realização*: a geração Y percebe que, se vão trabalhar arduamente por toda a vida, devem proporcionar algo que seja significativo para eles. Eles querem fazer a diferença.[21]
- *Multitarefas*: eles cresceram em um mundo digital, social, composto de tecnologia móvel de ponta. Eles conseguem se socializar com amigos, acessar as notícias, fazer pesquisas e se divertir, tudo ao mesmo tempo. Alguns membros da geração Y são viciados em multitarefas – ou seja, eles têm um constante desejo de "ficar em contato" ou "estar a par".[22]
- *Conscientes em relação ao meio ambiente*: a geração Y se preocupa com o meio ambiente e, frequentemente, procura produtos "verdes". As marcas verdes favoritas da geração Y são Whole Foods, Trader Joe's, Honda e Google.[23]

Geração X

Geração X – pessoas nascidas entre 1965 e 1978 – cerca de 40 milhões de consumidores. Foi a primeira geração de crianças a ter a chave de casa – resultado de pais com dois empregos ou, em cerca de metade dos casos, divorciados ou separados. Essa geração passou muito mais tempo sem o apoio e a orientação de adultos que qualquer outra faixa etária. Essa experiência os tornou independentes, resistentes, adaptáveis, cautelosos e céticos.[24]

O marketing direcionado à geração X tem sido descrito como difícil. No entanto, compreender as necessidades, os desejos e as atitudes desse grupo pode tornar a tarefa muito mais fácil. A geração X, agora por volta de 30 e 40 anos, está alcançando a idade em que estão planejando mandar seus filhos para a faculdade. Setenta e um por cento da geração X ainda têm crianças menores de 18 anos.[25] Ela tende a ser mais protetora e envolvida com seus filhos que a geração dos *baby boomers*. Eles supervalorizam a importância da educação. Sessenta e três por cento afirmam que começaram a planejar a educação de seus filhos quando eles ainda estavam no ensino fundamental, ou antes disso.[26]

A casa própria é uma meta importante para a geração X. A maioria já possui casa própria. Daqueles que não têm, quase metade se preocupa em poupar dinheiro suficiente para comprar uma. No entanto, muitos acham que por meio de seus próprios recursos vão comprar uma casa um dia.[27] A geração X também é ávida compradora do que há de novidade em roupas, tecnologia e lazer. Agora que eles avançaram no mundo corporativo, estão exigindo certos valores dos varejistas que realizam suas compras. A geração X quer franqueza, suporte ao cliente, confiabilidade e autenticidade. Se os varejistas não cumprem o que prometem, perdem os clientes da geração X.[28]

Baby Boomers

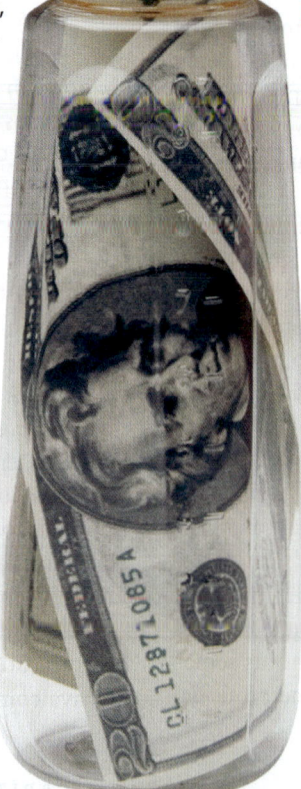

Em 2010, havia cerca de 75 milhões de **baby boomers** (pessoas nascidas entre 1946 e 1964). Atualmente, a idade dessas pessoas está entre metade dos 60 e final dos 40 anos. Com a expectativa de vida média total elevada para mais de 77,4 anos, americanos com mais de 50 anos consideram a meia-idade um novo começo de vida. Menos de 20% dizem que esperam parar de trabalhar à medida que envelhecem. Daqueles que pretendem continuar trabalhando pelo menos meio período, 67% afirmam que o farão para permanecer mentalmente ativos e 57% disseram que o farão para permanecer fisicamente ativos. As pessoas que estão na faixa dos 50 anos podem trabalhar muito mais que qualquer geração anterior e atingir seu pico de gastos em torno dos 54 anos de idade.[29] A crise econômica de 2007-2009 resultou na queda da poupança dos *baby boomers* e no rápido declínio de valores imobiliários de seus imóveis. Como resultado, os *boomers* estão adiando a aposentadoria. Estima-se que, com o colapso do mercado de ações, eles perderam mais de US$ 2 trilhões em 2008.[30] Apenas 23% de pessoas com mais de 55 anos de idade têm mais de US$ 250 mil em economias e investimentos.[31] Como resultado, os *boomers* mais jovens já atingiram o pico de gastos antes de chegar aos 54 anos de idade, e os *boomers* mais velhos reduziram seus gastos para fazer um pé de meia.

No entanto, os *boomers* e os idosos ainda são um grande mercado com necessidades de serviço significativas. Na verdade, o mercado de serviços direcionado a idosos é um dos que apresentam crescimento mais rápido. O leque de negócios é impressionante, assim como o tipo de serviços oferecidos. Florence Henderson criou uma linha de tecnologia para idosos chamada FloH Club. Existem franquias de fitness (Nifty after Fifty), serviços de transporte (Silver Ride) e até blogs de moda de rua para idosos (Gran Paparazzi).[32]

OA 4 Mercados Étnicos em Crescimento nos Estados Unidos

Em 2013, estima-se que os hispânicos terão US$ 1,4 de poder de compra. No mesmo ano, os afro-americanos terão US$ 1,2 trilhão, seguidos por americanos de origem asiática, com US$ 752 bilhões.[33]

Em 2011, a população chamada minoritária nos Estados Unidos atingiu a marca dos 110 milhões. Um em cada três residentes no país representa uma minoria. Por volta de 2050, um em cada três residentes será hispânico. Atualmente, as minorias não caucasianas representam 49% das crianças nascidas nos Estados Unidos.[34] Havaí (75%), Distrito de Colúmbia (68%), Novo México (58%), Califórnia (58%) e Texas (53%) são áreas em que a maioria pertence às minorias.[35] Em 2010, os municípios ao redor de Denver, Las Vegas e Orlando tornaram-se áreas cuja maioria pertence a grupos minoritários.

Em todo os Estados Unidos, as empresas reconheceram que a diversidade pode resultar lucros. Mais do que nunca, a diversidade emerge como um objetivo básico para líderes visionários que aceitam o fato incontestável de que os Estados Unidos estão se tornando uma sociedade multicultural. Empresários inteligentes estão alcançando esses mercados em crescimento e penetrando neles. A PepsiCo, por exemplo, tem sido muito bem-sucedida com o Gatorade Xtremo, uma bebida direcionada para o mercado hispânico. Agora ele já tem três sabores.

Marketing para Hispano-americanos

O termo *hispânico* abrange pessoas de diversas origens. Quase 60% dos hispano-americanos são de origem mexicana. O segundo maior grupo, os porto-riquenhos, representam menos de 10% dos hispânicos. Outros grupos, incluindo centro-americanos, dominicanos, sul-americanos e cubanos, representam, cada um deles, menos de 5% dos hispânicos.

A diversidade da população hispânica e as diferenças linguísticas impõem muitos desafios para aqueles que tentam atingir esse mercado. Os hispânicos, principalmente os novos imigrantes, preferem produtos de seu próprio país. Por isso, muitos varejistas ao longo da fronteira sul dos Estados Unidos importam mercadorias do México. Em geral, os hispânicos tendem a ser leais a uma marca, mas, muitas vezes, eles não conhecem as marcas dominantes nos EUA. Assim, muitos hispânicos são fiéis às marcas de sua terra natal. Se elas não estiverem disponíveis, escolherão marcas que reflitam seus valores e sua cultura nativa.

A audiência de programas de rádio e televisão em espanhol continua a crescer, ao passo que os números das quatro grandes redes de televisão continuam baixos. Desde que a General Mills começou a comprar mais anúncios na mídia em espanhol, as vendas de suas marcas Progresso e Honey Nut Cheerios dispararam. Aproximadamente 68% dos hispânicos têm acesso à internet em casa e 42% compram on-line.[36] Sessenta e três por cento dos hispânicos que têm acesso à internet usam a web para procurar informações, em vez de jogar ou desperdiçar o tempo em salas de chat, contra 52% da população em geral.[37]

Marketing para Afro-americanos

Os afro-americanos são quase seis anos mais novos que todos os consumidores; 47% estão entre 18 e 49 anos, que é considerada a idade demográfica que mais gasta, de acordo com os empresários. Embora sua população seja menor, há mais lares afro-americanos nos Estados Unidos que lares hispânicos porque os últimos tendem a ter famílias maiores.[38]

Várias empresas de propriedade afro-americana, como a SoftSheen-Culver e a Pro-Line, são direcionadas ao mercado afro-americano de beleza e saúde. Grandes corporações, como a Revlon, a Gillette e a Alberto-Culver, têm divisões ou linhas de produtos maiores também para esse mercado. O gasto com promoções para os afro-americanos continua a subir, assim como o número de escolhas de mídias voltadas aos negros. BET, a rede de televisão a cabo direcionada a essa parcela da população, tem mais de 80 milhões de telespectadores. A revista de 45 anos *Essence* atinge um terço de todas as mulheres negras com idade entre 18 e 49 anos. Os afro-americanos passam um tempo considerável ouvindo rádio (surpreendentes 4 horas por dia contra 2,8 horas de outros grupos), e a audiência urbana tem uma relação muito pessoal com o meio. Tom Joyner, da rede de rádio ABC, atinge um público de mais de 8 milhões em 116 mercados, e Doug Banks é ouvido por 1,5 milhão de ouvintes em 36 mercados.

A eleição do presidente Obama deu esperança e motivação para várias gerações de afro-americanos. Os jovens estão percebendo que trabalho árduo e boa formação podem criar oportunidades consideradas impossíveis em outros tempos. Uma pesquisa recente mostra que mais do que nunca esse grupo étnico está atingindo o sonho americano. Em 2011, havia 2,8 milhões de afro-americanos ganhando mais de US$ 75 mil por ano.[39]

O MCDONALD'S AMA MUITO OS MERCADOS* ÉTNICOS

O McDonald's está muito sintonizado com **mercados étnicos** em que se baseia para orientar menus e publicidade. Um número desproporcional de negros, hispânicos e asiáticos participa de seus *focus groups*, e os profissionais de marketing ponderam como comercializar para um país composto apenas por esses três grupos. Os novos *smoothies* de frutas do McDonald's refletem essa abordagem, com combinações dos sabores preferidos das comunidades minoritárias.[41]

* O título faz referência ao slogan do McDonald's "I'm lovin'it" ou, em português, "Amo muito tudo isso". (N.R.T.)

Marketing para Americanos de Origem Asiática

Os ásio-americanos, que representam apenas 4,2% da população dos Estados Unidos, possuem a renda familiar média mais alta de todos os grupos. Com um valor por volta de US$ 66.500, excede a renda média familiar do país em mais de US$ 10 mil. Quarenta e oito por cento de todos os ásio-americanos têm pelo menos um grau de bacharel.[40] Como são mais jovens (a idade média é de 34 anos), mais instruídos e têm rendimentos mais elevados que a média, são denominados "sonho de um profissional de marketing". Esse grupo utiliza muito a tecnologia. Além disso, estão entre os primeiros a adotar as novidades digitais. Impressionantes 95% de ásio-americanos possuem computadores pessoais.[42]

Uma série de produtos foi desenvolvida especificamente para o mercado ásio-americano. O salão Kayla Beverly Hills atrai consumidores ásio-americanos porque a empresa oferece cosméticos formulados para eles. A diversidade cultural dentro do mercado ásio-americano complica os esforços promocionais, e os profissionais de marketing precisam conhecer as diferenças entre os mercados chinês, filipino, japonês, vietnamita, coreano, indiano e paquistanês.

OA 5 Fatores Econômicos

Além dos fatores sociais e demográficos, os gestores de marketing precisam entender o ambiente econômico. As três áreas econômicas de maior preocupação para a maioria dos profissionais de marketing são o rendimento dos consumidores, a inflação e a recessão.

O Rendimento dos Consumidores

Quando o rendimento líquido das pessoas aumenta, mais famílias e indivíduos podem pagar por uma "vida boa". No entanto, nos últimos anos, a renda nos Estados Unidos tem aumentado a um ritmo bem lento. Após o ajuste da inflação, a renda familiar média em 2010 foi projetada para ser de aproximadamente US$ 52 mil. Isso significa que metade de todas as famílias ganhava menos e outra metade ganhava mais.

Dois e meio por cento da população ganha US$ 250 mil ou mais por ano.[43]

A educação é o principal determinante do potencial de ganhos de uma pessoa. Apenas 1% das pessoas com ensino médio ganha mais de US$ 100 mil por ano. Em comparação, 13% dos trabalhadores graduados ganham valores com seis dígitos ou mais. Pessoas com grau de bacharel ganham em média 38% a mais que aqueles que têm apenas ensino médio. Ao longo da vida, um bacharel ganhará o dobro do rendimento de uma pessoa que não tem esse título.[44] Junto com a "vontade de comprar", ou com a "capacidade de comprar", a renda é um fator determinante dos mercados-alvo. Um profissional de marketing que sabe onde o dinheiro está, sabe onde os mercados estão. Nos Estados Unidos, ao se procurar um local para uma nova loja Dollar General, cadeia de varejo que atende consumidores de baixa renda, deve-se concentrar no Sul e no Centro-Oeste porque a maioria das famílias com renda anual inferior a US$ 45 mil estão nessas áreas.

Poder Aquisitivo

O aumento da renda não significa necessariamente um padrão de vida mais elevado. Isso é uma função do poder aquisitivo. O **poder aquisitivo** é medido comparando-se a renda ao custo relativo de um padrão conjunto de bens e serviços em diferentes áreas geográficas, o que geralmente é denominado custo de vida. Outro jeito de se pensar no poder aquisitivo é realizar o cálculo renda menos custo de vida (despesas). Em geral, o índice do custo de vida leva em consideração habitação, produtos alimentícios e de mercearia, transporte, serviços, saúde e despesas diversas, como vestuário, serviços e entretenimento. A calculadora de salário Homefair usa essas métricas quando calcula que o custo de vida em Nova York é quase três vezes o custo de vida em Youngstown, Ohio. Isso significa que um trabalhador que vive em Nova York deve ganhar cerca de US$ 279.500 para ter o mesmo padrão de vida de alguém que ganha US$ 100 mil em Youngstown.

Quando a renda é alta em relação ao custo de vida, as pessoas têm mais renda discricionária. Isso significa que elas têm mais dinheiro para gastar com supérfluos (em outras palavras, gastar com algo desejado, e não com algo necessário). Essas informações são importantes para os profissionais de marketing por razões óbvias. Os consumidores com alto poder aquisitivo podem se dar ao luxo de gastar mais, sem comprometer seu orçamento para necessidades básicas, como alimentação, habitação e serviços. Eles também têm a capacidade de comprar itens necessários cujos preços são mais elevados, por exemplo, um carro mais caro, uma casa em um bairro mais caro ou uma bolsa de marca em vez de uma bolsa de uma loja de descontos.

Inflação

A **inflação** é uma medida da diminuição do valor do dinheiro, geralmente expressa como a redução percentual no valor desde o ano anterior, que é chamada de taxa da inflação. Assim, em termos simples, uma taxa de inflação de 5% significa que você precisará de 5% mais unidades de dinheiro do que precisaria no último ano para comprar a mesma cesta de produtos. Se a inflação for de 5%, os preços subiram cerca de 5% em média desde o ano anterior. Claro que, se o aumento de salário acompanhar a taxa de inflação, os trabalhadores não vão piorar em relação ao poder aquisitivo imediato de seus salários.

Em tempos de inflação baixa, as empresas que buscam aumentar suas margens de lucro podem fazê-lo apenas melhorando sua eficiência. Se elas aumentarem significativamente os preços, ninguém comprará seus produtos ou serviços. A recente recessão levou as taxas de inflação para quase zero.

Na criação de estratégias de marketing para lidar com a inflação, os gestores devem perceber que, independentemente do que aconteça com o custo do vendedor, o comprador não pagará mais por um produto do que o valor subjetivo que ele lhe confere. Não importa o quão convincente seja a justificativa para um aumento de 10% no preço, os profissionais de marketing sempre analisam o impacto sobre a demanda. Muitos tentam segurar o nível de seus preços pelo tempo que for necessário.

Recessão

A **recessão** é um período de atividade econômica caracterizado por crescimento negativo. Mais precisamente, refere-se ao período em que o produto interno bruto cai por dois trimestres consecutivos. O produto interno bruto é o valor total de mercado de todos os bens e serviços produzidos durante um período de tempo. O início oficial da recessão de 2007-2009 foi em dezembro de 2007. Embora as causas da recessão sejam muito complexas, ela começou com o colapso dos valores inflacionados da habitação. Os altos preços levaram

---

poder aquisitivo comparação da renda *versus* o custo relativo de um conjunto de bens e serviços em diferentes áreas geográficas

inflação medida da diminuição no valor do dinheiro, expressa como a redução percentual no valor desde o ano anterior

recessão período de atividade econômica caracterizado por crescimento negativo, o que reduz a demanda por bens e serviços

pesquisa básica
pesquisa pura que visa a confirmar uma teoria existente ou aprender mais sobre um conceito ou fenômeno

pesquisa aplicada
tentativa de desenvolver produtos novos ou aprimorados

as pessoas a desistirem de hipotecas que não podiam pagar, nos bancos em que deviam. Em 2008, a recessão havia se espalhado pelo mundo. Uma recuperação econômica muito lenta começou em julho de 2009.

A recessão de 2007-2009, chamada por alguns de a "Grande Recessão", foi a maior crise econômica desde a Grande Depressão ocorrida entre 1929 e 1939. O desemprego aumentou de pouco mais de 4% para mais de 10%.[45] A taxa de desemprego tem caído lentamente desde meados de 2010 em virtude da criação de empregos e de novas aposentadorias. Os tempos de incerteza econômica fizeram muitos consumidores mudarem para marcas próprias que, em média, custavam 46% menos que as marcas tradicionais.[46] A Procter & Gamble viu o preço de negociação do detergente Gain aumentar rapidamente nas vendas. Cada vez mais consumidores estão usando cupons de desconto. Os pesquisadores constataram que, durante a recessão, os consumidores se ativeram às listas de compras e fizeram o possível para esvaziar completamente suas despensas antes de reabastecê-las. Além disso, os consumidores estavam indo para um menor número de lojas, selecionando aquelas onde poderiam obter a mais ampla variedade de produtos com o melhor preço. Muitas pessoas passaram a levar para o trabalho o almoço preparado em casa.[47]

OA 6 Fatores Tecnológicos

A recente desaceleração econômica e a lenta recuperação tiveram um impacto sobre os gastos com pesquisa e desenvolvimento (P&D). A fim de cortar custos e aumentar lucros em curto prazo, muitas empresas, especialmente nas indústrias automobilística e farmacêutica, cortaram gastos com pesquisa e desenvolvimento, design de produto e laboratório. Outras empresas têm agido diferente: não têm aumentado nem retido gastos com pesquisa e desenvolvimento, esperando que possam competir de forma mais eficiente quando a economia melhorar. Corporações como a 3M, Microsoft, Google, Intel e Cisco Systems têm seguido essa estratégia. Sem investimento em pesquisa e desenvolvimento, os Estados Unidos não podem competir em uma economia global baseada em conhecimento.

Pesquisa

Historicamente, os Estados Unidos, têm se destacado na pesquisa básica e aplicada. A **pesquisa básica** (ou *pesquisa pura*) tenta expandir as fronteiras do conhecimento, mas não é destinada a um problema pragmático específico. A pesquisa básica visa a confirmar uma teoria existente ou aprender mais sobre um conceito ou fenômeno. A pesquisa básica pode focar em física de alta energia, por exemplo. A **pesquisa aplicada**, ao contrário, tenta desenvolver produtos novos ou aprimorados. Os Estados Unidos melhoraram dramaticamente seu histórico em pesquisa aplicada. O país liderou o mundo na aplicação de pesquisa básica para projetos de aeronaves e sistemas de propulsão. No entanto, em 2009, aqueles que não eram americanos receberam mais patentes dos Estados Unidos que os inventores residentes.[48] Isso é o resultado parcial do movimento de empresas americanas que enviam pesquisas e desenvolvimento de produtos para o estrangeiro. Uma razão pela qual a pesquisa e o desenvolvimento foram remanejados é que os Estados Unidos já tiveram os créditos fiscais mais generosos para essas áreas. Atualmente, o país está na 17ª posição no ranking dos países desenvolvidos.

Estimular a Inovação

Empresas que tentam inovar muitas vezes limitam suas pesquisas a áreas com as quais já estão familiarizadas. Isso pode ajudar a conduzir ao progresso incremental, mas raramente leva a um avanço significativo. Atualmente, as empresas estão usando diversas abordagens para manter a intensidade da inovação. Essas abordagens incluem:

- Construir cenários. Algumas empresas utilizam equipes de escritores para imaginar oportunidades e ameaças em detalhes para suas empresas, parceiros e colaboradores nos mercados futuros.
- Inscrever-se na web. Algumas empresas criaram websites que atuam como verdadeiros mercados de ideias em que elas podem procurar ajuda em relação aos desafios científicos e comerciais.
- Conversar com os adotantes imediatos (*early adopters*). Essas pessoas tendem a ser seus próprios inovadores. Eles se arriscam e procuram coisas novas ou desejam algo melhor para ajudar nas suas tarefas diárias em casa e no trabalho.
- Utilizar a pesquisa de marketing. Descubra do que os clientes gostam e do que não gostam em relação a seus produtos e aos produtos dos concorrentes.
- Criar um ambiente inovador. Permita que os funcionários saibam que eles têm "liberdade para falhar". Crie intranets para incentivar o compartilhamento de ideias. E o mais importante, a alta administração deve dar o exemplo e criar uma atmosfera na qual a inovação seja incentivada e recompensada.
- Atender os empresários. As políticas que reservam determinados períodos para cientistas ou engenheiros explorarem suas ideias têm funcionado bem em algumas empresas. Na 3M, os cientistas podem dedicar 15% de seu tempo a projetos que sonham para si mesmos, e a empresa estabeleceu procedimentos para levar certas ideias bri-

AS DEZ EMPRESAS MAIS INOVADORAS[49]

1. Apple (EUA)
2. Google (EUA)
3. Microsoft (EUA)
4. IBM (EUA)
5. Toyota Motor (Japão)
6. Amazon.com (EUA)
7. LG Electronics (Coreia do Sul)
8. BYD (China)
9. General Electric (EUA)
10. Sony (Japão)

lhantes adiante, incluindo o financiamento de subvenções e empreendimentos.[50]

Embora o desenvolvimento de novas tecnologias internamente seja a chave para criar e manter a vantagem competitiva em longo prazo, a tecnologia externa também é importante para os gestores por duas razões. Primeira, ao adquirir a tecnologia, a empresa pode conseguir operar de forma mais eficiente ou criar um produto melhor. Segunda, uma nova tecnologia pode tornar produtos existentes obsoletos.

A Inovação Melhora o Resultado Financeiro A inovação traz muitas compensações para organizações criativas. Um estudo constatou que as empresas mais inovadoras têm uma margem média de lucro que é 3% maior que a da empresa típica.[51] Outra pesquisa identificou retornos mais elevados do mercado de ações entre empresas que investem pesadamente em pesquisa e desenvolvimento.[52]

OA 7 Fatores Políticos e Jurídicos

Uma empresa precisa da regulamentação do governo para proteger os que criam novas tecnologias, os interesses da sociedade em geral, os consumidores e para proteger-se contra outras empresas. O governo, por sua vez, precisa da empresa, porque o mercado gera impostos que sustentam os esforços públicos para educar os jovens, pavimentar estradas, proteger fronteiras e assim por diante.

Todos os aspectos do composto de marketing estão sujeitos às leis e às restrições. É dever dos gestores de marketing ou de seus assistentes legais compreender essas leis e cumpri-las porque o não comprimento pode levar a consequências muito sérias para a empresa. Às vezes, apenas detectar tendências e tomar ações corretivas antes que um órgão governamental entre em ação pode ajudar a evitar a regulamentação.

O desafio não é simplesmente manter o departamento de marketing longe dos problemas, mas ajudá-lo a implementar novos programas criativos para alcançar seus objetivos. É muito fácil para um gestor de marketing ou às vezes um advogado dizer "não" a uma inovação que implica pouco risco. Um advogado excessivamente cauteloso, por exemplo, poderia segurar as vendas de um novo produto muito requisitado avisando que o design da embalagem poderia levar a um processo por violação de direitos autorais. Assim, é importante ter conhecimento profundo das leis estabelecidas pelo governo federal, pelos governos estaduais e órgãos reguladores para controlar questões relacionadas ao marketing.

Legislação Federal Norte-americana

Leis federais que afetam o marketing estão relacionadas a diversas categorias de atividades regulamentares: ambiente competitivo, preços, publicidade e promoção e privacidade do consumidor. As peças-chave da legislação nessas áreas estão resumidas na Figura 4.1. As leis primárias federais que protegem os consumidores são mostradas na Figura 4.2.

Em 2010, o Congresso aprovou a Lei da Restauração da Estabilidade Financeira Americana, que trouxe mudanças incisivas para as regulamentações dos bancos e do mercado financeiro. A legislação criou o Órgão de Proteção Financeira para o Consumidor para supervisionar contas-correntes, empréstimos estudantis privados, hipotecas e outros produtos financeiros. O órgão lida com práticas desleais, abusivas e enganosas.

Leis Estaduais

A legislação que afeta a comercialização varia de estado para estado. O Oregon, por exemplo, limita a publicidade de utilidade para 0,5% do lucro líquido da empresa. A Califórnia forçou a indústria a melhorar os produtos e adotou uma legislação para reduzir o consumo de energia de refrigeradores, freezers e ares-condicionados. Diversos estados, incluindo a Califórnia e a Carolina do Norte, estão considerando cobrar um imposto sobre toda a publicidade comercial dentro do estado.

Muitos estados e cidades estão tentando combater a obesidade por meio da regulamentação de cadeias de *fast food* e outros tipos de restaurante. A Califórnia aprovou uma lei que proíbe gordura trans em restaurantes e padarias, as cadeias de restaurantes de Nova York agora têm de informar a quantidade de calorias nos cardápios e, em Boston, foi proibida a utilização de gorduras trans em todos os restaurantes.

Órgãos Reguladores

Comissão de Segurança de Produtos para Consumo (CPSC, do inglês Consumer *Product* Safety Commission) órgão federal estabelecido para proteger a saúde e a segurança dos consumidores dentro e fora de suas casas

Administração de Produtos Farmacêuticos e Alimentícios (FDA, do inglês Food and Drug Administration) órgão federal encarregado de forçar regulamentos contra a venda e a distribuição de produtos farmacêuticos e alimentícios adulterados, mal rotulados ou perigosos

Comissão de Comércio Federal (FTC, do inglês Federal Trade Commission) órgão federal com poderes para prevenir que pessoas ou corporações usem métodos desleais de concorrência

Embora algumas entidades reguladoras estaduais persigam os infratores das leis de comercialização, os reguladores federais geralmente têm maior influência. A Comissão de Segurança dos Produtos de Consumo, a Comissão de Comércio Federal e a Administração de Produtos Farmacêuticos e Alimentícios são os três órgãos federais mais envolvidos direta e ativamente em assuntos de marketing. Esses órgãos, e outros, são discutidos ao longo do livro, mas daremos aqui uma breve introdução sobre eles.

O único objetivo da **Comissão de Segurança de Produtos para Consumo (CPSC)** é proteger a saúde e a segurança dos consumidores dentro e fora de suas casas. A CPSC tem o poder de estabelecer os padrões de segurança obrigatórios para quase todos os produtos que os consumidores usam (cerca de 15 mil itens) e pode multar empresas infratoras em até US$ 500 mil, bem como sentenciar seus funcionários a até um ano de prisão. Ela também pode proibir a entrada de produtos perigosos no mercado. A CPSC supervisiona cerca de 400 chamadas por ano. Em 2008, o Congresso aprovou a Lei de Aprimoramento da Segurança de Produtos para o Consumidor. A lei é direcionada principalmente para produtos infantis, definidos como aqueles usados por indivíduos com 12 anos de idade ou menos. A lei aborda itens como berços, produtos eletrônicos e videogames, materiais escolares, kits de ciência, brinquedos e chupetas. A lei exige o teste obrigatório e a rotulagem, bem como aumenta as multas e o tempo de prisão dos infratores.

A **Administração de Produtos Farmacêuticos e Alimentícios (FDA)** é outro órgão poderoso responsável por forçar o cumprimento de regulamentos contra a venda e distribuição de produtos farmacêuticos e alimentícios adulterados, mal rotulados ou perigosos. Em 2009, a Lei de Controle do Tabaco foi aprovada. Essa lei concedeu à FDA autoridade para regular produtos à base de tabaco, com ênfase especial na prevenção de seu uso por crianças e jovens e na redução do impacto do tabaco na saúde pública. Outra ação recente da FDA é o programa "Propaganda Ruim", destinado aos prestadores de serviços de saúde para ajudá-los a reconhecer promoções enganosas de prescrição de drogas e oferecer um jeito fácil de reportar a atividade ao órgão.

A **Comissão de Comércio Federal (FTC)** é composta de cinco membros, cada um deles detém seu cargo por sete anos. Ao longo dos anos, o Congresso expandiu muito os poderes da FTC. Suas responsabilidades têm crescido tanto que criou diversos órgãos para organizar melhor suas operações. Um dos mais importantes

FIGURA 4.1
Principais Leis dos Estados Unidos que Afetam o Marketing

Legislação	Impacto sobre o Marketing
Lei de Sherman de 1890	Cria restrições contra trustes e conspirações no comércio ilegal e também contra monopólios e tentativas de monopolizar uma contravenção.
Lei de Clayton de 1914	Proíbe a discriminação de preços para diferentes compradores; proíbe contratos de subordinação (que exigem que o comprador de um produto também compre um outro item da linha); torna ilegal a combinação de duas ou mais empresas concorrentes, reunindo propriedade de estoques.
Lei da Comissão Federal de Comércio de 1914	Cria a Comissão de Comércio Federal para tratar de assuntos referentes a antitrustes; proíbe métodos desleais de concorrência.
Lei de Robinson-Patman de 1936	Proíbe a cobrança de preços diferentes para compradores diferentes de mercadorias como grau e quantidade; requer que os vendedores façam quaisquer serviços ou subsídios suplementares a todos os compradores em uma base proporcionalmente igual.
Alterações da Lei de Wheeler-Lea para a FTC de 1938	Amplia o poder da Comissão de Comércio Federal de proibir práticas que possam prejudicar o público sem afetar a concorrência; proíbe publicidade falsa e enganosa.
Lei de Lanham de 1946	Estabelece proteção para as marcas.
Lei Antifusão de Celler-Kefauver de 1950	Fortalece a Lei de Clayton para prevenir a aquisição de empresas que diminuem a concorrência.
Lei de Hart-Scott-Rodino de 1976	Exige que grandes empresas notifiquem o governo sobre sua intenção de se fundir.
Lei sobre Práticas Corruptas Estrangeiras de 1977	Proíbe o suborno de funcionários estrangeiros para conseguir negócios.

FIGURA 4.2
Principais Leis dos Estados Unidos para Proteger os Consumidores

Legislação	Impacto sobre o Marketing
Lei Federal de Produtos Farmacêuticos e Alimentícios de 1906	Proíbe a adulteração e má rotulagem de produtos alimentícios e farmacêuticos envolvidos no comércio interestadual; reforçada pela Lei de Produtos Alimentícios, Farmacêuticos e Cosméticos (1938) e pela Emenda de Produtos Farmacêuticos de Kefauver-Harris (1962).
Lei Federal de Substâncias Perigosas de 1960	Exige a colocação de etiquetas de advertência em produtos químicos domésticos perigosos.
Emenda de Produtos Farmacêuticos de Kefauver-Harris de 1962	Exige que os fabricantes realizem testes para provar a eficácia e segurança dos produtos farmacêuticos.
Lei de Proteção ao Crédito do Consumidor de 1968	Exige que os credores divulguem as taxas de juros reais e os demais encargos para os clientes que fazem empréstimos e compras a prazo.
Lei de Proteção à Criança e Segurança dos Brinquedos de 1969	Impede a comercialização de produtos tão perigosos que avisos de segurança adequados não podem ser oferecidos.
Lei de Tabagismo da Saúde Pública de 1970	Proíbe a publicidade de cigarros na televisão e no rádio e revisa o aviso de perigo à saúde nas embalagens do produto.
Lei de Rotulagem para Prevenção de Envenenamento de 1970	Exige embalagem de segurança para produtos que possam ser prejudiciais às crianças.
Lei de Política Ambiental Nacional de 1970	Cria o Órgão de Proteção Ambiental para lidar com vários tipos de poluição e organizações que geram poluição.
Lei de Tabagismo da Saúde Pública de 1971	Proíbe o anúncio de cigarros no rádio e na televisão.
Lei de Segurança de Produtos para o Consumidor de 1972	Cria a Comissão de Segurança de Produtos para o Consumo, com autoridade para especificar normas de segurança referentes à maioria dos produtos.
Lei de Proteção à Criança de 1990	Regula o tempo de publicidade direcionada às crianças na televisão.
Lei de Proteção à Privacidade On-line da Criança de 1998	Autoriza a FTC a estabelecer regras sobre como e quando os profissionais de marketing devem obter permissão dos pais antes de fazer às crianças questões de pesquisa de marketing.
Lei de Segurança de Aviação de 2001	Exige que as empresas aéreas tomem medidas de segurança extras para proteger seus passageiros, incluindo a instalação de portas mais fortes no *cockpit*, aprimoramento da triagem de bagagem, e um melhor treinamento de segurança para o pessoal do aeroporto.
Lei de Segurança da Pátria de 2002	Protege os consumidores contra atos terroristas; cria o Departamento de Segurança da Pátria.
Lei Não Telefone de 2003	Protege os consumidores contra ligações indesejadas de telemarketing.
Lei de CAN-SPAM de 2003	Protege os consumidores contra e-mails indesejados ou *spams*.
Lei do Cartão de Crédito de 2009	Fornece diversos tipos de proteção ao cartão de crédito.
Lei de Restauração da Estabilidade Financeira da América de 2010	Cria o Órgão de Proteção Financeira para o consumidor; protege o consumidor contra práticas financeiras injustas, abusivas e desleais.

é o Órgão da Concorrência, que promove e protege a concorrência. Esse órgão:

- revisa fusões e aquisições e contesta aquelas que conduziriam a preços mais altos, menos opções ou menos inovação;
- identifica e contesta condutas anticompetitivas no mercado, incluindo a monopolização e os acordos entre concorrentes;
- promove a concorrência em indústrias nas quais há elevado impacto nos consumidores, como assistência médica, imóveis, petróleo e gás, tecnologia e bens de consumo; e
- fornece informações e realiza conferências e *workshops* para consumidores, empresas e políticos sobre questões de concorrência para análise de mercado.[53]

O Órgão de Proteção do Consumidor da FTC funciona para prevenir práticas comerciais fraudulentas, enganosas e desleais dirigidas ao consumidor. O órgão afirma que:

- aumenta a confiança dos consumidores por meio da aplicação de leis federais que os protegem;
- fornece aos consumidores informações gratuitas para ajudá-los a exercer seus direitos e identificar e evitar situações fraudulentas e enganosas; e
- ouve os consumidores que desejam obter informações ou apresentar reclamação sobre fraude ou roubo de identidade.[54]

Outro órgão importante da FTC é o Órgão de Economia. Ele fornece análise econômica e apoia investigações antitruste e de proteção ao consumidor. Atualmente, muitas questões de proteção ao consumidor envolvem a internet.

Privacidade do Consumidor A popularidade da internet para direcionar o marketing, coletar dados do consumidor, bem como para funcionar como um repositório de dados pessoais alarmou consumidores mais ciosos de sua privacidade. O Congresso dos Estados Unidos aprovou a Lei CAN-SPAM na tentativa de regulamentar publicidade de e-mails não solicitados. A lei proíbe que remetentes de e-mails comerciais utilizem endereços falsos e apresentem informações falsas e enganosas, entre outras restrições.

Usuários de internet que antes se sentiam anônimos agora são perturbados pela quantidade de informações que os profissionais de marketing coletam sobre eles e seus filhos enquanto esses visitam sites. A FTC, com jurisdição sob a Lei de Proteção à Privacidade On-line da Criança, exige que os operadores de websites coloquem a política de privacidade em suas *home pages* e um *link* para a política em todas as páginas em que informações pessoais são coletadas. Uma área de crescente preocupação para os defensores da privacidade é conhecida como direcionamento comportamental, assunto discutido em mais detalhes nos capítulos 9 e 22.

OA 8 Fatores Competitivos

O ambiente competitivo compreende o número de concorrentes que uma empresa deve enfrentar, o tamanho relativo dos concorrentes e o grau de interdependência dentro da indústria. A gestão tem pouco controle sobre o ambiente competitivo que confronta uma empresa.

LOCALIZAÇÃO, LOCALIZAÇÃO, NÓS TEMOS SUA LOCALIZAÇÃO

Com a proliferação de smartphones e aparelhos celulares com acesso à internet, aumenta o número de softwares disponíveis para os consumidores. Muitos aplicativos fornecem informações sobre a área no entorno, restaurantes e até condições de tráfego. Alguns softwares podem calcular sua localização dentro de 18 metros e passá-la para as empresas próximas que enviarão a você anúncios e propagandas. Usar locais de consumo para vender anúncios deu o alerta que estimulou o representante Rick Boucher (D-Virginia) a elaborar uma legislação. Ele e a maioria dos profissionais de marketing atentos à legislação querem que os consumidores conheçam que tipo de informação está sendo coletada, há quanto tempo isso está acontecendo e em que está sendo utilizada. Os desenvolvedores podem não ser prejudiciais, mas os *hackers* e os acidentes podem ser, dependendo das informações acessadas.[55]

Competição por Participação de Mercado e Lucro

À medida que o crescimento da população dos Estados Unidos diminui, a competição global aumenta, os custos elevam-se e os recursos disponíveis diminuem, as empresas acham que devem trabalhar mais para manter o lucro e a participação no mercado, independentemente do formato do mercado competitivo. Às vezes, o avanço tecnológico conduz a um novo conjunto de concorrentes que pode modificar o modelo comercial de uma empresa. A Boeing, fábrica americana de aeronaves, ainda enfrenta a concorrência da europeia Airbus, apesar desta ter perdido recentemente US$ 50 bilhões de sua margem nesse mercado. A Airbus tem enfrentado problemas, ao passo que o novo Boeing 787 Dreamliner deu à Boeing o estímulo tão esperado. Em 2010, a Boeing havia vendido mais de 866 aeronaves Dreamliner; o enorme Airbus A350, por sua vez, ficou muito aquém desse número. Tanto a Boeing como a Airbus tiveram problemas de entrega. As dificuldades da Boeing se devem à disponibilidade de peças e a uma greve de operadores. A Airbus tem tido problemas de gestão e logística.

Competição Global

A Boeing é um concorrente comercial internacional bem mais experiente. Muitos concorrentes estrangeiros também consideram os Estados Unidos um mercado-alvo maduro. Assim, um gestor de marketing dos Estados Unidos não pode mais se concentrar apenas em concorrentes internos. Nas indústrias automobilística, têxtil, de televisores, siderúrgica e em muitas outras, a concorrência estrangeira tem sido acirrada. No passado, as empresas estrangeiras penetraram no mercado dos Estados Unidos focando no preço, mas, atualmente, a ênfase recai na qualidade dos produtos. A Nestlé, a Sony, a Rolls-Royce e a Sandoz Pharmaceuticals são conhecidas pela qualidade, e não pelo preço baixo. A competição global é discutida em mais detalhes no Capítulo 5.

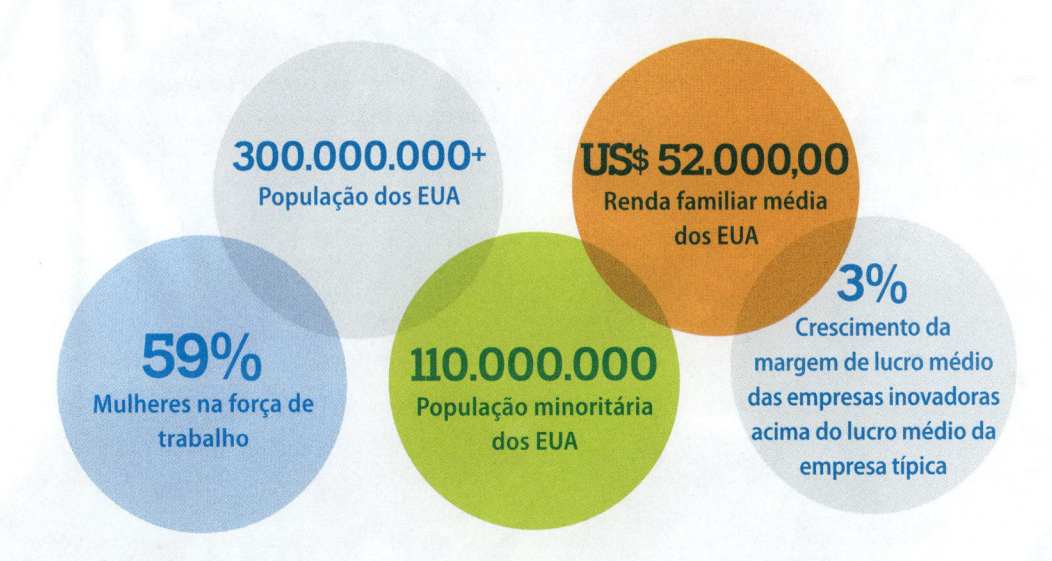

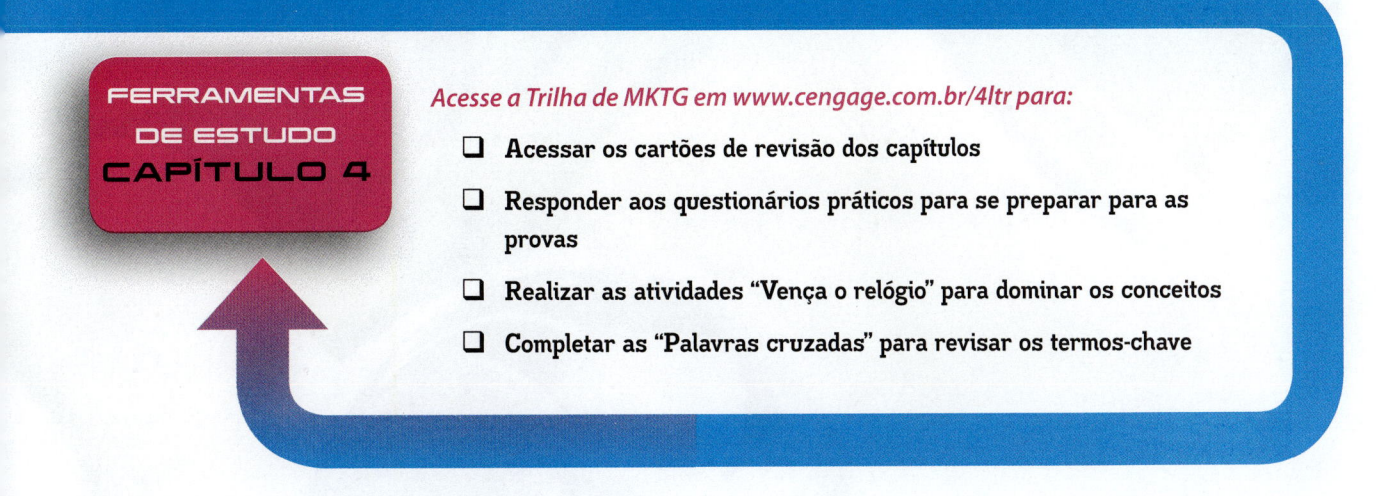

300.000.000+ População dos EUA

US$ 52.000,00 Renda familiar média dos EUA

59% Mulheres na força de trabalho

110.000.000 População minoritária dos EUA

3% Crescimento da margem de lucro médio das empresas inovadoras acima do lucro médio da empresa típica

---

FERRAMENTAS DE ESTUDO CAPÍTULO 4

Acesse a Trilha de MKTG em www.cengage.com.br/4ltr para:

- ❏ **Acessar os cartões de revisão dos capítulos**
- ❏ **Responder aos questionários práticos para se preparar para as provas**
- ❏ **Realizar as atividades "Vença o relógio" para dominar os conceitos**
- ❏ **Completar as "Palavras cruzadas" para revisar os termos-chave**

CAPÍTULO 5

Desenvolvendo uma Visão Global

Objetivos da Aprendizagem

OA 1 Discutir a importância do marketing global

OA 2 Discutir o impacto das empresas multinacionais sobre a economia mundial

OA 3 Descrever o ambiente externo enfrentado por empresas que atendem o mercado global

OA 4 Identificar as várias maneiras de entrar no mercado global

OA 5 Relacionar os elementos básicos envolvidos no desenvolvimento do composto de marketing global

OA 6 Verificar como a internet está afetando o marketing global

Nas últimas duas décadas, o comércio mundial aumentou de US$ 200 bilhões por ano para mais de US$ 11 trilhões.

APÓS CONCLUIR ESTE CAPÍTULO, VÁ PARA A PÁGINA 77 PARA OBTER AS FERRAMENTAS DE ESTUDO

OA 1 Recompensas do Marketing Global

Atualmente, as revoluções globais estão em curso em muitas áreas de nossa vida: gestão, política, comunicação e tecnologia. A palavra *global* assumiu um novo significado, referindo-se a uma mobilidade sem limite e à concorrência em âmbito social, empresarial e intelectual. **Marketing global** – marketing cujo alvo são os mercados em todo o mundo – tornou-se um imperativo para os negócios.

Os gestores devem desenvolver uma visão global, não só para reconhecer as oportunidades de marketing internacional e reagir a elas, mas também para permanecer competitivos no mercado interno. Muitas vezes, a concorrência doméstica mais difícil provém de empresas estrangeiras. Além disso, a visão global permite que um gestor entenda que o cliente e as redes de distribuição operam em todo o mundo, sem barreiras geográficas e políticas cada vez mais irrelevantes para as decisões de negócios. Em resumo, ter uma **visão global** significa reconhecer as oportunidades de marketing internacional e reagir a elas usando estratégias eficazes de marketing global conhecendo as ameaças de concorrentes estrangeiros em todos os mercados.

Nas últimas duas décadas, o comércio mundial aumentou de US$ 200 bilhões por ano para mais de US$ 11 trilhões. Países e empresas que nunca foram considerados grandes jogadores no marketing global agora estão mostrando grande habilidade e tornando-se importantes.

Atualmente, os profissionais de marketing enfrentam desafios em relação a suas práticas habituais. Os custos de desenvolvimento de produtos estão aumentando, a

marketing global marketing cujo alvo são os mercados em todo o mundo

visão global reconhecer as oportunidades de marketing internacional e reagir a elas usando estratégias de marketing global eficazes conhecendo as ameaças de concorrentes estrangeiros em todos os mercados

Qual a sua opinião?
O que uma empresa decide fazer fora do país não me afeta.

1 2 3 4 5 6 7
DISCORDO PLENAMENTE — CONCORDO PLENAMENTE

59

vida dos produtos está encurtando e as novas tecnologias estão se espalhando ao redor do mundo mais rápido do que nunca. Contudo, os vencedores do marketing apreciam o ritmo da mudança, em vez de temê-lo.

Adotar uma visão global pode ser muito lucrativo para uma empresa. A Gillette, por exemplo, recebe cerca de dois terços de sua receita anual de sua divisão internacional. Mais da metade da receita da H. J. Heinz, empresa que produz *ketchup*, provém de vendas internacionais. Embora o Cheetos e a Ruffles não tenham feito muito sucesso no Japão, as batatas fritas foram bem-sucedidas. A empresa de salgadinhos internacional da PepsiCo (proprietária da Frito-Lay) gera anualmente mais de US$ 3,25 bilhões. A empresa de William Wrigley Jr., fabricante do Wrigley's Spearmint, Juicy Fruit, Altoids, Life Savers e de outros produtos, tem receita anual de mais de US$ 4,7 bilhões.[1]

As pequenas empresas, apesar da crescente disponibilidade de clientes estrangeiros, ainda representam menos de 30% do volume de exportação dos Estados Unidos, um volume inferior ao praticado há 10 anos. Se o comércio global é assustador em razão das várias leis de comércio ou tarifas, ou porque os mercados não são tão conhecidos, as pequenas empresas estão andando a passos lentos e hesitantes no mercado global.[2]

O marketing global não é uma via de mão única em que apenas as empresas nacionais vendem seus produtos e serviços. A concorrência estrangeira no mercado doméstico era relativamente rara, mas hoje está presente em quase todos os setores. Na verdade, em muitas indústrias, empresas nacionais perderam participação significativa no mercado de produtos importados. Nos setores de eletrônica, automóveis, porcelana fina, tratores, produtos de couro e uma série de outros produtos industriais voltados para os consumidores, as empresas têm lutado contra concorrentes estrangeiros para manter sua participação no mercado.

Importância do Marketing Global para os Estados Unidos

Muitos países dependem mais do comércio internacional que os Estados Unidos. Juntos, a França, a Grã-Bretanha e a Alemanha geram mais de 19% do produto interno produto (PIB) do comércio mundial, comparado a cerca de 12% dos Estados Unidos. No entanto, o impacto do comércio internacional sobre a economia dos Estados Unidos é impressionante:

Aproximadamente 85% de todas as exportações de produtos manufaturados são despachados por 250 empresas, e menos de 10% de todas as indústrias, ou cerca de 25 mil empresas, exportam seus produtos regularmente. A maioria das empresas de pequeno e médio porte não participa do comércio e do marketing mundial. Somente as empresas internacionais muito grandes têm tentado competir no mercado externo. Felizmente, hoje mais empresas menores estão buscando mercados internacionais.

O Medo do Comércio e da Globalização Os protestos durante as reuniões da Organização Mundial do Comércio, do Banco Mundial e do Fundo Monetário Internacional (essas três organizações serão discutidas posteriormente neste capítulo) mostram que muitas pessoas temem o comércio mundial e a globalização. O que elas temem? Os pontos negativos do comércio global são os seguintes:

- Milhões de americanos perderam seus empregos em virtude das importações, dos turnos de produção no exterior ou da terceirização de empregos de alta tecnologia. Alguns encontram novos empregos, mas, muitas vezes, pagam menos.
- Milhões de outros temem perder seus empregos, especialmente em empresas que operam sob pressão competitiva.
- Os empregadores ameaçam terceirizar a mão de obra se os funcionários não aceitarem cortes salariais.
- Os serviços e os empregos de colarinho branco estão cada vez mais vulneráveis às operações estrangeiras.

ESTATÍSTICAS DO COMÉRCIO DOS ESTADOS UNIDOS

- 27% dos empregos do setor de manufatura são sustentados pelas exportações.
- Mais de dez milhões de americanos têm empregos gerados pelas exportações, o que responde por 7% dos postos de trabalho.
- Em março de 2010, o presidente Barack Obama criou a Iniciativa Nacional de Exportação (INE) com o objetivo de promover as exportações. A INE espera dobrar as exportações do país durante os próximos cinco anos e sustentar dois milhões de empregos.[3]
- Os ganhos em relação a postos de trabalho em cada estado do país são atribuídos diretamente ao comércio exterior.[4]
- O país exporta, anualmente, mais de US$ 1,7 trilhão em bens e serviços.[5]

PARTE 1: O MUNDO DO MARKETING

Terceirização de Serviços A noção de **terceirização** (envio de trabalho para o exterior) tem gerado controvérsias nos últimos anos. Para muitos executivos, a terceirização está relacionada ao crescimento empresarial, à eficiência, à produtividade e ao aumento da receita. A maioria das empresas vê a redução de custos como um fator-chave na terceirização. A Índia, em virtude de sua formação profissional e da população que fala inglês, tem recebido muito trabalho do estrangeiro, e outros países também ganham com isso.

Benefícios da Globalização A teoria econômica tradicional diz que a globalização se baseia na concorrência para reduzir preços e aumentar a qualidade de produtos e serviços. Os negócios vão para países que operam de forma mais eficiente e/ou têm tecnologia para produzir o que é necessário. Em resumo, a globalização aumenta a liberdade econômica, estimula a concorrência e aumenta a produtividade e o padrão de vida das pessoas nos países que se abrem ao mercado global. Para os países menos desenvolvidos, a globalização também oferece acesso ao capital estrangeiro, mercados de exportação global e tecnologia avançada ao quebrar o monopólio de produtores nacionais protegidos e ineficientes. O crescimento mais acelerado, por sua vez, reduz a pobreza, incentiva a democratização e promove mão de obra e padrões ambientais superiores. Embora os funcionários do governo eventualmente enfrentem escolhas mais difíceis, como resultado da globalização, os cidadãos usufruem de maior liberdade individual. Nesse sentido, a globalização atua como um controle do poder governamental, tornando mais difícil para os governos abusarem da liberdade e da propriedade de seus cidadãos.

A globalização merece crédito por ajudar a tirar milhões de pessoas da pobreza e por melhorar o padrão de vida de famílias de baixa renda. Nos países em desenvolvimento, a globalização criou uma classe média vibrante e elevou o padrão de vida de centenas de milhões de pessoas. Em muitos países em desenvolvimento a expectativa de vida aumentou e a assistência médica melhorou, assim como as oportunidades profissionais.[6]

OA 2 Empresas Multinacionais

Nos Estados Unidos, há uma série de empresas grandes que atendem o mercado global. Muitas delas têm sido bem-sucedidas. Uma empresa envolvida no comércio internacional além da exportação e importação é chamada de **corporação multinacional**. Uma corporação multinacional movimenta recursos, bens, serviços e habilidades através de fronteiras nacionais, sem levar em conta o país em que sua sede está localizada.

Muitas multinacionais norte-americanas obtêm grande parte de sua receita total no exterior. A Figura 5.1 mostra a receita de algumas indústrias no exterior. Sessenta e sete por cento da receita da Caterpillar, empresa de equipamentos de construção, provém do exterior; a General Electric, por sua vez, obtém 54%.

Geralmente, as multinacionais desenvolvem seus negócios globais em etapas. Na primeira etapa, as empresas operam em um país e vendem em outros. Na segunda, criam filiais estrangeiras para lidar com vendas em um único país. Na terceira, operam uma linha inteira de negócios em outro país. A quarta etapa evoluiu principalmente em virtude da internet e envolve, em particular, empresas de alta tecnologia. Para essas empresas, o comitê de executivos é virtual. Seus *top* executivos e as principais funções corporativas estão em diferentes países, onde as empresas podem obter vantagens competitivas por meio da disponibilidade de talentos ou de capital, custos baixos ou proximidade dos clientes mais importantes.

Uma empresa multinacional pode ter diversas sedes mundiais, dependendo de onde certos mercados e tecnologias estão. A APV, da Grã-Bretanha, fabricante de equipamentos de processamento de alimentos, tem uma sede diferente para cada uma de suas empresas em todo o mundo.

O papel das empresas multinacionais nos países em desenvolvimento é um assunto controverso. A capacidade das multinacionais de explorar recursos financeiros, físicos e humanos e combiná-los de forma econômica e rentável pode ser benéfica para qualquer país. Em geral, também possuem a tecnologia mais atualizada e podem transferi-la. No entanto,

> **terceirização** envio de trabalho para o exterior
>
> **corporação multinacional** empresa que está envolvida no comércio internacional, além de exportar e importar

FIGURA 5.1
Indústrias com Maior Receita Estrangeira

Empresa	Percentual da Receita Estrangeira	Crescimento Percentual da Exposição Internacional (abril 2008 – abril 2009)
Caterpillar	67	120
General Electric	54	64
United Technologies	46	59
Deere	35	57
Honeywell	39	58

FONTE: David MacDougall. "Caterpillar Makes the Case for Going Abroad", *The Street*, 27 abr. 2010.

capital intensivo
usar mais capital que mão de obra no processo produtivo

padronização do marketing global
produção de produtos padronizados que podem ser vendidos da mesma forma em todo o mundo

alguns críticos afirmam que, muitas vezes, o tipo errado de tecnologia é transferido para países em desenvolvimento. Normalmente, é **capital intensivo** (exige um dispêndio maior com equipamentos que com mão de obra), portanto não aumenta de forma substancial os postos de trabalho. Surge, então, um "setor moderno" no país, que emprega uma pequena proporção da mão de obra na produtividade e nos níveis de receita relativamente elevados e com tecnologias caracterizadas pelo capital intensivo. Além disso, as multinacionais, algumas vezes, apoiam regimes reacionários e opressores, se for de seu interesse fazê-lo. Outros críticos dizem que as empresas obtêm mais riqueza das nações em desenvolvimento do que injetam, o que faz aumentar a lacuna entre nações ricas e pobres. A indústria petrolífera, em particular, foi muito criticada no passado por suas ações em alguns desses países.

Para combater essas críticas, mais e mais multinacionais estão assumindo o papel pró-ativo de bons cidadãos globais. Em alguns casos, as empresas são incentivadas à ação pela regulamentação do governo, em outros, estão tentando proteger a própria marca.

Bloqueio de Investimento Estrangeiro

Uma nova reação contra corporações multinacionais tem sido observada em governos da China ao Canadá e diz respeito a estabelecer restrições em relação à compra estrangeira de fábricas, terras e empresas nacionais. Isso tem um maior impacto sobre as multinacionais dos Estados Unidos, porque elas servem mercados estrangeiros principalmente por meio das vendas em suas filiais no exterior, e não por meio de exportação. Contudo, os Estados Unidos poderiam ter visto como erguer barreiras ao investimento estrangeiro. O Congresso aprovou uma legislação para sujeitar o investimento estrangeiro nos Estados Unidos à revisão por um conselho interagente que apresenta as compras externas de bens americanos, com implicações de segurança nacional ou ameaça aos empregos das empresas sediadas no país. Quando o Anshan Iron & Steel Group, um conglomerado chinês de aço, investiu na Companhia de Desenvolvimento de Aço Americana, os legisladores empurraram para o Comitê de Investimentos Estrangeiros nos Estados Unidos (CFIUS, do inglês Committee on Foreign Investment in the United States) investigar. Os investimentos fizeram as empresas americanas se retirarem das negociações de investimento.[7]

Agora as novas regulamentações da China permitem que os funcionários do governo bloqueiem uma compra local de uma multinacional se houver risco para a "segurança econômica". A Rússia considerou bloquear a propriedade estrangeira em 39 "setores estratégicos" de sua economia. Se mais países passarem a bloquear o investimento estrangeiro de multinacionais, haverá um impacto notável sobre o comércio global.

Padronização do Marketing Global

Tradicionalmente, as corporações multinacionais orientadas ao marketing têm operado de forma diferente em cada país. Elas usam uma estratégia que fornece características de produtos diferentes, embalagens, publicidade e assim por diante. No entanto, Ted Levitt, ex-professor de Harvard, descreveu uma tendência em direção ao que ele mencionava como "marketing global", com um significado ligeiramente diferente.[8] Ele argumentou que a comunicação e a tecnologia tornaram o mundo menor, de modo que todos os consumidores, em todos os lugares, querem tudo o que já ouviram falar, viram ou experimentaram. Assim, ele observou o surgimento de mercados globais de produtos de consumo padronizados em grande escala, ao contrário de mercados estrangeiros segmentados com produtos diferentes. Neste livro, o marketing global é definido como indivíduos e organizações que usam uma visão global para comercializar bens e serviços através de fronteiras nacionais. Para fazer a distinção, podemos nos referir à noção de Levitt como a **padronização do marketing global**.

A padronização do marketing global pressupõe que os mercados estão se tornando mais parecidos. As empresas que adotam essa prática produzem "produtos padronizados globalmente" para serem vendidos da mesma maneira em todos os países. A produção uniforme deveria permitir que as empresas reduzissem os custos de produção e marketing, portanto aumentassem seus lucros. Levitt citou a Coca-Cola, a Colgate-Palmolive e o McDonald's como comerciantes globais bem-sucedidos. Os críticos salientam, no entanto, que o sucesso dessas três empresas está baseado na variação, e não em oferecer o mesmo produto em toda parte. O McDonald's, por exemplo, muda o tempero para salada e oferece café expresso *self-service* de acordo com a preferência francesa. Vende hambúrgueres *bulgogi* na Coreia do Sul e hambúrgueres *falafel* no Egito. Além disso, o fato de a Coca-Cola e a Colgate-Palmolive venderem alguns de seus produtos em mais de 160 países não significa que adotaram um alto grau de padronização de seus produtos. Apenas três marcas da Coca-Cola são padronizadas; uma delas, a Sprite, tem fórmula diferente no Japão.

No entanto, algumas empresas multinacionais estão caminhando em direção a um grau de padronização do marketing global. Alan Mulally, CEO da Ford, afirma que a empresa está indo na direção da padronização do marketing global com o novo Focus. Esse é o primeiro carro verdadeiramente global da Ford – um veículo único, desenhado e projetado para clientes de todas as regiões do planeta e com um só nome. Ele é pequeno, consome pouco combustível e é repleto de itens de tecnologia e segurança que Mulally acredita serem apelativos para consumidores na Europa, na Ásia e nas Américas. "Por que estamos fazendo isso dessa maneira?", ele perguntou. "Porque acreditamos que as exigências dos clientes vão se tornar mais parecidas que diferentes ao redor do mundo".[9]

OA 3 Ambiente externo enfrentado por empresas que atendem o mercado global

Uma empresa que considera o marketing global deve levar em conta o ambiente externo. Muitos dos mesmos fatores ambientais que atuam no mercado interno existem em nível internacional. Esses fatores incluem cultura, desenvolvimento econômico e tecnológico, estrutura e ações políticas, composição demográfica e recursos naturais.

Cultura

O conjunto comum de valores compartilhados pelos cidadãos é central para qualquer sociedade e determina o que é socialmente aceitável. A cultura está subjacente à família, ao sistema educacional, à religião e às classes sociais. A rede de organizações sociais gera papéis de sobreposição e posições de status. Esses valores e papéis desempenham um enorme efeito sobre as preferências das pessoas e, consequentemente, sobre as opções de marketing. A empresa que não compreende a cultura de um país está fadada ao fracasso. Erros culturais levam a mal-entendidos e, muitas vezes, à percepção de grosseria ou até mesmo de incompetência. Na Índia, por exemplo, quando as pessoas apertam as mãos, elas o fazem de forma bem suave. Isso não é sinal de fraqueza ou desinteresse; ao contrário, um aperto de mão brando transmite respeito. Evitar contato visual também é um sinal de deferência na Índia.

Os direitos para reproduzir peças da Broadway estão sendo cada vez mais vendidos no exterior, mas há certa dificuldade em relação à tradução de expressões idiomáticas e de humor. Artistas em Seul, Coreia do Sul, estão produzindo a primeira versão de *Billy Elliot, o musical* em um idioma diferente do inglês, mas eles estão enfrentando alguns obstáculos culturais. Não há jogo de palavras coreanas para transmitir a má interpretação de "Billy Elliot Esquire" ou "Billy Elliot Escudeiro" para "Billy Elliot is queer" ou "Billy Elliot é gay", assim, a tradução usa alguns palavrões coreanos que exigem autorização dos pais para serem ditos. Alguns dos personagens são muito simples e não podem ser "traduzidos" para a cultura coreana, mas a companhia espera que a semelhança na trama global venha a repercutir com a audiência.[10]

Outdoor em Hamburgo, Alemanha, para divulgar *Tarzan*, o novo musical de Walt Disney e Phil Collins.

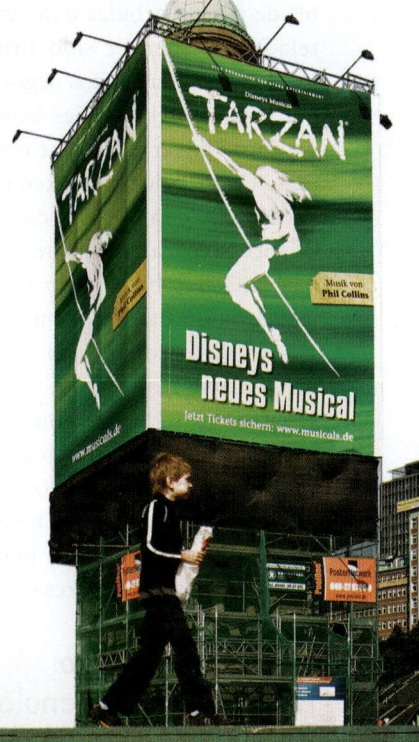

A linguagem é outro importante aspecto cultural que pode criar problemas para as empresas que atendem o mercado global. Elas devem tomar cuidado ao traduzir nomes de produtos, *slogans*, instruções e mensagens promocionais, de forma a não transmitir o significado errado. Softwares de tradução gratuita, como o *Google Translate* ou o *babelfish.com*, permitem que os usuários insiram um texto em um idioma e vejam a tradução em outro idioma. Contudo, é preciso ter cautela ao usar esses softwares, já que eles podem mostrar resultados indesejados – o melhor, sendo incompreensível, o pior, ofensivo.

Cada país tem seus próprios costumes e tradições que determinam práticas comerciais e influenciam as negociações com clientes estrangeiros. Em muitos países, as relações pessoais são mais importantes que as considerações financeiras. Ignorar o envolvimento social no México, por exemplo, pode levar à perda de vendas. No Japão, as negociações incluem longas noites de jantar, bebidas e diversão. Só após uma estreita relação pessoal ter sido firmada é que começam os assuntos referentes aos negócios.

Fazer apresentações bem-sucedidas de vendas no exterior requer profunda compreensão da cultura do país. Os alemães, por exemplo, não gostam de correr riscos e precisam sentir confiança. Uma apresentação de sucesso para um cliente alemão enfatiza três pontos: os benefícios básicos do produto ou serviço, a excelência da assistência técnica e a garantia do produto. No sul da Europa, é um insulto mostrar uma lista de preços. Sem negociação, você não vai fechar a venda. Os ingleses requerem uma série de documentos para reclamações sobre os produtos e são menos propensos a aceitar a palavra do representante de vendas. As empresas escandinavas e holandesas tendem a abordar transações comerciais na mesma perspectiva dos americanos, mais que empresas de qualquer outro país.

Desenvolvimento Econômico e Tecnológico

Um segundo fator importante no ambiente externo é o nível de desenvolvimento econômico nos países onde atua. Em geral, indústrias complexas e sofisticadas estão nos países desenvolvidos, e as indústrias mais básicas estão em nações menos desenvolvidas. A renda familiar média é maior nos países mais desenvolvidos comparada aos países menos desenvolvidos. Rendas maiores significam maior poder aquisitivo e demanda não só por bens de consumo e serviços, mas também por maquinário e profissionais necessários para produzir bens de consumo.

Segundo o Banco Mundial, a renda nacional bruta combinada (RNB) das 210 nações para as quais existem dados disponíveis é de aproximadamente US$ 57,6 trilhões. Divida isso entre os 6,8 bilhões de habitantes do mundo e você terá apenas US$ 8,47 para cada homem, mulher e criança. Os Estados Unidos respondem por quase um terço do rendimento ganho em todo o mundo, ou US$ 14,5 trilhões – mais que qualquer outro país. Se a RNB da América fosse dividida igualmente entre os seus 303 milhões de habitantes, cada americano receberia US$ 46.970 – 5,5 vezes a média mundial. Mesmo assim, os americanos ainda não são as pessoas mais ricas do planeta. Esse título vai para os habitantes de Luxemburgo, onde a RNB *per capita* é de US$ 64.320.[11]

A *Bloomberg Businessweek* classificou as cidades mais caras do mundo ajustadas em relação ao dólar. Nova York ficou em 29º lugar, e Tóquio, no Japão, obteve o primeiro lugar. O aluguel de um apartamento de dois quartos custa mais de US$ 5 mil por mês em Tóquio, e paga-se facilmente US$ 50 por um bife pronto. Oslo e Noruega assumem o segundo lugar, e Luanda e Angola, o terceiro.[12]

Fazer Negócios na China e na Índia

Os dois países de crescente interesse para muitas multinacionais são a Índia e a China em razão de seu enorme potencial econômico. Esses países têm algumas das maiores taxas de crescimento do mundo e estão emergindo como megamercados. Os usuários de telefones celulares na China, por exemplo, excedem 450 milhões, e o estimado para a Índia é de 150 milhões – número que está crescendo em cerca de seis milhões de novos assinantes a cada mês.

A China e a Índia também têm as duas maiores populações mundiais, duas das maiores áreas geográficas do planeta, a maior diversidade linguística e sociocultural e apresentam os níveis mais altos de desigualdade de rendimentos no mundo – algumas pessoas são extremamente pobres, ao passo que outras são muito ricas. Dada essa escala e variedade, não há "cliente chinês médio" ou "cliente hindu médio". Em virtude dessa diversidade, o sucesso comercial na China e na Índia raramente é possível sem segmentar de forma refinada o mercado local em cada país e desenvolver uma estratégia adaptada às necessidades dos segmentos-alvo.[13]

No entanto, as relações entre Estados Unidos e China têm sido tensas. A China restringe a taxa de câmbio do *yuan*, não faz cumprir as patentes dos Estados Unidos e mantém políticas que sobrepõem os produtos chineses aos produtos americanos. Os Estados Unidos querem mudar esse quadro a fim de manter a influência e se livrar dos problemas financeiros provocados pela recessão. No entanto, a China, protegendo seus interesses e fazendo valer a nova força global, está relutante em mudar. Esse país tem o poder e o perfil de um país com consumo cada vez maior e elevado potencial de crescimento, particularmente em relação aos Estados Unidos. A China é o importador de mercadorias americanas com crescimento mais rápido – até 330% desde 2000. O resto do mundo aumentou suas importações dos Estados Unidos em apenas 29%. Se o comércio falhar, a China perde importações significativas dos Estados Unidos e estes perdem um mercado de crescimento rápido.[14]

Estrutura e Ações Políticas

A estrutura política é a terceira variável que as empresas globais devem considerar. As políticas de governo baseiam-se em uma gama que vai desde nenhuma propriedade privada e liberdade individual mínima até pouco governo centralizado e liberdade pessoal máxima. À medida que os direitos de propriedade privada aumentam, as propriedades que são de posse do governo e o planejamento centralizado tendem a diminuir. No entanto, em um ambiente político, raramente se está em um extremo ou em outro. A Índia, por exemplo, é uma república cuja ideologia política apresenta elementos de socialismo, bem como de capitalismo monopolista e competitivo.

Algumas das maiores corporações do mundo estão enfrentando intensa pressão da China para permitir a formação de sindicatos aprovados pelo estado em suas instalações chinesas, embora muitas empresas temam que aceitar esses sindicatos dará aos funcionários chineses o poder de interromper as operações e aumentar o custo dos negócios.

Um estudo recente do Banco Mundial constatou que a menor quantidade de regulamentação comercial promove economias mais fortes.[15] As economias menos regulamentadas e mais eficientes se concentram entre os países com bens estabelecidos em tradições de direito comum, incluindo Austrália, Canadá, Nova Zelândia, Reino Unido e Estados Unidos. Em pé de igualdade com os melhores fabricantes estão Cingapura e Hong Kong. Não muito atrás estão a Dinamarca, a Noruega e a Suécia, as democracias sociais que recentemente simplificaram sua regulamentação comercial. O Vietnã descentralizou e começou a eliminar a burocracia que havia afastado alguns investidores. O país também está se beneficiando dos conflitos políticos e trabalhistas dos países vizinhos. A Intel está abrindo uma planta de US$ 1 bilhão no Vietnã, e o governo vietnamita espera que outras empresas cheguem em seguida.[16]

Considerações Jurídicas Intimamente relacionadas e muitas vezes interligadas com o ambiente político estão as considerações jurídicas. Na França, o sentimento nacionalista fez surgir uma lei que exige das estações de rádio de música *pop* a tocar pelo menos 40% das canções em francês (apesar de os adolescentes franceses amarem o rock americano e o inglês).

Muitas estruturas jurídicas são projetadas para encorajar ou limitar o comércio.

- *Tarifa*: imposto cobrado sobre a entrada de mercadorias em um país. Como a tarifa é um imposto, ela tem como objetivo reduzir os lucros das empresas por meio do pagamento da tarifa, aumentar o preço para os compradores ou ambos. Normalmente, uma tarifa eleva os preços das mercadorias importadas e torna mais fácil a concorrência entre empresas domésticas. Os Estados Unidos mantém a tarifação da madeira serrada canadense em 27% porque o governo canadense, supostamente, subsidia a indústria.
- *Quota*: limite na quantidade de um produto específico que pode entrar em um país. Diversas empresas dos Estados Unidos têm adotado as quotas como um meio de se proteger contra a concorrência estrangeira. Depois que o Google parou de censurar seu serviço chinês, muitas empresas chinesas boicotaram a marca, incluindo a China Unicorn, que havia usado o Google em seus aparelhos.[17]
- *Boicote*: exclusão de todos os produtos de determinados países ou empresas. Os governos valem-se do boicote para excluir as empresas de países com os quais eles têm uma disputa política. Diversos países árabes boicotaram a Coca-Cola porque ela manteve distribuidores em Israel.
- *Controle cambial*: lei que obriga uma empresa a ganhar divisas estrangeiras de suas exportações para vendê-las para um órgão de controle, geralmente um banco central. A empresa que deseja comprar bens no estrangeiro deve primeiro obter divisas do órgão de controle. A Avon Products, por exemplo, reduziu drasticamente novas

Mercosul o maior acordo comercial latino-americano; inclui Argentina, Bolívia, Brasil, Chile, Colômbia, Equador, Paraguai, Peru e Uruguai

Rodada do Uruguai acordo para reduzir as barreiras comerciais em todo o mundo; criou a Organização Mundial do Comércio

Organização Mundial do Comércio (OMC) organização comercial que substituiu o antigo Acordo Geral de Tarifas e Comércio (GATT)

Acordo Geral de Tarifas e Comércio (GATT) acordo comercial cujas lacunas permitiam que os países evitassem acordos de redução de barreiras comerciais

linhas de produção e produtos nas Filipinas porque o controle cambial impediu a empresa de converter pesos em dólares para enviar os produtos de volta para sua sede. Os pesos tinham de ser usados nas Filipinas.

▶ *Agrupamento de* mercado (também conhecido como uma aliança comercial comum): ocorre quando diversos países concordam em trabalhar juntos para formar uma zona de comércio comum que aumenta as oportunidades de transações. O agrupamento de mercado mais conhecido é a União Europeia (UE).

▶ *Acordo comercial*: acordo para estimular o comércio internacional. Nem todos os esforços do governo são destinados a sufocar as importações ou os investimentos das corporações estrangeiras. O maior acordo comercial da América Latina é o **Mercosul**, que inclui Argentina, Bolívia, Brasil, Chile, Colômbia, Equador, Paraguai, Peru e Uruguai. A eliminação da maior parte das tarifas entre os parceiros comerciais resultou em receitas comerciais de mais de US$ 16 bilhões por ano. A explosão econômica provocada pelo Mercosul fará, sem dúvida, outras nações buscarem acordos comerciais por conta própria ou ingressarem no Mercosul.

A Rodada do Uruguai, a Fracassada Rodada de Doha e os Acordos Bilaterais A **Rodada do Uruguai** é um acordo que reduziu as barreiras comerciais em todo o mundo. Adotado em 1994, foi assinado por 151 nações. É o acordo de comércio mundial mais ambicioso já negociado. Reduziu os impostos a um terço em todo o mundo – um movimento que aumentou a renda global em US$ 235 bilhões por ano. Talvez o mais notável seja o reconhecimento de novas realidades globais. Pela primeira vez, um acordo abrange serviços, direitos de propriedade intelectual e medidas de investimento relacionadas ao comércio, como controles de divisa.

A Rodada do Uruguai provocou várias mudanças nas práticas comerciais mundiais.

▶ *Entretenimento, produtos farmacêuticos, circuitos integrados e softwares*: as regras protegem as patentes, os direitos autorais e as marcas comerciais por 20 anos. Os programas de computador recebem 50 anos de proteção e os *chips* semicondutores, 10 anos. No entanto, muitas nações em desenvolvimento contaram com uma década para a fase de proteção de patentes para medicamentos. A França, que limita o número de filmes dos Estados Unidos e os programas de televisão que podem ser exibidos, recusou-se a liberar o acesso ao mercado para a indústria de entretenimento dos Estados Unidos.

▶ *Serviços financeiros, jurídicos e contábeis*: os serviços foram apresentados sob regras comerciais internacionais pela primeira vez, criando uma vasta oportunidade para as indústrias competitivas dos Estados Unidos. Agora é mais fácil para os gestores e para o pessoal-chave serem aceitos em um país. Os padrões de licenciamento para profissionais, como médicos, não podem discriminar candidatos estrangeiros. Isso significa que os candidatos estrangeiros não podem ser vistos como detentores de padrões mais altos que os profissionais nacionais.

▶ *Agricultura*: a Europa está reduzindo gradualmente os subsídios agrícolas, abrindo novas oportunidades para exportações americanas, como de trigo e de milho. O Japão e a Coreia estão começando a importar arroz. Contudo, os subsídios para produtores americanos de açúcar e frutas cítricas foram cortados.

▶ *Produtos têxteis e vestuário*: quotas restritas limitando as importações de países em desenvolvimento estão sendo eliminadas, provocando mais perdas de emprego no comércio de vestuário dos Estados Unidos. No entanto, os varejistas e os consumidores são vencedores, porque quotas anteriores acrescentaram US$ 15 bilhões por ano aos preços dos vestuários.

▶ *Uma nova organização comercial*: A **Organização Mundial do Comércio (OMC)** substituiu o antigo **Acordo Geral de Tarifas e Comércio (GATT)**, criado em 1948. A OMC eliminou as amplas lacunas das quais os membros do GATT (General Agreement on Tariffs and Trade) se aproveitavam. Atualmente, todos os membros da OMC devem estar em total conformidade com todos os acordos realizados sob a Rodada do Uruguai. A OMC também tem um procedimento de resolução de conflitos eficaz com prazos rigorosos.

A última rodada de negociações comerciais da OMC começou em Doha, Qatar, em 2001. No verão de 2008, após anos de reuniões contenciosas, a Rodada de Doha entrou em colapso. O fim foi o primeiro fracasso da lei de livre comércio multilateral (muitas nações) desde a Segunda Guerra Mundial. O custo do fracasso está estimado em mais de US$ 100 bilhões por ano.

Em razão do fracasso de Doha, muitos países buscaram acordos comerciais bilaterais. Um acordo bilateral é simplesmente um pacto entre duas nações. A América já tem acordos bilaterais com Austrália, Barém, Chile, Israel, Jordânia, Marrocos, Peru e Cingapura. Com a recessão e a desconfiança em relação ao mercado chinês emergente, os acordos comerciais bilaterais pendentes estagnaram em 2009. No entanto, o presidente Obama tem trabalhado para reabrir um acordo comercial com a Coreia do Sul, um mercado emergente significativo, com a 14ª maior economia do mundo. Obama também conseguiu negociar com a Rússia para retomar a importação de frango dos Estados Unidos. Antes de proibir o frango americano, a Rússia importou anualmente o equivalente a US$ 750 milhões em partes da ave.[18]

A tendência em direção à globalização resultou na criação de outros acordos e organizações: o Acordo de Livre Comércio da América do Norte, o Acordo de Livre Comércio da América Central, a União Europeia, o Banco Mundial e o Fundo Monetário Internacional.

Acordo de Livre Comércio da América do Norte

No momento em que foi instituído, o **Acordo de Livre Comércio da América do Norte (Nafta)** criou a maior zona de comércio livre do mundo. Ratificado pelo Congresso dos Estados Unidos em 1993, o acordo inclui Canadá, Estados Unidos e México, com uma população combinada de 360 milhões e uma economia de US$ 6 trilhões.

O principal impacto do Nafta foi a abertura do mercado mexicano às empresas dos Estados Unidos. Quando o tratado entrou em vigor, os impostos incidentes sobre metade dos itens comercializados em todo o Rio Grande desapareceram. O pacto removeu um emaranhado de exigências, quotas e impostos para o licenciamento mexicano que limitavam as transações de bens e serviços dos Estados Unidos. Em razão disso, o pacto permitiu que empresas de serviços americanas e canadenses possuíssem subsidiárias no México.

Em agosto de 2007, os três países-membros reuniram-se no Canadá para ajustar o Nafta, mas não para fazer alterações substanciais. Os membros acordaram em continuar a eliminar as barreiras comerciais para suínos, aço, produtos eletrônicos de consumo e produtos químicos. Eles também administraram o Comitê de Comércio de Aço Norte-Americano, que representa os três governos, para se concentrar no aço subsidiado da China.

A verdadeira questão é se o Nafta pode continuar gerando a crescente prosperidade nos três países. A América certamente se beneficiou das importações mais baratas e de mais oportunidades de investimentos no exterior. As exportações para o México ainda respondem por apenas 1,1% da economia e as importações do México foram inferiores a 1,7% da economia. O comércio entre Canadá e Estados Unidos atingiu US$ 740 bilhões em 2008, e o capital dos Estados Unidos investido em títulos do Canadá chegou a US$ 41,7 bilhões em 2009 – o maior investimento anual americano desde 1977.[19]

O presidente Obama falou sobre a renegociação do Nafta em razão do número de empregos perdidos para o México desde que o acordo entrou em vigor. É verdade que os empregos na indústria têxtil, de autopeças e de produção de produtos eletrônicos migraram para o México. No entanto, muito mais empregos foram perdidos para a China que para o México. Os investimentos em automação e tecnologia da informação têm levado a reduções maciças de operários em todos os lugares – incluindo China e México. Além disso, o crescimento da economia mexicana ocasionada pelo Nafta criou oportunidades de exportação e empregos (empregos diferentes do pré-Nafta) na América. A General Electric, por exemplo, vendeu recentemente US$ 350 milhões em turbinas construídas em Houston, mais que 100 locomotivas produzidas em Erie, na Pensilvânia, e inúmeros motores de aeronaves para o México.[20]

A Câmara de Comércio dos Estados Unidos estima que 5,4 milhões de empregos desse país estão diretamente relacionados a acordos comerciais implementados durante 2008 para eliminar ou reduzir impostos. A negociação com 14 países nesses acordos criou 17,7 milhões de empregos, direta e indiretamente.[21]

Acordo de Livre Comércio da América Central

O **Acordo de Livre Comércio da América Central (Cafta)** foi instituído em 2005. Além dos Estados Unidos, o acordo inclui Costa Rica, República Dominicana, El Salvador, Guatemala, Honduras e Nicarágua.

Entre 2005 e 2007, o comércio entre os Estados Unidos e os países do Cafta cresceu 18%. Os Estados Unidos exportaram US$ 23 bilhões em bens e serviços para nações do Cafta em 2007, um aumento de 33% desde 2005. Os Estados Unidos importaram das nações do Cafta US$ 19 bilhões em bens e serviços, um aumento de 4% desde 2005.[22] O Cafta tem sido um sucesso absoluto. Ele criou novas oportunidades comerciais para seus membros, promoveu estabilidade regional e é um impulso para o desenvolvimento econômico de um importante grupo de vizinhos dos Estados Unidos.

União Europeia

A **União Europeia (UE)** é uma das mais importantes zonas de livre comércio e agora engloba a maior parte da Europa. Mais que uma zona de livre comércio, é uma comunidade política e econômica. Como zona de livre comércio, garante a liberdade de circulação de pessoas, bens, serviços e capital entre estados-membros. Além disso, mantém uma política comercial comum com nações estrangeiras e uma política de desenvolvimento regional. A UE representa os países-membros da OMC. Recentemente, a UE também começou a se aventurar na política externa, como no caso da refinação de urânio do Irã.

Atualmente, a União Europeia tem 27 estados-membros: Áustria, Bélgica, Bulgária, Chipre, República Checa, Dinamarca, Estônia, Finlândia, França, Alemanha, Gré-

---

Acordo de Livre Comércio da América do Norte (Nafta) acordo entre Canadá, Estados Unidos e México que criou a maior zona de livre comércio do mundo

Acordo de Livre Comércio da América Central (Cafta) acordo comercial, instituído em 2005, que inclui Costa Rica, República Dominicana, El Salvador, Guatemala, Honduras, Nicarágua e Estados Unidos

União Europeia (UE) zona de livre comércio que abrange 27 países europeus

Banco Mundial
banco internacional que oferece empréstimos a juros baixos, conselhos e informações para as nações em desenvolvimento

Fundo Monetário Internacional (FMI)
organização internacional que atua como credor de última instância, fornecendo empréstimos para nações com problemas; também trabalha para promover o comércio por meio da cooperação financeira

cia, Hungria, Irlanda, Itália, Letônia, Lituânia, Luxemburgo, Malta, Holanda, Polônia, Portugal, Romênia, Eslováquia, Eslovênia, Espanha, Suécia e Reino Unido. Existem atualmente quatro países candidatos oficiais: Croácia, Islândia, República da Macedônia e Turquia. Além desses, os países balcânicos ocidentais – Albânia, Bósnia e Herzegovina, Montenegro e Sérvia são oficialmente reconhecidos como potenciais candidatos.[23]

No início de 2010, a Grécia entrou em uma crise financeira que realçou os desafios de uma união monetária abrangente, em que os países-membros mantêm a responsabilidade por suas próprias políticas fiscais. Incapaz de desvalorizar sua moeda para impulsionar a venda de produtos sem prejudicar outros países-membros, a Grécia se voltou para os estados-membros para pedir ajuda. A crise pôs em evidência os problemas de dívidas de outras nações da UE, como Hungria, Itália, Portugal e Espanha. Após não conseguir atender a medidas de corte orçamentário rigorosas impostas pela UE e pelo Fundo Monetário Internacional, a Hungria não recebeu mais auxílio financeiro, uma indicação da seriedade com que os credores estão agindo no que diz respeito à implementação de soluções em longo prazo para dívida irresponsável.[24]

A Comissão da União Europeia e os tribunais não têm sido gentis com as multinacionais americanas. Primeiro, o tribunal da UE bloqueou a fusão entre duas empresas americanas – a General Electric e a Honeywell. No final de 2007, concluiu que a Microsoft usou seu domínio na área de softwares para computadores para ingressar na indústria de softwares para servidores e *media players*. Os tribunais da UE disseram que a Microsoft havia bloqueado a concorrência e multaram a empresa em US$ 613 milhões.[25]

A UE é a maior economia no mundo. Além disso, é um mercado enorme, com uma população de quase 500 milhões. Os Estados Unidos e a UE têm o maior comércio bilateral e a maior relação de investimentos da história mundial. Juntos, representam mais da metade da economia global, ao passo que o comércio bilateral representa 7% do total mundial. As empresas dos Estados Unidos e da UE investiram cerca de US$ 2 trilhões em suas economias, empregando direta e indiretamente pelo menos 14 milhões de trabalhadores. Quase todos os estados dos Estados Unidos estão envolvidos com exportação, importação ou prestando serviços para as empresas europeias.[26]

A UE é um mercado atraente, com poder aquisitivo quase igual ao dos Estados Unidos. Contudo, a UE representa desafios de marketing, porque, mesmo com regulamentos padronizados, as empresas globais não são capazes de produzir um produto europeu único para o consumidor europeu comum. Com mais de 15 idiomas diferentes e costumes nacionais individuais, a Europa é muito mais diversificada que os Estados Unidos. Dessa forma, a diversificação de produtos sempre será necessária.

Um tipo totalmente diferente de problema enfrentado pelas empresas globais é a possibilidade de um movimento protecionista por parte da UE contra estrangeiros. As montadoras europeias, por exemplo, propuseram segurar as importações japonesas em cerca de seus atuais 10% de participação no mercado. Os irlandeses, dinamarqueses e holandeses não produzem carros e têm mercados internos irrestritos; eles seriam infelizes se houvesse importação limitada de veículos da Toyota e da Nissan. A França tem uma quota rígida para carros japoneses para proteger a Renault e a Citroen-Peugeot. Essas montadoras locais podem ser prejudicadas se a quota for elevada.

Banco Mundial, Fundo Monetário Internacional e G-20 Duas organizações financeiras internacionais são cruciais para fomentar o comércio global. O **Banco Mundial** oferece empréstimos a juros baixos para países em desenvolvimento. Originalmente, a finalidade dos empréstimos era ajudar essas nações a oferecer infraestrutura, como estradas, usinas de energia, escolas, projetos de drenagem e hospitais. Agora, o Banco Mundial oferece empréstimos para ajudar as nações a eliminar suas dívidas. Para receber os empréstimos, os países devem se comprometer a diminuir as barreiras comerciais e a apoiar a iniciativa privada. Além de fazer empréstimos, o Banco Mundial é uma grande fonte de conselhos e informações para as nações em desenvolvimento. O **Fundo Monetário Internacional (FMI)** foi fundado em 1945, um ano após a criação do Banco Mundial, para promover o comércio por meio da cooperação financeira e eliminar barreiras comerciais no processo. O FMI faz empréstimos em curto prazo para os países-membros que não conseguem suportar as despesas orçamentais. Ele opera como um credor de última instância para as nações com problemas. Em troca desses empréstimos de emergência, os credores do FMI obtêm o engajamento significativo de nações em débito para resolver os problemas que as levaram à crise. Essas etapas podem incluir reduzir a importação ou até desvalorizar a moeda.

Grupo dos Vinte (G-20) Em 1999, foram indicados ministros das finanças e diretores dos bancos centrais para reunir as economias industrializadas e em desenvolvimento a fim de se discutir questões-chave da economia global. O G-20 é um fórum internacional para desenvolvimento econômico que promove a discussão entre os países industrializados e de mercados emergentes sobre assuntos centrais relacionados à estabilidade econômica global. Ao contribuir para o fortalecimento do sistema financeiro internacional e proporcionar oportunidades para a discussão sobre políticas nacionais, cooperação internacional e instituições financeiras internacionais, o G-20 ajuda a apoiar o crescimento e o desenvolvimento em todo o globo. Os membros do G-20 são apresentados na Figura 5.2.

Em 2009, o G-20 se reuniu em Pittsburgh, Pensilvânia, onde adotou a estrutura proposta pelo presidente Obama *para que haja um crescimento forte, sustentável e equilibrado*. O documento descreveu o processo para ajudar a evitar crises financeiras, como a crise observada nos Estados Unidos em 2007. Além disso, fez recomendações para crescimento em longo prazo.

FIGURA 5.2
Membros do G-20

Argentina	União Europeia	Itália	África do Sul
Austrália	França	Japão	República da Coreia
Brasil	Alemanha	México	Turquia
Canadá	Índia	Rússia	Reino Unido
China	Indonésia	Arábia Saudita	Estados Unidos

Composição Demográfica

As três nações mais densamente povoadas no mundo são a China, a Índia e a Indonésia. Contudo, esse fato por si só não é útil para os profissionais de marketing. Eles também precisam saber se a população é em sua maioria urbana ou rural, porque podem não ter acesso fácil aos consumidores de áreas rurais. A Bélgica, com cerca de 90% da população vivendo em áreas urbanas, é um mercado atraente.

Outra consideração demográfica fundamental é a idade. Há uma grande lacuna entre as populações mais velhas dos países industrializados e a vasta população em idade ativa dos países em desenvolvimento. Essa lacuna tem enormes implicações para a economia, para as empresas e para a competitividade de cada país. Isso significa que enquanto a Europa e o Japão

Grupo dos Vinte (G-20) fórum para o desenvolvimento econômico internacional que promove discussões entre países industriais e com mercados emergentes sobre assuntos centrais relacionados à estabilidade econômica global

RECURSOS NATURAIS SUFOCADOS POR CONFLITOS POLÍTICOS

O Afeganistão, **devastado pela guerra**, está lutando para se recompor. Uma possibilidade para construir sua economia seria explorar suas jazidas minerais estimadas em US$ 1 trilhão. No entanto, a exploração para encontrar esses locais depende de empresas estrangeiras que queiram enfrentar o solo cheio de minas, relatar suas descobertas e entrar na licitação para a exploração. O Afeganistão não tem equipamentos, capital e empresas estáveis para explorar as jazidas, mas o governo tem incentivado a exploração e a licitação. Em 2007, a Corporação do Grupo Metalúrgico da China (MCC) ganhou o direito de exploração de uma jazida de seis milhões de toneladas de cobre. A mineração ainda não começou — a MCC tem que construir uma estrada para o campo e remover minas terrestres de três milhões de quilômetros quadrados. A produção de minério foi adiada até 2014.[27]

CAPÍTULO 5: DESENVOLVENDO UMA VISÃO GLOBAL

exportar vender itens produzidos internamente para compradores de outros países

lutam contra os regimes de pensão e o aumento do custo da assistência médica, países como Brasil, China e México podem colher os frutos de um dividendo demográfico: os custos decrescentes de mão de obra, uma população mais saudável e mais instruída e a entrada de milhões de mulheres no mercado de trabalho. O dividendo demográfico é um aspecto positivo da diminuição da taxa de natalidade e provoca um inchaço temporário no número de pessoas em idade ativa. Especialistas em população estimaram que um terço do milagre econômico da Ásia Oriental pode ser atribuído a uma estrutura etária proveitosa. Entretanto, o milagre só ocorreu porque os governos contavam com políticas para educar o povo, criar empregos e melhorar a saúde.

Recursos Naturais

Um último fator do ambiente externo, que se tornou mais evidente na última década, é a escassez de recursos naturais. A falta de petróleo, por exemplo, tem gerado enorme riqueza para países produtores, como Noruega, Arábia Saudita e Emirados Árabes Unidos. Tanto o mercado voltado para os consumidores como o mercado voltado para a indústria floresceram nesses países. Outras nações, como Indonésia, México e Venezuela, se valeram das reservas de petróleo para se desenvolver com mais rapidez. Já países industrializados, como Japão, Estados Unidos e grande parte da Europa Ocidental, experimentaram uma enorme transferência de riqueza para as nações ricas em petróleo. O preço elevado do petróleo criou pressões inflacionárias nas nações importadoras. Além disso, gerou problemas para as companhias aéreas e outras indústrias dependentes de petróleo. Esse não é o único recurso natural que afeta a comercialização internacional. O clima quente e a falta de água significam que muitos países da África continuarão a importar alimentos. Os Estados Unidos, por sua vez, dependem da África para adquirir muitos metais preciosos. A diversidade em relação aos recursos naturais cria dependência internacional, provoca mudanças de riqueza, inflação e recessão, oportunidades de exportação para países com recursos abundantes e até estímulo para a intervenção militar.

OA 4 Marketing Global pela Empresa Individual

Uma empresa deve considerar o ingresso no mercado global somente após os gestores terem uma sólida compreensão do ambiente global.

As empresas decidem se tornar globais por uma série de razões. Talvez a mais importante seja aumentar o lucro. Os gestores podem achar que as vendas internacionais implicam margens de lucro mais elevadas ou mais lucros. Um segundo estímulo é que a empresa pode ter um único produto ou vantagem tecnológica não apresentados a outros concorrentes internacionais. Essas vantagens devem levar a um significativo sucesso empresarial no exterior. Em outras situações, a administração pode ter informações de mercado exclusivas sobre clientes, mercados ou situações de mercados estrangeiros não conhecidas por outros. Ao passo que a exclusividade pode fornecer uma motivação inicial para o marketing internacional, os gestores devem perceber que é de se esperar que os concorrentes consigam obter a vantagem de ter informações sobre a empresa. Por fim, os mercados domésticos saturados, a capacidade excessiva e o potencial para economias de escala também podem ser motivadores para se tornar global. As economias de escala significam que os custos de produção por unidade média caem à medida que a produção aumenta.

Muitas empresas formam parcerias multinacionais, chamadas alianças estratégicas, para ajudá-las a penetrar no mercado global; as alianças estratégicas são analisadas no Capítulo 7. Cinco outros métodos de adentrar o mercado global são, em ordem de risco, exportação, licenciamento e franquia, contrato de manufatura, *joint venture* e investimento direto (ver Figura 5.3).

Exportação

Quando uma empresa decide entrar no mercado global, exportar costuma ser a opção menos complicada e arriscada. **Exportar** é vender itens produzidos internamente para compradores de outros países. Uma empresa pode vender diretamente para importadores ou compradores estrangeiros. Os Estados Unidos são o maior exportador do mundo.

Em vez de vender diretamente para os compradores estrangeiros, uma empresa pode decidir vender

FIGURA 5.3
Níveis de Risco de Cinco Métodos para Ingressar no Mercado Global

para intermediários em seu mercado interno. O intermediário mais comum é o **comprador para exportação**, geralmente tratado como cliente interno pelo fabricante nacional. O comprador de produtos exportados assume todos os riscos e vende internacionalmente por sua própria conta. A empresa nacional se envolve apenas à medida que seus produtos são comprados nos mercados estrangeiros.

Um segundo tipo de intermediário é o **corretor de exportação**, que desempenha o papel do corretor tradicional, colocando comprador e vendedor juntos. O fabricante ainda mantém o título e assume todos os riscos. Os corretores de exportação operam principalmente produtos agrícolas e matérias-primas.

Os **agentes de exportação**, um terceiro tipo de intermediário, são distribuidores de vendas externas que vivem em um país estrangeiro e executam as mesmas funções que os agentes dos fabricantes, ajudando no financiamento internacional, transporte marítimo e outros trâmites. O Departamento de Comércio dos Estados Unidos oferece um serviço de agentes distribuidores que ajuda cerca de 5 mil empresas americanas todos os anos a encontrar um agente ou distribuidor em praticamente qualquer país do mundo. Uma segunda categoria de agentes reside no país do fabricante, mas representa compradores estrangeiros. Nesse caso, trata-se de um agente de compras contratado para clientes estrangeiros que operam no mercado interno do exportador.

Licenciamento e Criação de Franquias

Outra maneira eficaz para a empresa entrar na arena global com relativamente pouco risco é vender uma licença para fabricar seu produto para alguém em outro país. **Licenciamento** é o processo legal pelo qual um licenciante permite que outra empresa use seu processo de fabricação, marcas, patentes, segredos comerciais, ou outro conhecimento de propriedade. O licenciado, por sua vez, paga para o licenciante *royalty* ou taxa acordada por ambas as partes.

Os proprietários dos direitos das peças da Broadway, como o *Rei Leão*, da Disney, viram aumentar a receita dos mercados externos por meio do licenciamento. Os direitos para produzir as peças internacionalmente têm diferentes preços, de qualquer forma os apresentadores estrangeiros começam pagando US$ 200 mil adiantados para realizar uma produção americana. Shows com réplicas, usando *sets* e figurinos, são mais onerosos; shows sem réplicas, que pagam pelos direitos da peça, mas não têm *sets* ou figurinos, são menos onerosos. A receita estrangeira para o licenciamento de shows sem réplicas cresceu mais de 10% nos últimos dois anos.[28]

Um licenciador deve se certificar de que pode ter controle suficiente sobre as atividades do licenciado para garantir qualidade adequada, preço, distribuição e assim por diante. O licenciamento pode fazer surgir um novo concorrente em longo prazo, se o licenciado decidir anular o contrato de licença. O direito internacional é, muitas vezes, ineficaz para impedir esse tipo de ação. Duas maneiras comuns de manter um controle efetivo sobre os licenciados são transportar um ou mais componentes essenciais dos Estados Unidos ou registrar localmente patentes e marcas para a empresa americana, não para o licenciado. As empresas de vestuário mantêm o controle entregando apenas determinada quantidade de itens por dia; elas também fornecem seu próprio tecido, recolhem as sobras e fazem uma contagem precisa das unidades.

O franchising é uma forma de licenciamento que tem crescido rapidamente nos últimos anos. Mais de 400 franqueadores dos Estados Unidos operam mais de 40 mil pontos de venda em países estran-

---

comprador para exportação
intermediário que assume todos os riscos de propriedade e vende por sua conta em âmbito global

corretor de exportação
intermediário que desempenha o papel de corretor, colocando comprador e vendedor juntos

agente de exportação
intermediário que atua como agente do fabricante para o exportador; o agente de exportação vive no mercado externo

licenciamento
processo jurídico pelo qual um licenciante permite que outra empresa use seu processo de manufatura, marcas, patentes, segredos comerciais, ou outro conhecimento de propriedade

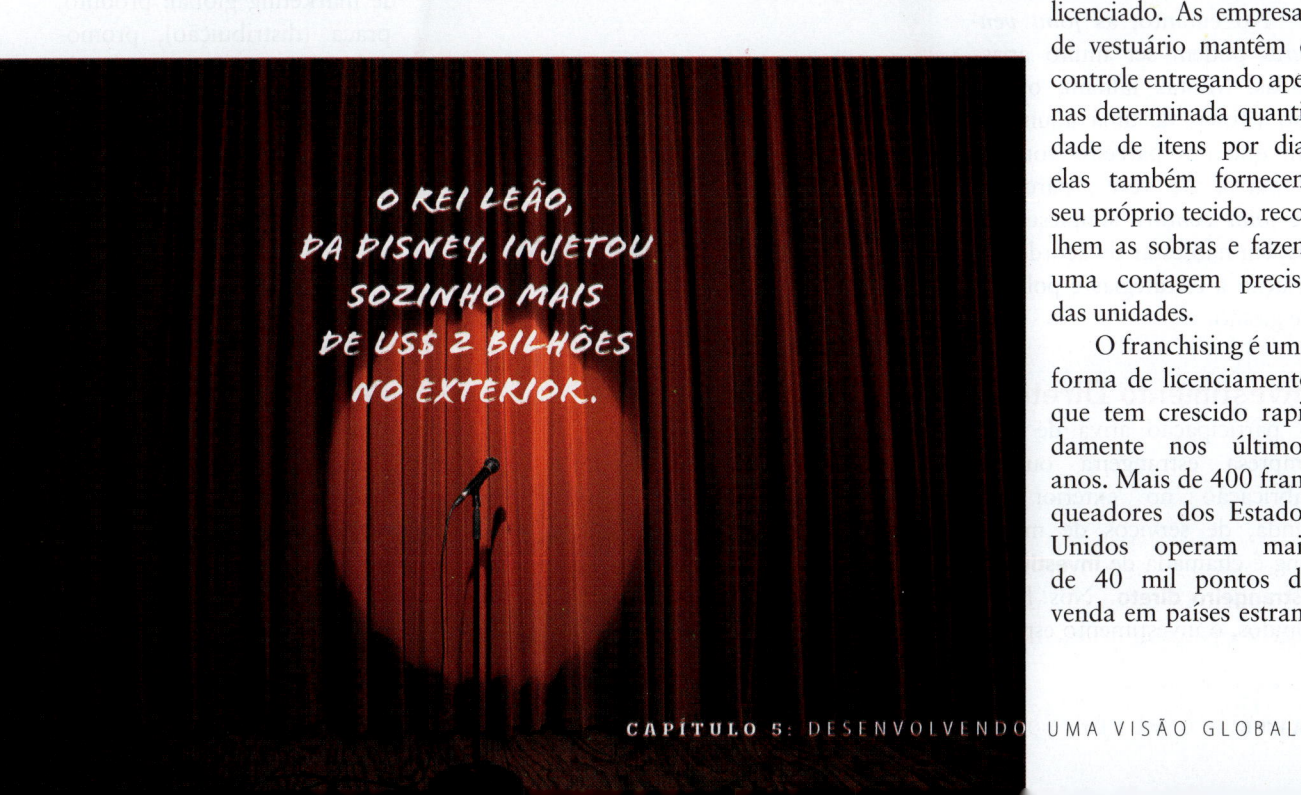

O REI LEÃO, DA DISNEY, INJETOU SOZINHO MAIS DE US$ 2 BILHÕES NO EXTERIOR.

contrato de manufatura manufatura de etiqueta própria de uma empresa estrangeira

joint venture quando uma empresa interna compra parte de uma empresa estrangeira ou se une à empresa estrangeira para criar uma nova entidade

investimento estrangeiro direto propriedade ativa de uma empresa estrangeira ou de manufatura externa ou, ainda, de serviços de marketing

geiros, promovendo vendas de mais de US$ 9 bilhões.[29] Mais da metade das franquias internacionais são de restaurantes *fast-food* e de serviços empresariais.

Contrato de Manufatura
As empresas que não querem se envolver no licenciamento nem se envolver demais no marketing global podem optar pelo **contrato de manufatura**, que é a fabricação de produtos de marca própria por uma empresa estrangeira. A empresa estrangeira produz certo volume de produtos com a marca da empresa nacional. A empresa nacional normalmente lida com o marketing. Assim, a empresa nacional pode ampliar sua base de marketing global sem investir em fábricas e equipamentos no exterior. Após estabelecer uma base sólida, a empresa nacional pode optar por *joint venture* ou investimento direto.

Joint Venture
Joint ventures são semelhantes aos acordos de licenciamento. Em uma joint venture internacional, a empresa nacional compra parte de uma empresa estrangeira ou se une a ela para criar uma nova entidade. Essa modalidade é uma maneira rápida e relativamente barata para se tornar global e adquirir a experiência necessária. A Chronicle Books se uniu à equipe já existente no Reino Unido de marketing e vendas Abrams & Chronicle Books para expandir sua presença no mercado do Reino Unido.[30]

No entanto, as *joint ventures* podem ser muito arriscadas. Muitas falham; outras são vítimas de uma aquisição em que um parceiro compra o outro. Às vezes, parceiros de *joint venture* simplesmente podem não estar de acordo em relação a estratégias e políticas de gestão.

Investimento Direto
A participação ativa de uma empresa estrangeira ou de fabricação no exterior ou, ainda, de serviços de marketing é chamada de **investimento estrangeiro direto**. Nos Estados Unidos, o investimento estrangeiro direto de empresas, hoje, gira em torno de US$ 2,1 trilhões. Os investidores diretos têm tanto participação majoritária como minoritária considerável na empresa. Assim, eles têm a maior recompensa potencial e o maior risco potencial.

Uma empresa pode fazer um investimento estrangeiro direto adquirindo participação em uma empresa já existente ou por meio da construção de novas instalações. Ela pode assim fazê-lo porque tem problemas para transferir alguns recursos para uma operação no exterior ou adquirir esses recursos localmente. Um recurso importante é o pessoal, principalmente os gestores. Se o mercado de trabalho é limitado, a empresa pode comprar uma empresa estrangeira inteira e manter todos os funcionários em vez de pagar salários mais altos do que os concorrentes.

Os Estados Unidos são um lugar popular para investimentos diretos de empresas estrangeiras. Em 2008, o valor das empresas estrangeiras no país foi além de US$ 650 bilhões. Em 2007, a Aur, sediada em Taiwan, comprou a fabricante de computadores americana Gateway.

OA 5 O Composto de Marketing Global

Para serem bem-sucedidas, as empresas que desejam entrar no comércio exterior têm de aderir aos princípios do composto de marketing. As informações reunidas nos mercados estrangeiros por meio de pesquisa são a base para os quatro Ps da estratégia de marketing global: produto, praça (distribuição), promoção e preço. Os gestores de marketing que entendem as vantagens e desvantagens de diferentes formas de entrar no mercado e o efeito do ambiente externo sobre o composto de marketing da empresa têm uma chance melhor de atingir seus objetivos.

O primeiro passo para a criação de um composto de marketing é desenvolver uma compreensão abrangente do mercado-alvo global. Muitas vezes, esse conhecimento pode ser obtido por meio dos mesmos tipos de pesquisa de marketing utilizados no mercado interno (consultar o Capítulo 9). No entanto, a pesquisa do marketing global é conduzida em ambientes muito diferentes. Pode ser difícil realizar uma pesquisa nos países em desenvolvimento, em que é crescente o número de pessoas que possuem telefone, mas nem sempre é algo comum, e a entrega de correspondência é lenta ou esporádica. Muitas vezes, é difícil obter amostras com base nos parâmetros conhecidos da população em razão da falta de dados. Em algumas cidades da África, da Ásia, do México e da América do Sul, os mapas de ruas não estão disponíveis, as ruas não são identificadas e as casas não são numeradas. Além disso, é possível que as perguntas de um profissional de marketing sejam diferentes em outras culturas. Em algumas culturas, as pessoas tendem a ser mais retraídas do que nos Estados Unidos, assim, não responderão a perguntas pessoais. Na França, por exemplo, perguntas relativas à idade ou renda de uma pessoa são consideradas extremamente grosseiras.

Produto e Promoção

Com as informações apropriadas, pode-se desenvolver um bom composto de marketing. Uma decisão importante é se o produto ou promoção para o mercado global devem ser alterados. Outras opções são alterar radicalmente o produto ou ajustar a mensagem promocional ou o produto às condições locais.

FIGURA 5.4
Mercados Emergentes Gostam de Marcas Americanas
Principais Marcas em Vários Países

Argentina		Arábia Saudita	
Carro:	Ford	*Fast food*:	McDonald's
Fast food:	McDonald's	Chá gelado:	Lipton
Maquiagem:	Avon	Telefone celular:	Nokia
Telefones celulares:	Sony	Queijo embalado:	Kraft
Motocicleta:	Honda	Salgadinhos:	Lay's
Televisão:	Philips	Televisão:	Sony
Refrigerante cola:	Coca-Cola	Refrigerante cola:	Pepsi
China		**África do Sul**	
Cerveja:	Budweiser	Carro:	Toyota
Café (pronto para beber)	Nestea	Loja de roupas de marca:	Levi's
Fast food:	KFC	*Fast food*:	KFC
Telefone celular:	Panasonic	Batom:	Revlon
Sabão:	Safeguard	Telefone celular:	Nokia
Televisão:	Sony	Televisão:	LG
Refrigerante cola:	Coca-Cola	Refrigerante cola:	Coca-Cola
Egito		**Tailândia**	
Loja de roupas de marca:	Nike	Cerveja:	Heineken
Combustível:	Mobil	Carro:	Toyota
Hotel:	Hilton, Sheraton	Loja de conveniência:	7-Eleven
Maquiagem:	Avon	Hidratante:	Nivea
Xampu:	Pert Plus	*Whiskey/Scotch*:	Johnnie Walker
Televisão:	Toshiba	Televisão:	Sony
Refrigerante cola:	Pepsi	Refrigerante cola:	Pepsi
Índia		**Turquia**	
Condicionador:	Garnier	Carro:	BMW
Fast food:	McDonald's	Conhaque:	Rémy Martin
Óleo de motor:	Castrol	Loja de roupas de marca:	DKNY, Gucci
MP3 player:	Sony	*Fast food*:	McDonald's
Café (pronto para beber):	Nescafé	Hotel:	Hilton
Televisão:	LG	Chá gelado:	Lipton
Refrigerante cola:	Pepsi	Refrigerante cola:	Coca-Cola
Romênia			
Carro:	Mercedes	Xampu:	Head & Shoulders
Fast food:	McDonald's	*Whiskey/Scotch*:	Jack Daniels
Batom:	Avon	Refrigerante cola:	Coca-Cola
MP3 player:	Sony		

FONTE: Synovate, Chicago (2007). Utilizado com a permissão da Aegis Group, plc.

Um Produto, Uma Mensagem A estratégia de padronização do marketing global, que foi discutida anteriormente, significa desenvolver um único produto para todos os mercados e promovê-lo da mesma forma em todo o mundo. A Procter & Gamble usa o mesmo produto e temas promocionais para o Head & Shoulders na China e nos Estados Unidos. A publicidade chama atenção para o problema da caspa, que se destaca em uma nação cujas pessoas têm cabelos escuros. Atualmente, o Head & Shoulders é o xampu mais vendido na China, apesar de custar 300% a mais que as marcas locais. Em uma pesquisa recente, 13 mil consumidores em 20 países foram questionados sobre suas preferências de marcas em várias categorias de produtos. Em países em desenvolvimento, os produtos locais são vistos como menos favoráveis que as marcas globais. A Figura 5.4 mostra que as marcas ocidentais vendem muito bem nos países pesquisados. As melhores marcas de refrigerantes cola em todos os países são a Pepsi ou a Coca-Cola.[31]

A mídia global, especialmente as redes de televisão a cabo e por satélite, como a CNN International, a MTV Networks e a British Sky Broadcasting, tornam possível transmitir propagandas para audiências inatingíveis há alguns anos. Muitas vezes, o público de 18 anos em Paris tem mais em comum com o público de 18 anos de Nova York que com seus próprios pais. Quase todos os anunciantes da MTV realizam, unidos, campanhas na língua inglesa nas 28 nações em que a empresa está presente. O público compra os mesmos produtos, vai aos mesmos cinemas, ouve as mesmas músicas e saboreia os mesmos refrigerantes. A publicidade global funciona apenas nessa premissa. Embora os adolescentes em todo o mundo prefiram filmes a qualquer outra forma de programação televisiva, os filmes são seguidos de perto por clipes musicais, *stand-up comedies* e esportes.

A padronização do marketing global pode ter um resultado diferente do pretendido. Alguns produtos podem falhar em razão de fatores culturais. Qualquer tipo de jogo de guerra tende a fazer pouco sucesso na Alemanha, muito embora o país seja de longe a maior nação de jogos do mundo. Um jogo bem-sucedido na Alemanha tem muitos detalhes e um manual de regras bastante espesso.

Às vezes, o desejo de padronização absoluta deve dar lugar a considerações práticas e dinâmicas do mercado local. Em virtude da conotação feminina da palavra *dieta*, a versão europeia da Diet Coke é a Coca-Cola Light. Mesmo que o nome da marca seja diferente – como as batatas fritas da Lay, que foram chamadas de Sabritas no México – pode-se criar uma forte relação visual pela aplicação uniforme da marca e pelos elementos gráficos nas embalagens.

Invenção dos Produtos No contexto do marketing global, a invenção de produtos pode significar tanto a criação de um novo produto para um mercado como a mudança drástica de um produto já existente. A Campbell's Soup inventou a sopa de agrião e a sopa de moela de pato, que está sendo muito bem comercializada na China atualmente.[32]

O McDonald's já foi difamado por obrigar o mundo a ingerir *fast food* criado por americanos. Agora a empresa está adotando uma abordagem diferente e vendendo mais do que nunca no mercado global.

Adaptação aos Produtos Uma alternativa para os profissionais de marketing que atuam em empresas globais é alterar ligeiramente um produto básico para atender às condições locais. Os desodorantes em bastão Rexona, da Unilever, são vendidos por US$ 0,16 e até mais. Eles são um sucesso em países como Bolívia, Índia, Peru e Filipinas, onde a Unilever conquistou 60% do mercado de desodorantes.

Uma das melhores adaptações de produto foi realizada pela coreana LG Electronics. Para atender às necessidades dos consumidores indianos, a empresa lançou geladeiras com compartimentos maiores para armazenamento de água e vegetais, sistema elétrico resistente à sobrecarga e acabamento colorido brilhante que reflete as preferências locais (vermelho no sul, verde em Kashmir). No Irã, a LG oferece um forno de micro-ondas com um botão predefinido para o reaquecimento de *shish kebabs* – um prato típico. Os árabes gostam das geladeiras Primian da LG, que vêm com um compartimento especial para o armazenamento de tâmaras, um produto típico do Oriente Médio, que estraga facilmente.

Adaptação de Promoções

Outra estratégia de marketing global é manter o produto básico, mas alterar a estratégia promocional. As bicicletas são veículos para divertimento, principalmente nos Estados Unidos. No entanto, em muitas partes do mundo, são o principal meio de transporte da família. Assim, sua promoção nesses países deve enfatizar a durabilidade e eficiência. Em contraposição, a publicidade nos Estados Unidos deve enfatizar a fuga da rotina e a diversão.

Barreiras linguísticas, problemas de tradução e diferenças culturais têm gerado dor de cabeça para os gestores de marketing internacional. Considere estes exemplos:

▸ Uma pasta de dente que tornaria os dentes brancos foi extremamente inadequada em muitas áreas do sudeste da Ásia, onde mastigar nozes de bétele para fins medicinais e dentes escuros indicam posição social mais elevada.

▸ Na publicidade japonesa da Procter & Gamble para a Camay Soap, um homem encontra uma mulher pela primeira vez e logo compara a pele dela à de uma boneca de porcelana. No Japão, o homem foi considerado grosseiro e desrespeitoso ao ter essa atitude.

▶▶ Em Cingapura, um adolescente deslizando pelos corredores de uma loja dentro de um carrinho de supermercado em um anúncio da Coca-Cola foi considerado muito rebelde.

Praça (Distribuição)

Resolver problemas promocionais e referentes a produtos não garante o sucesso do marketing global. O produto ainda tem de contar com distribuição adequada. Os europeus, por exemplo, não praticam esportes tanto quanto os americanos, por essa razão, não são frequentadores assíduos de lojas de artigos esportivos. Percebendo isso, a Reebok começou a vender seus calçados em cerca de 800 lojas de sapatos tradicionais na França. Em um ano, a empresa duplicou suas vendas no país.

Para evitar problemas de distribuição, as empresas estão usando estratégias criativas. A Colgate-Palmolive apresentou aos habitantes da Índia o conceito de escovar os dentes indo às aldeias com *vans* que apresentavam comerciais informativos de meia hora sobre os benefícios do creme dental. Até 2006, a empresa havia recebido mais da metade de sua receita das áreas rurais do país. O mercado rural tem se mantido virtualmente invisível em razão da falta de distribuição. A subsidiária indiana da Unilever, a Hindustan Lever, vende cosméticos, cremes dentais e detergentes porta a porta. Atualmente, conta com mais de um milhão de consultores de vendas diretas.

Em muitos países em desenvolvimento, os canais de distribuição e a infraestrutura são inadequados. Na África, o PIB do continente está crescendo rapidamente, e as empresas africanas querem se expandir. Infelizmente, os impostos são altos, a infraestrutura é insuficiente e a população é extremamente pobre. Para expandir aos países vizinhos, a Notore Chemicals Ltd., uma empresa de fertilizantes nigeriana, apelou para os governos desenvolverem uma cadeia de distribuição em 20 países africanos. Alguns países do leste africano estão desenvolvendo uma zona de comércio regional para incentivar o crescimento.[33]

As empresas norte-americanas que importam bens para os Estados Unidos estão enfrentando outros problemas. A logística tem sido um desafio crescente para as empresas que buscam diminuir custos, transferindo mais produção para os países onde a fabricação é mais barata. Atualmente, no entanto, os custos crescentes de transporte de mercadorias estão diminuindo os lucros. O pico no comércio global nos últimos anos contribuiu para aumentar a pressão e os encargos em relação a todas as formas de transporte. Como resultado, alguns fabricantes estão desenvolvendo reservas reguladoras onerosas – o que pode significar o valor de dias ou semanas de componentes extras – para evitar o encerramento das linhas de produção e a falha em realizar as entregas a tempo. Outros estão adotando meios de transporte mais caros e confiáveis, como frete aéreo, que é mais rápido e menos propenso a atrasos do que o transporte marítimo.

Preços

Uma vez que os gestores de marketing determinaram um produto global e uma estratégia de promoção, eles podem selecionar o restante do composto de marketing. Os preços apresentam alguns problemas específicos na esfera global. Os exportadores devem não apenas cobrir seus custos de produção mas também

SUPERMERCADOS FLUTUANTES QUE SERVEM A ÍNDIA RURAL

Em Kerala, na Índia, onde as multinacionais lutam para distribuir produtos para descentralizar mercados rurais, o Triveni, um supermercado flutuante, usa as vias navegáveis cruzadas do Kerala para chegar às vilas rurais que não têm mercados próximos. Transportar mais de 2 mil produtos em vias navegáveis reduz o tempo e os custos: o Triveni consegue agregar pequenas distribuições em vilas rurais e mantém seus preços 10% inferiores a outros mercados em terra. Ao chegar ao atracadouro, os clientes gastam menos dinheiro para transportar e comprar marcas multinacionais, como a Colgate. Os clientes também têm a opção de encomendar produtos especiais de grande porte, como televisores Samsung, e receber o produto na aldeia.[34]

CAPÍTULO 5: DESENVOLVENDO UMA VISÃO GLOBAL

taxa de câmbio flutuante sistema em que os preços de moedas diferentes sobem e descem baseados na demanda e no fornecimento de cada moeda

fixação de preços abaixo do custo (dumping) venda de um produto exportado a um preço inferior àquele praticado pelo mesmo produto ou produto similar no mercado interno do exportador

troca compensatória todo o pagamento de bens ou serviços, ou parte dele, ocorre na forma de outros bens e serviços

considerar os custos de transporte, seguro, impostos e tarifas. Ao decidir o preço final, os profissionais de marketing também devem determinar o quanto os clientes estão dispostos a gastar em determinado produto. Além disso, precisam garantir que os compradores estrangeiros pagarão o preço. Como as nações em desenvolvimento não têm poder aquisitivo generalizado, vender para elas implica considerar preços especiais. Às vezes, um produto pode ser simplificado com o objetivo de reduzir seu preço. No entanto, a empresa não deve assumir países de baixa renda que estão dispostos a aceitar pouca qualidade. A L'Oréal não foi bem-sucedida ao vender xampu barato na Índia, assim, passou a focar na classe emergente. Atualmente, comercializa o pó facial Paris a US$ 17 e o protetor solar Vichy a US$ 25. Ambos, produtos muito populares.

Taxas de Câmbio A taxa de câmbio é o preço da moeda de um país correspondente ao preço da moeda de outro país. Se a moeda de um país *é valorizada*, uma menor quantidade de moeda desse país é necessária para comprar a moeda de outro país. Se a moeda de um país *sofre desvalorização*, uma maior quantidade de moeda desse país será necessária para comprar a moeda de outro país.

Como a valorização e a desvalorização afetam os preços dos bens de um país? Se o dólar dos Estados Unidos for desvalorizado em relação ao iene japonês, os residentes terão que pagar mais dólares para comprar produtos japoneses. Para ilustrar, suponhamos que o preço em dólar de um iene seja US$ 0,012 e que um Toyota seja dois milhões de ienes. Nessa taxa de câmbio, um residente dos Estados Unidos pagará US$ 24 mil por um Toyota (US$ 0,012 X 2 milhões de ienes = US$ 24 mil). Se o dólar for desvalorizado para US$ 0,018 para um iene, o residente norte-americano terá que pagar US$ 36 mil pelo mesmo veículo.

À medida que o dólar é desvalorizado, o preço dos produtos japoneses sobe para os residentes nos Estados Unidos, portanto eles compram menos bens japoneses – assim, as importações dos Estados Unidos podem diminuir. À medida que o dólar é desvalorizado em relação ao iene, o iene é valorizado em relação ao dólar. Isso significa que os preços dos bens nos Estados Unidos diminuem para os japoneses, portanto eles compram mais produtos americanos – e as exportações americanas aumentam.

O mercado de câmbio opera em um sistema de **taxa de câmbio flutuante**. O preço de diferentes moedas flutua para cima e para baixo com base na demanda e na oferta de cada moeda.

Pó Facial US$17

Fixação de Preços Abaixo do Custo A **fixação de preços abaixo do custo** refere-se à venda de um produto exportado a um preço inferior àquele cobrado pelo mesmo produto ou similar no mercado interno do exportador. Essa prática é considerada uma forma de discriminação de preços que pode prejudicar potencialmente as indústrias concorrentes do país importador. A fixação de preços abaixo do custo pode ocorrer como resultado de estratégias de negócios do exportador que incluem (1) tentar aumentar a participação do mercado no exterior, (2) distribuir temporariamente os produtos nos mercados externos para compensar a baixa demanda no mercado doméstico, (3) reduzir os custos unitários por meio da exploração da produção em grande escala, e (4) tentar manter os preços estáveis durante períodos de flutuação cambial.

Historicamente, a fixação de preços abaixo do custo tem gerado sérios problemas no comércio internacional. Como resultado, a prática levou a desacordos significativos entre os países e gerou pontos de vista diferentes sobre sua nocividade. Alguns economistas veem a fixação de preços abaixo do custo como prejudicial apenas quando envolve práticas "predatórias" que tentam eliminar intencionalmente a concorrência e obter poder de monopólio no mercado. Eles acreditam que a fixação de preços abaixo do custo raramente ocorre e que as regras para essa fixação são um instrumento de proteção, cujo custo para consumidores e indústrias que utilizam a importação excede os benefícios para as indústrias que recebem proteção.

Trocas compensatórias O comércio global nem sempre envolve dinheiro. As **trocas compensatórias** são uma forma de crescimento rápido para se gerenciar uma empresa global. Nas trocas compensatórias, todos os pagamentos por bens e serviços, ou parte deles, está na forma de outros bens e serviços. As trocas compensatórias são, portanto, uma forma de escambo (troca de mercadorias por mercadorias), uma prática antiga, cujas origens datam da época das cavernas. O Departamento de Comércio Americano diz que cerca de 30% de todo o comércio global ocorre com base em troca compensatória. A Índia e a China têm feito listas de compras do governo de bilhões de dólares, com a maioria dos bens a serem pagos pela troca compensatória.

Um tipo comum de troca compensatória é o escambo simples. A PepsiCo envia xarope de Pepsi para as fábricas de engarrafamento da Rússia e, em pagamento, recebe vodca Stolichnaya, que é então comercializada no Ocidente. Outra forma de troca compensatória é o acordo de compensação. Normalmente, uma empresa fornece tecnologia e equipamentos para uma planta em uma nação em desenvolvimento e concorda em fazer pagamentos parciais ou integrais pelos bens produzidos naquela planta. A General Tire Company forneceu equipamentos e know-how para uma fábrica romena de pneus para caminhão. A General Tire, por sua vez, vendeu os pneus que recebeu da planta nos Estados Unidos com a marca Victoria. Ambos os lados se beneficiam, mesmo que não usem dinheiro.

OA 6 O Impacto da Internet

Em muitos aspectos, tornar-se global ficou mais fácil do que nunca. Abrir um site de comércio eletrônico na internet coloca imediatamente uma empresa no mercado internacional. Softwares de tradução de idiomas sofisticados podem tornar qualquer site acessível em qualquer parte do mundo. Transportadoras globais, como UPS, FedEx e DHL, ajudam a resolver as complexidades relacionadas ao *e-commerce* internacional. A E4X, Inc. oferece softwares para facilitar a conversão de moeda, permitindo que os clientes paguem na moeda de sua escolha. Além disso, recebe o pagamento do cliente e, então, paga o site em dólares americanos. No entanto, a promessa de "comércio sem fronteiras" e de "economia digital" global ainda encontra restrições impostas por regras, regulamentos e hábitos tradicionais. A Lands' End, por exemplo, não tem autorização para mencionar sua política de reembolso incondicional no seu site de *e-commerce* na Alemanha, porque os varejistas alemães, que normalmente não permitem devoluções após 14 dias, processariam e ganhariam uma decisão judicial contra a empresa.

A abertura de um site de e-commerce na internet...

...coloca imediatamente uma empresa no mercado internacional.

FERRAMENTAS DE ESTUDO CAPÍTULO 5

Acesse a Trilha de MKTG em www.cengage.com.br/4ltr para:

❏ Acessar os cartões de revisão dos capítulos

❏ Responder aos questionários práticos para se preparar para as provas

❏ Realizar as atividades "Vença o relógio" para dominar os conceitos

❏ Completar as "Palavras cruzadas" para revisar os termos-chave

CAPÍTULO 5: DESENVOLVENDO UMA VISÃO GLOBAL

CAPÍTULO **6 Tomada de Decisão do Consumidor**

Objetivos da Aprendizagem

OA 1 Explicar por que os gestores de marketing precisam entender o comportamento do consumidor

OA 2 Analisar os componentes do processo de tomada de decisão do consumidor

OA 3 Explicar o processo de avaliação pós-compra do consumidor

OA 4 Identificar os tipos de decisão de compra do consumidor e discutir a importância do envolvimento dele

OA 5 Identificar e compreender os fatores culturais que afetam a decisão de compra

OA 6 Identificar e compreender os fatores sociais que afetam a decisão de compra

OA 7 Identificar e compreender os fatores individuais que afetam a decisão de compra

OA 8 Identificar e compreender os fatores psicológicos que afetam a decisão de compra

As preferências dos consumidores em relação a produtos e serviços mudam constantemente.

OA 1 A Importância de Entender o Comportamento do Consumidor

APÓS CONCLUIR ESTE CAPÍTULO, VÁ PARA A PÁGINA 105 PARA OBTER AS FERRAMENTAS DE ESTUDO

As preferências dos consumidores em relação a produtos e serviços mudam constantemente. Os gestores de marketing devem entender esses desejos, a fim de criar um mix de marketing adequado para um mercado definido. Por essa razão, é fundamental que os gestores de marketing conheçam profundamente o comportamento do consumidor. O **comportamento do consumidor** descreve como os consumidores tomam decisões de compra e como usam os bens e serviços adquiridos e dispõem deles. O estudo do comportamento do consumidor também inclui fatores que influenciam na decisão de compra e no uso dos produtos.

Compreender como os consumidores tomam decisões sobre compras pode ajudar os gestores de marketing de diversas maneiras. Se um gestor tomar conhecimento, por meio de pesquisa, que a milhagem do combustível é o atributo mais importante para determinado mercado-alvo, o fabricante pode projetar novamente um carro para atender a esse critério. Se a empresa não conseguir alterar o projeto no curto prazo, pode focar na promoção em um esforço para mudar os critérios de tomada de decisão dos consumidores, por exemplo, por meio da ênfase no estilo, na durabilidade e na capacidade de carga.

comportamento do consumidor processos em que o consumidor se baseia para tomar decisões de compra, bem como para usar bens e serviços adquiridos e dispor deles; também inclui fatores que influenciam na decisão de compra e no uso dos produtos

Qual a sua opinião?

A decisão de compra se resume a "comprar" ou "não comprar".

1 2 3 4 5 6 7
DISCORDO PLENAMENTE — CONCORDO PLENAMENTE

OA 2 — O Processo de Tomada de Decisão do Consumidor

Ao comprar produtos, principalmente itens novos ou caros, os consumidores geralmente seguem o **processo de tomada de decisão do consumidor** apresentado na Figura 6.1: (1) reconhecimento da necessidade, (2) busca de informações, (3) avaliação de alternativas, (4) compra e (5) comportamento pós-compra. Essas cinco etapas representam um processo que pode ser usado como guia para estudarmos como os consumidores tomam decisões. É importante observar que as decisões dos consumidores nem sempre seguem todas as etapas. Na verdade, o consumidor pode terminar o processo a qualquer momento ou pode nem efetuar uma compra. Na seção sobre os tipos de decisão de compra do consumidor, no final do capítulo, discutimos por que a progressão do consumidor através dessas etapas pode variar. Começamos examinando mais detalhadamente o processo básico de compra.

> **processo de tomada de decisão do consumidor**
> as cinco etapas de aquisição de bens e serviços por parte do consumidor
>
> **reconhecimento da necessidade**
> resultado do desequilíbrio entre os estados atual e desejado
>
> **desejo** reconhecimento de uma necessidade não satisfeita e de um produto que vai satisfazê-la
>
> **estímulo** qualquer unidade de entrada que afeta um ou mais dos cinco sentidos: visão, olfato, paladar, tato e audição

Reconhecimento da Necessidade

A primeira etapa do processo de tomada de decisão do consumidor é o **reconhecimento da necessidade**. O reconhecimento da necessidade ocorre quando os consumidores se veem diante do desequilíbrio entre os estados atual e desejado, que despertam e ativam o processo de decisão. **Desejo** é a nova forma de o consumidor abordar uma necessidade. Você já teve bolhas nos pés por ter usado muito um sapato? Você já viu um comercial de um novo carro esporte e teve o desejo de adquiri-lo. O reconhecimento da necessidade é disparado quando um consumidor é exposto tanto a um **estímulo** externo quanto a um interno. Os *estímulos internos* são ocorrências que você experimenta, como fome ou sede. É possível ouvir o estômago roncar e, em seguida, perceber que estamos com fome. Os *estímulos externos* são influências de uma fonte externa, a recomendação de um novo restaurante feita por alguém, a cor de um automóvel, o *design* de uma embalagem, uma marca mencionada por um amigo, um anúncio na televisão ou no rádio.

O objetivo do gestor de marketing é fazer os consumidores reconhecerem um desequilíbrio entre seu estado atual e seu estado preferido. A publicidade e a promoção de vendas costumam oferecer esse estímulo. O levantamento das preferências do comprador fornece aos profissionais de marketing informações sobre necessidades e desejos dos consumidores que podem ser usadas para personalizar produtos e serviços. Os gestores de marketing podem tornar realidade os desejos do consumidor. Quando estudantes universitários vão para seu próprio apartamento ou dormitório, precisam mobiliá-lo e querem móveis novos, em vez de móveis herdados dos pais. O desejo pode ser por um produto específico ou por determinado atributo ou característica de um produto. Nesse exemplo, os universitários não só precisam de mobiliário doméstico, mas também desejam que as peças reflitam seu estilo pessoal. Da mesma forma, os consumidores podem desejar refeições prontas, serviços de limpeza a seco em *drive-through* e compras pela internet para atender a suas necessidades de conveniência.

Outra forma de os comerciantes criarem novos produtos e serviços para satisfazer desejos é observar as tendências de mercado. A IKEA, gigante no ramo de mobiliário doméstico, observa as tendências de decoração, então cria móveis que ao mesmo tempo seguem as tendências e têm preço acessível. Os profissionais de marketing da IKEA perceberam que os consumidores da geração Y preferem móveis elegantes, fáceis de limpar, multifuncionais e portáteis. Como resultado, a empresa comercializa móveis em tons fortes de laranja, rosa

FIGURA 6.1
Processo de Tomada de Decisão do Consumidor

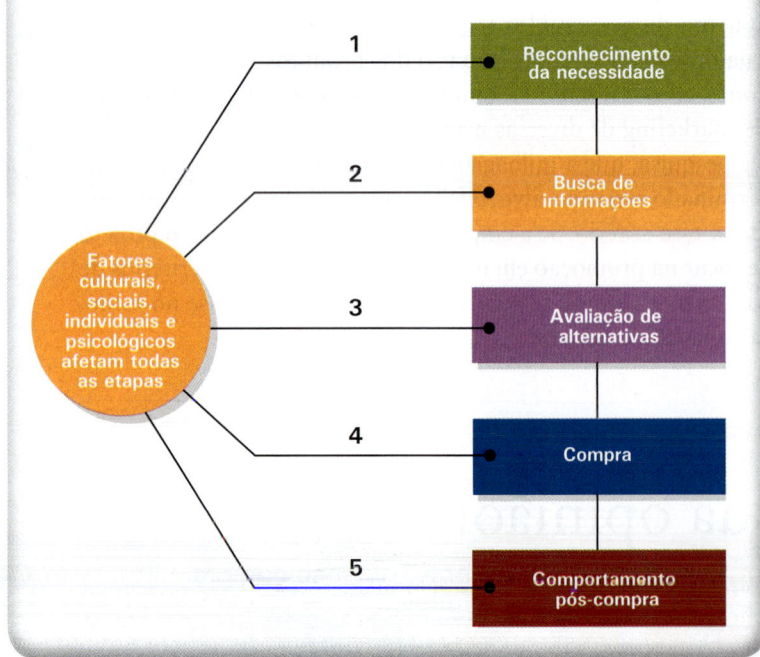

Fatores culturais, sociais, individuais e psicológicos afetam todas as etapas
1. Reconhecimento da necessidade
2. Busca de informações
3. Avaliação de alternativas
4. Compra
5. Comportamento pós-compra

e verde. A madeira exibe um acabamento laqueado que pode ser limpo sem a necessidade de polimento. A IKEA também oferece uma mesa multifuncional que economiza espaço: pode ser convertida em mesa de jantar e tem rodas para ser deslocada com facilidade.

Os consumidores reconhecem desejos não realizados. Os dois desejos mais comuns surgem quando um produto atual não está funcionando adequadamente e quando o consumidor está prestes a ficar sem algo que está ao seu alcance. Os consumidores também podem reconhecer desejos não realizados se tomarem conhecimento de um produto que parece superior ao que está sendo usado. Em geral, esses desejos são criados pela publicidade e por outras atividades promocionais. Cientes da popularidade de aparelhos MP3 e do desejo do consumidor de ter à disposição suas músicas preferidas, os fabricantes de som para automóveis, como a Kenwood, acrescentaram interfaces de MP3 a seus produtos.

Os profissionais de marketing que comercializam seus produtos no mercado global devem observar cuidadosamente as necessidades e os desejos dos consumidores em diversas regiões. A LG Electronics, empresa coreana, está antecipando a crescente demanda por educação entre a população rural da Índia. O nível crescente de educação geralmente precede o aumento do poder aquisitivo, assim a LG passou a ter como alvo a população rural da Índia no que diz respeito ao desenvolvimento de equipamentos duráveis de baixo custo.

Os estabilizadores de tensão (para monitorar o fornecimento elétrico esporádico) são projetados em cores vibrantes e com peças plásticas mais resistentes (para suportar ambientes severos). Os consumidores residentes nas aldeias rurais têm respondido bem aos aparelhos – a LG, por sua vez, tem observado um crescimento de 30% nas suas vendas na região rural.[1]

Busca de Informações

Após reconhecer uma necessidade ou um desejo, os consumidores buscam informações sobre as várias alternativas disponíveis para satisfazê-los. Você vê um vinho muito caro, mas nunca ouviu falar da marca ou do tipo do vinho, então visita o site http://secondglass.com para ter uma visão clara e realista apenas sobre o sabor do vinho. A busca de informações pode ocorrer internamente, externamente, ou de ambas as formas. No caso da **busca de informações internas**, a pessoa relembra as informações armazenadas na memória. Essas informações são provenientes, em grande parte, da experiência anterior com um produto. Ao viajar com sua família, você encontra um hotel onde ficou durante as férias de verão. Ao buscar na memória, você pode lembrar se o hotel tinha quartos limpos e atendimento cordial.

Em contraposição, a **busca de informações externas** procura informações no ambiente externo. Há dois tipos básicos de fontes de informação externa: não controladas pelo marketing e controladas pelo marketing. A **fonte de informações não controlada pelo marketing** não está associada à promoção do produto por parte dos profissionais de marketing. Essa fonte de informação inclui experiências pessoais (tentar ou observar um novo produto), fontes pessoais (família, amigos, conhecidos e colegas de trabalho que podem recomendar um produto ou serviço) e fontes públicas (como a fundação Procon, vinculada à Secretaria da Justiça e da Defesa da Cidadania do Governo do Estado de São Paulo e outras empresas de classificação que fazem comentários sobre produtos e serviços). Se você estiver com vontade de ir ao cinema, pode buscar na sua memória experiências passadas sobre cinemas para decidir a qual ir (experiências pessoais). Para escolher a qual filme assistir, pode confiar nas recomendações de amigos e familiares (fontes pessoais). Como opção, pode ler as resenhas no jornal ou em sites (fontes públicas). Os profissionais de marketing reúnem informações sobre como essas fontes de informação funcionam e as usam para atrair consumidores. Os fabricantes de automóveis sabem que os consumidores mais jovens são suscetíveis a obter informações de amigos e familiares, assim tentam desenvolver o entusiasmo em relação a seus produtos por meio do boca a boca.

Viver na era digital mudou a forma como os consumidores obtêm informações não controladas pelo marketing. Elas podem ser obtidas de blogs, murais, ativistas, sites, fóruns, sites de opiniões de consumidores como o Facebook ou o www.reclameaqui.com.br. De acordo com algumas estimativas, o americano médio, por exemplo, passa pelo menos seis horas por semana *on-line*. Quase 94% dos consumidores dos Estados Unidos pesquisam produtos regular ou ocasionalmente

---

busca de informações internas processo de relembrar informações anteriores armazenadas na memória

busca de informações externas processo de buscar informações no ambiente externo

fonte de informações não controlada pelo marketing fonte de informações de um produto que não está associado à publicidade ou promoção

fonte de informações controlada pelo marketing fonte de informações de um produto que se origina da promoção do produto feita pelos profissionais de marketing

antes de efetuar uma compra *off-line* e quase metade desses consumidores compartilha com outros consumidores conselhos sobre os produtos adquiridos *on-line*.[2]

A última pesquisa examinou como os consumidores utilizam as informações obtidas na internet. Nos fóruns, as pessoas que buscam informações geralmente nunca encontraram o provedor das informações ou interagiram com ele antes. Os pesquisadores constataram que a velocidade de resposta de um provedor de informações, na medida em que as respostas anteriores do fornecedor haviam sido avaliadas positivamente por outros, e a amplitude das respostas anteriores do provedor sobre tópicos diferentes, mas relacionados, afetam o julgamento das pessoas que buscam informações sobre o valor das informações. Assim, se outras pessoas que buscam informações achavam o provedor confiável, então as pessoas que estavam procurando informações tendiam a acreditar nas informações.[3]

A **fonte de informações controlada pelo marketing** é voltada a um produto específico, pois se origina com os profissionais de marketing que o promovem. Essas fontes incluem publicidade em mídias de massa (rádio, jornal, televisão e publicidade em revistas), promoção de vendas (concursos, exposições, prêmios e assim por diante), vendedores, rótulos e embalagens de produtos e internet. Muitos consumidores, no entanto, são cautelosos em relação às informações que recebem das fontes controladas pelo marketing, pois acreditam que a maioria das campanhas publicitárias enfatiza os atributos positivos do produto e ignora suas falhas. Esse sentimento tende a ser mais forte entre os consumidores mais instruídos e de poder aquisitivo mais alto. Algumas fontes de informações controladas pelo marketing podem tirar o controle dos profissionais de marketing se há más notícias para relatar. Quando a mídia fez uma cobertura dos problemas de frenagem e aceleração da Toyota, a montadora respondeu com uma série de anúncios de televisão em que apareciam consumidores falando sobre sua lealdade à marca e discutindo o compromisso da Toyota com a segurança. Os anúncios destacaram o compromisso da empresa com segurança e os investimentos contínuos em pesquisas na área.

A extensão em que o indivíduo realiza uma busca externa depende de sua percepção de risco, conhecimento, experiência anterior e nível de interesse no bem ou serviço. Geralmente, como o risco percebido da compra aumenta, o consumidor amplia a busca e considera mais marcas alternativas. Suponha que você queira comprar um sistema de som *surround*. A decisão é relativamente arriscada em razão da natureza da despesa e técnica do sistema estéreo, então você vai em busca de informações sobre modelos, preços, opções, compatibilidade com produtos existentes e capacidade. Você pode decidir comparar os atributos de muitos sistemas de alto-falantes porque o valor do tempo gasto para encontrar o aparelho certo será menor que o custo de comprar o errado.

O conhecimento do consumidor sobre o produto ou serviço também afeta a extensão da busca de informações externas. Um consumidor experiente e bem informado sobre uma compra potencial é menos propenso a buscar informações adicionais. Além disso, quanto mais informados são os consumidores, mais eficiente é o processo de busca do produto, o que exige, portanto, menos tempo de pesquisa. Muitos consumidores sabem que a AirTran e outras companhias aéreas de desconto têm tarifas muito mais baixas, então eles geralmente usam os descontos e nem sequer verificam as tarifas em outras companhias aéreas.

A extensão da busca externa de um consumidor também é afetada pela confiança na própria capacidade de tomar decisões. Um consumidor confiante não só tem informações suficientes sobre o produto como também se sente seguro para tomar a decisão correta. As pessoas sem essa confiança continuam a buscar informações, mesmo quando sabem muito sobre o produto. Os consumidores com experiência prévia na compra de determinado produto enfrentam menos riscos que consumidores inexperientes. Assim, eles passam menos tempo procurando e limitam o número de produtos que devem considerar.

Um terceiro fator que influencia na busca de informações externas é a experiência com o produto. Os consumidores que haviam tido uma experiência positiva anterior com um produto são mais propensos a limitar sua pesquisa aos itens relacionados à experiência positiva. Ao voar, os consumidores tendem a escolher companhias aéreas com as quais tiveram experiências positivas, como as que chegam no horário, e evitam aquelas com as quais tiveram uma experiência negativa, como extravio de bagagem.

Por fim, a extensão da busca está positivamente relacionada ao montante de juros que o consumidor paga. O consumidor que está mais interessado em um produto vai passar mais tempo à procura de informações e alternativas. Suponha que você é um corredor dedicado, que lê revistas e catálogos de *cooper* e *fitness*. Ao buscar um novo tênis de corrida, você pode querer ler sobre novas marcas disponíveis e despender mais tempo e esforço que outros compradores na decisão de adquirir o calçado correto.

A busca de informações deve levar a um grupo de marcas, às vezes chamado **conjunto evocado** pelo comprador (ou **conjunto considerado**), que são as alternativas preferidas do consumidor. Com base nesse conjunto, o comprador continua a avaliar as alternativas e faz uma escolha. Os consumidores não consideram todas as marcas disponíveis em uma categoria de produtos, mas consideram seriamente um conjunto muito menor. Das muitas marcas de pizza disponíveis, os consumidores estão propensos a considerar apenas as alternativas que se encaixam em sua faixa de preço, localização, necessidade de entrega e pedidos no balcão, além de preferência de sabor. Ter muitas escolhas pode confundir os consumidores e levá-los a adiar a decisão de comprar ou, em alguns casos, fazê-los não comprar nada.

Avaliação de Alternativas e Compra

Após obter informações e construir um conjunto evocado de produtos alternativos, o consumidor está pronto para tomar decisões. O consumidor usa as informações armazenadas na memória e obtidas de fontes externas para desenvolver um conjunto de critérios. Uma pesquisa recente mostrou que a exposição a certos sinais no ambiente cotidiano pode afetar critérios de decisão e compra. Quando a NASA aterrissou a nave *Pathfinder* em Marte, capturou a atenção da mídia do mundo todo. O fabricante de doces Mars observou um aumento incomum em suas vendas. Embora a barra Mars tenha esse nome em homenagem ao fundador da empresa, e não ao planeta, os consumidores aparentemente reagiram à notícia sobre o planeta Marte comprando mais barras Mars. Em uma recente pesquisa de laboratório, os participantes que usaram uma caneta laranja (verde) escolheram mais produtos alaranjados (verdes). Portanto, as sugestões conceituais ou *primers* (a cor da caneta) influenciaram nas avaliações dos produtos e na probabilidade das compras.[4]

O ambiente, as informações internas e as informações externas ajudam os consumidores a avaliar e a comparar as opções. Uma forma de começar a estreitar o número de escolhas no conjunto evocado é escolher o atributo de um produto e, em seguida, excluir todos os produtos no conjunto que não têm esse atributo. Suponha que Jane e Jill, ambas no segundo ano da faculdade, estejam à procura do primeiro apartamento. Elas precisam de um apartamento de dois quartos, a um preço razoável e localizado perto do *campus*. Elas querem que o apartamento tenha piscina, máquina de lavar e secar roupas e estacionamento coberto. Jane e Jill iniciam a busca vendo todos os apartamentos da área e, então, sistematicamente, eliminam aqueles que não têm os recursos de que elas precisam. Assim, se há 50 alternativas na área, elas podem reduzir a lista para apenas dez apartamentos que possuem todos os atributos desejados. Outra forma de reduzir o número de opções é o corte. Os cortes são em níveis mínimos ou máximos de um atributo que uma alternativa deve passar para ser considerada. Suponha que Jane e Jill estabeleçam o máximo de US$ 1 mil para gastar com aluguel. Todos os apartamentos com aluguel superior serão eliminados, reduzindo a lista de apartamentos de dez para oito. Uma última forma de estreitar as escolhas é classificar os atributos em estudo em ordem de importância e avaliar os produtos com base em como é o funcionamento de cada um nos atributos mais importantes. Para chegar a uma decisão sobre um dos oito apartamentos restantes, Jane e Jill podem estabelecer que a proximidade do *campus* é o atributo mais importante. Como resultado, elas optam por alugar o apartamento mais próximo à universidade.

Se novas marcas forem acrescentadas a um conjunto evocado, a avaliação do consumidor muda. Como resultado, algumas marcas no conjunto original podem tornar-se mais desejáveis. Suponha que Jane e Jill encontrem dois apartamentos localizados à mesma distância do *campus*, um por US$ 800, outro por US$ 750. Diante das opções, elas podem decidir que o apartamento de US$ 800 é muito caro, visto que um apartamento equivalente é mais barato. Se elas acrescentarem um apartamento de US$ 900 à lista, podem achar que o apartamento de US$ 800 é razoável e decidir alugá-lo.

conjunto evocado (conjunto considerado) grupo de marcas resultante da busca de informações com base nas quais um comprador pode fazer escolhas

dissonância cognitiva tensão interna que um consumidor experimenta após reconhecer a inconsistência entre comportamento e valores ou opiniões

O processo de decisão de compra descrito é gradual. Em outras palavras, a avaliação é feita por meio do exame de vantagens e desvantagens alternativas, bem como pela análise de importantes atributos do produto. Um jeito diferente de os consumidores avaliarem um produto está de acordo com um processo de categorização. A avaliação de uma alternativa depende da categoria à que ela é atribuída. As categorias podem ser muito gerais (formas motorizadas de transporte) ou muito específicas (motocicletas Harley-Davidson). Normalmente, as categorias estão associadas com graus de "gostar" ou "não gostar". À medida que o produto pode ser atribuído à adesão a uma categoria específica, recebe uma avaliação semelhante àquela associada à categoria. Se você vai ao supermercado e vê um novo alimento orgânico na prateleira, pode avaliá-lo de acordo com seu gosto e opinião sobre alimentos orgânicos.

Assim, quando os consumidores contam com um processo de categorização, a avaliação de um produto depende de uma categoria específica, da qual é considerado como parte. Diante disso, as empresas precisam compreender se os consumidores estão usando categorias que evocam as avaliações desejadas. Na verdade, o modo como um produto é classificado pode influenciar na demanda do consumidor. Quais produtos vêm à mente quando você pensa sobre a categoria "bebidas matinais"? Para desânimo da indústria de refrigerantes, pouquíssimos consumidores incluem refrigerantes nessa categoria. Várias tentativas têm sido feitas para incluir esse tipo de bebida no café da manhã, mas o sucesso tem sido pequeno.

A *extensão da marca*, quando uma marca bem conhecida e respeitada de uma categoria de produto é estendida a outras categorias de produtos, é uma forma de as empresas aplicarem a categorização a seu favor. Essa é uma prática comercial comum. A J. Crew e a Urban Outfitters estão estendendo a estética de suas marcas de roupas para vestuário para noivas, lançando lojas que vendem vestidos de casamento, acessórios para noivas e demais produtos relacionados. Da mesma forma, a Collective Brands, proprietária da Payless ShoeSource, se uniu ao Maesa Group, empresa de cosméticos que projeta e fabrica produtos para varejistas e empresas de cosméticos, para oferecer produtos de beleza e cuidados corporais nas lojas Payless.[5]

Comprar ou Não Comprar Por fim, o consumidor tem de tomar uma decisão entre comprar e não comprar. Especificamente, ele precisa decidir:

1. Se vai comprar
2. Quando comprar
3. O que comprar (tipo de produto e marca)
4. Onde comprar (tipo de loja, varejista específico, se *on-line* ou na loja física)
5. Como pagar

Quando uma pessoa está comprando um item caro ou complexo, em geral a compra é *totalmente planejada* com base em uma série de informações. As pessoas raramente compram uma casa nova por impulso. Muitas vezes, os consumidores fazem uma *compra parcialmente planejada* quando conhecem a categoria do produto que desejam adquirir (camisas, calças, lâmpadas de leitura, tapetes de carro), mas esperam até que cheguem às lojas para escolher um estilo ou marca específica. Há, ainda, a compra *não planejada*, quando as pessoas compram por impulso. Uma pesquisa constatou que até 68% dos itens são comprados durante grandes passeios para fazer compras e 54% durante passeios menores não são planejados.[6]

OA 3 Comportamento Pós-Compra

Ao comprar produtos, os consumidores esperam determinados resultados após a compra. O modo como as expectativas são atendidas determina se o consumidor está satisfeito ou insatisfeito com a compra. Se uma pessoa faz um lance na eBay para um aparelho de som usado e ganha, pode ter expectativas bem baixas em relação ao desempenho. Se o desempenho do aparelho de som for de qualidade superior, ficará satisfeita porque suas expectativas foram superadas. No entanto, se a pessoa der um lance em um aparelho de som automotivo esperando qualidade e desempenhos superiores, mas o aparelho quebrar em um mês, ficará muito insatisfeita, pois suas expectativas não foram satisfeitas. O preço geralmente influencia no nível de expectativa em relação a um produto ou serviço.

Para o profissional de marketing, um elemento importante em qualquer avaliação pós-compra é a redução das dúvidas no que diz respeito sobre a decisão ter sido boa. Quando as pessoas reconhecem a incoerência entre seus valores ou opiniões e seu comportamento, tendem a sentir uma tensão interna chamada **dissonância cognitiva**. Digamos que alguém esteja tentando atualizar o celular para um novo Smartphone

Android. A pessoa pode obter um Droid Incredible por US$ 150, com câmera de 8 *megapixels* e todas as características atualizadas, ou por US$ 50 pode comprar o LG Ally, que tem câmera de 2,5 *megapixels*, teclado físico e supera a maioria dos concorrentes. Antes de escolher o Droid Incredible, o cliente pode experimentar uma tensão interna ou ansiedade, porque está preocupado com o fato de que a tecnologia mais atual, que custa mais que a tecnologia média, ficará obsoleta em poucos meses. Esse sentimento de dissonância surge à medida que as preocupações com a obsolescência lutam com a natureza prática, que está focada no custo mais baixo do Ally e em sua tecnologia adequada, não extravagante.

Os consumidores tentam reduzir a dissonância justificando sua decisão. Eles podem buscar novas informações que reforçam ideias positivas sobre a compra, evitar informações que contradizem suas decisões ou revogar a decisão original devolvendo o produto. Para garantir a satisfação, reduzindo assim a dissonância, o consumidor que compra o Droid Incredible pode conversar com as pessoas que têm o telefone, ler opiniões *on-line* e obter do provedor informações adicionais. Em alguns casos, as pessoas procuram deliberadamente informações opostas, a fim de refutá-las e reduzir a dissonância. Os consumidores insatisfeitos algumas vezes confiam na palavra das pessoas para reduzir a dissonância cognitiva, deixando amigos e familiares saberem que estão descontentes.

Os gestores de marketing podem ajudar a reduzir a dissonância por meio da comunicação eficaz com os consumidores. Um gestor de atendimento ao cliente pode deixar um recado na embalagem parabenizando o consumidor pela sábia decisão de comprar o produto. Cartas pós-compra enviadas pelos fabricantes e declarações que reduzem a dissonância presentes nos manuais de instrução podem ajudar os consumidores a se sentirem à vontade com a compra. A publicidade que exibe a superioridade do produto em relação às marcas concorrentes ou garantias também pode ajudar a aliviar a possível dissonância de quem já comprou o produto. No caso do telefone celular, o website do Droid, www.droiddoes.com, oferece uma interface de alta tecnologia com opção de navegar com uma *webcam*, assim como informações detalhadas sobre os diferentes telefones Droid. Como a decisão de comprar a mais avançada tecnologia sugere que o consumidor é influenciado pela tecnologia, um site com tecnologia tão alta tende a reduzir a dissonância e a exceder as expectativas.

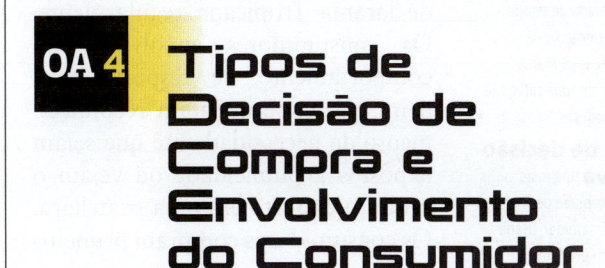

OA 4 Tipos de Decisão de Compra e Envolvimento do Consumidor

Em geral, a decisão de compra do consumidor é classificada de acordo com três categorias: **comportamento de resposta rotineira, tomada de decisão limitada e tomada de decisão extensiva** (ver Figura 6.2). Os bens e serviços nessas três categorias podem ser mais bem descritos considerando-se cinco fatores: nível de envolvimento do consumidor, tempo para tomar uma decisão, custo do bem ou serviço, grau de busca de informações e número de alternativas consideradas. O nível de envolvimento do consumidor é talvez o mais significativo determinante na classificação das decisões de compra. O **envolvimento** é a quantidade de tempo e esforço que um comprador investe nos processos de busca, avaliação e decisão.

Bens e serviços de baixo custo comprados com frequência são, em geral, associados com o **comportamento de resposta rotineira**. Esses bens e serviços também podem ser chamados de produtos de baixo envolvimento porque os consumidores gastam pouco tempo na pesquisa e decisão antes de fazer a compra. Normalmente, os compradores estão familiarizados com várias marcas

envolvimento quantidade de tempo e esforço que um comprador investe nos processos de busca, avaliação e decisão

comportamento de resposta rotineira tipo de tomada de decisão mostrada pelos consumidores que compram bens e serviços de baixo custo com certa frequência; requer pouca pesquisa e tempo de decisão

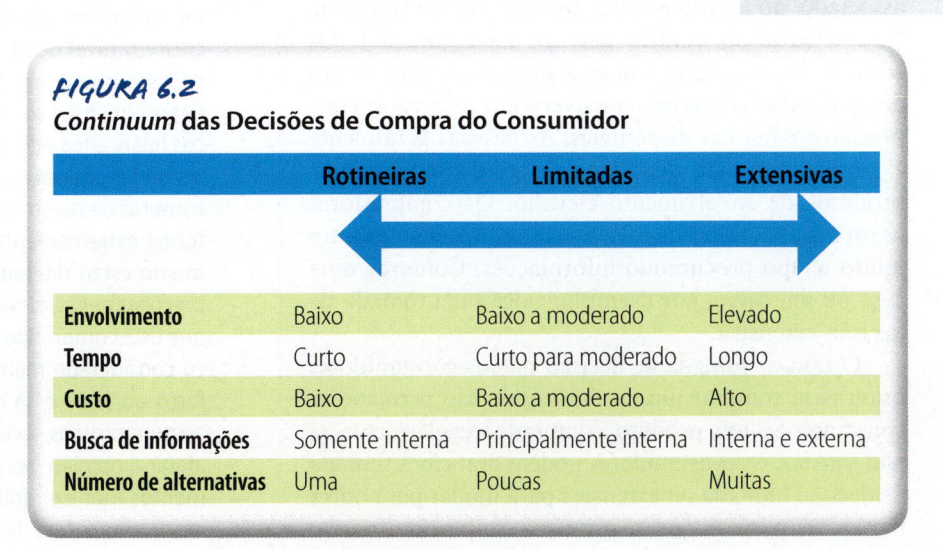

FIGURA 6.2
Continuum das Decisões de Compra do Consumidor

	Rotineiras	Limitadas	Extensivas
Envolvimento	Baixo	Baixo a moderado	Elevado
Tempo	Curto	Curto para moderado	Longo
Custo	Baixo	Baixo a moderado	Alto
Busca de informações	Somente interna	Principalmente interna	Interna e externa
Número de alternativas	Uma	Poucas	Muitas

tomada de decisão limitada tipo de tomada de decisão que requer uma quantia moderada de tempo para reunir informações e deliberar sobre uma marca desconhecida em uma categoria familiar de produtos

tomada de decisão extensiva tipo mais complexo de tomada de decisão do consumidor, usado ao comprar um produto caro e desconhecido, ou um item que não é comprado frequentemente; requer diversos critérios para avaliar as opções e muito tempo para buscar informações

diferentes na categoria de produtos, mas se prendem a uma marca. Uma pessoa pode comprar o suco de laranja Tropicana regularmente. Os consumidores envolvidos no comportamento de resposta rotineira não experimentam reconhecimento de necessidade até que sejam expostos à publicidade ou vejam o produto exposto em uma prateleira. Os consumidores compram primeiro e avaliam posteriormente, ao passo que o inverso é verdadeiro para a tomada de decisão extensiva. Um consumidor que tenha adquirido um creme dental branqueador e ficou satisfeito com ele, provavelmente caminhará na parte de cremes dentais e escolherá a mesma marca sem passar 20 minutos examinando todas as alternativas.

A **tomada de decisão limitada** ocorre quando o consumidor já tem experiência com um produto, mas não está familiarizado com as marcas atuais disponíveis. A tomada de decisão limitada também está associada aos níveis mais baixos de envolvimento (embora mais altos do que as decisões de rotina) porque os consumidores fazem um esforço apenas moderado na busca de informações ou ao considerar várias alternativas. Mas o que acontece se a marca habitual de creme dental branqueador estiver esgotada? Presumindo que o creme dental é necessário, o consumidor será forçado a escolher outra marca. Antes de tomar uma decisão final, avalia diversas outras marcas com base nos ingredientes ativos, nas campanhas promocionais e nas experiências anteriores dos consumidores.

Os consumidores praticam a **tomada de decisão extensiva** ao comprar um produto desconhecido e caro ou um item que raramente compram. Esse processo é o tipo mais complexo de decisão de compra e está associado ao envolvimento elevado do consumidor. Assemelha-se ao modelo descrito na Figura 6.1. Os consumidores querem tomar a decisão correta, então desejam saber o máximo possível sobre a categoria dos produtos e marcas disponíveis. As pessoas geralmente experimentam mais dissonância cognitiva ao comprar produtos de envolvimento elevado. Os compradores usam diversos critérios para avaliar as opções e passam muito tempo procurando informações. Comprar uma casa ou um carro, por exemplo, exige uma tomada de decisão extensiva.

O tipo de tomada de decisão que os consumidores usam para comprar um produto pode não permanecer constante. Se um produto comprado regularmente já não satisfaz, os consumidores podem praticar a tomada de decisão limitada ou extensiva para mudar para outra marca. As pessoas que, a princípio, se baseiam na tomada de decisão extensiva podem então se basear na tomada de decisão limitada ou rotineira para compras futuras. Quando uma família compra um cachorro, as pessoas vão gastar muito tempo e energia testando alguns brinquedos para determinar qual deles o cão prefere. Uma vez que os novos proprietários descobrem que o cão prefere um osso a uma bola, a compra já não requer uma extensa avaliação e se transforma em rotina.

Fatores que Determinam o Nível de Envolvimento do Consumidor

O nível de envolvimento na compra depende dos cinco fatores relacionados a seguir.

- *Experiência anterior*: Quando os consumidores têm experiência anterior com um bem ou serviço, o nível de envolvimento, em geral, diminui. Após testar o produto repetidamente, os consumidores aprendem a fazer escolhas rápidas. Como estão familiarizados com o produto e sabem que ele satisfará suas necessidades, envolvem-se menos na compra. Um consumidor de cereal tem muitas marcas para escolher – pense em qualquer seção de cereais de um supermercado. Se o consumidor compra sempre a mesma marca porque satisfaz sua fome, ele tem um baixo nível de envolvimento. Quando um consumidor compra cereais pela primeira vez, no entanto, é provável que o envolvimento seja muito maior.

- *Interesse*: O envolvimento está diretamente relacionado aos interesses do consumidor, como o interesse em carros, músicas, filmes, andar de bicicleta ou em produtos eletrônicos. Naturalmente, essas áreas de interesse variam de um indivíduo para outro. Uma pessoa envolvida em corrida de bicicletas ficará mais interessada no tipo de bicicleta que possui e passará mais tempo avaliando bicicletas diferentes. No entanto, se uma pessoa quiser uma bicicleta só para recreação, pode se envolver na compra apenas o necessário e procurar uma bicicleta no lugar mais conveniente.

- *Risco considerado de consequências negativas*: Conforme o risco considerado ao comprar um produto aumenta, cresce o nível de envolvimento do consumidor. Os tipos de risco que preocupam os consumidores incluem risco financeiro, risco social e risco psicológico. Primeiro, os riscos financeiros referem-se à exposição à perda de riqueza ou poder aquisitivo. Como o alto risco está associado às compras de preço elevado, os consumidores tendem a se tornar extremamente envolvidos. Assim, preço e envolvimento estão diretamente relacionados: à medida que o preço aumenta, eleva-se o nível de envolvimento. Alguém que está comprando um carro novo pela primeira vez (risco considerado mais elevado) gastará mais tempo e esforço ao fazer essa compra. Segundo, os consumidores assumem riscos sociais ao comprar produtos que podem afetar a opinião das pessoas de seu círculo de relacionamentos (por exemplo, dirigir um carro batido e velho ou vestir roupas fora de moda). Terceiro, os compradores sofrem riscos psicológicos se acharem que tomar a decisão errada pode provocar preocupação ou ansiedade. Alguns consumidores, por exemplo, se sentem culpados por consumir regularmente alimentos que não são saudáveis, como sorvete em vez de iogurte congelado sem gordura.

- *Situação*: As circunstâncias de uma compra podem transformar temporariamente uma decisão de baixo envolvimento em alto envolvimento. O alto envolvimento entra em jogo quando o consumidor percebe risco em uma situação específica. Um indivíduo pode comprar rotineiramente marcas baratas de licor e vinho. Quando recebe a visita de seu superior, no entanto, pode tomar uma decisão de alto envolvimento e comprar marcas de maior prestígio.

- *Visibilidade social*: O envolvimento também aumenta à medida que a visibilidade social de um produto aumenta. Os produtos em frequente exposição incluem vestuário (especialmente marcas famosas), joias, carros e móveis. Todos esses itens mostram quem é o comprador, portanto, implicam risco social.

Implicações do Envolvimento para o Marketing

A estratégia de marketing varia de acordo com o nível de envolvimento associado ao produto. No caso de compras de produtos de envolvimento elevado, os gestores de marketing têm diversas responsabilidades. Primeiro, a promoção para o mercado-alvo deve ser abrangente e informativa. Um bom anúncio dá aos consumidores as informações necessárias para a tomada de decisão de compra e especifica benefícios e vantagens exclusivas em possuir o produto. A Ford tem um veículo com muitas opções de personalização, direcionado a pequenos empresários. O exemplo de um anúncio nesta página mostra como um empreendedor personalizou sua Ford Transit Connect. Em um anúncio de uma página semelhante, a Ford apresenta dois proprietários de empresas, ambos dizendo que a Transit Connect foi "feita só para mim". A imagem superior mostra Patrick Stajich, da Vinícola Stajich, descarregando caixas de vinho das prateleiras da parte traseira de sua Transit Connect, um destaque para a capacidade de transporte personalizado do veículo. O anúncio aborda como negócios exclusivos precisam de transporte exclusivo.

O painel inferior mostra Rick Pesta, da No Stain Remains Carpet Cleaning. Pesta leva todos os equipamentos de limpeza de carpete em sua Transit Connect, o que mostra quanto espaço o veículo, surpreendentemente pequeno, tem. O texto do anúncio destaca um sistema de rastreamento e impressora integrados que ajuda a manter o controle dos equipamentos e das ordens necessárias para o negócio.[7]

No caso de compras de produtos de baixo envolvimento, os consumidores talvez não reconheçam seus desejos até que estejam na loja. As promoções são uma ferramenta importante na promoção de produtos de baixo envolvimento. Os gestores de marketing focam no *design* da embalagem para que o produto fique atraente e seja facilmente reconhecido na prateleira. Exemplos de produtos que têm essa abordagem são as sopas Campbell, o detergente Tide, o queijo Velveeta e o *catchup* Heinz. Os expositores também estimulam as vendas de produtos de baixo envolvimento. Um bom expositor pode explicar o propósito do produto e o reconhecimento imediato de um desejo. Os expositores de itens de suporte à saúde e beleza em supermercados têm sido conhecidos por aumentar as vendas, muitas vezes acima dos níveis normais. Cupons, pequenos descontos e ofertas do tipo "leve dois, pague um" também promovem de forma eficaz itens de baixo envolvimento.

Ligar um produto a um assunto de maior envolvimento é outra tática que os gestores de marketing podem usar para aumentar as vendas ou a publicidade positiva de um produto de baixo envolvimento. A PepsiCo canalizou o dinheiro normalmente gasto em anúncios no Super Bowl (US$ 3 milhões a cada 30 segundos) no Projeto Pepsi Refresh, um programa de subvenção destinado a financiar as ideias das pessoas para melhorar suas comunidades. Para participar, é preciso inscrever as propostas no www.refresheverything.

com, então os visitantes votam nelas. Os projetos que recebem a maioria dos votos a cada mês recebem um subsídio de US$ 5 mil a US$ 250 mil. Os projetos financiados variam de pijamas para bebês até aulas de autodefesa para mulheres. Em agosto de 2010, a Pepsi dedicou um adicional de US$ 1,3 milhão para "restaurar o Golfo" e financiar projetos nas áreas afetadas pelo derramamento de óleo.[8]

OA 5–OA 8 Fatores que Influenciam nas Decisões de Compra do Consumidor

O processo de tomada de decisão do consumidor não ocorre no vácuo. Pelo contrário, fatores culturais, sociais, individuais e psicológicos subjacentes influenciam no processo de tomada de decisão. Esses fatores começam a fazer efeito a partir do momento em que o consumidor percebe um estímulo do comportamento pós-compra. Fatores culturais, que incluem cultura e valores, subcultura e classe social, exercem ampla influência sobre a tomada de decisão do consumidor. Os fatores sociais se somam às interações sociais entre um consumidor e grupos influentes, como grupos de referência, líderes de opinião e membros da família. Fatores individuais, que incluem gênero, idade, estágio do ciclo de vida familiar, personalidade, autoconceito e estilo de vida, são únicos a cada indivíduo e desempenham um importante papel no tipo de produto e serviço que os consumidores desejam. Os fatores psicológicos determinam como os consumidores percebem seu meio, interagem com ele e influenciam nas decisões finais deles. Tais fatores incluem percepção, motivação, aprendizagem, crenças e atitudes. A Figura 6.3 resume essas influências.

OA 5 Influências Culturais na Decisão de Compra dos Consumidores

De todos os fatores que afetam a tomada de decisão dos consumidores, os fatores culturais exercem a **mais ampla e profunda influência**. Os profissionais de marketing precisam compreender como a cultura das pessoas e seus valores, assim como a subcultura e a classe social, influenciam no comportamento delas no momento da compra.

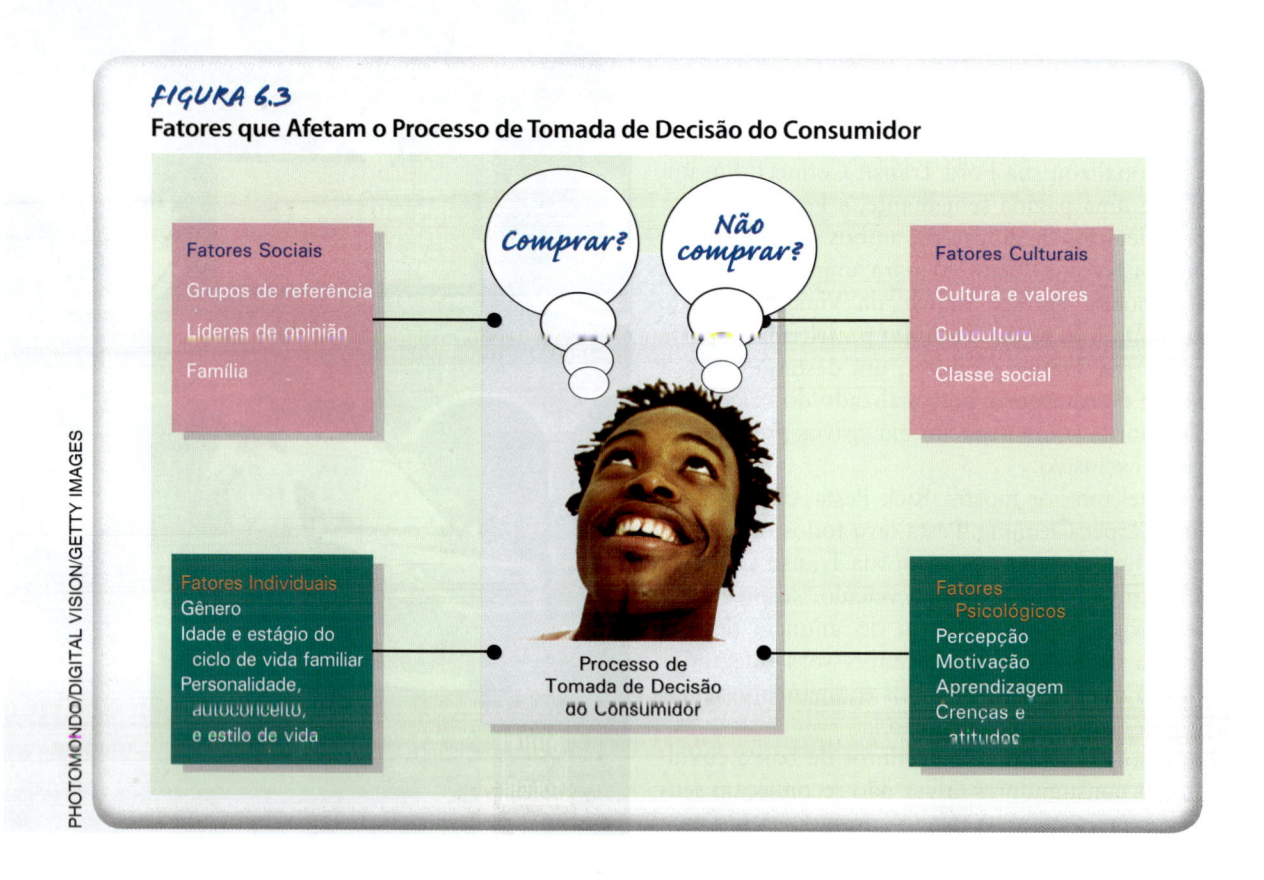

FIGURA 6.3
Fatores que Afetam o Processo de Tomada de Decisão do Consumidor

- Fatores Sociais
  - Grupos de referência
  - Líderes de opinião
  - Família
- Fatores Culturais
  - Cultura e valores
  - Subcultura
  - Classe social
- Fatores Individuais
  - Gênero
  - Idade e estágio do ciclo de vida familiar
  - Personalidade, autoconceito, e estilo de vida
- Fatores Psicológicos
  - Percepção
  - Motivação
  - Aprendizagem
  - Crenças e atitudes

Comprar? Não comprar?

Processo de Tomada de Decisão do Consumidor

Cultura e Valores

A **cultura** é a característica essencial de uma sociedade que a distingue de outros grupos culturais. Os elementos subjacentes de cada cultura são valores, língua, mitos, costumes, rituais e leis que moldam o comportamento das pessoas, bem como os artefatos, ou produtos, daquele comportamento à medida que são transmitidos de uma geração a outra.

A cultura é difundida. Os valores culturais e as influências são o oceano em que os indivíduos nadam e, mesmo assim, a maioria das pessoas não sabe que eles estão lá. O que as pessoas comem, como se vestem, o que pensam e sentem, e que idioma falam são as dimensões da cultura. Ela engloba tudo o que os consumidores fazem sem escolha consciente porque os valores, os costumes e rituais de sua cultura estão enraizados em seus hábitos diários.

A cultura é funcional. A interação humana cria valores e prescreve um comportamento aceitável para cada cultura. Por meio da criação de expectativas comuns, a cultura coloca a sociedade em ordem. Às vezes, as expectativas são transformadas em leis. Na nossa cultura, os motoristas devem parar no sinal vermelho. Outras vezes, as expectativas são consideradas definitivas: os hipermercados e hospitais ficam abertos 24 horas, ao passo que os bancos permanecem abertos apenas em um horário estabelecido.

A cultura é aprendida. Os consumidores não nascem sabendo os valores e as normas de sua sociedade. Eles precisam aprender o que é aceitável em relação à família e aos amigos. As crianças aprendem os valores que vão reger seu comportamento em relação aos pais, professores e colegas. Como membros da sociedade, aprendem a apertar as mãos quando cumprimentam alguém, a dirigir no lado direito da rua, a comer pizza e a beber Coca-Cola.

A cultura é dinâmica. Ela se adapta às novas necessidades e a um ambiente em evolução. O rápido avanço da tecnologia acelerou o ritmo da mudança cultural. A televisão alterou os padrões de entretenimento e comunicação na família e aumentou a consciência pública acerca de acontecimentos políticos e outras notícias. A automação aumentou a quantidade de tempo de lazer que temos e, de certa forma, mudou a ética de trabalho tradicional. As normas culturais continuarão a evoluir por causa da necessidade de padrões sociais que resolvem problemas.

O elemento mais marcante de uma cultura são seus **valores** – as crenças duradouras compartilhadas por uma sociedade de que um modo específico de conduta é pessoal ou socialmente preferível a outro modo de conduta. Os sistemas de valores pessoais exercem um grande efeito sobre o comportamento dos consumidores. Os consumidores com sistemas de valores semelhantes tendem a reagir de forma semelhante a preços e a outros incentivos relacionados ao marketing. Os valores também correspondem aos padrões de consumo. Os americanos, por exemplo, valorizam muito a conveniência. Esse valor criou mercados lucrativos para produtos como barras de cereais para o café da manhã, barras energéticas e barras nutritivas que podem ser consumidas em qualquer lugar. Os valores também influenciam no hábito de ver televisão ou nas revistas que os consumidores leem. As pessoas que se opõem à violência evitam programas policiais e as que se opõem à pornografia não compram a revista *Hustler*.

> **cultura** conjunto de valores, normas, atitudes e outros símbolos significativos que moldam o comportamento humano e os artefatos, ou produtos, daquele comportamento à medida que são transmitidos de uma geração a outra
>
> **valor** convicção persistente de que um modo de conduta específico é preferível, do ponto de vista pessoal ou social, a outro modo de conduta

Compreendendo as Diferenças Culturais

À medida que as empresas expandem suas operações no mundo, a necessidade de compreender a cultura de países estrangeiros se torna mais importante. Uma empresa tem pouca chance de vender produtos em uma cultura que ela não compreende. Como as pessoas, os produtos têm valores culturais e normas que influenciam em sua percepção e uso. A cultura, portanto, deve ser compreendida antes que o comportamento dos indivíduos no contexto cultural possa ser entendido. As cores, por exemplo, podem ter significados diferentes em mercados globais em comparação ao que se tem no próprio país. Na China, o branco é a cor do luto, e as noivas usam vermelho. Nos Estados Unidos, o preto é a cor do luto, e as noivas usam branco.

A língua é outro aspecto cultural importante que os empresários globais devem considerar. Ao traduzir os nomes dos produtos, *slogans* e mensagens promocionais para outros idiomas, é preciso ter cuidado para não transmitir a mensagem errada. A General Motors descobriu tarde que Nova (o nome de um carro econômico) significa, literalmente, "não vai", em espanhol; a Coors encorajou seus clientes falantes da língua inglesa a "Turn it loose", mas a frase em espanhol significa "ter diarreia".

Embora os empresários que estão expandindo para os mercados globais geralmente adaptem seus produtos e formatos de negócios à cultura local, alguns temem que a crescente globalização, assim como a abrangência da internet, resulte em uma cultura homogênea mundial. Eles temem, principalmente, que as empresas dos Estados Unidos estejam americanizando o mundo, exportando bastiões da cultura americana, como os restaurantes de fast-food McDonald's, as cafeterias Starbucks, o software Microsoft, filmes e entretenimentos americanos.

subcultura grupo homogêneo de pessoas que compartilha elementos da cultura geral, bem como elementos exclusivos de seu próprio grupo

classe social grupo de pessoas que são consideradas quase iguais em relação a status ou estima da comunidade, que se socializam tanto formal como informalmente e que compartilham normas comportamentais

Subcultura

Uma cultura pode ser dividida em subculturas com base em características demográficas, regiões geográficas, histórico nacional e étnico, convicções políticas e crenças religiosas. Uma **subcultura** é um grupo homogêneo de pessoas que compartilha elementos de cultura geral, bem como os elementos culturais exclusivos daquele grupo. Dentro das subculturas, atitudes, valores e decisões de compra das pessoas são até mais semelhantes do que aqueles que estão dentro da cultura mais ampla. As diferenças subculturais podem resultar em variações consideráveis em uma cultura em relação a o que, como, quando e onde as pessoas adquirem bens e serviços.

Nos Estados Unidos, várias subculturas podem ser identificadas. Muitas estão concentradas geograficamente. As pessoas que pertencem à Igreja de Jesus Cristo dos Santos dos Últimos Dias, por exemplo, estão agrupadas principalmente em Utah; os *cajuns* estão nas regiões do Bayou do sul de Louisiana. Muitos hispânicos vivem em estados que fazem fronteira com o México, ao passo que a maioria dos americanos de origem chinesa, japonesa e coreana são encontrados na costa oeste. Outras subculturas estão geograficamente dispersas. *Hackers*, deficientes auditivos ou visuais, proprietários de Harley-Davidson, famílias de militares, professores universitários e gays podem ser encontrados em todo o país. No entanto, têm atitudes, valores e necessidades identificáveis que os distinguem da cultura maior.

Uma vez que os profissionais de marketing identificam as subculturas, podem adaptar um marketing especial para atender a suas necessidades. Algumas empresas lançam campanhas simultâneas para alcançar diferentes subculturas. De acordo com o Censo dos Estados Unidos, a população hispânica é a maior subcultura e a que mais cresce, um aumento quatro vezes mais rápido do que o observado na população geral. Para explorar esse grande e crescente segmento, os empresários formaram parcerias com emissoras que têm um público latino estabelecido. A rede Univision cobre cerca de 73% da população hispânica dos Estados Unidos e tem mais de dez milhões de ouvintes semanais. A MocoSpace é uma ferramenta de rede social multicultural jovem desenvolvida para pessoas que não possuem o tradicional acesso à internet; elas dispõem de um telefone característico, que é um aparelho celular com menos conectividade do que um Smartphone ou um IPhone. A abordagem "apenas telefone" atrai até 87% dos afro-americanos e latino-americanos que possuem telefones celulares. O MocoSpace tem previsão de receber US$ 10 milhões em 2010, principalmente em publicidade direcionada a latinos e afro-americanos. Eles tiveram campanhas bem-sucedidas com o Volta à Escola Kmart, Spike TV e o Censo.[9]

Classe Social

Os Estados Unidos, como outras sociedades, têm um sistema de classes sociais. **Classe social** é um grupo de pessoas consideradas quase iguais em *status* ou estima da comunidade, que regularmente se socializam, formal e informalmente, e compartilham normas de comportamento.

Uma série de técnicas têm sido utilizadas para medir a classe social e uma série de critérios têm sido usados para defini-la. A Figura 6.4 mostra um ponto de vista da estrutura do *status* contemporâneo dos Estados Unidos.

Como você pode observar na Figura 6.4, a classe média alta e a classe alta compõem o pequeno segmento de americanos ricos e abastados. Em relação aos padrões de compra do consumidor, os ricos são mais propensos a ter casa própria e a comprar carros e caminhões novos e menos propensos a fumar. Os muito ricos flexionam seus músculos financeiros por gastar mais com casas de veraneio, férias e cruzeiros, bem como com serviços de limpeza e jardinagem. Os consumidores mais ricos tendem a frequentar leilões e galerias de arte, apresentações de dança, óperas, teatros, museus, concertos e eventos esportivos. Os empresários costumam prestar atenção nos superabastados. O mercado de livros de luxo é alvo dos colecionadores ricos; esses livros ostentam etiquetas cujos preços rivalizam com o preço do trabalho original. Dez cópias da

FIGURA 6.4
Classes Sociais dos Estados Unidos

Classe Alta		
Classe capitalista	1%	Pessoas cujas decisões de investimento moldam a economia nacional; renda principalmente de ativos, ganhos ou herdados; ligações universitárias
Classe média alta	14%	Gestores de nível superior, profissionais, proprietários de médias empresas; mulheres que optam por abandonar suas carreiras para cuidar da casa; nível superior, renda familiar bem acima da média nacional
Classe Média		
Classe média	33%	Funcionário administrativo de nível médio, operário de nível superior; instrução típica de ensino médio; renda um pouco acima da média nacional; a diminuição de postos de trabalho na indústria reduziu a população desta classe
Classe trabalhadora	32%	Operário de nível médio, funcionário administrativo de nível mais baixo; renda abaixo da média nacional; em grande parte, pessoas que trabalham em serviços qualificados ou semiqualificados
Classe Baixa		
Trabalhadores pobres	11–12%	Trabalhadores e operários mal remunerados; alguma educação de ensino médio; padrão de vida abaixo do normal; crime e fome são ameaças diárias
Subclasse	8–9%	Pessoas que não estão regularmente empregadas e dependem da Previdência Social para se sustentar; pouca escolaridade; padrão de vida abaixo da linha de pobreza

FONTE: Adaptado de Richard P. Coleman. "The Continuing Significance of Social Class to Marketing", *Journal of Consume Research*, dez. 1983, 267; Dennis Gilbert e Joseph A. Kahl. The American Class Structure: A Synthesis (Homewood, IL: Dorsey Press, 1982), cap. 11; http://www.wikipedia.org/the_social_structure_of_the_United_states. Mai. 2006.

edição limitada de uma autobiografia da estrela de críquete indiana Sachin Tendulkar têm uma página com seu sangue misturado à polpa do papel. Mesmo custando US$ 75mil, todos os exemplares foram vendidos! Taschen, editor de novidades, vendeu pedaços da lua com 12 cópias de seu livro de fotografias do desembarque lunar. Um deles foi vendido por US$ 112.500.[10] Atualmente, a maioria dos americanos se define como classe média, independentemente da renda real ou escolaridade. Esse fenômeno provavelmente ocorre porque os americanos da classe trabalhadora tendem a aspirar ao estilo de vida da classe média, ao passo que alguns daqueles que atingem a riqueza podem aspirar ao respeitável *status* de classe média por uma questão de princípios.

A classe trabalhadora é um subconjunto distinto da classe média. O interesse na mão de obra organizada é um dos atributos mais comuns entre a classe trabalhadora. Esse grupo classifica a segurança no trabalho como a razão mais importante para aceitar um emprego. A pessoa da classe trabalhadora depende muito de parentes e da comunidade para obter apoio econômico e emocional.

As diferenças de estilo de vida entre as classes sociais são maiores do que as diferenças dentro de determinada classe. A diferença mais significativa ocorre entre a classe média e a baixa, em que há grande mudança nos estilos de vida. Os membros da classe mais baixa têm renda igual ou inferior ao nível de pessoas consideradas pobres.

A classe social é medida pela combinação de função, renda, instrução, riqueza e outras variáveis. Consumidores de classe alta afluente são mais propensos a ser executivos assalariados ou profissionais autônomos, com pelo menos um grau de graduação. Os consumidores da classe trabalhadora ou da classe média são mais propensos a ser trabalhadores que ganham por hora ou operários com apenas ensino médio. A escolaridade, no entanto, parece ser o indicador mais confiável do *status* social e econômico de uma pessoa. Aqueles com nível universitário são mais propensos a ficar nas classes mais altas; as pessoas com alguma experiência universitária ficam mais próximas a conceitos tradicionais da classe média.

Os profissionais de marketing estão interessados na classe social por duas razões principais. Primeira, muitas vezes a classe social indica que meio usar para fazer publicidade. Suponha que uma companhia de seguros tente vender seus produtos para famílias de classe média. Ela pode anunciar durante o noticiário noturno local, pois essas famílias costumam assistir mais à televisão do que as famílias de outras classes. Se a empresa quisesse vender produtos para indivíduos de nível mais alto, poderia colocar um anúncio impresso em uma publicação de negócios como o *Wall Street Journal*. A internet, que anseia o domínio de famílias mais ins-

grupo de referência grupo que influencia no comportamento de compra de um indivíduo

grupo de adesão primária grupo de referência com o qual as pessoas interagem com frequência de maneira informal e pessoalmente, como a família, os amigos e os colegas de trabalho

grupo de adesão secundária grupo de referência, como um clube, grupo profissional ou grupo religioso, ao qual as pessoas se associam de forma menos consistente e mais formal do que o grupo de adesão primária

truídas e ricas, está se tornando um escape de publicidade cada vez mais importante para anunciantes que esperam atingir operários e donas de casas. À medida que a classe média adota o meio, os profissionais de marketing têm de ampliar as pesquisas para descobrir quais sites atingirão suas audiências.

Segunda, saber quais produtos apelam para quais classes sociais pode ajudar a determinar onde melhor distribuir seus produtos. Os americanos ricos, um quinto da população americana, foram responsáveis por quase metade de todas as vendas de carros e caminhões novos e mais da metade de estadias em hotéis e casas de veraneio. Esse mesmo grupo gastou quase duas vezes mais do que americanos menos ricos em despesas com restaurantes, bebidas, eventos esportivos, peças de teatro e filiação a clubes.[11]

Pela primeira vez em muito tempo, no entanto, os analistas estão vendo as ações das cadeias de desconto se saindo muito melhor do que seus concorrentes de alto nível. Atualmente, dizem os analistas, o maior desafio das grandes lojas de desconto tem sido conquistar os consumidores que se enquadram na renda média. O resultado é um ambiente de varejo altamente competitivo, em que as lojas de desconto focam menos nos consumidores de baixa renda, que sofrem mais o impacto dos custos de habitação e de combustível. No geral, porém, as cadeias de descontos estão se saindo melhor nessa economia medíocre do que os concorrentes cujos preços são mais caros e cujo nível é mais alto porque as lojas de descontos têm focado em fazer os consumidores atuais comprar uma vasta gama de produtos na loja em vez de tentar atrair novos compradores.[12]

OA 6 Influências Sociais nas Decisões de Compra dos Consumidores

Muitos consumidores buscam as opiniões de outros para agilizar sua busca e reduzir seu esforço de avaliação ou incerteza, especialmente à medida que o risco da decisão aumenta. Os consumidores também podem buscar a opinião de outros para obter orientação sobre novos produtos ou serviços, produtos com atributos relacionados à imagem ou produtos cujas informações sobre os atributos estão faltando ou não são elucidativas. Os consumidores interagem socialmente com grupos de referência, líderes de opinião e membros da família para obter informações sobre os produtos e aprovação de suas decisões.

Grupos de Referência

Os grupos formais e informais que influenciam no comportamento de compra de um indivíduo são os **grupos de referência** de uma pessoa. Os consumidores podem usar produtos ou marcas para se identificar com membros de um grupo ou se tornar parte dele. Eles aprendem com base na observação de como os membros de seus grupos de referência consomem e usam os mesmos critérios para tomar suas próprias decisões de consumo.

Os grupos de referência podem ser categorizados de forma mais ampla como diretos ou indiretos (veja Figura 6.5). Os grupos de referência direta são grupos que influenciam diretamente na vida das pessoas. Eles podem ser primários ou secundários. Os **grupos de adesão primária** incluem todos os grupos com os quais as pessoas interagem com frequência de forma informal e pessoalmente, como a família, os amigos e os colegas de trabalho. Em contraposição, as pessoas se associam a **grupos de adesão secundária** de forma menos consistente e mais formal. Esses grupos podem incluir clubes, grupos profissionais e religiosos.

Os consumidores também são influenciados por grupos de referência indiretos

FIGURA 6.5
Tipos de grupos de referência

- Grupos de referência
  - Direto — Associação direta
    - Primário — Grupo pequeno e informal
    - Secundário — Grupo grande e formal
  - Indireto — Associação indireta
    - Aspiracional — Grupo ao qual o indivíduo quer pertencer
    - Não aspiracional — Grupo ao qual o indivíduo não quer se associar

PARTE 2: ANALISANDO OPORTUNIDADES DE MARKETING

dos quais não são membros. Os **grupos de referência aspiracionais** são aqueles de que uma pessoa gostaria de participar. Para aderir a um grupo aspiracional, a pessoa deve, pelo menos, estar em conformidade com as normas daquele grupo. (As **normas** são valores e atitudes considerados aceitáveis pelo grupo.) Assim, uma pessoa que quer ser eleita para um cargo público pode começar a se vestir de forma mais conservadora, como outros políticos fazem. Pode frequentar muitos dos restaurantes e ter os mesmos compromissos sociais que os líderes políticos e comerciais e tentar desempenhar um papel aceitável para os eleitores e outras pessoas influentes. Da mesma forma, os adolescentes podem tingir o cabelo e aderir aos *piercings* e tatuagens. Os atletas são um grupo aspiracional para diversos segmentos de mercado. A fim de apelar para o mercado mais jovem, a Coca-Cola contratou a estrela do basquete LeBron James para ser o porta-voz de suas marcas Sprite e Powerade; a Nike, por sua vez, assinou um contrato com ele no valor de US$ 90 milhões. A Coca-Cola e a Nike presumiram que James incentivaria os consumidores a beber Coca-Cola e a comprar tênis Nike porque os consumidores gostariam de se identificar com o atleta.

Os **grupos de referência não aspiracionais**, ou grupos dissociativos, influenciam nosso comportamento quando tentamos manter distância deles. Um consumidor pode evitar a compra de alguns tipos de roupa ou carro, ir a certos restaurantes ou lojas, ou até mesmo comprar uma casa em determinado bairro a fim de evitar a associação com determinado grupo.

As atividades, os valores e os objetivos dos grupos de referência influenciam diretamente o comportamento do consumidor. Para os profissionais de marketing, os grupos de referência têm três implicações importantes: (1) servem de fonte de informação e percepção de influência; (2) afetam os níveis de aspiração do indivíduo; e (3) possuem normas que constrangem ou estimulam o comportamento do consumidor. As empresas de pesquisa dedicadas a descobrir o que é bacana no mercado adolescente têm identificado uma série de grupos influentes entre os jovens de hoje, com base em seus interesses em roupas, músicas e atividades. Acompanhar esses grupos revela como os produtos se tornam legais e como os grupos influenciam na adoção desses produtos por outros grupos. Muitas vezes, uma tendência ou modismo começa com adolescentes que têm gostos mais inovadores. Esses adolescentes estão na vanguarda da moda e da música, eles mostram sua atitude com todo o corpo na forma de tatuagens, *piercings*, joias com pregos ou tranças coloridas. Certos modismos adotados por esses "modistas" despertam o interesse de pequenos grupos de adolescentes chamados de "influenciadores", que projetam o visual que outros adolescentes cobiçam. Os influenciadores também criam suas próprias tendências na música e nas roupas. Uma vez que um modismo é adotado por influenciadores, o visual se torna legal e desejável. Os demais grupos que compõem a maioria da população adolescente não adotam um modismo até que seja aprovado pelos influenciadores.

Pesquisas mostraram que os grupos de referência são poderosos para influenciar a compra de perfumes, vinhos, petiscos, doces, vestuário e refrigerantes.[13] A LG e a GE estão usando o movimento verde como um grupo de referência para encorajar os "proprietários verdes" a "manter as aparências" do ponto de vista funcional estilístico. Anteriormente escondidos, caldeiras e aquecedores de água estão sendo projetados para ser esteticamente agradáveis e eficientes no que diz respeito à energia. Ao comprar um aquecedor de água movido a energia solar, os proprietários desejam exibi-lo, por essa razão, querem que ele seja sofisticado. Os condicionadores de ar parecem quadros emoldurados ou esculturas, e os aquecedores de água Everun têm

grupo de referência aspiracional grupo do qual uma pessoa gostaria de fazer parte

normas valores ou atitudes considerados aceitáveis por um grupo

grupo de referência não aspiracional grupo ao qual o indivíduo não quer se associar

CAPÍTULO 6: TOMADA DE DECISÃO DO CONSUMIDOR

A LG desenvolveu uma linha de condicionadores de ar internos "ArtCool" que exibem imagens em seu painel frontal enquanto refrescam e purificam o ar. Os consumidores podem, assim, desfrutar de obras de arte clássicas de grandes artistas.

uma prateleira que esconde fios e um espaço para objetos decorativos. Alguns consumidores transformam a sala de máquinas em adega ou biblioteca – um lugar para demonstrar como você combina com seus colegas e com o movimento ecológico.[14] As pessoas cujas redes são bem formadas de alguma forma se sobrepõem aos grupos de referência, e aquelas com fortes valores pessoais são menos suscetíveis às influências dos grupos de referência.[15]

Líderes de Opinião

Os grupos de referência incluem indivíduos conhecidos como líderes de grupo, ou **líderes de opinião** – aqueles que influenciam os outros. Obviamente, é importante para os gestores de marketing convencer essas pessoas a comprar seus produtos ou serviços. Muitos produtos e serviços que são parte integrante da vida atual dos americanos foram impulsionados pelos líderes de opinião. DVDs e SUVs foram adquiridos por líderes de opinião muito antes da população em geral.

Os líderes de opinião costumam ser os primeiros a experimentar novos produtos e serviços por pura curiosidade. Eles são autocomplacentes e buscam *status*, o que os torna mais propensos a explorar produtos e serviços de eficiência não comprovada, mas intrigantes.[16] As empresas tecnológicas descobriram que os adolescentes, em virtude da sua vontade de experimentar, são líderes de opinião fundamentais para o sucesso das novas tecnologias.

A liderança de opinião é um fenômeno casual e geralmente é discreta, portanto localizar líderes de opinião pode ser um desafio. Assim, muitas vezes os profissionais de marketing tentam criar líderes de opinião. Eles podem usar líderes de torcida para introduzir novas modas de outono ou líderes civis para promover seguros, carros novos e outros produtos. Em nível nacional, as empresas usam estrelas de cinema, atletas e outras celebridades para promover produtos, esperando que sejam líderes de opinião adequados. No entanto, a eficácia do apoio das celebridades varia, dependendo em grande parte de quão confiável e atraente o porta-voz é e em que medida as pessoas estão familiarizadas com ele. O apoio tem maior probabilidade de ser bem-sucedido se houver uma associação satisfatória entre o porta-voz e o produto.

Organizações respeitadas, como a American Heart Association e a American Cancer Society, também podem servir de líderes de opinião. Os profissionais de marketing buscam o apoio delas, além de escolas, igrejas, cidades, organizações militares e beneficentes, como grupos líderes de opinião. Os vendedores costumam usar os nomes de líderes de opinião como um meio de ter maior influência pessoal em uma apresentação de vendas.

líder de opinião
indivíduo que influencia a opinião dos outros

Cada vez mais, os profissionais de marketing estão buscando em blogs líderes de opinião, mas o grande volume de blogs torna a identificação de verdadeiros líderes de opinião algo desafiador. Por essa razão, os profissionais de marketing estão focando sua atenção em blogs de adolescentes porque esses indivíduos identificam melhor as tendências que moldam o comportamento do consumidor. Com sua capacidade de fazer *network* e se comunicar entre si, os jovens contam com as opiniões uns dos outros mais do que com mensagens de marketing ao tomar decisões de compra. E os blogs estão se tornando essenciais na forma como os adolescentes expressam suas opiniões. Consequentemente, os profissionais de marketing estão lendo blogs de adolescentes, desenvolvendo produtos que atendam a necessidades muito específicas expressas pelos adolescentes e aprendendo formas originais e criativas de responsabilizar influenciadores pelo marketing de suas marcas. Além disso, para determinar e atrair líderes de opinião, os profissionais de marketing estão usando redes sociais e mídias *on-line*, que serão discutidas no Capítulo 22.

Família

Para muitos consumidores, a família é a instituição social mais importante, ela influencia os valores, as atitudes, o autoconceito e o comportamento na hora da compra. Uma família que valoriza muito a boa saúde faz uma lista de supermercado muito diferente daquela de uma família que vê cada jantar como um evento *gourmet*. Além disso, a família é responsável pelo **processo de socialização**, a transmissão de valores culturais e normas para as crianças. As crianças aprendem observando os padrões de consumo de seus pais, portanto tendem a fazer compras de forma semelhante.

Os papéis de tomada de decisão entre os membros da família tendem a variar de forma significativa, dependendo do tipo de item adquirido. Os membros da família assumem uma variedade de papéis no processo de aquisição. *Os iniciadores* sugerem iniciar ou plantar a semente para o processo de aquisição. O iniciador pode ser qualquer membro da família. A irmã pode iniciar a pesquisa de um produto, pedindo uma bicicleta nova de aniversário. Os *influenciadores* são membros da família cujas opiniões são valorizadas. No nosso exemplo, a mãe pode funcionar como guardiã da variação de preços, um influenciador cujo papel principal é vetar ou aprovar tais variações. O irmão pode dar sua opinião sobre certas marcas de bicicleta. O *tomador de decisão* é o membro da família que realmente decide comprar ou não comprar. O pai ou a mãe são propensos a escolher a marca e modelo da bicicleta após buscar mais informações com a filha sobre características estéticas como cor e, então, impor critérios adicionais próprios, como durabilidade e segurança. O *comprador* (provavelmente o pai ou a mãe) é aquele que paga uma quantia pelo produto. Por fim, o *consumidor* é o usuário real – a irmã, no caso da bicicleta.

> **processo de socialização** forma como os valores e normas culturais são transmitidos para as crianças

Os profissionais de marketing devem considerar as situações de compra da família juntamente com a distribuição dos papéis de consumidor e de tomador de decisões entre os membros. O marketing comum vê o indivíduo como tomador de decisões e como consumidor. O marketing voltado para a família acrescenta diversas possibilidades: às vezes, mais de um membro ou todos os membros da família se envolvem na decisão, outras, apenas as crianças; às vezes, mais de um consumidor se envolve, outras, o tomador de decisões e o consumidor são pessoas diferentes. Na maioria dos lares, quando decisões conjuntas estão sendo tomadas pelos pais, os cônjuges consideram as necessidades e percepções de seus parceiros para manter a imparcialidade e a harmonia na decisão. Isso tende a minimizar conflitos familiares. Pesquisas também mostram que em lares harmoniosos, o cônjuge que "venceu" em uma decisão anterior é menos propenso a ter forte influência em uma decisão posterior.[17] Esse fator de equilíbrio é fundamental na manutenção da harmonia familiar em longo prazo.

As crianças podem exercer grande influência sobre as decisões de compra dos pais. Em muitas famílias, em que ambos os pais trabalham e dispõem de pouco tempo, as crianças são incentivadas a participar. Além disso, os filhos de pais solteiros se envolvem mais cedo nas decisões familiares. Esses são especialmente influentes nas decisões referentes a alimentos e a comer fora. Exatamente o quanto as crianças influenciam varia de acordo com fatores como idade, raça, *status* socioeconômico e região. Um estudo da *Restaurants & Institutions* mostra que crianças de 5 anos ou menos influenciam nas visitas a restaurantes, ao passo que jovens entre 6 e 18 anos têm influência ocasional. Mulheres, indivíduos da geração X ásio-americanos e americanos do meio-oeste são mais propensos a dizer que as crianças influenciam na escolha dos restaurantes que visitam.[18] As crianças influenciam nas decisões de compra de muitos produtos e serviços além dos alimentos. Mesmo que não sejam os compradores reais de tais itens, as crianças participam das decisões sobre brinquedos, vestuário, férias, lazer, automóveis e vários outros produtos. E no caso de adolescentes? Há 20 milhões de adolescentes nos Estados Unidos, metade deles recebe o equivalente a US$ 39 por semana. Os gastos dos adolescentes somam quantias de mais de

US$ 200 bilhões, algo significativo para um grupo que está disposto a gastar.[19]

Tradicionalmente, as crianças aprendem sobre consumo com seus pais. No mundo atual sobrecarregado de tecnologia, essa tendência está se revertendo. Os adolescentes e jovens adultos geralmente contribuem com informações e influenciam na compra de produtos tecnológicos que os pais fazem.[20] Muitas vezes, os jovens até ajudam na instalação e mostram aos pais como usar o produto!

OA 7 Influências Individuais nas Decisões de Compra dos Consumidores

As decisões de compra de uma pessoa também são influenciadas pelas características pessoais únicas de cada indivíduo, como sexo, idade e estágio do ciclo de vida; personalidade, autoconceito e estilo de vida. Ao longo da vida, as características individuais geralmente são estáveis. A maioria das pessoas não muda de sexo, e o ato de mudar a personalidade ou o estilo de vida requer uma completa reorientação de vida. No caso da idade e do estágio do ciclo de vida, as mudanças ocorrem gradualmente ao longo do tempo.

Gênero

As diferenças fisiológicas entre homens e mulheres resultam em diferentes necessidades, como as relacionadas a produtos de saúde e beleza. Assim como homens e mulheres desempenham diferentes papéis culturais, sociais e econômicos, também são distintos os efeitos que exercem sobre seus processos de tomada de decisão. A indústria do casamento, por exemplo, é quase exclusivamente voltada para as noivas e para o que elas desejam. Chris Easter e Bob Horner observaram que o noivo também deveria ter a chance de registrar os presentes que gostaria de ganhar. Então eles começaram o The Man Registry (www.themanregistry.com), um site com milhares de presentes masculinos que os noivos podem pedir. O The Man Registry também oferece conselhos sobre presentes dos padrinhos e lojas locais.[21]

As tendências em marketing de gênero são influenciadas pela evolução dos papéis dos homens e das mulheres na sociedade. Os homens costumavam contar com as mulheres para fazer compras para eles. No entanto, atualmente, mais homens estão comprando para si mesmos. O número de homens que compra *on-line* subiu para 57% em 2007, contra 38% em 2006. Em 2009, 7,4% dos pais com filhos menores de 18 anos ficaram em casa enquanto suas mulheres trabalhavam. Esse é o maior percentual registrado, até 2% a partir de 2008.[22] Os homens que ficam em casa com os filhos pequenos têm observado a escassez de itens para bebê, como bolsas masculinas para fraldas. Um homem foi mais longe e criou sua própria linha de produtos, DadGear (www.dadgear.com). No primeiro ano que os produtos chegaram ao mercado, a receita foi pouco mais de US$ 40 mil; para 2006, a receita prevista era de US$ 800 mil a US$ 1 milhão.[23] Seja em razão do advento das compras *on-line*, seja em razão do fato de os varejistas estarem cientes da forma como os homens gostam de comprar, atualmente mais homens se sentem à vontade para fazer compras sozinhos. Um estudo encomendado pela GQ constatou que 84% dos homens disseram que compram suas próprias roupas, em comparação aos 65% de quatro anos atrás.[24]

Idade e Estágio do Ciclo de Vida Familiar

A idade e o estágio do ciclo de vida familiar do consumidor podem ter impacto significativo no comportamento dele. A idade do consumidor geralmente indica quais produtos ele tem interesse em adquirir. As preferências do consumidor em relação a alimentos, vestuário, móveis e lazer costumam ter relação com a idade.

Relacionado à idade de uma pessoa está seu lugar no ciclo de vida familiar. Como veremos no Capítulo 8 mais detalhadamente, o *ciclo de vida familiar* é uma

ESTÁGIOS DA VIDA VERSUS DEMOGRAFIA

Em uma pesquisa nacional realizada nos Estados Unidos envolvendo 1.440 pessoas com idade entre 13 e 54 anos, os pesquisadores fizeram perguntas com base em estágios da vida em vez de tomar como base dados demográficos para verificar se havia diferenças claras entre grupos. Os grupos considerados foram adolescentes, universitários recém-graduados, solteiros sem filhos, novos pais, famílias estabelecidas, casais sem filhos, pais cujos filhos deixaram o lar. Ao organizar as categorias dessa forma, os pesquisadores conseguiram identificar diferenças claras entre os grupos de estágios de vida, alguns dos quais ficaram na mesma categoria demográfica. Pais de primeira viagem e casais sem filhos, por exemplo, são dois grupos de estágios de vida que se enquadram no grupo demográfico da geração Y. No entanto, observando esses grupos com foco nos estágios de vida, percebe-se que as preferências são diferentes. Pais de primeira viagem valorizam a rede social para manter contato com amigos e familiares e ficam satisfeitos com isso, ao passo que casais sem filhos ficam menos satisfeitos com a rede social formada por família e amigos e utilizam as ferramentas para expandir as redes profissionais. Muitas dessas diferenças aparecem entre esses dois estágios da vida e não eram tão aparentes quando os pesquisadores as observaram como um grupo demográfico. (Vamos examinar os estágios da vida com mais detalhes no Capítulo 8.) [25]

série ordenada de etapas pelas quais as atitudes e tendências comportamentais dos consumidores evoluem através da maturidade, experiência e alteração de renda e *status*. Os profissionais de marketing costumam definir seus mercados-alvo com base no ciclo de vida familiar como "jovens solteiros", "jovens casais com filhos" e "casais de meia-idade sem filhos". Os jovens solteiros, por exemplo, gastam mais do que a média com bebidas alcoólicas, instrução e lazer. Novos pais tendem a aumentar seus gastos com cuidados relacionados a saúde, vestuário, habitação e alimentos e a diminuir gastos com álcool, instrução e transporte. As famílias com crianças mais velhas gastam mais com alimento, entretenimento, produtos para cuidados pessoais e instrução, assim como carro e combustível. Depois que os filhos saem de casa, os gastos dos casais mais velhos com veículos, roupas femininas, saúde e chamadas de longa distância normalmente aumentam.

A presença dos filhos em casa é o determinante mais significativo do tipo de veículo conduzido para fora da garagem. Os pais são os consumidores de veículos guiados pela necessidade, exigem carros maiores e camionetes para transportar os filhos e seus pertences. Assim, não é surpresa que, nas famílias com crianças, as SUVs estejam em primeiro ou segundo lugar entre os veículos comprados, seguidas pelas minivans.

Os profissionais de marketing também têm de estar cientes acerca das trajetórias não tradicionais dos ciclos de vida comuns atualmente e fornecer ideias que estejam em conformidade com as necessidades e os desejos desses consumidores, como pais divorciados, solteiros convictos e casais sem filhos. Três décadas atrás, os casais com filhos menores de 18 anos respondiam por cerca de metade das famílias americanas. Atualmente, essas famílias representam apenas 23% de todas as famílias, ao passo que as pessoas que vivem sozinhas

personalidade forma de organizar e agrupar as consistências das reações de um indivíduo às situações

autoconceito como os consumidores veem a si mesmos no que diz respeito a atitudes, percepções, crenças e autoavaliações

autoimagem ideal como um indivíduo gostaria de ser

autoimagem real como um indivíduo realmente se vê

ou com membros que não são familiares representam mais de 30%. Além disso, de acordo com o Censo dos Estados Unidos, o número de famílias de mães solteiras cresceu aproximadamente 25% na última década. A mudança para mais famílias de pais solteiros faz parte de uma ampla alteração na sociedade que colocou mais mulheres no mercado profissional. Embora muitos profissionais de marketing continuem cautelosos em ter como alvo famílias não tradicionais, Charles Schwab colocou como alvo as mães solteiras em uma campanha publicitária com Sarah Ferguson, a Duquesa de York, e uma mãe divorciada. A ideia era apelar para a elevada consciência das mães solteiras da necessidade de autossuficiência financeira.

Eventos da Vida Outra forma de olhar para o ciclo da vida é observar os grandes eventos na vida de alguém ao longo do tempo. Os eventos que mudam a vida podem ocorrer a qualquer momento. Alguns exemplos são morte do cônjuge, mudança, nascimento ou adoção de uma criança, aposentadoria, perda de emprego, divórcio e casamento. Geralmente, esses eventos são bastante estressantes, e os consumidores tomam medidas para minimizar o estresse. Muitas vezes, esses eventos significam novos padrões de consumo.[26] Uma divorciada recente pode tentar melhorar a aparência entrando em uma academia ou iniciando uma dieta. Uma pessoa ao mudar para uma cidade diferente precisa de um novo dentista, supermercado, oficina mecânica, médico, para citar alguns estabelecimentos e prestadores de serviços. Os profissionais de marketing percebem que os eventos da vida podem significar a oportunidade de obter um novo cliente. A Welcome Wagon oferece uma série de brindes e serviços para os recém-chegados à região. A Lowe's envia cupons de desconto àqueles que se mudam para uma nova comunidade. E quando você coloca sua casa à venda, vai começar a receber panfletos de empresas de mudança que prometem um excelente preço para transportar os seus pertences.

Personalidade, Autoconceito e Estilo de Vida

Cada consumidor tem uma personalidade única. **Personalidade** é um conceito amplo que pode ser pensado como uma forma de organizar e agrupar como um indivíduo reage às situações. Assim, a personalidade combina formação psicológica e forças ambientais. Ela inclui as disposições básicas das pessoas, principalmente suas características mais dominantes. Embora a personalidade seja um dos conceitos menos úteis no estudo do comportamento do consumidor, alguns profissionais de marketing acreditam que a personalidade influencia nos tipos e nas marcas de produtos comprados. O tipo de carro, as roupas ou joias que um consumidor adquire pode refletir um ou mais traços de sua personalidade.

Autoconceito, ou autopercepção, é a imagem que o consumidor tem de si mesmo. O autoconceito inclui atitudes, percepções, crenças e autoavaliações. Embora o autoconceito possa ser alterado, a mudança geralmente é gradual. Por meio do autoconceito, as pessoas definem sua identidade, o que, por sua vez, prevê um comportamento consistente e coerente.

O autoconceito combina a **autoimagem ideal** (a forma como o indivíduo gostaria de ser percebido) e a **autoimagem real** (como o indivíduo realmente percebe a si mesmo). Geralmente tentamos aproximar nossa autoimagem real a nossa autoimagem ideal (ou pelo menos diminuir a diferença). Os consumidores raramente compram produtos que colocam em risco sua autoimagem. Alguém que se vê como um lançador de tendências não compraria roupas que não projetassem uma imagem contemporânea.

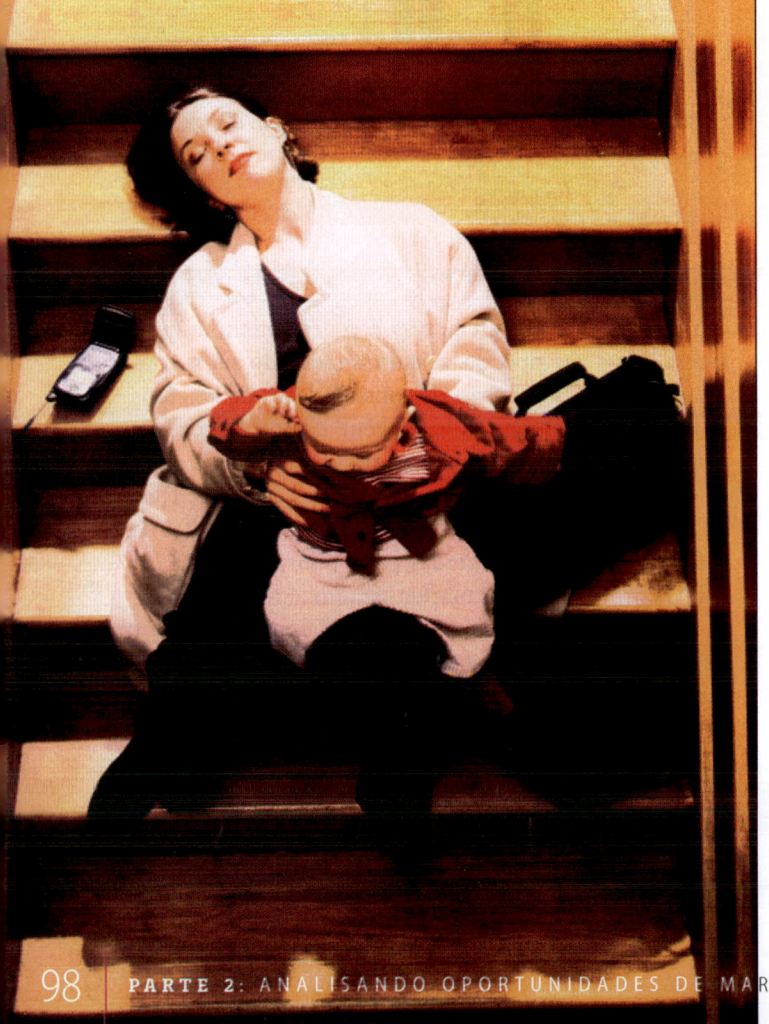

O comportamento humano depende demais do autoconceito. Como os consumidores querem proteger sua identidade como indivíduos, os produtos que eles compram, as lojas com que eles se identificam e os cartões de crédito que possuem apoiam sua autoimagem. Nenhum outro produto reflete tanto a autoimagem de uma pessoa como o carro que ela dirige. Muitos consumidores jovens não gostam de *sedans* como o Honda Accord ou o Toyota Camry e dizem que comprariam um para sua mãe, mas não para si mesmos. Da mesma forma, pais mais jovens podem evitar a compra de minivans porque não querem sacrificar a imagem da juventude que têm de si mesmos apenas porque têm novas responsabilidades. Para combater o declínio das vendas, os profissionais de marketing que trabalham com a minivan Nissan Quest decidiram recolocá-la como algo diferente de uma "mãemóvel". Eles escolheram o anúncio "A paixão a construiu. A paixão vai preenchê-la", seguido por "E se fizéssemos uma minivan que mudasse o que as pessoas pensam das minivans?".

Ao influenciar o grau em que os consumidores veem um bem ou serviço como autorrelevante, os profissionais de marketing podem afetar a motivação dos consumidores para conhecer, procurar e comprar determinada marca. Os profissionais de marketing também consideram o autoconceito importante porque ele ajuda a explicar o relacionamento entre a percepção que os indivíduos têm de si mesmos e seus comportamentos de consumo.

Muitas empresas já utilizam psicografia para compreender melhor seus segmentos de mercado. Por muitos anos, os comerciantes que vendem produtos para mães acreditaram que elas eram homogêneas e preocupadas com as mesmas coisas – a saúde e o bem-estar de seus filhos – e que poderiam ser atingidas com uma mensagem semelhante. No entanto, uma pesquisa recente sobre estilo de vida mostrou que há mães tradicionais, mistas e não tradicionais, e empresas como a Procter & Gamble e a Pillsbury estão usando estratégias para atingir esses diferentes tipos de mães. Em outros segmentos de mercado a psicografia também é eficaz. A psicografia e a segmentação do estilo de vida são discutidas com mais detalhes no Capítulo 8.

OA 8 Influências Psicológicas nas Decisões de Compra do Consumidor

As decisões de compra de um indivíduo são mais influenciadas por fatores psicológicos como percepção, motivação, aprendizagem, crenças e atitudes. Por meio desses fatores os consumidores interagem com o mundo. Eles são as ferramentas que os consumidores usam para reconhecer seus sentimentos, reunir e analisar informações, formular pensamentos e opiniões, bem como tomar atitudes. Ao contrário das outras três influências no comportamento do consumidor, as influências psicológicas podem ser afetadas pelo ambiente de uma pessoa porque elas são aplicadas em ocasiões específicas. Você vai perceber estímulos diferentes e processar esses estímulos de diferentes formas, dependendo se você estiver na sala de aula concentrado no professor, se estiver na sala de aula conversando com amigos ou em seu quarto assistindo televisão.

percepção processo pelo qual as pessoas selecionam, organizam e interpretam os estímulos, formando uma imagem significativa e coerente

exposição seletiva processo pelo qual o consumidor percebe certos estímulos e ignora outros

Percepção

O mundo está cheio de estímulos. Um estímulo é qualquer unidade de entrada que afeta um ou mais dos cinco sentidos: visão, olfato, paladar, tato e audição. O processo pelo qual selecionamos, organizamos e interpretamos esses estímulos em uma imagem significativa e coerente é chamado de **percepção**. Na essência, a percepção é a forma como vemos o mundo ao nosso redor e como reconhecemos que precisamos de ajuda na tomada de uma decisão de compra.

As pessoas não conseguem perceber todos os estímulos em seu ambiente. Por essa razão, elas usam a **exposição seletiva** para decidir quais estímulos notar e quais ignorar. Um consumidor típico é exposto a mais de 2.500 mensagens publicitárias por dia, mas nota apenas entre 11 e 20.

A familiaridade de um objeto, o contraste, o movimento, a intensidade (como o aumento de volume) e o cheiro são sinais que influenciam a percepção. Os consumidores usam esses sinais para identificar e definir produtos e marcas. A forma da embalagem de um produto, como o contorno da garrafa que é assinatura da Coca-Cola, pode influenciar na percepção. A cor é outro sinal e desempenha um papel fundamental na percepção dos consumidores. Os fabricantes de alimentos embalados usam cores para desencadear associações inconscientes em clientes de supermercado, que costumam tomar decisões de compra em um piscar de olhos. A Ampacet, líder mundial em aditivos coloridos para plásticos, relatou em 2007 que as cores inspiradas na natureza e os valores orgânicos foram se tornando mais populares à medida que o foco global e econômico mudou de *boom* tecnológico para *boom* ecológico. As consequências e preocupações ecológicas resultaram em iniciativas de marketing como o "movimento ecológico". Cores como verde natural, marrom-terra e amarelo intenso, bem como metálicos, como prata-aço, preto-carbono, dourado e cobre são populares para embalagens. Os pesquisadores de cores especulam que a sobrecarga tecnológica levou ao ressurgimento da apreciação do luxo simples. Os nomes de cores para tecidos

distorção seletiva
processo pelo qual o consumidor muda ou distorce as informações que entram em conflito com seus sentimentos ou crenças

retenção seletiva
processo pelo qual o consumidor lembra apenas a informação que dá suporte a suas crenças pessoais

e maquiagem refletem essa tendência, como *grounded*, *champagne chic* e *serene blue*.[27]

O que é percebido pelos consumidores também pode depender da vivacidade dos estímulos ou do valor do choque. As advertências gráficas dos perigos associados ao uso de um produto são percebidas de forma mais fácil e lembradas com mais precisão do que advertências menos vívidas e avisos que são escritos em forma de texto. Anúncios sexy são campeões em atrair a atenção de consumidores mais jovens. Buscando atingir o grupo de 8 a 18 anos de idade, empresas como a American Apparel e a Abercrombie & Fitch reforçaram seus anúncios com modelos em poses provocantes e chamando a atenção para suas coleções de peças íntimas que incluem sutiãs com bojo e calcinhas cujo slogan é "Colírio Para os Olhos".[28] Os anúncios de perfume geralmente prometem certo "resultado", muitas vezes uma promessa de transformação do papel do usuário. David Rubin, diretor de desenvolvimento da marca de desodorante Axe, revela que, desde o início, o tema do produto foi "dar aos rapazes uma vantagem no jogo da conquista".[29]

Dois outros conceitos intimamente relacionados à exposição seletiva são a distorção seletiva e a retenção seletiva. A **distorção seletiva** ocorre quando os consumidores modificam ou distorcem as informações que entram em conflito com seus sentimentos ou crenças. Suponha que um estudante universitário compre um Microsoft Zune MP3 player. Após a compra, se ele obtiver novas informações sobre uma marca alternativa, como o iPod da Apple, pode distorcer as informações para torná-las mais consistentes com a visão anterior de que o Microsoft Zune é tão bom quanto o iPod, se não for melhor. Viajantes a negócios que voam com frequência podem distorcer ou relevar informações sobre acidentes aéreos porque eles têm de utilizar o transporte aéreo constantemente.

A **retenção seletiva** diz respeito a lembrar apenas informações que embasam sentimentos ou crenças pessoais. O consumidor esquece todas as informações que possam ser incompatíveis. Após ler um panfleto que contradiz as crenças políticas de alguém, por exemplo, uma pessoa pode esquecer muitos dos pontos descritos nele. Da mesma forma, os consumidores podem ver uma nova reportagem sobre práticas ilegais suspeitas de sua loja de varejo favorita, mas logo esquecem a razão pela qual a loja foi destaque no noticiário.

Muitas vezes, os estímulos percebidos dependem do indivíduo. As pessoas podem ser expostas aos mesmos estímulos em condições idênticas, mas percebê-los de forma muito diferente. Duas pessoas que assistem a um comercial de televisão podem ter diferentes interpretações da mesma mensagem publicitária. Uma

UM ESTUDO CONSTATOU QUE UMA DIFERENÇA PERCEPTÍVEL NO ESTÍMULO RESULTA EM APROXIMADAMENTE 20% DE ALTERAÇÃO. OS CONSUMIDORES PROVAVELMENTE VÃO NOTAR UMA DIMINUIÇÃO DE PREÇO DE 20% MAIS RAPIDAMENTE DO QUE UMA DE APENAS 15%.

pessoa pode ser absorvida pela mensagem e tornar-se altamente motivada a comprar o produto. Trinta segundos após o anúncio terminar, a segunda pessoa pode não ser capaz de se lembrar do conteúdo da mensagem nem do produto anunciado.

Implicações da Percepção para o Marketing Os profissionais de marketing devem reconhecer a importância das pistas, ou dos sinais, na percepção que os consumidores têm dos produtos. Os gestores de marketing primeiro identificam os atributos importantes, como preço e qualidade, que os consumidores-alvo querem em um produto e, então, projetam sinais para comunicar esses atributos. Os consumidores pagam mais por um doce embrulhado em folha de alumínio com aparência elegante. Mas os rótulos brilhantes em garrafas de vinho denotam vinhos mais baratos; rótulos foscos indicam vinhos mais caros. Os profissionais de marketing também costumam usar o preço como um sinal de que um produto é de melhor qualidade que os concorrentes. Claro, o nome das marcas envia sinais para os consumidores. O creme dental Close-Up, as baterias DieHard e o sabonete hidratante Caress identificam a qualidade de produtos importantes. Os nomes escolhidos para os mecanismos de busca e sites da internet, como o Yahoo!, Amazon.com e Excite, destinam-se a transmitir emoção, intensidade e amplitude. As empresas podem até mudar seus nomes para enviar uma mensagem para os consumidores. À medida que as empresas de serviços públicos ingressam nos mercados não regulamentados, muitas alteram seus nomes sem muito apelo, como "Energia, Luz e Eletricidade", em favor daqueles que fazem os consumidores terem ciência de que não lidam mais apenas com energia elétrica, como "Recursos Dependentes, Energia e Sinergia".

Os consumidores também associam qualidade e confiabilidade a certas marcas. As empresas acompanham a identidade de sua marca de perto, em grande parte porque uma forte ligação foi estabelecida entre o valor considerado da marca e a fidelização dos clientes. As marcas que detêm valor dos consumidores incluem Kodak, Disney, National Geographic, Mercedes-Benz e Fisher-Price. Colocar o nome de um lugar em um produto pode adicionar valor percebido por associação. Nomes de marcas usando as palavras Santa Fé, Dakota ou Texas transmitem uma sensação de abertura, liberdade e juventude, mas produtos que levam o nome de outros locais podem evocar imagens de poluição e crime. Os gestores de marketing também estão interessados no *limiar da percepção*, a diferença mínima de um estímulo que o consumidor observa. Muitas vezes esse conceito é mencionado como "diferença apenas perceptível". Quanto a Apple teria de diminuir o preço de seu iPod Shuffle antes de os consumidores reconhecê-lo como um excelente negócio – US$ 25, US$ 50 ou mais? Um estudo constatou que uma diferença perceptível no estímulo tem cerca de 20% de alteração. Os consumidores provavelmente vão notar uma diminuição de preço de 20% mais rapidamente do que uma de apenas 15%. Esse princípio de marketing pode ser aplicado a outras variáveis de marketing, como tamanho da embalagem ou volume da transmissão de um anúncio publicitário.[30]

Além de mudar estímulos como preço, tamanho da embalagem e volume, os profissionais de marketing podem alterar o produto ou tentar recolocar sua imagem, mas devem ser cuidadosos ao acrescentar funcionalidades. Quantos novos serviços o atacadista-alvo precisará acrescentar antes de os consumidores percebê-lo como uma loja de departamentos que oferece toda espécie de serviços? Quantos recursos desportivos a General Motors terá de acrescentar a um *sedan* básico de duas portas antes de os consumidores percebê-lo como carro esportivo?

Os gestores de marketing que pretendem fazer negócios em mercados globais devem ficar cientes de como os consumidores estrangeiros veem seus produtos. No Japão, os rótulos dos produtos geralmente são escritos em inglês ou francês, mesmo que eles não possam traduzir para algo significativo. Muitos japoneses associam palavras estrangeiras nos rótulos dos produtos com exótico, caro e de alta qualidade.

Os profissionais de marketing têm estado sob suspeita de enviar mensagens publicitárias subconscientes para os consumidores, naquilo que é conhecido como *percepção subliminar*. A controvérsia começou quando um pesquisador alegou ter aumentado as vendas de pipoca e Coca-Cola no cinema após fazer piscar "Coma pipoca" e "Beba Coca-Cola" na tela a cada cinco segundos para 1/300 de um segundo, embora o público não tenha reconhecido conscientemente as mensagens. Quase de imediato os grupos de defesa do consumidor ficaram preocupados com a possibilidade de os anunciantes estarem fazendo lavagem cerebral nos consumidores, e essa prática foi declarada ilegal na Califórnia e no Canadá. Embora o pesquisador tenha admitido mais tarde ter inventado os dados e os cientistas não tenham conseguido replicar esse estudo, os consumidores ainda estão cautelosos com mensagens ocultas que os anunciantes podem estar enviando.

Motivação

Ao estudar a motivação, os profissionais de marketing analisam as principais forças que levam os consumidores a comprar ou não comprar produtos. Quando você compra um produto, geralmente o faz para satisfazer algum tipo de necessidade. Essas necessidades se tornam motivos quando suscitadas o suficiente. Suponha que esta manhã você estava com tanta fome antes da aula, que precisou comer alguma coisa. Em resposta a essa necessidade, parou no Subway para comprar um sanduíche. Em outras palavras, a fome o motivou a parar no Subway. Os **motivos** são as forças motrizes que levam uma pessoa a tomar ações para satisfazer necessidades específicas.

Por que as pessoas são impulsionadas por necessidades específicas em determinados momentos? Uma teoria muito conhecida é a **hierarquia de necessidades de Maslow**, apresentada na Figura 6.6, que organiza as necessidades em ordem crescente de importância: fisiológica, segurança, social, estima e autorrealização. À medida que o indivíduo satisfaz determinada necessi-

> **motivo** força motriz que leva uma pessoa a tomar uma medida para satisfazer necessidades específicas
>
> **hierarquia de necessidades de Maslow** método de classificar as necessidades e motivações humanas em cinco categorias em ordem crescente de importância: fisiológicas, segurança, social, estima e autorrealização

FIGURA 6.6
Hierarquia de Necessidades de Maslow

- **Necessidades de autorrealização** — Autodesenvolvimento, realização pessoal
- **Necessidades de estima** — Autoestima, reconhecimento, status
- **Necessidades sociais** — Sentimento de pertencimento, amor
- **Necessidades de segurança** — Segurança, proteção
- **Necessidades fisiológicas** — Fome, sede

aprendizado processo que provoca mudanças imediatas ou esperadas no comportamento, por meio da experiência e da prática

dade, uma necessidade de nível mais alto se torna mais importante.

As necessidades humanas mais básicas são as *fisiológicas* – ou seja, a necessidade de alimento, água e abrigo. Como elas são essenciais à sobrevivência, devem ser satisfeitas em primeiro lugar. Anúncios que mostram um hambúrguer suculento ou um atleta bebendo um Gatorade após uma maratona são exemplos de apelos para satisfazer as necessidades fisiológicas de fome e sede.

As *necessidades de segurança* incluem a segurança e a vida sem dor e desconforto. Algumas vezes, os profissionais de marketing apelam para medos e ansiedades dos consumidores para vender produtos. Cientes dos medos em relação à saúde da população que está envelhecendo, os centros de diagnósticos por imagem Heart Check America e HealthScreen America anunciam que oferecem varredura completa para detecção precoce de problemas de saúde, como doenças coronarianas e câncer. Já outras empresas ou indústrias fazem anúncios para minimizar o medo de seus consumidores. No despertar dos ataques terroristas de 11 de setembro, por exemplo, a indústria da aviação se viu obrigada a realizar uma campanha para tranquilizar os consumidores em relação à segurança das viagens aéreas.

Após as necessidades fisiológicas e referentes à segurança terem sido satisfeitas, as *necessidades sociais* – principalmente o amor e o sentimento de pertencimento – se tornam o foco. O amor inclui a aceitação pelos pares, assim como sexo e amor romântico. Provavelmente os gestores de marketing apelam a essa necessidade mais do que a qualquer outra. Anúncios de vestuário, cosméticos e pacotes de férias sugerem que comprar o produto pode trazer o amor. A necessidade de pertencimento também é favorita dos profissionais de marketing, principalmente quando envolve produtos para adolescentes. Os adolescentes consideram o iPod da Apple não apenas seu produto favorito de marca, mas também algo que define sua geração. Outras marcas que seguem a mesma linha incluem American Eagle Outfitters, Axe, Baby Phat, Facebook, Google, Hollis-ter, MTV, MySpace, Vans e YouTube. O vice-presidente de pesquisa da MTV diz que os profissionais de marketing precisam compreender a nova dinâmica no consumidor da "geração do milênio". A relação que essa geração tem com os pais é completamente diferente da observada em gerações anteriores. Os pais podem ser os melhores amigos. As marcas que focam muito em adolescentes "influentes" podem ignorar o fato de que os pais são a maior influência nessa faixa etária, principalmente quando se trata de itens caros.[31]

O amor refere-se à aceitação de alguém sem levar em conta sua contribuição. A estima é baseada na aceitação da contribuição de alguém para o grupo. A *autoestima deve* incluir o autorrespeito e o sentimento de realização. A estima também inclui o prestígio, a fama e o reconhecimento das realizações de alguém. As canetas Montblanc, os automóveis Mercedes-Benz e as lojas Neiman Marcus apelam para as necessidades de estima.

A maior necessidade humana é a de *autorrealização*. Ela diz respeito a encontrar a autorrealização e autoexpressão, atingindo o ponto em que as "pessoas são o que elas sentem que deveriam ser". Maslow observou que poucas pessoas alcançavam esse nível. Mesmo assim, as propagandas podem se concentrar nesse tipo de necessidade. Os anúncios da American Express transmitem a mensagem de que adquirir um cartão dessa empresa é uma das maiores realizações na vida do indivíduo. A Microsoft apelou para a necessidade de autorrealização quando escolheu "Eu sou um PC e o Windows 7 foi minha ideia" como o *slogan* do Windows 7; na mesma linha, o Exército dos Estados Unidos mudou seu slogan de "Seja tudo o que você pode ser" para "Exército de Um".

Aprendizagem

Quase todo comportamento dos consumidores resulta da **aprendizagem**, um processo que provoca mudanças no comportamento por meio da experiência e da prática. Não é possível observar a aprendizagem diretamente, mas podemos inferir quando ela ocorreu pelas ações do indivíduo. Suponha que você veja o anúncio de um novo e aprimorado medicamento para gripe. Se você for à farmácia e comprar esse remédio, podemos inferir que você aprendeu algo sobre medicamento para gripe.

Existem dois tipos de aprendizagem: experiencial e conceitual. O *aprendizado experiencial* ocorre quando uma experiência muda seu comportamento. Se o novo medicamento para gripe não aliviar os sintomas, é possível que você não compre aquela marca novamente. O *aprendizado conceitual*, que não é adquirido por meio de experiência direta, é o segundo tipo de aprendizagem. Suponha, por exemplo, que você está parado diante de uma máquina de refrigerantes e observa um novo sabor com adoçante artificial. Como alguém lhe disse que as bebidas dietéticas deixam gosto, você escolhe uma bebida diferente. Mesmo sem nunca tê-la provado, você aprendeu que não gosta dessa nova bebida.

PARTE 2: ANALISANDO OPORTUNIDADES DE MARKETING

O reforço e a repetição aumentam o aprendizado. O reforço pode ser positivo ou negativo. Se vir alguém vendendo *frozen yogurt* (estímulo), comprá-lo (resposta) e achá-lo muito refrescante (recompensa), seu comportamento foi reforçado positivamente. No entanto, se comprar um novo sabor de iogurte e não for bom (reforço negativo), você não vai comprar aquele sabor novamente (resposta). Sem o reforço positivo ou negativo, o indivíduo não será motivado a repetir ou evitar o padrão de comportamento. Assim, se uma nova marca evoca sentimentos neutros, alguma atividade de marketing, como mudança de preço ou promoção, pode ser necessária para induzir à elevação do consumo. A teoria do aprendizado é útil para lembrar os profissionais de marketing que as ações concretas e oportunas são reforçadoras do comportamento desejado do consumidor.

A repetição é uma estratégia fundamental em campanhas promocionais porque ela pode levar ao aumento do aprendizado. A maioria dos profissionais de marketing utiliza a publicidade repetitiva para que os consumidores aprendam que sua única vantagem está na concorrência. Geralmente, para aumentar a aprendizagem, as mensagens publicitárias devem ser espalhadas ao longo do tempo em vez de serem agrupadas.

Um conceito de aprendizagem útil para os gestores de marketing é a **generalização de estímulo**. Na teoria, a generalização de estímulo ocorre quando uma resposta é estendida a um segundo estímulo semelhante ao primeiro. Os profissionais de marketing costumam usar uma marca bem-sucedida e conhecida para uma família de produtos, pois ela proporciona aos consumidores familiaridade e conhecimento em relação aos produtos. Essas famílias de marcas estimulam a introdução de novos itens e favorecem os já existentes. A Oxo depende da familiaridade dos consumidores com seus produtos populares de cozinha e de uso doméstico para vender materiais de escritório e itens médicos; a divisão de filmes da Sony conta com o reconhecimento do nome de sua tecnologia para ambientes domésticos, como o PlayStation. O limpador de banheiros Clorox depende da familiaridade com a água sanitária Clorox, da mesma forma o xampu Dove depende da familiaridade com o sabonete Dove. As marcas são examinadas com mais detalhes no Capítulo 10.

Outra forma de generalização de estímulo ocorre quando os varejistas ou atacadistas projetam as embalagens para se parecerem com marcas de fabricantes conhecidos. Muitas vezes, essa prática confunde os consumidores, que compram a imitação pensando que é o produto original.

O oposto da generalização de estímulo é a **discriminação de estímulo**, que significa aprender a diferenciar produtos similares. Os consumidores podem perceber um produto como mais compensador ou estimulante. Alguns consumidores, por exemplo, preferem Coca-Cola e outros preferem Pepsi. Muitos insistem que são capazes de perceber a diferença entre as duas marcas.

No caso de alguns tipos de produtos – como aspirina, combustível, água sanitária e toalhas de papel –, os profissionais de marketing contam com a promoção para apontar as diferenças entre as marcas que os consumidores não reconheceriam de outra forma. Esse processo, chamado de *diferenciação do produto*, é discutido com mais detalhes no Capítulo 8. Normalmente, a diferenciação do produto é baseada em diferenças superficiais. A Bayer, por exemplo, informa aos consumidores que a aspirina é o remédio que "a maioria dos médicos recomenda".

Crenças e Atitudes

As crenças e atitudes estão intimamente ligadas aos valores. **Crença** é um padrão organizado de conhecimento que um indivíduo tem como verdade sobre o seu mundo. Um consumidor pode acreditar que a câmera Cyber-shot da Sony faz o melhor vídeo em HD, é a mais fácil de usar e tem os preços mais razoáveis. Essas crenças podem ser baseadas em conhecimento, convicção ou no que as pessoas dizem. Os consumidores tendem a desenvolver um conjunto de crenças relacionadas aos atributos de um produto e depois, por meio dessas crenças, formam uma *imagem da marca* – um conjunto de crenças em determinada marca. A imagem da marca, por sua vez, molda as atitudes dos consumidores em relação ao produto. **Atitude** é uma tendência aprendida para responder de forma consistente a determinado fator, como uma

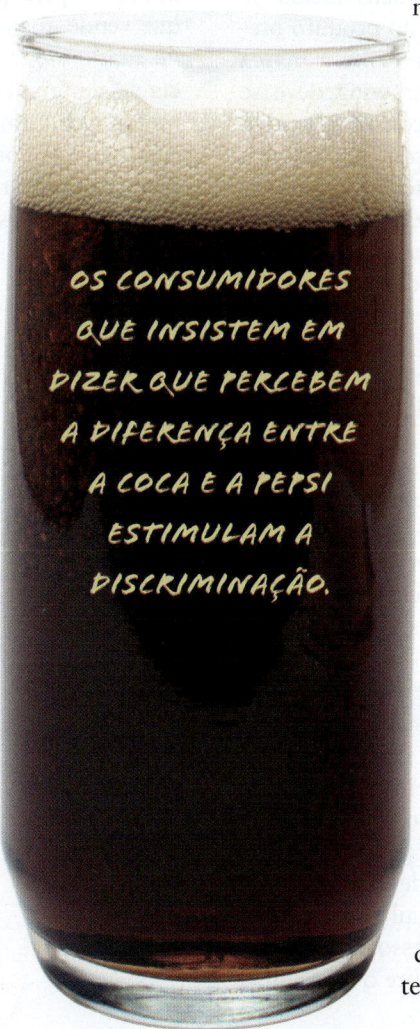

> **generalização de estímulo** forma de aprendizado que ocorre quando uma resposta é estendida a um segundo estímulo semelhante ao primeiro
>
> **discriminação de estímulo** habilidade aprendida para diferenciar produtos semelhantes
>
> **crença** padrão organizado de conhecimento que um indivíduo tem como verdade sobre seu mundo
>
> **atitude** tendência aprendida para responder de forma consistente em relação a um determinado objeto

OS CONSUMIDORES QUE INSISTEM EM DIZER QUE PERCEBEM A DIFERENÇA ENTRE A COCA E A PEPSI ESTIMULAM A DISCRIMINAÇÃO.

marca. As atitudes repousam sobre o sistema de valores do indivíduo, que representa padrões pessoais de bom e mau, certo e errado e assim por diante; portanto, as atitudes tendem a ser mais duradouras e complexas do que as crenças.

Como exemplo da natureza das atitudes, considere as diferentes atitudes dos consumidores em todo o mundo em relação à compra a prazo. Os americanos têm demonstrado um comportamento entusiasta em relação às cobranças de bens e serviços e se dispõem a pagar altas taxas de juros pelo privilégio de adiar o pagamento. Para muitos consumidores europeus, fazer o que equivale a um empréstimo – mesmo que pequeno – para pagar alguma coisa parece absurdo. Os alemães são os mais relutantes em comprar a prazo. A Itália tem um sofisticado sistema de crédito e bancário, muito adequado ao manuseio de cartões de crédito, mas os italianos preferem ter dinheiro à mão, muitas vezes em grande quantidade. Embora a maioria dos consumidores japoneses tenha cartões de crédito, as compras nessa modalidade de pagamento representam menos de 1% de todas as transações comerciais. Os japoneses consideram as compras com cartão de crédito depreciativas, mas adquirem cartões para usá-los quando viajam para outros países.

Se um bem ou serviço satisfizer suas metas de lucro, as atitudes positivas em relação ao produto precisam apenas ser reforçadas. No entanto, se a marca não é bem-sucedida, o gestor de marketing deve se esforçar para mudar as atitudes do consumidor-alvo em relação a ela. As mudanças de atitude tendem a ir além da tentativa do indivíduo de conciliar valores de longa data com um fluxo constante de novas informações. Essa mudança pode ser alcançada de três formas: mudando as crenças relacionadas aos atributos da marca, mudando a importância relativa dessas crenças e acrescentando novas crenças.

Mudando as Crenças Relacionadas aos Atributos

A primeira abordagem é transformar em positivas as crenças neutras, negativas ou incorretas sobre os atributos dos produtos. O Hotmail, que estreou em 1996 e logo passou a ser muito utilizado, hoje é considerado menos moderno do que outros serviços de e-mail, como o Gmail. Para combater as crescentes percepções negativas, a Microsoft reformulou o site do Hotmail para torná-lo mais moderno e integrá-lo ao programa Windows Live. O Windows Live oferece programas gratuitos e atuais que permitem aos usuários gerenciar multimídia, bate-papo, *blogs* e e-mail. Os novos recursos do Windows Live Hotmail incluem a capacidade de assistir do próprio e-mail vídeos do YouTube e do Hulu e até rastrear automaticamente pacotes U.S.P.S. quando um e-mail tem um número de rastreamento. Essas características tornam o Hotmail uma escolha moderna e atualizada para o e-mail pessoal. Para alterar a crença persistente das pessoas sobre o Hotmail, a Microsoft lançou uma massiva campanha de marketing para demonstrar as características modernas e atualizadas desse serviço.[32]

Mudar as crenças relacionadas a um serviço pode ser mais difícil, pois os atributos de um serviço são intangíveis. Convencer os consumidores a mudar de cabeleireiro ou de advogado ou a ir a uma clínica odontológica em um shopping pode ser muito mais difícil do que fazê-los mudar de marca de lâminas de barbear. A imagem, que também é muito intangível, determina de forma significativa o patrocínio dos serviços. O marketing de serviços é explorado em detalhes no Capítulo 12.

Mudando a Importância das Crenças

A segunda abordagem para modificar as atitudes é mudar a importância relativa de crenças em um atributo. Cole Haan, originalmente um estilista de sapatos masculinos, usou, durante anos, barcos e carros em seus anúncios para associar a marca com um estilo de vida ativo, um atributo importante para os homens. Agora que está vendendo produtos femininos, como bolsas e sapatos, alguns de seus anúncios usam modelos e enfatizam a aparência dos produtos, um atributo importante para as mulheres. A empresa espera que os anúncios mudem a percepção e as crenças dos consumidores de que vende apenas itens masculinos.[33] Os profissionais de marketing também podem enfatizar a importância de algumas crenças sobre outras. Quando os consumidores pensam em uma SUV completa, não associam economia de combustível a isso. A Cadillac quer enfatizar a importância da eficiência do combustível para os compradores de SUVs completas. A propaganda da Escalade Hybrid 2009, por exemplo, dizia: "Finalmente, uma SUV de luxo completa ousada o suficiente para conversar sobre economia de combustível".[34]

Acrescentando Novas Crenças A terceira abordagem para transformar atitudes é acrescentar novas crenças. Embora as mudanças nos padrões de consumo muitas vezes aconteçam vagarosamente, os profissionais de marketing da indústria de cereais estão apostando que os consumidores acabarão por adotar a ideia do cereal como lanche. Um anúncio impresso do cereal General Mills Cookie Crisp mostra um rapaz comendo flocos açucarados enquanto faz a lição de casa. As indústrias Kock, fabricante dos produtos de papel Dixie, também está tentando acrescentar novas crenças relacionadas à utilização de seus pratos e copos de papel com uma campanha publicitária destinada a colocar seus produtos como "substitutos da limpeza em casa". Os comerciais apresentam os pratos de papel Dixie como uma alternativa para o lavar pratos após as refeições todos os dias, e não apenas em piqueniques.

As empresas dos Estados Unidos que tentam comercializar seus produtos no exterior podem ter de ajudar os consumidores a acrescentar novas crenças em um produto. Tanto a Coca-Cola como a PepsiCo acharam desafiador vender suas marcas de cola dietética para consumidores na Índia, em parte porque alimentos dietéticos são um novo conceito nesse país, onde a desnutrição era generalizada até outro dia. Os hindus também têm atitudes profundamente enraizadas em relação a alimentos dietéticos como sendo para pessoas enfermas, como diabéticos. A maioria dos hindus não é consciente em relação à sua dieta, preferem alimentos preparados de forma tradicional, que sejam saborosos. Eles também suspeitam dos adoçantes artificiais usados nos refrigerantes dietéticos. O Ministério da Saúde da Índia exigiu rótulos de advertência nas latas e garrafas de Diet Coke e Diet Pepsi indicando produto "Não recomendado para crianças".[35]

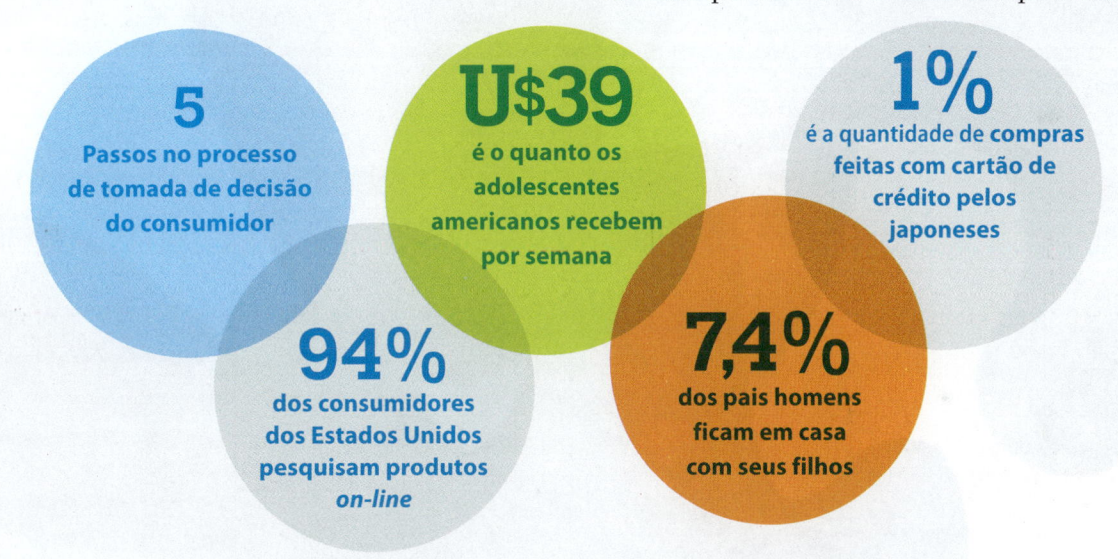

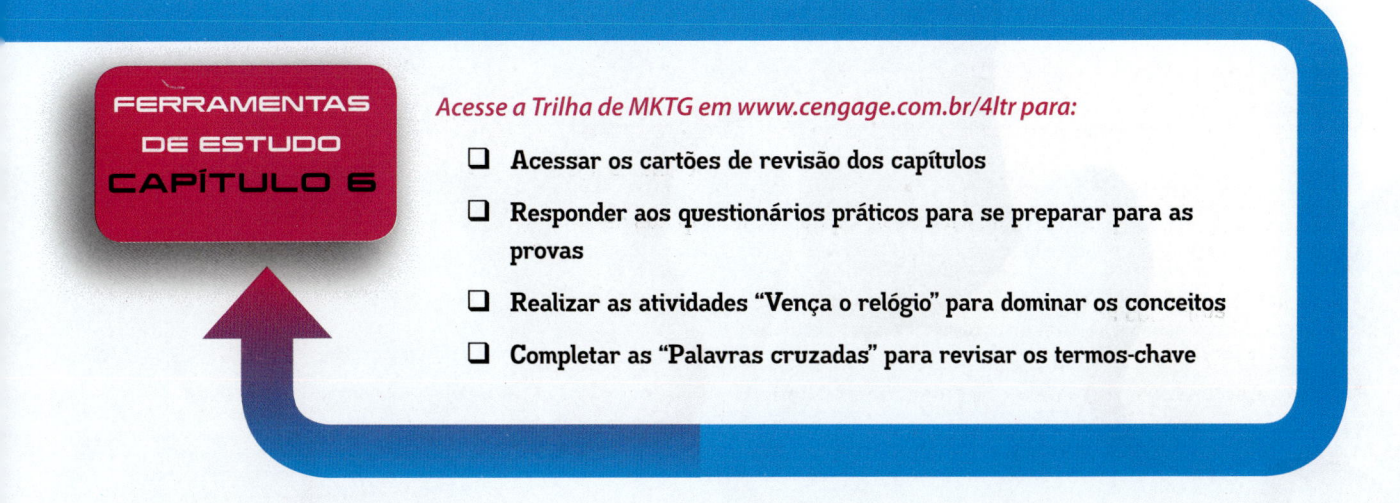

5 Passos no processo de tomada de decisão do consumidor

U$39 é o quanto os adolescentes americanos recebem por semana

1% é a quantidade de compras feitas com cartão de crédito pelos japoneses

94% dos consumidores dos Estados Unidos pesquisam produtos *on-line*

7,4% dos pais homens ficam em casa com seus filhos

FERRAMENTAS DE ESTUDO CAPÍTULO 6

Acesse a Trilha de MKTG em www.cengage.com.br/4ltr para:

❑ Acessar os cartões de revisão dos capítulos

❑ Responder aos questionários práticos para se preparar para as provas

❑ Realizar as atividades "Vença o relógio" para dominar os conceitos

❑ Completar as "Palavras cruzadas" para revisar os termos-chave

CAPÍTULO **7** Marketing
Empresarial

Objetivos da Aprendizagem

OA 1 Descrever o marketing empresarial

OA 2 Descrever o papel da internet no marketing empresarial

OA 3 Discutir o papel do marketing de relacionamento e das alianças estratégicas no marketing empresarial

OA 4 Identificar as quatro principais categorias de clientes do mercado empresarial

OA 5 Explicar o Sistema de Classificação Industrial Norte-americano

OA 6 Explicar as principais diferenças entre mercado empresarial e de consumo

OA 7 Descrever os sete tipos de bens e serviços empresariais

OA 8 Discutir os aspectos singulares do comportamento de compra empresarial

> A principal característica que distingue os produtos empresariais de produtos para os consumidores é a utilização, não a forma.

APÓS CONCLUIR ESTE CAPÍTULO, VÁ PARA A PÁGINA 123 PARA OBTER AS FERRAMENTAS DE ESTUDO

OA 1 O que é Marketing Empresarial?

Marketing empresarial é a comercialização de bens e serviços para fins que não sejam o consumo pessoal. A venda de um PC para sua faculdade ou universidade é um exemplo de marketing empresarial. Os produtos empresariais incluem aqueles que são usados para fabricar outros produtos, tornar-se parte de outro produto ou ajudar nas operações de uma organização. A principal característica que distingue os produtos empresariais de produtos para os consumidores é a utilização, não a forma.

marketing empresarial marketing de bens e serviços para outros fins que não o consumo pessoal

Como distinguir um produto destinado ao consumidor de um produto empresarial? Um produto comprado para consumo pessoal ou familiar ou como um presente é um bem de consumo. Se esse mesmo produto, como um PC ou telefone celular, for comprado para ser usado em uma empresa, é um produto comercial. Os materiais de escritório (por exemplo, canetas, papel, removedores de grampos) são itens comuns vendidos como bens de consumo e como produtos comerciais. Alguns itens, como empilhadeiras, são vendidos mais como produtos comerciais do que como bens de consumo. Uma pesquisa da *B-to-B Magazine* revelou que os três principais objetivos dos profissionais de marketing americanos são conquista de clientes (62%), conscientização da marca (19%) e retenção de clientes (12%).[1]

O tamanho do mercado empresarial nos Estados Unidos e na maioria dos outros países excede substancialmente o mercado de consumidores. No mercado empresarial, um único cliente pode responder por um grande volume de compras. O departamento de compras da General Motors, por exemplo, gasta mais de US$ 125 bilhões por ano em bens e serviços. A General Electric, a DuPont e a IBM

Qual a sua opinião?

Os vendedores tornam a compra uma experiência desconfortável.

1 2 3 4 5 6 7
DISCORDO PLENAMENTE   CONCORDO PLENAMENTE

107

comércio eletrônico B-to-B
uso da internet para facilitar a troca de bens, serviços e informações entre organizações

gastam mais de US$ 60 milhões por dia em compras.[2] De acordo com a *B-to-B Magazine*, as principais marcas de marketing empresarial em 2010 foram Verizon Telecom, Cisco Systems, CA Technologies, Emerson, Xerox, Aon, General Electric, Intel, Motorola e Avaya.[3]

OA 2 Marketing Empresarial na Internet

O uso da internet para facilitar as atividades entre as organizações é chamado de **comércio eletrônico** entre empresas (**comércio eletrônico B-to-B ou B2B**). Esse método de conduzir os negócios evoluiu e cresceu rapidamente ao longo de sua curta história. Em 1995, os websites eram estáticos. Apenas alguns possuíam capacidade de recuperação de dados. Não havia disponibilidade de quadros, tabelas e estilos. A segurança era rara e a transmissão por vídeo não existia. Em 2005, havia mais de um bilhão de usuários de internet no mundo. Em 2008, só nos Estados Unidos esperava-se contabilizar mais de US$ 1 trilhão no comércio eletrônico B2B.[4] Antes da internet, os clientes tinham de telefonar para a Dow Chemical e solicitar uma folha de especificações para os produtos que estavam considerando. As informações chegariam pelo correio poucos dias depois. Após escolher um produto, o cliente poderia, então, fazer um pedido telefonando para a Dow (durante o horário comercial, é claro). Hoje essas informações estão disponíveis no MyAccount@Dow, que as fornece personalizadas de acordo com as necessidades do cliente, como o monitoramento da segurança interna do nível dos tanques químicos. Quando os tanques alcançam um nível predeterminado, um novo pedido pode ser acionado automaticamente.[5]

As empresas que vendem para os compradores corporativos enfrentam os mesmos desafios de todos os comerciantes, incluindo a determinação de que mercado se trata e qual a melhor forma de alcançá-lo. Isso é especialmente difícil no marketing empresarial porque as empresas se tornaram on-line e mudaram para o exterior.[6]

Todos os anos, a *BtoBonline.com* identifica dez sites empresariais que são bons exemplos de como as empresas podem usar a *web* para se comunicar com os clientes. A Figura 7.1 apresenta os dez maiores sites

FIGURA 7.1
Os Dez Maiores Websites

URL	Empresa	Público-Alvo
www.accenture.com	Accenture	Executivos de nível C em grandes empresas, organizações governamentais e candidatos a empregos
www.airclic.com	Airclic	Cadeia de suprimentos de nível C e tomadores de decisão logística em 13 indústrias, clientes, parceiros atuais e potenciais, mídia, investidores e formadores de opinião
www.dropbox.com	Dropbox	Empresas, consumidores, usuários de produtividade móvel
www.freightcenter.com	FreightCenter, Inc.	Transportadoras de pequeno para médio porte, com algum foco em transportadoras empresariais
www.ixda.org	Interaction Design Association	Recrutadores e membros
www.istockphoto.com	iStockphoto	Empresas, designers, bloggers
www.macktrucks.com	Mack Trucks	Concessionárias e compradores potenciais da Mack Truck, incluindo caminhoneiros, empresas de construção, transportadores de lixo e outras empresas
www.sas.com	SAS Institute, Inc.	Clientes atuais e potenciais, membros da comunidade, funcionários, funcionários potenciais, mídia
www.shawfloors.com	Shaw Floors	Arquitetos, designers de interiores, revendedores, varejistas e consumidores
www.tyco.com	Tyco International	Funcionários atuais e potenciais, comunidade de investimentos, clientes, parceiros da comunidade

FONTE: Karen Bannan. "10 Great b2b Sites", *BtoB Magazine*, on-line, 13 set. 2010. Disponível em: <http://www.btobonline.com/article/20100913/FREE/309139988/10-great-b-to-b-sites>.

de 2010. Muitas das empresas foram reconhecidas nos últimos anos pela comunicação efetiva com seus mercados-alvo.[7]

Além dos sites, quais tecnologias *web* 2.0 as empresas estão utilizando? De acordo com uma pesquisa realizada durante uma transmissão na *web* sobre o marketing on-line, 64% usam *blogs*, 61% usam *podcasts* e vídeos, 47 usam redes sociais, 38 usam *feeds* de RSS, 22% usam fóruns e 11% usam *wikis*.[8]

Medindo o Sucesso On-line

Três das medidas mais importantes do sucesso on-line são a compra recente, a frequência e o valor monetário. A *compra recente* refere-se ao fato de que os clientes que fizeram uma compra recentemente estão mais propensos a comprar novamente num futuro próximo que clientes que não têm comprado. Os dados da *frequência* ajudam os profissionais de marketing a identificar compradores que tendem a repetir o comportamento de compra no futuro. O *valor monetário* das vendas é importante porque grandes consumidores podem ser os clientes mais rentáveis para uma empresa.

A NetGenesis desenvolveu uma série de equações que podem ajudar os profissionais de marketing on-line a compreender melhor seus dados. Combinando os dados de frequência de acesso com o tempo que o visitante passa no site (duração) e o número de páginas vistas a cada visita (alcance total do site) é possível fornecer uma medida analítica para o fator de **atratividade** do site.

$$ATRATIVIDADE = FREQUÊNCIA \times DURAÇÃO \times ALCANCE\ DO\ SITE$$

Ao medir a atratividade de um site antes e depois da modificação do seu layout ou de alguma de suas funções, os profissionais de marketing podem determinar rapidamente se os visitantes aceitaram a mudança. Ao acrescentar informações de compra para determinar o nível de atratividade necessária para fornecer um volume de compras desejado, os profissionais de marketing compreendem de forma mais precisa como uma mudança no site afeta a empresa. Um número quase infinito de combinações de fatores pode ser criado para fornecer um método quantitativo para determinar o comportamento do comprador on-line. Primeiro, porém, o profissional de marketing deve determinar que medidas são necessárias e que fatores podem ser combinados para se chegar a essas medições.[9]

Tendências do Marketing de Internet B2B

De acordo com James Soto, presidente da agência de marketing empresarial Industrial Strength Marketing, "a primeira coisa que devemos ter em mente no que se refere à tendência do marketing de internet B2B é a mudança da terceirização da net". A empresa constatou que 90% dos compradores empresariais consultam a internet em algum momento durante o processo de compra, e mais de 50% iniciam o processo de compra on-line.[10]

> **atratividade**
> medida da eficácia de um website; é calculada multiplicando-se a frequência de visitas pela duração de uma visita pelo número de páginas vistas durante cada visita (busca de site)

Uma técnica de marketing de internet ainda não muito explorada são os *feeds* de RSS. Os *feeds* de RSS são usados para publicar materiais atualizados com frequência como *blogs*, notícias, áudio e vídeo em formato padrão. O RSS foi originalmente apresentado como um substituto para o e-mail, mas as empresas estão descobrindo que as funções do RSS são melhores como complemento do e-mail. Se os *feeds* de RSS não são atualizados diariamente, os clientes acabam cancelando a assinatura. Os blogs de empresas fornecem uma forma simples de manter um fluxo constante no feed de RSS e também podem agregar boletins informativos em e-mails.[11] Para as empresas que ainda não têm presença ativa na *web*, o uso do RSS pode não ser a utilização mais eficaz de tempo ou de dinheiro. Uma pesquisa recente revelou que sete em cada dez profissionais de marketing B2B não consideram os *feeds* de RSS em suas campanhas. No entanto, 71% dos compradores de tecnologia reportam o uso de *feeds*.[12]

Durante a última década, os profissionais de marketing se tornaram cada vez mais sofisticados no uso da internet. Na Figura 7.2, comparamos três iniciativas de estratégia de marketing empresarial da internet proe-

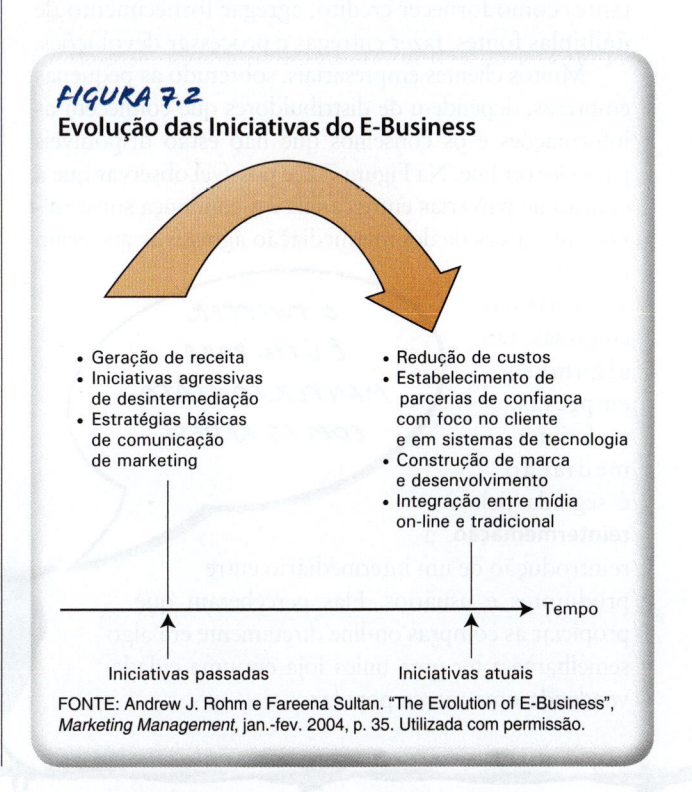

FIGURA 7.2
Evolução das Iniciativas do E-Business

Iniciativas passadas:
- Geração de receita
- Iniciativas agressivas de desintermediação
- Estratégias básicas de comunicação de marketing

Iniciativas atuais:
- Redução de custos
- Estabelecimento de parcerias de confiança com foco no cliente e em sistemas de tecnologia
- Construção de marca e desenvolvimento
- Integração entre mídia on-line e tradicional

FONTE: Andrew J. Rohm e Fareena Sultan. "The Evolution of E-Business", *Marketing Management*, jan.-fev. 2004, p. 35. Utilizada com permissão.

desintermediação eliminação de intermediários, como atacadistas ou distribuidores, de um canal de marketing

reintermediação reintrodução de um intermediário entre produtores e usuários

aliança estratégica (parceria estratégica) acordo cooperativo entre empresas

minentes a partir dos anos 90 com cinco que estão sendo desenvolvidas atualmente. As empresas tiveram de mudar de "Nós temos um site porque nosso cliente tem" para "Temos uma loja que atrai, interessa, satisfaz e mantém os clientes". A cada ano, são desenvolvidas novas aplicações que fornecem informações adicionais sobre clientes atuais e potenciais, aumentam a eficiência, tornam os custos mais baixos, aumentam a eficácia da cadeia de suprimentos ou aprimoram a retenção, lealdade e confiança dos clientes. No Capítulo 21, *Gerenciamento do Relacionamento com os Clientes*, descrevemos várias dessas aplicações.

Um termo presente na Figura 7.2 que pode não ser familiar é a **desintermediação**, que significa eliminar intermediários, como atacadistas ou distribuidores, de um canal de marketing.[13] Um bom exemplo de desintermediação é a Dell, que vende diretamente para compradores empresariais e consumidores. Grandes varejistas como o Wal-Mart usam a estratégia da desintermediação para reduzir custos e preços.

Há alguns anos, muitas pessoas achavam que a internet iria eliminar a necessidade de distribuidores. Por que os consumidores pagam a margem de lucro do distribuidor quando poderiam comprar diretamente do fabricante com alguns cliques? Além disso, a desintermediação da internet ocorreu com frequência menor que muitos esperavam. A razão é que muitas vezes os distribuidores desempenham funções importantes como fornecer crédito, agregar fornecimento de múltiplas fontes, fazer entregas e processar devoluções.

Muitos clientes empresariais, sobretudo as pequenas empresas, dependem de distribuidores que conhecem as informações e os conselhos que não estão disponíveis para eles on-line. Na Figura 7.2, é possível observar que a criação de parcerias entre canais e a confiança substituíram iniciativas de desintermediação agressivas que eram prioridade para a maioria das empresas. Em algumas empresas, a desintermediação é seguida pela **reintermediação**, a reintrodução de um intermediário entre produtores e usuários. Elas perceberam que propiciar as compras on-line diretamente era algo semelhante a ter uma única loja em uma cidade vendendo uma marca popular.

O TWITTER É ÚTIL PARA MANTER CONTATO COM AS REDES!

OA 3 Marketing de Relacionamento e Alianças Estratégicas

Conforme explicado no Capítulo 1, o marketing de relacionamento é uma estratégia que implica buscar e estabelecer parcerias contínuas com os clientes. O marketing de relacionamento tornou-se uma estratégia de marketing empresarial importante já que os clientes se tornaram mais exigentes e a concorrência ficou mais intensa. Clientes fiéis são mais rentáveis que aqueles sensíveis ao preço e que percebem pouca ou nenhuma diferença entre marcas ou fornecedores.

O marketing de relacionamento torna-se cada vez mais importante à medida que os fornecedores empresariais usam plataformas como Facebook, Twitter e outros sites de redes sociais para fazer propaganda de si mesmos. Esses sites incentivam as empresas a comparar preços e a pesquisar as opções para suas necessidades. Isso significa que para muitos fornecedores, manter os clientes atuais tornou-se o foco principal, ao passo que no passado o foco era conquistar novos clientes. Manter um diálogo constante entre fornecedor e cliente é uma forma comprovada de ganhar negócios repetidamente.[14]

Construir relacionamentos com clientes em longo prazo proporciona às empresas uma forma de estabelecer uma vantagem competitiva que é difícil para os concorrentes copiarem. O programa FedEx PowerShip, por exemplo, inclui sistemas de transporte e acompanhamento e emissão de notas fiscais automatizados que economizam tempo e dinheiro dos clientes, bem como solidificam a lealdade deles à FedEx. Isso produz uma situação ganhar-ganhar.

Alianças Estratégicas

Uma **aliança estratégica**, algumas vezes chamada de **parceria estratégica**, é um acordo de cooperação entre empresas. As alianças estratégicas podem assumir a forma de acordos de licenciamento ou distribuição, *joint ventures*, consórcios de pesquisa e desenvolvimento e parcerias. É possível estabelecê-las entre fabricantes, entre fabricantes e clientes, entre fabricantes e fornecedores e entre fabricantes e intermediários de canais.

Os profissionais de marketing B2B formam alianças estratégicas para fortalecer as operações e melhorar a competitividade. A Honest Tea, líder no mercado de bebidas orgânicas e sustentáveis, aceitou uma parceria com a Coca-Cola a fim de se juntar à maior gigante de bebidas e distribuidores estabelecidos, bem como para colocar bebidas mais saudáveis em escolas e supermercados. A Coca-Cola, agora o maior acionista da Honest Tea, incentiva a marca a continuar sua busca de bebidas orgânicas, sustentáveis e comercializadas de forma justa, ao fornecer equipamentos *top* de linha de acordo com as especificações da Honest Tea.[15]

Às vezes, os parceiros são concorrentes ferozes. Diante do aumento de preços dos combustíveis, o serviço de entrega expressa DHL formou uma aliança com sua rival, a UPS. Pelo acordo, a UPS fornece todos os serviços de transporte aéreo para a DHL nos Estados Unidos. Segundo um executivo da DHL, "O cliente não vê nenhuma diferença... a menos que ele preste atenção na cor dos aviões".[16]

Outras alianças são formadas entre as empresas que operam em indústrias completamente diferentes. A 1-800-Flowers estabeleceu-se por meio de alianças estratégicas feitas com empresas fora de seu segmento. Algumas alianças ajudaram a 1-800-Flowers a construir sua reputação; outras a ajudaram a se estabelecer. A parceria com empresas que já possuem reputação sólida, como a Martha Stewart ou o Google, confere credibilidade à 1-800-Flowers e oferece à empresa acesso seguro a uma ampla gama de clientes. Recentemente, a 1-800-Flowers juntou-se à Digby, um pequeno desenvolvedor de softwares, para criar uma forma de os clientes encomendarem flores ou presentes de seus *smartphones*. A 1-800-Flowers espera que essa aliança ofereça a seus clientes facilidade de acesso suficiente para que tenha vantagem sobre outras floriculturas.[17]

Para uma aliança ser bem-sucedida em longo prazo, ela deve ser construída sobre compromisso e confiança. O **compromisso de relacionamento** significa que uma empresa acredita que um relacionamento contínuo com outras empresas é tão importante que tenta fazer o máximo para mantê-lo indefinidamente.[18] A quebra no compromisso por uma das partes geralmente leva a uma ruptura no relacionamento.

A **confiança** existe quando uma parte tem segurança em relação à confiabilidade e integridade do parceiro na transação.[19] Algumas alianças falham quando os participantes não têm confiança em seus parceiros comerciais. General Motors, Ford, Daimler Chrysler, Nissan Motor Company e Renault SA criaram uma forma de troca de acessórios automotivos pela internet chamada Covisint, que elas esperam que gere US$ 300 bilhões em vendas por ano. Mas a indústria automobilística é caracterizada pela desconfiança entre compradores e vendedores. Como foram forçados a aceitar as concessões de preços por anos, os fornecedores estavam relutantes em participar da troca.

Relacionamentos em Outras Culturas

Embora os termos *marketing de relacionamento* e *alianças estratégicas* sejam muito novos e popularizados principalmente por executivos e educadores americanos, os conceitos já são familiares em outras culturas. Os negócios na China, no Japão, na Coreia, no México e em grande parte da Europa dependem muito de relacionamentos pessoais. No Capítulo 21, exploramos a gestão de relacionamentos com clientes.

No Japão, por exemplo, a troca entre as empresas é baseada nas relações pessoais desenvolvidas por meio de *amae*, ou dependência indulgente. *Amae* é o sentimento de nutrir preocupação e dependência em relação ao outro. A reciprocidade e as relações pessoais contribuem para o *amae*. As relações entre as empresas podem se transformar em um **keiretsu** – uma rede de filiais corporativas interligadas. Em um *keiretsu*, os executivos podem participar dos conselhos dos clientes ou dos fornecedores. Sempre que possível, os membros de um *keiretsu* negociam uns com os outros e, muitas vezes, se envolvem no desenvolvimento conjunto de produtos, financiamento e atividades de marketing. O *keiretsu* do grupo Toyota, por exemplo, inclui 14 empresas principais e outras 170 que recebem tratamento preferencial. A Toyota detém uma posição de capital em muitas das 170 empresas-membros e é representada em seus conselhos administrativos.

Muitas empresas descobriram que a melhor forma de competir em países asiáticos é estabelecer relacionamento com empresas asiáticas. A montadora alemã Volkswagen aliou-se à Suzuki Motor Corporation para trabalhar no desenvolvimento de novos veículos híbridos e elétricos de ambas as marcas.[20]

> **compromisso de relacionamento** crença de uma empresa de que o relacionamento contínuo com outra empresa é tão importante que ela faz o máximo esforço para mantê-lo indefinidamente
>
> **confiança** condição que existe quando uma parte confia na credibilidade e integridade de um parceiro
>
> **keiretsu** rede de filiais corporativas integradas

OA 4 Principais Categorias de Clientes Empresariais

O mercado empresarial é composto de quatro categorias principais de clientes: produtores, revendedores, governos e instituições.

CAPÍTULO 7: MARKETING EMPRESARIAL

> **fabricantes de equipamentos originais (OEMs)** indivíduos e organizações que compram bens empresariais e os incorporam aos produtos que fabricam para a venda eventual a outros produtores ou consumidores

Produtores

O segmento dos produtores no mercado empresarial inclui indivíduos e organizações com fins lucrativos que usam bens e serviços adquiridos para fabricar outros produtos, para incorporá-los a outros produtos ou para facilitar as operações diárias da organização. Exemplos de produtores incluem os segmentos de construção, fabricação, transporte, financiamento, imóveis e empresas de serviços referentes à alimentação. Nos Estados Unidos, há mais de 13 milhões de empresas no segmento de produtores do mercado empresarial. Algumas dessas empresas são pequenas, outras estão entre as maiores do mundo.

Geralmente, os produtores são chamados de **fabricantes de equipamentos originais** ou **OEMs**. Esse termo inclui indivíduos e organizações que adquirem bens e os incorporam aos produtos que produzem para eventuais vendas a outros produtores ou consumidores. Empresas como a General Motors, que compram aço, pintura, pneus e baterias, são chamadas de OEMs.

Revendedores

O mercado de revendedores inclui empresas de varejo e atacado que compram produtos acabados e os revendem para obter lucro. Um varejista vende principalmente para consumidores finais; os atacadistas vendem para varejistas e outras organizações. Nos Estados Unidos existem aproximadamente 1,5 milhão de varejistas e 500 mil atacadistas em operação. Empresas de produtos de consumo como a Procter & Gamble, Kraft Foods e Coca-Cola vendem diretamente para grandes varejistas, redes de varejo e atacados, os quais vendem para unidades menores de varejo. O varejo é explorado em detalhes no Capítulo 15.

Os distribuidores de produtos empresariais são atacadistas que compram produtos empresariais e os revendem para clientes empresariais. Muitas vezes, eles têm milhares de itens em estoque e empregam forças de vendas para atrair clientes empresariais. As empresas que desejam comprar uma grande quantidade de lápis ou 45 kg de fertilizante normalmente compram esses itens de distribuidores locais em vez de comprá-los diretamente de fabricantes como a Empire Pencil ou a Dow Chemical.

Governo

Um terceiro segmento importante do mercado empresarial é o governo. As organizações governamentais incluem milhares de unidades de compra federais, estaduais e municipais. Elas compõem o que pode ser o maior mercado de bens e serviços do mundo.

Muitas vezes, os contratos de compras de órgãos públicos são submetidos a licitação. Os interessados apresentam propostas (normalmente fechadas) para fornecer produtos durante um período determinado. Às vezes, o menor preço ganha o contrato. Quando isso não ocorre, é preciso justificar a decisão. Os motivos para rejeitar a proposta de menor preço incluem falta de experiência, financiamento inadequado, desempenho anterior muito aquém do desejado. A licitação permite que todos os fornecedores potenciais tenham uma chance justa de ganhar contratos governamentais e ajuda a garantir que os fundos públicos sejam gastos de forma sábia.

Governo Federal Apenas nomeie algum bem ou serviço e talvez exista a chance de alguém no governo federal utilizá-lo. O governo federal dos Estados Unidos adquire bens e serviços avaliados em mais de US$ 600 bilhões por ano, o que o torna o maior cliente do mundo.

Embora grande parte das compras do governo federal seja centralizada, nenhum órgão federal contrata para todos os requisitos do governo, e nenhum comprador em qualquer órgão compra tudo que todo o órgão precisa. Podemos ver o governo federal como uma combinação de diversas empresas grandes com responsabilidades sobrepostas e milhares de pequenas unidades independentes. Uma fonte popular de informações sobre compras governamentais é o *Commerce Business Daily*. Até recentemente, as empresas que esperavam vender para o governo federal achavam o documento desorganizado, que muitas vezes chegava tarde demais para ser útil. A versão on-line (www.cbd-net.com) é oportuna e permite que os contratantes encontrem o texto principal pesquisando por meio de palavras-chave. Outros exemplos de publicações destinadas a explicar como fazer negócios com o governo federal incluem *Doing Business with the General Services Administration*, *Selling to the Military* e *Selling to the U. S. Air Force*.

Governo Estadual, do Condado e Municipal Vender para estados, condados e cidades pode ser menos frustrante tanto para grandes como para pequenos fornecedores que vender para o governo federal. Os trâmites burocráticos são mais simples e mais fáceis de gerenciar que no âmbito federal. Os fornecedores devem decidir quais das mais de 82 mil unidades do governo estão propensas a comprar seus produtos. As agências estatais e locais de compras incluem distritos escolares, departamentos de estradas de rodagem, hospitais e órgãos de habitação.

Instituições

O quarto maior segmento do mercado empresarial é composto de instituições que procuram atingir fins diferentes dos objetivos-padrão de lucro empresarial, par-

O GOOGLE ALCANÇA O GOVERNO

Programas de internet **baseados na web**, como o Google Apps, oferecem a flexibilidade de acessar arquivos e e-mails de qualquer computador que esteja conectado. Apesar da crescente popularidade do Google Apps entre os indivíduos, a maioria das empresas ainda usa o Outlook da Microsoft ou outros aplicativos de e-mail. Atualmente, a Microsoft atende 90% do e-mail do governo federal dos Estados Unidos. O governo federal está tentando diminuir seu orçamento anual de US$ 76 bilhões e acha que pode fazê-lo por meio da implementação de programas baseados na *web*. Agora Google e Microsoft estão competindo para ganhar o contrato – o Google Apps passou a certificação de segurança (o primeiro programa baseado na *web* a fazê-lo) e o Exchange da Microsoft está sendo revisto. O contrato inicial é para 15 mil contas federais de e-mail. A Google espera obter o sucesso que teve em Los Angeles ao vencer a licitação de 34 mil funcionários para mudar para o Google Apps. A transição para a computação baseada na *web* do Google prevê uma economia de US$ 5,5 milhões para a cidade durante os cinco anos de contrato.[21]

ticipação de mercado e retorno sobre o investimento. Esse segmento inclui escolas, hospitais, faculdades e universidades, igrejas, sindicatos, organizações fraternais, clubes civis, fundações e outras organizações sem fins lucrativos. A Xerox oferece às instituições médicas e educacionais os mesmos preços que oferece aos órgãos governamentais (o mais barato que a empresa oferece) e tem uma força de vendas separada que apela para esses clientes.

OA 5 Sistema de Classificação Industrial Norte-americano

O **Sistema de Classificação Industrial Norte-americano (NAICS)** foi introduzido em 1997 para substituir o sistema de classificação industrial padrão (SIC). O NAICS (pronuncia-se *neiquis*) é um sistema que serve para classificar os estabelecimentos comerciais norte-americanos. O sistema, desenvolvido em conjunto pelos Estados Unidos, Canadá e México, fornece um sistema de classificação industrial comum para os parceiros do Acordo de Livre Comércio da América do Norte (Nafta). As empresas produtoras de bens e serviços que utilizam processos de produção idênticos ou semelhantes são agrupadas.

Sistema de Classificação Industrial Norte-americano (NAICS) sistema numérico detalhado desenvolvido pelos Estados Unidos, Canadá e México para classificar os estabelecimentos comerciais norte-americanos com base em seus principais processos de produção

Como o NAICS Funciona

Quanto mais dígitos houver no código do NAICS, mais homogêneo é o grupo naquele nível.

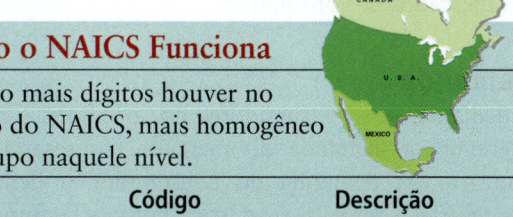

Nível do NAICS	Código do NAICS	Descrição
Setor	51	Informações
Subsetor	513	Transmissão e telecomunicações
Grupo industrial	5133	Telecomunicações
Indústria	51332	Operadoras de telecomunicações sem fio, exceto por satélite
Subdivisão industrial	513321	Paginação

Fonte: North American Industry Classification System (NAICS)

CAPÍTULO 7: MARKETING EMPRESARIAL

demanda derivada demanda por produtos empresariais

demanda conjunta demanda por dois ou mais itens usados juntos em um produto final

efeito multiplicador (princípio acelerador) fenômeno em que um pequeno aumento ou diminuição na demanda do consumidor pode produzir uma mudança muito maior na demanda por instalações e equipamentos necessários para fabricar o produto de consumo

O NAICS é uma ferramenta extremamente valiosa para os profissionais de marketing B2B envolvidos com análise, segmentação e mercados-alvo. Cada grupo de classificação é relativamente homogêneo no que se refere a matérias-primas necessárias, componentes utilizados, processos de fabricação empregados e problemas. Quanto mais dígitos houver em um código, mais homogêneo é o grupo. Portanto, se um fornecedor compreender as necessidades e exigências de algumas empresas em uma classificação, os requisitos podem ser projetados para todas as empresas daquela categoria. O número, tamanho e dispersão geográfica das empresas também podem ser identificados. Essas informações são convertidas para estimativas potenciais de mercado, estimativas de participação de mercado e previsões de venda. Elas também são usadas para identificar novos clientes potenciais. Os códigos do NAICS ajudam a identificar as empresas que podem ser usuários potenciais de bens e serviços de um fornecedor. Para uma relação completa de todos os códigos do NAICS, consulte www.naics.com/search.htm.

OA 6 Empresas versus Mercados de Consumo

A filosofia e a prática do marketing são as mesmas seja o cliente uma empresa ou um consumidor. No entanto, os mercados empresariais têm características diferentes dos mercados de consumo.

Demanda

A demanda dos consumidores por produtos é muito diferente da demanda do mercado empresarial. Ao contrário da demanda do consumidor, a demanda empresarial é derivada, inelástica, conjunta e flutuante.

Demanda Derivada A demanda por produtos empresariais é chamada **demanda derivada** porque as organizações compram produtos para serem usados na fabricação dos produtos de seus clientes. O número de brocas ou tornos de que um fabricante precisa é "derivado de" ou se baseia na demanda de produtos que são fabricados usando essas máquinas. Como a demanda é derivada, os profissionais de marketing B2B devem monitorar cuidadosamente os padrões de demanda e mudar as preferências no mercado consumidor final, mesmo que seus clientes não estejam nesse mercado. Além disso, os profissionais de marketing devem acompanhar atentamente as projeções de seus clientes porque a demanda derivada é baseada nas expectativas de demanda futura dos produtos desses clientes.

Alguns profissionais de marketing não apenas monitoram a demanda do consumidor final e as previsões de seus clientes, mas também tentam influenciar na demanda do consumidor final. Os produtores de alumínio usam anúncios de televisão e revista para apontar as oportunidades de conveniência e reciclagem que o alumínio oferece aos consumidores, que podem escolher comprar refrigerantes em recipientes de alumínio ou plástico.

Demanda Inelástica A demanda para muitos produtos comerciais é inelástica em relação ao preço. *Demanda inelástica* significa que o aumento ou a diminuição no preço do produto não afeta de forma significativa a demanda pelo produto. Esse aspecto será discutido com mais detalhes no Capítulo 19.

Muitas vezes, o preço de um produto usado na fabricação de um produto final, ou como parte dele, é uma parcela menor do preço total do produto final. Assim, a demanda pelo produto do consumidor final não é afetada. Se o preço da pintura de um automóvel ou da vela de ignição aumentar significativamente, digamos 200% em um ano, você acha que o número de automóveis novos vendidos naquele ano será afetado? Provavelmente não.

Demanda Conjunta A **demanda conjunta** ocorre quando dois ou mais itens são usados juntos em um produto final. O declínio na disponibilidade de *chips* de memória vai desacelerar a produção de microcomputadores que, por sua vez, vai reduzir a demanda por unidades de disco. Da mesma forma, a demanda por sistemas operacionais da Apple existe enquanto houver demanda por computadores Apple. As vendas dos dois produtos estão diretamente relacionadas.

Demanda Flutuante A demanda por produtos comerciais, principalmente novas plantas e equipamentos, tende a ser menos estável do que a demanda por produtos de consumo. Um pequeno aumento ou diminuição na demanda do consumidor pode produzir uma mudança muito maior na procura por instalações e equipamentos necessários para fabricar o produto de consumo. Os economistas chamam esse fenômeno de **efeito multiplicador** (ou **princípio acelerador**).

A Cummins Engine Company, fábrica de motores diesel pesados, usa esmerilhadeiras sofisticadas para produzir peças. Suponha que a Cummins esteja utilizando 20 esmerilhadeiras. Cada máquina dura cerca de dez anos. As compras foram programadas para que duas máquinas desgastadas sejam substituídas anualmente. Se a demanda por peças de motor não mudar, duas esmerilhadeiras serão compradas este ano. Se a demanda por peças diminuir um pouco, apenas 18 esmerilhadeiras serão necessárias, e a Cummins não substituirá as desgastadas. No entanto, suponha que a demanda no próximo ano retorne aos níveis anteriores com um pouco mais de movimento. Para atender o novo nível de demanda, a Cummins terá de substituir as duas máquinas desgastadas no primeiro ano, as duas máquinas desgastadas no segundo ano, além de adquirir uma ou mais máquinas. O efeito multiplicador funciona dessa forma em muitas indústrias, produzindo uma procura flutuante para produtos comerciais.

Volume de Compra

Os clientes empresariais compram em quantidades muito maiores que os consumidores. Basta pensar no volume típico de um pedido da Kellogg's por sêmeas de trigo e passas para fabricar o Raisin Bran; ou considerar que a Enterprise Rent-A-Car compra 500 carros elétricos da Nissan de uma só vez.[22]

Número de Clientes

Os atacadistas costumam ter muito menos clientes que os varejistas. A vantagem é que é muito mais fácil identificar potenciais compradores, monitorar as necessidades e os níveis de satisfação dos clientes atuais e atender pessoalmente clientes existentes. A principal desvantagem é que cada cliente se torna fundamental, principalmente para aqueles fabricantes que têm apenas um cliente. Em muitos casos, esse cliente é o governo dos Estados Unidos. O sucesso ou o fracasso de um lance podem fazer a diferença entre prosperidade e falência. A Boeing, tentando recuperar sua posição dominante como desenvolvedor de aviões-tanque, tem disputado por mais de três anos a licitação de US$ 35 bilhões da Força Aérea dos Estados Unidos para fornecer aviões de reabastecimento. Seu principal concorrente é a European Aeronautic Defence and Space Company, atualmente o principal fornecedor mundial de aviões-tanque.[23]

Localização de Compradores

Os clientes dos atacadistas tendem a estar muito mais concentrados geograficamente que os consumidores. Mais da metade dos compradores de atacado dos Estados Unidos está localizado na Califórnia, em Illinóis, Michigan, Nova Jersey, Nova York, Ohio e na Pensilvânia. As indústrias de aeronaves e microeletrônica estão concentradas na Costa Oeste, e muitas das empresas que abastecem a indústria automobilística estão localizadas em Detroit e nos seus arredores.

Estrutura de Distribuição

Muitos produtos de consumo passam por um sistema de distribuição que inclui o produtor, um ou mais atacadistas e um varejista. No marketing empresarial, no entanto, em razão das características já mencionadas, os canais de distribuição para o marketing empresarial são geralmente mais curtos. Os canais diretos, em que os fabricantes negociam diretamente com os usuários, são mais comuns. O uso de canais diretos aumentou drasticamente na última década com a introdução de diversos esquemas de compra e venda pela internet. Uma dessas técnicas é chamada de **troca on-line B2B**, um pregão eletrônico que oferece às empresas *links* integrados a clientes e fornecedores. O objetivo das trocas B2B é simplificar as compras no atacado e torná-las mais eficientes. A Exostar, por exemplo, reivindica mais da metade das empresas da indústria aeroespacial como seus clientes e tem mais de 70 mil empresas registradas para apoiá-los.[24] Fornecedores como a Exostar facilitam as relações de canal direto entre produtores e clientes.

Natureza da Compra

Ao contrário dos consumidores, os compradores empresariais normalmente abordam as compras de maneira bastante formal. As empresas usam agentes de compra treinados ou compradores que passam a vida comprando um número limitado de itens. Eles têm de conhecer os itens e os vendedores muito bem. Nos Estados Unidos, alguns compradores profissionais obtêm a titulação de Gerente de Compras Certificado (CPM) após participar de um rigoroso programa de certificação.

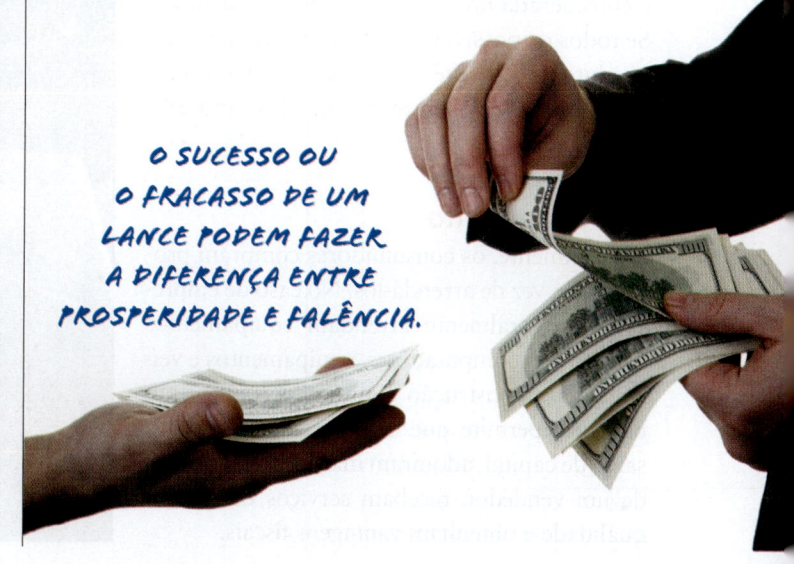

> **troca on-line B2B**
> pregão eletrônico que oferece às empresas *links* integrados a clientes e fornecedores

> O SUCESSO OU O FRACASSO DE UM LANCE PODEM FAZER A DIFERENÇA ENTRE PROSPERIDADE E FALÊNCIA.

reciprocidade prática segundo a qual os compradores empresariais escolhem comprar de seus próprios clientes

Natureza da Influência da Compra

Normalmente, mais pessoas estão envolvidas em uma única decisão de compra empresarial que em uma compra individual. Especialistas de áreas tão variadas como controle de qualidade, marketing e finanças, bem como compradores e usuários profissionais, podem ser agrupados em um central de compras (aspecto discutido posteriormente neste capítulo).

Tipos de Negociação

Os consumidores negociam preços de automóveis e imóveis. Na maioria dos casos, no entanto, os consumidores americanos esperam que os vendedores estabeleçam o preço e outras condições de venda, como prazo de entrega e condições de crédito. Em contraposição, a negociação é comum no marketing empresarial. Os compradores e vendedores negociam as especificações dos produtos, prazos de entrega, condições de pagamento, preços e outros assuntos referentes a preços. Às vezes, essas negociações ocorrem em várias reuniões ao longo de meses. Os contratos finais costumam ser muito extensos e detalhados.

Reciprocidade

Muitas vezes, os compradores empresariais escolhem comprar de seus próprios clientes, uma prática conhecida como **reciprocidade**. A General Motors compra motores para seus automóveis e caminhões da BorgWarner, que por sua vez compra da General Motors muitos dos automóveis e caminhões de que precisa. Essa prática não é nem antiética nem ilegal, a menos que uma parte coaja a outra e o resultado seja concorrência desleal. A reciprocidade é considerada uma prática comercial razoável. Se todos os possíveis fornecedores vendem um produto semelhante por quase o mesmo preço, não faz sentido comprar daquelas empresas que compram de você?

Arrendamento

Normalmente, os consumidores compram produtos em vez de arrendá-los. No caso de empresas, elas geralmente arrendam equipamentos caros como computadores, equipamentos e veículos para construção e automóveis. O arrendamento permite que as empresas reduzam a saída de capital, adquiram mais produtos novos de um vendedor, recebam serviços de melhor qualidade e obtenham vantagens fiscais.

O arrendador, a empresa que fornece o produto, pode ser tanto um fabricante como uma empresa independente. Os benefícios para o arrendador incluem receita total maior, comparada à venda, e oportunidade de fazer negócios com clientes que não podem se dar ao luxo de comprar.

Principal Método Promocional

Os profissionais de marketing B2B tendem a enfatizar a venda pessoal em seus esforços promocionais, principalmente no caso de itens caros, produtos personalizados, compras de grande volume e situações que exigem negociação. A venda de muitos produtos comerciais exige uma grande dose de contato pessoal. No Capítulo 18, discutimos a venda pessoal com mais detalhes.

OA 7 Tipos de Produtos Comerciais

Em geral, os produtos comerciais caem em uma das seguintes categorias, dependendo de sua utilização: equipamentos principais, equipamentos acessórios, matérias-primas, componentes, materiais processados, suprimentos e serviços empresariais.

Equipamentos Principais

Os **equipamentos principais** incluem bens de capital como máquinas grandes ou caras, computadores *mainframe*, altos-fornos, geradores, aviões e edifícios. (Esses itens são chamados de **instalações**.) O equipamento principal é depreciado ao longo do tempo em vez de ser considerado despesa no ano em que é adquirido. Além disso, normalmente é personalizado para cada cliente. A venda pessoal é uma parte importante da estratégia de marketing para o equipamento principal porque os canais de distribuição são quase sempre diretos do produtor para o usuário empresarial.

Equipamentos Acessórios

Os **equipamentos acessórios** geralmente são menos caros e têm vida mais curta que os equipamentos principais. Exemplos incluem brocas portáteis, ferramentas elétricas, microcomputadores e aparelhos de fax. Muitas vezes, os equipamentos acessórios são considerados despesas no ano em que são comprados em vez de serem amortizados ao longo de sua vida útil. Em contraposição ao equipamento principal, o acessório é mais padronizado e geralmente é adquirido por mais clientes. Esses clientes tendem a ser muito dispersos. Todos os tipos de empresas compram microcomputadores, por exemplo.

Os distribuidores industriais locais (atacadistas) desempenham um papel fundamental na comercialização de equipamentos acessórios porque os compradores empresariais normalmente compram acessórios deles. Independentemente de onde os acessórios são comprados, a publicidade é uma ferramenta promocional muito mais essencial para os equipamentos acessórios que para os equipamentos principais.

Matérias-Primas

As **matérias-primas** são produtos extrativistas ou agrícolas não processados – por exemplo, minério de ferro, madeira, trigo, milho, frutas, vegetais e peixes. As matérias-primas tornam-se parte dos produtos acabados. Usuários extensivos, como moinhos de aço ou madeira e envasadores de alimentos, geralmente compram grandes quantidades de matérias-primas. Como há muitos vendedores de porte relativamente pequeno de matérias-primas, ninguém pode influenciar muito no preço ou no fornecimento. Portanto, o mercado tende a definir o preço das matérias-primas, e os produtores individuais têm pouca flexibilidade de preço. A promoção ocorre quase sempre por meio da venda pessoal, e o canal de distribuição é direto do produtor para o usuário empresarial.

Componentes

Os **componentes** são itens prontos para montagem ou produtos que precisam de processamento mínimo para se tornar parte de outro produto. Os motores a diesel Caterpillar são componentes usados em caminhões pesados. Outros exemplos incluem velas de ignição, pneus e motor elétrico para automóveis. Uma característica especial dos componentes é que eles podem manter sua identidade após se tornar parte do produto final. Os pneus são reconhecidos como parte dos veículos. Além disso, como os componentes se desgastam, devem ser substituídos várias vezes durante a vida útil do produto final. Assim, existem dois mercados importantes para muitos componentes, o mercado do fabricante do equipamento original (OEM) e o mercado de reposição.

A disponibilidade de componentes costuma ser um fator-chave para que os OEMs cumpram os prazos de produção. A Boeing, por exemplo, teve de adiar a montagem final do Boeing 787 Dreamliners por mais de três anos porque a finalização de seus componentes foi mais lenta que se esperava. Além das vendas atrasadas e da decepção e insatisfação dos clientes, a Boeing já pagou bilhões em multas e prejudicou sua credibilidade. Apesar dos contratempos e do fato de que há apenas seis Dreamliners voando atualmente, a Boeing tem 866 encomendados.[25]

A diferença entre os custos unitários e os preços de venda no mercado dos OEMs é geralmente pequena, mas os lucros podem ser substanciais em virtude das compras de grande volume.

O mercado de reposição é composto por organizações e indivíduos que compram componentes para substituir peças desgastadas. Como os componentes mantêm sua identidade nos produtos finais, os usuários podem optar por substituir um componente pela mesma marca usada pelo fabricante – por exemplo, as mesmas marcas de pneu ou bateria. No entanto, o mercado de reposição opera de forma diferente do mercado dos OEMs. Se os comprado-

---

equipamentos principais (instalações) bens capitais, como máquinas grandes ou caras, computadores *mainframe*, altos-fornos, geradores, aviões e edifícios

equipamentos acessórios produtos, como ferramentas portáteis e equipamentos de escritório, menos caros e de vida mais curta que os equipamentos principais

matérias-primas produtos extrativistas ou agrícolas não processados, como minério de ferro, madeira, trigo, milho, frutas, vegetais e peixes

componentes itens prontos acabados para montagem ou produtos que precisam de processamento mínimo para se tornar parte de outro produto

materiais processados produtos usados diretamente na manufatura de outros produtos

suprimentos itens consumíveis que não se tornam parte do produto final

res de reposição forem organizações ou indivíduos, tendem a demonstrar as características dos mercados de consumo mostradas no Objetivo da Aprendizagem 6 (OA 6). Considere, por exemplo, uma peça de reposição de um automóvel. O volume de compras costuma ser pequeno e muitos clientes, geograficamente dispersos, compram de concessionárias ou lojas de peças. Não ocorrem negociações além disso, nem a reciprocidade nem o arrendamento são problemas.

Os fabricantes de componentes frequentemente direcionam sua publicidade para compradores de reposição. A Cooper Tire & Rubber, por exemplo, fabrica e comercializa componentes de pneus de automóveis e caminhões apenas para o mercado de reposição. A General Motors e outras montadoras competem com empresas independentes pela reposição de peças automotivas.

Materiais Processados

Os **materiais processados** são produtos utilizados diretamente na fabricação de outros produtos. Ao contrário das matérias-primas, sofreram algum tipo de processamento. Os exemplos incluem chapas metálicas, produtos químicos, aços especiais, madeira tratada, xarope de milho e plásticos. Diferentemente dos componentes, os materiais processados não mantêm sua identidade nos produtos finais.

A maioria dos materiais processados é comercializada com os OEMs ou com distribuidores que prestam serviços para o mercado dos OEMs. Os materiais processados são geralmente comprados de acordo com as especificações dos clientes ou de acordo com alguns padrões industriais, como é o caso do aço e da madeira compensada. O preço e o serviço são fatores importantes na escolha de um fornecedor.

Suprimentos

Os **suprimentos** são itens de consumo que não se tornam parte do produto final – por exemplo, lubrificantes, detergentes, toalhas de papel, lápis e papel. Normalmente, são itens padronizados que os agentes de compra adquirem de forma rotineira. Os suprimentos têm uma vida relativamente curta e são baratos quando comparados a outros bens comerciais. Como os suprimentos caem em uma das três categorias – suprimentos de manutenção, reparo ou operação –, a concorrência no mercado MRO é intensa. A Bic e a Paper Mate, por exemplo, lutam pela venda de canetas esferográficas baratas.

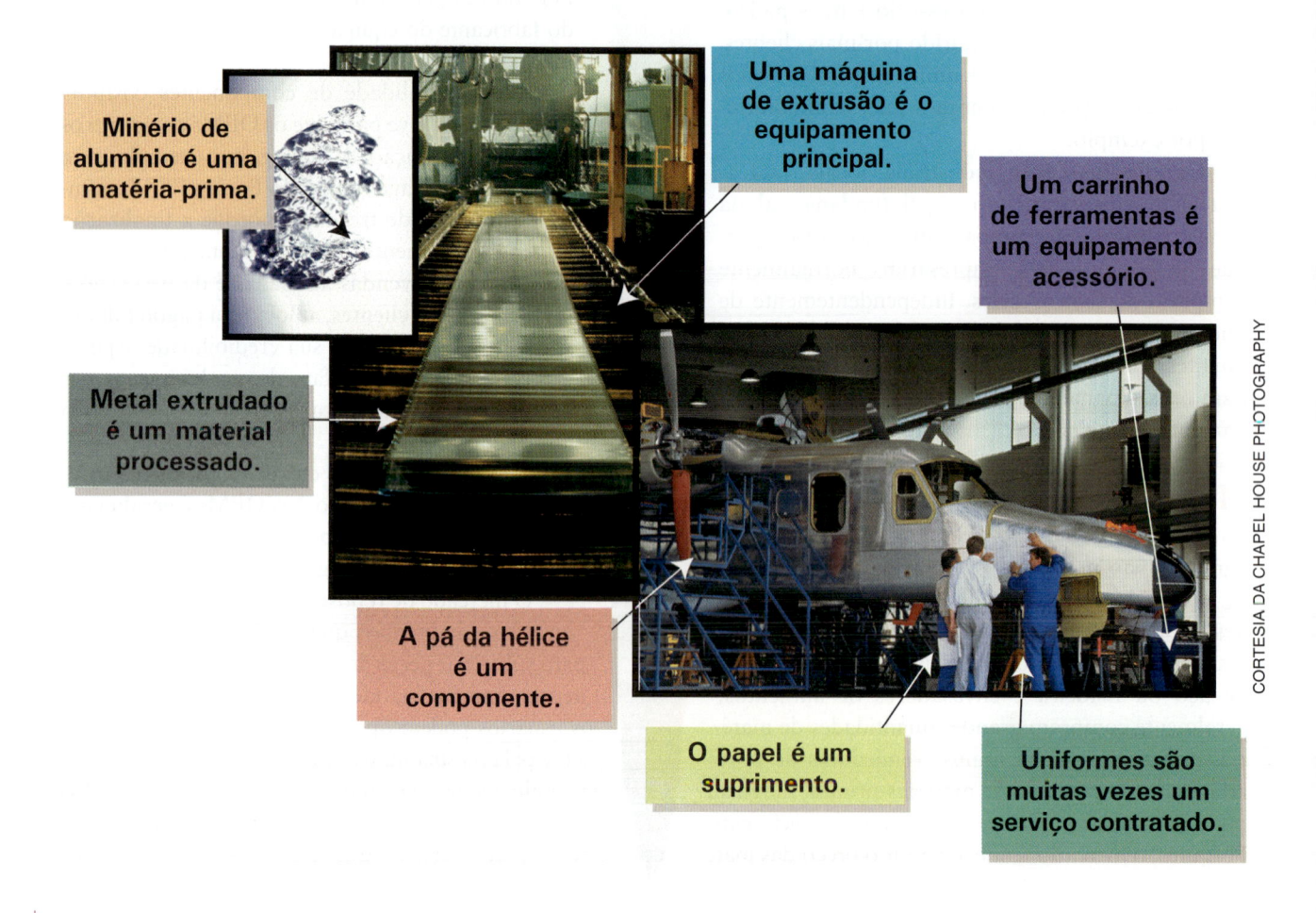

- Minério de alumínio é uma matéria-prima.
- Metal extrudado é um material processado.
- A pá da hélice é um componente.
- Uma máquina de extrusão é o equipamento principal.
- Um carrinho de ferramentas é um equipamento acessório.
- O papel é um suprimento.
- Uniformes são muitas vezes um serviço contratado.

CORTESIA DA CHAPEL HOUSE PHOTOGRAPHY

> "O COMPORTAMENTO DE COMPRA EMPRESARIAL TEM **CINCO** ASPECTOS **IMPORTANTES**: CENTROS DE COMPRAS, **CRITÉRIOS DE AVALIAÇÃO**, SITUAÇÕES DE COMPRA, **ÉTICA** EMPRESARIAL E ATENDIMENTO AO CLIENTE."

Serviços Empresariais

Os **serviços empresariais** são itens de despesa que não se tornam parte do produto final. Muitas vezes, as empresas mantêm fornecedores externos para executar serviços de portaria, publicidade, consultoria jurídica, gerenciamento, pesquisa de marketing, manutenção e outros. A contratação de um prestador de serviços externo faz sentido quando custa menos que contratar ou designar um funcionário para executar a tarefa e quando um prestador de serviços externo é necessário para a realização de uma atividade específica.

OA 8 Comportamento de Compra Empresarial

Como você provavelmente já concluiu, os compradores empresariais se comportam de forma diferente dos consumidores. Compreender como as decisões de compra são tomadas nas organizações é o primeiro passo no desenvolvimento de uma estratégia de venda empresarial. O comportamento de compra empresarial tem cinco aspectos importantes: centros de compras, critérios de avaliação, situações de compra, ética empresarial e atendimento ao cliente.

Centros de Compras

Em muitos casos, mais de uma pessoa está envolvida na decisão de compra. Identificar quem são essas pessoas e que papéis desempenham aumenta as chances de sucesso do vendedor.[26]

Um **centro de compras** inclui as pessoas em uma organização envolvidas na decisão de compra. A composição e a influência variam de empresa para empresa. Em empresas dominadas pela engenharia, como a Bell Helicopter, o centro de compras pode ser constituído quase exclusivamente por engenheiros. Em empresas conduzidas pelo marketing, como a Toyota e a IBM, o marketing e a engenharia têm autoridade quase igual. Em empresas de bens de consumo, como a Procter & Gamble, os gerentes de produtos e outros tomadores de decisão de marketing podem dominar o centro de compras. Em uma pequena indústria, quase todo mundo pode ser um membro.

O número de pessoas envolvidas em um centro de compras varia de acordo com a complexidade e a importância da decisão de compra. A composição do grupo de compras normalmente muda de uma compra para outra e, às vezes, até mesmo durante as várias etapas do processo de compra. Para tornar as coisas mais complicadas, os centros de compras não aparecem no organograma formal.

Mesmo que um comitê formal tenha sido estabelecido para escolher um novo local de planta, ele é apenas parte do centro de compras. Outras pessoas, como o presidente da empresa, muitas vezes desempenham papéis informais, mas poderosos. Em um processo de tomada de decisão longo, como encontrar um local para uma nova unidade, alguns membros podem deixar de fazer parte do centro de compras, quando não forem mais úteis. Outros, cujos talentos são necessários, podem ser agregados ao centro. Não há um anúncio formal que indique "quem está dentro" ou "quem está fora".

Papéis Desempenhados no Centro de Compras Assim como nas decisões de compra de uma família, diversas pessoas podem desempenhar um papel no processo de compras empresarial.

Implicações dos Centros de Compras para o Gestor de Marketing Fornecedores bem-sucedidos percebem a importância de identificar quem está na unidade de tomada de decisão, a influência relativa de cada membro na decisão de compra e os critérios de avaliação

> **serviços empresariais** itens caros que não se tornam parte do produto final
>
> **centro de compras** as pessoas em uma organização envolvidas na decisão de compra

OS PAPÉIS NAS COMPRAS EMPRESARIAIS

» *Iniciador*: pessoa que sugere a compra pela primeira vez.

» *Influenciadores/Avaliadores*: pessoas que influenciam na decisão de compra. Elas ajudam a definir as especificações e fornecem informações para avaliar as opções. Os técnicos são muito importantes como influenciadores.

» *Porteiros*: são os membros do grupo que controlam o fluxo de informações. Frequentemente, o agente de compras vê o papel do porteiro como uma fonte de seu poder. Uma secretária também pode atuar como porteiro, determinando quais fornecedores podem agendar visita com um comprador.

» *Decisor*: pessoa que tem poder formal ou informal para escolher ou aprovar a escolha do fornecedor ou da marca. Em situações complexas, é difícil determinar quem toma a decisão final.

» *Comprador*: pessoa que realmente negocia a compra. Poderia ser qualquer pessoa, desde o presidente da empresa até o agente de compras, dependendo da importância da decisão.

» *Usuários*: membros da organização que realmente usarão o produto. Os usuários geralmente iniciam o processo de compra e ajudam a definir as especificações do produto.

de cada membro. Muitas vezes, as estratégias de venda bem-sucedidas estão focadas em determinar as influências de compra mais importantes e em apresentar vendas personalizadas conforme os critérios de avaliação mais importantes aos membros dos centros de compras. A Loctite Corporation, por exemplo, fabricante da Super Glue e de adesivos e selantes industriais, percebeu que os engenheiros eram os mais importantes influenciadores e tomadores de decisão na compra de adesivos e selantes. Como resultado, a Loctite focou seus esforços de marketing em engenheiros de produção e manutenção.

Critérios de Avaliação

Os compradores empresariais avaliam produtos e fornecedores contrapondo três critérios importantes: qualidade, serviço e preço – nessa ordem.

Qualidade Nesse caso, a qualidade se refere à adequação técnica. Uma ferramenta superior pode realizar um trabalho melhor no processo de produção, uma embalagem superior pode aumentar a aceitação das concessionárias e dos consumidores em relação a uma marca. A avaliação da qualidade também se aplica ao vendedor e à empresa do vendedor. Os compradores empresariais querem lidar com vendedores respeitáveis e empresas que são financeiramente responsáveis. O aprimoramento da qualidade deve ser parte da estratégia de marketing de toda organização.

Serviço Os compradores empresariais, assim como querem produtos satisfatórios, querem serviços satisfatórios. Uma compra oferece diversas oportunidades para os serviços. Suponha que um fornecedor esteja vendendo equipamentos pesados. O serviço de pré-compra poderia incluir um levantamento das necessidades do comprador. Após a análise minuciosa dos resultados da pesquisa, o vendedor poderia preparar um relatório e recomendações na forma de uma proposta de compra. Se isso resultasse em uma compra, o serviço de pós-compra poderia consistir na instalação dos equipamentos e no treinamento daqueles que vão usá-los. Os serviços pós-venda também podem incluir manutenção e reparos. Outro item que os compradores empresariais buscam é a confiabilidade do fornecimento. Eles têm de contar com a entrega do que foi pedido quando está programado para ser entregue. Os compradores também apreciam serviços que os ajudam a vender seus produtos acabados. Os serviços desse tipo são especialmente apropriados quando o produto do vendedor é uma parte identificável do produto final do comprador.

Preço Os compradores empresariais querem comprar a preços baixos – os preços mais baixos, na maioria das circunstâncias. No entanto, um comprador que pressiona um fornecedor a reduzir os preços a ponto de fazê-lo perder dinheiro na venda compromete a qualidade. O comprador também pode obrigar o fornecedor a parar de fornecer para ele. Então, será necessário encontrar uma nova fonte de fornecimento.

Situações de Compra

Não raro, as empresas, principalmente os fabricantes, têm de decidir se produzem algo ou se compram de um fornecedor externo. A decisão está essencialmente ligada à economia. Um item de qualidade semelhante pode ser comprado por um preço menor em outro lugar? Se não, fabricá-lo internamente é o melhor uso dos recursos limitados da empresa? A Briggs & Stratton Corporation, um dos principais fabricantes de motores de quatro tempos, pode economizar US$ 150 mil por ano em compras externas, gastando US$ 500 mil no equipamento necessário para produzir estranguladores de gás. No entanto, a empresa poderia usar esses US$ 500 mil para atualizar sua linha de montagem de carburadores, o que economizaria US$ 225 mil por ano. Se uma empresa decide comprar um produto em vez de produzi-lo, a compra será uma nova compra, uma recompra modificada ou uma recompra direta.

Nova Compra A **nova compra** é uma situação que exige a compra de um produto pela primeira vez. Por exemplo, suponha que uma empresa de manufatura precise de uma forma melhor de contatar seus gestores enquanto eles estão trabalhando no chão da fábrica. Atualmente, cada gestor tem um toque diferente – por exemplo, dois sons curtos e um longo – que soa no interfone da planta sempre que ele estiver sendo chamado por alguém na fábrica. A empresa decide substituir seu sistema de alarme pela tecnologia de rádio sem fio, o que permitirá que os gestores se comuniquem imediatamente com o departamento que o chamou. Essa situação representa uma maior oportunidade para novos fornecedores. Nenhuma relação de longo prazo foi estabelecida para esse produto, as especificações podem ser, de alguma forma, fluidas, e os compradores são geralmente mais abertos a novos fornecedores.

Se o novo item é uma matéria-prima ou um componente crítico, o comprador não pode se dar ao luxo de ficar sem o suprimento. O vendedor deve ser capaz de convencer o comprador de que a empresa do vendedor pode entregar a tempo e de forma consistente um produto de alta qualidade.

Recompra Modificada A **recompra modificada** é normalmente menos crítica e consome menos tempo que uma nova compra. Em uma situação de recompra modificada, o comprador quer alguma mudança no bem ou serviço original. Pode ser outra cor, maior resistência à tração em um componente, mais entrevistados em um estudo de pesquisa de marketing ou serviços adicionais em contrato de portaria.

Como as duas partes estão familiarizadas umas com as outras e alguma credibilidade foi estabelecida, o comprador e o vendedor podem se concentrar em detalhes específicos da modificação. Entretanto, em alguns casos, as recompras modificadas estão abertas a licitantes externos. O comprador usa essa estratégia para assegurar que os novos termos sejam competitivos. Um exemplo seria a empresa de manufatura comprar rádios com recurso de vibração para os gestores que não conseguem ouvir o toque com o intenso ruído da fábrica. A empresa pode abrir a licitação para examinar as ofertas de preço/qualidade de diversos fornecedores.

Recompra Direta A **recompra direta** é a situação que os fornecedores preferem. O comprador não está à procura de novas informações ou de outros fornecedores. O pedido é feito e o produto é fornecido como nas vezes anteriores. Geralmente, uma recompra direta é rotina porque os termos da compra foram acordados em negociações anteriores. Um exemplo seria a empresa de manufatura citada anteriormente ao comprar com certa regularidade rádios adicionais do mesmo fornecedor para novos gestores.

Um instrumento comum usado em situações de recompra direta é o contrato de compra. Os contratos de compra são utilizados no caso de produtos adquiridos com frequência e em grande quantidade. Em essência, o contrato de compra compõe a rotina de tomada de decisão do comprador e promete ao vendedor uma venda certa. A vantagem para o comprador é uma decisão rápida e segura, e para o vendedor, a redução ou eliminação da concorrência. Os fornecedores devem lembrar de não considerar as relações de recompra direta garantidas. A retenção de clientes já existentes é muito mais fácil do que atrair novos.

> **nova compra** situação que requer a compra de um produto pela primeira vez
>
> **recompra modificada** situação em que o comprador deseja alguma modificação no bem ou serviço original
>
> **recompra direta** situação em que o comprador pede novamente os mesmos bens e serviços sem procurar novas informações ou investigar outros fornecedores

Ética Empresarial

Conforme observamos no Capítulo 3, a ética se refere aos princípios ou valores morais que regem a conduta de um indivíduo ou grupo. A ética também pode ser vista como o padrão de comportamento pelo qual a conduta é julgada.

Embora tenhamos ouvido falar muito sobre o mau comportamento das empresas nos últimos anos, a maioria das pessoas, e a maioria das empresas, seguem práticas éticas. Para ajudar a alcançar isso, mais da metade de todas as principais empresas oferece treinamento ético para seus funcionários. Muitas empresas também têm códigos de ética que ajudam a guiar compradores e vendedores. A Home Depot, por exemplo, tem um código de ética disponível em seu website corporativo que funciona como um guia ético para seus funcionários.

Serviço ao Cliente

Os profissionais de marketing B2B estão reconhecendo cada vez mais os benefícios de desenvolver um sistema formal para acompanhar as opiniões e percepções dos clientes acerca da qualidade de serviços. Empresas como McDonald's, L. L. Bean e Lexus constroem suas estratégias não só em torno de produtos, mas também em torno de algumas habilidades de serviços altamente desenvolvidas. Essas empresas compreendem que manter os clientes atuais satisfeitos é tão importante quanto atrair novos, se não mais importante. Empresas de ponta estão obcecadas não só pelo serviço de alta qualidade, mas também pela medição dos indicadores de satisfação, lealdade, qualidade do relacionamento e outros de desempenho não financeiro.

A maioria das empresas acha necessário desenvolver medidas adequadas as suas próprias estratégias, propostas de valores e mercados-alvo. A Anderson Corporation, por exemplo, avalia a lealdade de seus clientes comerciais por meio do grau de vontade deles em continuar a levar suas janelas e portas, a recomendar seus produtos para colegas e clientes, a aumentar o volume de compra e a colocar seus produtos nas próprias casas. Basicamente, as medidas de uma empresa não devem se restringir a perguntar "Quais são suas expectativas?" e "Como estamos agindo?", é necessário que elas reflitam o que a empresa quer que seus clientes façam.

Alguns clientes são mais valiosos que outros. Eles podem ter maior valor porque gastam mais, compram produtos de margem mais elevada, têm um nome bem conhecido ou têm potencial de se tornar um grande cliente. Algumas empresas fornecem diferentes níveis de serviço para os clientes com base em seu valor para o negócio. Ao prover aos clientes mais valiosos serviços de qualidade superior, uma empresa tem mais chances de mantê-los felizes, de aumentar a retenção de clientes de alto valor e maximizar o valor total dos negócios que eles geram ao longo do tempo.

Para atingir esse objetivo, a empresa precisa dividir os clientes em dois ou mais grupos com base em seu valor. Também é preciso criar e aplicar políticas que controlem como os serviços serão alocados entre os grupos. As políticas podem estabelecer quais clientes terão seus chamados "rastreados rapidamente" e quais serão direcionados a utilizar os serviços de autoatendimento por voz e/ou por *web*, como perguntas por e-mail serão encaminhadas, quem terá acesso ao bate-papo on-line e quem não terá.[27]

Fornecer a clientes diferentes níveis diferentes de serviços é uma questão muito delicada. É preciso ter cuidado e discrição para lidar com esse aspecto a fim de evitar ofender clientes de menor valor, mas, ainda assim, importantes.

MANTER OS **CLIENTES ATUAIS** SATISFEITOS É TÃO **IMPORTANTE** QUANTO ATRAIR NOVOS CLIENTES, SE **NÃO FOR MAIS** IMPORTANTE.

FERRAMENTAS DE ESTUDO CAPÍTULO 7

Acesse a Trilha de MKTG em www.cengage.com.br/4ltr para:

- ❏ Acessar os cartões de revisão dos capítulos
- ❏ Responder aos questionários práticos para se preparar para as provas
- ❏ Realizar as atividades "Vença o relógio" para dominar os conceitos
- ❏ Completar as "Palavras cruzadas" para revisar os termos-chave

CAPÍTULO 8 **Segmentação de Mercados--Alvo**

Objetivos da Aprendizagem

OA 1 Descrever as características dos mercados e de seus segmentos

OA 2 Explicar a importância da segmentação de mercado

OA 3 Discutir os critérios para a segmentação de mercado bem-sucedida

OA 4 Descrever as bases comumente usadas para segmentar mercados consumidores

OA 5 Descrever as bases para segmentar mercados empresariais

OA 6 Relacionar as etapas envolvidas na segmentação de mercado

OA 7 Discutir estratégias alternativas para a seleção de mercados-alvo

OA 8 Explicar o marketing um por um

OA 9 Explicar de que forma e por que as empresas planejam estratégias de posicionamento e o papel da diferenciação de produtos

A segmentação de mercado desempenha um papel fundamental na estratégia de marketing de quase todas as organizações bem-sucedidas.

APÓS CONCLUIR ESTE CAPÍTULO, VÁ PARA A PÁGINA 141 PARA OBTER AS FERRAMENTAS DE ESTUDO

OA 1 Segmentação de Mercado

O termo *mercado* significa coisas diferentes para pessoas diferentes. Estamos familiarizados com supermercado, bolsa de valores, mercado de trabalho, mercado de peixes e mercado de pulgas. Todos esses tipos de mercados compartilham diversas características. Primeiro, são compostos de pessoas (mercados de consumo) ou organizações (mercados empresariais). Segundo, essas pessoas ou organizações têm desejos e necessidades que podem ser satisfeitos por meio de categorias específicas de produtos. Terceiro, elas têm a capacidade de comprar os produtos que procuram. Quarto, estão dispostas a trocar seus recursos, normalmente dinheiro ou crédito, pelos produtos de que precisam. Em resumo, um **mercado** é um grupo de (1) pessoas ou uma organização com (2) necessidades ou desejos e com (3) a capacidade e (4) vontade de comprar. Um grupo de pessoas ou uma organização que não possui essas características não é um mercado.

Segmento de mercado é um subgrupo de pessoas ou organizações que compartilham uma ou mais características que os fazem ter necessidades de produtos semelhantes. Em um extremo, podemos definir cada pessoa e organização no mundo como um segmento de mercado, porque cada um é único. Em outro extremo, podemos definir todo o mercado de consumo como um grande segmento de mercado e o mercado empresarial como outro segmento de mercado. Todas as pessoas têm algumas características e necessidades semelhantes, assim como todas as organizações.

mercado pessoas ou organizações com necessidades ou desejos e com capacidade e vontade de comprar

segmento de mercado subgrupo de pessoas ou organizações que compartilham uma ou mais características que os fazem ter necessidades de produtos semelhantes

Qual a sua opinião?

É óbvio quando a publicidade se destina a determinado grupo.

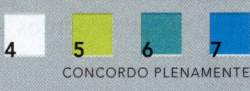

1 2 3 4 5 6 7
DISCORDO PLENAMENTE   CONCORDO PLENAMENTE

125

segmentação de mercado processo de dividir um mercado em segmentos ou grupos significativos, relativamente semelhantes e identificáveis

Com base em uma perspectiva de marketing, os segmentos de mercado podem ser descritos como um lugar entre os dois extremos. O processo de dividir um mercado em segmentos ou grupos significativos relativamente semelhantes e identificáveis é chamado **segmentação de mercado**. O objetivo da segmentação de mercado é permitir que o profissional de marketing adapte os *mixes* de marketing para atender as necessidades de um ou mais segmentos específicos.

OA 2 A Importância da Segmentação de Mercado

Até a década de 1960, poucas empresas praticavam a segmentação de mercado. Quando o fizeram, foi mais um esforço casual do que uma estratégia de marketing formal. Antes de 1960, por exemplo, a Coca-Cola produzia apenas uma bebida e a lançou em todo o mercado de refrigerantes. Atualmente, a empresa oferece mais de uma dúzia de produtos para segmentos de mercado com base nas diversas preferências do consumidor em relação a sabores, calorias e teor de cafeína. Além disso, oferece refrigerantes tradicionais, bebidas energéticas (incluindo POWERade), chás aromatizados, bebidas de frutas (Del Valle) e água (Crystal).

A segmentação de mercado desempenha um papel fundamental na estratégia de marketing de quase todas as organizações bem-sucedidas e é uma ferramenta de marketing poderosa por diversas razões. O mais importante é que quase todos os mercados incluem grupos de pessoas ou organizações cujas necessidades e preferências em relação aos produtos são diferentes. A segmentação de mercado ajuda os profissionais de marketing a definir as necessidades e os desejos do consumidor de forma mais precisa. Como os segmentos de mercado diferem em tamanho e potencial, a segmentação ajuda os tomadores de decisão a precisar os objetivos de marketing e a alocar melhor os seus recursos. Dessa forma, o desempenho pode ser mais bem avaliado quando os objetivos são mais precisos.

A Chico, varejista bem-sucedido de moda feminina, tem prosperado fazendo marketing para mulheres entre 35 e 55 anos que gostam de vestir roupas confortáveis, mas elegantes. A empresa comercializa vestuário com marcas próprias, trabalhando apenas com tamanhos fora do padrão: zero (tamanhos 38-40), um (42-44), dois (44-46) e três (48-50). A Nestlé modifica seu portfólio para aumentar sua participação no mercado em economias emergentes, como as da China, Índia, Malásia e Tailândia. Ela vende produtos alimentares enriquecidos com vitaminas e tem visto o crescimento das vendas de produtos com mais quantidade de leite.[1]

OA 3 Critérios para uma Segmentação de Sucesso

Os profissionais de marketing segmentam os mercados por três importantes razões. Primeira, a segmentação permite que eles identifiquem grupos de consumidores com necessidades semelhantes e analisem as características e o comportamento de compras desses grupos. Segunda, a segmentação fornece aos profissionais de marketing informações para ajudá-los a desenvolver *mixes* de marketing que combinam com as características e os desejos de um ou mais segmentos. Terceira, a segmentação é consistente com o conceito de marketing de satisfazer o que o consumidor deseja e precisa atender os objetivos da organização.

Para ser útil, o esquema de segmentação deve produzir segmentos que satisfaçam quatro critérios básicos:

1. *Substancialidade*: Um segmento deve ser grande o suficiente para garantir o desenvolvimento e manter um *mix* de marketing especial. Esse critério não significa necessariamente que um segmento deve ter muitos consumidores potenciais. Os profissionais de marketing que trabalham com casas e edifícios corporativos com arquitetura personalizada, aviões comerciais e grandes sistemas de computador normalmente desenvolvem programas de marketing adaptados às necessidades de cada consumidor potencial. Entretanto, na maioria dos casos, um segmento de mercado precisa de muitos consumidores potenciais para fazer sentido comercial. Na década de 1980, o *home banking* fracassou porque não havia pessoas o suficiente com computadores pessoais. Atualmente, muitas pessoas possuem seus próprios computadores, e o *home banking* é uma indústria próspera.

2. *Identificabilidade e mensurabilidade*: Os segmentos devem ser identificáveis e seu tamanho, mensurável. Os dados sobre a população dentro de limites geográficos, o número de pessoas em várias categorias de idade e outras características sociais e demográficas são frequentemente fáceis de obter e fornecem medidas bastante concretas do tamanho do segmento. Suponha que um órgão de serviço social queira identificar segmentos por meio da disponibilidade deles para participar de um programa de combate a drogas e álcool ou de cuidados pré-natais. A menos que o órgão possa contar quantas pessoas estão dispostas, quantas são indiferentes ou quantas não querem participar, terá problemas em aferir se existem pessoas suficientes para justificar a criação do serviço.

PARTE 2: ANALISANDO OPORTUNIDADES DE MARKETING

3. *Acessibilidade*: A empresa deve ser capaz de atingir membros de segmentos-alvo com *mixes* de marketing personalizados. Alguns segmentos de mercado são difíceis de atingir – por exemplo, pessoas de terceira idade (principalmente aquelas com deficiência de leitura ou auditiva), indivíduos que não falam inglês ou analfabetos.
4. *Resposta*: É possível segmentar mercados por meio de qualquer critério que pareça lógico. A menos que um segmento de mercado responda a um *mix* de marketing de forma diferente de outros segmentos, esse segmento não precisa ser tratado separadamente. Se todos os consumidores estiverem igualmente conscientes em relação ao preço de um produto, não há necessidade de oferecer preços baixos, médios e altos para diferentes segmentos.

OA 4 Bases para Segmentar Mercados de Consumo

Os profissionais de marketing usam **bases de segmentação**, ou **variáveis**, que são características de indivíduos, grupos ou organizações, para dividir um mercado em segmentos. A escolha de bases de segmentação é crucial, pois uma segmentação inadequada pode levar à perda de vendas e de oportunidades lucrativas. A chave é identificar as bases que produzirão segmentos substanciais, mensuráveis e acessíveis que apresentem padrões de resposta diferentes para os mixes de marketing.

Os mercados podem ser segmentados usando uma única variável, como faixa etária, ou diversas variáveis, como faixa etária, gênero e instrução. Embora menos precisa, a segmentação de variável única tem a vantagem de ser mais simples e mais fácil de usar do que a segmentação de variáveis múltiplas.

As desvantagens da segmentação de variáveis múltiplas é que ela é mais difícil de usar do que a segmentação de variável única; os dados secundários utilizáveis são menos propensos a estar disponíveis; e à medida que o número de bases de segmentação aumenta, o tamanho de segmentos individuais diminui.

Os profissionais de marketing de bens de consumo geralmente usam uma ou mais das seguintes características para segmentar os mercados: geografia, demografia, psicografia, benefícios pretendidos e taxa de utilização.

Segmentação Geográfica

A **segmentação geográfica** refere-se aos mercados de segmentação por região de um país ou do mundo, tamanho do mercado, densidade do mercado ou clima. O clima é comumente utilizado na segmentação geográfica em razão do drástico impacto sobre as necessidades

> **bases de segmentação (variáveis)** características de indivíduos, grupos ou organizações
>
> **segmentação geográfica** refere-se a segmentar mercados por região de um país ou do mundo, tamanho do mercado, densidade do mercado ou clima

segmentação demográfica
segmentação de mercados por idade, gênero, renda, origem étnica e ciclo de vida familiar

e o comportamento de compra dos moradores. Esquis, vestuário, sistemas de ar-condicionado e aquecimento são produtos com diferentes recursos, dependendo do clima.

Há quatro razões pelas quais as empresas de bens de consumo adotam uma abordagem regional para comercializar seus produtos. Primeira, muitas empresas precisam encontrar novas formas de gerar vendas em virtude dos mercados lentos e intensamente competitivos. Segunda, as estações de verificação computadorizada com *scanners* fornecem aos varejistas uma avaliação precisa de quais marcas vendem melhor em sua região. Terceira, muitos fabricantes de produtos embalados estão introduzindo novas marcas regionais, que focam nas preferências locais. Quarta, uma abordagem mais regional permite que as empresas de bens de consumo reajam mais rapidamente à concorrência. Durante anos, a Nokia focou na região rural da Índia: produziu telefones celulares robustos, mas elegantes, e enviou um exército de vans de atendimento ao cliente aos lugares mais remotos para demonstrar o compromisso da empresa com os consumidores onde quer que estivessem e fossem quais fossem as dificuldades tecnológicas. Nas áreas urbanas, a Nokia tem mais de 700 assistências técnicas fixas para prestar assistência a sua crescente base de consumidores urbanos. Por causa da atenção ao atendimento ao cliente, a Nokia detém 60% do mercado indiano de aparelhos celulares.[2]

Segmentação Demográfica

Muitas vezes, os profissionais de marketing segmentam mercados com base em informações demográficas porque são amplamente disponíveis e estão relacionadas ao comportamento de compra dos consumidores. Algumas bases comuns de **segmentação demográfica** são idade, gênero, renda, origem étnica e ciclo de vida familiar.

Segmentação Etária Os profissionais de marketing usam uma variedade de termos para se referir a diferentes grupos etários. Exemplos incluem recém-nascidos, lactentes, crianças, adolescentes, Geração Y (adolescentes, jovens adultos), geração X, *baby boomers* e idosos. A segmentação etária pode ser uma ferramenta importante, como ilustra uma breve exploração do potencial de mercado dos vários segmentos etários.

Por meio de mesadas, ganhos e presentes, as crianças representam e influenciam muito no consumo. Nos Estados Unidos, os pré-adolescentes (entre 8 e 12 anos) gastam bilhões de seus próprios dólares todos os anos em compras para si mesmos e exercem influência considerável sobre a maior parte das decisões de compra da família. Eles são excelentes conhecedores de tecnologia e consumidores muito sociáveis.[3] Desejam ser crianças, mas também querem um pouco da diversão adolescente. Muitos varejistas servem esse mercado com vestuário semelhante em estilo àquele usado por adolescentes e jovens adultos.

A geração Y, ou geração do milênio, inclui aqueles nascidos entre 1979 e 1994. Esse grupo também tem um formidável poder aquisitivo. Eles gostam de experimentar tudo que é novo e moderno, tendem a mudar de opinião rapidamente e cobiçam marcas que têm algum status.[4] Os adolescentes desse grupo gastam parte de seu dinheiro em vestuário, entretenimento e alimentos. Eles são cientes de marcas e das estratégias de marketing; portanto, técnicas óbvias de marketing não funcionam. Na verdade, essa faixa etária faz seu próprio marketing boca a boca com base em *unboxing* e *hauls* postados no YouTube. *Unboxing*, que se tornou popular com as novas tecnologias, é um vídeo ou artigo que descreve e analisa novos produtos. Os *hauls* são vídeos em que o consumidor (geralmente mulher) se apresenta e analisa suas compras do dia. Esses vídeos têm milhões de espectadores e promovem vendas o suficiente para que algumas empresas enviem amostras gratuitas para os divulgadores analisarem ou ofereçam cartões de presente para eles comprarem em suas lojas.[5]

A geração X é o grupo que nasceu após os *baby boomers*. Os membros da geração X tendem a ser desleais a marcas e céticos em relação a grandes empresas. Muitos deles são pais e tomam decisões de compra com o pensamento voltado às suas famílias e sob influência delas. Os membros da geração X desejam uma experiência, não um produto. O desejo de ter uma experiência levou a um aumento de butiques multifuncionais, principalmente no *Lower East Side* de Manhattan, onde as pequenas lojas disputam compradores de alto nível. A Dressing Room, por exemplo, é uma loja de dois níveis com uma butique no andar superior, roupas *vintage* no andar inferior e um bar completo onde os clientes podem se encontrar.[6]

As pessoas nascidas entre 1946 e 1964 são chamadas de "baby boomers". Os *boomers* gastam US$ 2,1 trilhões por ano e representam metade de todos os gastos nos Estados Unidos. Pelos próximos 18 anos, um *baby boomer* completará 60 anos a cada sete segundos. Os *boomers* compõem 49% das famílias abastadas e querem atenção e prestação de serviços quando fazem compras.[7] Esse grupo gasta muito dinheiro em bens e serviços como viagens, aparelhos eletrônicos e automóveis. Os *baby boomers* não são leais à marca e são um grupo muito diversificado. Alguns são pais de filhos menores, outros são pais de filhos que já deixaram o lar.

Os consumidores nascidos antes de 1946 representam as pessoas que fazem parte da geração da guerra (entre 61 e 66 anos), da geração da Grande Depressão (entre 67 e 76 anos) e da geração G.I. (de

77 anos em diante). Muitos desse último grupo veem a aposentadoria não como um período de descanso, mas como um período de atividade que usam para explorar novidades, viajar, fazer trabalhos voluntários e passar tempo com a família e amigos. Eles estão vivendo mais e são mais saudáveis do que os consumidores mais velhos há 20 anos.

Segmentação de Gênero Nos Estados Unidos, as mulheres fazem mais de 70% das compras de bens de consumo todos os anos. Elas são um grupo experiente que tem a responsabilidade de comprar a maioria dos itens domésticos. As mulheres têm participado cada vez mais do que já foi considerado um mercado estritamente masculino: o mercado de videogames. Em 2008, fizeram 48% de todas as compras de videogames.[8] O segmento tem sido forçado a responder com o desenvolvimento de mais jogos com protagonistas do sexo feminino e com estratégias de publicidade direcionadas para elas. Jogos de design, de moda e de perda de peso, como *Style Savvy* ou *The Biggest Loser* são cada vez mais populares entre as mulheres.[9] Os mercados tradicionalmente femininos, por sua vez, estão tentando seduzir os homens. Sites de moda que ofereçam descontos, como o Gift.com, começaram a oferecer peças masculinas para homens que querem estar na moda. Os fabricantes de camas estão fazendo camas com televisor, refrigerador de vinho e *surround sound* embutidos. As camas também têm "propriedades de recuperação muscular" e refrigeração. As empresas de cosméticos têm percebido o potencial dos cosméticos masculinos, principalmente de produtos antienvelhecimento, de cremes e séruns de barbear luxuosos. As vendas de produtos cosméticos para homens chegaram a US$ 5,6 bilhões em 2009, contra US$ 3,8 bilhões de 2004. A L'Oreal e a Procter & Gamble estão se concentrando nesse mercado crescente e produzindo hidratantes, bronzeadores, tinturas para cabelo e acessórios para barbear.[10]

Os profissionais de marketing de produtos como vestuário, cosméticos, itens de cuidado pessoal, revistas, joias e presentes ainda segmentam os mercados com base no gênero. O CoolStuffForDads.com, um varejista da internet, foca nos consumidores apresentando uma ampla variedade de presentes que os homens gostariam de receber.[11] Os homens foram prejudicados com a recessão: 75% dos postos de trabalho fechados eram deles. Agora as mulheres estão fazendo compras mais caras, como adquirir uma casa. Em 1995, apenas 14% das mulheres solteiras compravam casas; em 2010, esse número aumentou para 25%. Para explorar esse

Garota fazendo um haul de suas compras mais recentes.

mercado em crescimento, alguns construtores afirmam ser "voltados às mulheres", por isso constroem casas com recursos que elas desejam: mais segurança, menos manutenção, despensas abertas e detalhes bonitos.[12]

Segmentação de Renda A renda é uma variável demográfica popular para segmentar mercados porque o nível da renda influencia os desejos dos consumidores e determina seu poder aquisitivo. Muitos mercados são segmentados pela renda, incluindo os de habitação, vestuário, automóveis e alimentos. Os atacadistas Costco e Sam's Club apelam para muitos segmentos de renda. De acordo com um estudo da Nielsen, as famílias abastadas (aquelas que ganham mais de US$ 100 mil por ano) são duas vezes mais propensas a comprar de atacadistas comparadas à famílias que ganham US$ 20 mil ou menos por ano; compradores abastados gastam uma média de US$ 46 mais do que compradores de baixa renda por compra.[13] Consumidores de renda alta que procuram luxo querem atendimento excelente. As empresas de moda usam a tecnologia dos computadores para personalizar produtos de alto nível desenhados especificamente para a necessidade de consumidores ricos.[14] Outras empresas tentam atrair consumidores de baixa renda. A Danone está destinando aos consumidores que dispõem de um dólar por dia para gastar com alimento um iogurte de 10 centavos na Indonésia e copos de água a 15 centavos no México.[15]

Segmentação Étnica No passado, esperava-se que os grupos étnicos nos Estados Unidos obedecessem a um ideal anglocêntrico homogeneizado. Isso ficou evidente tanto no marketing de produtos comercializados em massa, como na forma seletiva que os filmes, a televisão, os anúncios e a música popular retrataram a diversidade da população americana. Até a década de 1970, raramente os alimentos étnicos eram comercializados, exceto em lojas especializadas. A barreira racial no entretenimento durou muito tempo, exceto pelo apoio ao cinema e aos papéis na televisão – geralmente baseados em estereótipos que remontavam ao século XIX.[16] Um número crescente de minorias étnicas de poder aquisitivo elevado mudou isso. Nos Estados Unidos, os hispano-americanos, os afro-americanos e os ásio-americanos são os três maiores grupos étnicos. No sudoeste americano, as populações caucasianas correspondem a menos da metade da população e se tornaram a minoria de outros grupos étnicos combinados. Para satisfazer a necessidade e o desejo de expandir as populações étnicas, algumas empresas como McDonald's e Zhena's Gypsy Teas fazem produtos voltados para um grupo específico. A Zhena's Gypsy Teas

TRAZENDO A ÍNDIA PARA OS INDO-AMERICANOS

Os **indo-americanos** representam uma pequena parte da composição étnica dos Estados Unidos, no entanto, mais de 2 milhões de indo-americanos têm visto sua cultura ser inserida na sociedade com o sucesso do filme "Quem Quer ser um Milionário?". A Índia e os povos de outros países sul asiáticos, incluindo Paquistão, Bangladesh, Sri Lanka e Nepal, representam, nos Estados Unidos, um grupo de pessoas relativamente abastadas e bastante instruídas, o que o torna um segmento interessante. Recentemente, a State Farm organizou um concurso de karaokê e ofereceu ao vencedor uma viagem à Índia para cantar em um vídeo de Bollywood. A IFC até lançou uma minissérie chamada Bollywood Hero esperando conquistar telespectadores da mania Bollywood.[18]

criou uma linha de chás especiais que tem perfis de sabor como mojito mint e rum de coco voltados para o mercado hispânico.[17]

Segmentação do Ciclo de Vida Familiar Os fatores demográficos relacionados a gênero, idade e renda não são suficientes para explicar por que o comportamento de compra do consumidor varia. Frequentemente, os padrões de consumo entre pessoas da mesma idade e gênero diferem porque elas estão em diferentes fases do ciclo de vida familiar. O **ciclo de vida familiar (CVF)** é uma série de fases determinadas por uma combinação de idade, estado civil, bem como presença ou ausência de filhos.

O estágio do ciclo de vida que consiste em uma família formada por um casal era considerado a família tradicional nos Estados Unidos. No entanto, atualmente os casais compõem menos da metade das famílias, formato que caiu dos quase 80% nos anos 1950. Os adultos solteiros são a esmagadora maioria. Hoje os norte-americanos solteiros compõem 42% da força de trabalho, 40% dos que compram um imóvel e um dos mais poderosos grupos de consumo já registrados. A Figura 8.1 ilustra inúmeros padrões de CVF e mostra como necessidades, rendas, recursos e despesas das famílias diferem em cada fase. O fluxo horizontal mostra o CVF tradicional. A parte inferior da figura mostra algumas das características e padrões de compra das famílias em cada estágio do ciclo de vida tradicional. A figura também mostra que cerca da metade de todos os primeiros casamentos termina em divórcio. Quando recém-casados entram na fase de recém-divorciados, seus padrões de consumo geralmente voltam àqueles da fase de jovem solteiro. Cerca de quatro entre cinco pessoas divorciadas se casam novamente na meia-idade e reingressam no ciclo de vida tradicional, conforme indicado pelo "fluxo reciclado". A pesquisa constatou que o principal fator para descrever os subsegmentos dos *baby boomers* é a presença de filhos em casa. O estudo da Nielsen identificou oito segmentos específicos: quatro segmentos com crianças menores de 18 anos representavam cerca de 40% dos *boomers* e quatro segmentos sem crianças representavam 60%.[19] Os consumidores são especialmente receptivos aos esforços de marketing em determinados pontos no ciclo de vida.

Segmentação Psicográfica

A idade, o gênero, a renda, a etnia, o estágio do CVF e outras variáveis demográficas são úteis no desenvolvimento de estratégias de segmentação, mas, muitas vezes, não fornecem um panorama claro. A demografia fornece o esqueleto, mas a psicografia

ciclo de vida familiar (CVF) série de fases determinadas por uma combinação de idade, estado civil, bem como a presença ou ausência de filhos

segmentação geodemográfica segmentação de consumidores potenciais em categorias de estilo de vida de bairro

VARIÁVEIS DA SEGMENTAÇÃO PSICOGRÁFICA

» *Personalidade*: A personalidade reflete traços, atitudes e hábitos de uma pessoa. O vestuário é o fator que mais descreve a personalidade. Os fashionistas usam roupas modernas de alto nível, e os moderninhos gostam de jeans e camisetas com tênis. As pessoas compram roupas que acham que representam sua personalidade e dão às outras uma ideia de quem são.

» *Motivos*: Os profissionais de marketing de produtos para bebês e corretores de seguros apelam para o emocional dos consumidores – ou seja, para o cuidado que têm com seus entes queridos. Apelando para economia, confiabilidade e fiabilidade, montadoras como Subaru e Suzuki buscam clientes cujos motivos são mais racionais. Montadoras como Mercedes-Benz, Jaguar e Cadillac apelam para clientes cujos motivos estão relacionados ao status.

» *Estilos de vida*: A segmentação do estilo de vida divide as pessoas em grupos de acordo com o jeito que elas usam seu tempo, com a importância das coisas ao seu redor, com suas crenças e com as características socioeconômicas, como renda e instrução. As lojas de discos especializadas em vinil são dirigidas a jovens que apreciam gravadoras independentes e geralmente se orgulham por não se submeterem às grandes empresas. LEED[1] - aparelhos certificados que apelam à consciência ambiental dos consumidores "verdes". A PepsiCo está promovendo uma água de baixa caloria com muitas vitaminas, a Aquafina Aliva, para consumidores que se importam com a saúde.

» *Geodemografia*: A **segmentação geodemográfica** agrupa consumidores potenciais em categorias de estilo de vida do bairro. Ela combina segmentações geográficas, demográficas e de estilo de vida. A segmentação geodemográfica ajuda os profissionais de marketing a desenvolver programas de marketing personalizados para compradores potenciais que vivem em pequenas regiões geográficas, como bairros, ou que têm estilos de vida e características demográficas muito específicos. A H-E-B Grocery Company, uma cadeia de supermercados com 304 lojas sediada no Texas, é especializada no desenvolvimento de produtos de sua própria marca criados para atender necessidades e gostos de comunidades específicas. No Rio Grande Valley, onde os verões são quentes e muitos moradores não têm aparelho de ar-condicionado, as lojas oferecem sua própria marca de óleo de massagem que ajuda a refrescar a pele para aplicação do hidratante. Na fronteira sul, a rede estoca discos, discos de metal grandes que os mexicanos-americanos usam para cozinhar a carne do peito. Em alguns bairros de Detroit, a Home Depot oferece churrasqueiras tradicionais, em outros, oferece churrasqueiras a gás.[20]

[1] LEED (Leadership in Energy and Environmental Design) é uma certificação concedida pela ONG americana U.S. Green Building Council (USGBC) para edifícios considerados sustentáveis. (N.R.T.)

segmentação psicográfica
segmentação de mercado com base em personalidade, motivos, estilos de vida e geodemografia

acrescenta carne aos ossos. A **segmentação psicográfica** é a segmentação de mercado com base nas variáveis apresentadas no box à direita.

As variáveis psicográficas podem ser usadas individualmente para segmentar mercados ou podem ser combinadas a outras variáveis para fornecer descrições mais detalhadas de segmentos de mercado. De acordo com uma abordagem, os profissionais de marketing e anunciantes obtêm informações de uma empresa terceirizada, como a eXelate Media, a fim de atingir o público que desejam. A eXelate, parte da empresa de pesquisa de consumidores Nielsen, reúne informações sobre os hábitos de navegação na web por meio de *cookies* armazenados nos websites. A Nielsen, usando a eXelate, organiza grupos

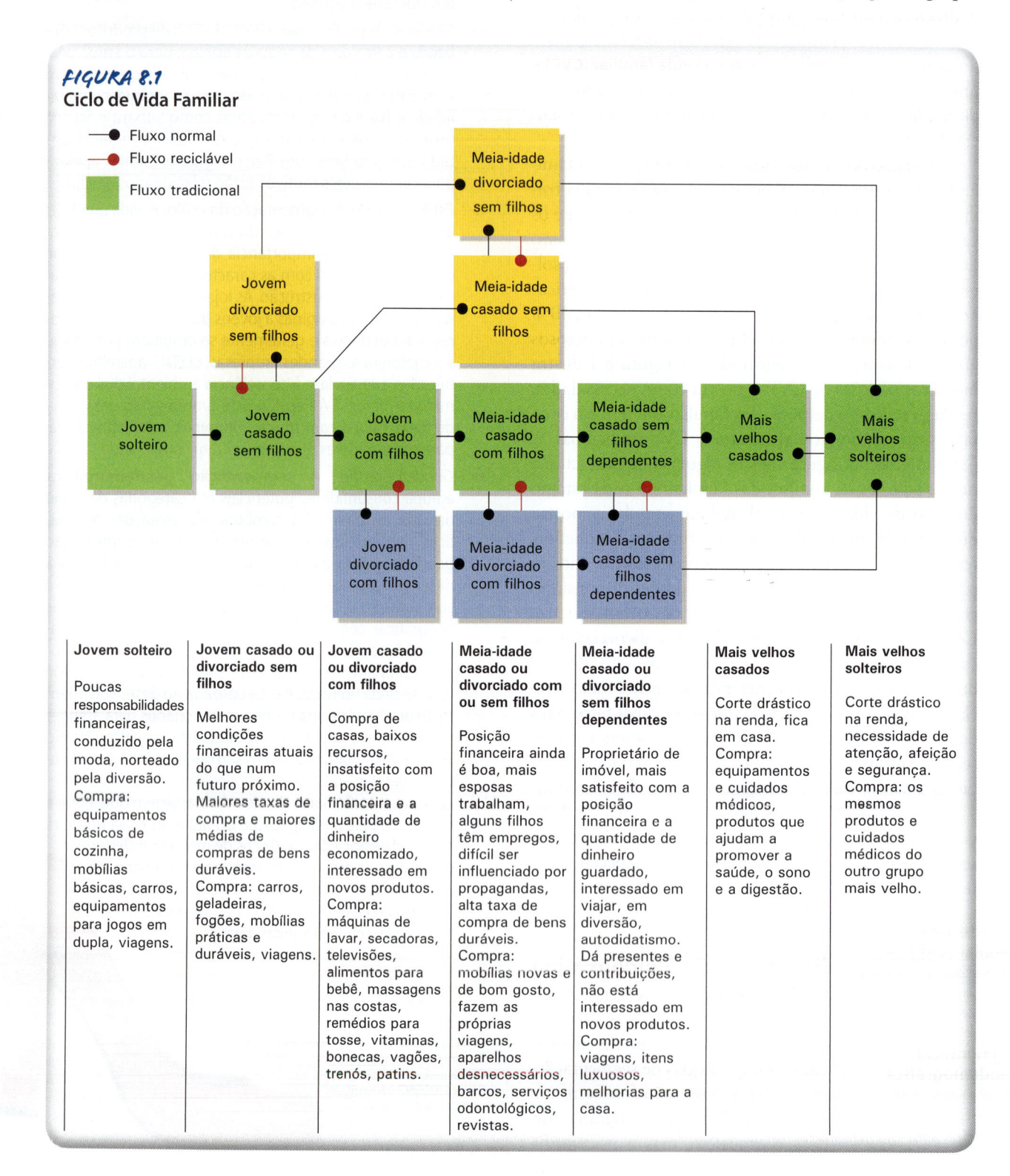

FIGURA 8.1
Ciclo de Vida Familiar

- Fluxo normal
- Fluxo reciclável
- Fluxo tradicional

Jovem solteiro	Jovem casado ou divorciado sem filhos	Jovem casado ou divorciado com filhos	Meia-idade casado ou divorciado com ou sem filhos	Meia-idade casado ou divorciado sem filhos dependentes	Mais velhos casados	Mais velhos solteiros
Poucas responsabilidades financeiras, conduzido pela moda, norteado pela diversão. Compra: equipamentos básicos de cozinha, mobílias básicas, carros, equipamentos para jogos em dupla, viagens.	Melhores condições financeiras atuais do que num futuro próximo. Malores taxas de compra e maiores médias de compras de bens duráveis. Compra: carros, geladeiras, fogões, mobílias práticas e duráveis, viagens.	Compra de casas, baixos recursos, insatisfeito com a posição financeira e a quantidade de dinheiro economizado, interessado em novos produtos. Compra: máquinas de lavar, secadoras, televisões, alimentos para bebê, massagens nas costas, remédios para tosse, vitaminas, bonecas, vagões, trenós, patins.	Posição financeira ainda é boa, mais esposas trabalham, alguns filhos têm empregos, difícil ser influenciado por propagandas, alta taxa de compra de bens duráveis. Compra: mobílias novas e de bom gosto, fazem as próprias viagens, aparelhos desnecessários, barcos, serviços odontológicos, revistas.	Proprietário de imóvel, mais satisfeito com a posição financeira e a quantidade de dinheiro guardado, interessado em viajar, em diversão, autodidatismo. Dá presentes e contribuições, não está interessado em novos produtos. Compra: viagens, itens luxuosos, melhorias para a casa.	Corte drástico na renda, fica em casa. Compra: equipamentos e cuidados médicos, produtos que ajudam a promover a saúde, o sono e a digestão.	Corte drástico na renda, necessidade de atenção, afeição e segurança. Compra: os mesmos produtos e cuidados médicos do outro grupo mais velho.

de acordo com essas informações. Um grupo, a "juventude digerati", inclui pessoas de 24 a 44 anos que:

- se dão bem com novas tecnologias
- são ricas
- vivem em apartamentos chiques
- leem o jornal *The Economist*
- têm renda anual de US$ 88 mil

Um fabricante de veículos pode comprar essa lista e a lista de pessoas que visitam blogs sobre carros e, então, enviar anúncios específicos para a "juvenude digerati" interessada em carros.[21]

Segmentação de Benefícios

A **segmentação de benefícios** é o processo de agrupar consumidores nos segmentos de mercado de acordo com os benefícios que eles buscam nos produtos. A maioria dos tipos de segmentação é baseada na suposição de que essa variável e as necessidades dos clientes estão relacionadas. A segmentação de benefícios é diferente porque agrupa consumidores potenciais com base em suas necessidades ou desejos, em vez de outras características, como idade ou gênero. O mercado de salgadinhos, por exemplo, pode ser dividido em seis segmentos de benefícios: salgadinhos nutritivos, vigilantes do peso, salgadinhos de festa, salgadinhos indiscriminados e salgadinhos econômicos.

O perfil dos consumidores pode ser desenvolvido por meio da análise das informações demográficas associadas às pessoas que procuram certos benefícios. Essas informações podem ser usadas para combinar estratégias de marketing com os mercados-alvo selecionados. Os muitos tipos de barras energéticas com variadas combinações de nutrientes são destinados a consumidores que procuram benefícios diferentes. A PowerBar, por exemplo, é destinada a atletas que necessitam de energia de longa duração, a PowerBar Protein Plus é destinada àqueles que querem proteína extra para os músculos após treinamento intensivo. A Carb Solutions High Protein é para os que estão em dieta de baixo carboidrato; as Luna Bars são destinadas às mulheres que querem uma barra com menos calorias, mas com proteína de soja e cálcio; e as barras Clif são para pessoas que querem uma barra natural com ingredientes como aveia, grãos de soja e farinha de soja orgânica.

Segmentação de Taxa de Utilização

A **segmentação da taxa de utilização** divide um mercado pela quantidade de produto comprado ou consumido. As categorias variam de acordo com o produto, mas elas tendem a incluir uma combinação de ex-usuários, usuários potenciais, usuários de primeira viagem, usuários leves ou irregulares, usuários médios e usuários frequentes. A segmentação por taxa de utilização permite que os profissionais de marketing concentrem seus esforços nos usuários frequentes ou desenvolvam mixes de marketing múltiplos destinados a diferentes segmentos. Como os usuários frequentes são responsáveis por uma parcela significativa das vendas de produtos, alguns profissionais de marketing se concentram no segmento de usuários frequentes.

O **princípio 80/20** detém 20% de todos os clientes que geram 80% da demanda. Embora os percentuais não sejam exatos, a ideia é válida. Na indústria de *fast-food*, os usuários frequentes representam apenas um a cada cinco usuários, mas fazem cerca de 60% de todas as visitas a todos os restaurantes de *fast-food*. As necessidades dos usuários frequentes são diferentes das necessidades de outros grupos. Eles têm necessidades de seleção de produtos e serviços e de uma variedade de tipos de informação, assim como de uma ligação emocional à categoria de produtos. Os indivíduos desse grupo gastam de 4 a 14 vezes mais em sua categoria de produtos preferida do que os usuários leves.[22]

Conquistar clientes para a categoria de usuários frequentes é o objetivo por trás de muitos programas de frequência/lealdade, como os programas de fidelidade das companhias aéreas. Muitos supermercados e outros varejistas também desenvolvem programas de lealdade que recompensam o segmento de usuários frequentes com ofertas disponíveis apenas para eles, como sistemas de distribuição de cupons de desconto, programas de cartão de fidelidade e ofertas de preços especiais sobre a mercadoria selecionada.

> **segmentação de benefícios** processo de agrupar consumidores em segmentos de mercado de acordo com os benefícios que eles buscam nos produtos
>
> **segmentação da taxa de utilização** divide um mercado pela quantidade de produto comprado ou consumido
>
> **princípio 80/20** princípio que sustenta que 20% de todos os consumidores geram 80% da demanda

OA 5 Bases para Segmentar Mercados Empresariais

O mercado empresarial consiste em quatro grandes segmentos: produtores, revendedores, governos e instituições. (Para uma discussão detalhada das características desses segmentos, consulte o Capítulo 7.) Se os profissionais de marketing focam apenas em um ou em todos esses quatro segmentos, tendem a identificar a diversidade entre potenciais consumidores. Além disso, a segmentação de mercado oferece tantos benefícios para os Profissionais de Marketing B2B como oferece para os Profissionais de Marketing B2C.

pessoas que buscam satisfação clientes empresariais que efetuam pedidos ao primeiro fornecedor conhecido a fim de satisfazer exigências de produto e de entrega

otimizadores clientes empresariais que consideram diversos fornecedores (conhecidos ou não), solicitam cotações e estudam cuidadosamente todas as propostas antes de selecionar uma

Características da Empresa

As características da empresa, como localização geográfica, tipo, tamanho e uso do produto, podem ser importantes variáveis de segmentação. Alguns mercados tendem a ser regionais, pois os compradores preferem fornecedores locais, os fornecedores distantes podem ter dificuldade de competir considerando-se preço e serviços. Assim, as empresas que vendem para indústrias concentradas geograficamente se beneficiam por estar perto de seus mercados.

A segmentação por tipo de cliente permite que os Profissionais de Marketing B2B personalizem seus mixes de marketing de acordo com as necessidades específicas de determinados tipos de organizações ou indústrias. Muitas empresas estão descobrindo que essa forma de segmentação é eficaz. Os desenvolvedores de smartphones, como a Research In Motion (RIM), identificaram os hospitais como um segmento viável. O objetivo é forçar os hospitais a integrar os telefones dos desenvolvedores a um sistema de atendimento não burocrático. O BlackBerry da RIM está desenvolvendo aplicativos de atendimento, assim, os médicos podem chamar um ao outro em vez de usar o sistema de pager. Um aplicativo permite que as equipes de emergência enviem informações do paciente direto para o BlackBerry dos médicos, o que agiliza o encaminhamento para cirurgia. Trinta e sete por cento dos médicos norte-americanos usam o BlackBerry da RIM, muito mais do que outros smartphones.[23] O volume de compra (pesado, moderado, leve) é uma base comumente utilizada para a segmentação dos negócios. Outra base é o tamanho da organização, que pode afetar os procedimentos de compra, os tipos e as quantidades de produtos necessários e suas respostas a diferentes mixes de marketing. Os bancos geralmente oferecem serviços diferentes, linhas de crédito e toda a atenção para clientes comerciais com base em seu tamanho. Muitos produtos, principalmente matérias-primas como aço, madeira e petróleo, têm diversas aplicações. O modo como os clientes usam um produto pode influenciar na quantidade que eles compram, em seus critérios de compra e na seleção de fornecedores. Um produtor de molas pode ter clientes que usam o produto em aplicações tão diversas como fabricar ferramentas para maquinário, bicicletas, instrumentos cirúrgicos, equipamentos de escritório, telefones e sistemas de mísseis.

Processo de Compra

Muitos Profissionais de Marketing B2B acham útil segmentar consumidores e consumidores potenciais baseando-se em como compram. As empresas podem segmentar alguns mercados empresariais por meio da classificação de critérios principais de compra, como preço, qualidade, suporte técnico e serviços. A Atlas Corporation desenvolveu uma posição dominante no mercado de portas industriais ao fornecer produtos personalizados em apenas quatro semanas, algo muito mais rápido do que a média, que é de 12 a 15 semanas. O principal mercado da Atlas são empresas com necessidade imediata de portas personalizadas.

As estratégias de compra dos consumidores podem proporcionar segmentos úteis. Dois perfis de compra identificados são pessoas que buscam satisfação e otimizadores. As **pessoas que buscam satisfação** entram em contato com fornecedores familiares e fazem pedidos com o intuito de satisfazer as exigências em relação aos produtos e às entregas. Os **otimizadores** consideram inúmeros fornecedores (conhecidos e não conhecidos), solicitam cotações e estudam cuidadosamente todas as propostas antes de selecionar uma.

As características pessoais dos próprios compradores (características demográficas, de estilo de decisão, de tolerância ao risco, do nível de confiança, das responsabilidades do trabalho, e assim por diante) influenciam no comportamento de compra e, assim, oferecem uma base viável para segmentar alguns mercados empresariais. Os compradores de computadores da IBM, por exemplo, são caracterizados como mais avessos ao risco do que compradores de computadores mais baratos que realizam basicamente as mesmas funções. Desse modo, nos anúncios, a IBM salienta sua reputação de alta qualidade e confiabilidade.

OA 6 Etapas na Segmentação de Mercados

O objetivo da segmentação de mercado, tanto em mercados de consumo como em mercados empresariais, é identificar as oportunidades.

1. *Selecione um mercado ou uma categoria de produto para estudo:* Defina o mercado global ou a categoria de produto a ser estudado. Pode ser um mercado em que a empresa já compete, um mercado novo, porém relacionado à categoria do produto ou um mercado totalmente novo. Ao observar que a mania de beber energéticos criou a mania de beber produtos cafeinados, a New Century Brewing realizou uma pesquisa extensiva e constatou que havia interesse em uma cerveja *light premium* cafeinada que era mais barata do que uma bebida mista, mas ainda tinha uma dose de cafeína. O resultado foi a Moonshot, uma cerveja *light premium* com 69 mg de cafeína.

2. *Escolha uma base ou algumas bases para segmentar o mercado:* Essa etapa exige visão gerencial, criatividade e conhecimento de mercado. Não há procedimentos científicos para selecionar variáveis de segmentação. No entanto, um esquema de segmentação bem-sucedido deve produzir segmentos que atendam os quatro critérios básicos discutidos anteriormente neste capítulo.

3. *Selecione os descritores de segmentação:* Após escolher uma ou mais bases, o profissional de marketing deve selecionar os descritores de segmentação. Os descritores identificam variáveis de segmentação específicas. Se uma empresa seleciona dados demográficos como base de segmentação, ela pode usar idade, ocupação e renda como descritores. Uma empresa que seleciona a segmentação da utilidade precisa decidir se busca usuários frequentes, não usuários ou usuários leves.

4. *Perfil e análise de segmentos:* O perfil deve incluir tamanho, crescimento esperado, frequência de compra, uso da marca atual, lealdade à marca, vendas em longo prazo e potencial de lucro dos segmentos. Essas informações podem, então, ser usadas para classificar os segmentos de mercado potencial por meio da oportunidade de lucro, do risco, da consistência com a missão e com os objetivos organizacionais e de outros fatores importantes para a empresa.

5. *Selecione os mercados-alvo:* Selecionar mercados-alvo não é uma parte, mas o resultado natural de um processo de segmentação. É uma decisão importante que influencia e, muitas vezes, determina diretamente o *mix* de marketing da empresa. Esse tópico é examinado com maiores detalhes mais adiante neste capítulo.

6. *Projete, implemente e mantenha mixes de marketing apropriados:* O *mix* de marketing foi descrito como produto, lugar (distribuição), promoção e estratégias de preço destinadas a garantir relações de troca mutuamente satisfatórias com os mercados-alvo. Esses tópicos são explorados em detalhes nos capítulos 10 a 20.

mercado-alvo grupos de pessoas ou organizações para as quais uma empresa cria, implementa e mantém um *mix* de marketing a fim de atender as necessidades desse grupo, resultando em trocas mutuamente satisfatórias

Os mercados são dinâmicos, por isso é importante que as empresas monitorem de forma proativa suas estratégias de segmentação ao longo do tempo. Geralmente, uma vez que os consumidores ou consumidores potenciais tenham sido atribuídos a um segmento, os profissionais de marketing acham que sua tarefa foi concluída. Uma vez que os consumidores tenham sido atribuídos a um segmento de idade, por exemplo, eles permanecem lá até que atinjam a próxima faixa etária ou categoria, que poderia ser dez anos no futuro. Assim, as classificações de segmentação são estáticas, mas os consumidores e consumidores potenciais mudam. A segmentação dinâmica aborda o ajuste para adequar as mudanças que ocorrem na vida dos consumidores. A BCBG usa a BCBGeneration para atingir o público mais jovem, e a Aéropostale tem a P.S., que comercializa roupas para crianças de 7 a 12 anos. No entanto, alguns segmentos têm muitos competidores, e escolher ingressar nesses tipos de segmento pode ser particularmente difícil. Os jeans de alta qualidade têm tantas lojas e marcas que os consumidores estão cansados do volume.[24]

OA 7 Estratégias para Selecionar Mercados-Alvo

Até agora, este capítulo tratou do processo de segmentação de mercado, que é somente a primeira etapa na decisão de quem abordar em relação à compra de um produto. A tarefa seguinte é escolher um ou mais mercados-alvo. **Mercado-alvo** é um grupo de pessoas ou organizações para as quais uma empresa cria, implementa e mantém um *mix* de marketing destinado a atender as necessidades desse grupo, resultando em trocas mutuamente satisfatórias. Como a maioria dos mercados inclui clientes com diferentes características, estilos de vida, experiências e níveis de renda, é improvável que um único *mix* de marketing atraia todos os segmentos de mercado. Assim, se o profissional de marketing deseja apelar para mais de um segmento de mercado, ele deve desenvolver *mixes* de marketing diferentes. A base de clientes da Subaru consiste em indivíduos ecoconscientes que valorizam a liberdade e as experiências referentes às compras, não às coisas. Para

FIGURA 8.2
Vantagens e Desvantagens das Estratégias de Mercado-Alvo

Estratégias de foco	Vantagens	Desvantagens
Alvo Indiferenciado	• Possível economia com custos de produção/marketing	• Ofertas de produtos desprovidas de imaginação • Empresa mais suscetível à concorrência
Alvo Concentrado	• Concentração de recursos • Melhor atendimento das necessidades de um segmento estritamente definido • Empresas pequenas podem concorrer com empresas maiores • Forte posicionamento	• Segmentos muito pequenos ou mutantes • Grandes concorrentes podem comercializar de forma mais eficaz para os segmentos dos nichos
Alvo Multissegmentos	• Maior sucesso financeiro • Economias de escala em produção/marketing	• Alto custo • Canibalização

estratégia de alvo indiferenciado
abordagem de marketing que vê o mercado sem segmentos individuais e, assim, utiliza um único *mix* de marketing.

atrair consumidores mais jovens e mais esportivos com valores semelhantes, a Subaru está desenvolvendo um carro pequeno e um híbrido.[25] As três estratégias para selecionar mercados-alvo – alvo indiferenciado, concentrado e multissegmentado – estão na Figura 8.2, que também ilustra as vantagens e desvantagens de cada estratégia-alvo.

Alvo Indiferenciado

Uma empresa que usa a **estratégia de alvo indiferenciado** adota, essencialmente, uma filosofia de mercado de massa, segundo a qual o mercado não tem segmentos individuais. A empresa usa um único *mix* de marketing para todo o mercado e pressupõe que os consumidores individuais têm necessidades semelhantes que podem ser atendidas com um *mix* de marketing comum.

Algumas vezes, a primeira empresa em uma indústria usa uma estratégia de alvo indiferenciado. Sem concorrência, a empresa pode não precisar de *mixes* de marketing personalizados de acordo com as preferências dos segmentos de mercado. O famoso comentário de Henry Ford sobre o modelo T é um clássico exemplo de estratégia de alvo indiferenciado: "Eles podem ter um carro da cor que quiserem, contanto que seja preto". A Coca-Cola usou essa estratégia com um único produto e tamanho da familiar garrafa verde. Os profissionais de *commodities* como farinha e açúcar, também tendem a usar a estratégia de alvo indiferenciado.

Uma das vantagens do marketing indiferenciado é o potencial de economizar na produção e no marketing. Como apenas um item é produzido, a empresa economiza na produção em massa. Além disso, os custos de marketing podem ser menores quando há apenas um produto para promover e um único canal de distribuição. No entanto, muitas vezes, uma estratégia indiferenciada emerge por padrão em vez de emergir por criação, refletindo um fracasso considerar as vantagens de uma abordagem segmentada. O resultado é geralmente estéril, com ofertas de produtos sem imaginação que têm pouco apelo sobre as pessoas.

Outro problema associado ao alvo indiferenciado é que ele torna a empresa mais suscetível às invasões competitivas. A Hershey perdeu uma grande fatia do mercado de doces para a Mars e outras empresas de doces antes de ter alterado para uma estratégia alvo multissegmentada. No fim da década de 1950, a Coca-Cola perdeu a posição de principal vendedor de bebidas à base de cola nos supermercados para a PepsiCo quando esta começou a oferecer vários tamanhos de recipientes.

Você pode achar que uma empresa que produz um produto padrão como papel higiênico adotaria uma estratégia indiferenciada. No entanto, esse mercado tem segmentos industriais e segmentos de consumidores. Os compradores industriais querem um produto econômico, de camada única, vendido em embalagens com centenas de rolos. O mercado de consumo demanda um produto mais versátil em quantidades menores. Dentro do mercado de consumo, o produto é diferenciado com desenho impresso ou sem impressão, almofadado ou não, com preço econômico ou não. A Fort Howard Corporation, líder de mercado de papel higiênico industrial, sequer vende para o mercado de consumo.

No entanto, o marketing indiferenciado pode ser bem-sucedido em determinadas situações. Uma pequena mercearia em uma cidade pequena e isolada pode definir todas as pessoas que vivem na cidade e seu mercado-alvo. Ela pode oferecer um *mix* de marketing e satisfazer todos na cidade. Essa estratégia não tem probabilidade de ser tão eficaz se houver três ou quatro supermercados no local.

Alvo Concentrado

Com uma **estratégia-alvo concentrada**, a empresa seleciona um **nicho** de mercado (um segmento de mercado) para direcionar seus esforços de marketing. Como a empresa está apelando a um único segmento, ela pode se concentrar na compreensão das necessidades, nos motivos e na satisfação dos membros daquele segmento e no desenvolvimento e manutenção de um *mix* de marketing altamente especializado. Algumas empresas acham que concentrar recursos e atender as necessidades de um segmento de mercado bem definido é mais lucrativo do que espalhar recursos em vários segmentos.

A Intelligentsia, empresa de torrefação de café e varejista com sede em Chicago, concentra-se nos apreciadores de café *gourmet* torrado e moído de forma artesanal ou chá servido por baristas treinados. A empresa também oferece treinamento, em casa ou fora da cidade, para os aficionados em café. Preço inicial: US$ 200,00 por aula. A America Online se tornou um dos provedores líderes mundiais de internet tendo como alvo os recém-chegados à rede.

As pequenas empresas geralmente adotam uma estratégia-alvo concentrada para competir de forma eficaz com empresas muito maiores. Algumas empresas utilizam uma estratégia concentrada para estabelecer uma forte posição em um segmento de mercado desejável. A Porsche, por exemplo, se concentra no mercado de automóveis de luxo por meio do "apelo à classe, e não à massa".

O alvo concentrado viola o ditado "Não aposte todas as suas fichas em uma única mão". Se o segmento

> **estratégia-alvo concentrada** estratégia utilizada para selecionar um segmento de mercado para focar nos esforços de marketing
>
> **nicho** segmento de mercado

A BEST BUY APOSTA NAS MULHERES

A Best Buy é uma loja voltada para o público masculino. Ao passo que outras cadeias, como Walmart e Target, veem seu cliente típico como "ela", na Best Buy, o oposto é verdadeiro. Oitenta e quatro por cento das vendas da Best Buy são para homens, e a composição da equipe de vendas reflete isso (69% da equipe de vendas da empresa é composta por funcionários do sexo masculino). Mas a Best Buy quer conquistar compradoras porque elas realizam a maior parte das compras da casa, e o tão usado mercado de videogames é importante para as mães porque os jogos mudam rápido demais. Então, a Best Buy está trabalhando com garotas adolescentes e com o novo "Fórum de Liderança das Mulheres" da empresa para rever sua abordagem de vendas. Os fóruns já aumentaram as vendas de aparelhos, e o showroom foi reorganizado para ficar semelhante às cozinhas. As garotas adolescentes sugeriram renovar as lojas móveis, adicionando iPhones e acessórios coloridos porque os BlackBerries não são atraentes. Eles também sugeriram desinfetantes para mãos em quiosques de teste de videogames – mudança prontamente implementada pela Best Buy.[26]

estratégia-alvo multissegmento estratégia que escolhe um ou mais segmentos de mercado bem definidos e desenvolve um marketing *mix* distinto para cada um deles

canibalização situação que ocorre quando as vendas de um produto novo reduzem as vendas de produtos já existentes de uma empresa

marketing um para um método de marketing individualizado que utiliza informações dos consumidores para construir relacionamentos de longo prazo, personalizados e lucrativos para cada consumidor

escolhido for muito pequeno ou se encolher em razão de mudanças ambientais, a empresa pode sofrer consequências negativas. A OshKosh B'Gosh fez muito sucesso vendendo roupas de criança na década de 1980. O sucesso foi tanto que a linha infantil passou a definir a imagem da OshKosh e a empresa não conseguia mais vender roupas para outras faixas etárias. As tentativas de comercializar peças de vestuário para crianças mais velhas, roupas casuais para mulheres e roupas para gestantes foram abandonadas. Ao reconhecer-se no negócio de vestuário infantil, a empresa expandiu seus negócios para produtos como calçados e óculos infantis, além de bichinhos de pelúcia.

Uma estratégia concentrada também pode ser desastrosa para uma empresa que não é bem-sucedida em um mercado-alvo definido. Antes da Procter & Gamble introduzir o xampu Head & Shoulders, diversas empresas pequenas já estavam vendendo xampus anticaspa. O Head & Shoulders foi introduzido com uma grande campanha promocional, e a nova campanha capturou imediatamente mais da metade do mercado. Em um ano, várias empresas que tinham se concentrado nesse segmento saíram do negócio.

Alvo Multissegmento

Uma empresa que escolhe servir dois ou mais segmentos de mercado bem definidos e desenvolve um *mix* de mercado distinto para cada um deles tem uma **estratégia-alvo multissegmentada**. O Walmart tem seguido uma estratégia concentrada que teve como alvo o segmento de baixa renda. No entanto, recentemente a empresa segmentou seus clientes em três grupos principais com base no tipo de valor que procuram nas lojas. "Pessoas que se alimentam de marcas" são clientes de baixa renda que gostam de comprar marcas como a KitchenAid, "abastados sensíveis a preços" são clientes com melhores condições financeiras que amam negociar e "Compradores que valorizam os preços, gostam de preços baixos e não podem se dar ao luxo de pagar muito".[27]

O alvo multissegmentado oferece muitos benefícios potenciais para as empresas, incluindo um maior volume de vendas, lucros mais elevados, maior participação no mercado e economia de escala na fabricação e comercialização. Além disso, também pode envolver uma maior criação de produtos, produção, promoção, estoque, marketing, pesquisa e custos de gestão. Antes de decidir usar essa estratégia, as empresas devem comparar os benefícios e custos do alvo multissegmentado aos alvos indiferenciados e concentrados.

Outro custo potencial do alvo multissegmentado é a **canibalização**, que ocorre quando as vendas de um novo produto reduzem as vendas dos produtos existentes de uma empresa. O iPhone e o iPad da Apple podem estar provocando a queda da venda do iPod, e há o receio de que o iPad reduza as vendas do Mac, a galinha dos ovos de ouro da Apple. A única evidência de que esses receios estão sendo percebidos é a queda de 17% nas vendas de iPods desde o lançamento do iPad.[28] Em muitos casos, no entanto, as empresas preferem roubar as vendas de suas próprias marcas em vez de perder as vendas para um concorrente. Além disso, no mundo atual, cujo ritmo de negócios na internet é acelerado, algumas empresas estão dispostas a canibalizar negócios existentes para construir novos negócios.

OA 8 Marketing um para um

Atualmente, a maioria das empresas usa a abordagem de marketing de massa concebida para aumentar a *participação no mercado* vendendo seus produtos para o maior número de pessoas. Para muitas empresas, no entanto, é mais eficiente e rentável usar o marketing um para um para aumentar a *participação do consumidor* – em outras palavras, para vender mais produtos para cada cliente. O **marketing um para um** é um método individualizado que utiliza as informações do consumidor para construir relações de longo termo, personalizadas e lucrativas com cada cliente. O objetivo é reduzir os custos por meio da retenção de clientes e aumentar a receita por meio da fidelização.

A diferença entre o marketing um para um e uma abordagem de marketing de massa tradicional pode ser comparada ao disparo de um rifle e de uma espingarda. Se você tem boa pontaria, o rifle é mais eficiente. A espingarda, por sua vez, aumenta suas chances de acertar o alvo quando é mais difícil focalizar. Em vez de dispersar mensagens amplamente por meio do espectro da mídia de massa (a abordagem da espingarda), os profissionais de marketing um para um buscam oportunidades de se comunicar com cada cliente individualmente (a abordagem do rifle).

A Dog's Life, empresa da Califórnia que produz itens orgânicos para animais de estimação, organiza uma competição mensal em que os usuários fazem *upload* de fotos de seus animais de estimação e votam em seus favoritos. O vencedor recebe por um mês sacos de produtos para cães. Os clientes também podem pagar de US$ 3 a US$ 4 por itens personalizados, o que inclui uma foto de sua escolha na embalagem. Os vencedores do concurso compram diversos sacos, e o concurso mantém a marca nos novos circuitos de mídia social.[29] Foi constatado que os clientes que personalizam se tornam mais fiéis. Vários fatores sugerem que as comunicações personalizadas e a personalização dos produtos se expandirão à medida que mais empresas entendem por que e como seus clientes compram e tomam decisões de compra.

Pelo menos quatro tendências conduzem ao contínuo crescimento do marketing um para um: *personalização, economia de tempo, lealdade* e *tecnologia*.

» *Primeiro,* o marketing de massa não é mais relevante. Os consumidores querem ser tratados em sua individualidade, com seus próprios conjuntos únicos de necessidades e desejos. Por sua natureza personalizada, o marketing de um para um pode satisfazer este desejo.

» *Segundo,* os esforços do marketing direto e pessoal continuarão a crescer para satisfazer as necessidades dos consumidores que não têm mais tempo para fazer compras e tomar decisões de compra. Com a natureza pessoal e direcionada do marketing um para um, os consumidores podem gastar menos tempo tomando decisões de compra e mais tempo fazendo coisas que lhes são importantes.

» *Terceiro,* os consumidores são fiéis apenas às empresas e marcas que ganharam sua lealdade e a reforçaram em cada ocasião de compra. As técnicas de marketing um para um se concentram em encontrar os melhores clientes de uma empresa, recompensá-los por sua lealdade e agradecê-los por seus negócios.

» *Quarto,* as abordagens de mídia em massa diminuirão em importância à medida que os avanços na pesquisa de mercado e na tecnologia de banco de dados permitirem que os profissionais de marketing reúnam informações sobre seus clientes. A nova tecnologia oferece aos profissionais de marketing um para um uma forma muito mais barata de alcançar clientes e permitir que as empresas personalizem suas mensagens. O MyYahoo.com cumprimenta cada usuário pelo nome e oferece informações sobre as quais o usuário tenha manifestado interesse. De forma semelhante, a RedEnvelope. com ajuda os clientes a acompanhar ocasiões especiais e oferece recomendações de presentes personalizados. Com a ajuda da tecnologia de bancos de dados, os profissionais de marketing um para um podem acompanhar seus clientes individualmente, mesmo que sejam milhares.

O marketing um para um é um enorme compromisso e geralmente exige uma virada de 180 graus para profissionais de marketing que passaram a última metade do século XX desenvolvendo e implementando esforços de marketing de massa. Embora o marketing de massa continue sendo utilizado, principalmente para criar conscientização da marca ou para lembrar os consumidores de um produto, as vantagens do marketing um para um não podem ser ignoradas.

OA 9 Posicionamento

O desenvolvimento de qualquer *mix* de marketing depende do **posicionamento**, um processo que influencia na percepção geral de consumidores potenciais em relação a uma marca, linha de produtos ou empresa. A **posição** é o lugar que um produto, marca ou grupo de produtos ocupa na mente dos consumidores em relação às ofertas concorrentes. Os profissionais de Marketing são particularmente preocupados com o posicionamento. A Procter & Gamble, por exemplo, comercializa 11 diferentes detergentes para roupa, cada um com uma posição única, como antialérgico, amaciante ou ultraconcentrado.

O posicionamento presume que os consumidores comparem produtos com base em suas características importantes. Os esforços de marketing que enfatizam as características irrelevantes são, portanto, propensos a falhar. A Pepsi Crystal e uma versão transparente da Coca-Cola, não conquistaram o mercado porque os consumidores perceberam o posicionamento "claro" mais como uma jogada de marketing do que como um benefício.

Um posicionamento efetivo requer avaliar as posições ocupadas por produtos competitivos, determinando as dimensões importantes subjacentes a essas posições e escolher uma posição no mercado em que os esforços de marketing da organização tenham maior impacto. A SuperJam se posiciona como superior a outras geleias porque é composta por 100% de frutas, não tem adição de açúcar e é feita com frutas como amoras e

posicionamento
desenvolvimento de um marketing *mix* específico para influenciar na percepção de clientes potenciais em relação a uma marca, linha de produtos ou empresa

posição lugar que um produto, marca ou grupo de produtos ocupa na mente dos consumidores em relação às ofertas concorrentes

diferenciação do produto estratégia de posicionamento que algumas empresas utilizam para distinguir seus produtos dos produtos dos concorrentes

mapeamento perceptual meio de demonstrar ou diagramar, em duas ou mais dimensões, a localização de produtos, marcas ou grupos de produtos nas mentes dos consumidores

cranberries, que possuem benefícios adicionais à saúde. A receita é proveniente da avó do criador, o que lhe acrescenta um elemento caseiro que o diferencia de outros doces.[30] Como o exemplo anterior ilustra, a **diferenciação do produto** é uma estratégia de posicionamento que muitas empresas usam para distinguir seus produtos daqueles dos concorrentes. As diferenças podem ser reais ou percebidas. A Tandem Computer projetou máquinas com duas unidades centrais de processamento e duas memórias para os sistemas do computador que não têm a mínima chance de falhar ou de perder a base de dados (por exemplo, um sistema de reservas de passagens aéreas). Nesse caso, a Tandem usou a diferenciação de produto para criar um produto com vantagens reais para o mercado-alvo. No entanto, muitos produtos de uso diário, como alvejante, aspirina, gasolina comum e alguns sabonetes, são diferenciados por meios triviais, como nome da marca, embalagem, cor, cheiro ou aditivos "secretos". O profissional de marketing tenta convencer os consumidores de que determinada marca é distinta e que eles devem exigi-la em detrimento de marcas concorrentes.

Algumas empresas, em vez de usar a diferenciação de produto, posicionam seus produtos como semelhantes aos produtos ou às marcas concorrentes. Dois exemplos desse posicionamento incluem adoçantes artificiais anunciados como tendo sabor de açúcar ou margarinas com sabor de manteiga.

Mapeamento Perceptual

O **mapeamento perceptual** é um meio de demonstrar ou diagramar, em duas ou mais dimensões, a localização de produtos, marcas ou grupos de produtos nas mentes dos consumidores. A Saks Incorporated, pequena cadeia de lojas de departamentos, perdeu muitas vendas quando tentou atrair o público mais jovem. Para se recuperar, investiu em pesquisa para determinar seus principais clientes em suas 54 lojas nos Estados Unidos. O mapa perceptual apresentado na Figura 8.3 mostra como a Saks usa os dados demográficos do consumidor, como idade, hábitos e padrões de compra, para construir uma matriz que diagrama o melhor *mix* de roupas e acessórios para ter em cada loja.

Bases de Posicionamento

As empresas usam uma variedade de bases de posicionamento, incluindo:

▸▸ *Atributo:* Um produto é associado a um atributo, característica do produto ou benefício para o consumidor. Ao projetar seus produtos, a Seventh Generation concentra-se na eliminação de toxinas e substâncias químicas para torná-los seguros.

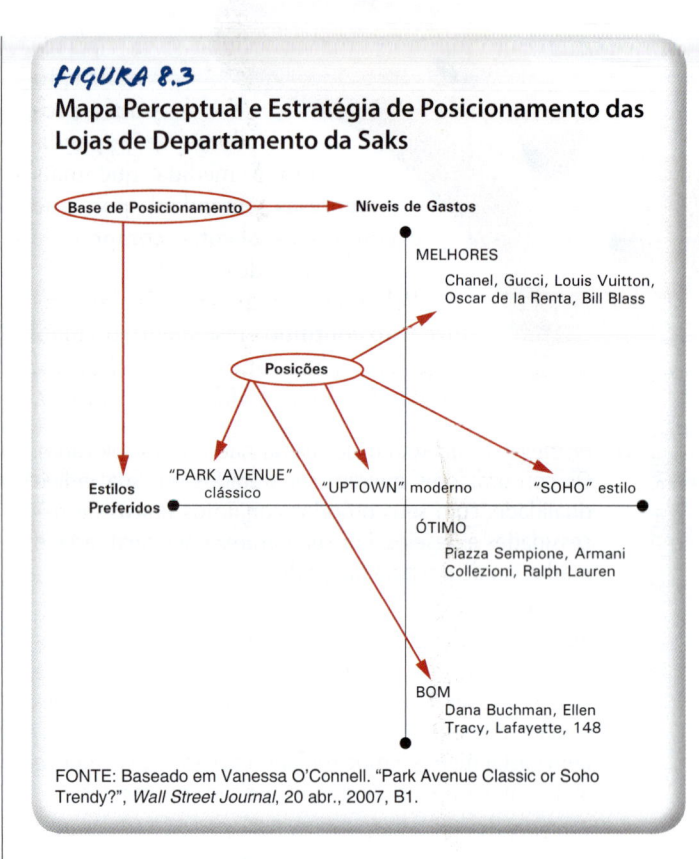

FIGURA 8.3
Mapa Perceptual e Estratégia de Posicionamento das Lojas de Departamento da Saks

Base de Posicionamento → Níveis de Gastos

MELHORES
Chanel, Gucci, Louis Vuitton, Oscar de la Renta, Bill Blass

Posições

Estilos Preferidos — "PARK AVENUE" clássico — "UPTOWN" moderno — "SOHO" estilo

ÓTIMO
Piazza Sempione, Armani Collezioni, Ralph Lauren

BOM
Dana Buchman, Ellen Tracy, Lafayette, 148

FONTE: Baseado em Vanessa O'Connell. "Park Avenue Classic or Soho Trendy?", *Wall Street Journal*, 20 abr., 2007, B1.

▸▸ *Preço e qualidade:* Essa base de posicionamento pode enfatizar o alto preço como um sinal de qualidade ou o baixo preço como uma indicação de valor. A Neiman Marcus usa a estratégia do preço alto; o Walmart tem seguido com sucesso a estratégia do preço baixo e do valor. O hipermercado Target desenvolveu uma posição interessante com base no preço e na qualidade. É uma loja de departamentos sofisticada, que adere aos preços baixos, mas oferece maior qualidade e design do que a maioria das cadeias de desconto.

▸▸ *Uso ou aplicação:* Enfatiza o uso ou as aplicações que podem ser eficazes meios de posicionamento de um produto para os consumidores. A Danone lançou o licor Kahlúa usando a publicidade para apontar 228 formas de consumir o produto. A Snapple introduziu uma nova bebida chamada Snapple a Day, que é destinada para substituir uma refeição.

▸▸ *Usuário do produto:* Essa base de posicionamento está concentrada em uma personalidade ou em um tipo de usuário. A Gap Inc. tem diversas marcas diferentes: as lojas Gap oferecem peças casuais básicas, como jeans e camisetas para consumidores moderados a preços médios; a Old Navy oferece vestuário casual moderno a preços baixos voltados para jovens e universitários; e a Banana Republic é uma loja de luxo que oferece vestuário casual, moderno e formal para pessoas entre 25 e 35 anos.[31]

▸▸ *Classe do produto:* O objetivo é posicionar o produto como associado a uma categoria determinada de produtos, por exemplo, posicionar uma marca de margarina como manteiga. De forma alternativa, os produtos podem ser dissociados de uma categoria. A Del Monte introduziu o Fruit Chillers, um *sorbet* de longa durabilidade que os próprios consumidores congelam. Os Fruit Chillers são vendidos próximos a embalagens individuais de frutas, assim, são posicionados como frutas em vez de sobremesa congelada.[32]

- *Concorrente:* O posicionamento em relação aos concorrentes faz parte de qualquer estratégia de posicionamento. A Avis Rent A Car, número dois comparada à Hertz, exemplifica o posicionamento contra concorrentes específicos.
- *Emoção:* O posicionamento que usa a emoção se concentra em como o produto faz o consumidor se sentir. Diversas empresas usam essa abordagem. A campanha da Nike "Just Do It" não disse aos consumidores o que "it" significa, mas a maioria entendeu a mensagem de realização e coragem. A linha de joias da *designer* Leslie Homan no estilo *rock and roll edgy* é inspirada em seu nome – Femme Metale – para apelar aos consumidores que buscam uma imagem forte, chic e feminina.[33]

Reposicionamento

Às vezes, os produtos ou as empresas são reposicionados para sustentar o crescimento em mercados lentos ou para corrigir erros de posicionamento. O **reposicionamento** é a mudança das percepções dos consumidores de uma marca em relação às marcas concorrentes. A Procter & Gamble, por exemplo, reduz os preços do Cheer, seu detergente *premium* para roupas, em 13% ao reposicioná-lo como uma marca de valor.[34]

Um setor que precisa pensar o reposicionamento é o de supermercados. Por mais de uma década, o Walmart tem expandido tanto para áreas rurais como para urbanas. O resultado tem sido devastador para os concorrentes, especialmente para mercearias. A empresa de consultoria Retail Forward prevê que dois supermercados pequenos fecharão suas portas para cada Walmart que abrirá nos Estados Unidos. O The Strategic Resource Group inclui 27 supermercados nacionais e regionais líderes que foram à falência ou foram liquidados desde que o Walmart se tornou nacional com os *supercenters*.[35] Como o Walmart detém a posição de menor preço, os concorrentes têm de estabelecer posições alternativas viáveis.

As lojas H-E-B nas regiões hispânicas do Texas estão personalizando seu *mix* de produtos para atrair esse segmento de mercado. Seu formato oferece uma experiência de alto nível com produtos exclusivos e produtos perecíveis de altíssima qualidade. A empresa sugeriu recentemente que o Better Business Bureau investigasse a afirmação do Walmart de que os consumidores economizam mais de US$ 700 por ano na rede. O BBB sugeriu que o Walmart retirasse os anúncios.[36] Os analistas da indústria, veem a Kroger como a mais provável de conseguir resistir às campanhas de preço baixo do Walmart porque a rede de supermercados focou recentemente na diminuição de preços. A Kroger também foca na excelência do atendimento e tem uma base de clientes fiéis.[37] Contudo, para os mercados locais, concorrer igualmente no preço com uma empresa cujo posicionamento é "Sempre o menor preço" não é uma boa ideia, assim, é preciso analisar estratégias alternativas de posicionamento.

> **reposicionamento**
> mudar as percepções dos consumidores de uma marca em relação às marcas concorrentes

---

FERRAMENTAS DE ESTUDO CAPÍTULO 8

Acesse a Trilha de MKTG em www.cengage.com.br/4ltr para:

- ❏ Acessar os cartões de revisão dos capítulos
- ❏ Responder aos questionários práticos para se preparar para as provas
- ❏ Realizar as atividades "Vença o relógio" para dominar os conceitos
- ❏ Completar as "Palavras cruzadas" para revisar os termos-chave

CAPÍTULO 9

Sistemas de Apoio à Decisão e Pesquisa de Marketing

Objetivos da Aprendizagem

OA 1 Explicar o conceito e o objetivo do sistema de apoio à decisão de marketing

OA 2 Definir a pesquisa de marketing e explicar sua importância para a tomada de decisões referentes ao marketing

OA 3 Descrever as etapas envolvidas na condução de um projeto de pesquisa de marketing

OA 4 Discutir o profundo impacto da internet na pesquisa de marketing

OA 5 Discutir a importância crescente da pesquisa baseada em varredura

OA 6 Explicar quando a pesquisa de marketing deve ser conduzida

OA 7 Explicar o conceito de inteligência competitiva

> Se um projeto de pesquisa custa US$ 200 ou US$ 2 milhões, o processo a ser seguido é o mesmo.

APÓS CONCLUIR ESTE CAPÍTULO, VÁ PARA A PÁGINA 159 PARA OBTER AS FERRAMENTAS DE ESTUDO

OA 1 Sistemas de Apoio à Decisão de Marketing

As **informações precisas e oportunas são a força vital da tomada de decisão de marketing**. Boas informações podem ajudar uma organização a maximizar as vendas e a utilizar de forma eficiente recursos escassos. Para preparar e ajustar os planos de marketing, os gestores precisam de um sistema que reúna informações rotineiras sobre o desenvolvimento no ambiente de marketing – ou seja, que reúna **informações de marketing**. Atualmente, o sistema mais utilizado para fazer isso é chamado *sistema de apoio à decisão de marketing*.

Um sistema de apoio à **decisão de marketing (SAD)** é um sistema de informações interativo, flexível e computadorizado que permite aos gestores obter e manipular as informações à medida que tomam decisões. Um SAD ignora o especialista em processamento de informações e permite que os gestores acessem dados úteis de suas próprias mesas.

O verdadeiro SAD tem as seguintes características:

- *É interativo*: Os gestores dão instruções simples e veem resultados imediatos. O processo está sob seu controle direto. Não é necessário esperar relatórios programados.
- *É flexível*: Um SAD pode classificar, reagrupar, totalizar, calcular a média e manipular os dados de várias formas. Ele altera o mecanismo conforme o usuário muda de assunto, combinando as informações com o problema em questão.

informações de marketing
informações rotineiras sobre o desenvolvimento no ambiente de marketing que os gestores utilizam para elaborar e ajustar planos de marketing

sistema de apoio à decisão (SAD)
sistema de informações computadorizado, interativo e flexível que permite aos gestores obter e manipular informações na tomada de decisão

Qual a sua opinião?

A internet tornou-me mais propensa a participar de pesquisas de empresas.

1 2 3 4 5 6 7
DISCORDO PLENAMENTE   CONCORDO PLENAMENTE

143

data-base marketing criação de um amplo arquivo computadorizado de perfis e padrões de compra de consumidores e consumidores potenciais

pesquisa de marketing processo de planejamento, coleta e análise de dados relevantes para uma decisão de marketing

» *É orientado pela descoberta.* Os gestores podem observar as tendências, isolar problemas e fazer perguntas do tipo "e se".

» *É acessível:* Os gestores que não têm habilidades com informática podem facilmente aprender como usar um SAD. Os usuários novatos têm de escolher uma norma, um padrão ou método para usar o sistema. Provisoriamente, podem trabalhar com o sistema básico enquanto aprendem a aplicar os recursos avançados.

Talvez a utilização mais crescente de um SAD seja o **data-base marketing**, que é a criação de um arquivo computadorizado dos perfis e padrões de compra dos consumidores e dos consumidores potenciais. Geralmente é a ferramenta-chave para o marketing boca a boca bem-sucedido, que se baseia em informações muito específicas sobre um mercado.

OA 2 — O Papel da Pesquisa de Marketing

A **pesquisa de marketing** é o processo de planejar, reunir e analisar os dados relevantes à decisão de marketing. Os resultados dessa análise são comunicados à administração. Assim, a pesquisa de marketing é a função que liga o consumidor, o cliente e o público ao comerciante por meio de informações. A pesquisa de marketing desempenha um papel fundamental no sistema de marketing. Ela fornece aos tomadores de decisão dados sobre a eficácia do mix de marketing atual e as percepções de mudanças necessárias. Além disso, é a principal fonte de dados tanto para os sistemas de gerenciamento de informações como para o SAD. Em outras palavras, os resultados de um projeto de pesquisa de marketing se tornam dados em um SAD.

A pesquisa de marketing tem três funções: descritiva, diagnóstica e preditiva. A função *descritiva* inclui a reunião e a apresentação de demonstrações fatuais. Qual é a tendência do histórico de vendas na indústria? Quais são as atitudes dos consumidores em relação a um produto e à sua publicidade? A função *diagnóstica* inclui dados de explicação, como determinar o impacto da mudança no design da embalagem nas vendas. A função *preditiva* serve para endereçar perguntas "e se". Como, por exemplo, o pesquisador pode usar a pesquisa descritiva e diagnóstica para prever os resultados de uma decisão de marketing planejada?

OA 3 — Etapas de um Projeto de Pesquisa de Marketing

Praticamente todas as empresas que adotam o conceito de marketing se envolvem em alguma pesquisa, pois ela oferece aos tomadores de decisão muitos benefícios.

Algumas empresas gastam milhões em pesquisa de marketing; outras, principalmente as de menor porte, conduzem estudos de pesquisa informais em pequena escala.

Se um projeto de pesquisa custa US$ 200 ou US$ 2 milhões, o processo a ser seguido é o mesmo. O processo de pesquisa de marketing é uma abordagem científica para tomada de decisão que maximiza a oportunidade de obter resultados precisos e significativos. A Figura 9.1 apresenta as sete etapas no processo de pesquisa. Elas começam com o reconhecimento de um problema ou de uma oportunidade de marketing. Quando ocorrem alterações no ambiente externo da empresa, os gestores de marketing se veem diante da seguinte pergunta: "Será que devemos mudar o mix de marketing existente?". E em caso positivo, "Como?". A pesquisa de marketing pode ser usada para avaliar produtos, promoção, distribuição ou alternativas de preços.

Após anos de pesquisa, em 2010 a Procter & Gamble (P&G) relançou a linha universal para cuidar de cabelos da Pantene. Em 2009, as vendas da Pantene nos Estados Unidos caíram 9%, mais de 3% de declínio para todo o mercado de xampu. A P&G já estava trabalhando de forma a diferenciar a Pantene de outras linhas, mas precisava de um lugar específico para concentrar a sua pesquisa.

Os pesquisadores da Pantene investigaram a reação das mulheres aos "dias de cabelo ruim", uma área subjetiva e desafiadora que é apenas tocada de leve por outras empresas que oferecem produtos para cuidados com os cabelos. A P&G enfrentou o problema de frente, fazendo pesquisas sobre

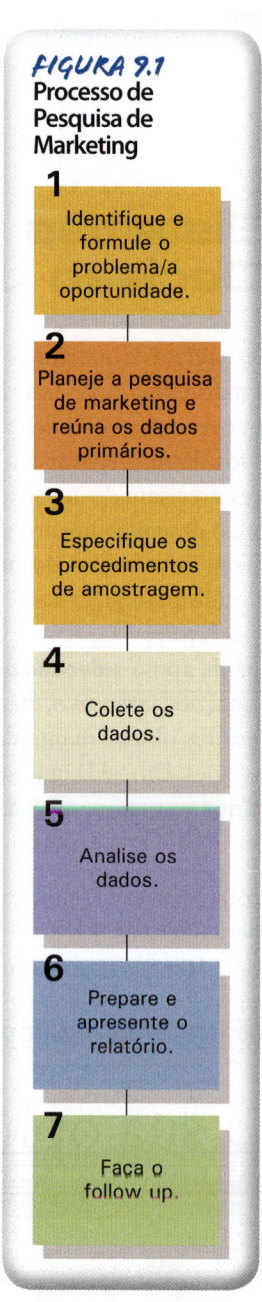

FIGURA 9.1 — Processo de Pesquisa de Marketing

1. Identifique e formule o problema/a oportunidade.
2. Planeje a pesquisa de marketing e reúna os dados primários.
3. Especifique os procedimentos de amostragem.
4. Colete os dados.
5. Analise os dados.
6. Prepare e apresente o relatório.
7. Faça o follow up.

os sentimentos das mulheres ao usar certos produtos. O objetivo final da Pantene era ajudar as mulheres ter um "dia de cabelo bom". Após uma semana usando produtos Pantene, as mulheres que utilizaram a nova fórmula reportaram mais alegria do que outros grupos de controle. A empresa ainda está coletando dados das vendas do produto reformulado, mas com a embalagem mais brilhante e linhas de produto mais finas para facilitar a confusão do consumidor, os gestores estão otimistas em relação ao fato de que a linha tirará mais proveito da recessão do que anteriormente.[1]

A história da Pantene ilustra um ponto importante sobre a definição do/da problema/oportunidade. O **problema de pesquisa** é orientado para as informações. Ele envolve determinar quais informações são necessárias e como podem ser obtidas de forma eficaz e eficiente. O **objetivo de pesquisa**, portanto, é fornecer informações detalhadas sobre a tomada de decisão. Isso requer informações específicas necessárias para resolver o problema de pesquisa de marketing. Os gestores devem combinar essas informações com suas próprias experiências e com outras informações para tomar decisões adequadas. O problema de pesquisa da Procter & Gamble era reunir informações específicas sobre como o cabelo de uma mulher afeta seus sentimentos e humor. Os objetivos da pesquisa eram reformular a linha Pantene de modo que afetasse o cabelo das mulheres de forma mais positiva e reposicionasse a marca como um antídoto contra o dia de cabelo ruim.

Em contraposição, o **problema da decisão do gerenciamento** é orientado pela ação. Os problemas de gestão tendem a ser muito mais amplos no escopo e muito mais gerais do que os problemas de pesquisa de marketing, o que deve ser estritamente definido e específico se o desejo é que o esforço da investigação seja bem-sucedido. Às vezes, vários estudos devem ser realizados para resolver um problema de gestão amplo. Para a Pantene, o problema de decisão de gerenciamento foi decidir como ganhar as mulheres outra vez após a recessão.

A pesquisa de marketing permitiu que a Procter & Gamble reavaliasse a marca Pantene, isso resultou em uma nova embalagem, uma nova fórmula e menos produtos.

Dados Secundários

Uma ferramenta valiosa em todo o processo de pesquisa, mas sobretudo na fase de identificação do/a problema/oportunidade são os **dados secundários** – dados coletados previamente para outro propósito que não aquele em questão. As informações secundárias originadas dentro da empresa incluem documentos como relatórios anuais, relatórios para acionistas, resultados de testes de produtos talvez colocados à disposição da imprensa e periódicos internos elaborados pelo pessoal da empresa para a comunicação com funcionários, clientes ou outros elementos. Muitas vezes, essas informações são incorporadas ao banco de dados interno da empresa.

Existem inúmeras fontes externas de informações secundárias, principalmente na forma de departamentos e órgãos governamentais (federais, estaduais e municipais), que compilam e publicam resumos de dados empresariais. As associações comerciais e industriais também publicam dados secundários. Ainda mais dados estão disponíveis em periódicos empresariais e outros meios de divulgação que publicam estudos e artigos sobre economia, indústrias específicas e até mesmo indústrias individuais. As informações resumidas inéditas provenientes dessas fontes correspondem a relatórios internos, memorandos ou análises para fins especiais com circulação restrita. As considerações econômicas ou prioridades na organização podem impedir a publicação desses resumos.

A maioria das fontes relacionadas anteriormente podem ser encontradas na internet.

Os dados secundários economizam tempo e dinheiro se ajudam a resolver o problema do pesquisador. Mesmo que o problema não seja resolvido, os dados secundários têm outras vantagens. Eles podem auxiliar na formulação da declaração do problema e sugerir métodos de pesquisa e outros tipos de dados necessários para resolver o problema. Além disso, os dados secundários podem identificar os tipos de pessoas a abordar e onde estão localizadas, bem como servir de base para comparação com outros dados. As desvantagens dos dados secundários derivam principalmente da incompatibilidade entre o problema do pesquisador e a finalidade para a qual os dados secundários foram originalmente colhidos, que são normalmente diferentes. Uma empresa, por exemplo,

problema de pesquisa determinar quais informações são necessárias e como podem ser obtidas de maneira eficaz e eficiente

objetivo de pesquisa informações específicas necessárias para solucionar um problema de pesquisa de marketing; o foco seria fornecer informações que gerem insights e favoreçam a tomada de decisão

problema da decisão do gerenciamento problema amplo que utiliza a pesquisa de marketing a fim de levar os gestores a tomar as ações apropriadas

dados secundários dados coletados previamente para outro propósito que não aquele em questão

> **Serviços de pesquisa de marketing** empresa que adquire, cataloga, reformata, segmenta e revende relatórios já publicados por empresas de pesquisa de marketing
>
> **projeto de pesquisa** especifica quais questões de pesquisa devem ser respondidas, como e quando os dados serão reunidos e de que forma serão analisados
>
> **dados primários** informações coletadas pela primeira vez; utilizadas para solucionar um problema específico em investigação

queria determinar o potencial de mercado para uma tora de madeira feita de carvão em vez de subprodutos feitos de madeira prensada. O pesquisador encontrou muitos dados secundários a respeito da madeira consumida como combustível, das quantidades consumidas em cada estado e dos tipos de madeiras queimadas. Também havia dados secundários sobre as atitudes dos consumidores e os padrões de compra de toras dos subprodutos da madeira. A riqueza dos dados secundários forneceu ao pesquisador muitas percepções sobre o mercado de toras artificiais. Além disso, não havia nenhuma informação em nenhum lugar que revelasse à empresa se os consumidores adquiririam toras artificiais de carvão.

A qualidade dos dados secundários também pode representar um problema. Muitas vezes, as fontes dos dados secundários não fornecem informações detalhadas que permitiriam ao pesquisador avaliar sua qualidade ou relevância. Sempre que possível, um pesquisador precisa responder a estas importantes perguntas: Quem reuniu os dados? Por que os dados foram obtidos? Que metodologia foi utilizada? Como as classificações (por exemplo, usuários pesados *versus* usuários leves) foram desenvolvidas e definidas? Quando as informações foram reunidas?.

A Nova Era das Informações Secundárias: A Internet

Embora necessária em quase qualquer projeto de pesquisa, a coleta de dados secundários sempre foi um trabalho entediante e chato. Muitas vezes, o pesquisador tinha de escrever para órgãos governamentais, associações comerciais ou outros provedores de dados secundários e esperar alguns dias ou semanas por uma resposta que poderia nem chegar. Provavelmente, eram necessárias uma ou mais visitas a bibliotecas e o pesquisador poderia descobrir que os relatórios necessários estavam sendo conferidos ou foram perdidos. Hoje o rápido desenvolvimento da internet eliminou grande parte do trabalho difícil associado à coleta de dados secundários.

Agregadores de Pesquisa de Marketing

A indústria de **serviços de pesquisa de marketing** é um negócio de US$ 120 milhões que está crescendo cerca de 6% ao ano. As empresas dessa área adquirem, catalogam, reformatam, segmentam e revendem relatórios já publicados por grandes e pequenas empresas de pesquisa de marketing. Até a Amazon.com acrescentou uma área de serviços de pesquisa de marketing ao seu site de comércio eletrônico de alto perfil.

O papel dessas empresas está crescendo porque os relatórios de pesquisas de suas bases de dados estão ficando maiores, mais abrangentes e úteis à medida que as empresas de pesquisa de marketing se acostumam ao uso de revendedores como canais de vendas. Enquanto isso, os avanços na tecnologia estão tornando as bases de dados mais fáceis de pesquisar e as entregas mais rápidas. Ao dividir e reclassificar os relatórios de pesquisa em seções mais estritas e especializadas para a revenda para clientes de pequeno a médio porte que muitas vezes não podem se dar ao luxo de bancar estudos ou comprar relatórios completos, as agregadoras estão nutrindo um novo mercado-alvo para obter informações. Algumas das maiores empresas são mindbranch.com, aarkstore.com e usadata.com.

Planejamento de Projeto de Pesquisa e Coleta de Dados Primários

Bons dados secundários podem ajudar os pesquisadores a conduzir a análise de uma situação completa. Com essas informações, os pesquisadores podem relacionar perguntas não respondidas e classificá-las. Os pesquisadores devem decidir, então, quais são as informações necessárias para responder a essas questões. O **projeto de pesquisa** específica quais questões de pesquisa devem ser respondidas, como e quando os dados serão recolhidos e de que forma serão analisados. Normalmente, o orçamento do projeto é finalizado após o projeto de pesquisa ter sido aprovado.

Às vezes, as questões de pesquisa podem ser respondidas por meio da reunião de mais dados secundários; caso contrário, é possível que haja a necessidade de dados primários. Os **dados primários**, ou informações reunidas pela primeira vez, são usados para resolver o problema específico que está sendo investigado. A principal vantagem dos dados primários é que eles respondem à pergunta de uma pesquisa específica que os dados secundários não podem responder. Na pesquisa da Procter & Gamble para a Pantene, os gestores usaram um questionário psicológico para determinar como os produtos para o cabelo afetavam as atitudes das mulheres. Durante uma semana, um grupo de mulheres usou a fórmula antiga do Pantene, o outro grupo usou a nova fórmula. Os dados primários revelaram que as mulheres que usaram o novo Pantene se sentiram mais animadas, orgulhosas, interessadas e atentas do que as mulheres do outro grupo – emoções positivas que o grupo de pesquisa da Pantene não poderia ter descoberto por meio da pesquisa secundária.[2] Além disso, os dados primários são atuais, e os pesquisadores conhecem a fonte. Às vezes, os próprios pesquisadores reúnem os dados em vez de atribuir o projeto a outras empresas. Os pesquisadores também especificam a metodologia da pesquisa. O segredo pode ser mantido porque as informações são protegidas. Em contraposição, muitos dados secundários estão disponíveis às partes interessadas por taxas relativamente pequenas ou sem nenhuma taxa.

A coleta de dados primários é cara; os custos podem variar de alguns milhares de dólares por uma pesquisa limitada a vários milhões por um estudo nacional. Uma entrevista por telefone de 15 minutos com mil adultos do sexo masculino pode custar US$ 50mil, incluindo análise de dados e relatório. Como coletar dados primários é muito caro, as empresas podem reduzir o número de entrevistas pessoais para economizar dinheiro e usar um estudo da internet. As grandes empresas que conduzem muitos projetos de pesquisa usam outra técnica de redução de custos. Elas *estudam de forma combinada* ou reúnem dados em dois projetos diferentes usando um único questionário. As desvantagens da coleta de dados primários são compensadas pelas vantagens. Muitas vezes, é a única maneira de resolver um problema de pesquisa. Com a variedade de técnicas disponíveis, incluindo pesquisas de opinião, observação e experimentos, a pesquisa primária pode resolver quase qualquer questão de marketing.

Pesquisa de Opinião A técnica mais popular para reunir dados primários é a **pesquisa de opinião**, na qual um pesquisador interage com pessoas a fim de obter fatos, opiniões e atitudes. A Figura 9.2 resume as características das formas tradicionais de pesquisa de opinião.

Entrevista Pessoal em Domicílio Embora as entrevistas pessoais em domicílio forneçam informações de alta qualidade, tendem a ser muito caras em virtude do tempo de viagem dos entrevistadores e dos custos de quilometragem. Por essa razão, estão sendo cada vez menos utilizadas por pesquisadores norte-americanos e europeus. No entanto, ainda são muito populares em vários países.

Entrevista de Interceptação em Shopping A **entrevista de interceptação em shopping** é conduzida na área comum de um shopping center ou em um escritório de pesquisa de mercado localizado em um shopping. Para conduzir esse tipo de entrevista, a empresa de pesquisa aluga escritórios em shoppings ou paga uma taxa diária significativa. A desvantagem é a dificuldade de obter uma amostra representativa da população. A vantagem é a capacidade de o entrevistador investigar quando necessário a técnica usada para esclarecer a resposta de uma pessoa e solicitar informações mais detalhadas.

Esse tipo de entrevista deve ser breve. Apenas as mais curtas são realizadas enquanto os entrevistados permanecem de pé. Geralmente, os pesquisadores convidam os entrevistados a entrar em um escritório, onde permanecem menos de 15 minutos. A qualidade das entrevistas de interceptação em shopping é quase igual a das entrevistas por telefone.

Os pesquisadores de marketing estão aplicando a tecnologia nas entrevistas realizadas em shoppings. A primeira técnica é a **entrevista pessoal assistida por computador**. O pesquisador conduz as entrevistas pessoalmente, lê perguntas para o entrevistado em uma tela de computador e registra diretamente as respostas do entrevistado no aparelho. Uma segunda abordagem é a **autoentrevista assistida por computador**. O entrevistador intercepta as pessoas e as conduz aos computadores próximos. Cada entrevistado lê as perguntas em uma tela e registra as respostas no computador. O terceiro uso da tecnologia é a autoentrevista totalmente automatizada. Os entrevistados são orientados pelos entrevistadores ou por si mesmos vão a uma estação de computador ou quiosque localizado em um ponto central, leem as questões em uma tela e registram suas respostas no aparelho.

Entrevista por Telefone As entrevistas por telefone custam menos do que as entrevistas pessoais, mas o custo tem aumentado muito em razão da recusa dos entrevistados em participar. A maioria das entrevistas por telefone é conduzida de uma sala especialmente projetada para telefones denominada **instalação de central telefônica**. A sala tem muitas linhas telefônicas, estações de entrevistas individuais, às vezes, equipamento de monitoramento e fones de ouvido. Em geral, de um único local a empresa de pesquisas entrevista pessoas em todo o país. A lei federal "Não Telefone" não se aplica às pesquisas de opinião.

---

pesquisa de opinião técnica mais popular para a reunião de dados primários, na qual um pesquisador interage com pessoas a fim de obter fatos, opiniões e atitudes

entrevista de interceptação em shopping método de pesquisa de opinião realizada nas áreas comuns dos shoppings

entrevista pessoal assistida por computador método de entrevista em que o entrevistador lê as perguntas na tela de computador e registra os dados do entrevistado diretamente no aparelho

autoentrevista assistida por computador método de entrevista em que o entrevistador, em um shopping, intercepta pessoas dispostas a serem entrevistadas e as direciona aos computadores próximos em que cada entrevistado lê perguntas na tela e digita suas respostas

instalação de central telefônica ambiente com telefones especialmente desenvolvido para a condução de entrevistas via telefone

FIGURA 9.2
Características das Formas Tradicionais de Pesquisa de Opinião

Característica	Entrevistas Pessoais em Domicílio	Entrevistas de Interceptação em Shopping Center	Entrevistas por meio de Central Telefônica	Pesquisas por Correspondência Única e Auto-administráveis	Pesquisas de Painéis por Correspondência	Entrevistas Executivas	Grupos de Foco
Custo	Alto	Moderado	Moderado	Baixo	Moderado	Alto	Baixo
Intervalo de tempo	Moderado	Moderado	Rápido	Lento	Relativamente lento	Moderado	Rápido
Utilização de sindicâncias para com o entrevistador	Sim	Sim	Sim	Não	Sim	Sim	Sim
Capacidade de mostrar conceitos ao entrevistado	Sim (também testes de sabor)	Sim (também testes de sabor)	Não	Sim	**Sim**	Sim	Não
Controle de gerenciamento do entrevistador	Baixo	Moderado	Alto	N/A	N/A	Moderado	Alto
Qualidade dos dados	Alta	Moderada	Alta a moderada	Moderada a baixa	Moderada	Alta	Moderada
Capacidade de coletar grande quantidade de dados	Alta	Moderada	Moderada a baixa	Baixa a moderada	Moderada	Moderada	Moderado
Capacidade de lidar com questionários complexos	Alta	Moderada	Alta, se assistida por computador	Baixa	Baixa	Alta	N/A

A maioria das instalações opera com entrevistas assistidas por computador. O entrevistador lê as perguntas em uma tela de computador e insere os dados do entrevistado diretamente no aparelho, economizando tempo. A Hallmark Cards verificou que um entrevistador levou 28 minutos para aplicar um questionário impresso relacionado aos cartões de felicitações Shoebox. O mesmo questionário aplicado por computador levou apenas 18 minutos. O pesquisador pode interromper a pesquisa em qualquer ponto e imprimir os resultados imediatamente, permitindo que o projeto de pesquisa seja refinado conforme necessário.

Pesquisa por Correio As pesquisas por correio têm diversas vantagens: custo relativamente baixo, eliminação de entrevistadores e supervisores de campo, controle centralizado e anonimato real ou prometido para os entrevistados (que podem fornecer respostas mais sinceras). A desvantagem é que os questionários geralmente têm baixas taxas de resposta porque certos elementos da população tendem a responder mais do que outros. Assim, a amostra resultante pode não representar a população pesquisada. Outro problema é que nenhum entrevistado esclarece ou elabora suas respostas.

entrevista executiva tipo de pesquisa de opinião que envolve entrevistar empresários em seus escritórios acerca de produtos ou serviços industriais

Os *painéis do correio* oferecem uma alternativa para a pesquisa única por correspondência. Esse tipo de pesquisa consiste na amostra de famílias recrutadas a participar por correspondência por determinado período. Muitas vezes, os membros do painel recebem presentes em troca da participação. Essencialmente, o painel é uma amostra utilizada várias vezes. Em contraposição às pesquisas únicas por correspondência, as taxas de resposta provenientes dos painéis de correio são altas. Taxas de 70% (daqueles que concordam em participar) não são incomuns.

Entrevistas Executivas Uma **entrevista executiva** envolve entrevistar empresários em seus escritórios a respeito de produtos ou serviços industriais. Trata-se de um processo muito caro. Primeiro, os indivíduos envolvidos nas decisões de compra para o produto em questão devem ser identificados e localizados, o que pode ser custoso e demorado. Uma vez identificada a pessoa qualificada, o próximo passo é conseguir que ela concorde em ser entrevistada e definir um horário para a entrevista.

Por fim, o entrevistador deve ir para o lugar específico no horário determinado. É comum a espera ser longa; os cancelamentos não são raros. Esse tipo de pesquisa requer os melhores entrevistadores porque eles frequentemente fazem entrevistas sobre temas que pouco conhecem.

Grupos de foco Um **grupo de foco** é um tipo de entrevista pessoal. Muitas vezes recrutadas por varredura telefônica aleatória, entre sete e dez pessoas com certas características desejadas formam um grupo focal. Esses consumidores qualificados geralmente recebem um incentivo (de US$ 30 a US$ 50) para participar de uma discussão em grupo. O local de encontro (pode ser semelhante a uma sala de estar ou ter uma mesa de conferência) dispõe de gravação de áudio e, talvez, equipamento de filmagem. É provável que haja uma sala com espelho de uma face para que os clientes (fabricantes ou distribuidores) possam assistir à sessão. Durante a sessão, um moderador, contratado pela empresa de pesquisa, lidera a discussão do grupo. Os grupos focais podem ser usados para avaliar as respostas dos consumidores a um produto ou a uma promoção e, ocasionalmente, para discutir novas ideias sobre um produto ou para avaliar os conceitos dos novos produtos. Esses grupos também representam uma forma eficiente de verificar como os produtos estão sendo usados nas residências. As descrições dos membros sobre como executar tarefas destacam lacunas de necessidade, o que pode melhorar um produto existente ou demonstrar como um novo produto pode ser recebido. Estima-se que mais de 600 mil grupos de focosão conduzidos ao redor do mundo todos os anos.[3]

Desenvolvimento de Questionário

Todas as formas de pesquisa de opinião requerem um questionário. Os questionários garantem que todos os entrevistados responderão à mesma série de perguntas. Existem três tipos básicos de perguntas: abertas, fechadas e de respostas em escala. Uma **pergunta aberta** incentiva uma resposta elaborada com as próprias palavras do entrevistado. Os pesquisadores obtêm uma rica variedade de informações com base no quadro de referência do entrevistado (O que você acha do novo sabor?). Em contraposição, uma **pergunta fechada** pede que o entrevistado faça uma seleção com base em uma lista limitada de respostas. As perguntas fechadas podem ser o que os pesquisadores chamam de *dicotômico* (Você gostou do novo sabor? Sim ou Não.) ou *múltipla escolha*. Uma **pergunta de resposta em escala** é fechada e objetiva medir a intensidade da resposta do entrevistado.

grupo de foco de sete a dez pessoas que participam de um grupo de discussão liderado por um moderador

pergunta aberta pergunta que encoraja uma resposta elaborada nas próprias palavras do entrevistado

pergunta fechada pergunta que pede ao entrevistado fazer uma escolha com base em uma lista limitada de respostas

pergunta de resposta em escala pergunta fechada desenvolvida para medir a intensidade da resposta do entrevistado

PESQUISA DE MERCADO— DESCONECTADO

Nos Estados Unidos, aproximadamente 18% das residências não têm telefone fixo, só celular. Espera-se que esse número continue a subir, o que vai gerar problemas para as pesquisas por telefone. Uma lei federal proíbe discadores automáticos para telefones celulares, por isso todas as chamadas devem ser feitas manualmente, o que eleva os custos da entrevista. No entanto, as residências apenas com telefone celular têm uma demografia diferente, e os custos são vistos como uma despesa necessária. As famílias que contam apenas com telefone celular tendem a ser mais jovens, ter rendimentos ligeiramente menores e ser mais propensas a alugar linhas fixas em vez de adquiri-las. Algumas empresas reembolsam os entrevistados pelo custo dos minutos usados, o que eleva ainda mais os custos da pesquisa.[4]

pesquisa de observação método de pesquisa que confia em quatro tipos de observação: pessoas observando pessoas, pessoas observando uma atividade, máquinas observando pessoas e máquinas observando uma atividade

compradores misteriosos pesquisadores que se passam por clientes para reunir dados observacionais sobre uma loja

foco comportamental (FC) forma de pesquisa de marketing de observação que utiliza a prospecção de dados em conjunto com a identificação de internautas por meio de seus endereços IP

A pergunta "Qual a sua opinião?", que abre os capítulos deste livro, é uma pergunta de resposta em escala.

As perguntas fechadas e as perguntas de resposta em escala são mais fáceis de tabular do que as perguntas abertas porque as escolhas são fixas. A menos que o pesquisador designe a pergunta fechada com bastante cuidado, uma escolha muito importante pode ser omitida.

Uma boa pergunta deve ser clara e concisa, além disso, é preciso evitar a ambiguidade. A resposta à pergunta "Você mora a dez minutos daqui?" depende do modo de transporte (talvez a pessoa caminhe), da velocidade, do tempo percebido e de outros fatores. A linguagem também tem de ser clara. Assim, os jargões devem ser evitados e o discurso deve ser orientado ao público-alvo. Uma pergunta como "Qual é o nível de eficácia de seu pó para máquina de lavar louça preponderante?" provavelmente seria recebida com reservas. Seria muito mais simples dizer "Você está (1) muito satisfeito; (2) pouco satisfeito; ou (3) insatisfeito com a marca de pó para máquina de lavar louça que você utiliza?"

Dizer qual é a finalidade da pesquisa no início da entrevista pode tornar as coisas mais claras, mas também pode aumentar as chances de respostas tendenciosas. Muitas vezes, os entrevistados tentam dar respostas que eles acreditam ser "corretas" ou que os entrevistadores gostariam de ouvir. Para evitar influências, os pesquisadores não devem fazer perguntas e utilizar adjetivos direcionados que façam os entrevistados pensarem no tema de determinada maneira.

Por fim, para garantir a clareza, o entrevistador deve evitar fazer duas perguntas em uma, por exemplo, "Você gostou do sabor e da textura do bolo de café Pepperidge Farm?". Essa questão deve ser dividida em duas perguntas, uma sobre o sabor e outra sobre a textura.

Pesquisa de Observação Em contraposição à pesquisa de opinião, a **pesquisa de observação** baseia-se em observar o que as pessoas fazem. Ela pode ser definida como o processo sistemático de registrar os padrões comportamentais de pessoas, objeto e ocorrências sem questioná-las. Um pesquisador de mercado, usando a técnica da observação testemunha e registra informações como eventos ou reúne provas com base no registro de eventos anteriores. Após essa etapa, a observação pode envolver observar pessoas ou fenômenos e pode ser conduzida por observadores humanos ou máquinas. A Figura 9.3 apresenta vários exemplos de situações de observação.

Há duas formas comuns de pesquisa que utiliza pessoas observando pessoas: através de um espelho de uma face e por meio de compradores misteriosos.

No laboratório de jogos da Fisher-Price, as crianças ficam brincando durante 12 sessões. Os designers de brinquedos observam através de espelhos de uma face como as crianças reagem aos brinquedos da empresa e aos de outros fabricantes. O espelho permite que os pesquisadores vejam os participantes, mas os participantes não podem ver os pesquisadores. A Fisher-Price, por exemplo, tinha dificuldade em criar um cortador de grama de brinquedo que despertasse interesse nas crianças. Um designer, observando por trás do espelho, percebeu o fascínio das crianças por bolhas de sabão. Então, ele criou um cortador de grama que expelia bolhas de sabão. A empresa vendeu mais de um milhão de unidades no primeiro ano.

Compradores Misteriosos Os **compradores misteriosos** são pesquisadores que fazem de conta que são clientes, reúnem dados de observação sobre uma loja (por exemplo, as prateleiras estão perfeitamente abastecidas?) e sobre as interações cliente/funcionário. A interação não é uma entrevista, e a comunicação ocorre apenas de modo que o comprador misterioso possa observar as ações e os comentários do funcionário. A compra misteriosa é, portanto, classificada como um método de pesquisa de marketing de observação, mesmo que haja comunicação envolvida.

Foco Comportamental O **foco comportamental (FC)** começou como um processo simples de colocar cookies nos navegadores dos internautas para rastrear os sites

FIGURA 9.3
Situações de Observação

Situação	Exemplo
Pessoas que observam pessoas	Observadores parados em supermercados veem os consumidores selecionando comida mexicana congelada; o objetivo é verificar quanto as pessoas compram no momento de comprar.
Pessoas que observam uma atividade	Um observador parado em um cruzamento conta o movimento do tráfego em várias direções.
Máquinas que observam pessoas	Câmeras que registram o comportamento das pessoas que observam pessoas, como no caso de pessoas que observam pessoas.
Máquinas que observam uma atividade	Máquinas de contagem de tráfego que monitoram o fluxo.

visitados e, por fim, relacionar o usuário com os anúncios que mais provavelmente buscariam. Atualmente, o FC combina a atividade on-line do consumidor com os perfis psicográficos e demográficos compilados nas bases de dados (aspectos discutidos nos capítulos 4 e 8). Em virtude da eficácia potencial da publicidade FC, a sua popularidade está aumentando rapidamente.

As redes sociais, discutidas em profundidade no Capítulo 22, referem-se à área de FC que mais cresce. As informações que um membro do MySpace ou Facebook compartilham, combinadas com suas informações demográficas e psicográficas, tornam-se uma ferramenta poderosa para a colocação de anúncios. Os críticos denominam essa forma de FC de análise *das escutas de conversação*, os defensores, por sua vez, a denominam *alvo das informações declaradas pelo usuário*.[5] É uma descrição apropriada porque as informações são postadas pelos usuários em seus perfis. Digamos que Alex coloque no seu perfil o caiaque como um de seus interesses. Como ele mostrou isso, o conhecimento do marketing é mais concreto. A observação de que alguém daquele endereço de computador visitou um website de caiaque é menos concreta porque qualquer pessoa poderia ter usado aquele computador. Tanto o Facebook como o MySpace permitem que os profissionais de marketing tenham como meta anúncios para usuários com base nas informações de seus perfis. Muitas empresas grandes usam o FC. Quando a PepsiCo queria promover a Aquafina Alive na web, colocou anúncios apenas em sites visitados por pessoas interessadas em um estilo de vida saudável.

Pesquisa Etnográfica A pesquisa etnográfica trata do marketing considerando o campo da antropologia. A técnica está se tornando cada vez mais popular na pesquisa do marketing comercial. A **pesquisa etnográfica**, ou o estudo do comportamento humano em seu contexto natural, envolve a observação do ambiente comportamental e físico. Os etnógrafos observam diretamente a população que estão estudando. Como "observadores participantes", podem usar a intimidade com as pessoas que estão estudando para obter percepções mais ricas e profundas de cultura e comportamento. Em suma, o que faz as pessoas fazer o que fazem.

O mercado de consumo interno elude muitas pesquisas. Os antropólogos e outros pesquisadores observacionais não podem entrar na casa das pessoas e monitorar quais dispositivos eletrônicos estão usando e como o fazem. Os questionários dependem de respostas verdadeiras únicas e da memória do entrevistado. No entanto, algumas das maiores empresas de mídia dos Estados Unidos esperam dar uma olhada na casa das pessoas usando iPhones para monitorar o consumo de mídia. A The Coalition for Innovative Media Measurement, uma parceria entre as indústrias de mídia e de anúncios que visa determinar como os consumidores veem a mídia e que aparelhos usam, está patrocinando o estudo. A empresa daria aos participantes mil iPhones com um aplicativo especial que usariam para se conectar a cada 30 minutos e responder perguntas sobre suas atividades de mídia. Os entrevistados fornecem atualizações frequentes sobre o que estão consumindo em relação a música e televisão e como o fazem, se é por meio de streaming ou download, em computadores ou televisores, por serviços de assinatura ou de forma gratuita. Esse tipo de pesquisa pode ser o mais próximo que os pesquisadores chegaram dos participantes para compreender como os norte-americanos consomem mídia. Saber como assistem aos programas permitiria que as indústrias de mídia e de anúncio personalizassem a entrega para o consumidor e usassem a internet em seu benefício, em vez de serem deixados para trás por modelos de negócios ultrapassados.[6]

Compra Virtual Os avanços na tecnologia permitiram que os pesquisadores simulassem um ambiente de loja de varejo na tela do computador. Dependendo do tipo de simulação, o comprador pode "pegar" um pacote, tocar na imagem e girá-la para examinar todos os lados. Como ocorre na maioria das compras on-line, o consumidor toca o carrinho de compras para adicionar um item à cesta. Durante o processo de compra, o computador discretamente registra a quantidade de tempo que o consumidor gasta comprando cada categoria de produto, o tempo que passa examinando cada lado do produto, a quantidade adquirida de um produto e a ordem na qual os itens são comprados.

Ambientes simulados por computador como esse oferecem uma série de vantagens sobre os métodos mais antigos de pesquisa. Primeiro, a loja virtual duplica a desordem distraída de um mercado real. Os consumidores podem comprar em um ambiente com nível realista de complexidade e variedade. Segundo, os pesquisadores podem configurar e alterar os testes de forma bem rápida. A coleta de dados também é breve e sem erros, pois as informações geradas pela compra são automaticamente tabuladas e armazenadas pelo computador.

> **pesquisa etnográfica** estudo do comportamento humano em seu contexto natural; envolve a observação do comportamento e do ambiente físico

experimento método que um pesquisador utiliza para reunir dados primários

amostra subconjunto de uma população mais ampla

universo população com base na qual uma amostra será elaborada

amostra de probabilidade amostra em que todos os elementos da população possuem probabilidade estatística de ser selecionada

amostra randômica amostra arranjada de tal forma que todos os elementos da população têm igual chance de serem selecionados como parte da amostra

amostra não probabilística qualquer amostra em que pouca ou nenhuma tentativa é feita para se obter uma seção transversal representativa da população

amostra de conveniência forma de amostra de não probabilidade que utiliza entrevistados convenientes ou prontamente acessíveis ao pesquisador, por exemplo, colaboradores, amigos ou parentes

erro de mensuração erro que ocorre quando há diferença entre as informações desejadas pelo pesquisador e aquelas fornecidas pelo processo de mensuração

---

Terceiro, os custos de produção são baixos porque os expositores são criados eletronicamente. Uma vez que o hardware e o software estejam no lugar, o custo de um teste é, em grande parte, função de uma série de entrevistados, que geralmente recebem um pequeno incentivo para participar. Quarta, a simulação tem alto grau de flexibilidade. Ela pode ser usada para testar conceitos novos de marketing ou para ajustar programas existentes.[7]

A pesquisa de compras virtuais está crescendo rapidamente à medida que empresas como Frito-Lay, Goodyear, Procter & Gamble, General Mills e Coca-Cola estão percebendo os benefícios desse tipo de pesquisa de observação. Cerca de 40 mil novos produtos embalados são introduzidos nos Estados Unidos todos os anos.[8] Todos disputam um espaço muito limitado nas prateleiras do mercado de varejo. Qualquer processo, como a compra virtual, que possa acelerar o tempo de desenvolvimento de um produto e diminuir os custos é sempre bem-vindo pelos fabricantes.

Experimentos Um **experimento** é um método que o pesquisador pode usar para reunir dados primários. O pesquisador altera uma ou mais variáveis – preço, desenho da embalagem, espaço da prateleira, tema da publicidade, gastos com publicidade – enquanto observa os efeitos dessas alterações em outra variável (normalmente vendas). Os melhores experimentos são aqueles em que todos os fatores são mantidos constantes, exceto os que estão sendo manipulados. O pesquisador pode observar quais mudanças nas vendas, por exemplo, resultam das mudanças na quantidade de dinheiro gasta em publicidade.

Especificando os Procedimentos de Amostragem

Uma vez que os pesquisadores decidem como vão coletar os dados primários, o próximo passo é selecionar os procedimentos de amostragem a serem utilizados. Raramente, uma empresa pode fazer um censo de todos os possíveis usuários de um novo produto, nem todos podem ser entrevistados. Assim, uma empresa deve selecionar uma amostra do grupo a ser entrevistado. **Amostra** é um subconjunto de uma população maior.

Algumas questões devem ser definidas antes da escolha do plano de amostragem. Primeiro, é preciso definir a população, ou **universo**, de interesse. Esse é o grupo do qual a amostra será retirada. Ele deve incluir todas as pessoas cujas opiniões, comportamento, preferências, atitudes, e assim por diante, são de interesse do profissional de marketing. Em um estudo cujo objetivo é determinar o mercado para um novo alimento enlatado para cães, o universo pode ser definido para incluir todos os atuais compradores desse tipo de produto.

Após o universo ter sido definido, a próxima questão é se a amostra deve representar a população. Se a resposta for positiva, é necessária uma amostra probabilística. Caso contrário, pode ser considerada uma amostra não probabilística.

Amostras de Probabilidade Na **amostra de probabilidade** todos os elementos na população têm probabilidade estatística de serem selecionados. Sua característica mais desejável é que as regras científicas possam ser usadas para assegurar que a amostra represente a população.

Um tipo de amostra de probabilidade é a **amostra randômica** – disposta de tal forma que cada elemento da população tem chance igual de ser selecionado. Suponha que uma universidade esteja interessada em obter uma seção cruzada de opiniões de estudantes sobre um complexo esportivo a ser construído utilizando as taxas pagas pelos alunos. Se a universidade conseguir uma lista atualizada dos alunos matriculados, pode obter uma amostra aleatória usando números aleatórios com base em uma tabela (encontrada na maioria de livros de estatística) para selecionar os alunos da lista. Formas comuns de amostras probabilísticas e não probabilísticas estão na Figura 9.4.

Amostras Não Probabilísticas Qualquer amostra em que pouca ou nenhuma tentativa for feita para obter uma seção cruzada representativa da população pode ser considerada uma **amostra não probabilística**. A probabilidade de seleção de cada unidade de amostragem não é conhecida. Uma forma comum de amostra não probabilística é a **amostra de conveniência**, que se vale de entrevistados que são convenientes ou prontamente acessíveis ao pesquisador, por exemplo, funcionários, amigos ou parentes.

As amostras probabilísticas são aceitáveis, desde que o pesquisador compreenda sua natureza não representativa. Em razão de seu custo inferior, as amostras não probabilísticas são a base de muitas pesquisas de marketing.

Tipos de Erros Sempre que uma amostra é usada em pesquisa de marketing, dois grandes tipos de erros podem ocorrer: erro de mensuração e erro de amostragem. O **erro de mensuração** ocorre quando há diferença entre as informações desejadas pelo pesquisador e as informações fornecidas pelo processo de medição.

FIGURA 9.4
Tipos de Amostras

	Amostras Probabilísticas
Amostra Aleatória Simples	Cada membro da população tem uma chance conhecida e igual de seleção.
Amostra Estratificada	A população é dividida em grupos mutuamente exclusivos (como gênero ou idade) e, então, amostras aleatórias são retiradas de cada grupo.
Amostra por Agrupamento	A população é dividida em grupos mutuamente exclusivos (como áreas geográficas) e, então, é selecionada uma amostra aleatória de agrupamentos. O pesquisador coleta os dados de todos os elementos dos agrupamentos selecionados ou de uma amostra probabilística dos elementos no agrupamento selecionado.
Amostra Sistemática	Uma lista da população, por exemplo, todas as pessoas que têm conta-corrente no Banco XYZ, e um intervalo de omissão são obtidos dividindo-se o tamanho da amostra pelo tamanho da população. Se o tamanho da amostra for 100 e o banco tiver mil clientes, o intervalo de omissão é igual a 10. O número de início é escolhido aleatoriamente dentro do intervalo de omissão. Se o número de início for 8, o padrão de omissão será 8, 18, 28, ...
	Amostras Não Probabilísticas
Amostras por Conveniência	O pesquisador seleciona os membros da população que tornam mais fácil a obtenção de informações.
Amostras por Julgamento	Os critérios de seleção do pesquisador são baseados no julgamento pessoal de que os elementos (pessoas) escolhidos provavelmente fornecerão informações precisas.
Amostras por Quota	O pesquisador encontra determinado número de pessoas em diversas categorias, por exemplo, proprietários de cães de porte grande *versus* proprietários de cães de porte pequeno. Os entrevistados não são selecionados por critérios de amostragem probabilística.
Amostra Bola de Neve	Entrevistados adicionais são selecionados com base nas referências dos primeiros entrevistados. Esse método é utilizado quando um tipo desejado de entrevistado é difícil de ser encontrado, por exemplo, pessoas que deram a volta ao mundo em cruzeiros nos últimos três anos. Essa técnica aplica o velho ditado "Pássaros de penas iguais voam juntos".

As pessoas podem dizer ao entrevistador que elas compram creme dental Crest quando não o fazem. O erro de mensuração geralmente tende a ser maior do que o erro de amostragem.

O **erro de amostragem** ocorre quando uma amostra, de alguma forma, não representa a população-alvo. Esse tipo de erro pode ser um de diversos tipos. O erro de não resposta ocorre quando a amostra realmente entrevistada difere da amostra obtida. Esse erro ocorre porque as pessoas originalmente selecionadas ou se recusaram a cooperar ou eram inacessíveis.

O **erro de estrutura**, outro tipo de erro de amostragem, surge se a amostra obtida de uma população diferir da população-alvo. Suponha que seja realizada uma pesquisa telefônica para descobrir as atitudes dos consumidores de cerveja de Chicago em relação à Coors. Se uma lista telefônica da cidade for usada como *estrutura* (o dispositivo ou lista com base na qual os entrevistados são selecionados), a pesquisa vai apresentar um erro de estrutura. Nem todos os consumidores de cerveja de Chicago têm telefone, além disso, muitos números não estão listados. Uma amostra ideal (por exemplo, uma amostra sem erros de estrutura) corresponde a todas as características importantes da população-alvo a ser pesquisada. Você poderia encontrar uma estrutura perfeita para os consumidores de cerveja de Chicago?

O **erro aleatório** ocorre quando a amostra selecionada é uma representação imperfeita de toda a população. Esse tipo de erro representa a precisão com que o valor médio (média) verdadeiro da amostra escolhida reflete o valor médio verdadeiro (média) da população. Podemos obter uma amostra aleatória de consumidores de cerveja em Chicago e constatar que 16% bebe Coors regularmente. No dia seguinte, podemos repetir o mesmo procedimento de amostragem e verificar que 14% bebe a Coors regularmente. A diferença se deve a um erro aleatório. O erro é comum a todas as pesquisas, ainda que não seja frequentemente reportado ou nunca seja reportado.

erro de amostragem erro que ocorre quando uma amostra, de alguma forma, não representa a população-alvo

erro de estrutura erro que ocorre quando uma amostra criada com base em uma população difere da população-alvo

erro aleatório erro que ocorre quando a amostra selecionada é uma representação imperfeita da população geral

empresa de serviço de campo
empresa especializada em entrevistar pessoas em uma base subcontratada

tabulação cruzada
método de análise de dados que permite ao analista observar as respostas a uma pergunta em relação às respostas a uma ou mais perguntas

Normalmente, o único erro mencionado em um relatório escrito é o erro de amostragem.

Coletando os Dados

As empresas que fazem pesquisa de campo coletam dados mais primários. Uma **empresa de serviço de campo** se especializa em entrevistar pessoas em uma base subcontratada. Muitas têm escritórios, às vezes em centros comerciais, em todo o país. Um típico estudo de pesquisa de marketing envolve a coleta de dados em várias cidades, o que exige que o profissional de marketing trabalhe com um número comparável de empresas de serviço de campo. Além de realizar entrevistas, essas empresas fornecem instalações para grupos focais, fazem intercepção nos shoppings, testam o armazenamento de produtos e instalações de cozinha para preparar produtos alimentícios para teste.

Analisando os Dados

Após coletar os dados, o pesquisador de marketing segue para a próxima etapa no processo de pesquisa: a análise de dados. O objetivo é interpretar e tirar conclusões com base na massa de dados coletados. O pesquisador tenta organizar e analisar esses dados usando uma ou mais técnicas comuns à pesquisa de marketing: contagem de frequências únicas, tabulações cruzadas e análises estatísticas sofisticadas. Dessas três técnicas, a contagem de frequências únicas é a mais simples. As tabelas de frequência única gravam as respostas para uma pergunta. As respostas à pergunta "Qual a marca de pipoca de micro-ondas que você compra com mais frequência?" proporcionaria uma distribuição de frequência única. As tabelas de frequência única são sempre feitas na análise de dados, pelo menos como um primeiro passo, porque elas fornecem ao pesquisador um quadro geral dos resultados do estudo. A **tabulação cruzada** permite ao analista observar as respostas a uma pergunta em relação às respostas a uma ou a outras perguntas, por exemplo, qual é a associação entre o gênero e a marca de pipoca de micro-ondas comprada com mais frequência?

Os pesquisadores podem usar muitas outras técnicas estatísticas poderosas e sofisticadas, como teste da hipótese, medidas de associação e análise de regressão. A descrição dessas técnicas vai além do escopo deste livro, mas pode ser encontrada em livros que tratem especificamente de pesquisa de marketing. O uso de técnicas estatísticas sofisticadas depende dos objetivos dos pesquisadores e da natureza dos dados reunidos.

Elaboração e Apresentação do Relatório

Após concluída a análise de dados, o pesquisador deve elaborar o relatório e comunicar as conclusões e recomendações à gestão. Esse é um passo fundamental no processo. Se o pesquisador de marketing quiser que os gestores cumpram as recomendações, deve convencê-los de que os resultados são credíveis e justificados pelos dados coletados.

Os pesquisadores geralmente são obrigados a apresentar tanto relatórios escritos como orais. Atualmente, o relatório escrito não é mais do que uma cópia dos slides de PowerPoint utilizados na apresentação oral. Ambos os relatórios devem ser adaptados ao público. Eles devem começar com uma apresentação clara e concisa dos objetivos da pesquisa, seguida por uma explicação completa, mas breve e simples, do projeto de pesquisa ou da metodologia empregada. Um resumo das principais descobertas deve vir depois. A conclusão do relatório também deve apresentar recomendações à gestão.

A maioria das pessoas que entra no mercado vão se tornar utilizadores de pesquisa em vez de fornecedores de pesquisa. Dessa forma, devem saber o que observar em um relatório. Assim como outros itens que compramos, a qualidade nem sempre é facilmente perceptível. O preço alto não garante qualidade superior. A base para medir a qualidade de um relatório de pesquisa de marketing é a proposta da pesquisa. O relatório aten-

Tabulação Cruzada – Pipoca

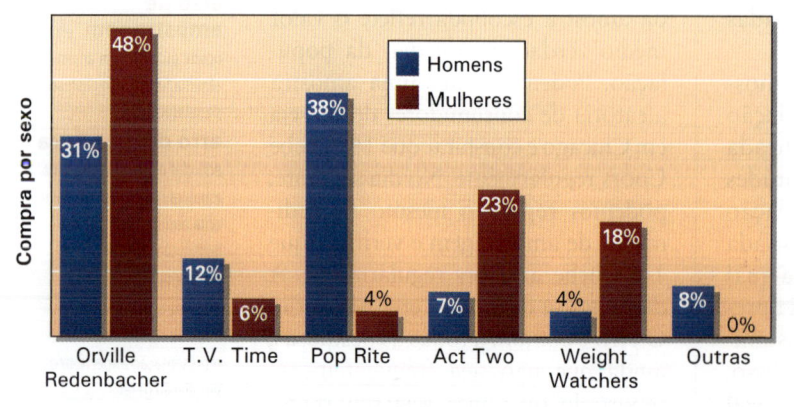

Marca	Homens	Mulheres
Orville Redenbacher	31%	48%
T.V. Time	12%	6%
Pop Rite	38%	4%
Act Two	7%	23%
Weight Watchers	4%	18%
Outras	8%	0%

deu os objetivos estabelecidos na proposta? A metodologia foi descrita na proposta? As conclusões são baseadas em deduções lógicas com base na análise de dados? As recomendações parecem prudentes dadas as conclusões?

Acompanhamento

O passo final no processo de pesquisa de marketing é o acompanhamento. O pesquisador deve determinar por que a gestão cumpriu ou deixou de cumprir as recomendações no relatório. As informações de tomada de decisão foram incluídas de forma satisfatória? O que poderia ter sido feito para tornar o relatório mais útil para a gestão? O bom relacionamento entre o gestor de produtos, ou quem quer que tenha autorizado o projeto, e o pesquisador de mercado é essencial. Muitas vezes, eles trabalham juntos em vários estudos ao longo do ano.

Em geral, nos Estados Unidos, o processo de investigação flui suavemente de um passo a outro. No entanto, conduzir pesquisas em mercados internacionais pode representar uma série de problemas e desafios.

OA 4 O Profundo Impacto da Internet sobre a Pesquisa de Marketing

Atualmente, cerca de um quinto da população mundial está on-line. Nos Estados Unidos, 71% da população está on-line, o que abrange todas as divisões étnicas, socioeconômicas e educacionais.[9] A maioria dos gestores aceitam que a pesquisa on-line pode, em condições adequadas, representar os consumidores norte-americanos fielmente. Pessoas que não adotam a internet tendem a ser mais velhos, consumidores de baixa renda (com 65 anos ou mais e renda familiar menor que

A PERSONALIDADE DAS COMPRAS — TENDÊNCIAS

O The How America Shops MegaTrends Study é um questionário semestral sobre os hábitos de compra nos Estados Unidos. O estudo de 2010 se concentra nos cinco traços de personalidade que os varejistas devem procurar em compradores pós-recessão. As cinco personalidades apresentadas a seguir foram criadas para informar aos varejistas qual é a melhor forma de levar os compradores às lojas e como incentivá-los a comprar.

- *Shop-a-Lot Sue*. Adora fazer compras, embora viva uma situação delicada. Está sempre à procura de grandes negócios e faz pesquisa on-line para obter as melhores ofertas. Chame sua atenção com cupons de desconto e produtos inspiradores que estejam dentro de seu orçamento.
- *Miserable Mona*. Não gosta de fazer compras porque está em uma situação delicada. Luta para sobreviver. Compra em lojas de desconto e não utiliza ferramentas on-line.
- *I'll Pass Patty*. Compra sem necessidade e possui renda acima da média. Compra on-line para evitar ir às lojas. A conveniência é mais importante do que o preço.
- *Bubble Barbie*. Adora fazer compras, independentemente de sua situação. Compra durante a recessão, carrega altas dívidas e continua a comprar. Cartazes atraentes e uma atmosfera simpática incentivam o comprador impulsivo, ainda assim, ofertas e descontos são bem-vindos.
- *Chic Chic Charlotte*. Adora comprar e é muito abastado. No entanto, esse tipo se arrepende de comprar por causa da recessão e precisa do incentivo de que está adquirindo valor.[10]

US$ 30 mil), que não são o mercado-alvo de muitos bens e serviços.[11]

Mais de 90% das empresas de pesquisa de marketing dos Estados Unidos conduzem alguma forma de pesquisa on-line. As pesquisas de opinião on-line substituíram as pesquisas telefônicas assistidas por computador (CATI) como o modo mais popular de coleta de dados, embora não haja nenhuma evidência desse ou de outros métodos de pesquisas tradicionais serem completamente substituídos por pesquisas on-line.[12] A coleta de dados pela internet também é classificada como a que tem o maior potencial de crescimento.

Vantagens das Pesquisas por Internet

O enorme crescimento da popularidade das pesquisas por internet é resultado das muitas vantagens que a conectividade oferece. Tais vantagens estão relacionadas a muitos fatores:

- *Desenvolvimento rápido, relatórios em tempo real:* As pesquisas por internet podem ser transmitidas a milhares de potenciais entrevistados ao mesmo tempo. Os entrevistados completam as pesquisas simultaneamente, os resultados são tabulados e publicados para que os clientes corporativos os visualizem à medida que os retornos chegam. Dessa forma, os resultados da pesquisa podem estar nas mãos do cliente em muito menos tempo do que no caso de pesquisas tradicionais.
- *Custos drasticamente reduzidos:* A internet pode reduzir os custos de 25% a 40% e fornecer resultados na metade do tempo em comparação às pesquisas telefônicas tradicionais. Os métodos de pesquisa tradicionais exigem trabalho intensivo e incorrem em treinamento, telecomunicações e custos de gestão. Os métodos eletrônicos eliminam isso completamente. Ao passo que os custos das técnicas de pesquisas tradicionais aumentam proporcionalmente com o número de entrevistas desejadas, as solicitações eletrônicas podem crescer em volume, com pouco aumento nos custos dos projetos.
- *Perguntas e dados personalizados:* As pesquisas por internet podem ser altamente personalizadas para maior relevância para a própria situação de cada entrevistado, acelerando, assim, o processo de resposta.
- *Participação aprimorada do entrevistado:* As pesquisas por internet levam metade do tempo se comparadas às entrevistas telefônicas, podem ser realizadas segundo a conveniência do entrevistado (após o horário de trabalho) e são muito mais estimulantes e atraentes. Como resultado, as taxas de resposta são bem mais elevadas.
- *Contato com pessoas difíceis de serem alcançadas:* Certos grupos – médicos, profissionais de alta renda, empresas de gestão top presentes na Global 2000 – estão entre os mais pesquisados do planeta e são os mais difíceis de contatar. Muitos estão bem representados on-line. As pesquisas por internet fornecem acesso conveniente a qualquer momento e em qualquer lugar, o que facilita a participação de profissionais ocupados.

Usos da Internet por Pesquisadores de Marketing

Os pesquisadores de marketing estão usando a internet para administrar pesquisas, conduzir grupos focais e realizar uma série de outros tipos de pesquisas de marketing.

Métodos para Conduzir Pesquisas On-line Há diversos métodos básicos para realizar pesquisas on-line: sistemas de pesquisa da web, sites de projetos de pesquisa e sites de hospedagem e provedores de painéis on-line.

Sistemas de Pesquisa da Web Os sistemas de pesquisa da web são sistemas de software projetados especificamente para elaboração e entrega de questionários da web. Eles consistem em um designer de questionário integrado, servidor web, base de dados e programa de entrega de dados projetado para o uso de não programadores. O servidor web distribui o questionário e as respostas dos arquivos em uma base de dados. O usuário pode consultar o servidor a qualquer momento pela web para obter estatísticas completas, estatísticas descritivas sobre as respostas e gráficos dos dados. Alguns pacotes de software de pesquisa de opinião on-line são Sawtooth CiW, Infopoll, SurveyMonkey e SurveyPro.

Sites de Projeto de Pesquisa e Sites de Hospedagem Diversos websites permitem que o pesquisador crie uma pesquisa on-line sem carregar um software de projetos. A pesquisa é, então, administrada no servidor do site do projeto. Alguns também oferecem pacotes de tabulação e análise. Um site popular que oferece serviços de hospedagem é o Vovici.

Provedores de Painéis On-line Muitas vezes, os pesquisadores usam provedores de painéis on-line para obter uma amostra pronta de população. Os provedores de painéis on-line, como a Survey Sampling International e a e-Rewards, pré-recrutam pessoas que concordam em participar de pesquisas de opinião de mercado on-line.

Alguns painéis on-line são criados para indústrias específicas e podem ter alguns milhares de membros, já os grandes painéis on-line comerciais têm milhões de pessoas esperando para serem entrevistadas. Quando as pessoas se unem aos painéis on-line, elas respondem a um questionário de perfil amplo que permite ao provedor do painel direcionar os esforços da pesquisa para os membros do painel que atendam a critérios específicos.

Grupos Focais On-line Um desenvolvimento relativamente recente na pesquisa qualitativa é o grupo focal on-line. Atualmente, diversas organizações estão oferecendo esse novo meio de conduzir os grupos focais. O processo é bastante simples. A empresa de pesquisa constrói um banco de dados de entrevistados por meio de um questionário de rastreamento em seu site. Quando um cliente procura uma empresa com a necessidade de um grupo focal específico, a empresa busca em seu banco de dados indivíduos que parecem se qualificar. Ela envia uma mensagem de e-mail para essas pessoas, pedindo-lhes para fazer logon em um site específico em determinado momento agendado para o grupo. Os participantes recebem um incentivo pela participação.

A empresa desenvolve um guia de discussão semelhante ao utilizado por um grupo focal convencional, e um moderador administra o grupo digitando as perguntas on-line para todos verem. O grupo opera em um ambiente semelhante ao de uma sala de bate-papo, para que os participantes vejam todas as perguntas e todas as respostas. A empresa capta o texto completo do grupo focal e o disponibiliza para revisão depois que o grupo terminou.

O Papel do Moderador O modo básico de o moderador se comunicar com os entrevistados em um grupo focal on-line é digitando todas as perguntas, instruções e sindicâncias na área de entrada de texto da sala de bate-papo, em tempo real (ao vivo, no local). Uma vantagem do método de livre estilo é que ele obriga o moderador a se adaptar ao grupo em vez de usar uma série de perguntas prontas. A desvantagem é que digitar tudo em estilo livre (ou até mesmo copiando e colando de um documento separado) leva tempo.

Os grupos focais on-line também permitem que os entrevistados vejam itens como uma declaração de conceito, uma maquete de um anúncio impresso ou um vídeo curto de demonstração de produto. O moderador fornece uma URL para os entrevistados visitarem em outra janela do navegador. Um dos riscos de se fazer isso é que os entrevistados, ao abrir outra janela, deixam a "sala", e o moderador pode perder a atenção deles; os pesquisadores devem esperar que os entrevistados retornem dentro do período de tempo especificado.

O software de grupo focal virtual mais avançado reserva uma estrutura (seção) da tela para estímulos a serem exibidos. Aqui, o moderador tem o controle sobre o que é mostrado na área de estímulo. A vantagem dessa abordagem é que o entrevistado não tem de fazer nada para ver os estímulos.

Vantagens dos Grupos Focais On-line Muitas vantagens são reivindicadas para os grupos cibernéticos:

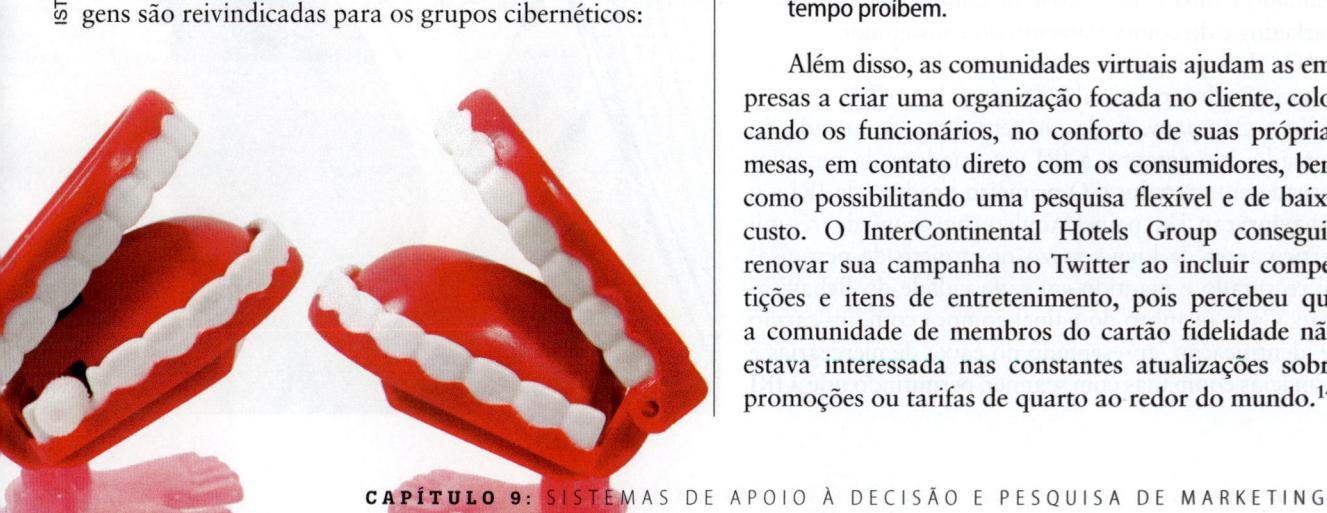

▶▶ *Melhores taxas de participação:* Normalmente, os grupos focais on-line podem ser conduzidos ao longo de dias; uma vez recrutados, os participantes são menos propensos a se retirar por causa de conflitos relacionados ao tempo.

▶▶ *Custo-eficácia:* Os grupos face a face incorrem em custos de aluguel de instalações, passagens aéreas, hotel e alimentação. Nenhum desses custos incorre no caso de grupos focais on-line.

▶▶ *Abrangência geográfica ampla:* Horário flexível; é possível reunir entrevistados de todas as partes do mundo.

▶▶ *Acessibilidade:* Os grupos focais on-line possibilitam o acesso a indivíduos que poderiam ser difíceis de recrutar (por exemplo: profissionais que viajam a negócios, executivos, mães com crianças).

▶▶ *Honestidade:* Por trás de seus nomes na tela, os entrevistados são anônimos e tendem a falar mais livremente sobre questões que poderiam gerar inibição em uma interação face a face.

Pesquisa de Comunidade Virtual

Uma comunidade virtual é um grupo de consumidores cuidadosamente selecionados que concordam em participar de um diálogo contínuo com uma empresa específica.[13] Toda a interação da comunidade ocorre em um site criado de forma personalizada. Durante a existência da comunidade, que pode durar de seis meses a um ano, ou até mais, os membros respondem às perguntas feitas pela empresa. Além de fazer isso, os membros conversam entre si sobre temas que lhes interessam.

A popularidade e o poder das comunidades virtuais advêm de diversos benefícios importantes. Tais comunidades:

▶▶ envolvem os clientes em um espaço em que se sentem confortáveis, o que permite a interação em um nível mais profundo;

▶▶ atingem inovações derivadas dos clientes;

▶▶ estabelecem defensores da marca emocionalmente envolvidos com o sucesso da empresa; e

▶▶ oferecem resultados em tempo real, permitindo que os clientes explorem ideias que as restrições normais de tempo proíbem.

Além disso, as comunidades virtuais ajudam as empresas a criar uma organização focada no cliente, colocando os funcionários, no conforto de suas próprias mesas, em contato direto com os consumidores, bem como possibilitando uma pesquisa flexível e de baixo custo. O InterContinental Hotels Group conseguiu renovar sua campanha no Twitter ao incluir competições e itens de entretenimento, pois percebeu que a comunidade de membros do cartão fidelidade não estava interessada nas constantes atualizações sobre promoções ou tarifas de quarto ao redor do mundo.[14]

mídia gerada pelo consumidor (MGC) mídia que os consumidores geram e compartilham entre si

pesquisa baseada em varredura sistema que reúne informações de um único grupo de entrevistados monitorando continuamente a propaganda, a promoção e os preços a que estão expostos e os itens que compram

BehaviorScan programa de pesquisa baseado em varredura que rastreia as compras de três mil famílias por meio de varredura em cada mercado de pesquisa

InfoScan serviço de rastreamento de vendas baseado em varredura aplicado à indústria de produtos embalados

neuromarketing campo do marketing que estuda as reações corporais aos estímulos de marketing

O Papel da Mídia Gerada pelo Consumidor na Pesquisa de Marketing

A **mídia gerada pelo consumidor (MGC)** é aquela mídia produzida pelos próprios consumidores e compartilhada entre eles mesmos. A MGC é proveniente de várias fontes, como blogs, fóruns, sites de avaliação, podcasts etc. Como é baseada no consumidor, é mais confiável do que as formas tradicionais de publicidade e promoção.[15]

A MGC pode ser influenciada, mas não controlada pelos profissionais de marketing. A Nielsen BuzzMetrics é a empresa de pesquisa de marketing líder no rastreamento de MGC. O BrandPulse é o produto mais popular da BuzzMetrics. Ele pode dizer a uma empresa quanto "zunido" existe, onde a discussão on-line está ocorrendo, qual é o tom da discussão e quais assuntos são mais importantes. O BrandPulse fornece uma compreensão oportuna das opiniões e tendências que afetam uma empresa ou marca. Outros produtos da BuzzMetrics podem obter mais detalhes, dependendo de quais informações o cliente precisa, como identificar quem seria um bom candidato para programas de marketing de relacionamento.[16]

OA 5 Pesquisa Baseada em Varredura

A **pesquisa baseada em varredura** é um sistema que reúne informações de um único grupo de entrevistados por meio do monitoramento contínuo da publicidade, da promoção e dos preços a que eles estão expostos e dos itens que compram. As variáveis medidas são campanhas publicitárias, cupons, displays e preços de produtos. O resultado é uma enorme base de dados dos esforços de marketing e do comportamento do consumidor.

Os dois principais fornecedores baseados em varredura são Information Resources, Inc. (IRI) e A. C. Nielsen Company. Cada um tem cerca de metade do mercado. No entanto, a IRI é a criadora da pesquisa baseada em varredura. O primeiro produto da IRI é o **BehaviorScan**. Um painel familiar (um grupo de três mil participantes de longo prazo do projeto de pesquisa) foi recrutado e mantido em cada cidade do BehaviorScan. Cada membro do painel compra com um cartão de identificação, apresentado no caixa de mercearias e farmácias equipadas com scanner, permitindo que a IRI rastreie eletronicamente cada compra da família, item por item, ao longo do tempo. Ela usa microcomputadores para medir a audiência de televisão e pode enviar comerciais especiais para aparelhos de televisão dos membros dos painéis. Com a mensuração das compras em família, é possível manipular as variáveis de marketing, como a publicidade televisiva ou as promoções ou introduzir um novo produto e analisar mudanças reais no comportamento de compra do consumidor.

O produto mais bem-sucedido da IRI é o **InfoScan** – um serviço de rastreamento de vendas baseado em varredura para a indústria de produtos embalados. As vendas no varejo, as informações de compra detalhadas (incluindo a medição da lealdade à loja e das despesas totais de supermercado) e a atividade promocional de fabricantes e varejistas são monitoradas e avaliadas por meio dos produtos com códigos de barras. Os dados são recolhidos semanalmente de mais de 70 mil supermercados, farmácias e hipermercados.[17]

Algumas empresas começaram a estudar as alterações microscópicas na hidratação da pele, frequência cardíaca, ondas cerebrais e outros sinais biométricos para verificar como os consumidores reagem a elementos como design de embalagens e anúncios. A abordagem de **neuromarketing** é uma nova tentativa de compreender melhor as respostas dos consumidores às motivações referentes às promoções e às compras.

Depois que o grupo de pesquisa da Pantene finalizou o estudo sobre a fórmula do xampu, começou a testar as respostas aos anúncios publicitários do novo Pantene. Os pesquisadores ligaram os espectadores a um eletroencefalograma para medir as ondas cerebrais à medida que assistiam aos comerciais. Em um anúncio, os espectadores foram distraídos por uma modelo frustrada ao lidar com seus cabelos. O comercial foi editado para se concentrar mais no cabelo da modelo e menos na expressão dela.[18]

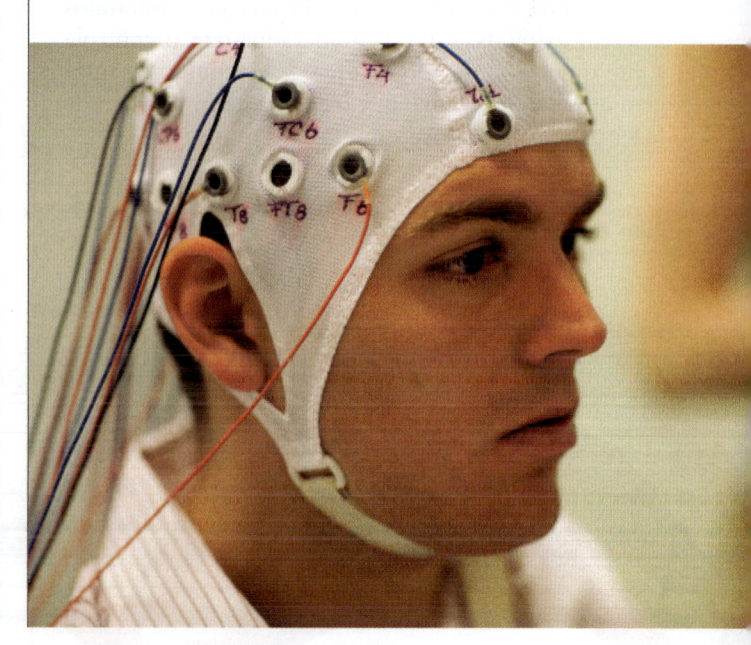

OA 6 Quando Realizar a Pesquisa de Marketing?

Quando os gestores têm soluções possíveis para um problema, não devem requisitar instintivamente a pesquisa de marketing. Na verdade, a primeira decisão a tomar é se, de fato, a pesquisa de marketing será realizada.

Algumas empresas conduziram pesquisas em determinados mercados por anos. Essas empresas compreendem as características dos clientes-alvo e suas preferências em relação aos produtos existentes. Nessas circunstâncias, novas pesquisas seriam repetitivas e desperdiçariam dinheiro. A Procter & Gamble, por exemplo, tem um amplo conhecimento do mercado de café. Após realizar testes iniciais de sabor com a Folgers Instant Coffee, a P&G começou a distribuí-lo nos Estados Unidos sem mais pesquisas. A Sara Lee seguiu a mesma estratégia com seus croissants congelados, assim como a Quaker Oats, com suas barras mastigáveis de granola. Essa tática, entretanto, pode ter resultados adversos. Os profissionais de marketing podem achar que compreendem completamente determinado mercado, assim, contornam a pesquisa de mercado de um produto, só para que o produto falhe e seja retirado do mercado.

Se as informações estivessem disponíveis e fossem isentas de custos, dificilmente os gestores recusariam mais, no entanto, como as informações de marketing podem exigir muito tempo e grandes gastos, eles podem decidir renunciar às informações adicionais. Em última análise, a vontade de adquirir informações adicionais de tomada de decisão depende da percepção dos gestores acerca de qualidade, preço e prazo. A pesquisa deve ser realizada apenas quando o valor estimado das informações for maior do que o custo para obtê-las.

OA 7 Inteligência Competitiva

Derivada da inteligência militar, a inteligência competitiva é uma ferramenta importante para ajudar uma empresa a superar a vantagem de um concorrente. Especificamente, a inteligência competitiva pode ajudar na identificação da vantagem e ter um papel importante na determinação de como ela foi obtida.

A **inteligência competitiva (IC)** ajuda os gestores na avaliação de seus concorrentes e fornecedores a fim de se tornarem mais eficientes e eficazes. Inteligência refere-se às informações analisadas. Elas se tornam inteligência de tomada de decisão quando têm implicações para a organização. Um concorrente primário, por exemplo, pode ter planos para lançar um produto com os padrões de desempenho iguais aos da empresa que reúne as informações, mas com uma vantagem de 15% sobre o custo. O novo produto chegará ao mercado em oito meses. Essa inteligência tem consequências de tomada de decisão e políticas importantes para a gestão. A IC e o monitoramento ambiental (ver Capítulo 2) se combinam para criar a inteligência de marketing, que é utilizada como entrada em um sistema de apoio à decisão de marketing.

A internet é um recurso importante para reunir a IC, mas fontes não provenientes de computador podem ser igualmente valiosas. Alguns exemplos incluem vendedores de empresas, especialistas de indústrias, consultores de IC, órgãos governamentais, arquivos do Uniform Commercial Code, fornecedores, periódicos, Páginas Amarelas e mostras do comércio industrial.

> **inteligência competitiva (IC)**
> sistema de inteligência que ajuda os gestores a avaliar a concorrência e os vendedores a fim de se tornarem concorrentes mais eficientes e eficazes

---

FERRAMENTAS DE ESTUDO — CAPÍTULO 9

Acesse a Trilha de MKTG em www.cengage.com.br/4ltr para:

- ❑ Acessar os cartões de revisão dos capítulos
- ❑ Responder aos questionários práticos para se preparar para as provas
- ❑ Realizar as atividades "Vença o relógio" para dominar os conceitos
- ❑ Completar as "Palavras cruzadas" para revisar os termos-chave

CAPÍTULO **10** Conceitos de Produtos

Objetivos da Aprendizagem

OA 1 Definir o termo produto

OA 2 Classificar os produtos de consumo

OA 3 Definir os termos item de produto, linha de produtos e mixes de produtos

OA 4 Descrever o uso do marketing em relação à marca

OA 5 Descrever o uso do marketing em relação à embalagem e ao rótulo

OA 6 Discutir questões globais em relação a marcas e embalagens

OA 7 Descrever como e por que as garantias dos produtos são ferramentas de marketing importantes

> O produto é o ponto de partida para a criação de um mix de marketing.

APÓS CONCLUIR ESTE CAPÍTULO, VÁ PARA A PÁGINA 173 PARA OBTER AS FERRAMENTAS DE ESTUDO

OA 1 O Que é um Produto?

A oferta de produtos – o coração do programa de marketing de uma organização – geralmente é o ponto de partida para a criação de **um mix de marketing**. O gestor nessa área não pode determinar um preço, elaborar uma estratégia de promoção ou criar um canal de distribuição até que a empresa tenha um produto para vender. Além disso, um excelente canal de distribuição, uma campanha promocional persuasiva e um preço justo não têm nenhum valor se a oferta de produtos é deficiente ou inadequada.

Um **produto** pode ser definido como tudo – seja favorável ou desfavorável – que uma pessoa recebe em uma troca. Um produto pode ser um bem tangível, como um par de sapatos, um corte de cabelo, uma ideia do tipo "não polua" ou qualquer combinação desses três. Embalagem, estilo, cor, opção e tamanho são algumas características típicas dos produtos. Tão importantes como os tangíveis, são os produtos intangíveis como o serviço, a imagem do vendedor, a reputação do fabricante e a forma como os consumidores acreditam que os outros veem os produtos.

Para a maioria das pessoas, o termo *produto* significa um bem tangível. No entanto, serviços e ideias também são produtos. (O Capítulo 12 foca, principalmente, nos aspectos únicos dos serviços de marketing.) O processo de comercialização identificado no Capítulo 1 é o mesmo, não importando se o produto comercializado é um bem, um serviço, uma ideia ou uma combinação deles.

produto tudo, favorável ou desfavorável, que uma pessoa recebe em uma troca

Qual a sua opinião?

Presto atenção quando escolho marcas.

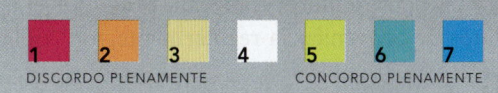

1	2	3	4	5	6	7
DISCORDO PLENAMENTE				CONCORDO PLENAMENTE		

OA 2 Tipos de Produto de Consumo

Produto industrial ou produto de consumo?

Os produtos podem ser classificados como comerciais (industriais) ou como produtos de consumo, dependendo das intenções do comprador. A distinção fundamental entre os dois tipos é seu uso pretendido. Se o objetivo for comercial, teremos um produto industrial. Conforme explicado no Capítulo 7, um **produto industrial** é usado para produzir outros bens ou serviços, para facilitar as operações de uma organização ou para revender a outros clientes. Um **produto de consumo** é comprado para satisfazer os desejos pessoais do indivíduo. Às vezes, o mesmo item pode ser classificado tanto como produto empresarial quanto de consumo, dependendo de seu uso pretendido. Exemplos incluem lâmpadas, lápis, papel e computadores.

É necessário conhecer as classificações de produtos, pois os produtos empresariais e de consumo são comercializados de forma variada. Seus mercados-alvo são diferentes e tendem a utilizar diferentes estratégias de distribuição, de promoção e de preço.

No Capítulo 7, examinamos sete categorias de produtos industriais: equipamento principal, equipamentos acessórios, componentes, materiais processados, matérias-primas, suprimentos e serviços. Este capítulo analisa uma forma eficaz de categorizar os produtos de consumo. Embora existam diversas maneiras de classificá-los, a abordagem mais popular inclui quatro tipos: produto de conveniência, produto de compra comparada, produto especializado e produto não procurado. Essa abordagem classifica os produtos de acordo com quanto esforço é despendido para comprá-los.

Produtos de Conveniência

Um **produto de conveniência** é um item relativamente barato que exige pouco esforço para ser adquirido, ou seja, o consumidor não está disposto a passar muito tempo comprando esse item. Doces, refrigerantes, aspirina, itens de hardware de pequeno porte, limpeza a seco e lavagem de carro se enquadram nessa categoria.

Os consumidores compram produtos de conveniência regularmente, em geral, sem muito planejamento. No entanto, conhecem os nomes das marcas de produtos de conveniência populares, como Coca-Cola, aspirina Bayer e desodorante Old Spice. Os produtos de conveniência requerem ampla distribuição, para que a quantidade vendida satisfaça as metas de lucro. Nos Estados Unidos, a goma de mascar Dentyne Ice, por exemplo, está disponível em todos os lugares, incluindo Walmart, Walgreens, postos de gasolina, bancas de jornal e máquinas de venda automática.

Produtos de Compra Comparada

Um **produto de compra comparada** costuma ser mais caro do que um produto de conveniência e é encontrado em menos lugares. Os consumidores geralmente compram um produto de consumo apenas depois de comparar diversas marcas ou lojas em relação a estilo, praticidade, preço e compatibilidade com o estilo de vida. Eles estão dispostos a investir algum esforço nesse processo para obter os benefícios desejados.

Há dois tipos de produto de consumo: homogêneos e heterogêneos. Os consumidores veem os *produtos de consumo homogêneos* como sendo semelhantes – por exemplo: lavadoras, secadoras, refrigeradores e televisores. Em relação a esses produtos, os consumidores procuram a marca de preço mais baixo que tenha as características desejadas. Eles podem comparar, por exemplo, os refrigeradores da Kenmore, da Whirlpool e da General Electric.

Em contraposição, os consumidores veem os *produtos de consumo heterogêneos* como essencialmente diferentes – por exemplo: móveis, vestuário, habitação e universidades. Muitas vezes, os consumidores têm dificuldade em comparar produtos de consumo heterogêneos porque os preços, a qualidade e as características variam muito. O benefício de comparar produtos de consumo heterogêneos é "encontrar o melhor produto ou marca", uma decisão muito pessoal. Seria difícil, por exemplo, comparar uma faculdade pequena e privada com uma universidade grande e pública.

Produtos Especializados

Quando os consumidores buscam muito um item específico e relutam em aceitar substitutos, aquele item é um **produto especializado**. Relógios Omega, automóveis Rolls-Royce, alto-falantes Bose, Churrascaria Ruth's Chris e formas altamente especializadas de cuidados médicos são considerados produtos especializados.

Os profissionais de marketing que trabalham com produtos especializados costumam utilizar publicidade seletiva e consciente do status para manter a imagem exclusiva de um produto. A distribuição é limitada a um ou poucos pontos de venda em uma área

---

produto industrial produto utilizado para produzir outros bens ou serviços, para facilitar as operações de uma organização ou para revender a outros clientes

produto de consumo produto comprado para satisfazer os desejos pessoais do indivíduo

produto de conveniência item relativamente barato que exige pouco esforço para ser adquirido

produto de compra comparada produto que exige comparação de compra em função de geralmente ser mais caro do que um produto de conveniência; é encontrado em menos lugares

produto especializado item específico que os consumidores buscam extensivamente e relutam em aceitar substitutos

geográfica. O nome da marca e a qualidade do serviço são muito importantes.

Produtos Não Procurados

Um produto desconhecido para o comprador potencial ou um produto conhecido que o comprador não busca ativamente é conhecido como **produto não procurado**. Produtos novos se enquadram nessa categoria – até que a publicidade e a distribuição aumentem a conscientização do consumidor em relação a eles.

Algumas mercadorias sempre são comercializadas como itens não procurados, em especial produtos necessários nos quais não gostamos de pensar ou produtos com os quais não estamos preocupados em adquirir. Seguros, planos de sepultamento e itens semelhantes requerem venda pessoal agressiva e publicidade persuasiva de alta qualidade. Os vendedores procuram ativamente potenciais compradores. Como os consumidores não costumam procurar esse tipo de produto, a empresa deve chegar até eles por meio de um vendedor, de mala direta ou de propaganda de resposta direta.

OA 3 Itens, Linhas e Mixes de Produtos

É raro uma empresa vender um único produto. Frequentemente, ela comercializa uma variedade de itens. Um **item de produto** é uma versão específica de um produto que pode ser designada como uma oferta distinta entre os produtos de uma empresa. A sopa de creme de frango da Campbell é um exemplo de item de produto (ver Figura 10.1).

Um grupo de produtos estritamente relacionado chamado **linha de produtos**. A coluna "Sopas", na Figura 10.1, representa uma das linhas de produtos da Campbell. Tamanhos e formas diferentes de embalagens também distinguem os itens em uma linha de produtos. A Diet Coke, por exemplo, está disponível em latas e em vários recipientes de plástico. Cada tamanho e cada recipiente são itens de produtos separados.

O **mix de produtos** de uma empresa inclui todos os produtos que ela comercializa. Todos os produtos da Campbell – sopas, molhos, entradas congeladas, bebidas e biscoitos – constituem seu mix de produtos. Cada item de produto no mix pode exigir uma estratégia de marketing específica. Em alguns casos, no entanto, as linhas de produtos e até mesmo todo o mix de produtos compartilham alguns componentes da estratégia de marketing. A UPS promove seus vários serviços com a pergunta "O que a Brown pode fazer por você?". As empresas obtêm vários benefícios ao organizar itens relacionados em linhas de produtos.

A **abrangência do mix de produtos** (ou amplitude) refere-se ao número de linhas de produtos que uma empresa oferece. Na Figura 10.1, por exemplo, o tamanho do mix de produtos da Campbell é cinco linhas de produtos. A **profundidade da linha de produtos** é o número de itens em uma linha de produção. Conforme apresentamos nessa figura, a linha de molhos consiste em quatro itens de produtos; a linha de entradas congeladas inclui três itens de produtos.

As empresas aumentam o *tamanho* de seu mix de produtos para diversificar o risco. Visando gerar vendas

---

produto não procurado produto desconhecido por parte do comprador potencial ou produto conhecido que o comprador não busca ativamente

item de produto versão específica de um produto que pode ser designada como uma oferta distinta entre os produtos de uma empresa

linha de produtos grupo de produtos estritamente relacionado

mix de produtos todos os produtos que uma empresa comercializa

abrangência do mix de produtos número de linhas de produtos que uma empresa oferece

profundidade da linha de produtos número de itens de produtos em uma linha de produção

---

FIGURA 10.1
Linhas de Produtos e Mix de Produtos da Campbell

	Sopas	Molhos	Entradas Congeladas	Bebidas	Biscoitos
PROFUNDIDADE (Profundidade das Linhas de Produtos)	Creme de frango Creme de cogumelo Carne vegetal Noodle de galinha Tomate Feijão com bacon Minestrone Ensopado de mexilhão Cebola francesa e mais...	Queijo suave Alfredo Tomate italiano Marinara	Frango à moda do rei Guisado de carne Lasanha de frango	Suco de tomate Suco V-8 Salpicão V-8	Arnott's: Bolacha de água e sal Biscoito de abóbora Raspas de chocolate Aveia com frutas Caramelo branco

(Abrangência do Mix de Produtos)

Fonte: Website da Campbell: http://www.campbellsoup.com.

modificação do produto alteração de uma ou mais características de um produto

e aumentar os lucros, as empresas dividem o risco em muitas linhas de produtos em vez de depender de apenas um ou dois. As empresas também ampliam seu mix de produtos para capitalizar sobre as marcas estabelecidas. A marca de cereais Fiber One estendeu seu nome para incluir iogurte, pão, mistura para bolo, barra de granola e queijo cottage.

As empresas aumentam a *profundidade* de suas linhas de produto para atrair compradores com diferentes preferências, para aumentar as vendas e os lucros por meio de uma maior segmentação do mercado, para capitalizar as economias de escala na produção e na comercialização e para equilibrar os padrões de vendas sazonais. A linha de smartphones Optimus da LG tem dez opções, incluindo o Optimus Chic, direcionado a fashionistas que apreciam curvas elegantes em seus aparelhos.[1]

Ajustes para Itens, Linhas e Mixes de Produtos

Ao longo do tempo, as empresas alteram os itens, as linhas e os mixes de produtos para aproveitar as novas técnicas ou o desenvolvimento de produtos ou, ainda, para responder às mudanças no ambiente. É possível fazer ajustes por meio da modificação ou da substituição de produtos, da ampliação ou da contratação de linhas de produtos.

Modificação do Produto Os gestores de marketing devem decidir se modificarão produtos existentes e quando pretendem fazê-lo. A **modificação do produto** altera uma ou mais características de um produto:

» *Modificação da qualidade*: Alteração na confiabilidade ou na durabilidade de um produto. Reduzir a qualidade de um produto pode fazer o fabricante diminuir o preço e apelar para mercados-alvo incapazes de adquirir o produto original. As bordas do e-reader da Kobo não possuem a mesma capacidade de alta função do Kindle ou do Nook, mas o preço menor o torna uma opção viável. Já a crescente qualidade pode ajudar a empresa a concorrer com rivais. Além disso, pode resultar no aumento da fidelidade à marca, na maior capacidade de aumentar os preços ou em novas oportunidades de segmentação de mercado.

» *Modificação funcional*: Alteração na versatilidade, eficácia, conveniência ou segurança de um produto. A Dish Network e a DIRECTV agora podem fornecer serviço de satélite para vários apartamentos com um única antena. Antes, cada empresa tinha de instalar uma antena em cada residência, o que poderia prejudicar a estética e ir contra o regimento do condomínio, mas as melhorias tecnológicas tornaram os serviços de satélite uma opção viável para apartamentos.[2] O próprio Newman demonstra a versatilidade de seu molho de macarrão no anúncio a seguir.

BENEFÍCIOS DAS LINHAS DE PRODUTOS

» *Economias de publicidade*: As linhas dos produtos proporcionam economias de escala na publicidade. Diversos produtos podem ser anunciados sob a égide da linha. A Campbell pode falar sobre sua sopa como sendo "Muito, muito boa!" e promover toda a linha.

» *Uniformidade da embalagem*: Uma linha de produtos pode se beneficiar da uniformidade da embalagem. Todas as embalagens da linha podem ter a mesma imagem e ainda manter suas identidades individuais. Novamente, a sopa da Campbell é um bom exemplo.

» *Componentes padronizados*: As linhas de produtos permitem que as empresas padronizem os componentes, reduzindo, assim, os custos de produção e estoque. A General Motors, por exemplo, utiliza as mesmas peças na criação e nos modelos de muitos automóveis.

» *Vendas e distribuição eficientes*: Uma linha de produtos permite que o pessoal de vendas de empresas como a Procter & Gamble forneça uma gama completa de opções para os clientes. Os distribuidores e varejistas tendem a estocar os produtos da empresa quando oferece uma linha completa. Os custos de transporte e armazenagem são suscetíveis à redução no caso de uma linha de produtos em comparação a um conjunto de itens individuais.

» *Qualidade equivalente*: Os compradores esperam e acreditam que todos os produtos de uma linha tenham a mesma qualidade. Eles esperam que as sopas da Campbell e os aparelhos de barbear da Gillette tenham qualidade semelhante.

▶▶ *Modificação do estilo*: Alteração estética do produto em vez da mudança funcional ou os de qualidade. Os fabricantes de vestuário e automóveis fazem modificações no estilo para motivar os consumidores a substituir os produtos antes de se tornarem gastos.

A **obsolescência planejada** é um termo comumente usado para descrever a prática de modificar produtos para que os já vendidos se tornem obsoletos antes de realmente precisarem ser substituídos. Produtos como impressoras e telefones celulares, se tornam obsoletos porque a tecnologia muda muito rápido.

Alguns argumentam que a obsolescência planejada é um desperdício; outros afirmam que é antiético. Para os profissionais de marketing, os consumidores favorecem as alterações no estilo porque gostam das mudanças na aparência dos bens, como vestuário e carros. Outro aspecto a ser considerado é que os consumidores – e não os fabricantes e profissionais de marketing – decidem quando um estilo se torna obsoleto.

Substituição A substituição, conforme explicamos, envolve a mudança nas percepções dos consumidores em relação a uma marca. A HarperTeen redesenhou as sobrecapas de *Morro dos Ventos Uivantes*, *Orgulho e Preconceito* e *Romeu e Julieta* para imitar a imagem vermelha sobre o fundo preto com fonte branca serpenteada das capas de *Crepúsculo*. Os livros da HarperTeen também trazem testes e zombam dos perfis de Romeu e Julieta no Facebook. O objetivo é reposicionar a literatura clássica como uma leitura alternativa legal e jovial para fãs de *Crepúsculo*.[3] A alteração demográfica, o declínio das vendas ou a alteração no ambiente social geralmente motivam as empresas a substituir marcas estabelecidas. O clássico da Disney, de 1951, *Alice no País das Maravilhas* é um desenho familiar, mas, em 2010, a empresa trabalhou uma nova versão de Alice por meio de uma parceria com Tim Burton. Eles apresentaram Alice de volta ao País das Maravilhas 19 anos depois, em um filme de aventura e ação. Para tirar proveito da nova aparência sombria de Alice, a Disney destinou o filme para pessoas entre 12 e 22 anos por meio da promoção de produtos da Hot Topic, uma cadeia de varejo que segue o estilo gótico.[4]

Extensão da Linha de Produtos A **extensão da linha de produtos** ocorre quando a empresa decide acrescentar produtos a uma linha de produtos existente a fim de concorrer de forma mais ampla na indústria. A Hasbro/Mattel acrescentou uma série de jogos à linha Scrabble, alguns jogos sem tabuleiro ou placas, como o Scrabble Slam, e uma versão com o nome adequado chamada Scrabble Trickster.[5]

Uma empresa pode acrescentar muitos produtos ou a demanda pode mudar para o tipo de produto que foi introduzido ao longo do tempo. Quando isso ocorre, a linha de produto fica sobrecarregada. Uma linha de produto pode estar sobrecarregada quando:

▶▶ Alguns produtos na linha não contribuem para os lucros em razão da baixa renda ou da venda canibalizada de outros itens da linha.
▶▶ Os recursos de produção ou comercialização são alocados de forma desproporcional em relação aos produtos de movimentação lenta.
▶▶ Alguns itens da linha são obsoletos em razão da entrada de novos produtos na linha ou de novos produtos oferecidos pelos concorrentes.

Contração da Linha de Produtos Às vezes, os profissionais de marketing podem se deixar levar pela extensão do produto. (O mundo realmente precisa de 31 variedades do xampu Head & Shoulders?). Contrair as linhas de produtos é uma forma estratégica de lidar com a sobrecarga. Quando a marca Pantene, da Procter & Gamble, perdeu 9% das vendas em 2009, a pesquisa de marketing da P&G constatou que os consumidores estavam se sentindo pressionados. A Pantene tinha 165 produtos diferentes agrupados em 14 linhas diferentes. Em um esforço para recuperar as vendas, a P&G reduziu a oferta de produtos para 120 itens dispostos em quatro grupos.[6]

Três benefícios principais podem ocorrer quando uma empresa contrai linhas de produtos sobrecarregadas. Primeiro, os recursos passam a ficar concentrados nos produtos mais importantes. Segundo, os gestores não desperdiçam mais recursos tentando melhorar as

---

obsolescência planejada prática de modificar produtos para que os já vendidos se tornem obsoletos antes de realmente precisarem ser substituídos

extensão da linha de produtos mais produtos são adicionados a uma linha de produtos existente a fim de concorrer de forma mais ampla na indústria

vendas e os lucros de produtos de baixo desempenho. Terceiro, novos itens de produtos têm mais chance de ser bem-sucedidos porque mais recursos financeiros e humanos estão disponíveis para administrá-los.

OA 4 Marca

O sucesso de qualquer produto industrial ou de consumo depende, em parte, da capacidade do mercado-alvo para **distinguir um produto do outro**. A marca é a ferramenta principal que os profissionais de marketing usam para diferenciar seus produtos dos da concorrência.

A **marca** é um nome, termo, símbolo, design ou uma combinação desses elementos que identificam produtos de um vendedor e os diferenciam dos produtos dos concorrentes. O **nome da marca** é a parte da marca que pode ser dita, incluindo letras (GM, YMCA), palavras (Chevrolet) e números (WD-40, 7-Eleven). Os elementos de uma marca que não podem ser ditos são chamados **imagem da marca** – por exemplo, os tão conhecidos símbolos da Mercedes-Benz e da Delta Air Lines.

Benefícios da Marca

A marca tem três objetivos principais: identificar um produto, vender de forma repetitiva e vender novos produtos. O objetivo mais importante é *identificar um produto*. A marca permite que os profissionais de marketing diferenciem seus produtos de outros. Muitos nomes de marcas são familiares para os consumidores e indicam qualidade.

O termo **valor da marca** refere-se ao valor da empresa e aos nomes das marcas. Uma marca que tem alto conhecimento, qualidade percebida e lealdade à marca entre os clientes que tem alto valor de marca. Starbucks, Subaru e Apple são empresas com alto valor de marca. Uma empresa com forte valor de marca é um ativo valioso. A OXO obtém a satisfação dos consumidores com suas cozinhas elegantes e cheias de estilo e com utensílios domésticos, como o seu descascador de batatas emborrachado. A empresa, no entanto, saturou o mercado atual de utensílios de cozinha e aparelhos domésticos, alavancando, assim, a alta satisfação de seus clientes – e o valor de marca correspondente – no mercado de suprimentos de escritório. A linha Good Grips, criada para a Staples, já é um sucesso. A OXO também planeja passar para o segmento de cadeiras altas e outros produtos voltados para bebês como a OXO Tot, capitalizando novamente sua marca confiável.[7]

O termo **marca global** refere-se a uma marca que obtém pelo menos um terço de seus lucros do exterior, é reconhecida fora de sua base nacional de clientes e publica dados de marketing e financeiros. A Yum! Brands, proprietária da Pizza Hut, KFC e Taco Bell, é um bom exemplo de empresa que desenvolveu fortes marcas globais. Ela acredita que tem de adaptar seus restaurantes ao gosto local e aos diferentes ambientes culturais e políticos. No Japão, por exemplo, a KFC vende tiras crocantes de tempurá. No norte da Inglaterra, o foco são os molhos e as batatas, e, na Tailândia, oferece arroz com molho de soja ou molho de pimenta doce.

O melhor gerador de *vendas repetidas* são clientes satisfeitos. A marca ajuda os consumidores a identificar os produtos que desejam comprar novamente e a evitar os que não desejam adquirir. A **fidelidade à marca** – uma preferência consistente por uma marca em detrimento de outras – é muito alta em algumas categorias de produtos. Mais da metade dos consumidores nas categorias como cigarro, maionese, creme dental, café, medicamento para dor de cabeça, sabonete e ketchup são leais a uma marca. Muitos alunos vão para a faculdade e compram as mesmas marcas que usavam em casa em vez de se pautar no preço. A identidade da marca é essencial para desenvolver a fidelidade à marca.

O terceiro principal objetivo da marca é *facilitar as vendas de novos produtos*. Ter uma empresa conhecida e respeitada, assim como um nome de marca, é extremamente útil ao introduzir novos produtos.

Estratégias de Marca

As empresas enfrentam decisões complexas referentes às marcas. É possível optar por seguir uma política de utilização de marcas dos fabricantes, de marcas próprias (distribuidor) ou de ambas. Em cada caso, é preciso decidir entre uma política de marca individual (marcas diferentes para produtos diferentes) e de marca familiar (nomes comuns para produtos diferentes) ou, ainda, se será adotada uma combinação de marcas individuais e marcas familiares.

Marcas dos Fabricantes *versus* Marcas Próprias O nome da marca de um fabricante – como Kodak, La-Z-Boy e Fruit of the Loom – é chamado **marca do fabricante**. Às vezes, a "marca nacional" é usada como sinônimo de "marca do fabricante". O termo nem sempre é exato porque muitos fabricantes servem apenas mercados regionais. Usar a "marca do fabricante" define com precisão o proprietário da marca.

Uma **marca própria** (também conhecida como etiqueta própria ou marca de loja) é um nome da marca de propriedade de um atacadista ou varejista. A marca de grande valor do Walmart é uma etiqueta própria popular. Da mesma forma, a Best Buy, por meio de

---

marca nome, termo, símbolo, design, ou uma combinação desses elementos que identificam os produtos de um vendedor e os diferencia dos produtos concorrentes

nome da marca parte da marca que pode ser dita, incluindo letras, palavras e números

imagem da marca elementos de uma marca que não podem ser ditos

valor da marca valor do nome e da marca da empresa

marca global marca que obtém pelo menos um terço de seus lucros do exterior; é reconhecida fora de sua base nacional de clientes e publica dados de marketing e financeiros

fidelidade à marca preferência consistente por uma marca em detrimento de outras

marca do fabricante nome da marca de um fabricante

marca própria nome da marca de propriedade de um atacadista ou varejista

cinco marcas próprias, vende centenas de itens de baixo custo, incluindo pen drives Geek Squad e cabos de vídeo Rocketfish.[8] Parte da razão do sucesso das marcas próprias se deve às percepções sobre qualidade. Uma pesquisa realizada para a Private Label Manufactures Association constatou que 41% dos compradores se identificam como compradores frequentes de marcas de loja e sete de cada dez acham que os produtos de marca própria que compram são tão bons quanto os concorrentes nacionais, se não forem melhores.[9]

Os varejistas apreciam a aceitação das marcas próprias por parte dos consumidores. Como a sobrecarga é baixa e não há custos de marketing, os produtos de marca própria têm em média, 10% de margem de lucro maior do que as marcas dos fabricantes. Mais do que isso, uma marca de loja confiável pode diferenciar uma cadeia de seus concorrentes. A Figura 10.2 apresenta questões-chave que atacadistas e varejistas devem considerar ao decidir vender marcas dos fabricantes ou marcas próprias. Muitas empresas oferecem uma combinação de ambas. Em vez de marcas próprias tão mais baratas e inferiores do que as marcas dos fabricantes, muitos varejistas estão criando e promovendo suas **marcas cativas**. Essas marcas não carregam nenhuma evidência da afiliação da loja, são produzidas por terceiros e vendidas exclusivamente na cadeia. Essa estratégia permite que o varejista coloque um preço semelhante ao da marca do fabricante, e tais produtos geralmente são exibidos ao lado dos produtos principais. A BioInfusion, uma linha de produtos para cabelo disponível apenas na Walgreens, cresceu e se tornou uma das marcas preferidas na categoria de produtos para cabelo.[10]

Marcas Individuais versus Marcas Familiares Muitas empresas usam diferentes nomes de marcas para produtos diferentes – uma prática chamada de **marca individual**. As empresas utilizam marcas individuais quando seus produtos variam muito em uso ou desempenho. Não faria sentido, por exemplo, usar o mesmo nome de marca para um par de meias sociais e um taco de beisebol. A Procter & Gamble visa diferentes segmentos de mercado de sabão em pó, tais como, Bold, Cheer, Dash, Dreft, Era, Gain, Ivory Snow, Oxydol, Solo e Tide.

Em contraposição, uma empresa que comercializa diversos produtos diferentes com o mesmo nome de marca está usando uma **marca familiar**. A Jack Daniel's inclui uísque, café, mostarda, cartas de jogo e peças de vestuário. O nome Heinz está ligado a produtos como ketchup, mostarda e picles.

Co-branding O termo **co-branding** (ou associação de marcas), envolve a colocação de dois ou mais nomes de marca em um produto ou em sua embalagem. Há três tipos comuns de co-branding: marcas de ingredientes,

> **marca cativa** marca fabricada por um terceiro para um varejista exclusivo, sem evidência da afiliação de tal varejista
>
> **marca individual** utilização de nomes de marcas diferentes para produtos diferentes
>
> **marca familiar** comercialização de vários produtos diferentes com o mesmo nome de marca

FIGURA 10.2
Comparação entre Marcas Próprias e Marcas do Fabricante, com Base na Perspectiva do Revendedor

Principais vantagens das marcas próprias	Principais vantagens das marcas de fabricante
• A propaganda da Procter & Gamble, por exemplo, ajuda a desenvolver a fidelidade do consumidor.	• O atacadista ou varejista pode obter lucros mais altos com sua marca própria. Além disso, em razão da marca ser exclusiva, há menos pressão para reduzir os preços a fim de acompanhar a concorrência.
• As marcas muito conhecidas, como Kodak e Fisher-Price, podem atrair novos clientes e aprimorar o prestígio do revendedor (atacadista ou varejista).	• Um fabricante pode decidir derrubar uma marca ou um revendedor a qualquer momento ou se tornar um concorrente direto de seus revendedores.
• Diversos fabricantes oferecem entrega rápida, permitindo que o revendedor estoque menos.	• Liga o cliente ao atacadista ou varejista. Uma pessoa que queira uma bateria DieHard deve ir à Sears.
• Caso um revendedor venda uma marca do fabricante de má qualidade, o consumidor pode simplesmente trocar de marca e permanecer fiel ao revendedor.	• Atacadistas e varejistas não têm controle sobre a intensidade de distribuição de marcas dos fabricantes. Os gerentes das lojas do Walmart não têm de se preocupar em competir com outros revendedores de produtos American Choice da Sam ou alimento para cães da Ol' Roy. Eles sabem que essas marcas são vendidas somente nas lojas Walmart e Sam's Club.

co-branding associação de marcas; a colocação de dois ou mais nomes de marca em um produto ou em sua embalagem

marca registrada direito exclusivo de usar uma marca ou parte de uma marca

marca de serviço marca registrada para os serviços

marcas cooperativas e marcas complementares. *As marcas de ingredientes* identificam algo que compõe o produto – por exemplo, a Procter & Gamble desenvolveu as toalhas sanitárias Mr. Clean com Febreze Freshness (uma essência). A Febreze também é credenciada pelas empresas Tide, Bounce e Downy.[11] *As marcas cooperativas* referem-se a duas marcas que recebem tratamento igual (no contexto de um anúncio) advindo do valor de marca de cada uma. Um concurso promocional patrocinado por Ramada Inn, American Express e Continental Airlines baseou-se nas marcas cooperativas. Os hóspedes do Ramada que pagaram com cartão American Express foram automaticamente inseridos em um concurso e concorreram a mais de cem viagens com acompanhante a qualquer uma das unidades do Ramada, localizadas na porção continental dos Estados Unidos e a uma passagem de ida e volta pela Continental. Por fim, com as *marcas complementares*, os produtos são anunciados juntos para sugerir o uso, como uma marca de bebida (Seagram's) e um misturador compatível (7-Up).

O co-branding é uma estratégia útil quando uma combinação de nomes de marcas amplia o prestígio ou valor percebido de um produto ou quando beneficia os proprietários e usuários de uma marca. As pessoas perceberam que o Saturn valorizou depois que a Penske Automotive comprou a marca da GM, e as vendas aumentaram 35% em relação ao ano anterior.[12] Essa estratégia pode ser usada para aumentar a presença de uma empresa em mercados nos quais tem pouca ou nenhuma participação.

Marcas Registradas

Uma **marca registrada** é o direito exclusivo de usar uma marca ou parte de uma marca. Outros são proibidos de usar a marca sem permissão. Uma **marca de serviço** desempenha a mesma função para os serviços, como H&R Block e Vigilantes do Peso. Partes de uma marca ou outras identificações dos produtos podem qualificar a proteção das marcas registradas. Alguns exemplos são:

- *Sons*, como o rugido do leão da MGM.
- *Formas*, como a grade dianteira do Jeep e a garrafa da Coca-Cola.
- *Cores ornamentais ou* design, como dos tênis Nike, as combinações preto e cobre das pilhas Duracell, a pequena etiqueta Levi's do lado esquerdo do bolso traseiro de seu jeans ou o cone de corte preto na parte superior das canetas Cross.
- *Frases apelativas*, como as da Prudential, "Pegue aquilo que é seu"; "Beba sem Esforço", da Mountain Dew's; e "Simplesmente Faça!", da Nike.
- *Abreviações* como Bud, Coce ou The Met.

É importante compreender que os direitos de registro de marca são provenientes do uso, e não do registro. Nos Estados Unidos, o pedido de intenção de uso é apresentado ao Órgão de Patentes e Marcas (U. S. Patent and Trademark Office), e uma empresa deve ter intenção genuína de usar a marca quando ela for apresentada e usá-la realmente a partir de três anos para que sua inscrição seja concedida. A proteção à marca registrada normalmente dura dez anos.[13] Para renovar, a empresa tem de provar que está usando a marca. Os direitos a uma marca têm igual duração à utilização da marca. Normalmente, se a empresa não usá-la por dois anos, é considerada abandonada e um novo usuário pode reclamar sua propriedade.

Em novembro de 1999, nos Estados Unidos, a legislação que aplica a lei das marcas no mundo on-line entrou em vigor. Essa lei inclui sanções financeiras para aqueles que violam produtos com marcas registradas ou registram outro termo de marca registrada como um nome de domínio.[14]

No one grows Ketchup like Heinz.

As empresas que deixam de proteger suas marcas enfrentam a possibilidade de os nomes de seus produtos se tornarem genéricos. O **nome genérico de produto** identifica um produto por classe ou tipo e não pode se tornar uma marca registrada. Nomes de marcas antigas que não foram suficientemente protegidos por seus proprietários e foram declarados como nomes de produtos genéricos pelas cortes dos Estados Unidos incluem aspirina, celofane, linóleo, garrafa térmica, querosene, monopólio, cola e trigo triturado.

Empresas como Rolls-Royce, Cross, Xerox, Levi Strauss, Frigidaire e McDonald's reforçam agressivamente suas marcas registradas. A Rolls-Royce, a Coca-Cola e a Xerox até colocam anúncios em jornais e revistas afirmando que seus nomes são marcas comerciais e não devem ser usados como termos descritivos ou genéricos. Algumas empresas, como a Monster Cable, vão um pouco mais longe para proteger sua marca registrada. O fabricante de cabo de áudio de alta qualidade recentemente travou uma guerra com a franquia Monster Mini Golf, de Rhode Island, movendo uma ação federal e exigindo o pagamento pelo uso da palavra *monster* em seu nome. A Monster Cable moveu ações contra muitas marcas que levam a palavra *monster*: autotransmissores, cola, bebida energética, Monsters Inc., da Disney, e até o lendário Green Monster, do Fenway Park, para nomear apenas alguns.[15]

Apesar das várias sanções por violar marcas registradas, as ações judiciais são comuns. Podem ocorrer sérios conflitos quando os nomes das marcas se assemelham muito. Em 2010, o rum Havana Club da Bacardi obteve uma vitória de marca registrada sobre a Pernod Ricard. A Pernod também comercializa rum Havana Club fora dos Estados Unidos. A Bacardi vende rum Havana Club apenas nos Estados Unidos e em Porto Rico, onde é destilado, portanto, há uma pequena sobreposição das marcas em seus respectivos mercados, mas a disputa da marca vem acontecendo desde 1996. A Pernod recorreu após a decisão de 2010.[16]

As empresas também têm de lidar com marcas falsificadas ou não autorizadas. Imitações de linhas de vestuário de marcas registradas são facilmente encontradas em lojas baratas ao redor do mundo; há imitações também em algumas lojas de departamento respeitáveis. A Hasbro processou os criadores do jogo on-line Scrabulous por violar os direitos autorais de seu jogo Scrabble. O Scrabulous era uma cópia óbvia do Scrabble, incluindo as regras, as peças do jogo e as cores do tabuleiro.[17]

Na Europa, é possível processar os falsificadores somente se a marca ou o logotipo estiverem formalmente registrados. Até há pouco tempo, o registro formal era necessário em cada país em que a empresa havia procurado proteção. Agora, uma empresa pode registrar sua marca em todos os países da União Europeia (UE) com uma única inscrição.

> **nome genérico de produto** identifica um produto por classe ou tipo e não pode se tornar uma marca registrada

SEM MARCA, SEM BUZZ

Ian Schrager redefiniu os hotéis há 40 anos. Ele fugiu do comum, desenvolveu espaços interessantes e únicos, considerando suas localizações, e fez os hóspedes se sentirem sofisticados. Mas ele não os desenvolveu sob uma marca unificada. Então, as marcas maiores tomaram suas ideias sofisticadas e as implementaram em todo o mundo. De repente, os hotéis de Schrager não eram únicos e foi desafiador para ele se expandir sem uma marca. Schrager aprendeu a lição e tem duas marcas em trabalhos baseados em novas ideias que poderiam mudar a indústria (novamente). Os hotéis de alta e baixa categoria são destinados ao mesmo grupo que adquire os produtos da Apple, compra na Zara e atualmente se hospeda na W.[18]

OA 5 Embalagem

As embalagens sempre tiveram uma função prática, ou seja, elas mantêm os volumes juntos e protegem as mercadorias à medida que são movimentadas pelo canal de distribuição. No entanto, hoje a embalagem é também um recipiente que promove o produto e o torna mais fácil e seguro de usar.

Funções da Embalagem

As três funções mais importantes da embalagem são conter e proteger o produto; promover o produto; e facilitar o armazenamento, o uso e a conveniência do produto. A quarta função da embalagem – que está se tornando cada vez mais importante – é facilitar a reciclagem e reduzir os danos ambientais.

Conter e Proteger Produtos A função mais óbvia da embalagem é conter os produtos que são líquidos, granulares ou divisíveis. A embalagem também permite que fabricantes, atacadistas e varejistas comercializem produtos em quantidades específicas.

A proteção física é outra função óbvia da embalagem. A maioria dos produtos é manipulada diversas vezes entre o momento em que são produzidos e colhidos ou, então, entre o momento em que são produzidos e consumidos ou utilizados. Muitos produtos são transportados, armazenados e inspecionados várias vezes entre a produção e o consumo. Alguns como o leite, precisam ser refrigerados. Outros, como a cerveja, são sensíveis à luz. Há os que precisam ser mantidos estéreis, como medicamentos e curativos. Os pacotes protegem os produtos de quebra, evaporação, vazamento, deterioração, luz, calor, frio, infestação, e muitas outras condições.

Promover Produtos A embalagem faz mais do que identificar a marca, relacionar os ingredientes, especificar as características e dar instruções. Um pacote diferencia um produto dos produtos concorrentes e pode associar um novo produto com uma família de outros do mesmo fabricante. Recentemente, a Miracle Whip refez sua embalagem com um estilo mais jovem, usando apenas suas iniciais (MW) para incentivar pessoas de 18 a 35 anos a consumir e divulgar o sabor de uma maionese alternativa e para diferenciar a marca de outras embalagens de maionese. A recriação da embalagem articulada com uma campanha de marketing espalhou ao redor do mundo a expressão "maionese chata" por meio de cartazes nos videogames de Skate 3 da EA e da colocação de produtos nos clipes da Lady Gaga. A Kraft até convida os usuários a "assumir uma posição" contra a maionese no Facebook e em outros canais de mídia social.[19]

Os pacotes usam desenhos, cores, formas e materiais para tentar influenciar na percepção e no comportamento dos consumidores. As pesquisas de marketing mostram que os consumidores preocupados com a saúde tendem a acreditar que qualquer alimento é bom para eles, contanto que venha em uma embalagem verde. A embalagem também pode influenciar nas percepções do consumidor em relação à qualidade e/ou ao prestígio, além de ter um efeito mensurável sobre as vendas. A Tropicana tentou recriar sua embalagem com um design mais moderno, mas a resposta dos consumidores foi tão negativa que a empresa voltou a usar a embalagem anterior – aquela com uma laranja com canudo.[20]

Facilitar o Armazenamento, o Uso e a Conveniência Os atacadistas e varejistas preferem embalagens fáceis de enviar, armazenar e estocar em prateleiras. Eles também gostam das que protegem os produtos, previnem a deterioração ou quebra, bem como prolongam a vida de prateleira dos itens.

As exigências dos consumidores em relação a armazenamento, uso e conveniência cobrem muitas dimensões. Os consumidores estão sempre à procura de itens fáceis de manusear, abrir e fechar novamente, embora alguns prefiram embalagens que sejam invioláveis, principalmente por crianças. As pesquisas indicam que os pacotes difíceis de abrir estão entre as principais queixas dos consumidores.[21] As pesquisas conduzidas pela revista *Sales & Marketing Management* revelou que os consumidores não gostam, e evitam comprar, embalagens de sorvete que vazam, garrafas de vinagre excessivamente pesadas ou grandes, tampas de garrafas de vidro que não desrosqueiam facilmente, latas de sardinha com abridor e caixas de cereais difíceis de despejar. As inovações – como fita de rasgar com fecho, tampa com dobradiça, abertura na orelha, parafusos na parte superior e bico – foram introduzidas para resolver esses e outros problemas. Embalagens fáceis de abrir são importantes para crianças e baby boomers que estão envelhecendo.

Algumas empresas utilizam as embalagens para segmentar mercados. Uma caixa de açúcar da C&H com abertura fácil de despejar e com a possibilidade de ser fechada novamente é destinada a consumidores que não cozinham muito e estão dispostos a pagar pelo menos 20 centavos a mais pela embalagem. Pacotes de tamanhos diferentes se destinam a usuários pesados, moderados e leves. A sopa da Campbell é embalada em latas de porções individuais destinadas aos segmentos de pessoas idosas e solteiros. A conveniência da embalagem pode aumentar a utilidade de um produto e, consequentemente, sua participação no mercado e nos lucros.

Facilitar a Reciclagem e Reduzir os Danos Ambientais Atualmente, uma das questões mais importantes referentes à embalagem é a consciência ecológica. Em um estudo recente, a maioria dos consumidores disse que abandonaria as seguintes conveniências se o resultado fosse o benefício ao meio ambiente: embalagem criada para facilitar o empilhamento ou a armazenagem, embalagem que pode ser usada para cozinhar e embalagem que facilita o transporte.[22] Algumas empresas utilizam suas embalagens para atingir segmentos de mercado preocupados com o meio ambiente. A Frito-Lay, por exemplo, introduziu sacolas 100% compostáveis para a SunChips com uma etiqueta do Instituto de Produtos Biodegradáveis (BPI, do inglês Biodegradable Products Institute), a fim de lembrar os consumidores de reciclar os sacos de batata frita. A BPI tem um programa de rotulagem que certifica que os produtos com a etiqueta serão destruídos completamente em instalações de compostagem. Programas como esse ajudam a educar fabricantes, legisladores e consumidores em relação aos benefícios e a como fazer a compostagem.[23]

Rotulagem

Uma parte integrante de qualquer embalagem é seu rótulo. A rotulagem tem uma das duas formas: persuasiva ou informativa. A **rotulagem persuasiva** se concentra em um tema ou logo promocional no qual as informações ao consumidor são secundárias. Observe que apelos promocionais como "novo", "aprimorado" e "super" já não são mais tão convincentes. Os consumidores estão saturados de "novidades" e, portanto, ignoram esses apelos.

A **rotulagem informativa**, em contraposição, foi criada para ajudar os consumidores a fazer uma seleção adequada dos produtos e a diminuir a dissonância cognitiva após a compra. A maioria dos principais fabricantes de móveis afixa nos produtos etiquetas que explicam suas características de construção, como tipo de estrutura, número de bobinas e características do tecido. A Lei de Rotulagem Nutricional e Educação de 1990 determinou a apresentação de informações nutricionais detalhadas e padrões nutricionais na maioria das embalagens de alimentos. Um resultado importante dessa legislação foram as diretrizes da FDA (Food and Drug Administration), para utilização de termos como *baixo teor de gordura*, *light*, *colesterol reduzido*, *baixo teor de sódio*, *baixa caloria*, *baixo teor de carboidratos* e *fresco*. Obter as informações corretas é muito importante para os consumidores – tanto que quase 75% disseram que estariam dispostos a pagar mais, por exemplo, para que fosse exibido nos produtos o país das informações de origem.[24]

rotulagem persuasiva tipo de rotulagem que foca em um tema ou logo promocional no qual as informações ao consumidor são secundárias

rotulagem informacional tipo de rotulagem desenvolvida para ajudar os consumidores a fazer seleções adequadas do produto e a diminuir a dissonância cognitiva após a compra

Movimento Verde Há inúmeros produtos, em cada categoria de produtos, que usam o movimento verde para alcançar a venda. Quando um produto ou empresa tenta dar a impressão de se importar com o meio ambiente, seja isso verdadeiro ou não, está engajado no movimento verde.

Há muitas maneiras de uma empresa vender seus produtos usando o movimento verde, pois a certificação ambiental, nos Estados Unidos, não é regulada pelo governo. As empresas oferecem sua própria certificação. Algumas organizações de certificação, como a EcoLogo, trabalham com cientistas terceirizados para verificar emissões ou biodegradabilidade, ao passo que outras verificam se determinado produto é ecológico. Há algumas empresas que não fornecem nenhuma evidência que apoie suas declarações. Outras mentem. Com mais de 300 possíveis etiquetas de certificação, com o preço variando de gratuito a milhares de dólares, a possibilidade de existir declarações ambientais falsas ou enganosas é real.

O programa Energy Star – que pode fazer os consumidores obter descontos em impostos e declarações que resultem em economia em suas contas de energia elétrica – espera que os fabricantes autocertifiquem seus produtos. Como resultado, a LG teve de pagar as contas de energia elétrica de seus consumidores quando uma de suas linhas de refrigeradores Energy Star não conseguiu satisfazer os padrões do Departamento de Energia dos Estados Unidos.[25]

NA MIRA DE UMA MARCA GLOBAL

Charlie Denson, presidente da Nike, vê o apoio de jogadores como LeBron James (Miami Heat) e Stephen Strasburg (Washington Nationals) em termos de potencial de se tornarem ativos para a marca. Se LeBron vence um campeonato, seu apoio tem um peso maior para a Nike. Além de elevar a importância dos Estados Unidos, o apoio dos jogadores de basquete coloca a Nike no mercado global, o que se torna cada vez mais importante à medida que a Federação Internacional de Basquete (FIBA) se esforça para tornar o campeonato mundial um evento memorável. A Nike já tem forte presença em eventos esportivos globais, como a Copa do Mundo, nos quais figura como uma das maiores marcas (incluindo a subsidiária Umbro). Para Denson, a Nike está "lidando com um jogo global em termos de marketing". É um jogo que ele aparentemente aceitou.[26]

Código Universal de Produtos

código universal de produtos (UPC)
uma série de linhas verticais espessas e finas (códigos de barras), passível de ser lida por escâner óptico computadorizado; representa números utilizados para rastrear produtos

O **código universal de produtos (UPC)** aparece na maioria dos itens à venda em supermercados e em outros estabelecimentos. Foi introduzido pela primeira vez em 1974. Como os códigos numéricos aparecem como uma série de linhas verticais espessas e finas, e são chamados *códigos de barras*. As linhas são lidas por escâner óptico computadorizado que combina os códigos com o nome da marca, tamanho da embalagem e preço. O aparelho também imprime informações em fitas de caixas registradoras e ajuda os varejistas a fazer registros das compras dos consumidores, controlar inventários e rastrear as vendas de forma rápida e precisa. O sistema UPC e os escâneres também são usados em pesquisas baseadas em investigação (ver Capítulo 9).

OA 6 Questões Globais em Relação a Marcas e Embalagens

Ao planejar entrar em um mercado estrangeiro com um produto existente, uma empresa tem três opções para lidar com a marca:

- *Um único nome da marca*: Essa estratégia é útil quando a empresa comercializa um produto principal, e o nome da marca não tem conotação negativa em nenhum mercado local. A empresa Coca-Cola usa a estratégia de um nome da marca em mais de 195 países ao redor do mundo. As vantagens da estratégia de um nome da marca são maior identificação do produto de mercado para mercado, bem como facilidade de coordenar a promoção de mercado para mercado.

- *Adaptações e modificações*: A estratégia de um nome da marca não é possível quando o nome não pode ser pronunciado no idioma local, quando alguém mais tem o nome da marca ou quando este tem conotação negativa ou vulgar no idioma local. O detergente iraniano "Barf", por exemplo, pode enfrentar problemas no mercado dos Estados Unidos.

- *Nomes de marcas diferentes em mercados diferentes*: Os nomes de marcas locais são usados geralmente quando há problemas de tradução ou de pronúncia, quando o profissional de marketing deseja que a marca pareça local ou quando os regulamentos exigem localização. O condicionador de cabelos Silkience da Gillette é chamado Soyance, na França, e de Sientel, na Itália. A marca Sprite, da Coca-Cola, recebeu o nome de Kin na Coreia para satisfazer uma proibição do governo sobre o uso desnecessário de palavras estrangeiras.

Além das decisões referentes à marca global, as empresas devem considerar as necessidades globais de embalagem. Três aspectos relacionados a embalagens são especialmente importantes no marketing internacional: rotulagem, estética e considerações climáticas. A principal *preocupação da rotulagem* é traduzir de forma adequada os ingredientes, as informações promocionais e instrutivas. Há cuidados que devem ser observados ao se reunir todos os requisitos de rotulagem local. Vários anos atrás, um juiz italiano ordenou que todas as garrafas de Coca-Cola fossem removidas das prateleiras do varejo porque os ingredientes não estavam devidamente rotulados. A rotulagem também é mais difícil em países como Bélgica e Finlândia, que exigem embalagem bilíngue.

A *estética da embalagem* também pode exigir atenção. Mesmo os simples elementos visuais da marca, como um símbolo ou logotipo, podem ser um elemento de padronização de produtos nos países. Assim, os profissionais de marketing devem estar em sintonia com as características culturais locais. As cores, por exemplo, podem ter conotações diferentes. Em alguns países, o vermelho é associado à bruxaria, o verde pode ser sinal de perigo e o branco simboliza a morte. Essas diferenças culturais exigem mudanças na embalagem. Nos Estados Unidos, o verde significa produto ecológico, mas essa embalagem pode manter os clientes a distância em um país onde o verde indica perigo. A estética também influencia no tamanho da embalagem. Refrigerantes não são vendidos em pacotes de seis unidades em países onde há falta de refrigeração. Em alguns lugares, produtos como detergente só podem ser comprados em pequenas quantidades por causa da escassez de espaço para armazenamento. Outros produtos, como cigarro, podem ser comprados em pequenas quantidades e até mesmo em unidades, em razão do baixo poder aquisitivo dos consumidores.

Climas extremos e transporte de longa distância requerem embalagens mais resistentes e duráveis no caso de produtos vendidos ao exterior. Vazamento, deterioração e quebra são as preocupações mais importantes quando os produtos são transportados em longas distâncias ou são manipulados durante o transporte e o armazenamento. As embalagens também podem ter de garantir uma vida útil mais longa ao produto, se o tempo entre a produção e o consumo aumentar de forma significativa.

OA 7 Garantia dos Produtos

Assim como uma embalagem é criada para proteger o produto, a **garantia** protege o consumidor e fornece informações essenciais sobre o produto. A garantia confirma a qualidade ou o desempenho de um bem ou serviço. A **garantia expressa** é uma garantia por escrito. As garantias expressas variam de simples declarações, como "100% algodão" (garantia de qualidade) e "satisfação garantida" (garantia de desempenho), a documentos extensos escritos em linguagem técnica. Em contraposição, a **garantia implícita** é uma garantia não escrita de que o bem ou serviço é ideal ao propósito para o qual foi vendido. Todas as vendas têm garantia implícita nos termos do Código Comercial Uniforme.

O congresso americano aprovou a Lei de Aprimoramento da Comissão de Comércio Federal e Garantia Magnuson-Moss, em 1975, para ajudar o consumidor a compreender as garantias e fazer os fabricantes e distribuidores adotarem determinadas ações. Um fabricante que promete garantia total deve atender determinados padrões mínimos, incluindo a reparação "em um prazo satisfatório e sem ônus" de quaisquer defeitos e a substituição da mercadoria ou o reembolso total se o produto não funcionar "após um número razoável de tentativas" de reparo. Qualquer garantia que não faça jus a essa difícil prescrição deve ser promovida de forma manifesta como uma garantia limitada.

> **garantia** confirmação da qualidade ou do desempenho de um bem ou serviço
>
> **garantia expressa** garantia por escrito
>
> **garantia implícita** garantia não escrita de que o bem ou serviço está adequado ao propósito para o qual foi vendido

---

FERRAMENTAS DE ESTUDO CAPÍTULO 10

Acesse a Trilha de MKTG em www.cengage.com.br/4ltr para:

❑ **Acessar os cartões de revisão dos capítulos**

❑ **Responder aos questionários práticos para se preparar para as provas**

❑ **Realizar as atividades "Vença o relógio" para dominar os conceitos**

❑ **Completar as "Palavras cruzadas" para revisar os termos-chave**

CAPÍTULO 11 Desenvolvimento e Gerenciamento de Produtos

Objetivos da Aprendizagem

OA 1 Explicar a importância do desenvolvimento de novos produtos e descrever as seis categorias de novos produtos

OA 2 Explicar as etapas do processo de desenvolvimento de novos produtos

OA 3 Discutir as questões globais no desenvolvimento de novos produtos

OA 4 Explicar o processo de difusão pelo qual os novos produtos são adotados

OA 5 Explicar o conceito de ciclo de vida dos produtos

As empresas de bens de consumo introduzem no mercado, em média, entre 70 e 80 novos produtos por ano.

APÓS CONCLUIR ESTE CAPÍTULO, VÁ PARA A PÁGINA 188 PARA OBTER AS FERRAMENTAS DE ESTUDO

OA 1 A Importância de Novos Produtos

Os novos produtos são importantes para sustentar o crescimento, as crescentes receitas e lucros, bem como para substituir itens obsoletos. Pesquisas realizadas pela *BusinessWeek* e pelo Boston Consulting Group revelaram que as 25 empresas mais inovadoras do mundo têm retorno de estoque médio mais alto e crescimento da receita média mais elevado do que as empresas não inclusas nesse grupo.[1] A lista da *BusinessWeek*–Boston Consulting Group inclui empresas como Apple, Google, Microsoft, IBM e Toyota.[2] Essas organizações são conhecidas por seus produtos inovadores. Outras empresas da lista são conhecidas por modelos inovadores de negócios, de experiência de clientes e/ou de processos.[3]

novo produto
o produto pode ser novo para o mundo, o mercado, o produtor, o vendedor ou para uma combinação desses elementos

Categorias de Novos Produtos

O termo **novo produto** é um pouco confuso, porque seu significado varia muito. Na verdade, as definições "corretas" são várias. Um produto pode ser novo para o mundo, para o mercado, para o produtor ou vendedor, ou para uma combinação desses elementos. Há seis categorias relacionadas a novos produtos:

▸ *Produtos novos para o mundo (denominados inovações descontínuas)*: Esses produtos criam um mercado inteiramente novo. Eles representam a menor categoria de novos produtos.

Qual a sua opinião?

Adquirir os produtos mais recentes é sempre muito emocionante.

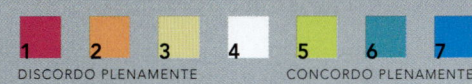

| 1 | 2 | 3 | 4 | 5 | 6 | 7 |
DISCORDO PLENAMENTE — CONCORDO PLENAMENTE

estratégia de novos produtos
plano que liga o processo de desenvolvimento de um novo produto aos objetivos do departamento de marketing, da unidade de negócios e da empresa

- *Novas linhas de produtos*: São produtos que a empresa não oferecia anteriormente, mas que permitem que ela entre em um mercado estabelecido. Eddie Bauer, uma cadeia varejista que enfatiza o vestuário casual feminino, lançou uma linha de roupas e acessórios de montanhismo chamada First First Ascent, para entrar no mercado de escalada e atividades ao ar livre.[4]
- *Adições às linhas de produtos existentes*: Essa categoria inclui novos produtos que complementam uma linha já estabelecida da empresa. A Nintendo adicionou à sua linha de DS portátil o Nintendo 3DS, que exibe jogos compatíveis em três dimensões sem a necessidade de óculos.
- *Melhoria ou revisão dos produtos existentes*: O produto "novo e aprimorado" pode ser ligeiramente alterado, ou alterado de forma significativa. O QuickBooks, uma linha de softwares de contabilidade empresarial, lançou a versão 2010 com interface simplificada e uma forma amigável de procurar os 100 relatórios e títulos de relatórios com base em *tags*.[5]
- *Produtos substituídos*: São produtos existentes destinados a novos mercados ou a segmentos de mercado, ou ainda produtos substituídos para alterar a atual percepção do mercado em relação ao produto – o que pode ser feito para aumentar as vendas em declínio. A Loewe, marca espanhola de artigos de couro, conhecida por suas bolsas com tachas e franjas, espera mudar a forma como os consumidores veem a marca reposicionando-se por meio da simplicidade com uma versão de sacola de compras em couro sem franjas, bolsos, fechos ou ornamentos.[6]
- *Produtos de preço inferior*: Essa categoria se refere a produtos que oferecem desempenho semelhante às marcas concorrentes por um preço inferior. A HP LaserJet 3100 é uma combinação de escâner, copiadora, impressora e fax. Esse novo produto custa menos do que muitas fotocopiadoras e tem preço bastante inferior ao valor dos quatro itens comprados separadamente.

OA 2 — O Processo de Desenvolvimento de Novos Produtos

A Booz Allen Hamilton, empresa de consultoria de gestão, estudou o processo de desenvolvimento de novos produtos por mais de 30 anos. Analisando os cinco principais estudos realizados durante esse período, concluiu que as empresas com maior probabilidade de serem bem-sucedidas no desenvolvimento e na introdução de novos produtos são aquelas que adotam as seguintes ações:

- Assumem um compromisso de longo prazo para apoiar a inovação e o desenvolvimento de novos produtos.
- Utilizam uma abordagem específica, impulsionada por objetivos e estratégias, com uma estratégia de novos produtos bem definida em seu núcleo.
- Capitalizam a experiência para alcançar e manter a vantagem competitiva.
- Estabelecem um ambiente – estilo de gestão, estrutura organizacional e grau de apoio à gestão superior – útil para desenvolver novos produtos e alcançar os objetivos corporativos.

A maioria das empresas segue um processo formal de desenvolvimento de novos produtos, começando normalmente com a estratégia de um novo produto. A Figura 11.1 apresenta o processo de sete etapas, discutido em detalhes nesta seção. O afunilamento serve para destacar o fato de que cada etapa funciona como uma tela. O objetivo é filtrar as ideias impraticáveis.

Estratégia de Novos Produtos

A **estratégia de novos produtos** liga o processo de desenvolvimento de um novo produto aos objetivos do departamento de marketing, da unidade de negócios e da empresa. A estratégia de novos produtos deve ser compatível com esses objetivos, os quais, por sua vez, devem ser consistentes entre si.

FIGURA 11.1
Processo de Desenvolvimento de Novos Produtos

1. Estratégia do novo produto
2. Geração de ideias
3. Triagem de ideias
4. Análise de mercado
5. Desenvolvimento
6. Teste de marketing
7. Comercialização

Novo produto

Uma estratégia de novos produtos faz parte da organização global da estratégia de marketing. Ela acentua o foco e fornece diretrizes para gerar, verificar e avaliar as ideias relacionadas aos novos produtos. Essa estratégia especifica os papéis que os novos produtos têm de desempenhar no plano global da organização e descreve as características dos produtos que a organização pretende oferecer, bem como os mercados que deseja servir.

No processo tradicional de desenvolvimento de novos produtos, muitas versões de uma ideia central são discutidas, testadas, peneiradas e testadas novamente até que seja selecionado um produto. As empresas devem esperar que quatro de cinco novos produtos falhem em um modelo tradicional rigoroso.[7] No entanto, as empresas continuam trabalhando para inovar. A Procter & Gamble assumiu um compromisso público para introduzir US$ 20 bilhões de "produtos inovadores e sustentáveis" entre 2008 e 2013.[8]

Geração de Ideias

As ideias relacionadas a novos produtos são provenientes de muitas fontes, incluindo consumidores, funcionários, distribuidores, fornecedores, concorrentes, pesquisa e desenvolvimento (P&D) e consultores.

- *Consumidores*: O conceito de marketing sugere que os desejos e as necessidades dos consumidores devem ser o trampolim para o desenvolvimento de novos produtos. As empresas podem ter *insights* por meio de conversas na internet ou em blogs, que geralmente indicam as tendências antecipadas ou as áreas que os consumidores desejam ver desenvolvidas ou modificadas. A Procter e a Nielsen Online registraram o ressurgimento das fraldas de pano, acompanhado pelo crescimento de valores americanos tradicionais.[9] A Ford desenvolveu um site no qual os consumidores podem apresentar e votar em ideias populares; as ideias mais populares são enviadas para o departamento de engenharia da Ford a fim de que sejam analisadas para o desenvolvimento e possível inclusão nos próximos veículos.[10] Essa abordagem está longe de ser uma extensão intuitiva do desenvolvimento de novos produtos anteriores e práticas publicitárias.

- *Funcionários*: O pessoal de marketing – tanto o pessoal de pesquisa publicitária e marketing, quanto os vendedores – muitas vezes criam ideias de novos produtos porque analisam o mercado e estão envolvidos com ele. Incentivar os funcionários de diversas áreas a trocar ideias também é uma estratégia útil. Quando a equipe de P&D da West Paw Design enfrentou bloqueio para escrever, organizou um concurso para que os 36 funcionários da empresa desenhassem e produzissem o protótipo de um novo produto. Agora por meio de concurso anual, o protótipo que recebe a maioria dos votos é inserido no processo de desenvolvimento. Muitos não criam produtos para lojas, mas alguns criam, como é o caso da Eco Nap, uma cama para cães feita com materiais reciclados, criada por uma equipe do departamento de expedição. O resultado é o fluxo de ideias e o incentivo por meio de disciplinas.[11]
Algumas empresas recompensam seus funcionários por cooperarem com ideias criativas. No ranking anual das empresas mais inovadoras da *Bloomberg Businessweek*, 15 das 50 principais são asiáticas, contra apenas 5 em 2006. O aumento não é surpreendente quando analisamos a importância que os executivos de nível superior conferem à inovação. Na China, 95% deles disseram que a inovação foi crucial para o crescimento econômico. Apenas 72% dos executivos de nível superior dos Estados Unidos concordaram. Há uma tendência semelhante nos gastos com inovação: 88% dos executivos chineses planejam aumentar seus orçamentos em inovação contra apenas 48% nos Estados Unidos.[12]

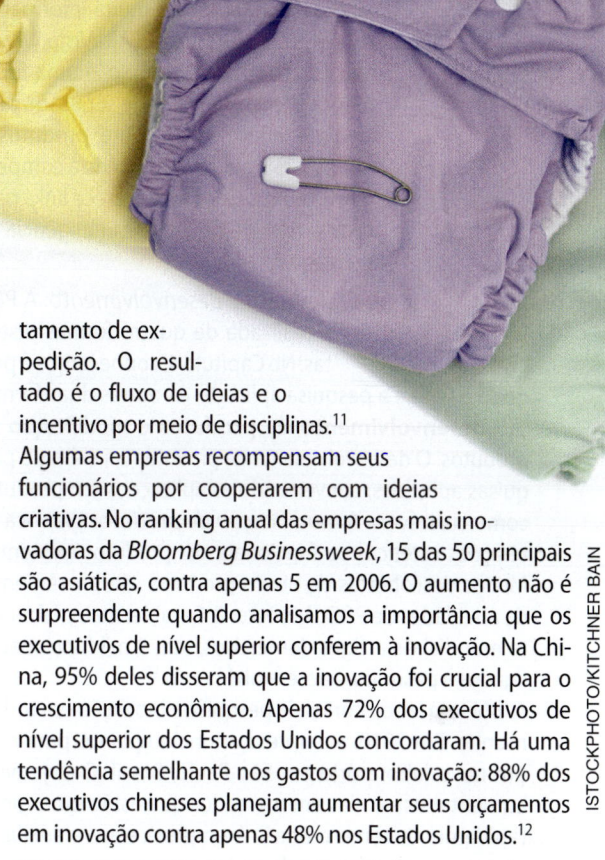

- *Distribuidores*: Uma equipe de vendas bem treinada pergunta rotineiramente aos distribuidores a respeito das necessidades que não estão sendo supridas. Como eles estão mais próximos dos usuários finais, os distribuidores são mais conscientes do que os fabricantes em relação às necessidades dos consumidores. A inspiração para a Sidekick da Rubbermaid, uma lancheira sem resíduos, veio de um distribuidor que sugeriu que a empresa colocasse parte de seus recipientes plásticos dentro de uma lancheira e a comercializasse como uma alternativa às embalagens plásticas e sacolas de papel.
Em uma pesquisa feita pela Prophet, os resultados apontaram para o fato de que 75% dos modelos inovadores envolvem ativamente os fornecedores no desenvolvimento de novos produtos.[13] A Procter & Gamble relatou que a produtividade em relação a inovações aumentou 60% por causa das colaborações externas.[14]

- *Fornecedores*: A 7-Eleven, Inc. estabelece regularmente parcerias com os fornecedores para criar produtos próprios. A Coca-Cola inventou o sabor baunilha azul para a Slurpee, uma bebida da 7-Eleven, e o combinou com os doces em corda de baunilha azul Laffy Taffy feitos pela divisão da Nestlé Wonka exclusivamente para a 7-Eleven.

- *Concorrentes*: Nenhuma empresa conta apenas com ideias geradas internamente para novos produtos. Grande parte de qualquer sistema de inteligência de marketing de uma organização deve monitorar o desempenho dos produtos dos concorrentes. Um dos objetivos do monitoramento competitivo é determinar quais, se houver algum,

desenvolvimento de produtos estratégia de marketing que implica a criação de novos produtos comercializáveis; processo de converter pedidos de novas tecnologias em produtos comercializáveis

brainstorming processo de formar um grupo para pensar em formas ilimitadas de variar um produto ou resolver um problema

produtos dos concorrentes devem ser copiados. Na internet, há muita informação sobre os concorrentes. O AltaVista (www.altavista.com), por exemplo, é uma ferramenta poderosa que pode ser usada para localizar informações sobre produtos e empresas. O guia de inteligência competitiva da Fuld & Company oferece links para uma variedade de sites de inteligência de mercado.

» *Pesquisa e desenvolvimento*: A P&D é realizada de quatro formas distintas. No Capítulo 4, conhecemos a pesquisa básica e a pesquisa aplicada. As outras duas formas são **desenvolvimento de produtos** e modificação de produtos. O desenvolvimento de produtos vai além de pesquisas aplicadas, convertendo as aplicações em produtos comercializáveis. A *modificação de produtos* provoca alterações estéticas ou funcionais nos produtos existentes. Muitas descobertas de novos produtos são provenientes de atividades de P&D. A Procter & Gamble, maior fabricante mundial de artigos domésticos, tem 9 mil funcionários ligados à pesquisa e desenvolvimento.[15]

A IBM tem laboratórios de pesquisa e inovação em todo o mundo. Em 2010, a empresa anunciou planos para abrir um novo laboratório em São Paulo, Brasil. O objetivo é aumentar as vendas em mercados que estão emergindo rapidamente como o Brasil. A empresa espera auxiliar o país a encontrar formas de gerir e incentivar o crescimento. A IBM ajudará também na extração de recursos naturais com novas tecnologias desenvolvidas para a área. O intuito é, posteriormente, exportar os novos avanços para China e Índia. Por possuir centros de Inovações espalhados pelo mundo, a IBM consegue aumentar sua rede e gerar novas ideias considerando como os diferentes países operam.[16]

» *Consultores*: Os consultores externos estão sempre disponíveis para analisar um negócio e recomendar ideias de produtos. Exemplos incluem Weston Group, Booz Allen Hamilton e Management Decisions. Tradicionalmente, os consultores determinam se uma empresa tem um portfólio de produtos equilibrado e, se não tiver, quais ideias de novos produtos são necessárias para compensar o desequilíbrio.

A criatividade é a fonte de ideias de novos produtos, independente de quem as apresenta. Uma variedade de abordagens e técnicas foi desenvolvida para estimular o pensamento criativo. As duas consideradas mais úteis para gerar ideias de novos produtos são o *brainstorming* e os exercícios dos grupos focais. O objetivo do **brainstorming** é formar um grupo para pensar em formas ilimitadas de variar um produto ou resolver um problema. Os membros do grupo evitam críticas a uma ideia, não importa quão ridícula possa parecer. A avaliação objetiva é adiada. A grande quantidade de ideias é o que importa. Conforme observado no Capítulo 9, um dos objetivos do *grupo focal* é estimular os comentários das percepções por meio da interação do grupo. No mercado industrial, as ferramentas das máquinas, o desenho de teclados, o interior de aeronaves e acessórios para retroescavadeiras originaram-se de grupos focais.

PESQUISA SEM ROYALTIES

Algumas empresas acham que apoiar engenheiros em ascensão é importante para o futuro, e as empresas que o fazem tendem a lucrar com seus investimentos. O Media Lab, do Massachusetts Institute of Technology (MIT), é o lar de alguns dos melhores engenheiros do mundo. Foi criado para permitir que os engenheiros explorem e criem de forma criativa quaisquer ideias que considerem interessantes ou úteis. O Media Lab é financiado por corporações. Sessenta empresas pagam US$ 200 mil por ano pelos direitos de qualquer propriedade intelectual desenvolvida no laboratório, sem ter de pagar royalties pelo uso. Algumas empresas, como a Procter & Gamble, pagam mais para ter cientistas no Media Lab trabalhando com alunos e monitorando projetos. No entanto, as empresas não podem conduzir estudos, por isso se um engenheiro brilhante quiser se concentrar em luvas com sensores de movimento que podem ser desbloqueadas pela combinação correta da junção do punho, ele pode.[17]

Triagem de Ideias

Depois que novas ideias são geradas, elas passam pelo primeiro filtro no processo de desenvolvimento de produtos. Essa etapa, chamada **triagem**, elimina ideias que são inconsistentes com a estratégia de novos produtos da empresa ou que são inapropriadas por alguma outra razão. O comitê ou o departamento de novos produtos, ou algum outro grupo formalmente nomeado, faz a revisão de triagem. O Grupo de Exploração de Portfólio Avançado da General Motors (APEx) sabe que apenas um de cada 20 novos conceitos de carros novos desenvolvidos pelo grupo vai se concretizar. Esse não é um percentual ruim. Na indústria farmacêutica, é muito menor. A maioria das ideias de novos produtos é rejeitada na etapa da triagem.

Os testes de conceito são frequentemente usados na etapa de triagem para classificar as alternativas de conceito (ou produtos). Um **teste de conceito** avalia a ideia de um novo produto, geralmente antes de qualquer protótipo ter sido criado. Tipicamente, os pesquisadores usam as reações dos consumidores para as descrições e representações visuais de um produto proposto.

Esses testes são considerados parâmetros muito bons de sucesso para extensões de linha. Eles também foram parâmetros relativamente precisos de sucesso de novos produtos que não são imitações, não são facilmente classificados em categorias existentes de produtos e não requerem grandes mudanças no comportamento do consumidor, como o Betty Crocker Tuna Helper e o Fruit Float, da Libby. No entanto, os testes de conceito são geralmente imprecisos em prever o sucesso de novos produtos que criam novos padrões de consumo e exigem mudanças importantes no comportamento do consumidor — como forno de micro-ondas, videocassete, computador e processador de textos.

Análise de Mercado

As ideias de novos produtos que sobrevivem ao processo de triagem inicial passam para a etapa de **análise de mercado**, em que os dados preliminares para demanda, custo, vendas e lucratividade são calculados. Pela primeira vez, custos e receitas são estimados e comparados. Dependendo da natureza do produto e da empresa, esse processo pode ser simples ou complexo.

A novidade do produto, o tamanho do mercado e a natureza da competição, tudo afeta a precisão das projeções das receitas. Em um mercado estabelecido como o de refrigerantes, estimativas da dimensão total do mercado são apresentadas. Prever a participação do mercado em relação a uma nova entrada é um desafio maior.

Analisar as tendências da economia e seu impacto sobre as vendas estimadas é especialmente importante em categorias de produtos sensíveis às flutuações no ciclo de negócios. Se os consumidores veem a economia como incerta e arriscada, adiarão a compra de bens duráveis, como eletrodomésticos, automóveis e casas. Da mesma forma, os compradores comerciais adiam as compras de equipamentos se esperam recessão. Compreender o potencial do mercado é importante porque os custos aumentam drasticamente assim que a ideia do produto entra na etapa de desenvolvimento.

Desenvolvimento

Na fase inicial do **desenvolvimento**, a P&D ou o departamento de engenharia pode desenvolver um protótipo do produto. Durante essa etapa, a empresa deve começar a esboçar uma estratégia de marketing. O departamento de marketing precisa tomar decisões sobre embalagem, marca, rotulagem e outros detalhes do produto. Além disso, deve mapear promoções preliminares, preços e estratégias de distribuição. A viabilidade de produzir o produto a um custo aceitável deve ser cuidadosamente examinada. A etapa de desenvolvimento pode durar um longo tempo e, portanto, ser muito cara. O creme dental Crest levou 10 anos para ser desenvolvido; a câmera Polaroid Colorpack e a máquina copiadora Xerox, 15 anos; o Minute Rice, 18; e a televisão, 51. A Gillette desenvolveu três sistemas de barbear ao longo de 27 anos (Trac II, Atra e Sensor) antes de introduzir o Mach3, em 1998, e a Fusion, em 2006.[18]

QUESTÕES COMUNS NA ETAPA DA ANÁLISE DE MERCADO

» Qual é a provável demanda do produto?
» Que impacto o novo produto provavelmente teria sobre o total de vendas, lucros, participação de mercado e retorno sobre o investimento?
» Como a introdução do produto afeta produtos existentes? O novo produto poderia canibalizar produtos existentes?
» Os consumidores atuais se beneficiariam com o produto?
» O produto melhoraria a imagem do mix de produtos da empresa?
» O novo produto afetaria os atuais funcionários de alguma forma? Isso conduziria ao aumento ou à redução do tamanho da força de trabalho?
» Que novas instalações, se fosse o caso, seriam necessárias?
» Como os concorrentes poderiam reagir?
» Qual é o risco de fracasso? A empresa está disposta a assumir o risco?

---

triagem primeiro filtro no processo de desenvolvimento de produtos; essa etapa elimina ideias inconsistentes com a estratégia de novos produtos da empresa ou que são inapropriadas por alguma outra razão

teste de conceito teste para avaliar a ideia de um novo produto, geralmente antes da criação do protótipo

análise de mercado segundo estágio do processo de triagem em que os dados preliminares para demanda, custo, vendas e lucratividade são calculados

desenvolvimento estágio do processo de desenvolvimento de produtos em que um protótipo é desenvolvido e uma estratégia de marketing é delineada

desenvolvimento simultâneo de produto abordagem orientada para equipe para o desenvolvimento de novos produtos

O processo de desenvolvimento flui melhor quanto todas as áreas envolvidas (P&D, marketing, engenharia, produção e até fornecedores) funcionam juntas em vez de funcionar sequencialmente, um processo chamado de **desenvolvimento simultâneo de produto**. Essa abordagem permite que as empresas reduzam o processo de desenvolvimento e os custos. Com o desenvolvimento simultâneo de produto, todas as áreas funcionais relevantes e fornecedores externos participam de todas as fases do processo de desenvolvimento. Em vez de proceder por etapas altamente estruturadas, a equipe interfuncional atua em uníssono. Envolver os principais fornecedores no início do processo capitaliza o conhecimento e lhes permite desenvolver componentes críticos.

A internet é uma ferramenta útil para a implementação do desenvolvimento simultâneo de produto. Na web, vários parceiros de uma variedade de locais podem se reunir regularmente para avaliar ideias de novos produtos, analisar mercados e dados demográficos e revisar informações de custo. As ideias consideradas viáveis podem ser rapidamente convertidas em novos produtos. Sem a internet, seria impossível realizar o desenvolvimento simultâneo de produto de diferentes partes do mundo. A P&D global é importante por duas razões. Primeira, as grandes empresas se tornaram globais e não estão mais focadas em apenas um mercado; a P&D global é necessária para se conectar com clientes em qualquer parte do planeta. Segunda, as empresas querem aproveitar os melhores talentos, que nem sempre estão apenas nos Estados Unidos.[19]

Algumas empresas utilizam conselheiros on-line para resolver problemas técnicos. A InnoCentive, Inc. conta com uma rede de 80 mil solucionadores de problemas científicos voluntários em 173 países. Seus clientes incluem Boeing, DuPont e Procter & Gamble. Esta última tem um programa chamado Modelo Conectar + Desenvolver. Quando a empresa seleciona uma ideia para ser desenvolvida, ela já não o faz com seus próprios recursos e tempo. Em vez disso, emite uma instrução a sua rede de pensadores, pesquisadores, empreendedores de tecnologia e inventores ao redor do mundo, a fim de que sejam gerados diálogos, sugestões e soluções.[20]

Empresas inovadoras também estão reunindo uma variedade de registros de P&D de clientes on-line. A Threadless, empresa de camisetas, e a Ryz, fabricante de calçados esportivos, pedem aos consumidores para votar on-line em seus produtos favoritos. As empresas utilizam os resultados para determinar os produtos que serão vendidos pela internet.[21]

Muitas vezes, os testes de laboratório são realizados em modelos de protótipos durante a etapa de desenvolvimento. A segurança do usuário é um aspecto importante dos testes de laboratório, que sujeitam os produtos a um tratamento muito mais severo em relação ao esperado por usuários finais. A Lei de Segurança de Produto para Consumo (Comsumer Product Asfety Act), de 1972, exige que os fabricantes conduzam um programa razoável de testes para garantir que seus produtos estejam em conformidade com as normas de segurança estabelecidas.

Vários produtos que obtêm resultados positivos em laboratório também são testados em residências ou

ROMPENDO O MERCADO DE VIDRO

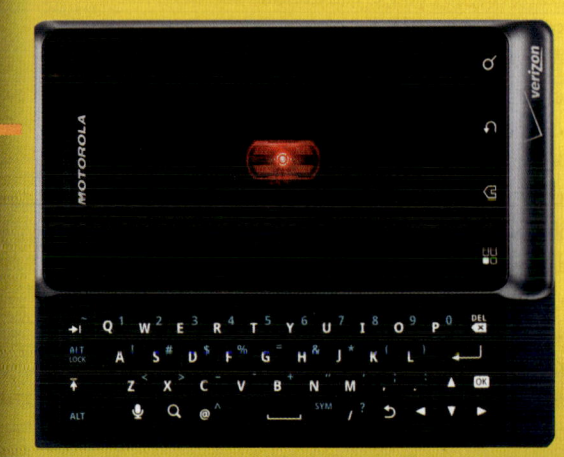

A **Corning** está familiarizada com a diferença entre invenção e aplicação comercial. (Sua tecnologia de fibra ótica foi inventada em 1934, mas não foi usada até a década de 1970.) Em 1962, desenvolveu um promissor vidro ultraforte. Mas, com a falta de aplicação comercial, a inovação juntou poeira à espera de pessoas que precisassem de um vidro forte difícil de quebrar, arranhar ou trincar, mesmo sendo muito fino. Atualmente, tocar uma tela plana de celular e televisor sem moldura pede exatamente aquele produto. O telefone Droid da Motorola já tem vidro Gorilla, que hoje gera US$ 170 milhões por ano desde que encontrou seu primeiro cliente em 2008. A Corning sabe que, em longo prazo, a inovação compensa; é por isso que ela aloca 10% de sua receita para pesquisas. Outras invenções da Corning que estão à espera de lançamento incluem bobinas de vidro flexível fino como papel para uso em algum aplicativo.[22]

empresas. Exemplos de categorias de produtos bem adequados para esses testes de uso incluem produtos de alimentação humana e de animais de estimação, produtos de limpeza doméstica e produtos químicos industriais e suprimentos. Esses itens são relativamente baratos e suas características de desempenho são visíveis para os usuários. A Procter & Gamble, por exemplo, testa uma variedade de produtos para cuidados pessoais e domésticos na comunidade ao redor de sua sede em Cincinnati, Ohio.

Teste de Marketing

Depois que os produtos e os programas de marketing são desenvolvidos, geralmente são testados no mercado. O **teste de marketing** é a introdução limitada de um produto e de um programa de marketing para determinar as reações de consumidores potenciais em uma situação de mercado. Ele permite que a gerência avalie estratégias alternativas e avalie como os vários aspectos do mix de marketing se combinam. Mesmo os produtos estabelecidos são testados no mercado para que seja possível avaliar novas estratégias de marketing.

As cidades escolhidas como locais de teste devem refletir as condições do mercado na área projetada para o novo produto. No entanto, não existe nenhuma "cidade mágica" que possa representar universalmente as condições do mercado, e o sucesso de um produto em uma cidade não garante que ele será um sucesso em todo o país.

Ao selecionar cidades para serem mercados teste, os pesquisadores devem identificar locais em que os dados demográficos e os hábitos de compra espelhem o mercado global. A empresa também precisa ter boa distribuição nas cidades de teste. Quando a Chick-fil-A queria testar seu novo sanduíche de frango picante, considerou Baltimore, Maryland, como mercado teste porque essa cidade representa outros mercados da cadeia de restaurante nos Estados Unidos. Baltimore também tem uma boa distribuição de produtos e consumidores com histórico de manter contato com a empresa. Essa área gera mais receita por loja do que qualquer outro mercado.[23] Além disso, os locais de testes devem ser isolados da mídia. Se as emissoras de televisão em determinado mercado atingirem uma área muito grande fora daquele mercado, a publicidade utilizada para o produto teste pode atrair muitos consumidores do mercado externo. Dessa forma, o produto poderá parecer muito mais bem-sucedido do que realmente é.

teste de marketing
introdução limitada de um produto e de um programa de marketing para determinar as reações de consumidores potenciais em uma situação de mercado

Os Altos Custos do Teste de Marketing O teste de marketing leva geralmente um ano ou mais, e os custos podem ultrapassar US$ 1 milhão. Alguns produtos permanecem em mercados teste por um tempo ainda maior. O Google planeja realizar testes de marketing para uma rede de banda larga de altíssima velocidade em uma ou mais comunidades a um preço competitivo. O gigante das buscas planeja testar seu conceito de fibras domésticas fornecendo acesso à banda larga de um gigabyte por segundo para até 500 mil residências. As comunidades em todos os estados dos Estados Unidos, exceto Delaware, desejam atuar como mercados teste. Topeka, situada no Kansas, trocou seu nome para Google por um mês, em um esforço para ser escolhida.[24] Apesar do custo, muitas empresas acreditam que é melhor falhar em um mercado teste do que em um lançamento nacional. Como o teste de marketing é muito caro, algumas empresas não testam extensões de linhas de marcas conhecidas.

O alto custo do teste de marketing não é apenas financeiro. Um problema inevitável é que expõe o novo produto e seu mix de marketing para os concorrentes antes do lançamento. Assim, o elemento surpresa é perdido. Os concorrentes também podem sabotar ou atrapalhar um programa de testes, lançando sua própria promoção de vendas, preços ou campanha publicitária. O objetivo é ocultar ou distorcer as condições normais que a empresa espera do mercado.

Alternativas ao Teste de Marketing Muitas empresas estão à procura de alternativas mais baratas, rápidas e seguras para o teste de marketing tradicional. No início dos anos 1980, a Information Resources, Inc. foi pioneira na pesquisa baseada em varredura (discutida

teste de mercado simulado (laboratório)
apresentação de propaganda e outros materiais promocionais para diversos produtos, incluindo um produto teste, para os membros do mercado-alvo do produto

comercialização
decisão de comercializar um produto

no Capítulo 9). Um teste de triagem de supermercado custa cerca de US$ 300 mil. Uma alternativa para o teste de marketing tradicional é o **teste de mercado simulado (laboratório)**. A propaganda e outros materiais promocionais para diversos produtos, incluindo o produto teste, são mostrados para membros do mercado-alvo do produto. Essas pessoas são, então, levadas para fazer compras em uma loja simulada ou real, onde os produtos comprados são registrados. O comportamento do comprador, incluindo a repetição de compras, é monitorado para avaliar o desempenho provável do produto em condições reais de mercado. As empresas de pesquisa oferecem testes de mercado simulados por US$ 25 mil a US$ 100 mil; já o teste de marketing em larga escala chega a custar US$ 1 milhão ou mais.

A regulamentação do governo pode afetar o teste de marketing, especialmente na indústria de tabaco. Com as vendas de cigarros em declínio constante nos Estados Unidos, a Reynolds American (fabricante dos cigarros Camel) esperava diversificar os cigarros oferecendo produtos com menos fumaça e fluído, na forma de pastilhas, bastões e tiras solúveis. Os testes para a Camel Orbs, uma pastilha de tabaco prensada semelhante a uma bala de menta refrescante, enfrentaram protestos de diversos grupos, segundo os quais o formato e a embalagem brilhante que lembravam um doce incentivariam as crianças a experimentar – o que poderia levá-las ao vício no produto. A FDA (Food and Drug Administration) solicitou que a Reynolds providenciasse uma pesquisa com pessoas com menos de 25 anos sobre o uso e a percepção do produto. Amarrar a legislação a como os produtos à base de tabaco podem ser comercializados também limita a ideia que um mercado teste faz do produto.[25]

A internet propicia uma forma rápida e econômica de realizar teste de marketing. A Procter & Gamble usa essa mídia para avaliar a demanda do consumidor por novos produtos potenciais. Muitos produtos que não estão disponíveis em supermercados ou farmácias podem ser encontrados no website corporativo da P&G (www.pg.com).[26]

Apesar dessas alternativas, a maioria das empresas ainda considera o teste de marketing essencial para a maioria dos novos produtos. O alto preço do fracasso proíbe o lançamento da maioria dos novos produtos sem testá-los.

Comercialização

A etapa final no processo de desenvolvimento de novos produtos é a **comercialização**, a decisão de comercializar um produto. Ela estabelece várias tarefas em movimento: produção de materiais e equipamentos pedidos, início da produção, elaboração de inventários, envio de produtos aos pontos de distribuição, treinamento da equipe de vendas, anúncio do novo produto para o comércio, e ainda publicidade para os consumidores em potencial.

O momento da decisão de comercialização inicial para a introdução efetiva do produto varia. Ele pode ir de poucas semanas (para produtos simples que usam equipamentos existentes) até anos (para produtos técnicos que necessitam de equipamentos de fabricação personalizada). O custo total do desenvolvimento e do lançamento inicial pode ser surpreendente. A Gillette gastou US$ 750 milhões desenvolvendo o Mach3, e o orçamento para o marketing no primeiro ano do novo barbeador de três lâminas foi de US$ 300 milhões.

ENGENHARIA REVERSA INOVADORA

A **Tata Technologies**, procurando colocar a população indiana em carros, desenvolveu um veículo para cinco passageiros de 3,05 m, vendido na Índia entre US$ 2.200 e US$ 2.500. Agora, a Nano tem visitantes de todo o mundo à procura de maneiras de implementar a engenharia enxuta da Tata em outros veículos e reduzir os custos de fabricação. Aliar design simples, poucos recursos e materiais baratos pode, obviamente, reduzir os custos. Como a Nano não tem a maioria dos itens de segurança (incluindo airbags), a redução de custos não significa muito para mercados com regulamentos automobilísticos importantes, como Estados Unidos e Europa.[27]

O fator mais relevante para que o lançamento de um novo produto seja bem-sucedido é uma boa combinação entre produto e necessidades do mercado – como o conceito de marketing poderia prever. Novos produtos bem-sucedidos proporcionam um benefício significativo e perceptível a um número considerável de pessoas ou organizações e são diferentes, de certa forma, de seus substitutos potenciais. As empresas que obtêm sucesso rotineiro no lançamento de novos produtos tendem a compartilhar as seguintes características:

- Histórico de ouvir, com atenção, seus clientes
- Obsessão pela produção do melhor produto possível
- Visão de o que o mercado será no futuro
- Forte liderança
- Comprometimento com o desenvolvimento de novos produtos
- Abordagem de equipe com base em projetos para o desenvolvimento de novos produtos
- Compreensão correta de todos os aspectos do processo de desenvolvimento de produtos

OA 3 Questões Globais no Desenvolvimento de Novos Produtos

A crescente globalização dos mercados e da concorrência fornece às empresas multinacionais uma razão para considerar o desenvolvimento de novos produtos com base em uma perspectiva mundial. Uma empresa que começa com uma estratégia global consegue desenvolver melhor produtos que são comercializáveis em todo o mundo. Em muitas empresas multinacionais, cada produto é desenvolvido para distribuição potencial em escala mundial, e exigências únicas a cada mercado são criadas sempre que possível.

Alguns profissionais de marketing globais criam produtos para atender as regulamentações em seus principais mercados e, se necessário, satisfazer as exigências de mercados menores, país por país. Em seu país de origem, a Nissan desenvolve modelos de carro que, com pequenas alterações, podem ser vendidos na maioria dos mercados. Com essa abordagem, a empresa reduziu o número de seus modelos básicos de 48 para 18. Alguns produtos, no entanto, têm pouco potencial de penetração no mercado global se não sofrerem modificações. Em muitos países, as empresas não conseguem vender seus produtos a preços acessíveis e ainda obter lucro.

OA 4 Propagação de Novos Produtos

Os gestores têm uma chance maior de gerenciar os produtos de forma bem-sucedida se compreenderem como os consumidores conhecem e adotam os produtos.

Difusão das Inovações

Uma **inovação** é um produto visto como novo pelo consumidor potencial. Realmente não importa se o produto é "novo para o mundo" ou se é alguma outra categoria de produto novo. Se ele for novo para um consumidor potencial, é uma inovação nesse contexto. A **difusão** é o processo pelo qual a adoção de uma inovação se difunde.

Cinco categorias de consumidores participam do processo de difusão:

- *Inovadores*: Os primeiros 2,5% dos que adotam o produto. Os inovadores são ansiosos para experimentar novas ideias e produtos, é quase uma obsessão. Além de ter rendimentos maiores, são mais globalizados e ativos fora de suas comunidades do que os não inovadores. Eles confiam menos em normas feitas por grupos e são mais autoconfiantes. Como eles são bem instruídos, tendem a obter informações de fontes científicas e de especialistas. Os inovadores são caracterizados como aventureiros.

- *Pioneiros*: Os 13,5% seguintes que adotam o produto. Embora os pioneiros não sejam os primeiros, eles adotam o produto ainda no início de

inovação produto visto como novo pelo consumidor potencial

difusão processo pelo qual a adoção de uma inovação se difunde

seu ciclo de vida. Se comparados aos inovadores, confiam muito mais em normas e valores impostos por grupos. São mais orientados à comunidade local, em contraposição à perspectiva global dos inovadores. Os pioneiros são mais propensos do que os inovadores a serem líderes de opinião por causa de sua forte afiliação aos grupos. Os pioneiros são os melhores amigos de um novo produto.[28] O respeito de outros é uma característica dominante dos pioneiros.

- *Maioria inicial*: Os 34% seguintes que adotam o produto. A maioria inicial pesa os prós e os contras antes de adotar um novo produto. São propensos a reunir mais informações e avaliar mais marcas do que os pioneiros, estendendo, portanto, o processo de adoção. Eles contam com o grupo para obter informações, mas não se tornam líderes de opinião. Em vez disso, tendem a ser amigos e vizinhos de líderes de opinião. A maioria inicial é um elo importante no processo de difusão de novas ideias porque os indivíduos estão posicionados entre os pioneiros e a maioria final. Uma característica dominante na maioria inicial é a atitude deliberada.
- *Maioria final*: Os próximos 34% que adotam o produto. A maioria final adota um novo produto por que a maioria dos amigos já o adotou. Como eles também consideram as normas do grupo, sua adoção resulta da pressão em acompanhar as tendências. Esse grupo costuma ser mais velho e ter renda e instrução abaixo da média. Depende, principalmente, da comunicação boca a boca mais do que da mídia em massa. A característica dominante da maioria final é o ceticismo.
- *Retardatários*: Os 16% restantes que adotam o produto. Como os inovadores, os retardatários não contam com as normas do grupo. Sua independência está enraizada em seus laços com a tradição. Assim, o passado influencia fortemente suas decisões. No momento em que os retardatários adotam uma inovação, ela provavelmente já foi ultrapassada e substituída por outra coisa. Eles podem ter comprado seu primeiro aparelho de televisão preto e branco após a televisão em cores já ter sido amplamente difundida. Os retardatários têm o maior tempo de adoção e o nível socioeconômico mais baixo. Eles tendem a olhar novos produtos com certa desconfiança e a ser alienados de uma sociedade que avança rapidamente. O valor dominante dos retardatários é a tradição. Os profissionais de marketing normalmente ignoram os retardatários, que não parecem ser motivados por publicidade ou venda pessoal e são praticamente impossíveis de se alcançar on-line.

Observe que algumas categorias de produtos podem não ser aprovadas por 100% da população. As categorias do consumidor se referem a todos que acabarão por adotar um produto, e não a toda a população.

Características do Produto e Taxa de Adoção

Cinco características do produto podem ser usadas para prever e explicar a taxa de aceitação e difusão de um novo produto:

- *Complexidade*: Grau de dificuldade envolvido na compreensão e utilização de um novo produto. Quanto mais complexo for o produto, mais lenta é sua difusão.
- *Compatibilidade*: Grau em que o novo produto é compatível com valores existentes, conhecimento do produto, experiências passadas e necessidades atuais. Produtos incompatíveis se difundem de forma mais lenta do que produtos compatíveis.
- *Vantagem relativa*: Grau em que um produto é percebido como superior em relação aos substitutos existentes. Como pode armazenar e reproduzir milhares de músicas, o iPod tem uma clara vantagem sobre o leitor portátil de CD.
- *Observabilidade*: Grau em que os benefícios ou outros resultados de uso do produto podem ser observados por outras pessoas e ser comunicados para clientes-alvo. Artigos de moda e automóveis, por exemplo, são mais visíveis e observáveis do que itens de cuidados pessoais.
- *Tentativa*: Grau em que um produto pode ser tentado em uma base limitada. É muito mais fácil tentar um creme dental novo ou cereais matinais do que um automóvel ou microcomputador.

Implicações do Processo de Difusão para o Marketing

Dois tipos de comunicação auxiliam o processo de difusão: comunicação boca a boca entre os consumidores e comunicação entre os profissionais de marketing e consumidores. A *comunicação boca a boca* dentro de grupos e entre eles acelera o processo de difusão. Os líderes de opinião discutem os novos produtos com seus seguidores e com outros líderes de opinião. Os profissionais de marketing devem, portanto, assegurar que os líderes de opinião tenham os tipos de informação desejados nos meios de comunicação que utilizam. Os fornecedores de alguns produtos, como serviços profissionais e de cuidados médicos, dependem quase exclusivamente da comunicação boca a boca para novos negócios.

O segundo tipo de comunicação que auxilia o processo de difusão é a *comunicação direta dos profissionais de marketing com consumidores potenciais*. As mensagens direcionadas para pioneiros devem se basear em apelos diferentes daqueles de mensagens direcionadas para maioria inicial, maioria final ou retardatários. Os pioneiros são mais importantes do que os inovadores porque formam um grupo maior, são mais ativos socialmente e, em geral, são líderes de opinião.

Como o foco de uma campanha promocional muda dos pioneiros para a maioria inicial e para a maioria final, os profissionais de marketing devem estudar as características dominantes, o comportamento de compra e as características dos meios de comunicação desses mercados-alvo. Eles devem revisar as mensagens e as estratégias dos meios de comunicação para se adequar a cada um. O processo de difusão ajuda a guiar os profissionais de marketing no desenvolvimento e na implantação de uma estratégia de promoção.

OA 5 Ciclo de Vida do Produto

O **ciclo de vida do produto (CVP)** é um dos conceitos mais conhecidos do marketing. Poucos conceitos gerais têm sido tão discutidos. Embora alguns pesquisadores e consultores tenham desafiado a base teórica e os valores gerenciais do CVP, muitos acreditam que ele seja uma ferramenta de diagnóstico gerencial de marketing útil e um guia para o planejamento de marketing em vários estágios do ciclo de vida.[29]

O CVP é uma metáfora biológica que traça os estágios da aceitação de um produto, desde seu lançamento (nascimento) até seu declínio (morte). Conforme podemos observar na Figura 11.2, um produto progride em quatro estágios principais: lançamento, crescimento, maturidade e declínio.

O conceito de CVP pode ser usado para analisar uma marca, a forma ou a categoria de um produto. O CVP para uma forma de produto é geralmente mais longo do que o CVP para qualquer marca. A exceção seria uma marca que foi a primeira e última concorrente em um mercado na forma de um produto. Nessa situação, a marca e os ciclos de vida da forma do produto seriam iguais em comprimento. As categorias de produtos têm ciclos de vida mais longos. Uma **categoria de produto** inclui todas as marcas que satisfazem um tipo específico de necessidade, como produtos para se barbear, automóveis ou refrigerantes.

O tempo que um produto passa em qualquer estágio do ciclo de vida pode variar drasticamente. Alguns produtos, como itens de moda, passam por todo o ciclo

ciclo de vida do produto (CVP) conceito que proporciona uma forma de traçar os estágios da aceitação de um produto, desde seu lançamento (nascimento) até seu declínio (morte)

categoria de produto todas as marcas que satisfazem um tipo específico de necessidade

FIGURA 11.2
Os Quatro Estágios do Ciclo de Vida do Produto

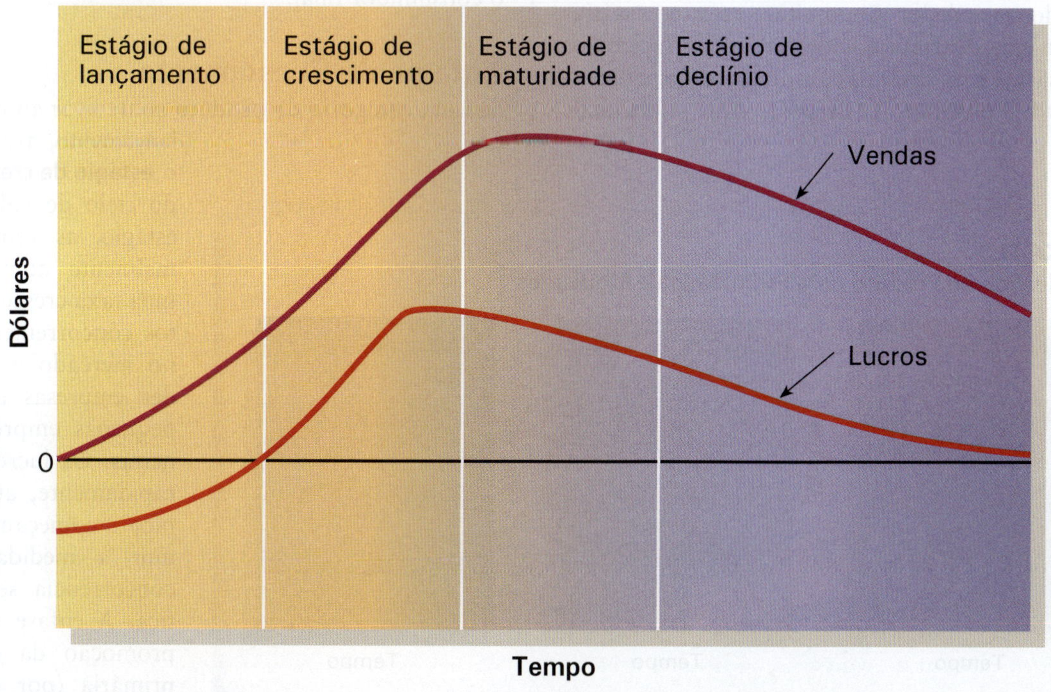

estágio de lançamento lançamento completo de um novo produto no mercado

estágio de crescimento segundo estágio do ciclo de vida do produto, quando as vendas aumentam a uma taxa crescente, muitos concorrentes entram no mercado, grandes empresas adquirem pequenas empresas pioneiras e os lucros são positivos

em semanas. Outros, como máquinas de lavar ou secar roupa, ficam no estágio de maturidade por décadas. A Figura 11.2 ilustra o ciclo de vida típico de um bem de consumo durável, como uma máquina de lavar ou secar roupas. Em contraposição, a Figura 11.3 ilustra os ciclos de vida típicos para estilo (como vestuário formal, executivo ou casual), moda (como minissaias ou calças jeans) e modismos (como roupas com estampa de leopardo). As alterações em um produto, seus usos, sua imagem ou seu posicionamento podem estender seu ciclo de vida.

O conceito de CVP não diz aos gestores a duração do ciclo ou sua duração em qualquer estágio. Ele não dita a estratégia de marketing. Trata-se simplesmente de uma ferramenta para ajudar os profissionais de marketing a prever eventos futuros e a sugerir estratégias apropriadas.

Estágio de Lançamento

O **estágio de lançamento** do CVP representa o lançamento completo de um novo produto no mercado. Bases de dados de computadores para uso pessoal, filtros de ar-condicionado para desodorização de ambientes e geradores elétricos e eólicos domésticos são categorias de produtos que entraram recentemente no CVP. A elevada taxa de insucesso, a pouca concorrência, a modificação frequente do produto e a distribuição limitada tipificam o estágio de lançamento do CVP.

No estágio de lançamento, os custos de marketing são normalmente elevados por diversas razões. As altas margens do revendedor são, muitas vezes, necessárias para obter uma distribuição adequada, e os incentivos são necessários para fazer os consumidores experimentarem o novo produto. As despesas com publicidade são altas em razão da necessidade de educar os consumidores quanto aos benefícios do novo produto. Os custos de produção também se elevam nessa etapa à medida que as falhas do produto e da manufatura são identificadas e corrigidas e os esforços são feitos para desenvolver as economias de produção em massa.

Durante o estágio de lançamento, as vendas aumentam lentamente. Além disso, os lucros costumam ser negativos em razão dos custos de P&D, dos equipamentos para produção e dos altos custos de lançamento. A duração do estágio de lançamento é determinada pelas características do produto, como as vantagens do produto em relação aos substitutos, o esforço informativo necessário para tornar o produto conhecido e o comprometimento dos recursos da administração com o novo item. Um período introdutório curto é geralmente preferido para ajudar a reduzir o impacto dos resultados negativos e do fluxo de caixa. Assim que o produto sair do chão, o encargo financeiro começa a diminuir. Além disso, um breve lançamento ajuda a dissipar algumas incertezas, por exemplo: se o novo produto será bem-sucedido ou não.

A estratégia da promoção no estágio de lançamento concentra-se no desenvolvimento da consciência acerca dos produtos e em informar os consumidores sobre os benefícios potenciais das categorias de produtos. Nesse estágio, o desafio da comunicação é estimular a demanda primária – a demanda pelo produto em geral, e não por uma marca específica. A venda pessoal intensiva é, muitas vezes, necessária para que o produto seja aceito entre atacadistas e varejistas. A promoção de produtos de conveniência requer amostragem pesada de consumo e cupons. Produtos comerciais e especiais demandam publicidade educativa e venda pessoal para o consumidor final.

Estágio de Crescimento

Se uma categoria de produto sobreviver ao estágio de lançamento, avança para o **estágio de crescimento** do ciclo de vida. Nesse estágio, as vendas normalmente aumentam a uma taxa crescente, muitos concorrentes entram no mercado e as grandes empresas adquirem pequenas empresas pioneiras. Os lucros sobem rapidamente, atingem o pico e começam a diminuir à medida que a concorrência se intensifica. A ênfase muda de promoção da demanda primária (por exemplo,

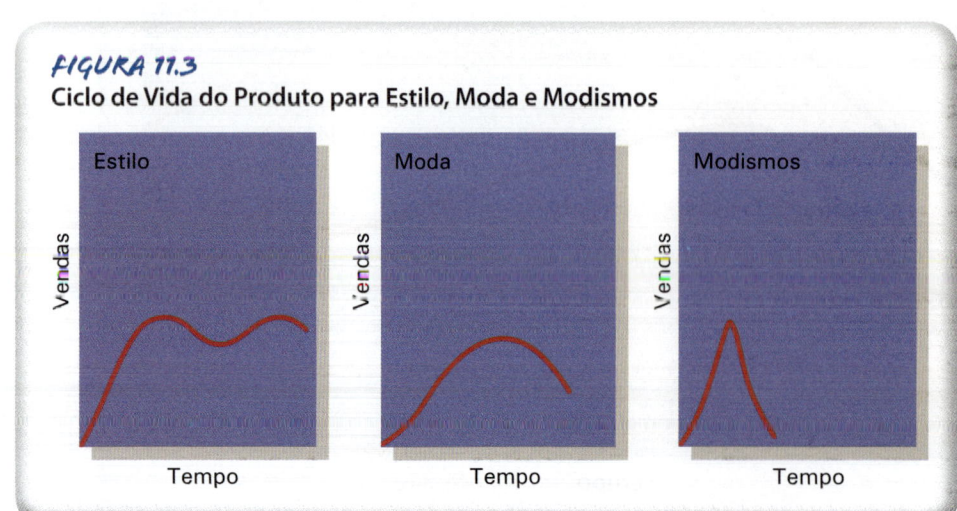

FIGURA 11.3
Ciclo de Vida do Produto para Estilo, Moda e Modismos

promover assistentes digitais pessoais, ou PDAs) para publicidade de marca agressiva e comunicação das diferenças entre as marcas (por exemplo, BlackBerry versus Palm).

A distribuição se torna um fator essencial para o sucesso durante o estágio de crescimento, bem como nas fases posteriores. Os fabricantes se esforçam para recrutar revendedores e distribuidores e para construir relacionamentos de longo prazo. Sem distribuição adequada, é impossível se posicionar no mercado.

O XFit, um material de jeans stretch, se uniu a marcas de jeans conhecidas para inserir seu produto no mercado. O mercado de jeans stretch detém 35%, e os consumidores querem um produto que mantenha seu feitio e se molde confortavelmente ao corpo. O XFit conta com designers para rotular os jeans com informações sobre os benefícios do produto. Se a marca não refletir o pensamento dos consumidores ou diferenciar seu material de outros jeans stretch, a XFit perderá seu lugar no mercado de fibras elásticas.[30]

Estágio de Maturidade

O período durante o qual as vendas aumentam a uma taxa decrescente sinaliza o início do **estágio de maturidade** do ciclo de vida. Novos usuários não podem ser adicionados indefinidamente, assim, mais cedo ou mais tarde, o mercado atinge a saturação. Normalmente, essa é a etapa mais longa do CVP. Muitos dos principais equipamentos de uso doméstico estão no estágio de maturidade de seu ciclo de vida.

Para produtos comerciais, como bens duráveis e produtos eletrônicos, e muitos produtos especiais, os modelos anuais começam a aparecer durante o estágio de maturidade. As linhas de produtos são estendidas para atrair outros segmentos de mercado. Os serviços de manutenção e reparo assumem papéis mais importantes à medida que os fabricantes se esforçam para distinguir seus produtos de outros. As alterações no design dos produtos tendem a se tornar estilísticas (Como o produto pode ficar diferente?) em vez de funcionais (Como o produto pode melhorar?).

Como os preços e os lucros continuam caindo, os concorrentes marginais começam a deixar o mercado. As margens dos revendedores também diminuem, resultando em menos espaço de prateleira para os itens maduros, inventários de revendedores menores e relutância em promover o produto. Assim, a promoção para os revendedores muitas vezes é intensificada durante essa etapa, a fim de manter a fidelidade.

A promoção do fabricante para o consumidor pesado também é necessária para manter a participação no mercado. A competição feroz durante essa etapa pode levar à guerra de preços. Outra característica do estágio de maturidade é o surgimento de profissionais de marketing de nicho, que visam segmentos estreitos, bem definidos e carentes de um mercado.

estágio de maturidade período durante o qual as vendas aumentam a uma taxa decrescente

estágio de declínio queda das vendas em longo prazo

Estágio de Declínio

Uma queda de longo prazo nas vendas sinaliza o início do **estágio de declínio**. A taxa de declínio é governada por quão rapidamente o consumidor experimenta a mudança ou substitui os produtos adotados. Muitos produtos de conveniência e itens de moda perdem mercado do dia para a noite, deixando grandes estoques de itens não vendidos, como jeans de marcas famosas. Outros perdem de forma mais lenta. Em 2009, a receita total das vendas de música nos Estados Unidos foi de US$ 6,3 bilhões. Dez anos atrás foi de US$ 14,6 bilhões. A receita caiu em nove dos últimos dez anos e não mostra sinais de parar.[31] Parece que a popularidade do iTunes e de outras opções de download digital está tornando os CDs obsoletos.

Algumas empresas desenvolvem estratégias de sucesso para comercializar produtos no estágio de declínio do CVP. Elas eliminam as despesas de marketing não essenciais e deixam as vendas declinarem à medida que mais e mais consumidores descontinuam a aquisição de produtos. Eventualmente, o produto é retirado do mercado.

Outras empresas praticam o que o expert em gestão Peter Drucker chamava de "abandono organizado", que se baseia em uma auditoria periódica de todos os bens e serviços que uma empresa comercializa. A questão crucial é: se já não estivéssemos comercializando o produto, estaríamos dispostos a lançá-lo agora? Se a resposta for "não", o produto deve ser considerado um candidato a ser eliminado do mix de produtos.[32]

Implicações para a Gestão de Marketing

O conceito do CVP incentiva os gestores de marketing a planejar para que possam tomar a iniciativa em vez de reagir a eventos passados. O CVP é especialmente útil como uma previsão ou ferramenta de previsão. Como os produtos passam por etapas distintas, muitas vezes é possível estimar a localização de um produto na curva usando dados históricos. Os lucros, assim como as vendas, tendem a seguir um caminho previsível ao longo do ciclo de vida do produto.

A Figura 11.4 mostra a relação entre as categorias de consumidores e as etapas do CVP. Observe que as diversas categorias de consumidores compram produtos em diferentes etapas do ciclo de vida. Quase todas as vendas nos estágios de maturidade e declínio representam compras repetidas.

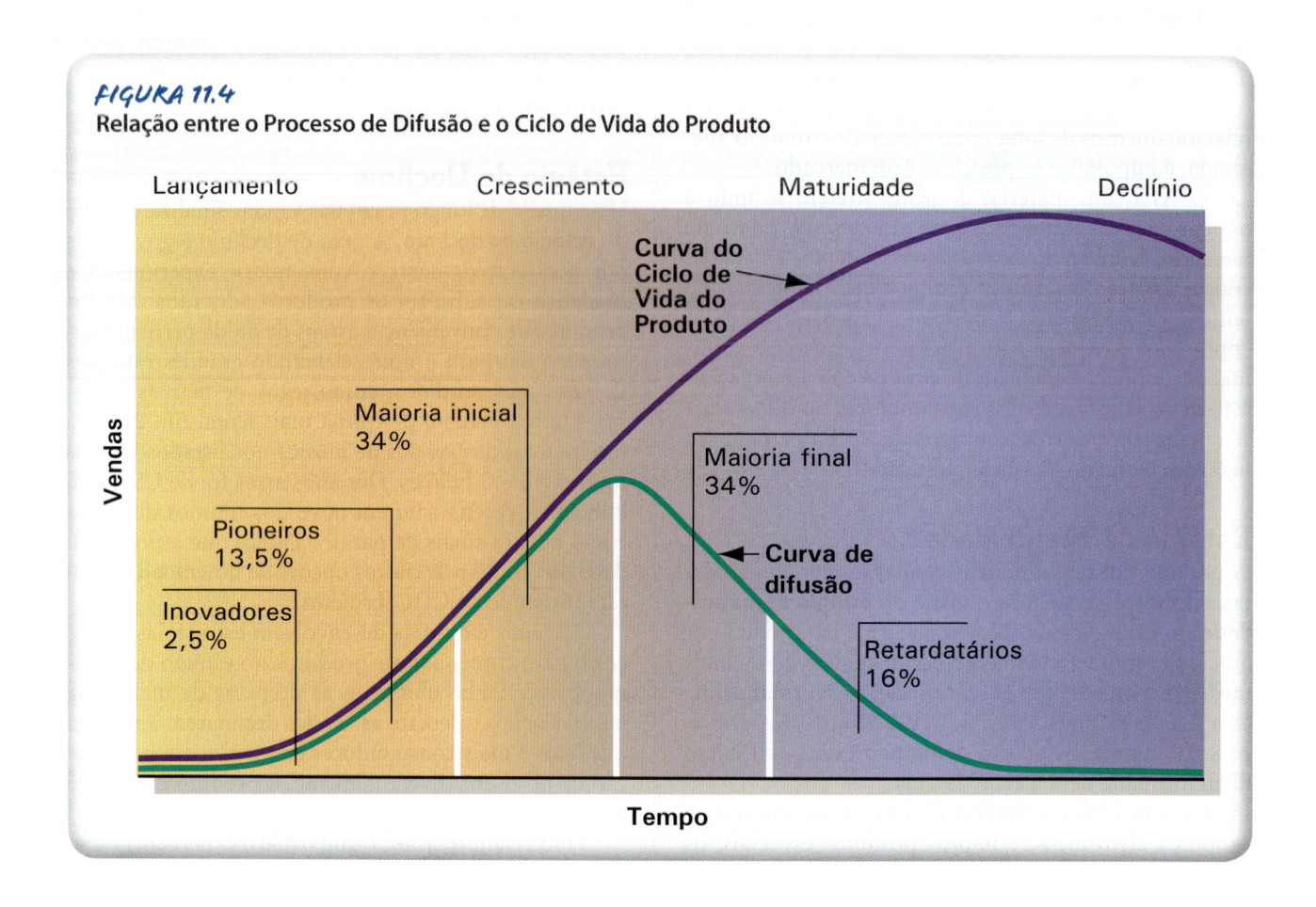

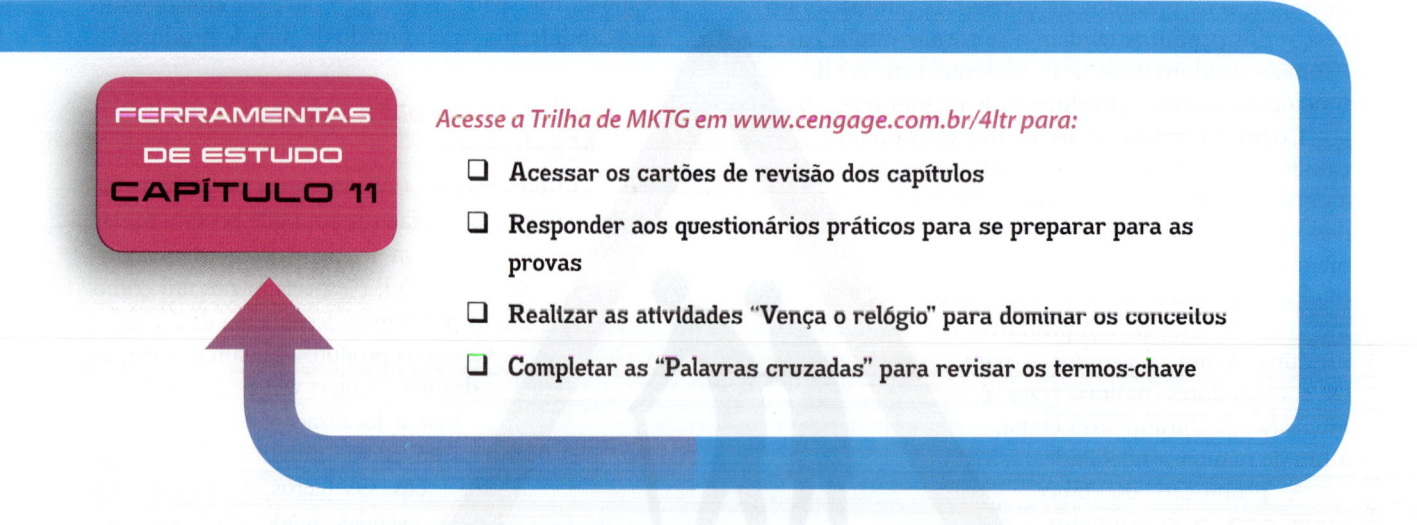

FIGURA 11.4
Relação entre o Processo de Difusão e o Ciclo de Vida do Produto

- Lançamento
- Crescimento
- Maturidade
- Declínio

Curva do Ciclo de Vida do Produto

Maioria inicial 34%
Maioria final 34%
Pioneiros 13,5%
Inovadores 2,5%
Curva de difusão
Retardatários 16%

Vendas / Tempo

FERRAMENTAS DE ESTUDO CAPÍTULO 11

Acesse a Trilha de MKTG em www.cengage.com.br/4ltr para:

☐ Acessar os cartões de revisão dos capítulos
☐ Responder aos questionários práticos para se preparar para as provas
☐ Realizar as atividades "Vença o relógio" para dominar os conceitos
☐ Completar as "Palavras cruzadas" para revisar os termos-chave

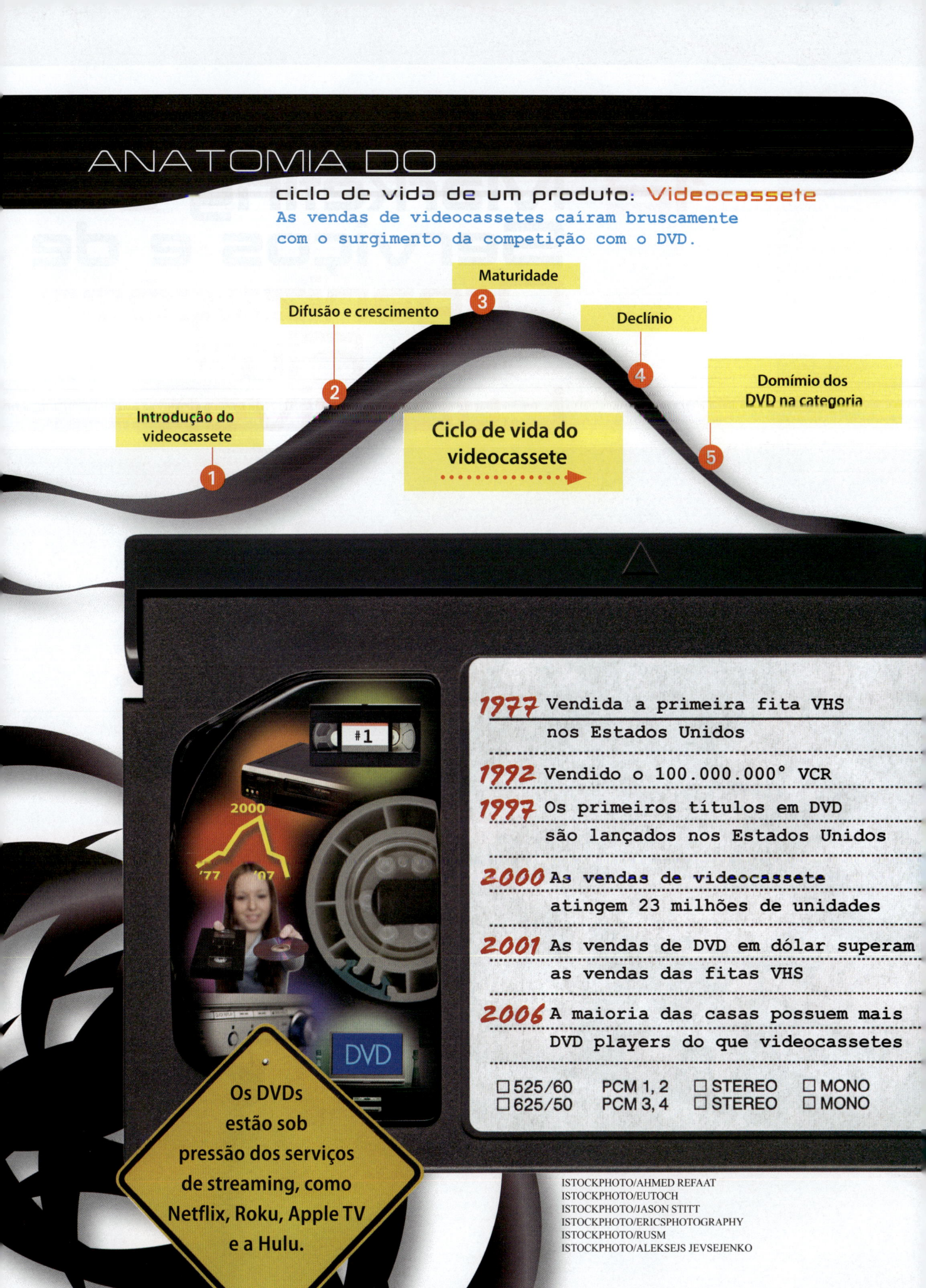

ANATOMIA DO
ciclo de vida de um produto: Videocassete

As vendas de videocassetes caíram bruscamente com o surgimento da competição com o DVD.

- **Introdução do videocassete** ①
- **Difusão e crescimento** ②
- **Maturidade** ③
- **Declínio** ④
- **Domímio dos DVD na categoria** ⑤

Ciclo de vida do videocassete

1977 Vendida a primeira fita VHS nos Estados Unidos

1992 Vendido o 100.000.000° VCR

1997 Os primeiros títulos em DVD são lançados nos Estados Unidos

2000 As vendas de videocassete atingem 23 milhões de unidades

2001 As vendas de DVD em dólar superam as vendas das fitas VHS

2006 A maioria das casas possuem mais DVD players do que videocassetes

☐ 525/60   PCM 1, 2   ☐ STEREO   ☐ MONO
☐ 625/50   PCM 3, 4   ☐ STEREO   ☐ MONO

Os DVDs estão sob pressão dos serviços de streaming, como Netflix, Roku, Apple TV e a Hulu.

ISTOCKPHOTO/AHMED REFAAT
ISTOCKPHOTO/EUTOCH
ISTOCKPHOTO/JASON STITT
ISTOCKPHOTO/ERICSPHOTOGRAPHY
ISTOCKPHOTO/RUSM
ISTOCKPHOTO/ALEKSEJS JEVSEJENKO

CAPÍTULO **12**

Marketing de Serviços e de Organizações Sem Fins Lucrativos

Objetivos da Aprendizagem

OA 1 Discutir a importância dos serviços para a economia

OA 2 Discutir as diferenças entre bens e serviços

OA 3 Descrever os componentes da qualidade dos serviços e o modelo GAP (lacunas) de qualidade de serviços

OA 4 Desenvolver marketing mixes para o setor de serviços

OA 5 Discutir o marketing de relacionamento no setor de serviços

OA 6 Explicar o marketing interno no setor de serviços

OA 7 Discutir questões globais relacionadas ao marketing de serviços

OA 8 Descrever o marketing de organizações sem fins lucrativos

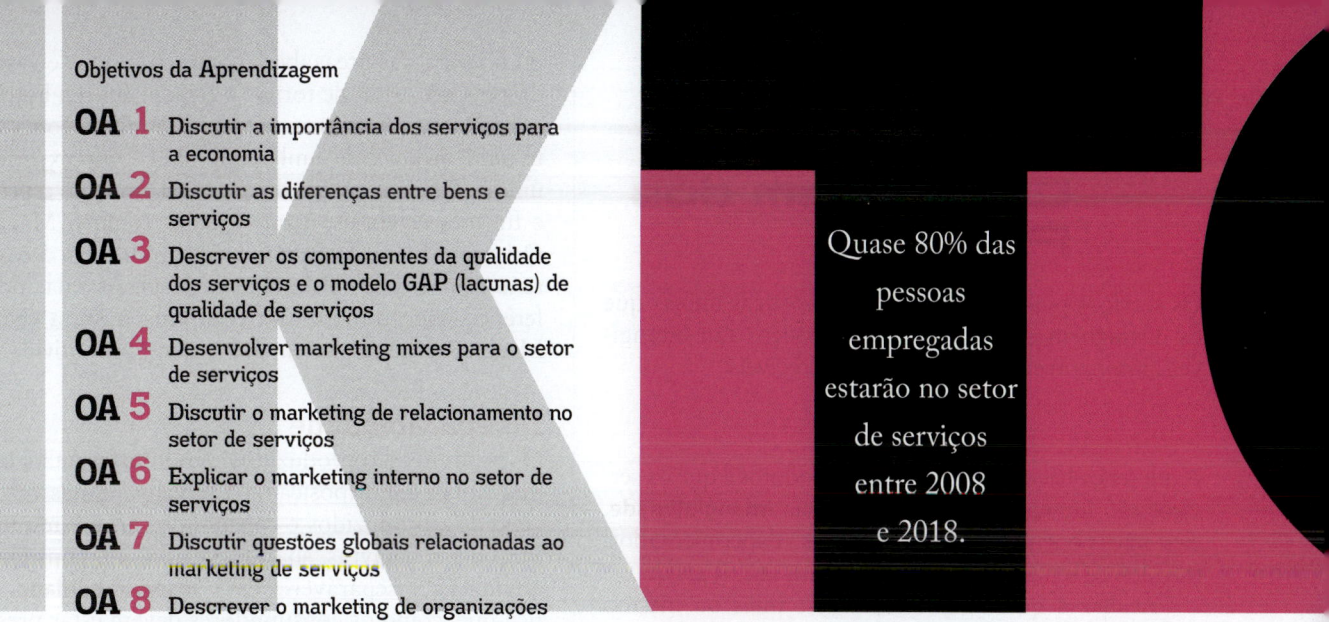

Quase 80% das pessoas empregadas estarão no setor de serviços entre 2008 e 2018.

APÓS CONCLUIR ESTE CAPÍTULO, VÁ PARA A PÁGINA 203 PARA OBTER AS FERRAMENTAS DE ESTUDO

OA 1 A Importância dos Serviços

Um serviço é resultado da aplicação de esforços humanos ou mecânicos direcionados para pessoas ou objetos. Os **serviços** envolvem uma ação, um desempenho ou um esforço que não pode ser possuído fisicamente. Atualmente, o setor de serviços influencia de forma substancial a economia dos Estados Unidos. De acordo com o Bureau of Labor Statistics (Departamento de Estatísticas do Trabalho), o setor de serviços será responsável por 98% do aumento de vagas de emprego total entre 2008 e 2018, e quase 80% das pessoas empregadas estarão no setor de serviços.[1] Espera-se que a demanda por serviços continue. Grande parte dessa demanda resulta dos dados demográficos. Uma população que está envelhecendo precisará de enfermeiros, cuidadores domiciliares, fisioterapeutas e assistentes sociais. A demanda por gestores de informação, como engenheiros de computação e analistas de sistemas, também aumentará. Há um mercado crescente para empresas prestadoras de serviço em todo o mundo.

    O processo de marketing descrito no Capítulo 1 é o mesmo para todos os tipos de produto, sejam eles bens ou serviços. Embora a comparação entre marketing de bens e serviços possa ser benéfica, na realidade é difícil distinguir claramente entre empresas de manufatura e prestadoras de serviços. Muitas empresas de manufatura podem indicar a prestação de serviço como um fator importante em seu sucesso. Os serviços de manutenção e reparo, por exemplo, oferecidos pelo fabricante são importantes para compradores de fotocopiadoras. No entanto, os serviços têm algumas características únicas que os distinguem dos bens, e as estratégias de marketing precisam ser ajustadas para essas características.

serviços resultam da aplicação de esforços humanos ou mecânicos direcionados para pessoas ou objetos

Qual a sua opinião?

A maioria dos empregos tem algo a ver com serviços.

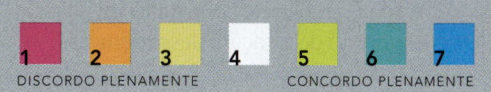

1   2   3   4   5   6   7
DISCORDO PLENAMENTE   CONCORDO PLENAMENTE

OA 2 Como os Serviços se Diferenciam dos Produtos

Os serviços possuem quatro características únicas que os distinguem dos produtos. Os serviços são intangíveis, inseparáveis, heterogêneos e perecíveis.

Intangibilidade

A diferença básica entre serviços e produtos é que os serviços são intangíveis. Em razão de sua **intangibilidade**, eles não podem ser tocados, vistos, experimentados, ouvidos ou sentidos da mesma maneira que os produtos.

Avaliar a qualidade de serviços, antes ou mesmo depois de fazer uma compra, é mais difícil do que avaliar a qualidade de produtos porque, comparados aos produtos, os serviços tendem a mostrar menos qualidade de pesquisa. **Qualidade de pesquisa** é uma característica que pode ser facilmente avaliada antes da compra – por exemplo, a cor de um aparelho ou de um automóvel. Ao mesmo tempo, os serviços tendem a apresentar mais qualidade de experiência e de crédito. **Qualidade de experiência** é uma característica que só pode ser avaliada após o uso, como a qualidade da refeição em um restaurante. **Qualidade de crédito** é uma característica que os consumidores podem ter de sentir dificuldade para avaliar mesmo após a compra, porque não têm o conhecimento ou a experiência necessários. Os serviços médicos e de consultoria são exemplos de serviços que mostram qualidade de crédito.

Essas características tornam mais difícil para os profissionais de marketing comunicar os benefícios de um serviço intangível do que comunicar os benefícios de produtos tangíveis. Assim, esses profissionais, muitas vezes, dependem de sinais tangíveis para comunicar a natureza e a qualidade de um serviço. A Empresa de Seguros Traveler usa o símbolo de um guarda-chuva como lembrete tangível da proteção que o seguro oferece.

As instalações que os clientes visitam, ou nas quais os serviços são prestados, é uma parte tangível crítica da oferta total de serviços. As mensagens sobre a organização são comunicadas aos clientes por meio de elementos como decoração, desordem ou limpeza das áreas, bem como os modos e vestuário do pessoal. A fim de tornar a estadia em um hotel uma experiência totalmente sensorial, muitos hotéis estão usando aromas de ambientes para criar experiências únicas. Como o aroma desencadeia emoções específicas e funções cerebrais, alguns hotéis, como o Mandarim Oriental Miami, usam diferentes aromas em áreas diferentes para criar um ambiente ideal. As salas de conferência são aromatizadas com uma mistura chamada Meeting Sense que dizem aumentar a produtividade.[2]

Inseparabilidade

Os produtos são produzidos, vendidos e, então, consumidos. Em contraposição, os serviços muitas vezes são vendidos, produzidos e consumidos ao mesmo tempo. Em outras palavras, sua produção e seu consumo são atividades inseparáveis. Essa **inseparabilidade** significa que, como os consumidores devem estar presentes durante a produção de serviços como corte de cabelo ou cirurgia, estão envolvidos na produção dos serviços que compram. Esse tipo de envolvimento do consumidor é raro na fabricação dos produtos.

A produção simultânea e o consumo também significam que os serviços normalmente não podem ser produzidos em um local centralizado e consumidos em locais descentralizados, como os produtos normalmente são. Os serviços também são inseparáveis do ponto de vista do prestador de serviços. Portanto, a qualidade dos serviços que as empresas são capazes de oferecer depende da qualidade de seus funcionários.

Heterogeneidade

Uma das grandes forças do McDonald's é sua consistência. Se os clientes pedirem um Big Mac em Chicago ou em Seattle, sabem exatamente o que vão comer. Esse não é o caso de muitos prestadores de serviço. Como eles têm maior **heterogeneidade** ou variabilidade de entradas e saídas, tendem a ser menos padronizados

---

intangibilidade incapacidade de os serviços serem tocados, vistos, experimentados, ouvidos ou sentidos da mesma maneira que os bens

qualidade de pesquisa característica que pode ser facilmente avaliada antes da aquisição

qualidade de experiência característica que só pode ser avaliada após o uso

qualidade de crédito característica que os consumidores podem ter de sentir dificuldade para avaliar, após a compra, por não possuírem o conhecimento ou a experiência necessários

inseparabilidade impossibilidade de separar a produção e o consumo de um serviço, pois os consumidores devem estar presentes durante a produção

heterogeneidade variabilidade de insumos e resultados de serviços que faz os serviços serem menos padronizados e uniformes do que os produtos

e uniformes do que os produtos. Os médicos em uma prática de grupo ou os barbeiros em uma barbearia, por exemplo, diferem dentro de cada grupo em suas competências técnicas e interpessoais. Como os serviços tendem a ser trabalhosos, e a produção e o consumo são inseparáveis, a consistência e o controle de qualidade podem ser difíceis de ser alcançados.

A padronização e o treinamento ajudam a aumentar a consistência e a confiabilidade. Marriot é conhecido por padronizar seus hotéis até o mais ínfimo detalhe – desde a quantidade de água sanitária usada para limpar o chão e quais descargas são usadas nos banheiros. Esses padrões de serviços de alta qualidade nas cadeias de diferentes hotéis da empresa permitem que os clientes tenham certeza de que o hotel corresponderá à suas expectativas.[3]

Perecibilidade

A quarta característica dos serviços é sua **perecibilidade**, que significa que eles não podem ser armazenados, estocados ou inventariados. Um quarto de hotel ou assento de avião vazio não produz nenhuma receita. A receita é perdida. No entanto, muitas vezes as empresas de prestação de serviço são obrigadas a afastar clientes praticando o preço total durante os períodos de pico.

Um dos desafios mais importantes em muitas indústrias de serviços é encontrar formas de sintonizar a oferta e a demanda. A filosofia de que alguma receita é melhor do que nada levou muitos hotéis a oferecer grandes descontos nos finais de semana e fora de temporada.

OA 3 Qualidade dos Serviços

Devido às quatro características únicas dos serviços, a qualidade dos serviços é mais difícil de ser definida e medida do que a qualidade dos produtos tangíveis. Os executivos classificam a melhoria da qualidade de serviços como um dos desafios mais críticos que enfrentam atualmente.

Uma pesquisa mostrou que os clientes avaliam a qualidade dos serviços por meio de cinco componentes:[4]

- **Confiabilidade**: capacidade de executar o serviço de maneira confiável, precisa e consistente. A confiabilidade permite que o serviço seja executado da forma correta na primeira vez. Esse componente foi considerado o mais importante para os consumidores.
- **Capacidade de resposta**: capacidade de fornecer serviço imediato. Exemplos de capacidade de resposta incluem retornar sem demora a chamada de um cliente, servir o almoço com rapidez para alguém que está com pressa ou enviar imediatamente o comprovante de uma transação. O máximo em capacidade de resposta é oferecer serviços 24 horas, sete dias por semana.
- **Garantia**: conhecimento e cortesia dos colaboradores, bem como sua capacidade de transmitir confiança. Colaboradores qualificados que tratam os clientes com respeito e os fazem sentir que podem confiar na empresa, exemplifica a garantia.
- **Empatia**: cuidado, atenção individualizada para os clientes. As empresas cujos funcionários reconhecem os clientes e conhecem suas necessidades específicas estão usando a empatia.
- **Tangíveis**: evidência física do serviço. As partes tangíveis de um serviço incluem instalações físicas, ferramentas e equipamentos usados para prestar o serviço, bem como a presença de pessoal.

A qualidade global dos serviços é medida por meio da combinação das avaliações dos clientes para todos os cinco componentes.

Modelo Gap de Qualidade dos Serviços

Um modelo de qualidade de serviço chamado **modelo gap** identifica cinco lacunas que podem provocar problemas na prestação de serviço e influenciar nas avaliações dos clientes em relação à qualidade dos serviços.[5] Essas lacunas são ilustradas na Figura 12.1, a seguir.

---

perecibilidade impossibilidade de os serviços serem armazenados estocados ou inventariados

confiabilidade capacidade de executar um serviço de maneira confiável, precisa e consistente

capacidade de resposta capacidade de fornecer serviço imediato

garantia conhecimento e cortesia dos colaboradores, bem como sua capacidade de transmitir confiança

empatia cuidado, atenção individualizada aos clientes

tangíveis evidência física do serviço, incluindo instalações físicas, ferramentas e equipamentos físicos usados para prestar o serviço

modelo gap modelo que identifica cinco lacunas que podem provocar problemas na prestação de serviço e influenciar nas avaliações dos clientes em relação à qualidade dos serviços

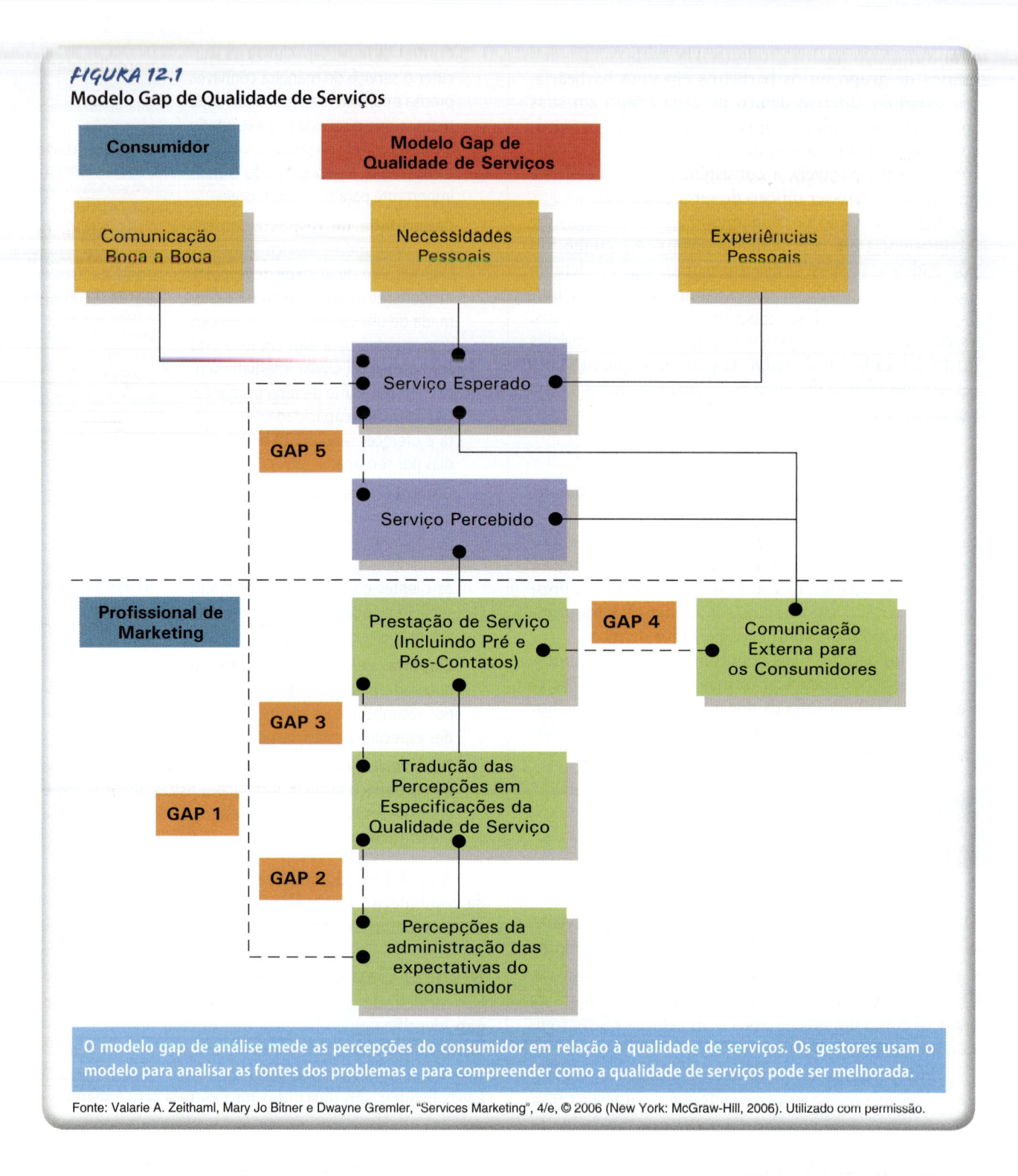

FIGURA 12.1
Modelo Gap de Qualidade de Serviços

```
Consumidor                    Modelo Gap de
                          Qualidade de Serviços

Comunicação        Necessidades          Experiências
Boca a Boca        Pessoais              Pessoais
                        │
                   Serviço Esperado
                        │
           GAP 5        │
                        │
                   Serviço Percebido

Profissional de
Marketing          Prestação de Serviço     GAP 4      Comunicação
                   (Incluindo Pré e                    Externa para
                   Pós-Contatos)                       os Consumidores
           GAP 3
                   Tradução das
                   Percepções em
           GAP 1   Especificações da
                   Qualidade de Serviço
           GAP 2
                   Percepções da
                   administração das
                   expectativas do
                   consumidor
```

O modelo gap de análise mede as percepções do consumidor em relação à qualidade de serviços. Os gestores usam o modelo para analisar as fontes dos problemas e para compreender como a qualidade de serviços pode ser melhorada.

Fonte: Valarie A. Zeithaml, Mary Jo Bitner e Dwayne Gremler, "Services Marketing", 4/e, © 2006 (New York: McGraw-Hill, 2006). Utilizado com permissão.

▸▸ *Gap 1*: Lacuna entre o que os clientes desejam e o que a administração acha que os clientes desejam. Essa lacuna é resultado da falta de compreensão ou da má interpretação das necessidades, vontades ou desejos dos clientes. Uma empresa que faz pouca ou nenhuma pesquisa de satisfação está propensa a experimentar essa lacuna. Para finalizar a lacuna 1, as empresas devem ficar em sintonia com os desejos do cliente, fazendo pesquisas sobre as necessidades e a satisfação dele.

▸▸ *Gap 2*: Lacuna entre o que a administração acha que os clientes desejam e as especificações de qualidade que a administração desenvolve para prestar o serviço. Essencialmente, resulta da incapacidade da administração em traduzir as necessidades dos clientes em sistemas de distribuição dentro da empresa. Quando a KFC avaliou o sucesso de seus gestores de acordo com a "eficiência do frango", ou quanto frango eles jogavam fora no fechamento, os consumidores que chegavam tarde teriam ou de esperar que o frango fosse preparado ou de se contentar com frango pronto há horas.

» *Gap 3*: Lacuna entre as especificações da qualidade de serviços e o serviço efetivamente prestado. Se ambas as lacunas 1 e 2 foram fechadas, a lacuna 3 se deve à incapacidade da administração e dos funcionários de fazer o que deve ser feito. A administração precisa garantir que os funcionários tenham as habilidades e as ferramentas adequadas para executar seus trabalhos. Outras técnicas que ajudam a fechar a lacuna 3 são treinar os funcionários para que eles saibam o que a administração espera e incentivar o trabalho em equipe.

» *Gap 4*: Lacuna entre o que a empresa oferece e sobre o que o cliente é informado que ela proporciona. Isso é, claramente, um déficit de comunicação, que pode incluir campanhas publicitárias enganosas ou ilusórias prometendo mais do que a empresa é capaz ou fazer "o que for preciso" para concluir um negócio. Para fechar esta lacuna, as empresas precisam criar expectativas realistas por meio da comunicação honesta e exata sobre o que podem oferecer.

» *Gap 5*: Lacuna entre o serviço que os clientes recebem e o serviço que eles desejam. Essa lacuna pode ser positiva ou negativa. Se um paciente sabe que terá de esperar 20 minutos no consultório médico, mas acaba esperando apenas 10 minutos, a avaliação da qualidade do serviço será alta. No entanto, uma espera de 40 minutos resultaria em uma avaliação ruim.

Quando uma ou mais dessas lacunas é extensa, a qualidade de serviço é percebida como baixa. À medida que a lacuna diminui, a percepção da qualidade melhora.

OA 4 Marketing Mix para o Setor de Serviços

As características únicas dos serviços – intangibilidade, inseparabilidade da produção e do consumo, heterogeneidade e perecibilidade – tornam o marketing mais desafiador. Os elementos do marketing mix (produto, local, promoção e preço) precisam ser ajustados para atender as necessidades especiais criadas por essas características.

Estratégia de Produtos (Serviços)

Um produto, conforme definido no Capítulo 10, é tudo o que uma pessoa recebe em uma troca. No caso de uma empresa de serviços, a oferta de produtos é intangível e consiste, em grande parte, em um processo ou em uma série de processos. As estratégias de produto para as ofertas de serviços incluem decisões sobre o tipo de processo envolvido, serviços principais e suplementares, padronização ou customização do serviço, e mix de serviços.

Serviço como Processo Duas grandes categorias são processadas nas empresas de serviços: pessoas e objetos. Em alguns casos, o processo é físico, ou tangível; em outros, é intangível. Com base nessas características, os processos dos serviços podem ser colocados em quatro categorias:[6]

> **serviço principal** benefício mais básico que o consumidor está adquirindo
>
> **serviços suplementares** grupo de serviços que apoiam ou aprimoram o serviço principal

» O *processamento de pessoas* ocorre quando o serviço é direcionado a um cliente, por exemplo: serviços de transporte e de saúde.

» O *processamento de posses* ocorre quando o serviço é direcionado às posses físicas dos clientes, por exemplo: cuidados com o gramado, limpeza a seco e serviços veterinários.

» O *processamento de estímulo mental* refere-se aos serviços dirigidos à mente das pessoas, por exemplo: performances de teatro e a educação.

» O *processamento de informações* descreve os serviços que utilizam a tecnologia ou a inteligência direcionados aos ativos de um cliente, por exemplo: seguros e consultoria.

Como as experiências dos clientes e o envolvimento diferem para cada um desses tipos de serviços, as estratégias de marketing também podem diferir. Os *serviços de processamento de pessoas* exigem que os clientes entrem na fábrica de serviços – que é um local físico, como uma aeronave, o consultório de um médico ou um salão de cabeleireiro. Em contraposição, os *serviços de processamento de posses* normalmente não exigem a presença do cliente na fábrica de serviços. Assim, as estratégias de marketing para o primeiro, em comparação com o último, se concentrariam mais em um ambiente físico atraente e confortável e no treinamento de funcionários para lidar com a interação com o cliente.

Serviços Principais e Suplementares A oferta de serviços pode ser vista como um conjunto de atividades que inclui o **serviço principal**, o benefício mais básico que o cliente está adquirindo, e um conjunto de **serviços suplementares**, que apoiam ou melhoram o serviço principal. Podemos usar como exemplo um pernoite em um hotel de luxo. O serviço principal é o pernoite em um quarto, o que envolve o processamento de pessoas. Os serviços suplementares – alguns dos quais envolvem processamento de informações – incluem reservas, check-in e check-out, serviço de quarto e refeições.

Em muitas indústrias de serviços, o serviço principal se torna um produto à medida que a concorrência aumenta. Assim, as empresas enfatizam os serviços suplementares para criar uma vantagem competitiva. No entanto, algumas empresas, para se posicionarem no mercado, reduzem grande parte de seus serviços suplementares.

Customização ou Padronização Uma questão importante no desenvolvimento da oferta de serviços é a possibilidade de customizá-los ou padronizá-los. Os serviços customizados são mais flexíveis e respondem às necessidades individuais dos clientes; geralmente, eles também impõem um preço mais alto. Os serviços padronizados são mais eficientes e custam menos.

Em vez de escolher entre padronizar e customizar um serviço, uma empresa pode incorporar elementos de ambos, por meio da adoção de uma estratégia chamada **customização em massa**. Essa estratégia usa tecnologia para oferecer serviços customizados em massa, o que resulta em fornecer a cada cliente aquilo que ele pede. Com base na popularidade dos comerciais do Old Spice Guy, a Reddit (um agregador de notícias sociais) e Isaiah Mustafa (da Old Spice Guy) desenvolveram um gerador de correio de voz personalizável, que permite ao usuário escolher, com base no sexo, o que o Old Spice Guy diz como saudação de correio de voz. Os clientes podem criar uma mensagem extrovertida e podem customizar a frase final com uma destas quatro opções: "Estou andando a cavalo", "Estou no telefone", "Mergulho do cisne", e "Este correio de voz agora é diamante".[7]

Os serviços de personalização podem gerar questões de privacidade e ser controversos quando implantados sem a aprovação do consumidor. O serviço de personalização instantânea do Facebook (IP) é automaticamente verificado nos perfis de usuário e importa os dados dos perfis para certos sites na próxima visita. Quando um usuário visita o Pandora, serviço de transmissão de rádio on-line, por exemplo, imediatamente começa a tocar músicas de bandas que ele "curtiu" em seu perfil do Facebook. O IP também conecta nomes verdadeiros e outras informações públicas do Facebook para fazer parcerias com sites e outros usuários do serviço. A menos que um usuário desabilite as configurações específicas, as informações sobre seu perfil (localização, nome, número de telefone etc.) serão automaticamente divulgadas quando ele acessar sites como Pandora, Microsoft docs e Yelp.[8]

Mix de Serviços A maioria das empresas de serviços comercializa mais do que um serviço. A TruGreen, por exemplo, oferece serviços de cuidados de gramados e arbustos, limpeza de carpetes e gramados industriais. Cada mix de serviços representa um conjunto de oportunidades, riscos e desafios. As partes do mix de serviços devem contribuir de forma diferente para atingir os objetivos da empresa. Para ter sucesso, cada serviço pode preci-

sar de um nível diferente de apoio financeiro. Projetar a estratégia de um serviço, portanto, significa decidir quais serviços novos devem ser introduzidos em quais mercados-alvo, quais serviços existentes devem ser mantidos, e quais devem ser eliminados.

Estratégia de Posicionamento (Distribuição)

As estratégias de distribuição para as empresas de serviços devem se concentrar em questões como conveniência, quantidade de pontos de venda, distribuição direta *versus* indireta, localização e agendamento. Um fator essencial que influencia na escolha de um provedor de serviços é a *conveniência*. Pacientes enfermos ou idosos, por exemplo, provavelmente prefeririam os serviços de um médico que atendesse em domicílio.

Um importante objetivo de distribuição para muitas empresas de prestação de serviço é o *número de pontos de venda* a serem utilizados ou abertos durante determinado tempo. Geralmente, a intensidade da distribuição deve satisfazer, mas não exceder, as necessidades e preferências do mercado-alvo. Ter poucos pontos de venda pode ser um inconveniente para os clientes; ter muitos pode aumentar desnecessariamente os custos. A intensidade da distribuição também depende da imagem desejada. Ter apenas alguns pontos de distribuição pode fazer o serviço parecer mais exclusivo ou seletivo.

A próxima decisão de distribuição de serviços para usuários finais é se será de *forma direta ou indireta* por meio de outras empresas. Em virtude da natureza intangível dos serviços, muitas empresas prestadoras de serviço têm de usar distribuição direta ou franquias. Alguns exemplos incluem serviços jurídicos, contábeis e de cuidados pessoais. A mais nova forma de distribuição direta é a internet. A maioria das grandes companhias aéreas está usando serviços on-line para vender passagens diretamente para os consumidores, o que resulta em custos menores de distribuição. Outras empresas com pacotes de serviços padronizados desenvolveram canais indiretos usando intermediários independentes. O Bank of America oferece serviços de caixa e empréstimos para clientes em pequenas instalações nos supermercados Albertsons, no Texas.

A *localização* de um serviço revela de forma mais clara a relação entre sua estratégia de mercado e sua estratégia de distribuição. Para fornecedores de serviços que dependem do tempo, como companhias aéreas, médicos e dentistas, a *programação* é, muitas vezes, o fator mais importante.

Estratégia de Promoção

Os consumidores e usuários de negócios têm mais dificuldade para avaliar serviços do que produtos, porque os serviços são menos tangíveis. Os profissionais de

customização em massa estratégia que utiliza a tecnologia para oferecer serviços customizados em massa

ESTÁ TUDO TERMINADO, AMOR. MOOSEJAW

Alguns varejistas estão oferecendo serviços complementares como uma forma de envolver os clientes continuamente fora da loja e desenvolver sua fidelidade. A varejista de equipamentos externos Moosejaw oferece um serviço de separação on-line, por meio do qual os atendentes telefonam para uma pessoa desavisada a pedido do cliente, tornando a separação mais fácil. Menos traumática, a Sears oferece um aplicativo de celular chamado **ManageMyLife** que permite aos clientes planejar projetos, obter conselhos e até fazer pedido de produtos para serem entregues em casa.[9]

Darren acha que está na hora de dar um tempo. Sinto muito, Moosejaw

---

marketing, por sua vez, têm mais dificuldade de promover serviços intangíveis do que produtos tangíveis. Aqui estão quatro estratégias de promoção que podem ser experimentadas:

- *Enfatizar os sinais tangíveis*: Um sinal tangível é um símbolo concreto da oferta de serviços. Para tornar seus serviços intangíveis mais tangíveis, os hotéis dobram as colchas e colocam balas sobre os travesseiros. Os hotéis DoubleTree oferecem a seus hóspedes um cookie quente de chocolate no check-in.

- *Usar fontes de informações pessoais*: Uma fonte de informação pessoal é alguém com quem os consumidores estão familiarizados (como uma celebridade) ou alguém que eles admiram ou com quem podem se relacionar pessoalmente. As empresas prestadoras de serviços podem procurar simular comunicação positiva boca a boca entre clientes atuais e potenciais, usando clientes reais em seus anúncios.

- *Criar uma forte imagem organizacional*: Uma forma de criar uma imagem é administrar as evidências, incluindo o ambiente físico das instalações, a aparência dos funcionários envolvidos e os itens tangíveis associados a um serviço (como artigos de papelaria, faturas e cartões de visita). Os arcos amarelos do McDonald's são reconhecidos instantaneamente. Outra forma de criar uma imagem é por meio da marca.

- *Envolver-se na comunicação pós-compra*: A comunicação pós-compra refere-se às atividades de acompanhamento com que uma empresa prestadora de serviço pode estar envolvida após uma transação com um cliente. Pesquisas por meio de folders instalados nos locais, chamadas telefônicas e outros tipos de acompanhamento mostram aos clientes que a opinião deles é importante.

Estratégia de Preço

As considerações acerca do preço de um serviço são semelhantes às considerações de preço que serão discutidas nos Capítulos 19 e 20. No entanto, as características únicas dos serviços apresentam dois desafios especiais de preço.

Primeiro, a fim de colocar preço em um serviço, é importante definir a unidade de consumo do serviço. O preço deve ser baseado no término de uma tarefa de serviços específicos (corte de cabelo de um cliente) ou deve ser baseado no tempo (quanto tempo leva para cortar o cabelo de um cliente)? Alguns serviços incluem o consumo de produtos, como alimentos e bebidas. Os restaurantes cobram o alimento e a bebida em vez de cobrar o uso da mesa e das cadeiras.

Segundo, para serviços que são compostos por vários elementos, a questão é se o preço deve ser baseado em um "pacote" ou se cada elemento deve ser cobrado separadamente. Pode-se preferir o preço do pacote quando os consumidores não gostam de pagar um "adicional" para cada parte do serviço (por exemplo, pagar adicional por bagagem ou pelo alimento no avião) e é mais simples para a empresa administrar. Eventualmente, os clientes podem não querer pagar por elementos do ser-

Chá: U$ 3
Mesa: Cortesia

viço que não usam. Muitas lojas de móveis têm taxa de entrega "separada" do preço do mobiliário. Os clientes que desejarem podem retirar os móveis na loja, economizando a taxa de entrega.

Os profissionais de marketing devem estabelecer objetivos de desempenho ao colocar preço em cada serviço. Três categorias de atribuição de preços são sugeridas:[10]

- O *preço direcionado à receita* concentra-se na maximização do excedente da renda sobre os custos. A limitação dessa abordagem é que, no caso de determinados serviços, é difícil estabelecer os custos.

- O *preço direcionado às operações* procura equilibrar a oferta e a demanda por meio da variação de preços. Equilibrar a demanda do hotel ao número de quartos disponíveis pode ser feito por meio do aumento dos preços em horários de pico e da diminuição dos valores durante períodos mais tranquilos.

- O *preço direcionado ao patrocínio* tenta maximizar o número de clientes que utilizam o serviço. Os preços variam de acordo com a capacidade de pagamento dos diferentes segmentos de mercado e com as modalidades de pagamento (como o crédito) que aumentam a probabilidade de compra.

Uma empresa pode precisar usar mais de um tipo de atribuição de preço. Na verdade, os três tipos precisam ser incluídos, em algum grau, em uma estratégia de preços, embora a importância de cada um possa variar, dependendo do tipo de serviço prestado, dos preços dos concorrentes, da capacidade de pagamento de cada segmento de clientes ou da oportunidade de negociar os preços. No caso de serviços customizados (como os serviços de construção), é possível que os clientes consigam negociar preços.

OA 5 Marketing de Relacionamento no Setor de Serviços

Muitos serviços envolvem a interação contínua entre a empresa e o cliente. É possível se beneficiar do marketing de relacionamento, estratégia descrita no Capítulo 1, como um meio de atrair, desenvolver e manter o relacionamento com os clientes. A ideia é desenvolver uma forte lealdade por meio do desenvolvimento da satisfação do cliente, que acabará por adquirir serviços adicionais da empresa e não pensará em mudar para um concorrente. Clientes satisfeitos também são propensos a se envolver em comunicação boca a boca positiva, ajudando, assim, a atrair novos clientes.

Muitas empresas descobriram que é mais rentável manter os clientes que já têm do que se concentrar em atrair novos clientes. O executivo de um banco, por exemplo, observou que aumentar a retenção de clientes em 2% pode ter o mesmo efeito nos lucros do que reduzir os custos em 10%.

Os serviços que os consumidores recebem de forma contínua (por exemplo, TV a cabo, serviços bancários, seguros) podem ser considerados serviços de associação. Esse tipo de serviço se presta naturalmente ao marketing de relacionamento. Quando os serviços envolvem transações discretas (por exemplo, no caso de cinema, restaurante ou transporte público), pode ser mais difícil construir relações associativas com os clientes. No entanto, os serviços que envolvem transações discretas podem ser transformados em relações de associação por meio do uso de ferramentas de marketing. Um serviço poderia ser vendido em grande quantidade (por exemplo, ingressos de teatro em série ou passes para transporte público). Uma empresa de prestação de serviços poderia oferecer benefícios especiais aos clientes que optassem por se registrar na empresa (por exemplo, programas de fidelização em hotéis e companhias aéreas). A empresa de prestação de serviço que desenvolve uma relação mais formalizada com seus clientes tem uma vantagem por que ela conhece quem eles são, como e quando utilizam os serviços oferecidos.[11]

O marketing de relacionamento pode ser praticado em três níveis:[12]

▶▶ *Nível 1*: A empresa utiliza o incentivo de preço para encorajar os clientes a continuar fazendo negócios com ela. Os programas de fidelidade de companhias aéreas são um exemplo do nível 1 do relacionamento de marketing. Esse nível é o menos eficaz em longo prazo porque sua vantagem baseada no preço é facilmente imitada por outras empresas.

▶▶ *Nível 2*: Esse nível de marketing de relacionamento também usa o incentivo de preço, mas procura construir laços sociais com os clientes. A empresa mantém contato com os clientes, procura conhecer suas necessidades e projeta serviços para satisfazer essas necessidades. Muitas vezes, o marketing de relacionamento do nível 2 é mais eficaz do que o marketing de relacionamento do nível 1.

▶▶ *Nível 3*: Nesse nível, a empresa utiliza novamente títulos financeiros e sociais, mas acrescenta títulos estruturais à fórmula. Os títulos estruturais são desenvolvidos por meio da oferta de serviços de valor agregado que não são oferecidos prontamente por outras empresas. A USA Network conseguiu muitos fãs com seus jogos baseados em programas interativos, mas para incentivar as pessoas a compartilhar os jogos e shows que curtem, iniciou o programa Character Rewards. Os jogadores acumulam pontos à medida que assistem aos vídeos, compartilham *links* e jogam. Os pontos podem ser resgatados por produtos reais ou virtuais do universo de opções das lojas da rede. O programa também oferece *insights* relacionados aos Estados Unidos, já que mostra do que os espectadores mais gostam, isso acaba por conduzir a uma programação mais agradável.[13]

OA 6 Marketing Interno nas Empresas Prestadoras de Serviços

Os serviços são desempenhos, portanto a qualidade dos funcionários de uma empresa é parte importante da construção de relacionamentos em longo prazo com os clientes. Os funcionários que gostam de seus empregos e estão satisfeitos com a empresa em que trabalham são mais propensos a oferecer bons serviços aos clientes. Em outras palavras, uma empresa que faz seus funcionários felizes tem uma chance maior de manter seus clientes. Assim, é fundamental que as empresas prestadoras de serviços pratiquem o

O programa de televisão Psych tem jogos divertidos que testam as habilidades dos usuários para que sejam como os personagens. Há um jogo de correspondência que testa os olhos para verificar detalhes, um traço usado pelo personagem Shawn (direita) para fazer as pessoas acreditarem que é psicótico.

marketing interno
tratar colaboradores como clientes e desenvolver sistemas e benefícios que satisfaçam suas necessidades

organização sem fins lucrativos
organização que existe para atingir algum objetivo diferente dos objetivos comerciais usuais de lucro, participação no mercado ou retorno sobre investimentos

marketing de organizações sem fins lucrativos esforço dessas organizações sem fins lucrativos de proporcionar trocas mutuamente satisfatórias com os mercados-alvo

marketing interno, que significa tratar os funcionários como clientes e desenvolver sistemas e benefícios que satisfaçam suas necessidades. Para satisfazer os funcionários, as empresas projetaram e instituíram uma ampla variedade de programas como horário flexível, creche no local e serviços de *concierge*. A Leap Wireless está empenhada em atender famílias de baixa renda e procura se certificar de que seus funcionários compreendam a importância dos dados demográficos. A empresa deu a seus funcionários tempo para renovar 90 casas próximas e forneceu um ano de telefone gratuito e serviço de banda larga para cada uma dessas famílias. Da mesma forma, a Intel desafiou seus funcionários a doar um milhão de horas de seu tempo à caridade e prometeu fornecer subsídios correspondentes. Além de aumentar o valor do negócio, os funcionários retornam energizados por trabalhar em uma empresa tão altruísta.[14]

OA 7 Questões Globais no Marketing de Prestação de Serviço

O marketing internacional de prestação de serviço é uma parte importante do negócio global, e os Estados Unidos se tornaram o maior exportador mundial de prestação de serviço. No entanto, a concorrência está aumentando rapidamente. Para serem bem-sucedidas no mercado global, as empresas prestadoras de serviços devem, primeiro, determinar a natureza de seu produto principal. Então, os elementos do marketing mix (serviços adicionais, lugar, promoção, preço, distribuição) devem ser concebidos para levar em conta cada ambiente cultural, tecnológico e político do país.

Em razão das vantagens competitivas, muitas indústrias de serviços dos Estados Unidos conseguiram entrar no mercado global. Os bancos, por exemplo, têm vantagens no atendimento ao cliente e no gerenciamento de cobranças.

OA 8 Marketing de Organizações Sem Fins Lucrativos

Uma organização sem fins lucrativos existe para atingir algum objetivo diferente dos objetivos comerciais usuais de lucro, participação no mercado ou retorno sobre investimentos. Tanto a **organização sem fins lucrativos** como a empresa de prestação de serviço do setor privado comercializam produtos intangíveis e ambas, muitas vezes, exigem que o cliente esteja presente durante o processo de produção. Tanto os serviços com fins lucrativos como os sem fins lucrativos variam muito de produtor e de dia para dia, até mesmo quando são do mesmo produtor.

Poucas pessoas percebem que as organizações sem fins lucrativos são responsáveis por mais de 20% da atividade econômica nos Estados Unidos. O custo do governo (ou seja, os impostos), forma predominante das organizações sem fins lucrativos, tornou-se um dos maiores itens do orçamento da família norte-americana – mais do que moradia, alimentação ou cuidados com a saúde. Juntos, os governos federal, estadual e municipal arrecadam receitas fiscais que somam mais de um terço do produto interno bruto do país. Além das entidades governamentais, as organizações sem fins lucrativos incluem centenas de milhares de museus privados, teatros, escolas e igrejas.

OS IMPOSTOS SE TORNARAM O MAIOR ITEM INDIVIDUAL NO ORÇAMENTO FAMILIAR AMERICANO.

O Que É Marketing de Organizações Sem Fins Lucrativos?

O **marketing de organizações sem fins lucrativos** é o esforço dessas organizações de proporcionar trocas mutuamente satisfatórias com os mercados-alvo. Embora essas organizações variem substancialmente em tamanho e propósito e operem em ambientes diferentes, a maioria desenvolve as seguintes atividades comerciais:

- Identifica os clientes que desejam servir ou atrair (embora geralmente usem outros termos, como *clientes*, *pacientes*, *membros* ou *patrocinadores*).
- Especifica os objetivos explícita ou implicitamente.
- Desenvolve, gerencia e elimina os programas e serviços
- Decide os preços a serem cobrados (embora usem outros termos, como *honorários*, *doações*, *mensalidades*, *tarifas*, *multas* ou *taxas*).
- Agenda eventos ou programas e determina onde ocorrerão ou onde os serviços serão oferecidos.
- Comunica sua disponibilidade por meio de folhetos, cartazes, anúncios de serviços públicos ou publicidade.

Muitas vezes, as organizações sem fins lucrativos que realizam essas ações não percebem que estão envolvidas no marketing.

Aspectos Exclusivos das Estratégias de Marketing das Organizações Sem Fins Lucrativos

Assim como no caso de concorrentes de empresas comerciais, nas organizações sem fins lucrativos os gestores desenvolvem estratégias de marketing para proporcionar trocas satisfatórias com os mercados-alvo. No entanto, o marketing das organizações sem fins lucrativos é único de muitas formas, incluindo o ajuste dos objetivos de marketing, a seleção dos mercados-alvo e o desenvolvimento de marketing mixes apropriados.

Objetivos No setor privado, o motivo do lucro é tanto um objetivo para orientar as decisões como um critério para avaliar os resultados. As organizações sem fins lucrativos não procuram obter lucros para serem redistribuídos aos proprietários ou acionistas. Em vez disso, seu foco, muitas vezes, está em gerar fundos suficientes para cobrir as despesas.

Espera-se que a maioria das organizações sem fins lucrativos prestem serviços de forma equitativa, eficaz e eficiente, assim como respondam aos desejos e às preferências dos múltiplos círculos. Estes incluem usuários, contribuintes, doadores, políticos, funcionários nomeados, mídia e público em geral. As organizações sem fins lucrativos não podem mensurar seu sucesso ou fracasso em termos estritamente financeiros.

A falta de um resultado financeiro e a existência de objetivos múltiplos, diversos, intangíveis e, por vezes, vagos ou contraditórios torna difícil para os gestores a priorização de objetivos, a tomada de decisões e a avaliação de desempenho. Eles devem considerar abordagens diferentes daquelas comumente usadas no setor privado.

MIX SEM FINS LUCRATIVOS EM UM PISCAR DE OLHOS

Produto
Complexidade de benefícios
Força dos benefícios
Envolvimento

Promoção
Voluntários profissionais (agências de publicidade)
Atividades de promoção de vendas
Publicidade de utilidade pública

Lugar
Instalações especiais

Preço
Objetivos de preços
Preços sem fins lucrativos
Pagamento indireto
Separação entre contribuintes e usuários
Preços abaixo do custo

Mercados-Alvo Três questões referentes aos mercados-alvo dizem respeito exclusivamente às organizações sem fins lucrativos:

- *Alvos apáticos ou de forte oposição*: As organizações do setor privado geralmente dão prioridade ao desenvolvimento dos segmentos de mercado mais propensos a responder às ofertas particulares. Em contraposição, as organizações sem fins lucrativos devem, muitas vezes, se destinar àqueles que são apáticos ou que se opõem fortemente ao recebimento de seus serviços, como vacinas e aconselhamento psicológico.
- *Pressão para adotar estratégias de segmentação indiferenciadas*: As organizações sem fins lucrativos, muitas vezes, adotam estratégias indiferenciadas (consulte o Capítulo 8) como padrão. Em alguns casos, não reconhecem as vantagens da segmentação ou uma abordagem indiferenciada pode parecer oferecer economias de escala e baixo custo *per capita*. Em outros, são pressionadas ou obrigadas a servir o número máximo de pessoas focando no usuário habitual.
- *Posicionamento complementar*: O papel principal de muitas organizações sem fins lucrativos é prestar serviços, com os recursos disponíveis, para aqueles que não são adequadamente servidos por organizações do setor privado. Como resultado, a organização sem fins lucrativos deve complementar os esforços dos outros em vez de concorrer com eles. A tarefa de posicionamento é identificar os segmentos de mercado atendidos e desenvolver os programas de marketing que correspondam a suas necessidades em vez de destinar os nichos que podem ser mais rentáveis. A biblioteca de uma universidade, por exem-

propaganda de serviço público (PSA, sigla em inglês) anúncio que promove programas dos governos federal, estadual ou municipal ou de uma organização sem fins lucrativos

plo, pode ser vista como complementar aos serviços da biblioteca pública em vez de competir com ela.

Decisões Acerca do Produto Há três distinções relacionadas aos produtos entre empresas comerciais e organizações sem fins lucrativos:

» *Complexidade dos benefícios*: As organizações sem fins lucrativos, muitas vezes, comercializam comportamentos ou ideias complexas. Como exemplo, há a necessidade de se exercitar ou de comer corretamente e a necessidade de parar de fumar. Os benefícios que uma pessoa recebe são complexos, de longo tempo e intangíveis, portanto é mais difícil comunicá-los aos consumidores.

» *Força dos benefícios*: A força dos benefícios de várias ofertas sem fins lucrativos é muito fraca ou indireta. Como você se beneficia direta e pessoalmente por dirigir a 80 km por hora ou por doar sangue? Em contraposição, a maioria das organizações do setor privado pode oferecer aos consumidores benefícios diretos e pessoais em uma relação de troca.

» *Envolvimento*: Muitas organizações sem fins lucrativos comercializam produtos que provocam um envolvimento muito baixo ("Prevenção de incêndios florestais") ou muito alto ("Pare de fumar"). A gama típica de produtos do setor privado é muito mais limitada. As ferramentas promocionais tradicionais podem ser inadequadas para motivar a adoção tanto de produtos de baixo como de produtos de alto envolvimento.

Decisões de Posicionamento (Distribuição) A capacidade de uma organização sem fins lucrativos de distribuir seus serviços para grupos de consumidores potenciais quando e onde são desejados é normalmente uma variável essencial para determinar o sucesso das ofertas de serviços. Muitas universidades grandes possuem mais *campi* para proporcionar acesso mais fácil para alunos de outras regiões. Algumas instituições de ensino também oferecem aulas para alunos em locais fora do *campus* por meio de tecnologia de vídeo interativo ou em casa, pela internet.

A extensão em que um serviço depende de instalações fixas tem implicações importantes para as decisões de distribuição. Serviços como transporte ferroviário e pesca em lagos podem ser realizados apenas em pontos específicos. Muitos serviços sem fins lucrativos, no entanto, não dependem de instalações especiais.

Decisões Promocionais Várias organizações sem fins lucrativos são explícita ou implicitamente proibidas de fazer publicidade, o que limita suas opções de promoção. A maioria dos órgãos federais se enquadra nessa categoria. Outras organizações não dispõem de recursos para manter agências de publicidade, consultores de promoção ou pessoal de marketing. Os poucos recursos de promoção com os quais as organizações sem fins lucrativos contam são:

» *Voluntários profissionais (agências de publicidade)*: Essas organizações muitas vezes buscam profissionais de marketing, vendas e publicidade para ajudá-las a desenvolver e programar estratégias de promoção. Em alguns casos, uma agência de publicidade doa seus serviços em troca de benefícios potenciais em longo prazo. Os serviços doados criam uma atmosfera de boa vontade; favorecem contatos pessoais e a consciência, reputação e competência da organização.

» *Ações de promoção de vendas*: As ações que fazem uso dos serviços existentes ou de outros recursos estão cada vez mais sendo usadas para chamar a atenção para as ofertas de organizações sem fins lucrativos. Às vezes, as instituições de caridade se juntam com outras empresas para realizar ações promocionais.

» *Propaganda do serviço público*: A **propaganda de um serviço público (PSA)** é um anúncio que promove programas dos governos federal, estadual ou municipal ou de uma organização sem fins lucrativos. Ao contrário de um anunciante comercial, o patrocinador da PSA não paga pelo tempo ou pelo espaço. Em vez disso, o valor é doado. As PSAs do Conselho de Publicidade dos Estados Unidos são as mais memoráveis de todos os tempos. O anúncio "Smokey the Bear" lembra as pessoas que é preciso ter cuidado para não começar incêndios florestais.

Decisões em Relação aos Preços Cinco características fundamentais distinguem as decisões das organizações sem fins lucrativos daquelas do setor privado em relação a preços:

- *Objetivos da atribuição de preços*: O principal objetivo da atribuição de preços no setor lucrativo é a receita ou, mais especificamente, a maximização do lucro, das vendas ou retorno-meta sobre as vendas ou sobre o investimento. Muitas organizações sem fins lucrativos também devem se preocupar com a receita. Muitas vezes, porém, elas buscam cobrir os custos, parcial ou totalmente, em vez de lucrar por meio da distribuição entre os acionistas. Essas organizações também buscam a redistribuição de renda, por exemplo, por meio da tributação e de taxas de escala móvel. Além disso, elas se esforçam para alocar os recursos de forma justa entre os indivíduos ou famílias ou através de fronteiras geográficas ou políticas.
- *Preços sem fins lucrativos*: Em muitas situações sem fins lucrativos, não se cobra um preço monetário dos consumidores, em vez disso, eles devem absorver os custos não monetários. A importância desses custos é ilustrada pelo grande número de cidadãos elegíveis que não tiram vantagem dos chamados "serviços gratuitos" para os pobres. Em muitos programas de assistência pública, cerca da metade das pessoas que são elegíveis não participam. Os custos não monetários incluem o tempo, o constrangimento e o esforço.
- *Pagamento indireto*: O pagamento indireto por meio de impostos é comum para os profissionais de marketing de serviços gratuitos como bibliotecas, proteção contra incêndio e proteção policial. O pagamento indireto não é uma prática comum no setor privado.
- *Separação entre contribuintes e usuários*: De acordo com o projeto, os serviços de muitas entidades beneficentes são fornecidos para aqueles que são pobres e são pagos, em grande parte, pelos que estão em melhores condições financeiras. Apesar de haver exemplos de separação entre os contribuintes e os usuários no setor privado (como indenizações de seguro), a prática é muito menos predominante.
- *Preço abaixo do custo*: Um exemplo de preço abaixo do custo é o ensino universitário americano. Praticamente todas as faculdades públicas e privadas colocam o preço de seus serviços abaixo do custo total.

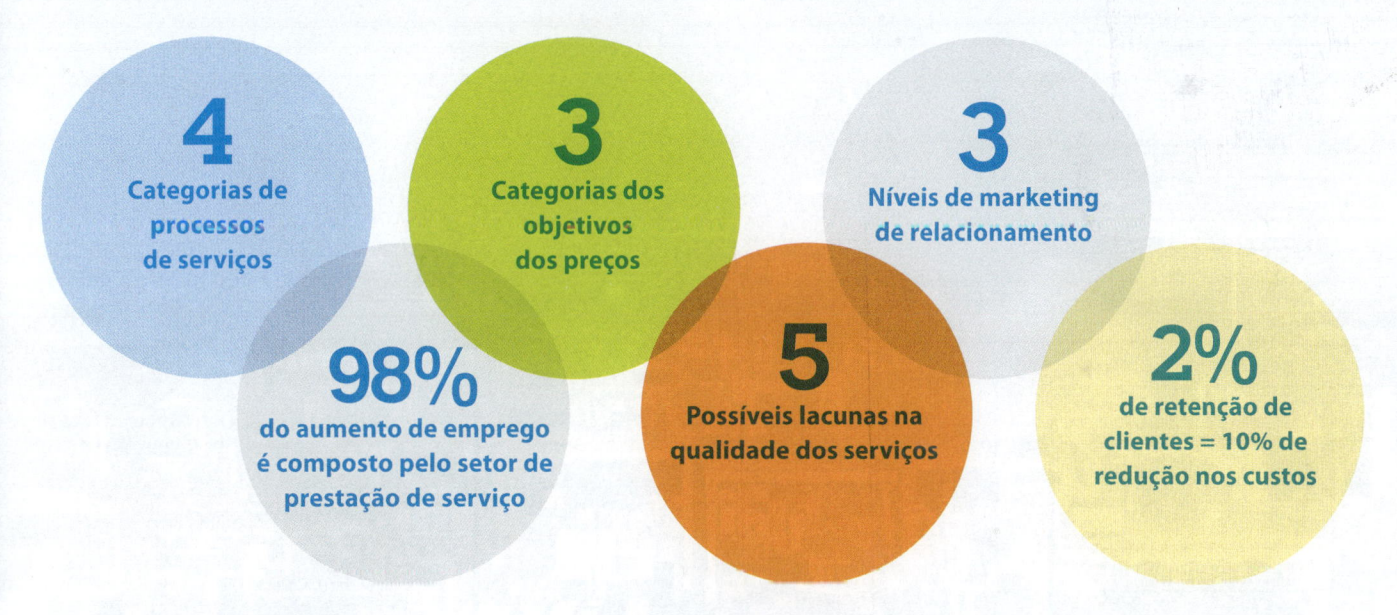

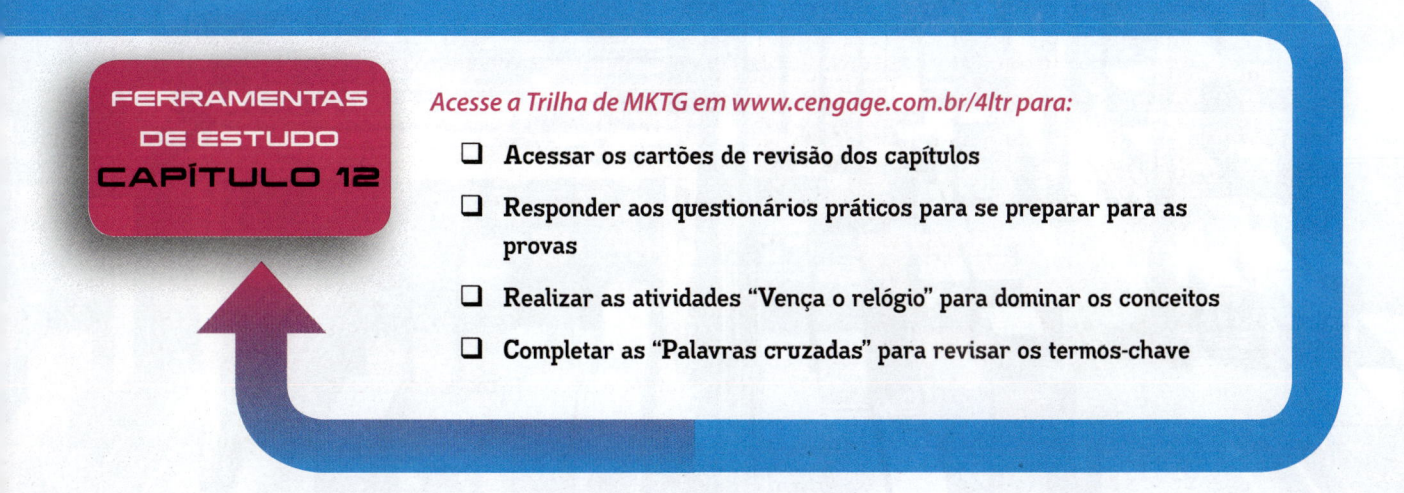

4 Categorias de processos de serviços

3 Categorias dos objetivos dos preços

3 Níveis de marketing de relacionamento

98% do aumento de emprego é composto pelo setor de prestação de serviço

5 Possíveis lacunas na qualidade dos serviços

2% de retenção de clientes = 10% de redução nos custos

FERRAMENTAS DE ESTUDO CAPÍTULO 12

Acesse a Trilha de MKTG em www.cengage.com.br/4ltr para:

- ☐ **Acessar os cartões de revisão dos capítulos**
- ☐ **Responder aos questionários práticos para se preparar para as provas**
- ☐ **Realizar as atividades "Vença o relógio" para dominar os conceitos**
- ☐ **Completar as "Palavras cruzadas" para revisar os termos-chave**

CAPÍTULO 13

Canais de Marketing

Objetivos da Aprendizagem

OA 1 Explicar o que é canal de marketing e por que os intermediários são necessários

OA 2 Definir os tipos de canais intermediários e descrever suas funções e atividades

OA 3 Descrever as estruturas dos canais para os produtos comerciais e de consumo e discutir acordos entre canais alternativos

OA 4 Discutir as questões que influenciam na estratégia de canal

OA 5 Descrever os diferentes tipos de relacionamento de canal, seus custos e benefícios exclusivos

OA 6 Explicar liderança, conflito e parceria de canal

OA 7 Discutir as decisões relacionadas aos canais e à distribuição para mercados globais

OA 8 Identificar problemas e oportunidades associados à distribuição de prestadoras de serviço

O termo canal é derivado da palavra latina *canalis*, que significa canal.

APÓS CONCLUIR ESTE CAPÍTULO, VÁ PARA A PÁGINA 218 PARA OBTER AS FERRAMENTAS DE ESTUDO

OA 1 Canais de Marketing

Um canal de marketing pode ser visto como um grande duto pelo qual os produtos, sua propriedade, comunicação, financiamento, pagamento e risco fluem para o consumidor. Formalmente, um **canal de marketing (também denominado canal de distribuição)** é uma estrutura comercial de organizações interdependentes que abrange da origem do produto até o consumidor, com o propósito de movimentar os produtos até o consumo final. Os canais de marketing facilitam a circulação física de produtos pela cadeia de suprimentos, o que representa o "lugar" ou a "distribuição" no mix de marketing (produto, preço, promoção e local) e engloba os processos envolvidos na obtenção do produto certo, para o lugar certo, no momento certo.

Muitos tipos de organizações participam de canais de comercialização. Os **membros do canal** (também denominados *intermediários* e *revendedores*) negociam uns com os outros, compram e vendem produtos, e facilitam a troca de propriedade entre comprador e vendedor no curso da movimentação do produto do fabricante até as mãos do consumidor final. À medida

canal de marketing (canal de distribuição) conjunto de organizações interdependentes que facilita a transferência de propriedade à medida que os produtos se movimentam do produtor para o usuário comercial ou para o consumidor

membros do canal todas as partes do canal de marketing que negociam uns com os outros, compram e vendem produtos, e facilitam a troca de propriedade entre comprador e vendedor no curso da movimentação do produto do fabricante até as mãos do consumidor final

Qual a sua opinião?

A forma como um produto chega até mim só é importante se ele não está funcionando da maneira correta.

1 **2** **3** **4** **5** **6** **7**
DISCORDO PLENAMENTE — CONCORDO PLENAMENTE

205

discrepância de quantidade diferença entre a quantidade de produtos produzidos e a quantidade que o usuário final deseja comprar

que os produtos passem para o consumidor final, os membros do canal facilitam o processo de distribuição, fornecendo especialização e divisão da mão de obra, superando discrepâncias, e proporcionando eficiência no contato.

Especialização e Divisão da Mão de Obra

De acordo com o conceito de *especialização e divisão da mão de obra*, quebrar uma tarefa complexa em tarefas menores e mais simples e alocá-las para especialistas gera maior eficiência e menores custos médios de produção. Os fabricantes obtêm economias de escala por meio de equipamentos eficientes capazes de produzir grandes quantidades de um único produto.

Os canais de marketing também podem atingir economias de escala por meio da especialização e da divisão da mão de obra, com o auxílio de produtores que não têm a motivação, o financiamento ou o conhecimento para fazer negócios diretamente com usuários finais ou consumidores. Em alguns casos, como acontece com a maioria dos produtos de conveniência, por exemplo, os refrigerantes, é proibitivo, o custo de comercializar diretamente para milhões de consumidores – receber e enviar pedidos individuais. Por essa razão, os produtores contratam membros do canal, como atacadistas e varejistas, para fazer o que os produtores não estão preparados para realizar ou o que os membros do canal estão mais bem preparados para realizar. Os membros do canal podem fazer algumas coisas de forma mais eficiente do que os produtores porque eles construíram bons relacionamentos com seus clientes. Dessa forma, seus conhecimentos especializados melhoram o desempenho geral do canal.

Superando as Discrepâncias

Os canais de marketing também ajudam na superação de discrepâncias de quantidade, variedade, tempo e espaço criados pelas economias de escala. Suponha que, em um dia, a Pillsbury produza com eficiência sua mistura instantânea para panqueca Hungry Jack somente a uma taxa de 5 mil unidades em um dia. Nem em um ano os fãs mais ardorosos de panqueca poderiam consumir essa quantidade, muito menos em um dia. A quantidade produzida para atingir custos unitários baixos criou uma **discrepância de quantidade**, ou seja, a diferença entre a quantidade de produtos produzidos e a quantidade que o usuário final deseja comprar. Ao armazenar o produto e distribuí-lo nas quantidades adequadas, os canais de marketing superam as discrepâncias de quantidade, tornando os produtos disponíveis nas quantidades que os consumidores desejam.

A produção em massa cria discrepâncias não apenas de quantidade, mas também de variedade.

BURBERRY: ENXUTA, NA MEDIDA E SALVA DA RECESSÃO

A Burberry mostrou altos lucros em 2010, em virtude da gestão inteligente de canais. Com a recessão, a empresa fez cortes necessários e assegurou que o estoque ficaria sob estrito controle. Em seguida, cortou as linhas não lucrativas e fixou preços para suas roupas de chuva e cachecóis tradicionais em níveis para evitar remarcação. A fim de atrair novos clientes e expandir sua base, criou uma linha de primavera alegre e expandiu sua linha de acessórios. E o mais importante: manteve sua marca jovem, concentrando-se em novas formas de incorporar o marketing digital em desfiles de moda e usando mídia social para promover novas linhas. Seu site Art of the Trench mostra imagens de pessoas usando os vários estilos de seus icônicos sobretudos. Os usuários são encorajados a enviar fotos, a Burberry escolhe as mais representativas e cria uma colagem de sobretudos usados ao redor do mundo – e deixa a peça de roupa com um ar jovial. A Burberry também realizou a transmissão ao vivo em 3D de seu desfile na London Fashion Week, em que os usuários podiam mudar o ângulo da câmera de seu computador para ver a passarela de diferentes perspectivas.[1]

A **discrepância de variedade** ocorre quando o consumidor não tem todos os itens necessários para obter total satisfação em relação a um produto. Para que as panquecas proporcionem satisfação máxima, diversos outros produtos são necessários para completar a variedade. No mínimo, a maioria das pessoas quer faca, garfo, prato, manteiga e geleia. Mesmo sendo uma empresa de produtos de grande consumo, a Pillsbury não chega nem perto de fornecer a variedade ideal para acompanhar as panquecas Hungry Jack. Para superar a discrepância de variedade, os canais de marketing reúnem em um só lugar muitos dos produtos necessários para completar a variedade necessária para o consumidor.

A **discrepância temporal** é criada quando um produto é produzido, mas o consumidor não está pronto para adquiri-lo. Os canais de marketing superam essa discrepância por meio da manutenção de estoques em antecipação à demanda. Os fabricantes de produtos sazonais, como itens de decoração de Natal ou de Halloween, operam durante todo o ano, embora a demanda esteja concentrada em determinados meses do ano.

Além disso, como a produção em massa requer muitos compradores potenciais, os mercados costumam estar espalhados por grandes regiões geográficas, o que cria uma **discrepância espacial**. Geralmente globais, ou pelo menos nacionais, os mercados são necessários para absorver os resultados dos produtores em massa. Os canais de marketing superam a discrepância espacial colocando os produtos à disposição em locais convenientes para os consumidores. Se todas as misturas de panqueca Hungry Jack forem produzidas em Boise, Idaho, a Pillsbury precisará de um intermediário para distribuir o produto para outras regiões dos Estados Unidos.

Proporcionando Eficiência no Contato

A terceira necessidade preenchida pelos canais de marketing é que eles proporcionam a eficiência no contato, reduzindo o número de lojas nas quais os clientes devem fazer compras para completar suas aquisições. Suponha que você tivesse de comprar leite de um produtor de laticínios e carne de um armazém. Você gastaria muito tempo, dinheiro e energia só para comprar alguns mantimentos. Os canais de marketing simplificam a distribuição, reduzindo o número de operações necessárias para que os produtos sigam dos fabricantes aos consumidores e para que uma variedade de produtos esteja disponível em um único local.

Considere o exemplo ilustrado na Figura 13.1. Cada quatro consumidores querem comprar um apa-

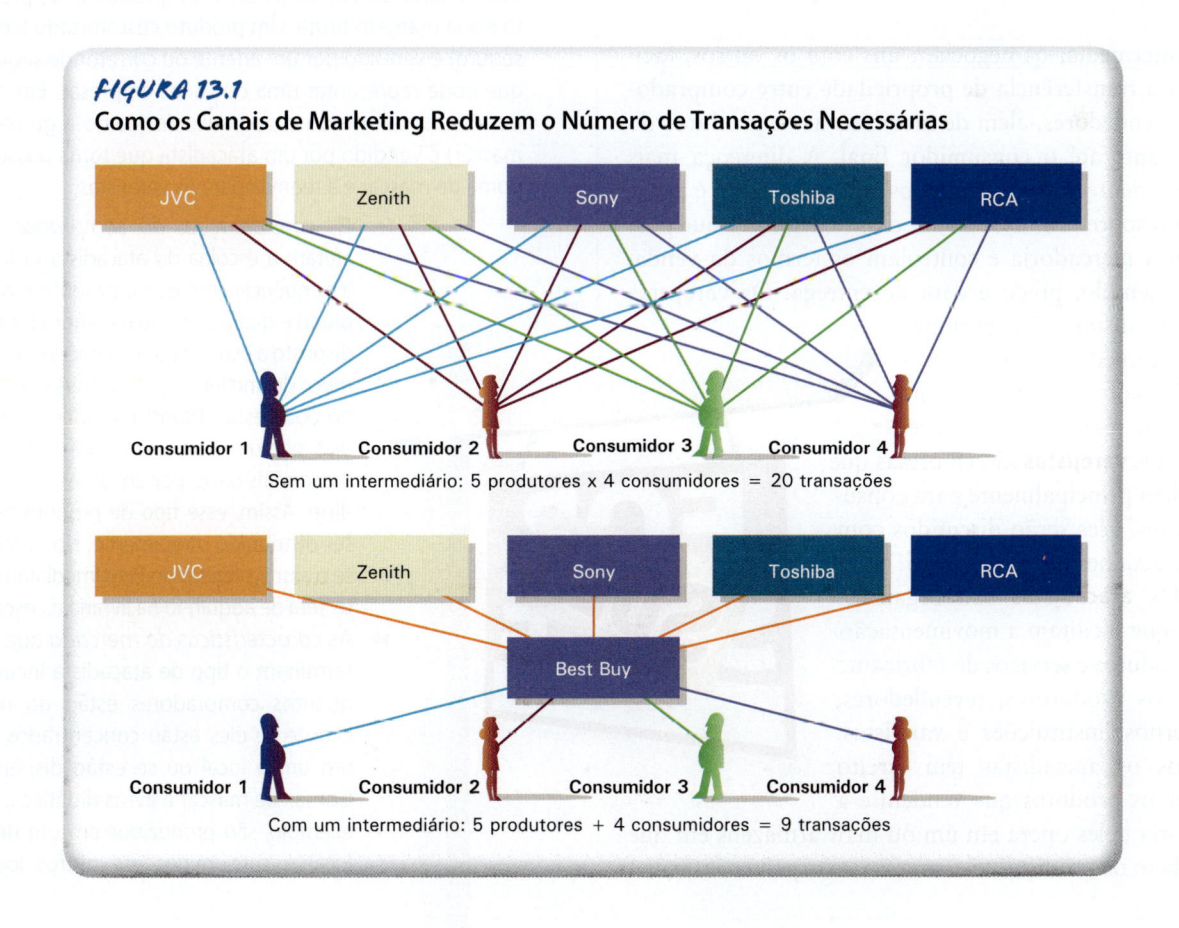

> **discrepância de variedade** ocorre quando o consumidor não tem todos os itens necessários para obter total satisfação com o produto
>
> **discrepância temporal** ocorre quando um produto é produzido, mas o consumidor não está pronto para adquiri-lo
>
> **discrepância espacial** diferença entre a localização de um produtor e a localização de mercados amplamente difundidos

FIGURA 13.1
Como os Canais de Marketing Reduzem o Número de Transações Necessárias

Sem um intermediário: 5 produtores × 4 consumidores = 20 transações

Com um intermediário: 5 produtores + 4 consumidores = 9 transações

varejistas intermediários de canal que vendem principalmente para consumidores

atacadistas organizações que facilitam a movimentação de produtos e serviços do fabricante para os revendedores, governos, instituições e varejistas

agentes e corretores intermediários atacadistas que facilitam a venda do produto até o usuário final, representando varejistas, atacadistas ou fabricantes

relho de televisão. Sem um varejista intermediário como a Best Buy, cada fabricante de televisão – por exemplo, JVC, Zenith, Sony, Toshiba e RCA – teria de fazer quatro contatos para atingir os quatro compradores que estão no mercado-alvo, para um total de 20 transações. No entanto, com a Best Buy atuando como intermediário entre o produtor e os consumidores, cada produtor faz apenas um contato, reduzindo o número para nove transações.

Cada produtor vende para um varejista em vez de vender para quatro consumidores. Os consumidores, por sua vez, compram de um varejista em vez de comprar de cinco produtores. A tecnologia da informação tem aprimorado a eficiência dos contatos, disponibilizando as informações sobre produtos e serviços de forma facilitada pela internet. Os consumidores podem encontrar os melhores preços sem ter de procurar em lojas físicas.

OA 2 Canais Intermediários e suas Funções

Os intermediários negociam uns com os outros, facilitam a transferência de propriedade entre compradores e vendedores, além de movimentar os produtos do fabricante até o consumidor final. A diferença mais proeminente que distingue os intermediários é ter o direito sobre produto. *Tomar o título* significa que possuem a mercadoria e controlam os termos da venda, por exemplo, preço e data de entrega. Os varejistas e atacadistas são exemplos de intermediários que têm o direito sobre os produtos no canal de marketing e os revendem. Os **varejistas** são empresas que vendem principalmente para consumidores. Eles serão discutidos com mais detalhes no Capítulo 15.

Os **atacadistas** são organizações que facilitam a movimentação de produtos e serviços do fabricante para os produtores, revendedores, governos, instituições e varejistas. Todos os atacadistas têm direito sobre os produtos que vendem e a maioria deles opera em um ou mais armazéns em que recebem os produtos, os armazenam e, posteriormente, os reenviam. Os clientes são principalmente varejistas de pequeno e médio porte, mas os atacadistas também comercializam para fabricantes e clientes institucionais.

Outros intermediários não têm direito sobre os bens e serviços que comercializam, mas facilitam a troca de propriedade entre vendedores e compradores. Os **agentes e corretores** facilitam a venda de um produto do produtor para o usuário final, representando os varejistas, atacadistas ou fabricantes. O título reflete a propriedade, e a propriedade geralmente implica controle. Ao contrário dos atacadistas, os agentes ou corretores apenas facilitam as vendas e, geralmente, contribuem pouco para os termos da venda. No entanto, ganham remuneração ou comissão com base no volume de venda. Para vender uma casa, o proprietário geralmente contrata um corretor de imóveis que logo reúne compradores potenciais para ver a residência. O corretor facilita a venda, colocando comprador e proprietário juntos, mas, na verdade, nunca toma posse da casa.

As variações nas estruturas do canal ocorrem em grande parte por causa das variações nos números e tipos de intermediários atacadistas. Geralmente, as características do produto, as considerações do comprador e as condições do mercado determinam o tipo de intermediário que o fabricante deve considerar.

» As *características do produto* que podem exigir certo tipo de intermediário atacadista incluem se o produto é padronizado ou customizado, a complexidade do produto e sua margem bruta. Um produto customizado (como seguro) é vendido por um agente ou corretor de seguros que pode representar uma ou várias empresas. Em contraposição, um produto padronizado (como a goma de mascar) é vendido por um atacadista que toma posse da goma de mascar e a reenvia para os varejistas.

» As *considerações do comprador* que afetam a escolha do atacadista incluem a frequência com que o produto é comprado e quanto tempo o comprador está disposto a esperar para recebê-lo. No começo do ano letivo, por exemplo, um aluno pode estar disposto a esperar alguns dias por um livro-texto para obter um preço mais baixo por encomendá-lo on-line. Assim, esse tipo de produto pode ser distribuído diretamente. No entanto, se o aluno precisar do livro imediatamente, terá de adquiri-lo na livraria da escola.

» As *características do mercado* que determinam o tipo de atacadista incluem quantos compradores estão no mercado e se eles estão concentrados em um único local ou se estão dispersos. Gomas de mascar e livros didáticos, por exemplo, são produzidos em um único local e consumidos em outros locais.

Assim, para distribuir os produtos é necessário um atacadista. Em contraposição, em uma venda doméstica, o comprador e o vendedor estão localizados em uma única área, o que facilita a relação agente/corretor.

Funções dos Canais Realizadas por Intermediários

Nos canais de marketing, os intermediários de varejo e atacado executam várias funções essenciais que possibilitam o fluxo de mercadorias entre o produtor e o comprador. As três funções básicas que os intermediários executam estão na Figura 13.2.

As *funções transacionais* envolvem contato e comunicação com compradores potenciais para conscientizá-los dos produtos existentes e explicar suas características, vantagens e benefícios. Os intermediários também fornecem *funções logísticas*. A **logística** é o fluxo progressivo e reverso eficiente e eficaz no que se refere a custo e armazenamento de produtos, serviços e informações que têm relação dentro, através e fora das empresas que participam do canal. As funções logísticas incluem transporte e armazenamento de bens, bem como sua classificação, acúmulo, consolidação e/ou alocação, buscando estar em conformidade com os requisitos do cliente. A seleção de produtos agrícolas, por exemplo, tipifica o processo de classificação, já a fusão de muitos lotes de ovos da categoria A de origens diferentes em um único lote ilustra o processo de acúmulo. Os supermercados ou outros varejistas executam a função de classificação, reunindo milhares de itens diferentes que correspondem aos desejos dos clientes. Ao passo que as grandes empresas costumam ter canais diretos, muitas empresas pequenas dependem de atacadistas para promover e distribuir seus produtos.

logística fluxo progressivo e reverso eficiente e eficaz no que se refere a custo e armazenamento de produtos, serviços e informações que têm relação dentro, através e fora das empresas que participam do canal

A terceira função básica de canal, *facilitar*, inclui a pesquisa e o financiamento. A pesquisa fornece informações sobre os membros dos canais e sobre os consumidores por meio de questões fundamentais: Quem são os compradores? Onde estão localizados? Por que compram? O financiamento assegura que os membros dos canais tenham condições monetárias para manter os produtos em movimento pelo canal até o consumidor final.

Embora os membros individuais possam ser adicionados ou excluídos de um canal, ainda é preciso que alguém execute as funções essenciais. Elas podem ser executadas por produtores, usuários finais ou consumidores; intermediários dos canais, como atacadistas

FIGURA 13.2
Funções dos Canais de Marketing Efetuadas por Intermediários

Tipo de Função	Descrição
Funções Transacionais	**Entrar em contato e promover:** Contatar clientes potenciais, promover produtos, solicitar ordens.
	Negociar: Determinar quantos bens ou produtos quer vender ou comprar, o tipo de transporte a ser usado, quando entregar, o método e o tempo de pagamento.
	Assumir riscos: Assumir o risco do próprio inventário.
Funções Logísticas	**Fazer a distribuição física:** Transportar e classificar mercadorias para superar discrepâncias temporais e espaciais.
	Armazenar: Manter inventários e proteger mercadorias.
	Classificar: Superar discrepâncias de qualidade e classificação por meio das seguintes ações:
	Classificar para fora: Desmembrar o fornecimento heterogêneo em estoque homogêneo separado.
	Acumular: Reunir estoques similares em um fornecimento homogêneo maior.
	Alocar: Alterar o fornecimento homogêneo para lotes menores (*breaking bulk*).
	Classificar: reunir produtos em colocações ou classificações às quais os compradores tenham disponível em um único lugar.
Funções Facilitadoras	**Pesquisar:** Recolher, de membros e consumidores, informações sobre outros canais
	Financiar: Estender o crédito e outros serviços financeiros para facilitar o fluxo de bens pelos canais até o consumidor final.

canal direto canal de distribuição por meio do qual os produtores vendem diretamente para os consumidores

e varejistas; e às vezes participantes que não são membros dos canais. Se um fabricante decide eliminar sua frota de caminhões, ele tem de considerar outra forma de transportar a mercadoria até o atacadista. Essa tarefa pode ser realizada pelo atacadista, se tiver sua própria frota de caminhões, ou por um participante que não seja membro do canal, como uma transportadora independente. Os participantes não membros também podem desempenhar outras funções essenciais fornecidas de uma vez por um membro do canal. As empresas que realizam pesquisa, por exemplo, desempenham a função de pesquisa; as agências de publicidade, a promoção; as empresas de transporte e armazenamento, a distribuição física; e os bancos, o financiamento.

OA 3 Estruturas dos Canais

Um produto pode seguir por muitos caminhos até chegar ao consumidor final. Os profissionais de marketing buscam o canal mais eficiente entre as várias alternativas disponíveis. A comercialização de um bem de consumo, como goma de mascar ou bala, difere da comercialização de um bem, como uma bolsa Prada. A seguir, discutimos as estruturas de canais de marketing típicos e alternativos para produtos de consumo e de empresa para empresa.

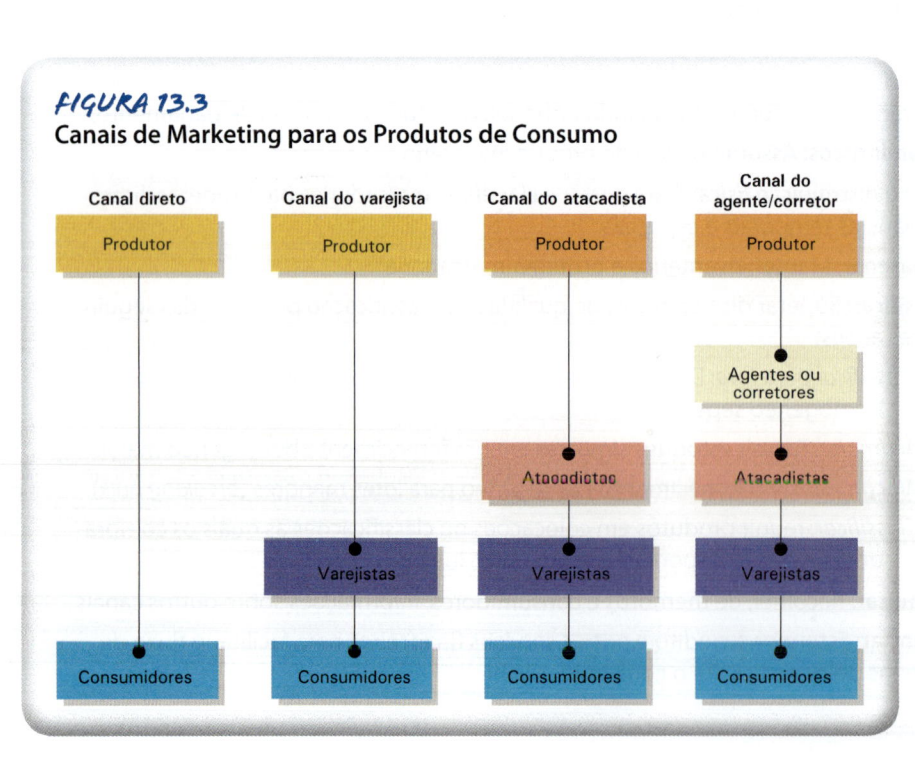

O canal do varejista é mais comum quando o varejista é grande, como a JCPenney, e pode comprar grandes quantidades diretamente do produtor. Em geral, os grandes varejistas ignoram o atacadista.

Canais para Produtos de Consumo

A Figura 13.3 ilustra as quatro maneiras como os fabricantes podem direcionar seus produtos para os consumidores. Os produtores usam o **canal direto** para vender diretamente para os consumidores. As atividades de marketing direto, incluindo telemarketing, correspondência e catálogo, e formas de varejo eletrônico (como compras on-line e vendas em emissoras de televisão) são bons exemplos desse tipo de estrutura de canal. Não há intermediários. As lojas de produção própria e lojas de desconto de fábrica – como a Sherwin-Williams, Polo Ralph Lauren, Oneida e WestPoint Home – são exemplos de canais diretos.

Em contraposição, o *canal do agente/corretor* é bastante complexo e normalmente é utilizado em mercados com muitos fabricantes de pequeno porte e muitos varejistas que não têm recursos para encontrar outros varejistas. Os agentes ou corretores reúnem fabricantes e atacadistas para negociar, mas eles não assumem a comercialização. A propriedade passa diretamente para um ou mais atacadistas e, então, para os

FIGURA 13.3
Canais de Marketing para os Produtos de Consumo

Canal direto	Canal do varejista	Canal do atacadista	Canal do agente/corretor
Produtor	Produtor	Produtor	Produtor
			Agentes ou corretores
		Atacadistas	Atacadistas
	Varejistas	Varejistas	Varejistas
Consumidores	Consumidores	Consumidores	Consumidores

varejistas. Por fim, os varejistas vendem para o consumidor final do produto. Um corretor de alimentos, por exemplo, representa compradores e vendedores de produtos de mercearia. O corretor atua em nome de muitos produtores diferentes e negocia a venda de seus produtos para atacadistas que se especializam em produtos alimentícios. Esses atacadistas, por sua vez, vendem para mercearias e lojas de conveniência.

A maioria dos produtos de consumo é vendida por meio de canais de distribuição semelhantes às outras duas alternativas: o canal do varejista e o canal do atacadista. Um *canal do varejista* é mais comum quando o varejista é grande e pode comprar em quantidades maiores, diretamente do fabricante. O Walmart, a Sears e as concessionárias de veículos são exemplos de varejistas que evitam atacadistas. O *canal do atacadista* é comumente usado para itens de baixo custo que são comprados com frequência, como doces, cigarros e revistas.

Canais para Produtos Comerciais e Industriais

Conforme ilustra a Figura 13.4, cinco estruturas de canais são comuns nos mercados comerciais e industriais. Na primeira estrutura, os *canais diretos* são típicos em mercados comerciais e industriais. Os fabricantes compram grandes quantidades de matérias-primas, equipamentos, materiais processados e suprimentos diretamente de outros fabricantes. Os que exigem que os fornecedores satisfaçam às especificações técnicas detalhadas geralmente preferem canais diretos. A Apple usava um canal direto para comprar *chips* para seu iPad. A fim de garantir que a Toshiba entregasse *chips* de memória *flash* para a montagem de iPads, a Apple pagou ao fabricante de *chips* US$ 500 milhões em julho de 2009, bem antes do lançamento, em abril de 2010. Essas garantias tornam-se mais eficientes por meio da comunicação direta, viabilizada por um canal direto.[2] O canal do produtor para os compradores do governo também é direto. Já que muitas compras oficiais são realizadas por meio de licitação, um canal direto é extremamente atraente.

As empresas que vendem itens padronizados de valores baixos ou moderados dependem, muitas vezes, de *distribuidores industriais*. De muitas maneiras, um distribuidor industrial é como um supermercado para as organizações. Os distribuidores industriais são atacadistas e membros dos canais que compram e assumem os produtos. Além disso, costumam manter estoques de seus produtos, vendê-los e prestar assistência técnica. Muitas vezes, os pequenos fabricantes não podem se dar ao luxo de empregar sua própria força de vendas; em vez disso, contam com representantes dos fabricantes ou agentes de vendas para vender tanto para distribuidores industriais como para usuários.

A internet permitiu que os distribuidores virtuais emergissem e forçou os distribuidores tradicionais a expandir seu modelo de negócios. Muitos fabricantes e consumidores ignoram os distribuidores e vendem diretamente pela internet. As empresas que buscam reduzir os intermediários de sua cadeia de suprimentos criaram as trocas. Os varejistas usam a Worldwide Retail Exchange para fazer compras que, no passado, exigiam telefone, fax ou vendas feitas pessoalmente. Ao fazê-lo, economizam aproximadamente 15% em

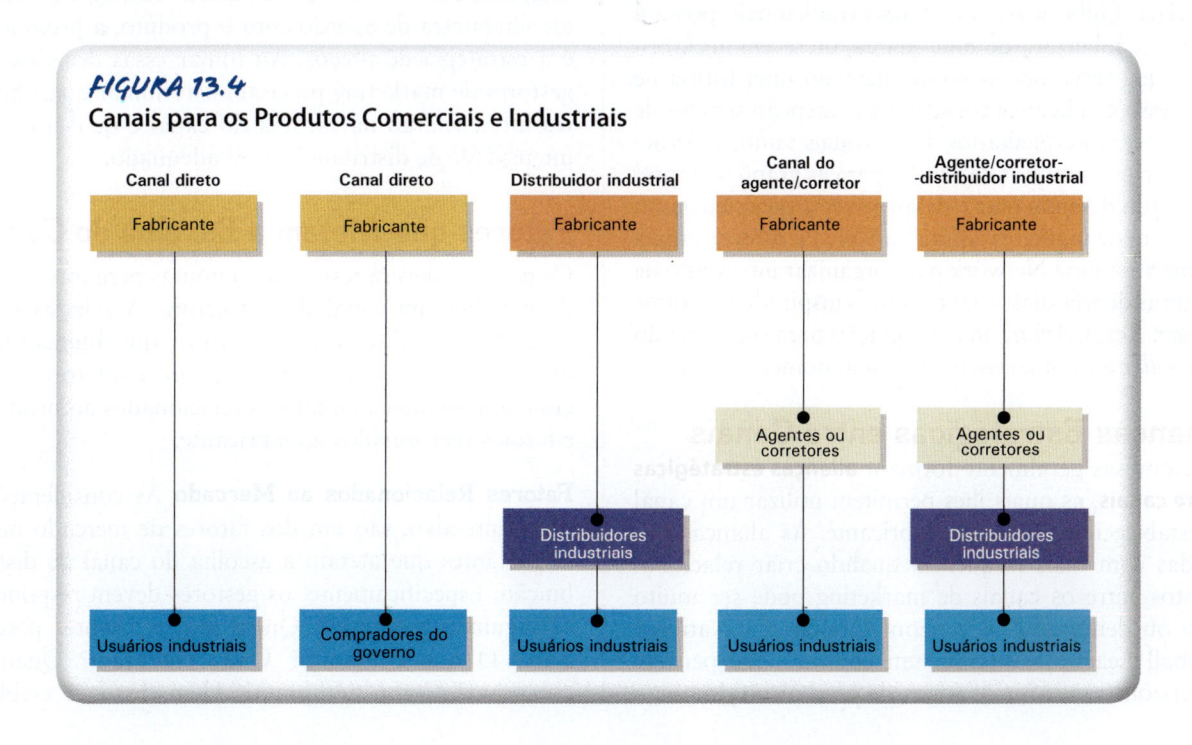

FIGURA 13.4
Canais para os Produtos Comerciais e Industriais

distribuição dupla (distribuição múltipla) uso de dois ou mais canais para distribuir o mesmo produto para mercados-alvo

alianças estratégicas entre canais acordos cooperativos entre empresas comerciais para usar o canal de distribuição já estabelecido de outra empresa

custos de aquisição. Por fim, um terceiro tipo de mercado de internet é o intercâmbio privado. O *intercâmbio privado* ocorre quando uma empresa cria uma rede para que possa conectar seus negócios aos negócios de seus fornecedores. Algumas grandes empresas preferem o intercâmbio privado porque propicia maior segurança nas transações, principalmente no caso de contratos complexos.

Acordos entre Canais Alternativos

Raramente um fabricante usa apenas um tipo de canal para movimentar seu produto. Em geral, emprega vários canais diferentes ou alternativos, que incluem canais múltiplos, canais não tradicionais e alianças estratégicas entre canais.

Canais Múltiplos Se um produtor seleciona dois ou mais canais para distribuir o mesmo produto para mercados-alvo, esse arranjo é chamado de **distribuição dupla (ou distribuição múltipla)**. Quanto mais as pessoas aderem às compras on-line, mais varejistas passam a utilizar canais de distribuição múltiplos. Empresas como a The Limited, que inclui Express, Victoria's Secret e Bath and Body Works, vendem em lojas físicas, on-line e por catálogo.

Canais Não Tradicionais

Muitas vezes, arranjos de canais não tradicionais ajudam a diferenciar o produto de uma empresa do produto da concorrência. Os canais não tradicionais incluem a internet, canais de correspondência ou infomerciais. Embora os canais não tradicionais possam limitar a cobertura de uma marca, oferecem ao fabricante que serve um nicho de mercado uma forma de ter acesso ao cliente e conseguir sua atenção sem ter de estabelecer intermediários. Esses canais também fornecem outros caminhos de vendas para as grandes empresas. A fim de aumentar e desenvolver a consciência no segmento de mulheres adultas, a Sony Pictures se uniu à Home Shopping Network para organizar um evento de compras de três dias, com produtos inspirados no filme *Comer, Rezar, Amar*, uma adaptação para o cinema do *best-seller* autobiográfico de mesmo nome.[3]

Alianças Estratégicas entre Canais

As empresas geralmente formam **alianças estratégicas entre canais**, as quais lhes permitem utilizar um canal já estabelecido por outro fabricante. As alianças são usadas com mais frequência quando criar relacionamentos entre os canais de marketing pode ser muito caro ou demorado. A Verizon Wireless e a National Football League assinaram um contrato que permite à Verizon transmitir os jogos de futebol no domingo à tarde para assinantes móveis. Os assinantes têm acesso a uma versão móvel do canal dedicado a futebol RedZone, da NFL. Essa é a primeira vez que a NFL tem transmissão ao vivo dos jogos de domingo para dispositivos móveis.[4]

As alianças também podem ser eficientes quando uma empresa quer fazer promoções. A PepsiCo comprou dois engarrafadores grandes e, a partir de então, tem conseguido trabalhar diretamente com varejistas para criar pacotes específicos para supermercados (12 embalagens de Pepsi e sacos grandes de batatas fritas) e para lojas de conveniência (garrafas únicas de Pepsi e sacos pequenos de batatas fritas). A compra dos engarrafadores também facilitou para a Pepsi trabalhar diretamente com as lojas para fornecer mercadorias específicas, como oferecer marcas mexicanas para lojas em San Antonio, Texas, que servem a população hispânica.[5]

As alianças estratégicas entre canais têm mostrado mais sucesso no caso de empresas em crescimento do que no caso de fusões e aquisições. Isso é especialmente verdadeiro nos mercados globais, em que as diferenças culturais, a distância e outras barreiras podem ser um desafio.

OA 4 Tomando Decisões Estratégicas de Canal

Elaborar uma estratégia de canal de marketing requer várias decisões imprescindíveis. Os gestores devem decidir o papel da distribuição na estratégia de marketing, bem como ter certeza de que a estratégia de canal escolhida está de acordo com o produto, a promoção e a estratégia de preços. Ao tomar essas decisões, os gestores de marketing precisam determinar quais fatores influenciarão na escolha do canal e qual nível de intensidade de distribuição será adequado.

Fatores que Afetam a Escolha do Canal

Os gestores devem responder a muitas perguntas antes de escolher um canal de marketing. A seleção final depende da análise de vários fatores, que muitas vezes interagem. Eles podem ser agrupados em fatores relacionados ao mercado, fatores relacionados ao produto e fatores relacionados ao fabricante.

Fatores Relacionados ao Mercado As considerações do cliente-alvo, são um dos fatores de mercado mais importantes que afetam a escolha do canal de distribuição. Especificamente, os gestores devem responder às seguintes perguntas: Quem são os clientes potenciais? O que compram? Onde compram? Quando compram? Como compram? Além disso, a escolha do canal depende do fato de o produtor vender para consumidores ou para clientes industriais. Os hábitos de compra dos clientes industriais são muito diferentes dos hábitos dos consumidores. Os clientes industriais tendem a comprar em quantidades maiores e necessitam de atendimento personalizado.

A localização geográfica e o tamanho do mercado também são importantes para a seleção de canais. Como regra, se o mercado-alvo estiver concentrado em uma ou mais áreas específicas, é mais apropriada a venda direta por meio de uma força de vendas. Quando os mercados são mais dispersos, os intermediários seriam menos dispendiosos. O tamanho do mercado também influencia na escolha do canal. Geralmente, mercados maiores exigem mais intermediários.

Fatores Relacionados ao Produto Os produtos mais complexos, customizados e caros tendem a se beneficiar de canais de comercialização mais curtos e diretos. Esse tipo de produto vende melhor por meio de uma força de vendas direta – por exemplo: produtos farmacêuticos, equipamentos científicos, aviões e sistemas de computador *mainframe*. Quanto mais padronizado um produto, maior o período de distribuição do canal e maior o número de intermediários que podem se envolver. Com exceção do sabor e da forma, a fórmula para a goma de mascar é praticamente a mesma, seja qual for o fabricante. As gomas de mascar também são muito baratas. Em consequência, o canal de distribuição para esse produto tende a envolver muitos atacadistas e varejistas.

O ciclo de vida do produto é um fator importante na escolha de um canal de marketing. Na verdade, a escolha do canal pode mudar ao longo da vida útil do produto. À medida que os produtos se tornam mais comuns e menos intimidantes para usuários potenciais, os produtores tendem a procurar canais alternativos.

Outro fator é a delicadeza do produto. Os produtos perecíveis, como legumes e leite, têm vida útil relativamente curta. Produtos frágeis, como a porcelana e o cristal, requerem pouca manipulação. Dessa forma, ambos necessitam de canais de marketing curtos. Os varejistas on-line, como o eBay, facilitam a venda de produtos incomuns ou difíceis de encontrar que se beneficiam de um canal direto.

Fatores Relacionados ao Fabricante Diversos fatores que dizem respeito ao fabricante são importantes para a seleção de um canal de marketing. Em geral, fabricantes com grandes recursos financeiros, administrativos e de marketing são mais capazes de usar um maior número de canais diretos. Esses produtores conseguem contratar e treinar sua própria força de venda, armazenar seus próprios bens e estender o crédito a seus clientes. As empresas menores ou mais fracas, por sua vez, têm de contar com intermediários para lhes fornecer esses serviços. Comparados aos fabricantes com apenas uma ou duas linhas de produtos, os fabricantes que vendem diversos produtos em uma área relacionada conseguem escolher canais mais diretos. As despesas com vendas podem, então, ser distribuídas por mais produtos.

ALIANÇA DE LOCALIZAÇÃO ESTRATÉGICA

A rue21 ama o mercado rural. Ela também ama o Walmart. O varejista de moda, especializado em preços baixos e estilos de rápida rotatividade, tem lojas em mercados com menos de 50 mil pessoas. Ao abrir lojas em mercados ignorados por outras cadeias de varejo, a rue21 atende a demanda de moda com mais de 500 lojas rurais. Ela ama o Walmart porque ele tem muito movimento e geralmente está localizado em um shopping center. A rue21 usa a localização do Walmart para decidir onde uma nova loja será aberta e onde colocar bancos no caminho para conduzir os clientes para a loja depois de comprar no gigante de descontos.[6]

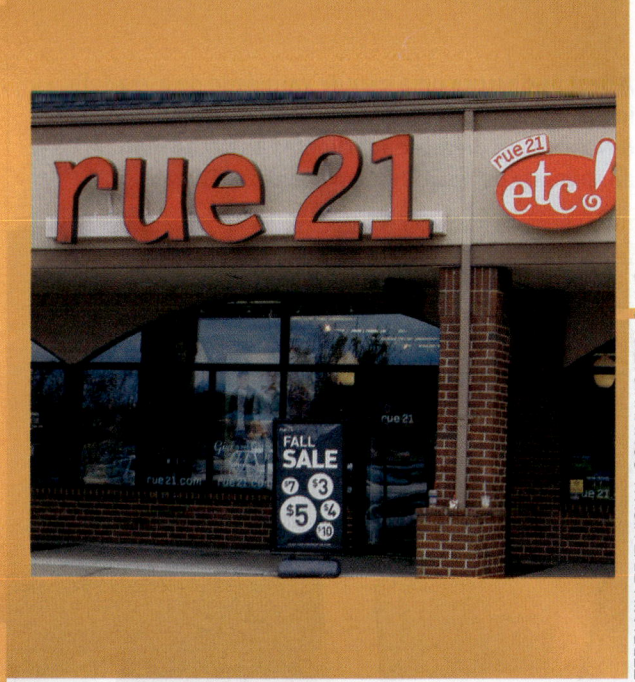

CAPÍTULO 13: CANAIS DE MARKETING

distribuição intensiva forma de distribuição que coloca um produto disponível em todos os pontos de venda nos quais os clientes-alvo possam querer comprá-lo

distribuição seletiva forma de distribuição que privilegia alguns pontos de venda em determinada área

distribuição exclusiva forma de distribuição que abrange apenas um revendedor ou poucos deles em determinada área

O desejo do fabricante de controlar preços, posicionamento, imagem da marca e suporte ao cliente também tende a influenciar na seleção de canais. As empresas que vendem produtos de marca exclusiva, como perfumes e peças de vestuário desenhadas por estilistas, evitam canais em que há varejistas de desconto. Fabricantes de produtos de luxo, como Gucci (bolsas) e Godiva (chocolates), vendem seus produtos apenas em lojas caras, a fim de manter a imagem de exclusividade. Muitos fabricantes optam por arriscar sua imagem para testar as vendas nos canais de desconto. A Levi Strauss expandiu sua distribuição para incluir JCPenney, Sears e Walmart.

Níveis de Intensidade de Distribuição

As organizações têm três opções para a intensidade de distribuição: distribuição intensiva, distribuição seletiva ou distribuição exclusiva.

Distribuição Intensiva A **distribuição intensiva** é uma forma de distribuição destinada à cobertura máxima do mercado. O fabricante procura ter o produto disponível em cada ponto de venda em que os clientes potenciais possam querer comprá-lo. Se os compradores não estiverem dispostos a procurar um produto (como é o caso de produtos de conveniência e materiais auxiliares), é preciso mantê-lo acessível. Um produto de baixo valor que é comprado com frequência pode exigir um canal longo. Doces, batatas fritas e outros petiscos, encontrados em quase todos os tipos de lojas de varejo, são vendidos em pequenas quantidades para varejistas por atacadistas de alimentos ou doces.

A maioria dos fabricantes que busca uma estratégia de distribuição intensiva vende para uma grande porcentagem de atacadistas dispostos a estocar produtos. A disposição dos varejistas (ou a ausência dela) para lidar com os itens tende a controlar a capacidade do fabricante de realizar a distribuição intensiva. Um varejista que já oferece dez marcas de goma de mascar, por exemplo, pode mostrar pouco interesse por mais uma marca.

Distribuição Seletiva A **distribuição seletiva** privilegia alguns pontos de venda em determinada área. Como apenas alguns pontos são escolhidos, o consumidor precisa procurar o produto. Quando a Heeling Sports Ltd. lançou o Heelys, tênis de sola grossa com uma roda embutida em cada salto, contratou um grupo de 40 adolescentes para fazer demonstrações do produto em determinados shoppings, parques de skate e *campi* universitários ao redor dos Estados Unidos para gerar demanda. A empresa decidiu evitar grandes lojas, como a Target, e distribuir os tênis apenas em varejistas de shoppings selecionados e lojas de skate e surf, a fim de lançar uma imagem de produto "legal e irreverente". As estratégias de distribuição seletiva muitas vezes dependem da vontade do fabricante em manter a imagem de um produto superior, de modo a conseguir cobrar um preço *premium*. As roupas DKNY, por exemplo, são vendidas apenas em pontos de venda de varejo, principalmente em lojas de departamento que não oferecem descontos. Os fabricantes, por vezes, ampliam a estratégia de distribuição seletiva, acreditando que, ao fazê-lo, aumentarão a receita sem prejudicar a imagem do produto. A Playboy Energy, uma nova bebida energética fabricada e engarrafada pela empresa de mídia de mesmo nome, faz a distribuição seletiva para se posicionar como uma opção mais sofisticada em comparação a seu concorrente amplamente distribuído – o Red Bull.[7] A bebida foi introduzida em boates e bares de luxo apenas em Boston, Las Vegas, Los Angeles e Miami a fim de chamar a atenção de clientes da "elite" antes do lançamento mais amplo em supermercados e lojas de conveniência.

Recentemente, surgiu uma forma altamente tecnológica de distribuição seletiva em que os produtos são enviados por meio da associação de redes sociais virtuais exclusivas. O Scion Speak foi desenvolvido como um portal de rede social na internet em que os proprietários do Toyota Scion poderiam criar e compartilhar suas próprias obras de arte (tipo grafite) passíveis de serem retocadas no corpo do veículo. Esse tipo de serviço está entre os primeiros a alavancar o poder dos sites de rede social como um meio de distribuir produtos.[8]

Distribuição Exclusiva A forma mais restritiva de cobertura de mercado é a **distribuição exclusiva**, que

A Best Buy estoca uma grande variedade de e-readers, incluindo o Kindle, da Amazon, e o Nook, da Barnes & Noble, para oferecer aos clientes a seleção mais abrangente de aparelhos em apenas um lugar.

abrange apenas um revendedor ou poucos deles em determinada área. Como os compradores precisam pesquisar ou viajar para comprar o produto, a distribuição exclusiva é restrita a bens de consumo especiais, alguns produtos e principalmente equipamentos industriais. Produtos como o Rolls-Royce, barcos a propulsão Chris-Craft e guindastes Pettibone são distribuídos em regime de exclusividade.

Os varejistas e atacadistas podem não estar dispostos a comprometer o tempo e o valor necessários para promover e dar assistência técnica a um produto, a menos que o fabricante lhes garanta um território exclusivo. Esse arranjo protege o revendedor da concorrência direta e permite que ele seja o principal beneficiário dos esforços de promoção do fabricante naquela área geográfica. Com a distribuição exclusiva, os canais são geralmente bem estabelecidos porque o fabricante trabalha com um número limitado de revendedores em vez de trabalhar com muitas contas.

A distribuição exclusiva também acontece dentro dos limites do varejista em vez de ocorrer em uma área geográfica – por exemplo, quando um varejista se compromete em não vender marcas concorrentes de um fabricante. A Apple tinha contrato de exclusividade com a AT&T desde o lançamento do iPhone.

OA 5 Tipos de Relacionamento entre Canais

Um canal de marketing é mais do que um conjunto de instituições ligadas por laços econômicos. As relações sociais desempenham um importante papel na construção da unidade entre os membros do canal. Os gestores de marketing devem considerar cuidadosamente os tipos de relacionamento que desejam promover entre sua empresa e outras empresas, e ao fazê-lo é preciso prestar muita atenção aos benefícios e riscos associados com cada tipo de relacionamento. Os relacionamentos entre os membros dos canais variam de "frouxo" a "apertado", tomando a forma de uma extensão contínua de transações únicas até relações interdependentes complexas, como parcerias ou alianças. A escolha do tipo de relacionamento é importante para a gestão de canais, pois cada tipo de relacionamento gera diferentes níveis de investimento financeiro de tempo, e de recursos. Existem três tipos básicos de relacionamento, organizados aqui pelo grau de proximidade:

- Os **relacionamentos de curta distância** são considerados pelos membros dos canais como temporários ou de ocorrência única; muitas vezes, surgem de uma necessidade repentina ou pontual. Esses relacionamentos são caracterizados pela falta de vontade ou de habilidade das empresas para desenvolver um tipo de relacionamento mais próximo. Ambas as partes mantêm sua independência e buscam apenas seus próprios interesses, mas tentam se beneficiar dos bens ou serviços fornecidos pela outra parte.

- Os **relacionamentos cooperativos**, geralmente administrados com base em algum tipo de contrato formal, ocorrem quando uma empresa quer menos ambiguidade, mas não quer investir em longo prazo em um relacionamento integrado. Os relacionamentos cooperativos tendem a ser mais flexíveis do que os integrados, não são mais estruturados do que os curtos e incluem acordos desiguais, como franquia e licenciamento, assim como *joint ventures* e alianças estratégicas.

- Os **relacionamentos integrados** estão intimamente ligados àqueles caracterizados por acordos formais que definem explicitamente as relações com os membros dos canais envolvidos. Há uma integração vertical, em que todos os membros do canal são de propriedade de uma única entidade jurídica, e há as cadeias de fornecimento, que são várias empresas atuando como uma. As cadeias de suprimento serão discutidas com mais detalhes no Capítulo 14.

Com base nessas descrições, parece que as relações integradas seriam o tipo de relacionamento preferido em quase todos os tipos de definição de empresa para empresa. No entanto, as relações altamente integradas também têm custos e perigos significativos. O modelo proprietário único é, de certa forma, arriscado, pois uma grande quantidade de bens de capital deve ser comprada ou arrendada (o que requer desembolsar, de início, muito dinheiro), e o fracasso de qualquer parte pode não apenas resultar na perda econômica mas também reduzir o valor de outras unidades de negócios (ou torná-las totalmente inúteis). Como, algumas vezes,

---

relacionamento curto relacionamento entre empresas que é frouxo, caracterizado por baixo investimento relacional e confiança, e que geralmente assume a forma de uma série de transações discretas com nenhuma ou pouca expectativa de interação ou serviço futuro

relacionamento cooperativo relacionamento entre empresas que assume a forma de parceria informal com níveis moderados de confiança e compartilhamento de Informações, conforme a necessidade para levar adiante os objetivos de cada empresa

relacionamento integrado relacionamento entre empresas estreitamente conectado a processos existentes ao redor da empresa e dentro de seus limites e que proporciona altos níveis de confiança e compromisso

esses *trade-offs* são difíceis de justificar, as empresas procuram o relacionamento cooperativo "meio termo".

OA 6 Gerenciando Relacionamentos entre Canais

Além de considerar os vários tipos de relacionamento entre canais, seus custos e benefícios, os gestores devem estar conscientes das dimensões sociais que afetam seus relacionamentos. As dimensões sociais básicas dos canais são poder, controle, liderança, conflito e parceria.

AS DIMENSÕES SOCIAIS DOS CANAIS:
- Poder
- Controle
- Liderança
- Conflito
- Parceria

poder do canal
capacidade do membro de um canal de marketing específico de controlar ou influenciar o comportamento de outros membros

controle do canal
ocorre quando o poder de um membro do canal de marketing afeta intencionalmente o comportamento de outro membro

líder do canal (capitão do canal)
membro de um canal de marketing que exerce autoridade e poder sobre as atividades de outros membros

conflito de canal
choque entre objetivos e métodos dos membros de um canal de distribuição

conflito horizontal
conflito de canal que ocorre entre os membros do canal de um mesmo nível

conflito vertical
conflito de canal que ocorre entre diferentes níveis em um canal de marketing, mais comumente entre o fabricante e o atacadista ou entre o fabricante e o varejista

Poder, Controle e Liderança dos Canais

O **poder do canal** é a capacidade do membro de um canal de controlar ou influenciar o comportamento de outros membros. O **controle do canal** ocorre quando o poder de um membro do canal afeta o comportamento de outro membro. Para chegar a esse controle, um membro assume a liderança do canal e exerce autoridade e poder – esse membro é chamado **líder do canal, (capitão do canal)**. Em um canal de marketing, um fabricante pode ser o líder porque ele controla os projetos e a disponibilidade dos novos produtos; em outro, um varejista pode ser o líder, pois exerce poder e controle sobre preço de varejo, níveis de estoque e pós-venda.

Conflito de Canais

Os relacionamentos de canal injustos geralmente levam a um **conflito de canal**, o choque entre objetivos e métodos dos membros de um canal de distribuição. Em um contexto mais amplo, o conflito pode não ser ruim. Muitas vezes, surge porque membros sérios e conservadores se recusam a acompanhar o ritmo das mudanças. Eliminar um intermediário desatualizado pode resultar na redução de custos para todo o canal. A internet forçou muitos intermediários a oferecer on-line serviços como controle de mercadoria e disponibilidade de estoque.

Os conflitos entre os membros do canal podem ocorrer em razão de situações e fatores variados. Muitas vezes, o conflito surge porque os membros têm objetivos conflitantes. Os varejistas de calçados esportivos, por exemplo, querem vender o maior número de pares possível a fim de maximizar os lucros, não importando se o fabricante é Nike, Adidas ou Saucony, mas a Nike quer um determinado volume de vendas e participação em cada mercado.

O conflito também pode surgir quando os membros não satisfazem as expectativas dos outros membros do canal – por exemplo, quando um franqueado não segue as regras estabelecidas pelo franqueador ou quando os canais de comunicação se rompem entre os membros do canal. As diferenças ideológicas e as percepções diferentes da realidade também podem provocar conflitos entre os membros do canal. Quando se trata de política de devolução, a perspectiva "o cliente está sempre certo" do varejista provavelmente entrará em conflito com a visão de um atacadista ou de um fabricante de que as pessoas tentam obter algo por nada.

O conflito dentro de um canal pode ser horizontal ou vertical. O **conflito horizontal** ocorre entre os membros do mesmo nível, como dois ou mais atacadistas diferentes ou dois ou mais varejistas diferentes que lidam com marcas do mesmo fabricante. Esse tipo de conflito ocorre, na maioria das vezes, quando os fabricantes praticam estratégias de distribuição duplas ou múltiplas. Ao mudar sua estratégia de distribuição e abrir suas próprias lojas, a Apple irritou os parceiros de varejo tradicionais; alguns dos quais iniciaram processos contra a empresa. O conflito horizontal também pode ocorrer quando alguns membros acham que outros membros no mesmo nível estão sendo tratados de forma diferente pelo fabricante.

Muitos profissionais de marketing e clientes consideram o conflito horizontal uma competição saudável. Muito mais complexo é o **conflito vertical**, que ocorre entre diferentes níveis em um canal de marketing, mais comumente entre o fabricante e o atacadista ou entre o fabricante e o varejista. O conflito produtor *versus* atacadista ocorre quando o produtor opta por ignorar o atacadista e lida diretamente com o consumidor ou com o varejista.

As estratégias de distribuição dupla também podem provocar conflito vertical no canal. À medida que a CVS abre novas lojas Beauty 360, que ficarão próximas às lojas CVS, a rede de drogarias tem de tomar cuidado para não canibalizar a empresa já existente ou para não ofender fornecedores de produtos de beleza de prestígio que vendem na CVS. O Beauty 360 é um nicho para clientes ricos que nunca fizeram compras nas lojas CVS. A CVS espera evitar o conflito vertical por meio da diferenciação de suas marcas para cada formato de loja.⁹

Parceiros de Canais

Independentemente da localização do poder, os membros do canal dependem muito uns dos outros. **Parceria de canal (cooperação de canal)** é o esforço conjunto de todos os membros para criar um canal que sirva os clientes e crie uma vantagem competitiva. A parceria de canal é vital se houver um ganho entre os membros. Por meio da cooperação, os varejistas, atacadistas, fabricantes e fornecedores podem acelerar a reposição de estoques, melhorar o serviço prestado ao cliente e reduzir os custos totais do canal de marketing.

As alianças e parcerias de canal ajudam os gestores a criar o fluxo paralelo de materiais e informações necessárias para alavancar os recursos do canal relacionados a material, propriedade intelectual e marketing. O rápido crescimento das parcerias se deve às novas tecnologias e à necessidade de reduzir custos.

OA 7 Canais e Decisões de Distribuição para Mercados Globais

Com a disseminação de acordos e tratados de livre comércio nas últimas décadas, como o adotado pela União Europeia e o Acordo de Livre Comércio da América do Norte (Nafta), os canais de marketing global e a gestão de canais têm se tornado cada vez mais importantes para empresas dos Estados Unidos que exportam ou fabricam produtos no exterior.

Desenvolvendo Canais de Marketing Global

Os executivos devem reconhecer os aspectos culturais, econômicos, institucionais e jurídicos exclusivos de cada mercado, antes de projetar canais de marketing em países estrangeiros. Os fabricantes que introduzem produtos nos mercados globais têm de decidir se o produto será comercializado de forma direta (principalmente por vendedores da empresa) ou por meio de intermediários estrangeiros independentes (como agentes e distribuidores). Usar vendedores da empresa geralmente propicia mais controle e é menos arriscado do que usar intermediários estrangeiros. No entanto, estabelecer uma força de vendas em outro país implica um compromisso maior, tanto financeiro como em relação à organização.

Os profissionais de marketing devem estar cientes de que a estrutura e o tipo de canal no exterior podem ser diferentes do observado nos Estados Unidos. Quanto mais desenvolvida economicamente uma nação, mais especializados serão os tipos de canal. Assim, um profissional de marketing que deseja vender na Alemanha ou no Japão terá diversos tipos de canal para escolher. Já os países em desenvolvimento, como Etiópia, Índia e Venezuela, têm tipos limitados de canais disponíveis e tendem a evitar formatos populares nos Estados Unidos e na Europa Ocidental.

Os profissionais de marketing também têm de estar cientes de que muitos países têm canais de marketing "negro", em que os produtos são distribuídos por meio de intermediários paralelos. Estima-se que as vendas de artigos de luxo falsificados, como bolsas Prada e sacos de golfe Big Bertha, tenham atingido quase US$ 2 bilhões por ano. A internet também provou ser uma forma de os piratas contornarem os canais de dis-

> **parceria de canal (cooperação de canal)** esforço conjunto de todos os membros para criar um canal que sirva os clientes e crie vantagem competitiva

tribuição autorizados, especialmente no caso de medicamentos populares.

OA 8 Canais e Decisões de Distribuição para Serviços

A parte que cresce mais rapidamente em nossa economia é o setor de serviços. Embora a distribuição no setor de serviços seja difícil de visualizar, as mesmas habilidades, técnicas e estratégias utilizadas para gerenciar o inventário também podem ser usadas para gerenciar o inventário de serviços – por exemplo, leitos hospitalares, contas bancárias ou assentos de avião. A qualidade do planejamento e a execução da distribuição pode ter grande impacto sobre os custos e sobre a satisfação do cliente.

Uma perspectiva que define a distribuição de serviços para além da distribuição tradicional de produtos é que, em um ambiente de prestação de serviços, a produção e o consumo são simultâneos. No caso de produtos manufaturados, um revés na produção pode ser remediado com o estoque de segurança ou com a utilização de um meio de transporte mais rápido. Essa substituição não é possível no caso de serviços. Os benefícios de um serviço também são relativamente intangíveis, ou seja, o consumidor, em geral, não pode ver os benefícios de um serviço, como um exame médico, mas pode ver os benefícios proporcionados por um produto, como um medicamento para gripe que alivia o nariz entupido.

Como as prestadoras de serviço são orientadas para o serviço, o atendimento ao cliente é uma prioridade. Para gerenciar o relacionamento com os clientes, muitos prestadores de serviço, como operadoras de seguros, médicos, cabeleireiros e financeiras, usam tecnologia para agendar compromissos, gerenciar contas e oferecer informações. A distribuição de serviços se concentra em três aspectos principais:

- *Minimizar o tempo de espera*: Diminuir a quantidade de tempo que os clientes aguardam na fila é fundamental na manutenção da qualidade do serviço. Os pesquisadores relatam que as pessoas tendem a superestimar a quantidade de tempo que passam na fila e que a espera não explicada parece mais longa do que a espera que é explicada.
- *Gerenciar a capacidade*: Se as prestadoras de serviço não têm capacidade de atender a demanda, devem recusar alguns clientes potenciais, deixar o nível dos serviços cair ou expandir a capacidade. Na época de pagamento de impostos, uma empresa de contabilidade pode ter tantos clientes que precisará recusar serviço, estabelecer mais escritórios ou contratar pessoal temporário.
- *Melhorar a prestação de serviço*: As prestadoras de serviço estão experimentando canais de distribuição diferentes. Escolher o canal de distribuição correto pode aumentar o tempo que os serviços ficam disponíveis ou adicionar conveniência para o cliente. A internet está se tornando um canal alternativo para a prestação de serviço. Os consumidores agora podem comprar passagem de avião, planejar um cruzeiro, reservar quarto de hotel, pagar contas, comprar fundos mútuos e receber jornais eletrônicos.

FERRAMENTAS DE ESTUDO CAPÍTULO 13

Acesse a Trilha de MKTG em www.cengage.com.br/4ltr para:

❏ Acessar os cartões de revisão dos capítulos

❏ Responder aos questionários práticos para se preparar para as provas

❏ Realizar as atividades "Vença o relógio" para dominar os conceitos

❏ Completar as "Palavras cruzadas" para revisar os termos-chave

81% dos estudantes pesquisados acham que o MKTG os ajuda a se prepararem melhor para suas provas.

REVISÃO

ELE FEZ

"É fácil de ler, destaca tópicos importantes e é relevante. Obrigado pelos ótimos recursos da Trilha; eu acho que vão **realmente me ajudar nas provas.**"

– Thomas Scholtes, estudante da Universidade de Maryland, College Park

O **MKTG** coloca uma infinidade de recursos auxiliares à sua disposição. Depois de ler os capítulos, confira esses recursos para ajudar ainda mais:

- **Os Cartões de Revisão do Capítulo,** encontrados na Trilha, incluem todos os resultados da aprendizagem, definições e resumos visuais para cada capítulo.

- **Os Flash Cards para impressão** oferecem a você maneiras adicionais de verificar a sua compreensão de conceitos-chave de marketing.

Outras grandes formas de ajudá-lo a estudar incluem **games interativos** de marketing com feedback.

Você pode encontrar tudo isso na Trilha de **MKTG** no site **www.cengage.com.br/4ltr**

CAPÍTULO 14

Gestão da Cadeia de Suprimentos

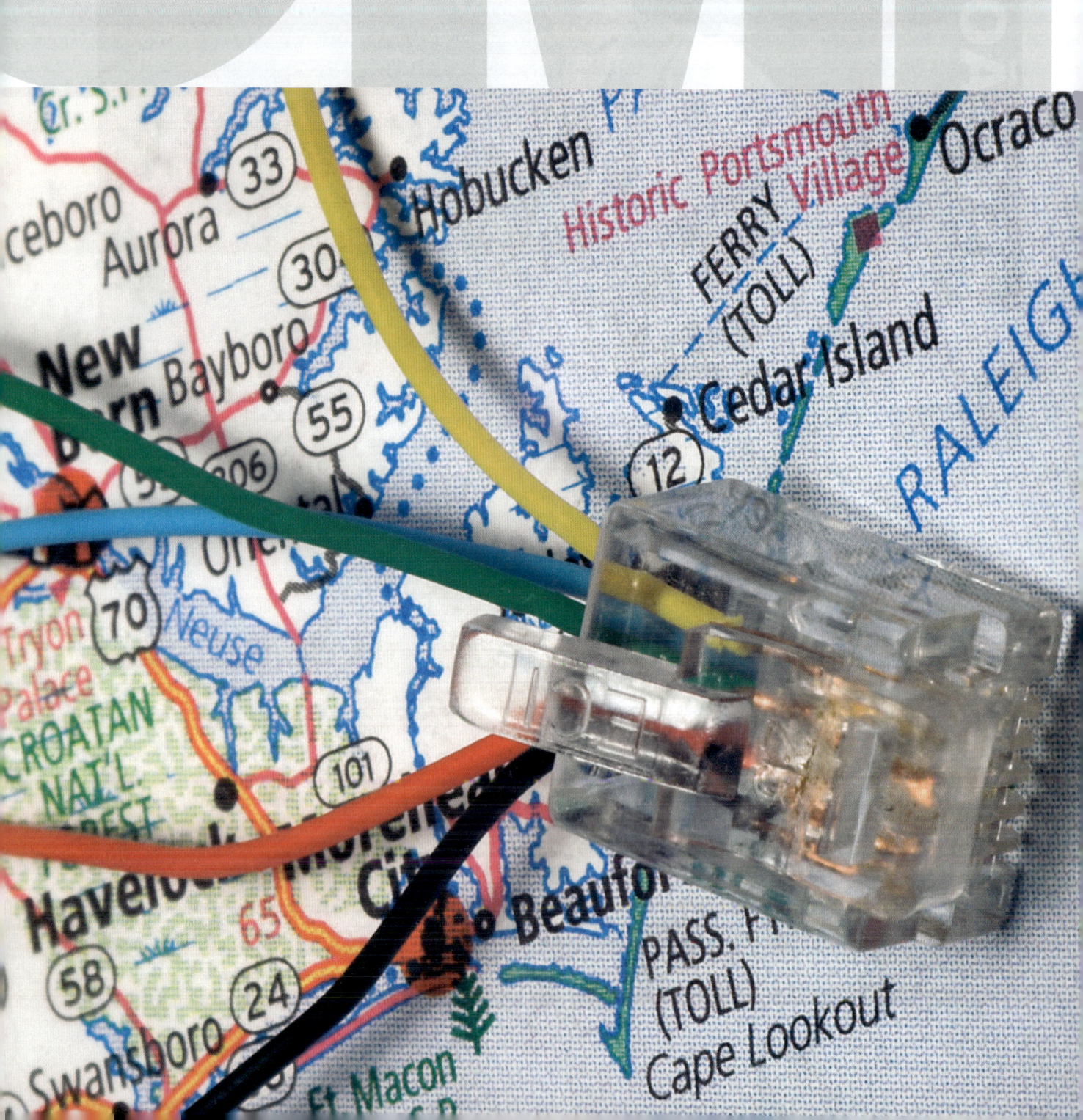

Objetivos da Aprendizagem

OA 1 Definir os termos cadeia de suprimentos e gestão da cadeia de suprimentos e abordar os benefícios da gestão da cadeia de suprimentos

OA 2 Tratar do conceito de integração da cadeia de suprimentos e explicar por que cada um dos seis tipos de integração é importante

OA 3 Identificar os oito processos-chave para a excelência da gestão da cadeia de suprimentos e abordar como cada um desses processos afeta o consumidor final

OA 4 Tratar das principais decisões estratégicas que os gestores da cadeia de suprimentos devem tomar ao conceber as cadeias de suprimentos de suas empresas

OA 5 Abordar as novas tecnologias e tendências emergentes na gestão da cadeia de suprimentos

> No mercado atual, os produtos são orientados para os clientes.

APÓS CONCLUIR ESTE CAPÍTULO, VÁ PARA A PÁGINA 233 PARA OBTER AS FERRAMENTAS DE ESTUDO

OA 1 Cadeia de Suprimentos e Gestão da Cadeia de Suprimentos

Muitas empresas modernas estão se voltando para a gestão da cadeia de suprimentos a fim de obter vantagem competitiva. A **cadeia de suprimentos** de uma empresa inclui todas as empresas envolvidas em todos os fluxos ascendentes e descendentes de produtos, serviços, finanças e informações, dos fornecedores iniciais (ponto de origem) ao consumidor final (ponto de consumo). O objetivo da **gestão da cadeia de suprimentos** é coordenar e integrar todas as atividades realizadas pelos membros da cadeia de suprimentos em um processo contínuo, da origem ao ponto de consumo, de forma a oferecer aos gestores "visibilidade total" dessa cadeia, tanto dentro como fora da empresa. A filosofia por trás da gestão da cadeia de suprimentos é que, visualizando toda a cadeia, os gestores podem maximizar os pontos fortes e eficientes em cada nível do processo para criar um sistema de abastecimento altamente competitivo, orientado ao cliente, capaz de responder imediatamente às mudanças na oferta e na demanda.

A gestão da cadeia de suprimentos é orientada ao cliente. Na era da produção em massa, os fabricantes produziam produtos padronizados que foram "empurrados" para o consumidor. No mercado atual, no entanto, os produtos são orientados para os

cadeia de suprimentos cadeia conectada que envolve todas as entidades comerciais, tanto internas como externas à empresa, que executam ou apoiam a função logística

gestão da cadeia de suprimentos sistema de gestão que coordena e integra todas as atividades realizadas pelos membros da cadeia de suprimentos em um processo contínuo, desde a origem até o ponto de consumo, resultando em cliente valorizado e maior valor econômico

Qual a sua opinião?

Eu compro mais mercadorias on-line do que em lojas físicas.

1 2 3 4 5 6 7
DISCORDO PLENAMENTE   CONCORDO PLENAMENTE

clientes, que esperam receber configurações de produtos e serviços que atendam suas necessidades específicas. O foco está em colocar produtos no mercado e fazer parcerias com os membros da cadeia de suprimentos para aumentar o valor do cliente. As relações da cadeia de suprimentos de fabricantes de automóveis e da indústria de autopeças de pós-mercado tornam possível personalizar um automóvel.[1]

Essa inversão no fluxo de demanda do "empurrar" para o "extrair" resultou em uma reformulação radical das expectativas de mercado e das funções tradicionais de marketing, produção e distribuição. Parcerias de canais integrados permitem que as empresas respondam com uma configuração de produto único e com uma combinação de serviços exigidos pelo cliente. Hoje, a gestão da cadeia de suprimentos é um *comunicador* da demanda do cliente que se estende do ponto de venda por todo o caminho de volta para o fornecedor e, ao mesmo tempo, é um processo de *fluxo físico* que projeta o deslocamento oportuno e eficaz no que diz respeito ao custo das mercadorias ao longo do canal de abastecimento.

Benefícios da Gestão da Cadeia de Suprimentos

A gestão da cadeia de suprimentos é um meio importante de diferenciação para a empresa e um componente fundamental na estratégia de marketing e corporativa. Empresas que se concentram na gestão da cadeia de suprimentos, normalmente, apresentam custos mais baixos com estoque, transporte, armazenagem e embalagem, maior flexibilidade da cadeia de abastecimento, melhor atendimento ao cliente e rendimentos mais elevados. Pesquisas revelaram uma clara relação entre o desempenho da cadeia de suprimentos e a rentabilidade.

A General Mills, por exemplo, demonstrou ter pensamento inovador em relação a sua cadeia de suprimentos: aumentou o número de fábricas que produzem Honey Nut Cheerios de duas para quatro, o que resultou em distâncias mais curtas para realizar entregas. Por essa e outras mudanças, a empresa reduziu o consumo de combustível em 10% em um trimestre.[2]

integração da cadeia de suprimentos
coordenação de atividades e processos de várias empresas em uma cadeia de suprimentos de forma que estejam perfeitamente ligadas umas às outras em um esforço para satisfazer o cliente

OA 2 Integração da Cadeia de Suprimentos

Um princípio crucial da gestão da cadeia de suprimentos é o trabalho conjunto de várias empresas para realizar tarefas como um sistema único e unificado em vez de várias empresas separadas atuando isoladamente. Empresas que compõem uma cadeia de suprimentos de nível mundial combinam seus recursos, sua capacidade e as inovações de forma a serem utilizados no melhor interesse da cadeia, com o objetivo de que o desempenho global da cadeia seja maior do que a soma de suas partes. Como as empresas estão se tornando cada vez mais orientadas para cadeias de suprimentos, elas têm desenvolvido práticas de gestão compatíveis com a abordagem dos sistemas.

As práticas de gestão que refletem o esforço coordenado entre os parceiros da cadeia de suprimentos são ditas "integradas". Em outras palavras, a **integração da cadeia de suprimentos** ocorre quando várias empresas coordenam suas atividades e seus processos de forma que estejam perfeitamente ligadas umas às outras em um esforço para satisfazer o cliente. Em uma cadeia de suprimentos de nível mundial, o cliente pode não estar ciente do ponto no qual terminam as atividades de uma empresa ou unidade de negócios e do ponto no qual iniciam as atividades de outra – todas as empresas e unidades de negócios parecem seguir um mesmo roteiro.

Na prática da gestão da cadeia de suprimentos de nível mundial, as empresas interessadas em oferecer serviços superiores aos clientes buscam seis tipos de integração:[3]

▸ A *integração de relações* é a capacidade de duas ou mais empresas desenvolverem ligações sociais que servem para orientar suas interações ao trabalharem juntas. Mais especificamente, trata-se da capacidade de desenvolver e manter um quadro mental compartilhado entre as empresas que descreve como elas dependem umas das outras ao trabalharem em conjunto. Isso inclui como vão cooperar em atividades ou projetos para que o cliente obtenha o máximo do valor total possível da cadeia de suprimentos.

▸ A *integração de medidas* reflete a ideia de que avaliações de desempenho devem ser transparentes e mensuráveis além das fronteiras de diferentes unidades de negócios e empresas, bem como avaliar o desempenho da cadeia de suprimentos, responsabilizando cada

PARTE 4: DECISÕES DE DISTRIBUIÇÃO

unidade de negócios ou empresa individual pelo cumprimento de suas próprias metas.

- A *integração entre tecnologia e planejamento* refere-se à criação e manutenção de sistemas de tecnologia da informação que conectam os gestores com as empresas na cadeia de suprimentos e fazem a conexão entre elas. Isso exige sistemas de hardware e de software de informação que possibilitem a troca de informações entre clientes, fornecedores e áreas operacionais internas de cada um dos participantes da cadeia de suprimentos.

- A *integração do fornecimento de materiais e serviços* requer que as empresas se conectem de forma transparente aos elementos externos fornecedores de produtos e serviços para que elas possam agilizar os processos de trabalho e, assim, proporcionar experiências tranquilas e de alta qualidade ao cliente. Os dois lados precisam ter uma visão comum do processo de criação do valor total e estar dispostos a compartilhar a responsabilidade de atender as necessidades do cliente para que a integração do fornecimento seja bem-sucedida.

- A *integração das operações internas* é resultado do desenvolvimento das capacidades com o objetivo de reunir o trabalho realizado internamente em um processo contínuo que se estende além das fronteiras departamentais e/ou funcionais para satisfazer as necessidades do cliente.

- A *integração do cliente* é uma competência que permite às empresas oferecer produtos ou serviços de valor agregado diferenciados de longa duração para aqueles clientes que representam o maior valor para a empresa ou a cadeia de suprimentos. Empresas com um alto nível de integração de clientes avaliam suas próprias capacidades para, em seguida, combiná-las com os clientes cujos desejos elas podem atender e os quais oferecem um grande potencial de vendas para que a associação seja rentável em longo prazo.

O sucesso das empresas em alcançar cada um desses tipos de integração é muito importante. Cadeias de suprimentos altamente integradas (aquelas que são bem-sucedidas em atingir muitos ou todos os tipos de integração) demonstraram ser melhores na satisfação dos clientes, na gestão de custos, no fornecimento de produtos de alta qualidade, no aumento da produtividade e na utilização dos ativos da empresa ou unidade de negócios. Esses aspectos se traduzem em maior rentabilidade para as empresas e para seus parceiros que trabalham em conjunto na cadeia de suprimentos.

OA 3 Principais Processos da Gestão da Cadeia de Suprimentos

Quando as empresas praticam uma boa gestão da cadeia de suprimentos, de seus departamentos ou áreas funcionais, como marketing, pesquisa e desenvolvimento e/ou produção, são integrados tanto dentro das empresas como entre elas. Então, a integração refere-se a "como" funciona uma excelente gestão da cadeia de suprimentos. Os processos de negócios nos quais as empresas associadas trabalham juntas representam o "quê" da gestão da cadeia de suprimentos, ou seja, são o foco em que empresas, departamentos, áreas e pessoas trabalham em conjunto ao buscar reduzir os custos da cadeia de suprimentos ou gerar receitas adicionais. Os **processos de negócios** são compostos de feixes de atividades interligadas que se estendem entre as empresas que compõem a cadeia de suprimentos, representando áreas-chave em que algumas ou todas as empresas envolvidas trabalham para reduzir custos e/ou gerar receitas para todos. Há oito processos críticos de negócios em que os gestores da cadeia de suprimentos devem se concentrar:

1. Gestão do relacionamento com o cliente
2. Gestão do atendimento ao cliente
3. Gestão da demanda
4. Atendimento de pedidos
5. Gestão do fluxo de produção
6. Gestão do relacionamento com o fornecedor
7. Desenvolvimento e comercialização de produtos
8. Gestão de devoluções[4]

Gestão do Relacionamento com o Cliente

O **processo de gestão do relacionamento com o cliente (GRC)** – que será

> **processos de negócios** conjuntos de atividades interconectadas que se estendem entre as empresas na cadeia de suprimentos
>
> **processo de gestão do relacionamento com o cliente (GRC)** permite que as empresas priorizem o foco de marketing em diferentes grupos de clientes, de acordo com o valor de cada grupo em longo prazo para a empresa ou cadeia de suprimentos

processo de gestão do atendimento ao cliente oferece ao cliente um sistema de respostas unificado entre várias empresas sempre que ele manifestar queixas, preocupações, dúvidas ou comentários

processo de gestão da demanda busca alinhar o fornecimento e a demanda ao longo da cadeia de suprimentos, prevendo as exigências do cliente em cada nível e desenvolvendo planos de ação relacionados à demanda antes do comportamento de compra real do cliente

discutido mais detalhadamente no Capítulo 21 – permite que as empresas priorizem o foco de marketing em diferentes grupos de clientes, de acordo com o valor de cada grupo em longo prazo para a empresa ou cadeia de suprimentos. Uma vez que os clientes de maior valor são identificados, as empresas devem se concentrar em oferecer produtos personalizados e melhores serviços a esse grupo, em vez de oferecer a outros grupos. O processo de gestão do relacionamento com o cliente inclui tanto a segmentação dos clientes por valor quanto a lealdade dele em relação aos segmentos mais atraentes, isto é, atividades-chave possibilitadas por meio da integração do cliente. Esse processo fornece um conjunto de princípios abrangentes para o início e a manutenção do relacionamento com o cliente, muitas vezes realizado com o auxílio de softwares de GRC específicos.

Gestão do Atendimento ao Cliente

Considerando que o processo de gestão do relacionamento com o cliente é projetado para identificar e construir relacionamentos com bons clientes, seu desenvolvimento deve assegurar que essa relação permaneça forte. O **processo de gestão do atendimento ao cliente** oferece ao cliente um sistema de respostas unificado entre várias empresas sempre que ele manifestar queixas, preocupações, dúvidas ou comentários. Se o processo é bem executado, pode ter forte impacto positivo sobre as receitas, muitas vezes, resultado de uma resposta positiva rápida a um *feedback* negativo dos clientes, outras, na forma de vendas adicionais ocorridas por meio de contato extra com os clientes. Os consumidores esperam atendimento do momento em que um produto é comprado até que seja descartado, e o processo de gestão do atendimento ao cliente permite pontos de contato entre o comprador e o vendedor ao longo desse ciclo. O uso de softwares específicos permite às empresas melhorar o processo de gestão do atendimento ao cliente.

Gestão da Demanda

O **processo de gestão da demanda** busca alinhar o fornecimento e a demanda ao longo da cadeia de suprimentos, prevendo as exigências do cliente em cada nível e desenvolvendo planos de ação relacionados à demanda antes do comportamento de compra real do consumidor. Ao mesmo tempo, a gestão da demanda busca minimizar os custos para atender vários tipos de clientes com desejos e necessidades variáveis. Em outras palavras, o processo de gestão da demanda permite que as empresas que compõem a cadeia de suprimentos satisfaçam os clientes da maneira mais eficiente e eficaz possível. Atividades como coleta de dados dos clientes, previsão de demanda futura e desenvolvimento de atividades que servem para "facilitar" a demanda ajudam a disponibilizar estoques de acordo com os desejos dos consumidores. Embora seja muito difícil prever exata-

BEBIDA POR UM DÓLAR? HOJE NÃO

O **McDonald's** trabalhou no desenvolvimento de uma campanha de marketing de larga escala para promover os novos *smoothies* nos sabores morango, banana e frutas silvestres. Mas as lojas receberam o estoque e as ferramentas promocionais antes do dia do lançamento, e muitas delas começaram a vender os *smoothies* em ritmo acelerado e antes da data predeterminada. Quando os gestores revisaram o cronograma de distribuição, perceberam que o preço promocional de US$ 1 e os cartazes que chamavam a atenção para o novo produto poderiam fazer os itens esgotarem, em muitos pontos, mais cedo que o previsto. A cadeia de suprimentos do McDonald's alertou a administração, que, então, ordenou às franquias a interrupção da venda da bebida até que a campanha de marketing fosse realmente iniciada.[5]

mente quais itens e em que quantidades os clientes comprarão, a gestão da demanda pode diminuir a pressão sobre o processo de produção e permitir que as empresas satisfaçam a maioria de seus clientes por meio de uma maior flexibilidade nos programas de fabricação, marketing e vendas. No entanto, grande parte da incerteza no planejamento da demanda pode ser atenuada por meio de planejamento colaborativo, previsão e reabastecimento (PCPR), realizados em conjunto com os clientes e fornecedores. Em virtude da falta de eficiência nos processos de fabricação e de pedidos, a General Mills possuía em estoque uma grande quantidade de barras Fruit Roll-Ups e Gushers. Ao combinar o estoque em excesso com pacotes "surpresa", a empresa levou as barras de frutas à sexta posição como as de venda mais rápida do mercado![6]

Atendimento de Pedidos

Um dos processos mais importantes na gestão da cadeia de suprimentos é o processo de atendimento de pedidos, que envolve geração, execução, entrega e prestação de serviço imediato. O **processo de atendimento de pedidos** é um processo altamente integrado que requer pessoas de várias empresas e funções trabalhando em conjunto e de forma coordenada, para atingir a satisfação do cliente em determinado lugar e momento. Os melhores processos de atendimento de pedidos reduzem o tempo entre o pedido e o recebimento pelo cliente, tanto quanto possível, ao mesmo tempo em que garantem que o cliente receba exatamente o que deseja. Tempos de fornecimento mais curtos são benéficos uma vez que permitem às empresas operar níveis de estoque reduzidos e liberar valores que podem ser utilizados em outros projetos. No geral, o processo de atendimento de pedidos envolve a compreensão das capacidades internas e das necessidades externas do cliente, combinando-as de forma que a cadeia de suprimentos maximize os lucros enquanto minimiza os custos e desperdícios.

Quando o processo de atendimento de pedidos é gerido de forma cuidadosa, o tempo entre a entrada do pedido e o recebimento do pagamento do cliente após a expedição do pedido (conhecido como o ciclo do pedido ao pagamento) é minimizado o máximo possível. Uma vez que muitas empresas não veem o atendimento de pedidos como uma competência vital (em comparação, por exemplo, ao desenvolvimento ou marketing do produto), passam essa função para empresas de logística terceirizadas (3PL) que se especializam nesse processo. Tais empresas se tornam parte semipermanente da cadeia de suprimentos da empresa designada para gerenciar uma ou mais funções especializadas. Quando utilizada para fins de atendimento de pedidos, uma empresa que atua como 3PL é contratada para gerenciar o processo de atendimento de pedidos do início ao fim, liberando, assim, o tempo e os recursos da empresa principal para que possam ser dispendidos com atividades comerciais essenciais.

Gestão do Fluxo de Produção

O **processo de gestão do fluxo de produção** preocupa-se em garantir que as empresas que compõem a cadeia de suprimentos tenham os recursos necessários para fabricar com flexibilidade e deslocar produtos por meio de um processo de produção multiestágios. Empresas com processo de fabricação flexível têm capacidade de criar uma grande variedade de produtos e/ou serviços com custos minimizados associados à mudança das técnicas de produção. O processo do fluxo de produção inclui muito mais do que a simples produção de bens e serviços, isto é, significa a criação de acordos flexíveis com os fornecedores e transportadoras para que as demandas inesperadas possam ser atendidas.

Os objetivos do processo de gestão do fluxo de produção estão centrados no aprimoramento das capacidades dos membros da cadeia de suprimentos, visando melhorar a produção industrial no que se refere a qualidade, velocidade de entrega e flexibilidade, fatores com mesmo nível de impacto sobre a rentabilidade.

Gestão do Relacionamento com o Fornecedor

O **processo de gestão do relacionamento com o fornecedor** está intimamente relacionado ao processo de gestão do fluxo de produção e possui várias características análogas ao processo de gestão do relacionamento com o cliente. O processo de gestão do fluxo de produção é altamente dependente das relações com os fornecedores quanto à flexibilidade. De forma semelhante ao processo de gestão do relacionamento com o cliente, proporciona suporte estrutural para o desenvolvimento e a manutenção das relações com os fornecedores. Integrando essas duas ideias, a gestão do relacionamento com o fornecedor sustenta o fluxo de produção, identificando as relações com fornecedores e mantendo-as altamente valorizadas. Assim como as empresas se beneficiam do desenvolvimento de relações muito próximas e integradas com os clientes, no caso dos fornecedores essas mesmas relações oferecem um meio pelo qual é possível obter vantagens de desempenho.

A gestão do relacionamento com o fornecedor é um passo fundamental para assegurar que os recursos de produção das empresas estão disponíveis; dessa

---

processo de atendimento de pedidos processo altamente integrado que requer pessoas de várias empresas e funções trabalhando em conjunto e de forma coordenada, para atingir a satisfação do cliente em determinado lugar e momento

processo de gestão do fluxo de produção preocupa-se em garantir que as empresas que compõem a cadeia de suprimentos tenham os recursos necessários para fabricar com flexibilidade e deslocar produtos por meio de um processo de produção multiestágios

processo de gestão do relacionamento com o fornecedor intimamente relacionado ao processo de gestão do fluxo de produção, possui várias características análogas ao processo de gestão do relacionamento com o cliente

forma, o processo de gestão do relacionamento com o fornecedor tem impacto direto sobre o desempenho financeiro de cada membro da cadeia de suprimentos.

A PepsiCo decidiu que necessitava ter mais controle sobre as principais partes de sua cadeia de suprimentos, assim, comprou duas de suas maiores envasadoras. O resultado disso é que a Pepsi consegue trabalhar de forma mais próxima a seus revendedores.[7]

Desenvolvimento e Comercialização do Produto

O **processo de desenvolvimento e comercialização do produto** (discutido em detalhes no Capítulo 11) inclui um grupo de atividades que facilitam o desenvolvimento e a comercialização em conjunto de novas ofertas entre empresas que compõem uma cadeia de suprimentos. Em muitos casos, novos produtos e serviços não são de responsabilidade exclusiva de uma única empresa que atua como inventor, engenheiro, construtor, comerciante e agente de vendas, mas resultam da colaboração entre empresas, com várias empresas e unidades de negócios desempenhando papéis exclusivos em atividades de desenvolvimento, testes e lançamento de novos produtos. A capacidade de desenvolvimento e introdução rápida de novas ofertas é a chave para o sucesso competitivo frente a empresas rivais, por isso muitas vezes é vantajoso envolver vários parceiros da cadeia de suprimentos nesse esforço. O processo requer uma estreita cooperação entre fornecedores e clientes que fornecem dados ao longo do processo e servem de conselheiros e coprodutores, no caso de novas ofertas.

Gestão de Devoluções

O processo final de gestão da cadeia de suprimentos refere-se à escolha do cliente por devolver um produto para o varejista ou fornecedor, criando, assim, um fluxo reverso de mercadorias na cadeia de suprimentos. O **processo de gestão de devoluções** permite que as empresas gerenciem com eficiência produtos devolvidos e, ao mesmo tempo, minimizem os custos relacionados às devoluções e maximizem o valor dos produtos devolvidos. Se mal conduzidas, as devoluções têm potencial para afetar a situação financeira de uma empresa de forma significativa e negativa. Algumas indústrias, como o comércio eletrônico de roupas e acessórios no varejo, podem ter 40% de seu volume de vendas em devoluções.

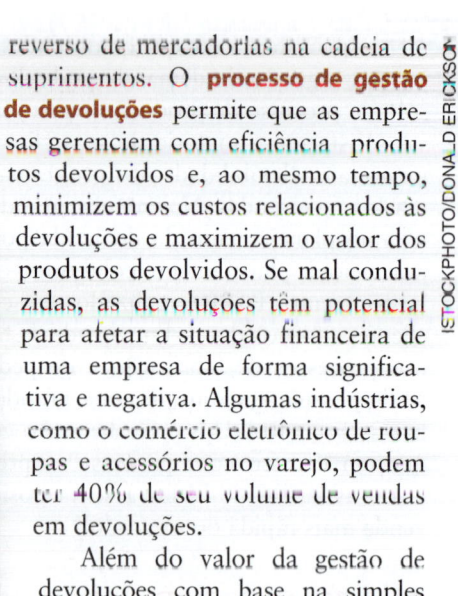

Além do valor da gestão de devoluções com base na simples perspectiva de recuperação de ativos, muitas empresas estão descobrindo que esse gerenciamento cria pontos de contato adicionais de marketing e atendimento que podem ser aproveitados para agregar valor para o cliente acima das vendas normais e dos encontros promocionais. A condução das devoluções proporciona à empresa uma oportunidade extra de agradar o cliente. Os clientes que vivem experiências positivas com o processo de gestão de devoluções podem tornar-se compradores confiantes, dispostos a refazer seus pedidos, pois sabem que, se houver qualquer problema, será rapidamente corrigido de forma justa. Além disso, esse processo permite que a empresa reconheça, por meio do *feedback* direto do cliente que inicia o processo, os pontos fracos no projeto do produto e/ou as áreas que podem ser melhoradas.

OA 4 Gestão dos Componentes de Logística da Cadeia de Suprimentos

Um fator crítico para qualquer cadeia de suprimentos é a organização dos meios físicos pelos quais os produtos se deslocam. A **logística** é o processo de gestão estratégica eficiente do fluxo e armazenamento de matérias-primas, estoque de produtos em processo e produtos acabados, do ponto de origem ao ponto de consumo. Como mencionado anteriormente, a gestão da cadeia de suprimentos coordena e integra, em um processo contínuo, todas as atividades realizadas

---

processo de desenvolvimento e comercialização do produto inclui um grupo de atividades que facilitam o desenvolvimento e a comercialização em conjunto de novas ofertas entre empresas que compõem uma cadeia de suprimentos

processo de gestão de devoluções permite que as empresas gerenciem com eficiência os produtos devolvidos e, ao mesmo tempo, minimizem os custos relacionados às devoluções e maximizem o valor dos produtos devolvidos

logística processo de gestão estratégica eficiente do fluxo e armazenamento de matérias-primas, estoque de produtos em processo e produtos acabados, do ponto de origem ao ponto de consumo por membros da cadeia de suprimentos. A cadeia de suprimentos consiste em vários componentes logísticos inter-relacionados e integrados: (1) fornecimento e aquisição de matérias-primas e suprimentos; (2) programação da produção; (3) processamento de pedidos; (4) controle de estoque; (5) armazenagem e manuseio de materiais; (6) transporte.

O **sistema de informação logística** é o elo entre todos os componentes logísticos da cadeia de suprimentos. As funções desse sistema incluem, por exemplo, software para aquisição e manuseio de materiais, soluções de gestão de armazenamento, armazenamento e integração de dados, comunicação móvel, intercâmbio eletrônico de dados, *chips* de identificação por radiofrequência e internet. Em conjunto, os componentes do sistema de informação logística constituem fatores fundamentais que possibilitam o sucesso da gestão da cadeia de suprimentos.

A **equipe da cadeia de suprimentos**, juntamente com o sistema de informação, a logística é responsável pela circulação de mercadorias, serviços e informações, desde a fonte até o consumidor. Essa equipe normalmente ultrapassa as fronteiras organizacionais e engloba todas as partes envolvidas na circulação do produto no mercado. As melhores equipes vão além da empresa para incluir, na cadeia, participantes externos, como fornecedores, transportadoras, fornecedores terceirizados de logística. Os membros da cadeia de suprimentos comunicam-se, coordenam e cooperam de forma ampla.

Fornecimento e Aquisição

Um dos elos mais importantes na cadeia de suprimentos é entre o fabricante e o fornecedor. Os profissionais da área de compras estão na linha de frente da gestão da cadeia de suprimentos. Os departamentos de compras planejam as estratégias de compras, desenvolvem especificações, selecionam fornecedores e negociam preços e níveis de serviço.

O objetivo da maioria das atividades de fornecimento e aquisição é reduzir os custos de matérias-primas e suprimentos. Tradicionalmente, os profissionais da área de compras apoiam-se em negociações difíceis para obter o menor preço possível dos fornecedores de matérias-primas, suprimentos e componentes. No entanto, talvez a maior contribuição da área de compras para a gestão da cadeia de suprimentos seja no que diz respeito às relações com fornecedores. As empresas podem utilizar a função de compras para gerenciar estrategicamente os fornecedores, a fim de reduzir o custo total de materiais e serviços. Por meio de um melhor contato com fornecedores, os compradores e vendedores podem desenvolver relações de cooperação que reduzem os custos e melhoram a eficiência, com o objetivo de baixar os preços e aumentar os lucros. Integrando os fornecedores aos negócios de suas empresas, os gerentes de compras conseguem agilizar os processos de compras, gerenciar níveis de estoque e reduzir os custos globais das operações de fornecimento e aquisição.

Programação da Produção

Na fabricação tradicional para o mercado de consumo em massa, a produção começa quando as previsões pedem a fabricação de produtos adicionais ou quando os sistemas de controle de estoque indicam baixo nível de estoque. Então, a empresa produz o item e transporta os produtos acabados para armazéns próprios ou de terceiros, nos quais as mercadorias aguardam os pedidos dos revendedores ou consumidores. Muitos tipos de mercadorias de conveniência, por exemplo, como creme dental, desodorante e detergente, são fabricados com base nas vendas passadas e na demanda e, em seguida, são enviados aos varejistas para revenda. A programação da produção baseada em empurrar um produto para o consumidor, obviamente, tem suas desvantagens; a mais notável é que as empresas correm o risco de fabricar produtos que podem se tornar obsoletos ou que os consumidores não desejam.

Em um ambiente de produção "extraído" do cliente, que está crescendo em popularidade, a produção de bens ou serviços não é programada até

> **sistema de informação logística** elo entre todas as funções logísticas da cadeia de suprimentos
>
> **equipe da cadeia de suprimentos** grupo de pessoas responsáveis pela movimentação de produtos, serviços e informações, desde a fonte até o consumidor

Algumas indústrias, como a de comércio eletrônico de roupas e acessórios, podem ter 40% de seu volume de vendas em devoluções.

customização em massa (produção sob encomenda) método de produção em que os produtos não são fabricados até que seja feito um pedido; os produtos são fabricados de acordo com as especificações do cliente

produção *just-in-time* (JIT) processo que redefine e simplifica a fabricação, reduzindo os níveis de estoque e fornecendo as matérias-primas no momento exato da produção em que são necessárias na linha de montagem

sistema de processamento de pedidos sistema pelo qual os pedidos são inseridos na cadeia de suprimentos e, posteriormente, são atendidos

que seja dada entrada em um pedido do cliente, especificando a configuração desejada. Esse processo, conhecido como **customização em massa (produção sob encomenda)** adapta os produtos e serviços do mercado de consumo em massa às necessidades dos indivíduos que os adquirem. Empresas tão diversas como BMW, Dell, Levi Strauss, Mattel e uma série de empresas com base na internet estão adotando a customização em massa para manter ou obter uma vantagem competitiva.

Quanto mais empresas se movem em direção à customização em massa de bens, distanciando-se do marketing de massa, a necessidade de permanecer no topo da demanda do consumidor força os fabricantes a tornar sua cadeia de suprimentos mais flexível. A flexibilidade é fundamental para o sucesso de um fabricante quando ocorrem oscilações drásticas na demanda. Para atender à demanda dos consumidores por produtos personalizados, as empresas são forçadas a adaptar sua abordagem de produção ou criar um processo completamente novo. Apesar de a maioria das empresas de automóveis ter em seu site uma seção na qual os consumidores podem "montar e determinar o preço" de seu próprio carro, o sistema de produção sob encomenda de veículos nos Estados Unidos representa menos de 5% das vendas totais de automóveis. A BMW espera que a customização a ajude a superar a Lexus como a principal marca de veículos de luxo nos Estados Unidos. Encorajar os compradores a personalizar seu BMW é mais desafiador nos Estados Unidos do que na Alemanha. Mesmo que os carros produzidos sob encomenda sejam comuns na Europa, os consumidores norte-americanos estão acostumados a sair da loja dirigindo o carro novo, por isso, a BMW está trabalhando com suas concessionárias para promover os modelos produzidos sob encomenda.[8]

Produção *Just-In-Time* Um importante processo de fabricação comum hoje em dia é a produção *just-in-time*. De origem japonesa, a **produção *just-in-time* (JIT)**, às vezes denominada *produção enxuta*, requer que os fabricantes trabalhem com fornecedores e transportadoras para ter à mão os itens necessários na linha de montagem ou no chão de fábrica no momento exato da produção. Para o fabricante, JIT significa que as matérias-primas chegarão à linha de montagem no momento de serem instaladas; então, os produtos acabados são imediatamente despachados para o cliente. Para o fornecedor, JIT significa entregar os produtos aos clientes apenas em alguns dias (ou em algumas horas) em vez de semanas. Para o consumidor final, JIT

> **LEMBRE-SE:** A cadeia de suprimentos é composta por vários elementos:
> 1. fornecimento e aquisição de matérias-primas e suprimentos;
> 2. programação da produção;
> 3. processamento de pedidos;
> 4. controle de estoque;
> 5. armazenagem e manuseio de materiais;
> 6. transporte.

significa custos mais baixos, ciclos de produção mais curtos e produtos que atendem de forma mais precisa suas necessidades. Muitos varejistas do ramo de vestuário estão trabalhando com ciclos de produção mais curtos, porque ficaram com grandes estoques após a recessão e, agora, estão tentando reduzir ainda mais a cadeia de suprimentos utilizando um método denominado *sequenciamento*. O sequenciamento ocorre quando um comprador solicita uma pequena quantidade de produto para testar nas lojas; se o produto vender bem, ele faz um pedido maior ao fornecedor e solicita que o novo pedido seja entregue mais rápido. A Aéropostale utiliza esse método para garantir que o produto circule por suas lojas mais rapidamente e com um desconto mínimo. Entretanto, o preço em alta do algodão, as restrições de envio e fábricas receosas em relação às pequenas encomendas provocam o aumento dos preços e dificultam o sequenciamento. A empresa lida com esses desafios trabalhando diretamente com as fábricas de algodão e garantindo que elas tenham um fluxo de pedidos constante, mesmo que pequeno.[9]

Processamento de Pedidos

O *pedido* é o catalisador que define a cadeia de suprimentos em movimento, especialmente em ambientes de produção sob encomenda. O **sistema de processamento de pedidos** processa as necessidades do cliente e envia a informação para a cadeia de suprimentos por meio do sistema de informação logística. O pedido é encaminhado para o armazém do fabricante. Se houver produto em estoque, o pedido é atendido e são encaminhados para despachá-lo. Se o produto não está disponível, é disparado um pedido de reposição que é encaminhado ao chão de fábrica.

O processamento adequado dos pedidos é fundamental para um bom serviço. Quando um pedido entra no sistema, a administração deve monitorar dois fluxos: o fluxo de mercadorias e o fluxo de informações. Uma boa comunicação entre os representantes de vendas, o pessoal de escritório e os funcionários do armazém e da expedição é essencial para o processamento correto dos pedidos. Enviar mercadorias incorretas ou atender parcialmente os pedidos pode gerar tanta insatisfação quanto falta da mercadoria em estoque ou entregas atrasadas. O fluxo de mercadorias e o de informações devem ser monitorados continuamente, para que os erros possam ser corrigidos antes de uma fatura ser preparada e a mercadoria ser expedida.

Com o uso da tecnologia da informação, conhecido como **intercâmbio eletrônico de dados (EDI, do inglês *electronic control system*)**, o processamento de pedidos está se tornando mais automatizado. A ideia básica do EDI é substituir os documentos em papel que normalmente acompanham as transações comerciais, como ordens de compra e faturas, pela transmissão eletrônica de informações. Uma mensagem de EDI comum inclui todas as informações que estariam em uma fatura em papel, como código do produto, quantidade e detalhes do transporte. Geralmente, as informações são enviadas por meio de redes privadas, que são mais seguras e confiáveis do que as redes utilizadas para as mensagens padrão de e-mail. Mais importante: as informações podem ser lidas e processadas por computadores, o que reduz significativamente os custos e aumenta a eficácia. Empresas que utilizam o EDI conseguem reduzir os níveis de estoque, melhorar o fluxo de caixa, agilizar as operações e aumentar a velocidade e a precisão da transmissão de informações. Além disso, o EDI propicia uma relação mais próxima entre compradores e vendedores.

Controle de Estoque

O **sistema de controle de estoque** desenvolve e mantém uma variedade adequada de materiais ou produtos para atender a demanda de um fabricante ou cliente. As decisões sobre estoque, referentes tanto a matérias-primas quanto a produtos acabados, exercem grande impacto sobre os custos da cadeia de suprimentos e o nível de serviço prestado. Se muitos produtos são mantidos em estoque, os custos aumentam, assim como os riscos de obsolescência, roubo e danos. Se poucos produtos são mantidos à disposição, a empresa corre o risco de enfrentar escassez de produtos e clientes irrita-

> **intercâmbio eletrônico de dados (EDI, do inglês *electronic control system*)** tecnologia da informação que substitui os documentos em papel que acompanham as transações comerciais, como ordens de compra e faturas, pela transmissão eletrônica das informações necessárias, a fim de reduzir os níveis de estoque, melhorar o fluxo de caixa, agilizar as operações e aumentar a velocidade e precisão da transmissão de informações
>
> **sistema de controle de estoque** método para desenvolver e manter uma variedade adequada de materiais ou produtos para atender a demanda de um fabricante ou cliente

planejamento da requisição de materiais (MRP, do inglês *materials requirement planning*) gestão de materiais; sistema de controle de estoque que gerencia a reposição de matérias-primas, suprimentos e componentes do fornecedor ao fabricante

planejamento das necessidades de distribuição (DRP, do inglês *distribution resource planning*) sistema de controle de estoque que gerencia a reposição de mercadorias do fabricante ao consumidor final

programas de reposição automática sistema de estoque em tempo real que desencadeia remessas somente quando uma mercadoria é vendida ao consumidor final

sistema de manuseio de materiais método de movimentação do estoque internos, no interior e fora do armazém

dos e, em última análise, pode perder vendas. O objetivo do gerenciamento do estoque, portanto, é manter os níveis de estoque o mais baixo possível e, ao mesmo tempo, manter o fornecimento adequado de produtos para atender a demanda do cliente. A Nordstrom implantou um novo gerenciamento de estoque que atende encomendas on-line com base em centros de distribuição ou lojas localizadas perto do cliente. Enviando o produto para o cliente do ponto mais próximo possível, a Nordstrom aumenta sua eficiência de envio e gerencia melhor seu estoque.[10]

O gerenciamento do estoque do fornecedor ao fabricante chama-se **planejamento da requisição de materiais (MRP, *materials requirement planning*)**, ou gestão de materiais. Esse sistema envolve também as operações de fornecimento e aquisição, indicando quando é necessário repor matérias-primas, suprimentos ou componentes para a produção de mais produtos. Normalmente, o sistema que gerencia o estoque de produtos acabados do fabricante ao consumidor final é denominado **planejamento das necessidades de distribuição (DRP, do inglês *distribution resource planning*)**.

Os dois sistemas de estoque utilizam insumos diversos, como previsão de vendas, estoques disponíveis, pedidos pendentes, prazos de entrega e meios de transporte a ser utilizados, para determinar o que precisa ser feito para repor mercadorias nos pontos da cadeia de suprimentos. Os profissionais de marketing identificam a demanda em cada nível da cadeia de suprimentos, do varejista de volta ao fabricante, e utilizam o EDI para transmitir informações importantes ao longo do canal.

Alguns sistemas de reposição de estoque usam pouca ou nenhuma previsão. Esses **programas de reposição automática** disparam a expedição somente quando uma mercadoria é vendida ao consumidor final, utilizando uma conexão de EDI ligada a leitores de código de barras para que o fornecedor possa visualizar o estoque em tempo real. Quando o estoque do cliente cai abaixo dos níveis predeterminados, o fornecedor assume a responsabilidade de repor as mercadorias nas prateleiras ou no armazém. Esse processo, muitas vezes, resulta em níveis menores de estoque.

Armazenagem e Manuseio de Materiais

Embora os processos de produção JIT eliminem a necessidade de se armazenar muita matéria-prima, os fabricantes podem manter um estoque de segurança para atender uma emergência, como uma greve na fábrica de um fornecedor ou um evento catastrófico que interrompe temporariamente o fluxo de matérias-primas para a linha de produção. Da mesma forma, o usuário final pode não precisar dos produtos, ou pode não querer adquiri-los, no mesmo momento em que o fabricante os produz e deseja vendê-los. Produtos como grãos e milho são produzidos sazonalmente, mas a demanda dos consumidores ocorre durante o ano todo. Outros produtos, como enfeites de Natal e peru, são produzidos de forma ininterrupta, mas os consumidores só os buscam no final do ano. Assim, os gestores devem dispor de um sistema de armazenamento para manter esses produtos até que sejam despachados.

O *armazenamento* ajuda os fabricantes a gerenciar a oferta e a demanda, ou a produção e o consumo. Ele proporciona otimização do tempo para compradores e vendedores, isso significa que o vendedor armazena o produto até que o comprador deseje adquiri-lo ou precise dele. No entanto, armazenar produtos extras tem desvantagens, incluindo custos com seguro do produto armazenado, impostos, obsolescência ou deterioração, roubo e custos operacionais do armazém. Outro inconveniente são os custos de oportunidade, ou seja, as oportunidades perdidas em razão de o dinheiro estar parado em um produto armazenado, quando poderia ser utilizado para outra coisa.

Em virtude de as empresas estarem se concentrando em cortar custos da cadeia de suprimentos, a indústria de armazenamento está investindo em serviços que utilizam tecnologia de rastreamento sofisticada, como sistemas de manuseio de materiais. Um **sistema de manuseio de materiais** eficaz movimenta rapidamente estoques para dentro, no interior e fora do armazém, com o mínimo de manipulação. Com um sistema de manuseio de materiais manual, não automatizado, um produto pode ser manuseado mais de uma dúzia de vezes. Cada vez que é manipulado, o custo e o risco de danos aumentam; cada vez que um produto é erguido, sua embalagem é tencio-

O milho é cultivado de forma sazonal, mas a demanda é constante ao longo do ano.

nada. Consequentemente, hoje a maioria dos fabricantes utiliza sistemas automatizados. Os escâneres identificam com rapidez as mercadorias que entram e saem de um armazém por meio de códigos de barras fixados na embalagem. Sistemas automáticos de armazenamento e recuperação estocam e buscam mercadorias em armazéns ou centros de distribuição. Os sistemas automatizados de manuseio de materiais diminuem a manipulação do produto, asseguram sua colocação exata e melhoram a precisão da separação dos pedidos e das taxas de envio no prazo. A Dell, por exemplo, utiliza um sistema de computador denominado OptiPlex para administrar suas fábricas. O software recebe os pedidos, envia solicitações de peças aos fornecedores, faz o pedido de componentes, organiza a montagem do produto e efetua os arranjos para que o produto seja enviado. Em vez de centenas de trabalhadores, menos de oito funcionários operam em uma fábrica da Dell ao mesmo tempo. Um pedido de algumas centenas de computadores pode ser atendido em menos de oito horas por meio de um sistema automatizado. Com o OptiPlex, a produtividade aumentou drasticamente.

Transporte

Normalmente, o transporte responde por 5% a 10% do preço do produto. Os profissionais de logística da cadeia de suprimentos devem decidir qual o meio de transporte a ser usado para deslocar os produtos do fornecedor para o produtor e do produtor para o comprador. Essas decisões estão, naturalmente, relacionadas a todas as demais decisões de logística. As cinco principais modalidades de transporte são ferrovias, rodovias, dutos, vias aquáticas e aérea. Em geral, os gestores da cadeia de suprimentos escolhem a modalidade de transporte com base em vários critérios:

- *Custo relativo*: Valor total que determinada transportadora cobra para deslocar um produto do ponto de origem até o destino.
- *Tempo de trânsito*: Tempo total em que uma transportadora fica de posse da mercadoria, incluindo o tempo necessário para coleta e entrega, manuseio e deslocamento entre o ponto de origem e o de destino.
- *Confiabilidade*: Consistência com que a transportadora entrega a mercadoria no prazo e em condições aceitáveis.
- *Capacidade*: Capacidade da transportadora para fornecer equipamento e condições adequados para deslocar tipos específicos de mercadorias, como aquelas que devem ser transportadas em um ambiente controlado (por exemplo, sob refrigeração).
- *Acessibilidade*: Capacidade da transportadora para deslocar mercadorias por uma rota ou rede específica.
- *Rastreabilidade*: Facilidade relativa com que um carregamento pode ser localizado e transferido.

A modalidade de transporte utilizada depende das necessidades do remetente com relação aos seis critérios citados. Na Figura 14.1, apresentamos um comparativo entre as modalidades de transporte básicas de acordo com tais critérios.

Em muitos casos, especialmente em um ambiente de produção JIT, a rede de transporte substitui o armazém ou elimina a despesa com armazenamento, uma vez que há um planejamento cronometrado para que os produtos cheguem no momento em que são necessários na linha de montagem ou para o envio aos clientes.

OA 5 Tendências na Gestão da Cadeia de Suprimentos

Atualmente, os avanços tecnológicos e as tendências comerciais estão afetando o trabalho dos gestores da cadeia de suprimentos. Três das tendências mais importantes são a avançada tecnologia da informação, a terceirização das funções logísticas e a distribuição eletrônica.

Avançada Tecnologia da Informação

O avanço da tecnologia da informação tem impulsionado a eficiência da logística de forma drástica, com ferramentas como sistemas de identificação automática (auto-ID), que utilizam tecnologia de código de barras e radiofrequência, tecnologia de comunicação e sistemas de software para cadeia de suprimentos, que ajudam a sincronizar o fluxo de mercadorias e informa-

FIGURA 14.1
Critérios para Classificar as Modalidades de Transporte

	Superior				Inferior
Custo relativo	Avião	Caminhão	Trem	Dutos	Navio
Tempo de trânsito	Navio	Trem	Dutos	Caminhão	Avião
Confiabilidade	Dutos	Caminhão	Trem	Avião	Navio
Capacidade	Navio	Trem	Caminhão	Avião	Dutos
Acessibilidade	Caminhão	Trem	Avião	Navio	Dutos
Rastreabilidade	Avião	Caminhão	Trem	Navio	Dutos

terceirização (logística de contrato) transferência por parte de um fabricante ou fornecedor para uma terceira parte para gerir uma área do sistema de logística, como transporte, armazenagem ou processamento de pedidos

ções com a demanda do cliente. Nos modernos centros de atendimento da Amazon.com, a tecnologia é utilizada para maximizar a eficiência. O produto de entrada é imediatamente enviado para o primeiro espaço vazio disponível na prateleira. Isso significa que um carregamento de bolas de golfe pode acabar ao lado do livro *Best American Short Stories 2011*. Conforme os pedidos on-line chegam, os separadores (funcionários que reúnem itens do armazém) recebem uma lista de produtos, um carrinho e uma rota a seguir, calculada por um programa de computador para encher o carrinho com os produtos exatos e seguir a rota mais eficiente ao percorrer o armazém. Após encher o carrinho, os separadores colocam os itens em caixas que seguem para a embalagem. O processo de embalagem também é controlado por computador: quando um produto chega à embalagem, o computador indica qual dos 15 diferentes tamanhos de pacote padrão da empresa é o mais adequado para o pedido.[11]

As etiquetas inteligentes são outro tipo avançado de tecnologia da informação que está ajudando as empresas a gerenciar sua cadeia de suprimentos. O Walmart exige que os fornecedores de roupas coloquem etiquetas inteligentes sobre as etiquetas existentes na maioria das peças de vestuário, para que seja possível verificar se alguma peça está faltando nas lojas ou nas remessas. Antes, o Walmart rastreava paletes ou caixas, o que permitia o acompanhamento de remessas grandes, mas não o rastreamento de itens individuais. Além disso, as etiquetas permitem ao Walmart rastrear peças de volta até o fabricante. A empresa espera utilizar essa tecnologia detalhada para reduzir furtos e roubos efetuados por funcionários, bem como para aumentar as vendas. O American Apparel testou uma tecnologia similar e observou as vendas das lojas subir em até 14,3% em comparação com lojas que não contavam com as etiquetas inteligentes. A redução dos roubos permitiu que os tipos de mercadorias que os ladrões preferem permaneçam nas prateleiras e sejam vendidos, ajudando a aumentar a probabilidade de as lojas apresentarem números de vendas melhores.[12]

Terceirização das Funções Logísticas

Os parceiros externos estão se tornando cada vez mais importantes na implantação eficiente da gestão da cadeia de suprimentos. A **terceirização (logística de contrato)**, é um segmento da indústria de distribuição em franco crescimento no qual um fabricante ou fornecedor transfere toda a função de compra e gestão do transporte ou alguma outra função da cadeia de suprimentos, como armazenagem, a uma terceira parte. Para se concentrar em suas competências essenciais, as empresas transferem as funções logísticas para empresas com experiência nessa área. Os parceiros criam e gerenciam soluções para posicionar os produtos no lugar onde precisam estar e no momento solicitado. Como um prestador de serviço de logística é orientado para um objetivo específico, os clientes recebem serviços no prazo e de forma eficiente, o que eleva o nível de satisfação e aumenta a percepção do cliente em relação ao valor agregado às ofertas de uma empresa.

A logística terceirizada permite que as empresas reduzam e posicionem estoques em plantas menores nos centros de distribuição e, ainda assim, forneçam o mesmo (ou ainda melhor) nível de serviços. As empresas, então, podem redirecionar o investimento para seu negócio principal. Na indústria hoteleira, a Avendra negocia com os fornecedores para obter praticamente tudo que um hotel possa precisar, de alimentos e bebidas à manutenção de campos de golfe. Ao confiar na Avendra para gerenciar muitos pontos da cadeia de suprimentos, hotéis como o Fairmont Hotels & Resorts e o grupo InterContinental podem se concentrar em sua principal função: oferecer serviços de hotelaria. Muitas empresas estão levando a terceirização um passo adiante, permitindo que seus parceiros assumam a montagem final dos produtos ou a embalagem em um esforço para reduzir custos com estoque, acelerar a entrega ou atender melhor as necessidades do cliente.

Distribuição Eletrônica

A distribuição eletrônica é o mais recente avanço na área de logística. Em uma definição ampla, a **distribuição eletrônica** inclui qualquer tipo de produto ou serviço que pode ser distribuído eletronicamente, seja de forma tradicional, como cabos de fibra óptica, seja por meio de transmissão via satélite de sinais eletrônicos. Empresas como a eTrade, iTunes e Movies.com têm construído seu modelo de negócios em torno da distribuição eletrônica.

Gestão da Cadeia de Suprimentos Verde

Em resposta à necessidade das empresas de economizar custos e atuar como líderes na proteção do meio ambiente, muitas estão adotando os princípios de gestão da cadeia de suprimentos verde como uma parte fundamental de sua estratégia. A gestão da cadeia de suprimentos verde envolve a integração do pensamento consciente do ponto de vista ambiental, em todas as fases dos processos de gestão da cadeia de suprimentos. Essas atividades incluem o fornecimento de materiais verdes, o design de produtos que considere o impacto ambiental da embalagem, a expedição e o uso, bem como a gestão do final do ciclo de vida dos produtos, incluindo fácil reciclagem e/ou descarte limpo. Decretando princípios de gestão da cadeia de suprimentos verde, as empresas esperam, simultaneamente, reduzir custos e proteger os recursos naturais do excesso de poluição, danos e/ou desperdício.

Um fabricante de fios da Geórgia, chamado Southwire, converteu um terço de sua frota de entrega em veículos híbridos, eliminou quase todos os aditivos de chumbo de seus produtos e reduziu em 27% os resíduos que depositava em aterros. A empresa fornece produtos para a Pacific Gas & Electric, que está participando de uma união da indústria para tornar a cadeia de suprimentos mais verde.[13]

Gestão da Logística Global e da Cadeia de Suprimentos

Os mercados globais apresentam seu próprio conjunto de desafios logísticos. É fundamental para os importadores de qualquer tamanho compreender as questões legais de comércio de outros países e lidar com elas. Transportadores e distribuidores devem estar cientes das autorizações, licenças e registros que precisam obter e, dependendo do tipo de produto que estão importando, das tarifas, alíquotas e outras regulamentações que se aplicam a cada país. A quantidade de regras diferentes é o motivo pelo qual as empresas multinacionais estão tão empenhadas em trabalhar por meio da Organização Mundial do Comércio para desenvolver um conjunto geral de regras e encorajar os países a participar.

O transporte também pode ser um grande problema para empresas que lidam com cadeias de suprimentos globais. A incerteza quanto à remessa dos produtos, normalmente, está no topo da lista de razões pelas quais as empresas, especialmente as menores, resistem aos mercados internacionais. Em alguns casos, a infraestrutura precária torna o transporte perigoso e não confiável. Além disso, o processo de transporte de mercadorias através das fronteiras, até mesmo das nações mais industrializadas, pode ser complicado em razão das normas governamentais.

---

distribuição eletrônica técnica de distribuição que inclui qualquer tipo de produto ou serviço que pode ser distribuído eletronicamente, seja de forma tradicional, como cabos de fibra óptica, seja por meio de transmissão via satélite de sinais eletrônicos

---

FERRAMENTAS DE ESTUDO CAPÍTULO 14

Acesse a Trilha de MKTG em www.cengage.com.br/4ltr para:

- ❑ Acessar os cartões de revisão dos capítulos
- ❑ Responder aos questionários práticos para se preparar para as provas
- ❑ Realizar as atividades "Vença o relógio" para dominar os conceitos
- ❑ Completar as "Palavras cruzadas" para revisar os termos-chave

CAPÍTULO 15 Varejo

Objetivos da Aprendizagem

OA 1 Discutir a importância do varejo na economia dos Estados Unidos

OA 2 Explicar as dimensões por meio das quais os varejistas podem ser classificados

OA 3 Descrever os principais tipos de operações de varejo

OA 4 Discutir as técnicas de varejo fora de lojas

OA 5 Definir franquia e descrever suas duas formas básicas

OA 6 Listar as principais tarefas envolvidas no desenvolvimento de uma estratégia de marketing de varejo

OA 7 Descrever novos avanços no varejo

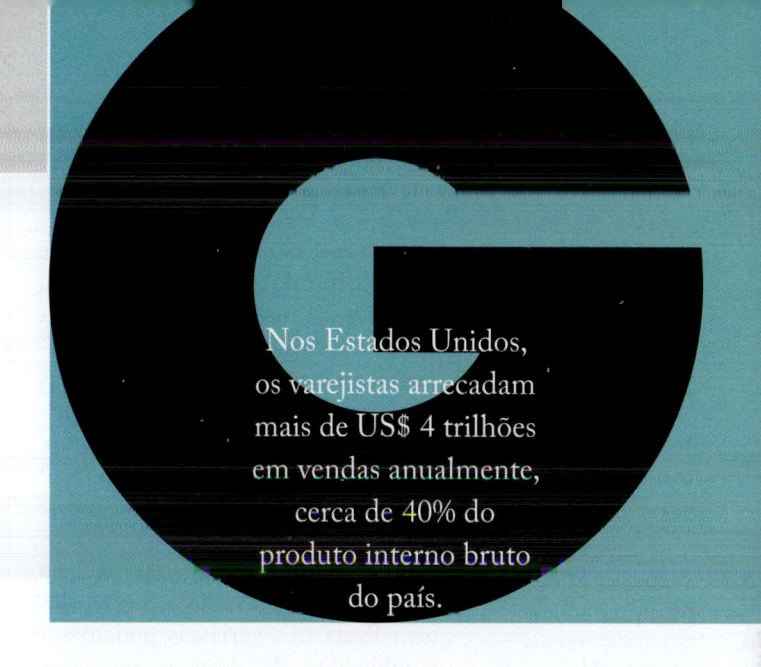

Nos Estados Unidos, os varejistas arrecadam mais de US$ 4 trilhões em vendas anualmente, cerca de 40% do produto interno bruto do país.

APÓS CONCLUIR ESTE CAPÍTULO, VÁ PARA A PÁGINA 251 PARA OBTER AS FERRAMENTAS DE ESTUDO

OA 1 O Papel do Varejo

O **varejo** – todas as atividades diretamente relacionadas à venda de bens e serviços ao consumidor final, para uso pessoal e não comercial – melhorou nossa qualidade de vida. Ao comprar mantimentos, produtos para cabelo, roupas, livros e tantos outros produtos e serviços, estamos envolvidos com o varejo. Os milhões de bens e serviços fornecidos pelos varejistas refletem as necessidades e os estilos da sociedade norte-americana.

varejo todas as atividades diretamente relacionadas à venda de bens e serviços ao consumidor final, para uso pessoal e não comercial

O varejo afeta todos nós, direta ou indiretamente. A indústria do varejo é um dos maiores empregadores norte-americanos. Os varejistas dos Estados Unidos empregam aproximadamente 25 milhões de pessoas, cerca de um em cada cinco trabalhadores.[1] O comércio varejista responde por 11,6% de todos os empregos naquele país, e aproximadamente 13% de todas as empresas são consideradas comércio de varejo segundo o NAICS (o sistema de classificação da indústria norte-americana).[2] No âmbito das lojas, o varejo ainda é, em grande parte, um negócio familiar. Praticamente, nove em cada dez empresas do varejo empregam menos de 20 funcionários e, de acordo com a Federação Nacional do Varejo dos Estados Unidos, mais de 90% de todos os varejistas operam com apenas uma loja.[3]

A economia norte-americana é extremamente dependente da venda no varejo. Os varejistas arrecadam mais de US$ 4 trilhões em vendas ao ano, cerca de 40% do produto interno bruto.[4] Embora a maioria dos varejistas seja de pequeno porte, poucas organizações gigantescas dominam a indústria, uma delas, o Walmart, cujo volume anual de vendas no país é maior do que as vendas dos próximos cinco maiores varejistas combinados.

Qual a sua opinião?

Eu gosto de olhar as vitrines das lojas enquanto faço compras.

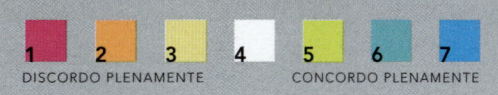

1 2 3 4 5 6 7
DISCORDO PLENAMENTE   CONCORDO PLENAMENTE

OA 2 Classificação das Operações de Varejo

varejistas independentes lojas varejistas de propriedade de uma única pessoa ou de uma sociedade e não operadas como parte de uma grande instituição de varejo

cadeias de lojas estabelecimentos comerciais de propriedade de uma única organização e administrados como um grupo

franquia direito de administrar um negócio ou vender um produto

Um estabelecimento de varejo pode ser classificado de acordo com sua propriedade, nível de serviço, variedade de produtos e preços. Especificamente, os varejistas utilizam as três últimas variáveis para se posicionar no mercado competitivo. (Como mencionado no Capítulo 8, o posicionamento é a estratégia usada para influenciar a forma como os consumidores percebem um produto em relação aos produtos concorrentes.) Essas três variáveis podem ser combinadas de diversas maneiras para criar distintamente diferentes operações de varejo. Na Figura 15.1 são apresentados os principais tipos de loja de varejo discutidos neste capítulo e sua classificação por nível de serviço, variedade de produtos, preço e margem de lucro bruta.

Propriedade

Os varejistas podem ser classificados pelo tipo de propriedade: independente, parte de uma cadeia, ou distribuidor franqueado. As lojas varejistas de propriedade de uma única pessoa ou de uma sociedade e não operadas como parte de uma grande instituição de varejo são **varejistas independentes**. Em todo o mundo, a maioria dos varejistas é independente e operam uma loja ou algumas lojas em sua comunidade. Floricultura e mercado de alimentos étnicos costumam se encaixar nessa classificação.

As **cadeias de lojas** são de propriedade de uma única organização e são operadas como um grupo. Sob esse formato, muitas tarefas administrativas são tratadas pela matriz para toda a cadeia. A matriz também compra a maior parte das mercadorias comercializadas. A Gap e a Starbucks são exemplos de cadeias de lojas.

As **franquias** são de propriedade individual, assim como sua operação, mas são licenciadas por uma grande organização, como a Subway e a Quiznos. O sistema de franquia combina as vantagens da propriedade independente com as vantagens da organização de lojas em cadeia.

Nível de Serviço

O nível de serviço que os varejistas oferecem pode ser classificado ao longo de um *continuum*, do serviço completo ao autoatendimento. Alguns varejistas, como lojas de roupas exclusivas, oferecem níveis de serviços elevados. Eles oferecem ajustes, crédito, entrega, consultoria, políticas de devolução liberais, reservas, embalagens para presente e compras pessoais. Varejistas como lojas de fábrica e clubes de compra praticamente não oferecem nenhum serviço.

Variedade de Produtos

A terceira base para posicionar ou classificar as lojas é a amplitude e a profundidade de sua linha de produtos. Lojas especializadas, como Best Buy, Toys"R"Us ou GameStop, têm a maior variedade concentrada de produtos, geralmente, com base em linhas de produtos únicas ou limitadas, mas com uma profundidade considerável. Na outra extremidade do espectro, lojas de descontos com linhas completas contam com uma ampla variedade de mercadorias, com profundidade limitada. A Target oferece suprimentos automotivos, produtos de limpeza doméstica e alimentos para animais. No entanto, ela comercializa apenas quatro ou

FIGURA 15.1
Tipos de Lojas e suas Características

Tipo de Varejista	Nível de Serviço	Variedade de Produtos	Preço	Margem de Lucro Bruta
Loja de departamentos	Moderadamente alto a alto	Ampla	Moderado a alto	Moderadamente alta
Loja especializada	Alto	Restrita	Moderado a alto	Alta
Supermercado	Baixo	Ampla	Moderado	Baixo
Drogaria	Baixo a moderado	Média	Moderado	Baixo
Loja de conveniência	Baixo	Média a restrita	Moderado a alto	Moderado a alto
Loja de descontos de linha completa	Moderado a baixo	Média a ampla	Moderadamente baixa	Moderadamente baixa
Loja de descontos especializada	Moderado a baixo	Média a ampla	Moderadamente baixa	Moderadamente baixa
Clube de compras	Baixo	Ampla	Baixo a muito baixo	Baixo
Ponta de estoque	Baixo	Média a restrita	Baixo	Baixo
Restaurante	Baixo a alto	Restrita	Baixo a alto	Baixo a alto

cinco marcas de alimentos para cães. Em contrapartida, uma loja especializada em animais, como a PetSmart, pode oferecer mais de 20 marcas com grande variedade de sabores, formatos e tamanhos.

A Urban Outfitters está aumentando a linha de beleza que comercializa. Ela seleciona itens de linhas existentes e oferece uma grande variedade de marcas diferentes, como Blow and Demeter, Cake Beauty, Manic Panic e Juliette Has a Gun, acrescentando-as à sua ampla gama de produtos.[5]

Outros tipos de varejistas, como lojas de fábrica, podem oferecer apenas parte de uma única linha. As lojas da Nike vendem somente determinados itens de sua própria marca. Lojas especializadas em descontos, como Home Depot ou Rack Room Shoes, possuem uma ampla variedade de linhas, como suprimentos ou ferragens para casa e calçados.

Preço

O preço é uma quarta forma de posicionar as lojas de varejo. Lojas de departamentos tradicionais e lojas especializadas, geralmente, cobram o "preço sugerido". Já lojas de descontos, lojas de fábrica e pontas de estoque utilizam preços baixos para atrair compradores.

Com preços de bolsas a US$ 425, US$ 340, US$ 225 é de se esperar que a loja pertença a algum estilista. Contudo, lojas de shopping de nível médio, como a Talbots, Abercrombie & Fitch e Ann Taylor, se aproveitam dos clientes vendendo bolsas a preços próximos dos praticados pelos estilistas. Roupas e outros acessórios variam de preço para esses lojistas, mas quando o preço médio de um item vendido é de US$ 95 na Talbots, US$ 65 na Abercrombie & Fitch e US$ 40 na Ann Taylor, vender uma bolsa por US$ 425, US$ 340 ou US$ 225, respectivamente, pode elevar a posição desses varejistas em relação a preços e fazê-los perder seus clientes centrais.[6]

A última coluna da Figura 15.1 mostra a **margem de lucro bruta** típica – quanto um varejista obtém como porcentagem das vendas, após subtrair o custo das mercadorias vendidas. O nível da margem bruta e o nível dos preços, geralmente, são correspondentes. Uma joalheria tradicional tem preços altos e elevada margem de lucro bruta. Uma loja de fábrica tem preços baixos e baixa margem de lucro bruta. A redução nos preços das mercadorias durante liquidações ou guerras de preços entre concorrentes, nas quais as lojas reduzem os preços de alguns itens em um esforço de ganhar clientes, leva à queda das margens de lucro brutas.

OA 3 Principais Tipos de Operações de Varejo

Tradicionalmente, há vários tipos de lojas de varejo, cada uma oferecendo uma variedade de produtos, tipo de serviço e nível de preço de acordo com as preferências de compra de seus clientes. Em uma tendência recente, no entanto, os varejistas têm experimentando formatos alternativos que tornam mais difícil classificá-las. Os supermercados estão expandindo seus itens não alimentares e serviços; as lojas de descontos estão adicionando produtos de mercearia; as farmácias estão cada vez mais parecidas com lojas de conveniência; e as lojas de departamento estão experimentando espaços menores. No entanto, muitas lojas ainda se enquadram nos tipos básicos.

Lojas de Departamentos

Uma **loja de departamentos** oferece uma grande variedade de mercadorias comuns e especiais, incluindo vestuário, cosméticos, utensílios domésticos, eletrônicos e, por vezes, até móveis. Em geral, as compras são realizadas em cada departamento, em vez de serem realizadas em uma área centralizada. Cada departamento é tratado como um centro de compras separado para obter economias em promoção, compras, serviços e controle. Normalmente, cada departamento é administrado por um **comprador**, um chefe de departamento, que não só seleciona a mercadoria para o seu departamento como também pode ser responsável pela promoção e pelo pessoal.

> **margem de lucro bruta** quantidade de dinheiro que o varejista arrecada como porcentagem das vendas, após ter subtraído o custo das mercadorias vendidas
>
> **loja de departamentos** loja que abriga vários departamentos sob o mesmo teto
>
> **comprador** chefe de departamento que seleciona a mercadoria para o seu departamento e que também pode ser responsável pela promoção e pelos funcionários

AAFES LUCRA COM OS MILITARES

A AAFES vende de tudo, de roupas íntimas a eletrônicos, ao todo são 877 mil itens diferentes para militares e suas famílias. Quase todas as bases militares norte-americanas contam com os serviços da AAFES, e ela está experimentando os centros comerciais maiores, ou seja, shopping centers com várias lojas em um único local. A AAFES oferece mercadorias com cerca de 20% de desconto e não cobra impostos sobre as vendas. Além disso, dois terços da renda das vendas diretas vão para programas voltados a prestar apoio moral aos soldados e suas famílias (em 2009, o montante foi de US$ 261,6 milhões).[7]

> **loja especializada**
> loja de varejo especializada em determinado tipo de mercadoria
>
> **supermercado**
> grande loja varejista de autoatendimento, dividida em departamentos, que comercializa itens alimentícios e não alimentícios
>
> **comercialização cruzada** tendência de oferecer, em um único local, uma grande variedade de produtos e serviços não tradicionais
>
> **drogaria** loja de varejo que oferece como principal atrativo produtos e serviços farmacêuticos

Para estabelecer uma imagem consistente e uniforme da loja, a administração central define políticas sobre os tipos de mercadorias oferecidas e faixas de preço. A administração central também é responsável pelo programa de publicidade, pelas políticas de crédito, pela expansão das lojas, pelo atendimento ao cliente, e assim por diante. Grandes lojas de departamentos independentes são raras hoje em dia. A maioria pertence a cadeias nacionais. Macy's (anteriormente conhecida como Federated Department Stores, Inc.), JCPenney, Sears, Dillard's e Nordstrom são algumas das maiores cadeias de lojas de departamento dos Estados Unidos.

Lojas Especializadas

O formato das lojas especializadas permite aos varejistas refinar suas estratégias de segmentação e direcionar suas mercadorias para mercados-alvo específicos. Uma **loja especializada** não é apenas um tipo de loja, trata-se de um método de operações de varejo, ou seja, a especialização em determinado tipo de mercadoria. Os exemplos incluem roupas para crianças, produtos de padarias e confeitarias e suprimentos para animais. Uma loja especializada típica oferece uma variedade mais profunda, porém limitada, de mercadorias específicas em comparação a uma loja de departamentos. Geralmente, os vendedores de lojas especializadas têm conhecimento para oferecer ao cliente um serviço mais atencioso. Esse formato se tornou poderoso no mercado de vestuário e em outras áreas. Na verdade, os consumidores compram mais roupa em lojas especializadas do que qualquer outro tipo de mercadoria no varejo. A Children's Place, a Williams-Sonoma e a Foot Locker são exemplos de cadeias de lojas especializadas bem-sucedidas.

Os consumidores que buscam lojas especializadas, normalmente, consideram o preço um aspecto secundário. Em vez disso, a mercadoria diferenciada, a aparência física da loja e o porte dos vendedores determinam a sua popularidade. Em virtude da atenção dada ao cliente e da linha limitada de produtos, os fabricantes optam pelo lançamento de novos produtos em lojas especializadas pequenas antes de passar para lojas maiores de varejo e de departamentos.

A Housing Works Thrift Shops, uma cadeia com sede em Nova York, vê a si mesma como varejista especializado, porque suas lojas recebem e vendem roupas e acessórios de marcas de ponta como Gucci, Ralph Lauren, Diane Von Furstenberg e DKNY. Por oferecer preços baixos em itens de marcas famosas, a maioria das vendas da Housing Works é feita para pessoas que estão ingressando no mercado de trabalho e buscam roupas a preços promocionais para ir a entrevistas de emprego.[8]

Supermercados

Os consumidores americanos gastam cerca de 10% de sua renda em *supermercados*. Um **supermercado** é uma grande loja varejista de autoatendimento, dividida em departamentos e especializada em itens alimentícios e alguns não alimentícios. Nos últimos anos, os supermercados têm experimentado redução das vendas. Parte dessa queda é resultado da crescente concorrência por parte das cadeias de descontos Walmart e Sam's Club. As mudanças demográficas e de estilo de vida, como o fato de as famílias saírem cada vez mais para comer fora ou estarem muito ocupadas para preparar refeições em casa, também têm afetado o setor.

Os supermercados convencionais estão sendo substituídos por *hipermercados*, que geralmente têm o dobro do tamanho daqueles. Os hipermercados satisfazem as necessidades atuais dos clientes pela conveniência, pela variedade e pelos serviços oferecidos: em um único ponto de compra é possível atender variadas necessidades relacionadas a alimentos, bem como a itens não alimentícios, isso inclui farmácia, floricultura, bufê de saladas, padaria, seção de comida para viagem, restaurante, seção de alimentos saudáveis, aluguel de vídeo, serviços de lavanderia, conserto de sapatos, processamento de fotos e serviços bancários. Em alguns hipermercados, é possível encontrar até lojas de produtos odontológicos ou oftalmológicos e, atualmente, muitos contam com postos de gasolina. Essa tendência de oferecer uma grande variedade de produtos e serviços não tradicionais em um único local é denominada **comercialização cruzada**.

Para se destacar em um mercado cada vez mais competitivo, muitas redes de supermercados estão adaptando as estratégias de marketing para atrair segmentos específicos de consumidores. A estratégia mais notável são os *programas de marketing de fidelidade*, que recompensam, com descontos ou brindes, clientes fiéis portadores de cartões da loja. Uma vez digitalizado no caixa, esses cartões ajudam os varejistas a acompanhar eletronicamente os hábitos de compra dos consumidores.

Drogarias

Uma **drogaria** oferece produtos e serviços farmacêuticos como atrativo principal, mas também tem uma vasta seleção de medicamentos que não exigem receita, cosméticos, produtos para saúde e beleza, mercadorias sazonais, itens especiais, como cartões de congratulações e alguns brinquedos, além de alimentos de conveniência não refrigerados. Como a concorrência aumentou com os hipermercados e supermercados abrindo suas próprias farmácias, além dos serviços de entrega de medicamentos pelo correio, as drogarias têm acrescentado serviços como atendimento 24 horas por meio de *drive-through* e clínicas de saúde de baixo custo oferecidas por profissionais de enfermagem.

A tendência demográfica dos Estados Unidos parece favorável para o segmento das drogarias. As pessoas na faixa dos 60 anos compram em média 15 medicamentos prescritos por ano, quase o dobro da média comprada por aquelas na faixa dos 30. Em virtude da geração do pós-guerra estar mais atenta à saúde e ser extremamente sensível quanto à aparência, o aumento do atendimento no balcão das farmácias no futuro deve estimular as vendas em outras categorias de produtos tradicionalmente fortes, como medicamentos sem prescrição médica, vitaminas e produtos de saúde e beleza.

Lojas de Conveniência

Uma **loja de conveniência** pode ser definida como um supermercado em miniatura que oferece uma linha limitada de mercadorias de conveniência de alta rotatividade. Essas lojas de autoatendimento, normalmente, estão localizadas próximas a áreas residenciais e permanecem abertas 24 horas por dia, sete dias por semana. Elas oferecem exatamente o que seu nome implica: fácil localização, horário estendido e serviço rápido. O cliente paga uma taxa adicional pela conveniência, assim, os preços nesses locais são quase sempre mais elevados do que em um supermercado.

Em resposta à forte concorrência entre postos de gasolina e supermercados, as operadoras de lojas de conveniência mudaram sua estratégia. Elas têm ampliado a oferta de itens não alimentícios, como aluguel de vídeo e venda de produtos de saúde e beleza, têm acrescentado linhas mais caras de sanduíches e saladas e oferecido mais produtos frescos. Algumas lojas de conveniência comercializam produtos da Pizza Hut, Subway e Taco Bell, preparados na própria loja.

Lojas de Descontos

Uma **loja de descontos** é um varejista que compete no mercado com base em preços baixos, alta rotatividade e volumes elevados. Esse tipo de loja pode ser classificado em quatro categorias principais: loja de descontos com linhas completas, loja de descontos de mercadorias especiais, clube de compra e ponta de estoque.

Loja de Descontos com Linhas Completas Comparada com a loja de departamentos tradicional, a **loja de descontos com linhas completas** oferece aos consumidores serviços muito limitados e uma variedade ampla de "bens duráveis" de marcas conhecidas, incluindo utensílios domésticos, brinquedos, peças automotivas, equipamentos de hardware, artigos esportivos e itens de jardinagem, bem como roupas de cama, mesa e banho. Tal como acontece com as lojas de departamentos, as cadeias nacionais dominam as lojas de descontos. As lojas de descontos com linhas completas são conhecidas como hipermercados. A **comercialização em massa** é a estratégia de varejo em que são aplicados preços de moderados a baixos em grandes quantidades de mercadoria e níveis mais baixos de serviços para estimular a alta rotatividade de produtos.

No tocante às vendas, o Walmart é a maior loja de descontos de linha completa. Atualmente, a rede conta com mais de 7.200 lojas em quatro continentes, e seu slogan "Economize. Viva melhor", projetado para atingir clientes mais abastados, está liderando o caminho para outras lojas de descontos para atrair o cliente de classe média. O Walmart também se tornou um gigante do varejo em compras on-line, concentrando-se em brinquedos e eletrônicos. Interligando suas lojas em todos os Estados Unidos, oferece compras on-line e quiosques nas lojas físicas conectados e habilitados a lidar com devoluções e trocas de mercadorias vendidas pela internet.[9]

As **superlojas** combinam uma linha completa de produtos de mercearia e produtos em geral com uma ampla gama de serviços, incluindo farmácia, lavanderia, estúdio fotográfico, acabamento de foto, salão de cabeleireiros, ótica e restaurante, tudo em

---

loja de conveniência supermercado em miniatura que oferece linha limitada de produtos de conveniência de alta rotatividade

loja de descontos varejista que compete no mercado com base em preços baixos, alta rotatividade e volumes elevados

loja de descontos com linhas completas varejista que oferece aos consumidores um serviço muito limitado e possui um amplo sortimento de "bens duráveis" com marcas nacionalmente conhecidas

comercialização em massa estratégia de varejo que utiliza preços de moderados a baixos para grandes quantidades de mercadoria e níveis baixos de serviços para estimular a alta rotatividade de produtos

superloja loja de varejo que combina produtos com uma ampla gama de serviços

Os alimentos atraem clientes para as superlojas.

lojas de descontos especializadas estabelecimentos comerciais de varejo que oferecem uma seleção quase completa de uma única linha de mercadorias e utilizam em benefício próprio o autoatendimento, os descontos, os grandes volumes e a alta rotatividade

matadoras da categoria lojas de descontos especializadas que dominam seu restrito segmento comercial

clube de compras oferece serviços limitados e vende uma seleção restrita de aparelhos, utensílios domésticos e mantimentos, no sistema pague-e-leve, para seus membros, geralmente, pequenas empresas e grupos

ponta de estoque varejista que vende 25% ou mais abaixo dos preços das lojas de departamentos tradicionais porque paga em dinheiro por seu estoque e não tem privilégio de devolução

loja de fábrica ponta de estoque que pertence a determinado fabricante e é operada por ele

um único local. Para os operadores de superlojas, como a Target, os alimentos são um ímã para atrair consumidores e aumentar drasticamente o volume de vendas, tirando os clientes dos supermercados tradicionais.

Lojas de descontos especializadas Outro nicho de desconto inclui as **lojas de descontos especializadas** de linha única, por exemplo, lojas que vendem artigos esportivos, eletrônicos, autopeças, materiais para escritório, utilidades domésticas ou brinquedos. Essas lojas oferecem uma seleção quase completa de uma única linha de mercadorias e utilizam em benefício próprio o autoatendimento, os descontos, os grandes volumes e a alta rotatividade. Por dominar de forma intensa seu restrito segmento de produtos, as lojas de descontos especializadas são conhecidas como **matadoras da categoria**. Exemplos dessas lojas incluem Best Buy, que comercializa equipamentos eletrônicos, Staples e Office Depot, que trabalham com material para escritório, e IKEA, que oferece mobiliário residencial.

As matadoras da categoria surgiram também em outros segmentos especializados, criando impérios do varejo em mercados familiares altamente fragmentados. Nos Estados Unidos, a indústria de reformas residenciais, que durante anos foi atendida por construtores profissionais e lojas de ferragens de pequeno porte, hoje é dominada pela Home Depot e pela Lowe's. Varejistas como esses, que dominam suas categorias, atendem os clientes oferecendo uma grande variedade de produtos, lojas que facilitam as compras e preços baixos todos os dias, o que elimina as demoradas comparações no momento da compra.

Clube de Compras O **clube de compras** vende uma seleção limitada de aparelhos de marca, utensílios domésticos e mantimentos. Geralmente, esses artigos são vendidos somente para os membros, no sistema pague-e-leve. Os membros individuais dos clubes de compra pagam baixas taxas de adesão, ou nem as pagam. Os membros tendem a ser mais instruídos e abastados e a ter famílias maiores do que os consumidores regulares de supermercados. Esses clientes usam os clubes de compra para estocar produtos básicos, então, vão às lojas especializadas ou lojas de alimentos em busca dos produtos perecíveis. Atualmente, as lojas que lideram essa categoria são Sam's Club, Walmart, Costco e BJ's Wholesale Club.

Ponta de Estoque Uma **ponta de estoque** vende 25% ou mais abaixo dos preços das lojas de departamentos tradicionais porque pagam em dinheiro por seu estoque e não têm privilégio de devolução. Os varejistas de pontas de estoque compram dos fabricantes a produção em excesso pelo preço de custo ou até menos. Eles também absorvem mercadorias de lojas em falência, mercadorias irregulares e itens de coleções passadas. No entanto, muitas mercadorias de pontas de estoque são itens atuais de primeira qualidade. Uma vez que os consumidores de pontas de estoque compram apenas o que está disponível ou aquilo que eles podem obter em um bom negócio, os estilos e as marcas mudam todos os meses. Hoje existem centenas de pontas de estoque, as mais conhecidas são T. J. Maxx, Ross Stores, Marshalls, HomeGoods e Tuesday Morning.

As lojas de fábrica são uma variação interessante do conceito de ponta de estoque. Uma **loja de fábrica** é uma ponta de estoque que pertence a determinado fabricante e é operada por ele. Assim, oferece sua própria linha de mercadorias. A cada estação, de 5% a 10% da produção de um fabricante não vende por meio dos canais regulares de distribuição porque consiste em queimas de estoque (mercadorias com produção interrompida), excedentes de fábrica e pedidos cancelados. Com as lojas de fábrica, os produtores podem controlar onde seu estoque excedente é vendido e podem obter maiores margens de lucro do que seria possível disponibilizando as mercadorias por meio de atacadistas e varejistas independentes. As lojas de fábrica geralmente estão localizadas em áreas mais afastadas dos centros urbanos. A maioria está situada entre 15 km a 25 km de distância das áreas comerciais urbanas, para que os fabricantes não afetem as lojas de departamento, vendendo as mesmas mercadorias com desconto praticamente na loja ao lado. A Saks Fifth Avenue Off 5th e a Nordstrom Rack são consideradas lojas de fábrica de luxo e têm como alvo um público diferenciado e mais exigente.

Restaurantes

Os restaurantes transpõem a linha entre os estabelecimentos de varejo e os de serviços. Comercializam produtos tangíveis, alimentos e bebidas, mas também fornecem um serviço valioso para os consumidores na forma de preparação de alimentos e serviços de bufê. A maioria dos restaurantes

PARTE 4: DECISÕES DE DISTRIBUIÇÃO

A mamãe deveria ter procurado uma máquina de venda automática de óculos de sol...

pode até se encaixar na definição de varejista especializado, uma vez que a maioria limita as refeições oferecidas em seu cardápio a um tipo específico de cozinha, por exemplo, os restaurantes italianos Olive Garden e as cafeterias Starbucks.

Comer fora é uma parte importante da rotina dos norte-americanos, que se fortalece cada vez mais. De acordo com a National Restaurant Association, anualmente, mais de 70 bilhões de refeições são consumidas em restaurantes ou lanchonetes. Isso significa que os norte-americanos consomem em média 5,8 refeições por semana. A alimentação fora de casa responde por aproximadamente 48% do orçamento familiar anual com alimentos. A tendência de comer fora tem sido estimulada pelo aumento de mães no mercado de trabalho e de famílias com duas rendas que têm mais dinheiro para comer fora e menos tempo para fazer compras e preparar refeições em casa.[10]

A indústria de restaurantes é um dos negócios mais empreendedores e competitivos. Uma vez que as barreiras à entrada no setor são baixas, a oportunidade atrai muitas pessoas. No entanto, os riscos são grandes. Nos Estados Unidos, cerca de 50% dos restaurantes novos fracassam no primeiro ano de operação. A concorrência não é só entre restaurantes, mas também com o consumidor, que pode escolher preparar refeições em casa. A concorrência tem incentivado a inovação e as mudanças constantes no cardápio. No momento, muitos restaurantes estão competindo diretamente com os supermercados, oferecendo alimentos prontos para viagem e serviços de entrega em um esforço para capturar mais do mercado de substituição da refeição caseira.

OA 4 Varejo Fora das Lojas

Os métodos de venda no varejo discutidos até aqui são praticados em lojas, às quais os consumidores devem ir pessoalmente para fazer compras. Já o **varejo fora das lojas** consiste em compras realizadas sem que ocorra a visita a uma loja. Em razão da atual demanda por conveniência por parte dos consumidores, esse tipo de varejo está crescendo mais rápido do que o varejo nas lojas. As principais formas de varejo fora das lojas são venda automática, varejo direto, marketing direto e varejo eletrônico.

Venda Automática

Uma forma simples, porém importante de varejo refere-se à **venda automática**, ou seja, ao uso de equipamentos que oferecem produtos para venda, por exemplo, as máquinas de venda de refrigerantes, doces ou salgadinhos presentes nas lanchonetes de faculdades e escritórios comerciais. Nos Estados Unidos, a venda automática é o negócio mais difundido no varejo, com cerca de 11,5 milhões de equipamentos, dos quais somente 12 mil aceitam cartões de crédito. Essas máquinas arrecadam bilhões de dólares em mercadorias por ano.[11] Os consumidores estão dispostos a pagar preços mais elevados por produtos por meio de uma máquina de venda automática, convenientemente localizada em vez de adquirir os mesmos produtos em um ambiente tradicional de varejo.

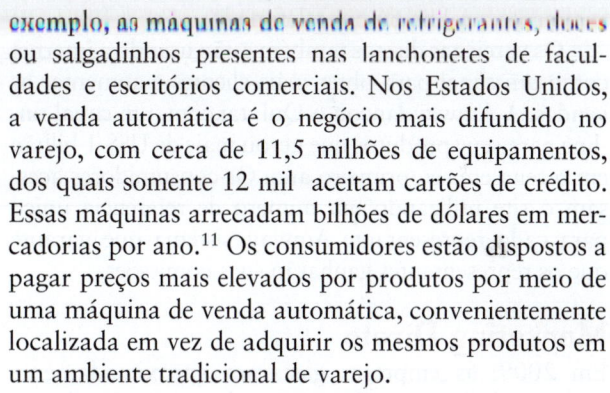

Os varejistas estão sempre buscando novas oportunidades para operar por meio da venda automática. Atualmente, muitas máquinas vendem tipos de mercadorias não tradicionais, como DVDs, câmeras digitais, perfumes e até sorvete. A Quicksilver uniu-se ao The Standard Hotels, em Hollywood, e Miami Beach para instalar equipamentos na orla para oferecer *shorts*, biquínis e produtos de cuidados com o sol, que podem ser comprados com cartão de crédito.[12]

Varejo Direto

No **varejo direto**, os representantes vendem produtos de porta em porta ou em reuniões em domicílio. Empresas como Avon e The Pampered Chef têm utilizado essa abordagem há anos. Mas recentemente as vendas sofreram com a entrada das mulheres no mercado de trabalho. Embora a maioria dos vendedores diretos, como Avon e Tupperware, ainda defendam o método da parceria, a realidade do mercado forçou-os a serem mais criativos para alcançar os clientes-alvo. Agora os representantes de vendas diretas organizam reuniões em escritórios, parques e até em estacionamentos. Outros realizam reuniões informais nas quais os clientes podem comparecer conforme sua conveniência ou oferecem aulas de autoaperfeiçoamento. Muitos varejistas diretos

varejo fora das lojas consiste em compras realizadas sem que ocorra visita à loja

venda automática uso de equipamentos para oferecer produtos para venda

varejo direto venda de produtos por representantes que trabalham de porta em porta ou fazem reuniões em domicílio

> **marketing direto (marketing de resposta direta)**
> conjunto de técnicas utilizadas para fazer os consumidores comprarem de dentro de suas residências, escritórios ou outros locais que não estejam relacionados ao varejo
>
> **telemarketing**
> uso do telefone para vender diretamente aos consumidores

também estão se voltando para ações como mala direta, contato telefônico ou formas de varejo mais tradicionais para encontrar novos caminhos até seus clientes e aumentar as vendas. A Avon, por exemplo, começou a abrir quiosques de cosméticos, denominados Centros de Beleza Avon, em shopping centers e galerias. A empresa também lançou uma nova marca, a Mark, uma "experiência" de beleza para mulheres jovens. A maioria dos representantes da Mark são estudantes que trabalham meio período após a aula. Os representantes e consumidores potenciais podem comprar os produtos ou se cadastrar para ser um representante e atuar pessoalmente, on-line ou por telefone.[13]

Os varejistas diretos também estão usando a internet como um canal para obter mais clientes e aumentar as vendas. A Amway lançou o Quixtar.com, um canal on-line para seus produtos que gerou mais de US$ 1 bilhão em receita em seu primeiro ano. Os consumidores acessam o site utilizando um número de referência único para cada representante Amway, sistema que garante que os representantes ganharão suas comissões.

Marketing Direto

Em 2009, as empresas gastaram aproximadamente US$ 44,4 bilhões com marketing direto e seus esforços geraram aproximadamente US$ 491,8 bilhões em vendas.[14] O **marketing direto**, às vezes denominado **marketing de resposta direta**, refere-se às técnicas utilizadas para fazer os consumidores efetuarem uma compra de suas residências, escritórios ou outros ambientes que não sejam estabelecimentos de varejo. Essas técnicas incluem telemarketing, mala direta, catálogos e pedidos por correspondência e varejo eletrônico. Os compradores que utilizam esses métodos estão menos ligados por situações de compras tradicionais. Os consumidores que não dispõem de tempo e aqueles que vivem em áreas rurais ou afastadas têm maior probabilidade de se tornar clientes-alvo para o marketing direto, porque valorizam a comodidade e a flexibilidade que o marketing direto proporciona.

Telemarketing O **telemarketing** refere-se ao uso do telefone para vender diretamente aos consumidores. Ele consiste em chamadas ativas de vendas, normalmente não solicitadas, e chamadas de passiva de vendas, isto é, pedidos realizados por meio de ligações gratuitas para números 0800, ou números 0900 com tarifa fixa.

O aumento nas tarifas de postagem e a redução nas tarifas telefônicas de longa distância tornaram as chamadas de telemarketing de *saída* uma atraente técnica de marketing direto. O aumento repentino nos custos das vendas de campo também levaram os gestores de marketing a utilizar o telemarketing de saída. Em busca de maneiras para manter os custos sob controle, os gestores aprenderam a identificar rapidamente as perspectivas, concentrar a atenção nos compradores sérios e manter contato próximo com clientes regulares. Ao mesmo tempo, reservam as ligações caras, demoradas e pessoais para fechar vendas. No entanto, inúmeros consumidores se queixaram tanto do telemarketing de saída que o Congresso dos Estados Unidos aprovou uma lei que estabelece uma lista nacional de consumidores "a não contatar", aqueles que não desejam receber ligações telefônicas não solicitadas. No Brasil existe lei semelhante, no qual se pode solicitar bloqueio de recebimento de ligações dessa natureza. A lei do telemarketing, entretanto, isenta organizações sem fins lucrativos, assim, algumas empresas criaram subsidiárias sem fins lucrativos para continuar suas atividades de contato telefônico. Alguns especialistas do setor dizem que as listas ajudam, eliminando os não compradores, mas outros acreditam que, em longo prazo, essa lei pode ter efeito negativo sobre as vendas.[15]

Os programas de telemarketing *de entrada*, que usam números 0800 e 0900, são usados principalmente para tomar decisões, gerar vendas potenciais e prestar atendimento ao cliente. As chamadas 0800 de telemarketing de entrada complementaram com sucesso as propagandas de resposta direta veiculadas pela televisão, rádio e meios impressos por mais de 25 anos. Os números 0900 introduzidos mais recentemente, cujas chamadas os clientes pagam, estão ganhando popularidade como uma forma de custo-benefício para as empresas focarem nos clientes. Um dos principais benefícios dos números 0900 é que eles permitem que os comerciantes gerem respostas qualificadas. Embora a cobrança da tarifa possa reduzir o volume total de chamadas, as chamadas que chegam são de clientes que têm verdadeiro interesse no produto.

Mala Direta A mala direta pode ser o método de varejo mais eficiente ou o menos eficiente, dependendo da qualidade da lista de correspondência e da eficácia do texto enviado. Com a mala direta, os profissionais de marketing podem voltar-se com precisão para seus clientes de acordo com dados demográficos, geográficos e até psicográficos. Boas listas de correspondência são provenientes de um banco de dados interno ou podem ser obtidas de corretores de listas por cerca de US$ 35 a US$ 150 a cada mil nomes.

Os remetentes de malas diretas estão se tornando mais sofisticados ao focar nos clientes "corretos". Utilizando métodos estatísticos para analisar dados do censo, informações sobre estilo de vida e financeiras, bem como histórico de compras e de crédito, as malas diretas podem selecionar aqueles mais propensos a comprar produtos. Algumas pequenas empresas que pararam de enviar seus cartões postais personalizados por meio de mala direta e passaram a enviar e-mails notaram que seus negócios apresentaram queda, e os clientes ligaram ou enviaram e-mails perguntando se haviam sido retirados da lista de correspondência. A Per Annum observou uma queda de 25% nos pedidos, após ter interrompido o envio de cartas personalizadas de desconto via correio. Os clientes dedicam tempo para ler correspondências inteligentes, especialmente se a empresa oferece o valor agregado de um sorriso, personalização ou percepção de quem mais usa seus serviços.[16]

Catálogos e Pedidos pelo Correio Atualmente, os consumidores podem comprar praticamente qualquer coisa pelo correio, do mundano ao bizarro. Embora as mulheres componham a maioria dos compradores por catálogo, a porcentagem de compradores do sexo masculino recentemente disparou. Como a demografia variável transferiu mais responsabilidade pelas compras para os homens, eles estão encarando as compras por catálogo, por correio e por internet como mais sensatas do que ir ao shopping. Muitas vezes, os consumidores consultam os catálogos tradicionais de papel para ter ideias antes de fazer encomendas on-line. Inúmeros compradores gostam dos sites de vendas no varejo porque podem recomendar produtos e oferecer embalagens personalizadas.

Em geral, os catálogos de sucesso são criados e projetados para mercados altamente segmentados. Certos tipos de varejistas estão usando os pedidos pelo correio. Os fabricantes de computador, por exemplo, descobriram que o pedido pelo correio é uma forma lucrativa de vender computadores pessoais para usuários domésticos e pequenas empresas, evidenciada pelo grande sucesso da Dell, que usou o seu modelo de negócio direto para se tornar uma empresa de US$ 59 bilhões e a vendedora de PCs número um no mundo. Com uma participação de mercado global de quase 20%, comercializa cerca de US$ 50 milhões em computadores e equipamentos on-line todos os dias.[17]

Varejo Eletrônico

O varejo eletrônico inclui vendas on-line e canais de compra 24 horas na TV.

Varejo On-Line Durante anos, comprar em casa significou olhar catálogos e, então, fazer o pedido pelo telefone. No entanto, para muitas pessoas hoje, esse modelo de varejo significa ligar o computador, navegar por sites de varejo, selecionar e encomendar produtos on-line com um clique. O **varejo on-line**, ou *e-tailing*, é uma forma de os consumidores que possuem computadores pessoais e acesso à internet fazerem compras. Mais de 70% dos americanos têm acesso à internet em casa ou no trabalho.

O varejo on-line explodiu nos últimos anos quando os consumidores descobriram como esse modo de comprar é cômodo e, muitas vezes, menos oneroso. Os consumidores podem fazer compras sem sair de casa, escolher entre uma vasta seleção de lojas, fazer comparativos de compras para pesquisar o melhor preço e, depois, receber os itens em casa. O Flit.com oferece aos usuários opções de lojas com base em um item de busca e opera como uma base em domicílio conforme vão do site de uma loja para outra. O Flit permite aos usuários ir de site em site, sem ter de inserir os termos de busca ou URLs novamente. Ele armazena a pesquisa original e os sites visitados recentemente, assim, buscar o melhor negócio fica mais simples e os usuários conseguem procurar as lojas de sua confiança ou achar as que têm as melhores opções.[18] A Figura 15.2 apresenta como um usuário em busca de sapatos vermelhos poderia usar o Flit para comparar ofertas. Como resultado de uma melhor tecnologia e comodidade, as compras on-line continuam a crescer a um ritmo acelerado, com as vendas representando cerca de 8% do total das vendas do varejo. O varejo on-line também está crescendo em popularidade fora dos Estados Unidos.

> **varejo on-line** forma de fazer compras disponível aos consumidores que possuem computador pessoal e acesso à internet

Agora, os varejistas mais tradicionais estão se rendendo à internet, permitindo que os consumidores comprem pelo site a mesma mercadoria encontrada nas lojas físicas. O varejo on-line também funciona bem com as empresas de catálogos tradicionais, como a Lands' End e a Eddie Bauer, que já possuem redes de distribuição estabelecidas.

Conforme a popularidade do varejo virtual cresce, torna-se essencial que os varejistas estejam disponíveis on-line e que suas lojas, sites e catálogos estejam integrados. Os clientes esperam encontrar as mesmas marcas, produtos e preços on-line, por telefone ou na loja física. Por isso, os varejistas estão colocando quiosques nas lojas para ajudar a integrar seus canais de venda e melhor atender os clientes.

Os varejistas on-line populares não têm, necessariamente, de ter presença física no mercado. Bluefly.com, Zappos.com e eBay criaram fórmulas tremendamente bem-sucedidas sem uma única loja de varejo.

Programas de Televisão de Compras em Domicílio Os programas de televisão de compras em domicílio são formas especializadas de marketing de resposta direta. Elas exibem as mercadorias, com o preço de varejo, para os telespectadores em casa, que podem telefonar para números gratuitos para fazer pedidos e efetuar a compra com um cartão de crédito. A indústria de compras em domicílio tem crescido rapidamente, transformando-se em um negócio de vários bilhões de dólares cuja clientela é leal. As redes de compras em domicílio podem atingir quase todos os lares que possuem um aparelho de televisão. As mais conhecidas são HSN (antiga Home Shopping Network) e a QVC (Qualidade, Valor, Comodidade) Network. As redes de compras em domicílio atraem um público amplo por meio de programação e oferta de produtos diversificados e, agora, estão acrescentando novos produtos para atrair o público mais abastado. A HSN apresenta uma série de personalidades vendendo suas próprias marcas e produtos. Padma Lakshmi, por exemplo, apresentadora do

FIGURA 15.2
Como Navegar

Passo 1: Digite o termo de busca.

Passos 2-3: Escolha a loja. As abas organizam as lojas por categoria, como "departamento" ou "geral". Para navegar por uma loja, clique no botão. O termo de busca já foi inserido.

Passo 3: Navegue pelas lojas, marcando itens que deseja lembrar, até encontrar o objeto desejado, ou salve a pesquisa para acessar mais tarde, assim, os itens podem ser facilmente revistos.

Esta barra rastreia sites visitados com ícones de lojas. As sacolas azuis abaixo dos ícones significam itens marcados naquela loja.

AS IMAGENS DE TELA SÃO CORTESIA DE FLIT.COM / PHOTODAC/SHUTTERSTOCK / ISTOCKPHOTO/CRAFTVISION / NONW

famoso programa de televisão *Top Chef*, tem uma coleção de chás, especiarias e utensílios de cozinha chamada Easy Exotic, vendida na HSN como parte de sua promoção de produtos inspirados em *Comer Rezar Amar*.[19]

OA 5 Franquias

Uma *franquia* é um relacionamento contínuo no qual um franqueador concede a um franqueado os direitos comerciais para operar ou vender um produto. O **franqueador** desenvolve o nome comercial, o produto, os métodos de operação etc. O **franqueado**, por sua vez, paga ao licenciante o direito de usar seu nome, produto ou métodos comerciais. Um contrato de franquia entre duas partes, geralmente, dura entre 10 e 20 anos, momento em que o acordo pode ser renovado se ambas as partes desejarem.

Para obter os direitos de uma franquia, em geral, o franqueado paga uma taxa inicial única. O montante dessa taxa depende de cada franqueador, mas normalmente varia de US$ 50 mil a US$ 250 mil ou mais. Além dessa taxa, o franqueado deve pagar *royalty*, geralmente, na faixa de 3% a 7% da receita bruta. É possível que o franqueado também tenha de pagar taxas de publicidade, que cobrem os custos de materiais promocionais e, se a organização for grande o suficiente, de propaganda regional ou nacional. A taxa inicial de uma franquia do McDonald's, por exemplo, custa US$ 45 mil por loja, mais uma taxa mensal baseada no desempenho de vendas do restaurante e o aluguel. Além disso, o novo franqueado do McDonald's deve esperar que os custos iniciais com equipamentos e despesas pré-abertura variem entre US$ 511 mil e US$ 1 milhão ou mais. O tamanho das instalações, a região, o estoque, a seleção de equipamentos de cozinha, a sinalização e o estilo de decoração e paisagismo afetam os custos de uma nova unidade.[20] Taxas como essas são comuns para as principais franquias, incluindo Burger King e Subway.

Hoje há duas formas básicas de franquia: franquia de produto e nome comercial e franquia do formato de negócio. Na franquia de *produto e nome comercial*, um representante concorda em vender determinados produtos fornecidos por um fabricante ou atacadista. Essa abordagem é utilizada mais nas indústrias de serviços para automóveis e caminhões, envasamento de refrigerantes, pneus e gasolina. Um varejista de pneus local pode possuir uma franquia para vender a marca Michelin.

A *franquia do formato de negócio* é uma relação comercial contínua entre um franqueador e um franqueado. Normalmente, um franqueador "vende" a um franqueado o direito de usar o formato ou a abordagem do franqueador para fazer negócios. Essa forma de franqueamento expandiu-se rapidamente a partir dos anos 1950 por meio do varejo, de restaurantes, serviços de bufê, hotéis e motéis, gráficas e franquias imobiliárias.

OS DEZ MAIORES FRANQUEADORES

1. Subway
2. McDonald's
3. 7-Eleven, Inc.
4. Hampton Inn/Hampton Inn & Suites
5. Supercuts
6. H&R Block
7. Dunkin' Donuts
8. Jani-King
9. Servpro
10. ampm

FONTE: "Franchise 500: Top 10 Franchises", *Entrepreneur*, jan. 2010, www.entrepreneur.com/franchise500/index.html.

OA 6 Estratégia de Marketing de Varejo

Os **varejistas precisam desenvolver estratégias de marketing com base em metas gerais e planos estratégicos**. As metas do varejo podem incluir maior tráfego, aumento do volume de vendas de um item específico, imagem mais sofisticada ou maior conscientização do público com relação à operação de varejo. As estratégias que os varejistas utilizam para atingir seus objetivos podem incluir venda, decoração moderna ou novo anúncio. As principais tarefas estratégicas no varejo são definir e selecionar um mercado-alvo e desenvolver o *mix* de varejo para atender com êxito as necessidades desse mercado.

Definição do Mercado-Alvo

A primeira e mais importante tarefa no desenvolvimento de uma estratégia de varejo é definir o mercado-alvo. Esse processo começa com a segmentação do mercado, tema abordado no Capítulo 8. O sucesso no varejo sempre se baseou no conhecimento do cliente. Às vezes, as cadeias de varejo tropeçam quando a administração perde de vista os clientes que as lojas deveriam atender. A Gap, por exemplo, construiu um império do varejo, oferecendo os clássicos casuais atualizados, como camisas brancas e calças cáqui que atraíam todos os públicos, do ensino médio à meia-idade, mas começou a perder consumidores quando mudou de direção, voltando-se para a moda mais alternativa com apelo limitado.

No varejo, os mercados-alvo são definidos pela demografia, geografia e psicografia. A Vente-privée utiliza o modelo de venda direta on-

franqueador origem de um nome comercial, produto, métodos de operação etc., que concede direitos de operação a outra parte para vender um produto

franqueado indivíduo ou empresa que adquire o direito de vender o produto da outra parte

mix de varejo
combinação de seis elementos – produto, colocação, promoção, preço, apresentação e pessoal – para vender bens e serviços ao consumidor final

oferta de produto
mix de produtos oferecidos ao consumidor pelo varejista; também denominado *sortimento de produtos* ou *mix de mercadorias*

-line para atingir compradores que procuram alta costura a preços mais baixos. A sua estratégia é negociar com as marcas para vender seu estoque excedente on-line para o mesmo público da moda francesa que comparece às vendas diretas realizadas em armazéns de marcas individuais. Os usuários da Vente-privée só podem participar dos eventos se estiverem cadastrados. Como um dos varejistas on-line, ou *e-tailers*, mais bem-sucedidos da Europa, a empresa recebe mais de 40 mil pedidos por dia; em 2010, o lucro estimado foi de US$ 70 milhões.[21] A definição do mercado-alvo é um pré-requisito para a criação do *mix* de varejo. A abordagem de *merchandising* da Target para artigos esportivos é conciliar a variedade de produtos com o público da loja local e da região.

Escolha do Mix de Varejo

Os varejistas combinam os elementos do *mix* de varejo para criar um método de varejo único que atraia o mercado-alvo. O **mix de varejo** é composto por seis Ps: os quatro Ps do *mix* de marketing (produto, praça (distribuição), promoção e preço) somados a apresentação e pessoal (ver Figura 15.3).

A combinação dos seis Ps projeta a imagem da loja, que influencia nas percepções dos consumidores. Com base nessa impressão, os clientes comparam uma loja com outra. O gestor de marketing de varejo deve se certificar de que o posicionamento da loja é compatível com as expectativas do público-alvo. Como discutido no início deste capítulo, as lojas de varejo podem ser classificadas com base em três fatores abrangentes: serviço prestado pelo pessoal da loja, variedade de produtos e preço. A administração deve usar os demais fatores – distribuição, apresentação e promoção – para ajustar o posicionamento da loja.

Oferta do Produto O primeiro elemento no *mix* de varejo é a **oferta do produto**, também chamado de *sortimento de produtos* ou *mix de mercadorias*. Os varejistas decidem o que vender com base no que o mercado-alvo deseja comprar. Eles podem basear a sua decisão em pesquisas de mercado, vendas realizadas, tendências da moda, solicitações dos clientes e outras fontes. Uma abordagem recente, denominada *mineração de dados*, utiliza modelos matemáticos complexos para ajudar os varejistas a tomar as melhores decisões em relação ao *mix* de produtos. Dillard's, Target e Walmart utilizam a mineração de dados para determinar quais produtos estocar, a que preço, como administrar as remarcações e como anunciar para atrair os consumidores-alvo.

O desenvolvimento de uma oferta de produtos é essencialmente uma questão de amplitude e profundidade da variedade de produtos. A *amplitude* refere-se à variedade dos produtos oferecidos; a *profundidade* refere-se ao número de marcas diferentes oferecidas em cada variedade. Preços, decoração da loja, vitrines e serviços são fatores importantes para os consumidores ao determinar onde comprar, mas o fator mais crítico é a seleção das mercadorias. Esse raciocínio vale também para os varejistas on-line. A Amazon.com, por exemplo, está construindo a maior loja de departamentos on-line do mundo para que os consumidores possam obter o que quiserem com apenas um clique. Como loja de departamentos tradicional ou como comerciante de produtos em massa, a Amazon oferece uma amplitude considerável de sua gama de produtos com milhões de itens diferentes, incluindo livros, música, brinquedos, vídeos, ferramentas e hardware, produtos de saúde e beleza, eletrônicos e software. Já os varejistas on-line especializados, como 1-800-Flowers.com e Polo.com, na esperança de atrair clientes fiéis, concentram-se em uma única categoria de mercadoria, com uma maior profundidade de produtos a preços mais baixos e melhor atendimento. Muitos varejistas on-line concentram-se, propositadamente, em nichos de linhas únicas de produtos que nunca atrairiam tráfego de clientes suficiente para sustentar uma loja física. Nos Estados Unidos, por

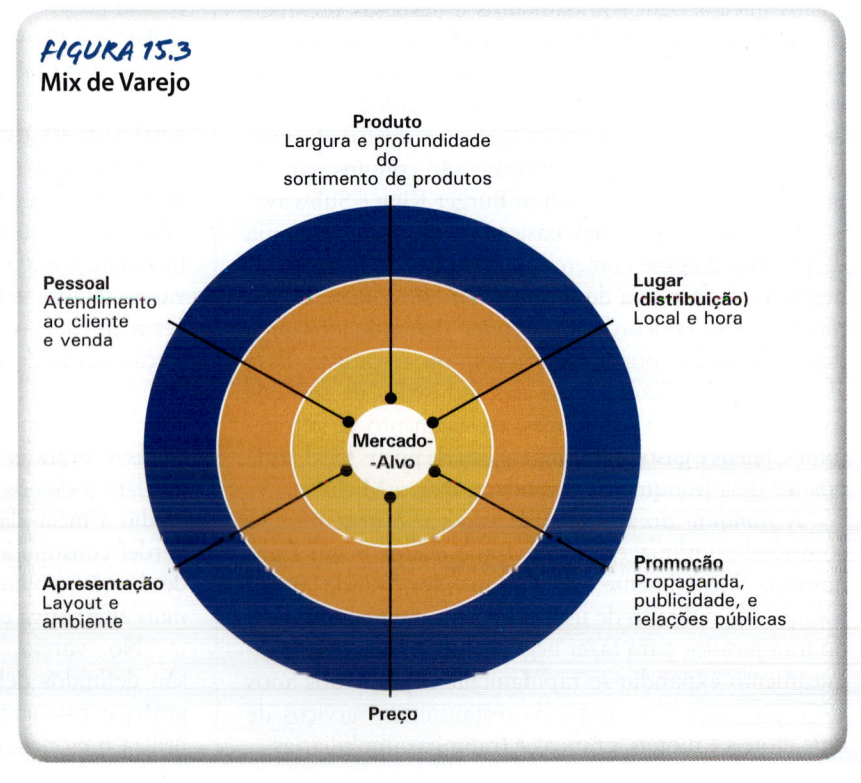

FIGURA 15.3
Mix de Varejo

- **Produto**: Largura e profundidade do sortimento de produtos
- **Lugar (distribuição)**: Local e hora
- **Promoção**: Propaganda, publicidade, e relações públicas
- **Preço**
- **Apresentação**: Layout e ambiente
- **Pessoal**: Atendimento ao cliente e venda
- **Mercado-Alvo**

exemplo, sites como bugbitingplants.com e petflytrap.com vendem e enviam plantas carnívoras vivas. Depois de determinar quais produtos vão satisfazer os desejos dos consumidores-alvo, os varejistas precisam encontrar fontes de abastecimento e avaliar os produtos. Quando os itens certos são encontrados, o comprador de varejo negocia um contrato de compra. A função de compra pode ser realizada internamente ou ser delegada a uma empresa externa. Em seguida, as mercadorias devem ser transferidas do vendedor para o varejista, o que envolve transporte, armazenagem e estocagem. O truque é gerenciar o estoque por meio da redução de preços para deslocar mercadorias lentas e manutenção de um estoque adequado dos itens cujas vendas estão aquecidas. Como em todo bom sistema, a etapa final é avaliar o processo em busca de métodos mais eficientes e eliminar os problemas e gargalos.

Estratégia de Promoção A estratégia de promoção de varejo inclui propaganda, relações públicas e publicidade, e promoção de vendas. O objetivo é ajudar a posicionar a loja na mente dos consumidores. Os varejistas desenvolvem anúncios intrigantes, eventos promocionais especiais e promoções destinadas ao mercado-alvo. Atualmente, grandes inaugurações são uma mistura cuidadosamente orquestrada de publicidade, *merchandising*, boa vontade e brilho. Todos os elementos de uma inauguração, como cobertura da imprensa, eventos especiais, publicidade na mídia e exibições da loja, são cuidadosamente planejados.

A publicidade dos varejistas é realizada, principalmente, em âmbito local. A publicidade local pelos varejistas fornece informações específicas sobre suas lojas, como localização, produtos, horário de atendimento, preços e vendas especiais. Já a publicidade de varejo nacional concentra-se na imagem. A Target, por exemplo, utiliza anúncios semelhantes aos anúncios de moda de estilistas para ilustrar produtos de alta qualidade. Juntamente com o onipresente alvo vermelho e o slogan "Espere mais. Pague menos", a empresa está mostrando que vende produtos que os consumidores desejam a preços que eles podem pagar.

A campanha publicitária da Target também se beneficia da publicidade cooperativa, outra prática publicitária popular no varejo. Tradicionalmente, os profissionais de marketing pagariam aos varejistas para apresentar seus produtos em suas correspondências ou desenvolveriam uma campanha de televisão para o produto e, simplesmente, acrescentariam o nome de diversos varejistas ao final do anúncio. Mas a publicidade da Target faz uso de uma tendência mais colaborativa, por meio da integração de produtos como o sabão para roupas Tide ou a Coca-Cola a uma campanha real. Outra forma comum de publicidade cooperativa envolve a promoção de produtos exclusivos. A Target contrata jovens estilistas famosos para parcerias temporárias durante as quais eles desenvolvem linhas de produtos a preços razoáveis que estarão disponíveis exclusivamente nas lojas da marca.

Localização Adequada O axioma do varejo "localização, localização, localização" há muito enfatiza a importância do local para o *mix* de varejo. A decisão quanto à localização é importante, primeiro, porque o varejista está assumindo um grande compromisso semipermanente de recursos que podem reduzir a flexibilidade futura. Em segundo lugar, a localização afetará o crescimento futuro e a rentabilidade da loja.

A localização do estabelecimento começa pela escolha de uma comunidade. Os fatores importantes a considerar são o potencial de crescimento econômico da região, a quantidade de concorrência e a geografia. Varejistas como Walmart e TJMaxx costumam instalar suas lojas em comunidades que ainda estão em desenvolvimento. Ao mesmo tempo em que o crescimento populacional é uma consideração importante para os restaurantes *fast-food*, a maioria busca uma área em que há outros restaurantes *fast-food*, porque estar localizado em grupo ajuda a atrair clientes para cada um dos restaurantes. No entanto, mesmo após uma cuidadosa pesquisa, a posição perfeita pode ser enganosa em face da evolução dos mercados. O Wendy's constatou, ao tentar entrar no competitivo negócio de café da manhã, que a localização de suas lojas não estava do lado correto da via para atrair a maior parte dos passantes.[23] Por fim, para muitos varejistas, a geografia continua a ser o fator mais importante na escolha de uma comunidade. A Starbucks, por exemplo, procura áreas urbanas densamente povoadas para suas lojas.

Após definir uma região geográfica ou comunidade, os varejistas devem escolher um local específico. Além do potencial de crescimento, os fatores importantes a considerar são características socioeconômicas da vizinhança, fluxo do tráfego, custos imobiliários, zoneamento urbano e transporte público. Questões

lojas de destino
lojas que os consumidores procuram e planejam propositadamente visitar

como visibilidade, estacionamento, entrada e saída, acessibilidade, segurança física e patrimonial do local também são considerações importantes. Ademais, o varejista deve considerar como sua loja se adéqua ao ambiente ao redor. Tomadores de decisões de varejo, provavelmente, não posicionarão uma loja Dollar General ao lado de uma loja de departamentos Neiman Marcus.

Há ainda a decisão final sobre a localização que os varejistas devem tomar: ter uma unidade independente ou alugar um espaço em um centro comercial ou shopping center.

Lojas Autônomas Uma localização isolada autônoma pode ser utilizada por grandes varejistas, como Walmart ou Target, e por vendedores de produtos de compra comparada, como móveis e carros, pois são lojas de "destino". As **lojas de destino** são locais que os consumidores procuram e planejam propositadamente visitar. Uma loja em uma localização isolada pode ter como vantagens o baixo custo do local ou do aluguel e a ausência de concorrentes próximos. Entretanto, pode ser difícil atrair clientes para um local afastado e não haverá outros varejistas ao redor para dividir os custos.

As unidades autônomas estão crescendo em popularidade conforme os varejistas empenham-se para tornar o acesso às suas lojas mais conveniente e os estabelecimentos mais atraentes e rentáveis. Atualmente, os estabelecimentos autônomos respondem por mais da metade de todas as instalações de varejo abertas nos Estados Unidos, conforme mais e mais varejistas decidem não se instalar em áreas de pedestres. Talvez a principal razão para a instalação de unidades autônomas seja obter maior visibilidade. Em geral, os varejistas se perdem em meio a grandes centros comerciais e shopping centers, mas as unidades autônomas podem ajudar as lojas a desenvolver uma identidade com os compradores. Além disso, um plano de expansão agressivo pode não permitir o tempo necessário para esperar pela construção de centros comerciais. Redes de drogarias, como a Walgreens, têm deslocado suas lojas instaladas em centros comerciais para áreas independentes, especialmente em esquinas, para possibilitar o acesso ao *drive-through*.

Shoppings Centers Os shoppings centers surgiram na década de 1950, quando a população norte-americana começou a migrar para os subúrbios. Os primeiros centros comerciais eram *galerias*, localizadas ao longo de ruas comerciais. Em geral, incluíam um supermercado, uma loja de variedades e algumas lojas especializadas. Depois, surgiram os *centros comerciais comunitários*, com uma ou duas lojas de departamentos pequenas, mais lojas especializadas, alguns restaurantes e diversas lojas de roupas. Esses centros comerciais comunitários oferecem estacionamento próprio e uma maior variedade de mercadorias.

Os *shoppings centers* com variedade muito mais ampla de mercadorias começaram a aparecer em meados da década de 1970. Esses locais são cobertos para permitir as compras em qualquer condição climática. A maioria deles é projetada com árvores, fontes, esculturas e itens do gênero para melhorar o ambiente de compras. Além disso, contam com grandes áreas de estacionamento gratuito. As *lojas âncoras* ou *lojas geradoras* (geralmente, as principais lojas de departamentos), normalmente, estão localizadas nas extremidades opostas do shopping para gerar maior tráfego de pedestres.

De acordo com as incorporadoras dos centros comerciais, estão surgindo *centros de estilo de vida* como a mais recente geração dos shopping centers. Esses centros combinam áreas externas de compras, compostas por lojas e restaurantes de luxo, com praças, fontes e vias para pedestres. Eles atraem os incorporadores do varejo em busca de uma alternativa para os shoppings centers tradicionais, um conceito que está perdendo força rapidamente entre os consumidores.

Uma Loja Dentro de Outra Loja Muitas linhas especializadas de menor porte estão abrindo lojas dentro de lojas maiores para expandir suas oportunidades de varejo sem o risco de investir em uma loja independente. A Mango, varejista europeu buscando expandir-se nos Estados Unidos, está lançando a MNG by Mango nas lojas JCPenney.[23]

Lojas Itinerantes A tendência das lojas itinerantes – lojas pequenas e temporárias que permanecem em um local somente por alguns meses – é crescente. Elas ajudam os varejistas a alcançar um amplo mercado, evitando aluguéis altos nos centros de varejo. A Matcha Source, varejista on-line de chá verde japonês, abriu uma loja itinerante em Manhattan, denominada Matcha Box. A loja se saiu tão bem, utilizando ferramentas de mídia social para atrair o consumidor, que o varejista manteve o local funcionando um mês além do previsto.[24]

Preços do Varejo Outro importante elemento no *mix* de varejo é o preço. O objetivo final do varejo é a venda de produtos aos consumidores, e o preço correto é fundamental para garantir as vendas. Uma vez que os preços no varejo são, geralmente, baseados no custo da mercadoria, uma parte essencial da definição dos preços é a compra eficiente e no momento oportuno.

O preço também é um elemento-chave na estratégia de posicionamento de uma loja de varejo. Preços mais altos, muitas vezes, indicam um nível de qualidade e ajudam a reforçar a imagem de prestígio de um varejista, como ocorre com a Lord & Taylor e com a Neiman Marcus. Em contraposição, os varejistas que operam lojas de descontos e pontas de estoque, como a Target e a TJMaxx, oferecem um bom valor pelo dinheiro. Há ainda lojas, como a Dollar Tree, onde tudo custa US$ 1. A estratégia do preço único da Dollar Tree tem como objetivo fazer o consumidor comprar por impulso, o que os analistas chamam de "fator uau", ou seja, a excitação de descobrir que um item custa apenas um dólar.

Apresentação da Loja de Varejo A apresentação de uma loja de varejo ajuda a determinar a imagem da loja e sua posição na mente dos consumidores. Um varejista que deseja se posicionar como loja de luxo usaria uma apresentação luxuosa e sofisticada.

O principal elemento de apresentação de uma loja é a sua **atmosfera**, a impressão geral transmitida pelo *layout* físico, pela decoração e pelos arredores. A atmosfera pode criar uma sensação de relaxamento ou zelo, uma sensação de luxo ou eficiência, uma atitude amigável ou distante, uma sensação de organização ou desorganização, um estado de espírito alegre ou sério. As lojas Urban Outfitters, voltadas para os consumidores da geração Y, utilizam concreto bruto, tijolo original, aço oxidado e madeira não acabada para transmitir uma sensação urbana.

O *layout* das lojas de varejo é um fator-chave para o sucesso. O objetivo é usar todos os espaços da loja de forma eficaz, incluindo corredores, instalações, vitrines e áreas não utilizadas para vendas. Além de tornar as compras fáceis e cômodas para o cliente, um *layout* eficaz tem influência poderosa sobre os padrões de tráfego e o comportamento de compra. A Tia's, varejista de roupas e acessórios da moda, abriu uma pequena loja no Grand Central Terminal de Nova York. Para facilitar o fluxo, a loja possui duas portas em ambas as extremidades. Ela oferece itens fáceis de experimentar, como óculos de sol e vestidos transpassados, o que agiliza a compra. A pequena loja exibe suas mercadorias de fácil acesso em atraentes prateleiras espelhadas, mas os produtos não permanecem ali por muito tempo. A Tia's gera uma renda de aproximadamente US$ 2.200 por meio metro quadrado, um dos valores mais altos do varejo nos Estados Unidos.[25]

O posicionamento dos produtos na loja também diz respeito ao *layout*. Muitos varejistas que se valem da tecnologia utilizam a *análise da cesta de compras*, uma técnica que serve para peneirar os dados coletados por escâneres nos pontos de compra. A análise procura produtos que são, comumente, comprados em conjunto, para ajudar os varejistas a determinar o local ideal para cada produto. O Walmart utiliza a análise da cesta de compras para determinar onde os produtos devem ser posicionados na loja para comodidade do cliente. Os lenços de papel Kleenex, por exemplo, ficam no corredor das mercadorias de papel e ao lado dos medicamentos para resfriados.

Os fatores a seguir são os mais influentes na criação do ambiente de uma loja:

Na loja Opening Ceremony, em Nova York, móveis suntuosos, escadas elegantes e lustres criam um ambiente luxuoso para os clientes.

▶▶ *Tipo e densidade de funcionários*: O tipo de funcionário refere-se às características gerais do trabalhador, por exemplo, organizado, amistoso, instruído e voltado para o trabalho. A densidade é o número de funcionários por mil metros quadrados de espaço de vendas. Uma baixa densidade de funcionários gera uma atmosfera casual do tipo "faça você mesmo", ao passo que uma alta densidade denota prontidão para satisfazer todos os caprichos do cliente.

▶▶ *Tipo e densidade de mercadorias*: Um varejista de prestígio, como a Nordstrom ou a Neiman Marcus, oferece as melhores marcas e as expõe de forma organizada, sem aglomeração. Lojas de descontos e pontas de estoque, normalmente, oferecem mercadorias de segunda ou de coleções passadas amontoadas em espaços pequenos e penduradas em longas araras por categoria – *tops*, calças, saias etc. –, criando a impressão de "Temos tantas mercadorias que estamos dando".

▶▶ *Tipo e densidade das instalações*: As instalações podem ser elegantes (madeiras ricas), da moda (cromo e vidro fumê) ou compostas por mesas antigas com aspecto de gastas, como em uma loja de antiguidades. As instalações devem ser consistentes com a atmosfera que a loja está tentando criar.

▶▶ *Som*: O som pode agradar ou desagradar o cliente. A música pode motivar o cliente a ficar na loja e comprar mais ou comer rapidamente e deixar a mesa livre para outros. Ela também controla o ritmo do tráfego na loja, cria uma imagem e atrai ou direciona a atenção do consumidor.

▶▶ *Odores*: O olfato pode estimular ou prejudicar as vendas. Uma pesquisa sugere que as pessoas avaliam as mercadorias mais positivamente, gastam mais tempo com as compras e têm, geralmente, mais disposição quando há um odor agradável no ambiente. Os varejistas usam fragrâncias como extensão da estratégia de varejo.

▶▶ *Fatores visuais*: As cores podem criar um clima ou prender a atenção e,

atmosfera impressão geral transmitida pelo *layout* físico, pela decoração e pelos arredores da loja

portanto, são um fator importante na composição do ambiente. As cores vermelha, amarela e laranja são consideradas quentes, usadas quando se deseja passar sensação de calor e proximidade. Cores frias, como azul, verde e violeta, são usadas para arejar lugares fechados e criar um ar de elegância e limpeza. Muitos varejistas descobriram que a iluminação natural, obtida por meio de janelas ou claraboias, pode aumentar as vendas. Além disso, a iluminação externa pode afetar a frequência do consumidor.

Quadro de Funcionários e Atendimento ao Cliente As pessoas são um aspecto único do varejo. A maioria das vendas de varejo envolve o relacionamento entre o cliente e o vendedor, ainda que breve. Quando os clientes fazem compras em uma mercearia, os caixas verificam e empacotam suas compras. Quando os clientes fazem compras em uma loja de roupas de prestígio, os vendedores auxiliam no processo de prova, oferecem serviços de ajustes, embrulham as compras e até servem champanhe. O pessoal de vendas proporciona aos clientes vários serviços determinados pela estratégia de varejo da loja.

Os vendedores de varejo servem para outra função importante de vendas: eles são encarregados de persuadir os clientes a comprar. Eles devem, portanto, ser capazes de convencer os clientes de que estão vendendo o que o cliente necessita. Os vendedores são treinados em duas técnicas comuns de vendas: negociação e venda por sugestão. A *negociação* significa persuadir os clientes a comprar um item de preço mais elevado do que aquele que pretendiam comprar de início. Para evitar a venda aos clientes de algo de que eles não precisam ou não desejam, os vendedores devem tomar cuidado ao empregar as técnicas de negociação. A *venda por sugestão*, prática comum entre a maioria dos varejistas, busca ampliar as compras originais com itens relacionados. Se você comprar uma nova impressora na Office Depot, o representante vai perguntar se você gostaria de comprar papel, um cabo USB e/ou cartuchos extras. A venda por sugestão e a negociação devem ajudar os consumidores a reconhecer suas necessidades reais, e não fazê-los comprar um produto não desejado.

Oferecer um excelente atendimento ao cliente é um dos elementos mais desafiadores no *mix* de varejo porque as expectativas dos clientes quanto ao serviço variam muito. O que os clientes esperam de uma loja de departamentos é muito diferente do que eles esperam de uma loja de descontos. As expectativas dos clientes também mudam. Dez anos atrás, eles queriam atenção pessoal individualizada. Hoje, a maioria dos consumidores está feliz com o autoatendimento, desde que possam localizar facilmente o que necessitam.

O atendimento ao cliente também é fundamental para os varejistas on-line. Os consumidores on-line esperam que o site de um varejista ofereça acesso simplificado, produtos prontamente disponíveis e fácil processo de devolução. Os varejistas que favorecem os clientes, como o Bluefly.com, desenvolvem seus sites para oferecer as informações de que os consumidores necessitam sobre novos produtos e vendas. Outras empresas, como Amazon.com e LandsEnd.com, oferecem recomendações de produtos e compradores pessoais. Alguns varejistas com lojas on-line, catálogos e lojas tradicionais, como Lands' End e Williams-Sonoma, permitem que os clientes devolvam mercadorias compradas por catálogo ou on-line na loja física, para facilitar o processo de devolução.

OA 7 Novos Avanços no Varejo

Em um esforço para melhor atender os clientes e atrair consumidores, os varejistas adotam novas estratégias. Dois avanços recentes são a interatividade e o *m-commerce*.

Interatividade

Adicionar interatividade ao ambiente de varejo tem sido uma das estratégias mais populares dos últimos anos. Na tentativa de buscar a diferenciação dos concorrentes, tanto pequenos varejistas quanto cadeias nacionais de varejo estão empregando a interatividade em suas lojas. A nova tendência envolve os clientes em vez de apenas chamar a atenção deles. A Build-a-Bear, por exemplo, permite que os clientes montem seus próprios bichinhos de pelúcia: eles escolhem o animal, selecionam uma roupa e lhe dão um nome.

M-Commerce

O *m-commerce* (comércio eletrônico móvel) permite que o consumidor utilize seu aparelho móvel sem fio para se conectar à internet e fazer compras. Nos Estados Unidos, essa modalidade vem ganhando aceitação e popularidade, mas, em outros países, já alcançou o sucesso. Essencialmente, o *m-commerce* vai além da publicidade via mensagens de texto para permitir que os consumidores adquiram bens e serviços utilizando aparelhos móveis sem fio, como celulares, *pagers*, assistentes digitais pessoais (PDAs) e computadores de mão. Os usuários do *m-commerce* adotam a nova tecnologia porque economiza tempo e oferece mais comodidade em um número maior de localizações. As máquinas de venda automática são um veículo importante para o *m-commerce*. Tanto a PepsiCo quanto a Coca-Cola desenvolveram tecnologias inteligentes de venda auto-

> **A venda por sugestão visa ampliar a compra inicial dos clientes com itens relacionados, como cabos USB, papel ou tinta extra na compra de uma impressora.**

mática. A venda automática inteligente da Coca-Cola, um sistema de pagamento "sem dinheiro", aceita cartão de crédito, dispositivo RFID (identificação por radiofrequência) e chave de quarto de hotel, além disso, poder ser acessada por celular.[26]

Potencial de Crescimento do *M-Commerce* Houve uma verdadeira explosão do número de consumidores que utilizam a tecnologia móvel para fazer compras. Essa é parte de uma tendência maior, na qual a tecnologia móvel permite que as pessoas executem, em qualquer lugar, tarefas antes realizadas em um computador de mesa. Muitas empresas importantes, da Polo Ralph Lauren à Sears, já oferecem compras por meio de celular, e o potencial de crescimento é enorme.

Atualmente, 3,5% dos norte-americanos que utilizam a telefonia móvel já compraram algo diretamente de seus aparelhos.[27] Nos Estados Unidos, há quase 260 milhões de dispositivos móveis com capacidade de dados, 62 milhões dos quais são *smartphones* habilitados para internet ou *laptops* com recurso 3G.[28] A diferença entre o número de consumidores e proprietários de *smartphones* deixará de existir. Por essa razão, Nick Taylor, presidente da UsableNet, empresa que orienta os varejistas no fornecimento de conteúdo para internet móvel, argumenta que as compras móveis não são uma tendência passageira. "Qualquer um na *Fortune* 1000 ou na Internet Retail 500 que acreditar que sua empresa precisa de um *website*, deve providenciar também um site móvel."

PEGUE O CELULAR E COMPRE!

Algumas empresas estão testando um processo que vai transformar o celular em uma opção de pagamento tanto nas lojas quanto na internet. A AT&T, Verizon e T-Mobile estão trabalhando com a Discover Financial Services para permitir que os consumidores efetuem pagamentos **passando o celular** por um escâner.

A tecnologia pode reduzir o custo dos varejistas, eliminando as taxas das transações com cartão de crédito, e facilitar o pagamento para os consumidores. Outras empresas independentes desenvolveram um software que torna o pagamento por meio de celular ainda mais simples. A Zong permite aos usuários inserir o número do celular para fazer compras pela internet, e a Bling Nation trabalha com estabelecimentos para permitir aos clientes "escolher e pagar" por meio de celular. Com a previsão de que 80% dos consumidores entre 18 e 34 anos utilizem os serviços financeiros móveis nos próximos cinco anos, a tecnologia pode ser responsável tanto pelo sucesso quanto pela falência das empresas que os adotar.[29]

FERRAMENTAS DE ESTUDO
CAPÍTULO 15

Acesse a Trilha de MKTG em www.cengage.com.br/4ltr para:

- ❑ **Acessar os cartões de revisão dos capítulos**
- ❑ **Responder aos questionários práticos para se preparar para as provas**
- ❑ **Realizar as atividades "Vença o relógio" para dominar os conceitos**
- ❑ **Completar as "Palavras cruzadas" para revisar os termos-chave**

CAPÍTULO **16**

Comunicação Integrada de Marketing

Objetivos da Aprendizagem

OA 1 Discutir o papel da promoção no marketing mix

OA 2 Discutir os elementos do mix promocional

OA 3 Descrever o processo de comunicação

OA 4 Explicar os objetivos e as tarefas da promoção

OA 5 Discutir o conceito AIDA e sua relação com o mix promocional

OA 6 Descrever os fatores que afetam o mix promocional

OA 7 Discutir o conceito de comunicação integrada de marketing

Poucos produtos ou serviços podem sobreviver no mercado sem uma promoção eficaz.

OA 1 O Papel da Promoção no Marketing Mix

APÓS CONCLUIR ESTE CAPÍTULO, VÁ PARA A PÁGINA 267 PARA OBTER AS FERRAMENTAS DE ESTUDO

Poucos produtos e serviços, independentemente de quão bem projetados, avaliados ou distribuídos sejam, conseguem sobreviver no mercado sem uma **promoção** eficaz – a comunicação feita pelos profissionais de marketing para informar, persuadir e lembrar compradores em potencial de um produto, visando influenciar na opinião deles ou induzi-los a uma resposta.

A **estratégia promocional** constitui um plano para o uso otimizado dos elementos de promoção: publicidade, relações públicas, venda pessoal e promoção de vendas. Como mostra o Figura 16.1, o gestor de marketing determina os objetivos da estratégia promocional da empresa com base nas metas globais que ela tem para o marketing mix, ou seja, produto, praça (distribuição), promoção e preço. Utilizando essas metas globais, os profissionais de marketing combinam os elementos da estratégia promocional (*mix promocional*) em um plano coordenado. Então, o plano de promoção torna-se parte integrante da estratégia de marketing para atingir o mercado-alvo.

A principal função da estratégia promocional é convencer o cliente-alvo de que os produtos e serviços oferecidos proporcionam uma vantagem competitiva sobre a concorrência. **Vantagem competitiva** é o conjunto de características específicas de uma empresa e seus produtos percebidos pelo mercado-alvo como significativos e superiores à concorrência. Essas características podem incluir alta qualidade do produto, entrega rápida, preços

promoção comunicação do profissional de marketing destinada a informar, persuadir ou lembrar compradores potenciais de um produto, a fim de influenciar na opinião deles ou induzi-los a uma resposta

estratégia promocional plano para o uso otimizado dos elementos promocionais: publicidade, relações públicas, venda pessoal e promoção de vendas

vantagem competitiva conjunto de características específicas de uma empresa e seus produtos percebidos pelo mercado-alvo como significativos e superiores à concorrência

Qual a sua opinião?

O tempo gasto para se comunicar é um tempo bem empregado.

1 2 3 4 5 6 7
DISCORDO PLENAMENTE   CONCORDO PLENAMENTE

PHIL ASHLEY/LIFESIZE/GETTY IMAGES

253

baixos, excelente serviço ou um recurso não oferecido pela concorrência. A linha Lexus da Toyota tem boa aceitação por parte dos consumidores, pois oferece a qualidade dos carros da Mercedes a um preço inferior. A linha de luxo implica que o motorista é suficientemente bem-sucedido para comprar o que deseja e sensato para obter o melhor preço. A posição entre consumidores abastados e inteligentes proporcionou ao Lexus uma vantagem competitiva no mercado de carros de luxo.[1] A promoção é parte vital do marketing mix, pois informa os consumidores sobre os benefícios do produto, posicionando-o no mercado.

OA 2 Mix promocional

A maioria das estratégias promocionais utilizam diversos ingredientes – que podem incluir publicidade, relações públicas, promoção de vendas e venda pessoal – para atingir o mercado-alvo. Essa combinação é denominada **mix promocional**. O *mix promocional* adequado é aquele que a administração acredita que atenderá às necessidades do mercado-alvo e atingirá as metas globais da organização. Quanto mais fundos são direcionados a cada ingrediente promocional e quanto mais ênfase a administração atribui a cada técnica, mais importante acredita-se ser determinado elemento.

Publicidade

Quase todas as empresas que vendem produtos ou serviços utilizam-se da publicidade, seja na forma de campanha multimilionária, seja na forma de um simples anúncio em um jornal de classificados. **Publicidade** é qualquer forma de comunicação impessoal, paga, na qual o patrocinador ou a empresa é identificado. As mídias tradicionais, como televisão, rádio, jornais, revistas, livros, mala direta, *outdoors* e propaganda em transportes (anúncios em ônibus, táxis e pontos de ônibus) são mais comumente utilizadas para transmitir propagandas para os consumidores. Com a fragmentação cada vez maior das opções tradicionais de mídia, os profissionais de marketing estão usando novos métodos, como *websites*, e-mail, *blogs* e quiosques de vídeo interativo localizados em lojas de departamentos e supermercados, para levar seus anúncios até os consumidores. Entretanto, com a crescente importância da internet como componente do mix promocional e de marketing de muitas empresas, os consumidores e legisladores estão cada vez mais preocupados com possíveis violações da privacidade dos consumidores. Sites de redes sociais, como Facebook, estão tendo de rever suas políticas de privacidade.

Um dos principais benefícios da propaganda é a possibilidade de atingir um grande número de pessoas ao mesmo tempo. Dessa forma, o custo por contato é muito baixo. A publicidade tem a vantagem de atingir a massa (por exemplo, por meio de rede nacional de televisão), mas também pode ser direcionada a pequenos grupos de clientes potenciais, como no caso de anúncios de televisão voltados para redes de TV a cabo. Embora o *custo por contato* em publicidade seja muito baixo, o *custo total* para fazer uma propaganda é bem alto. Esse obstáculo tende a restringir a publicidade em nível nacional. O Capítulo 17 examina a publicidade com mais detalhes.

Relações Públicas

Preocupados com o modo como são percebidas pelos seus mercados-alvo, as organizações geralmente gastam grandes somas para construir uma imagem pública positiva. **Relações públicas** é a função de marketing que avalia as atitudes do público, identifica áreas na organização nas quais as pessoas podem estar interessadas e executa um programa de ação para ganhar a compreensão e aceitação do público. As relações públicas ajudam a organização a se comunicar com clientes, fornecedores, acionistas, funcionários do governo, funcionários e com a comunidade na qual atua. Os profissionais de marketing fazem uso das relações públicas não só para manter uma imagem positiva, mas também para informar ao público metas e objetivos da empresa, lançar novos produtos e ajudar a sustentar o esforço de vendas.

FIGURA 16.1
Papel da Promoção no Marketing Mix

- Objetivos gerais do marketing
- Marketing mix
  - Produto
  - Praça (distribuição)
  - Promoção
  - Preço
- Mix promocional
  - Publicidade
  - Relações públicas
  - Promoção de vendas
  - Venda pessoal
- Plano de promoção
- Mercado-alvo

---

mix promocional
combinação de ferramentas promocionais, incluindo publicidade, relações públicas, venda pessoal e promoção de vendas, utilizada para atingir o mercado-alvo e satisfazer os objetivos da organização

publicidade forma de comunicação impessoal de massa de um produto ou uma empresa, paga por um profissional de marketing

relações públicas função de marketing que avalia as atitudes do público, identifica áreas na organização nas quais as pessoas podem pode estar interessadas e executa um programa de ação para ganhar a compreensão e aceitação do público

O programa "Encarregar-se da Educação" da Target faz doações para escolas locais com base no montante pago pelos clientes com seus cartões Target REDcard. Os portadores do REDcard, cartão de crédito das lojas Target, podem indicar uma escola local para receber as doações com base no volume de compra pessoal. Conforme os clientes gastam, aumenta o montante doado para a escola selecionada. A Target doa aproximadamente 5% de sua renda para comunidades e já doou mais de US$ 273 milhões para apoiar programas educacionais. Por causa desses e de outros programas, como visitas noturnas a museus com entrada franca, a Target apresenta uma imagem de empresa preocupada com a comunidade, imagem que os consumidores aprovam.[2]

Um programa de relações públicas pode gerar **publicidade** favorável – informações públicas sobre empresas, produtos, serviços ou outras questões veiculadas nos meios de comunicação na forma de notícias. Em geral, as empresas não pagam pela publicidade e não são identificadas como a fonte das informações, mas podem se beneficiar imensamente delas. Os sites de mídia social, como o Twitter, proporcionam publicidade, especialmente para filmes. A quantidade de publicidade postada em *tweets* com relação a um filme pode afetar diretamente a venda de ingressos. Um estudo recente da Universidade do Texas, em Austin, revelou que o número de *tweets* sobre determinado filme estava diretamente relacionado às vendas de bilheteria. *Se Beber, Não Case* ostentava mais de 3 mil *tweets* duas semanas após seu lançamento, e as vendas permaneceram altas nas semanas seguintes. Já *O Elo Perdido* apresentou um pico de pouco mais de 1.600 *tweets* no dia anterior à noite de lançamento e, em seguida, as mensagens (e as vendas) diminuíram aproximadamente 50% a cada semana seguinte ao lançamento.[3]

Embora as organizações não paguem diretamente pela publicidade, ela não deve ser vista como gratuita. Há um custo para preparar informes publicitários, organizar eventos especiais e persuadir o pessoal de mídia a transmitir ou imprimir mensagens de publicidade. As relações públicas e a publicidade são examinadas no Capítulo 17.

Promoção de Vendas

A **promoção de vendas** consiste em todas as atividades de marketing, exceto venda pessoal, publicidade e relações públicas, que estimulam o consumidor a comprar e o representante a atuar com eficácia. A promoção de vendas, geralmente, é uma ferramenta de curto prazo utilizada para estimular o aumento imediato na demanda. Ela pode ter como foco consumidores finais, clientes comerciais ou funcionários de uma empresa. As promoções incluem amostras grátis, concursos, prêmios, feiras, prêmios de viagens e cupons. Uma promoção popular no caso de restaurantes é comida de graça. A promoção do restaurante Denny's premiou o vencedor do Grand Slam com café da manhã por um ano, especificamente, 52 refeições matinais. O Denny's recupera o prejuízo muito rapidamente porque o vencedor geralmente traz clientes pagantes com ele. Há muitas empresas, como a KFC, cujos clientes continuam a comer nos restaurantes, mesmo após o término da vigência do prêmio.[4]

Os profissionais de marketing costumam usar as promoções de vendas para melhorar a eficácia dos outros componentes do *mix promocional*, especialmente a publicidade e a venda pessoal. Uma pesquisa mostra que a promoção de vendas complementa a publicidade por resultar em respostas mais rápidas para as vendas.[5]

Venda Pessoal

A **venda pessoal** é uma situação comercial que envolve comunicação pessoal e paga entre duas pessoas em uma tentativa de influenciarem-se mutuamente. Nesse caso, tanto o comprador quanto o vendedor têm objetivos específicos que desejam atingir. O comprador pode precisar minimizar os custos ou garantir um produto de qualidade, por exemplo, ao passo que o vendedor pode precisar maximizar a receita e os lucros.

Os métodos tradicionais de venda pessoal incluem apresentação planejada para um ou mais compradores potenciais com o propósito de realizar uma venda. Seja pessoalmente, seja por telefone, a venda pessoal tenta convencer o comprador a aceitar um ponto de vista. Um vendedor de carros, por exemplo, pode tentar persuadir um comprador que determinado modelo é superior a um modelo concorrente com relação a alguns recursos, como quilometragem por litro de combustível. Uma vez que o comprador está um pouco convencido,

---

publicidade informações públicas sobre empresas, produtos, serviços ou outras questões veiculadas nos meios de massa na forma de notícias

promoção de vendas atividades de marketing, exceto venda pessoal, publicidade e relações públicas, que estimulam o consumidor a comprar e o representante a atuar de forma eficaz

venda pessoal situação de compra que envolve comunicação pessoal e paga entre duas pessoas em uma tentativa de influenciarem-se mutuamente

> **comunicação** processo pelo meio do qual significados são trocados ou compartilhados por meio de um conjunto comum de símbolos
>
> **comunicação interpessoal** comunicação direta que ocorre pessoalmente entre duas ou mais pessoas
>
> **comunicação de massa** comunicação de um conceito ou mensagem para um grande público

o vendedor pode levá-lo a ter alguma ação, como fazer um *test-drive* ou efetuar a compra. Nessa visão tradicional da venda pessoal, os objetivos do vendedor ficam a cargo do comprador, gerando um resultado de perdas e ganhos.

Noções mais modernas sobre venda pessoal enfatizam a relação entre vendedor e comprador. Inicialmente, esse conceito era mais comum em situações de venda entre empresas, envolvendo a venda de produtos como máquinas pesadas ou sistemas de computador. Mais recentemente, tanto as vendas entre empresas quanto entre empresa e consumidor concentram-se na construção de relacionamentos de longo prazo em vez de focar em uma única venda.

A venda de relacionamento enfatiza o resultado de ganhos bilaterais e a realização de objetivos mútuos que beneficiem tanto o comprador quanto o vendedor em longo prazo. Em vez de se concentrar em uma venda rápida, a venda de relacionamento busca criar uma relação fiel de longo prazo com base na confiança, maior fidelidade por parte do consumidor e continuidade do relacionamento entre o vendedor e o cliente. Assim como outros elementos do *mix promocional*, a venda pessoal está cada vez mais dependente da internet. A maioria das empresas usam seus sites para atrair compradores potenciais que procuram informações sobre produtos e serviços para, então, encaminhá-los a suas lojas físicas, nas quais a equipe de venda pessoal pode concluir o negócio. A venda pessoal é discutida com mais detalhes no Capítulo 18.

OA 3 Comunicação de Marketing

A estratégia promocional está intimamente relacionada ao processo de comunicação. Como seres humanos, atribuímos significado a sentimentos, ideias, fatos, atitudes e emoções. A **comunicação** é o processo por meio do qual os significados são trocados ou compartilhados mediante um conjunto comum de símbolos. Quando uma empresa desenvolve um novo produto, altera um produto antigo ou simplesmente tenta aumentar as vendas de um produto ou serviço existente, ela deve transmitir sua mensagem de venda aos clientes potenciais. Os profissionais de marketing transmitem para o mercado-alvo e para vários públicos informações sobre a empresa e seus produtos por meio de programas de promoção.

A comunicação pode ser dividida em duas importantes categorias: comunicação interpessoal e comunicação de massa. A **comunicação interpessoal** é direta e ocorre pessoalmente entre duas ou mais pessoas. Ao se comunicar dessa maneira, é possível observar a reação da outra pessoa e responder quase imediatamente. Um vendedor falando diretamente com um cliente é um exemplo de comunicação de marketing interpessoal.

A **comunicação de massa** envolve transmitir um conceito ou uma mensagem para grandes públicos. Uma grande quantidade de comunicação de marketing é direcionada aos consumidores, geralmente, por intermédio dos meios de comunicação de massa, como televisão e jornal. Quando uma empresa anuncia, normalmente não conhece pessoalmente os indivíduos com os quais está tentando se comunicar. Além disso, a empresa é incapaz de responder imediatamente às reações dos consumidores à sua mensagem. Em vez disso, o gestor de marketing deve esperar para ver se as pessoas estão reagindo de forma positiva ou negativa à comunicação de massa. Qualquer ruído causado por mensagens dos concorrentes ou outras distrações no ambiente podem reduzir a eficácia do esforço da comunicação de massa.

O Processo de Comunicação

Os profissionais de marketing são emissores e receptores de mensagens. Como *emissores*, tentam informar, persuadir e lembrar o mercado-alvo quanto a adotar cursos de ação compatíveis com a necessidade de promover a compra de produtos e serviços. Como *receptores*, ajustam-se ao mercado-

-alvo para desenvolver mensagens adequadas, adaptar mensagens existentes e detectar novas oportunidades de comunicação. Dessa forma, a comunicação de marketing é um processo bilateral, e não unilateral. A natureza bilateral do processo de comunicação é apresentada na Figura 16.2.

O Emissor e a Codificação No processo de comunicação, o **emissor** é quem dá origem à mensagem. Em uma conversa interpessoal, o emissor pode ser um pai, um amigo ou um vendedor. Para um anúncio ou comunicado à imprensa, o emissor é a empresa ou a organização. A fim de aproveitar o momento de Copa do Mundo e ampliar a participação de mercado na África contra a Pepsi, a Coca-Cola lançou uma ampla campanha de marketing chamada *Qual é a sua comemoração?*, inspirada por Roger Milla, ex-jogador de futebol de Camarões, e sua famosa e improvisada dança de comemoração, apresentada após marcar um gol na Copa de 1990. A Coca-Cola usou a dança de Milla para encorajar as pessoas a se soltar com a Coca-Cola e a abraçar as alegrias da Copa do Mundo. Além de perguntar às pessoas *Qual é a sua comemoração?*, a Coca-Cola trabalhou com a cantora somali K'Naan para criar uma canção cativante e inspiradora, que incorporasse a icônica melodia de cinco notas da Coca-Cola, para tocar nos jogos de futebol. A canção *Wavin' Flag* tornou-se campeã de *downloads* no iTunes e passou a ser o hino não oficial da Copa do Mundo de 2010, além de constituir um elemento-chave da mensagem de celebração da Coca-Cola.[6]

A **codificação** é a conversão de ideias e pensamentos do emissor em uma mensagem, geralmente, na forma de palavras ou sinais. A Coca-Cola codificou a mensagem *Qual é a sua comemoração?* na canção *Wavin' Flag* e nos anúncios que mostravam vários times e suas formas de comemorar o gol, de cambalhotas a passos coordenados, com fãs dançando e bandeiras ondulando. Então, os fãs foram estimulados a postar seus próprios vídeos de comemorações no site da Copa do Mundo da Coca-Cola, celebrations.coca-cola.com. No site, nos comerciais e durante os jogos, as batidas dos tambores e o ritmo cativante de *Wavin' Flag* incentivavam a celebração com a Coca-Cola.[7]

Um princípio básico da codificação é: o importante não é o que a fonte diz, mas o que o receptor ouve. Uma maneira de transmitir uma mensagem de modo que o receptor ouça corretamente é usar palavras concretas e imagens.

Transmissão da Mensagem A transmissão de uma mensagem requer um **canal**, seja por voz, rádio, jornal, computador ou outro meio de comunicação. A expressão facial ou um gesto também pode servir de canal. A Coca-Cola utilizou os restaurantes sul-africanos como um de seus canais para atingir o povo africano com a campanha *Qual é a sua comemoração?*. A empresa doou televisores envoltos em plástico vermelho e mesas com o emblema da Coca-Cola para mais de mil restaurantes, para que pudessem exibir os jogos e reunir as pessoas. Além disso, a Coca-Cola patrocinou o *World Cup Trophy Tour*, que permitiu a fãs de futebol em 84 países (50 deles na África) tirar fotos com a taça, assistir a concertos, jogar e ver destaques do futebol em 3D celebrando a história dos jogos.

A recepção ocorre quando a mensagem é detectada pelo receptor e entra em seu quadro de referência. Em uma conversa bilateral, como um passo de vendas dado por um representante que visa um cliente em potencial, o grau de recepção normalmente é alto. Em contraposição, os receptores desejados podem ou não detectar a mensa-

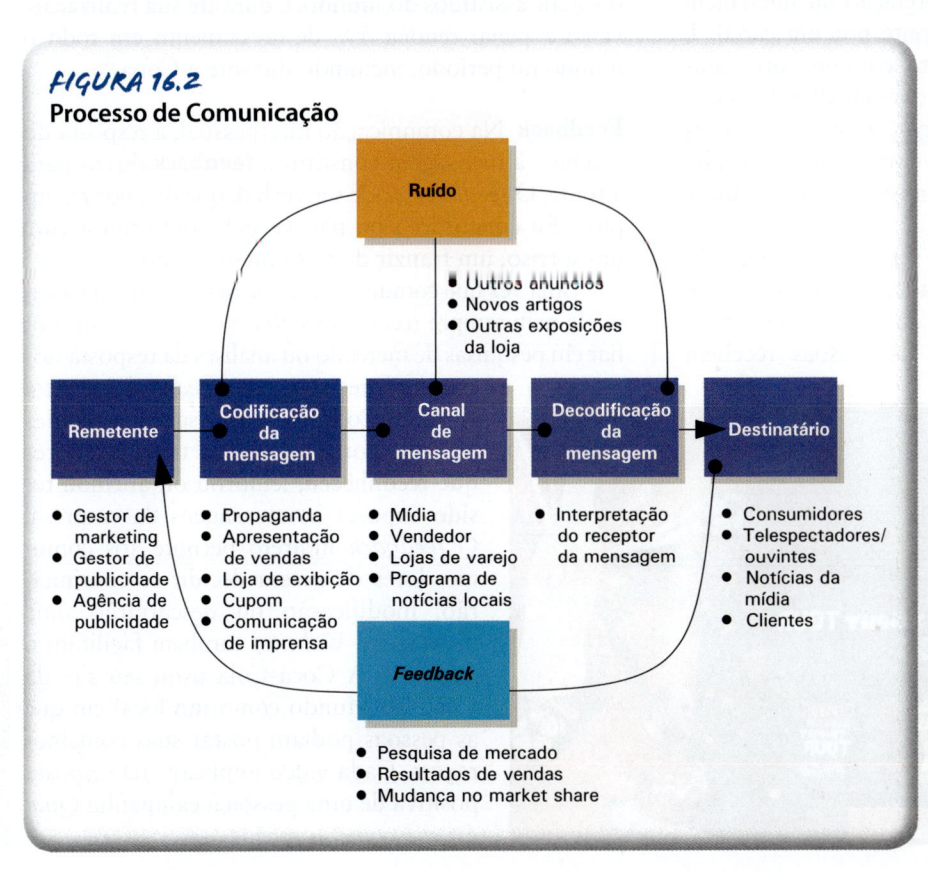

> **emissor** quem dá origem à mensagem no processo de comunicação
>
> **codificação** conversão de ideias e pensamentos do emissor em uma mensagem, geralmente, na forma de palavras ou sinais
>
> **canal** meio de comunicação — por voz (rádio, TV) ou escrito (jornal, revista) — que transmite uma mensagem

FIGURA 16.2 Processo de Comunicação

- Ruído
  - Outros anúncios
  - Novos artigos
  - Outras exposições da loja

- Remetente
  - Gestor de marketing
  - Gestor de publicidade
  - Agência de publicidade

- Codificação da mensagem
  - Propaganda
  - Apresentação de vendas
  - Loja de exibição
  - Cupom
  - Comunicação de imprensa

- Canal de mensagem
  - Mídia
  - Vendedor
  - Lojas de varejo
  - Programa de notícias locais

- Decodificação da mensagem
  - Interpretação do receptor da mensagem

- Destinatário
  - Consumidores
  - Telespectadores/ouvintes
  - Notícias da mídia
  - Clientes

- Feedback
  - Pesquisa de mercado
  - Resultados de vendas
  - Mudança no market share

ruído qualquer coisa que interfira, distorça ou retarde a transmissão de informações

receptor pessoa que decodifica uma mensagem

decodificação interpretação da linguagem e dos símbolos enviados pela fonte por meio de um canal

feedback resposta do receptor para uma mensagem

gem quando ela é comunicada em massa, porque a maioria dos meios de comunicação sofre a interferência de **ruídos** – qualquer coisa que interfira, distorça ou retarde a transmissão da informação. Em alguns meios de comunicação superlotados com anunciantes, como jornal e televisão, o nível de ruído é alto e o de recepção é baixo. Anúncios de redes concorrentes, propagandas de outro tipo de entretenimento ou outra programação na própria rede podem dificultar a recepção da mensagem da campanha publicitária da Coca-Cola. A transmissão também pode ser dificultada por fatores situacionais, como ambiente físico, luz, som, localização e clima; presença de outras pessoas; ou o estado de espírito momentâneo do consumidor. A comunicação de massa pode nem chegar a todos os consumidores certos. Por concentrar-se em um evento com um público específico de fãs de futebol, era mais provável que a campanha *Qual é a sua comemoração?* atingisse o público-alvo da Coca-Cola, especialmente a canção *Wavin' Flag* com o *jingle* da Coca-Cola nela. No entanto, outros anúncios da Coca-Cola podem ser transmitidos quando o público-alvo, formado pelos telespectadores de futebol, não está assistindo.

O Receptor e a Decodificação Os profissionais de marketing levam suas mensagens por meio de canais até os consumidores, ou **receptores**, que decodificam a mensagem. **Decodificação** é a interpretação da linguagem e dos símbolos enviados pela fonte por um canal. É necessário haver o entendimento comum entre dois comunicadores, ou um quadro comum de referência, para que a comunicação seja eficaz. Assim, os gestores de marketing devem garantir a correspondência adequada entre a mensagem a ser transmitida, a postura e as ideias do mercado-alvo.

Mesmo que uma mensagem seja recebida, ela não será, necessariamente, decodificada, ou mesmo entendida, vista ou ouvida, por causa da exposição seletiva, distorção e retenção. Quando as pessoas recebem uma mensagem, elas tendem a manipulá-la, alterá-la ou modificá-la para refletir seus próprios preconceitos, necessidades, conhecimento e cultura. Diferenças de idade, classe social, instrução, cultura e etnia podem levar a problemas de comunicação. Além disso, porque as pessoas nem sempre ouvem ou leem com cuidado, elas podem interpretar erroneamente o que é dito ou escrito. De fato, pesquisadores constataram que os consumidores não compreendem uma grande parte das comunicações impressas e televisivas. Cores vibrantes e gráficos em negrito foram apresentados para aumentar a compreensão dos consumidores quanto à comunicação de marketing. Todavia, até mesmo essas técnicas não são infalíveis.

Os profissionais de marketing que visam consumidores em outros países devem se preocupar também com a tradução e com os possíveis problemas de comunicação gerados por mensagens promocionais para outras culturas. Profissionais de marketing globais devem decidir se vão padronizar ou personalizar a mensagem para cada mercado global em que operam. A campanha *Qual é a sua comemoração?* da Coca-Cola foi muito semelhante em todo o mundo, embora a empresa tenha lançado os anúncios com Roger Milla em épocas diferentes do ano antes da Copa do Mundo começar. A empresa também promoveu sua marca POWERade na Copa do Mundo, tendo como alvo diferentes países, apresentando jogadores da seleção de cada país em anúncios impressos do POWERade. Para a Coca-Cola, manter-se visível antes de um dos eventos mais assistidos do mundo, e durante sua realização, valeu a pena: rendeu 5% de crescimento em todo o mundo no período, incluindo durante a Copa.[8]

Feedback Na comunicação interpessoal, a resposta do receptor à mensagem constitui o **feedback** direto para a fonte. O *feedback* pode ser verbal, que diz, por exemplo, "Eu concordo"; ou não verbal, como um aceno, um sorriso, um franzir da testa ou um gesto.

Uma vez que comunicadores de massa como a Coca-Cola nem sempre recebem *feedback* direto, devem confiar em pesquisas de mercado ou análises da resposta dos espectadores como um *feedback* indireto. A Coca-Cola poderia usar as medidas como a porcentagem de telespectadores que reconheceu, lembrou ou afirmou ter sido exposta às mensagens da empresa. O *feedback* indireto permite aos comunicadores de massa decidir se continuarão, modificarão ou descartarão uma mensagem. *Websites* também facilitam o *feedback*. A Coca-Cola usou seu site da Copa do Mundo como um local em que as pessoas podiam postar suas comemorações. Cada vídeo implicava na resposta positiva de uma pessoa à campanha *Qual é a sua comemoração?*.

FIGURA 16.3
Características dos Elementos do Mix promocional

	Publicidade	Relações públicas	Promoção de vendas	Venda pessoal
Modo de comunicação	Indireta e impessoal	Geralmente, indiretas e impessoais	Geralmente, indireta e impessoal	Direta e face a face
Controle do comunicador sobre a situação	Baixo	Moderado a baixo	Moderado a baixo	Alto
Quantidade de *feedback*	Pouca	Pouca	Pouca a moderada	Muita
Velocidade de *feedback*	Atrasada	Atrasada	Variável	Imediata
Direção da mensagem	Unidirecional	Unidirecional	Principalmente unidirecional	Bidirecional
Controle sobre o conteúdo da mensagem	Sim	Não	Sim	Sim
Identificação do patrocinador	Sim	Não	Sim	Sim
Velocidade para alcançar o grande público	Rápido	Geralmente rápido	Rápido	Lento
Flexibilidade da Mensagem	Mesma mensagem para todos os públicos	Normalmente, não há nenhum controle direto sobre o público	Mesma mensagem para diversos alvos	Personalizada para compradores potenciais

O Processo de Comunicação e o Mix Promocional

Os quatro elementos do *mix promocional* diferem em sua capacidade de afetar o público-alvo. Esses elementos podem se comunicar com o consumidor direta ou indiretamente. A mensagem pode ser unilateral ou bilateral. O *feedback* pode ser rápido ou lento, pouco ou muito. Da mesma forma, o comunicador pode ter vários graus de controle sobre a entrega, o conteúdo e a flexibilidade da mensagem. A Figura 16.3 descreve as características dos elementos do *mix promocional* com relação a modo de comunicação, controle do profissional de marketing sobre o processo de comunicação, quantidade e a velocidade do *feedback*, direção do fluxo de mensagens, controle do profissional de marketing sobre a mensagem, identificação do emissor, velocidade para alcançar grandes audiências e flexibilidade da mensagem.

Na Figura 16.3, podemos notar que a maioria dos elementos do *mix promocional* é indireta e impessoal quando utilizada para se comunicar com um mercado-alvo, oferecendo apenas o fluxo unilateral de mensagens. Publicidade, relações públicas e promoção de vendas geralmente são meios de comunicação de massa impessoais e unidirecionais. Uma vez que não oferecem nenhuma oportunidade de *feedback* direto, é mais difícil adaptar esses elementos promocionais para mudar as preferências do consumidor, as diferenças individuais e os objetivos pessoais.

A venda pessoal, por sua vez, é uma forma de comunicação pessoal e bidirecional. O vendedor recebe *feedback* imediato do consumidor e pode ajustar resposta. A venda pessoal, no entanto, é muito lenta na dispersão da mensagem do profissional de marketing para grandes audiências. Um vendedor só pode se comunicar com uma pessoa ou com um pequeno grupo de pessoas em determinado momento.

O Impacto da Web 2.0 na Comunicação de Marketing

A internet e as tecnologias relacionadas a ela têm exercido um profundo impacto na comunicação de marketing, incluindo no *mix promocional*. As ferramentas da *web* 2.0 incluem *blogs* (diários on-line), *podcastings* (programas de rádio on-line), *vodcasts* (vídeos e noticiários on-line) e redes sociais, como MySpace e Facebook. No início, essas ferramentas eram utilizadas pelos indivíduos principalmente para se expressarem. Mas as empresas perceberam que poderiam ser usadas para interagir com os consumidores. A ascensão dos *blogs*, por exemplo, criou uma forma completamente nova para o profissional de marketing gerenciar imagens, conectar-se com os consumidores e gerar interesse e desejo pelos produtos de suas empresas.

O *blog* altera o processo de comunicação de marketing para os elementos promocionais que dependem da comunicação de massa, ou seja, publicidade, relações públicas e promoção de vendas, afastando-os da comunicação impessoal indireta em direção a um modelo de comunicação personalizada direta. O *blogs* criados pelas empresas (*blogs corporativos*) permitem que os profissionais de marketing tenham um canal de *feedback* personalizado direto com os clientes, o que é extremamente diferente do modelo de comunicação apresentado na Figura 16.2. Os *blogs* criados pelos consumidores constituem um canal de *feedback* personalizado indireto. No Capítulo 22, os *blogs* são discutidos com mais detalhes.

OA 4 Objetivos e Tarefas da Promoção

As pessoas se comunicam umas com as **outras por muitas razões**. Elas buscam diversão, pedem ajuda, prestam assistência ou dão instruções, fornecem informações e expressam ideias e pensamentos. A promoção, por sua vez, visa modificar, de alguma forma, o comportamento e os pensamentos das pessoas. Os promotores podem tentar persuadir os consumidores a comer no Burger King em vez de comer no McDonald's. A promoção também tenta reforçar o comportamento existente, por exemplo, manter a opção dos consumidores pelo Burger King após a troca. A fonte (o vendedor) espera projetar uma imagem favorável dos produtos e serviços da empresa ou motivar a compra deles.

A promoção pode focar em uma ou mais das três tarefas a seguir: *informar* o público-alvo, *persuadir* o público-alvo ou *lembrar* o público-alvo. Frequentemente, um profissional de marketing tenta realizar duas ou mais dessas tarefas ao mesmo tempo.

Informar

A promoção informativa procura converter uma necessidade existente em um desejo ou estimular o interesse por um novo produto. Em geral, é mais predominante durante os estágios iniciais do ciclo de vida de um produto. Normalmente, as pessoas não compram um produto ou serviço ou apoiam uma organização sem fins lucrativos até que conheçam seu propósito e os benefícios para elas. As mensagens informativas são importantes para a promoção de produtos complexos e técnicos, como automóveis, computadores e serviços financeiros. Quando a Apple lançou o iPhone, as funções *touchscreen* eram novidade para a categoria de *smartphones*. Para informar aos consumidores as características do telefone e como ele funcionava, a Apple veiculou uma série de comerciais mostrando uma mão manipulando o aparelho. A narração fornecia informações sobre os benefícios do telefone contando uma história sobre como o iPhone poderia tornar a vida mais fácil. Comerciais similares têm sido veiculados para o iPad, de modo a informar os consumidores sobre os benefícios de uma tela maior sensível ao toque. A promoção informativa também é importante para uma marca "nova" que está sendo introduzida em uma classe de produtos "antiga". O novo produto não pode estabelecer-se contra produtos mais maduros, a menos que os potenciais compradores estejam conscientes dele, valorizem seus benefícios e entendam o seu posicionamento no mercado.

Persuadir

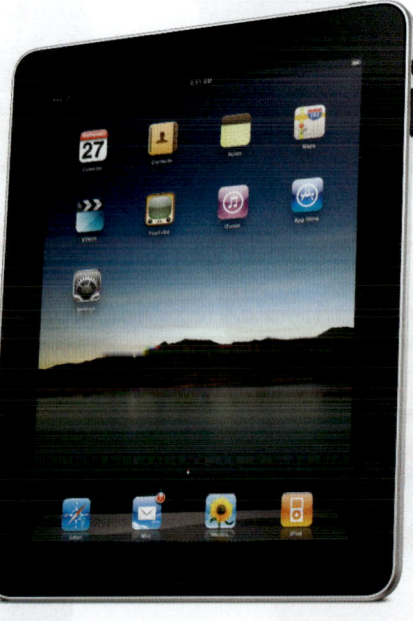

A promoção persuasiva é projetada para estimular uma compra ou uma ação. A persuasão normalmente torna-se o objetivo principal da promoção quando o produto inicia o estágio de crescimento de seu ciclo de vida. A essa altura, o mercado-alvo deve estar consciente do produto e ter algum conhecimento de como o item pode satisfazer seus desejos. Assim, ocorre uma mudança na tarefa promocional de informar os consumidores sobre a categoria do produto para a de persuadi-los a comprar a marca de determinada empresa em vez da marca do concorrente. Nesse momento, a mensagem promocional enfatiza as vantagens competitivas reais e percebidas do produto, muitas vezes apelando para as necessidades emocionais como amor, posse, autoestima e satisfação do ego. Os anunciantes de telefones que utilizam o sistema operacional Android, por exemplo, estão tentando persuadir os usuários a comprar seus telefones em vez de um iPhone (ou até em vez de outra marca de celular com o Android). As mensagens publicitárias destacam os benefícios tecnológicos exclusivos dos telefones Android, como um processador mais rápido ou de tela maior.

A persuasão também pode ser uma meta importante para muitas categorias maduras de produtos concorrentes, como utensílios domésticos e refrigerantes. Em um mercado caracterizado pela forte concorrência, muitas vezes, a mensagem promocional incentiva a troca de marcas e tem como objetivo converter alguns compradores em usuários fiéis. Os críticos acreditam que algumas mensagens e técnicas promocionais podem ser muito persuasivas, a ponto de levar os consumidores a comprar produtos e serviços de que não necessitam.

Lembrança

A lembrança é usada para manter o produto e o nome da marca na mente do público. Esse tipo de promoção prevalece durante o estágio de maturidade do ciclo de vida. Ele assume que o mercado-alvo já foi persuadido quanto aos méritos do produto ou serviço. Sua finalidade é simplesmente desencadear uma memória. O creme dental Crest e outros produtos de consumo costumam utilizar a lembrança promocional.

OA 5 Objetivos Promocionais e o Conceito AIDA

O objetivo final de qualquer promoção é fazer alguém comprar um produto ou serviço ou, no caso de organizações sem fins lucrativos, realizar algumas ações (por exemplo, doar sangue). Um modelo clássico para atingir os objetivos promocionais é denominado **conceito AIDA**.[9] A sigla significa *atenção*, *interesse*, *desejo* e *ação*, os estágios de envolvimento do consumidor com uma mensagem promocional.

Esse modelo propõe que os consumidores respondam às mensagens de marketing em uma sequência cognitiva (pensamento), afetiva (emoção) e conotativa (ação). Primeiro, um gestor de promoção pode se concentrar em atrair a *atenção* do consumidor treinando um vendedor para usar uma saudação e abordagem amigáveis ou, em um anúncio, usar volume alto, manchetes em negrito, movimento, cores berrantes, e assim por diante. Em seguida, uma boa apresentação, demonstração ou propaganda cria *interesse* no produto e, então, ilustrando como as características do produto vão satisfazer as necessidades do consumidor, desperta o *desejo*. Por fim, uma oferta especial ou um forte argumento para fechar a venda pode ser usado para que ocorra a *ação* de compra.

> **conceito AIDA**
> modelo que descreve o processo para alcançar objetivos promocionais no que se refere a estágios de envolvimento do consumidor com a mensagem; a sigla significa atenção, interesse, desejo e ação

O conceito AIDA pressupõe que a promoção incentiva os consumidores ao longo dos quatro passos a seguir no processo de decisão de compra:

1. *Atenção*: Inicialmente, o anunciante deve ganhar a atenção do mercado-alvo. Uma empresa não pode vender algo se o mercado não sabe que o produto ou serviço existe. Quando a Apple lançou o iPod, precisou criar a consciência e chamar a atenção para o novo item, assim, anunciou e promoveu amplamente o produto por meio de anúncios em televisão, revistas e internet. Uma vez que o iPod era uma extensão da marca dos computadores Apple, foi necessário menos esforço do que no caso de uma marca nova. Ao mesmo tempo, sendo o iPod uma nova linha de produtos avançados, a promoção tinha de chamar a atenção dos clientes e criar a consciência de uma nova ideia de uma empresa estabelecida.

2. *Interesse*: A simples consciência de uma marca raramente gera venda. O próximo passo é criar o interesse no produto. Um anúncio impresso não pode informar aos clientes potenciais todos os recursos do iPod. Assim, a Apple teve de organizar demonstrações do iPod e enviar mensagens para adeptos inovadores e pioneiros, com o objetivo de provocar o interesse nos novos *music players* portáteis.

3. *Desejo*: Os clientes potenciais do iPod da Apple podem gostar do conceito de um aparelho de som portátil, mas talvez não o sintam como necessariamente melhor do que um *music player* portátil com menos recursos. Por isso, a Apple teve de criar uma preferência pela marca por meio do iTunes Music Store, da bateria de vida prolongada, do relógio e alarme, da agenda e lista de tarefas, do armazenamento de fotos e outros recursos. Especificamente, foi preciso convencer os clientes potenciais que o

iPod era a melhor solução para satisfazer o desejo por um *music player* digital portátil.

4. **Ação**: Alguns potenciais clientes podem ter sido convencidos a comprar um iPod, mas ainda não tinham efetuado a compra. Para motivá-los a agir, a Apple continuou a publicidade para comunicar de forma mais eficaz os recursos e benefícios, além de utilizar promoções e descontos.

A maioria dos compradores altamente envolvidos em situações de compra passa pelos quatro estágios do modelo AIDA. A tarefa do promotor é determinar em que ponto na escala de compra encontra-se a maior parte dos consumidores-alvo e desenvolver um plano de promoção para satisfazer as suas necessidades. Se a Apple constatou por meio de pesquisa de mercado que muitos clientes potenciais estavam no estágio do desejo, mas, por alguma razão, ainda não haviam comprado um iPod, a empresa poderia colocar anúncios no Google e talvez em videogames, para atingir indivíduos mais jovens, mercado-alvo principal, com mensagens para motivá-los a comprar o aparelho.

O conceito AIDA não explica como todas as promoções influenciam nas decisões de compra. O modelo sugere que a eficácia promocional pode ser medida com relação à progressão dos consumidores de um estágio para o próximo. No entanto, a ordem dos estágios do modelo, bem como se os consumidores passam por todos os estágios, tem sido muito debatida. É possível que uma compra ocorra sem interesse ou desejo, quando um produto de baixo envolvimento é comprado por impulso. Independentemente da ordem dos estágios ou da progressão dos consumidores ao longo desses estágios, o conceito AIDA ajuda os profissionais de marketing ao sugerir qual estratégia promocional será mais eficaz.[10] A estratégia é, geralmente, uma questão de definição adequada do momento (ou timing). Os gestores de marketing do filme *Comer Rezar Amar*, baseado no *best-seller* autobiográfico de Elizabeth Gilbert, aproveitaram a popularidade do livro e o momento para manter a atenção na história enquanto seus colegas da Sony Pictures desenvolviam o filme. Com a aproximação da data de lançamento, a Sony e a HSN desenvolveram uma campanha de mala direta com produtos baseados nas locações de *Comer Rezar Amar* (Itália, Índia e Bali) e promoveram um evento de vendas com duração de três dias na HSN uma semana antes do lançamento do longa-metragem. Usar o banco de dados de clientes da HSN permitiu à Sony provocar mais interesse e desejo de ver o filme no público-alvo da HSN, indivíduos entre 35 e 45 anos. Vários produtos, incluindo perfumes, exibiam o título *Comer Rezar Amar* para manter a marca na mente das pessoas. No fim de semana de estreia, as bilheterias arrecadaram US$ 23,1 milhões.[11]

AIDA e o Mix Promocional

A Figura 16.4 ilustra a relação entre o *mix promocional* e o modelo AIDA. Ela mostra que, embora a publicidade tenha impacto nos estágios finais, é mais útil para chamar a atenção para produtos ou serviços. A venda pessoal, por sua vez, atinge poucas pessoas num primeiro momento. Os vendedores são mais eficazes na criação do interesse do cliente por uma mercadoria ou serviço e no despertar do desejo. A publicidade pode ajudar um comprador potencial de computador a conhecer as marcas concorrentes, mas é o vendedor que realmente estimula o comprador a decidir que determinada marca é a melhor escolha. O vendedor também tem a vantagem de ter o computador à disposição para demonstrá-lo ao comprador.

O maior impacto das relações públicas é na tarefa de obter atenção para uma empresa, produto ou serviço. Muitas empresas podem atrair a atenção e gerar disposição, patrocinando eventos comunitários que beneficiem uma causa digna, como programas antidrogas e de combate a gangues. Esses patrocínios projetam uma imagem positiva da empresa e de seus produtos na mente dos consumidores e de consumidores em potencial. Editoras de livros esforçam-se para ter seus títulos nas listas de *best-sellers* das principais publicações, como *Publishers Weekly* e *New York Times*. Os autores dos livros também fazem aparições em programas de entrevistas e nas livrarias para autografar seus livros e falar com os fãs.

FIGURA 16.4

	Atenção	Interesse	Desejo	Ação
Publicidade	●	●	○	● (preto)
Relações Públicas	●	●	○	● (preto)
Promoção de Vendas	○	○	●	○
Venda Pessoal	○	●	●	●

● Muito eficaz   ○ Pouco eficaz   ● Nada eficaz

A maior força de promoção de vendas é a criação do desejo e da intenção de compra. Cupons e outras promoções com redução de preços são técnicas usadas para persuadir os clientes a comprar novos produtos. Os programas de promoção de vendas para compradores frequentes, populares entre os varejistas, permitem que os consumidores acumulem pontos ou dinheiro, que podem ser trocados por mercadorias. Os programas para clientes habituais tendem a aumentar a intenção e a lealdade e encorajar novas compras.

OA 6 Fatores que Afetam o Mix Promocional

Composto promocionais variam muito de um produto ou segmento para outro. Normalmente, a publicidade e a venda pessoal são usadas para promover produtos e serviços, apoiadas e complementadas pela promoção de vendas. As relações públicas ajudam a desenvolver uma imagem positiva para a organização e a linha de produtos. No entanto, uma empresa pode optar por não usar todos os quatro elementos promocionais no seu *mix promocional* ou pode optar por utilizá-los em graus variados. O *mix promocional* específico escolhido para um produto ou serviço depende de vários fatores: natureza do produto, estágio do ciclo de vida, características do mercado-alvo, tipo de decisão de compra, fundos disponíveis para a promoção e se será usada a estratégia de empurrar ou de puxar.

Natureza do Produto

As características do próprio produto podem influenciar no *mix promocional*. Um produto pode ser classificado como comercial ou de consumo. (Consultar os capítulos 7 e 10.) Como os produtos comerciais são, geralmente, sob medida para especificações exatas do comprador, muitas vezes, não são adequados para a promoção em massa. Assim, os fabricantes da maioria dos produtos comerciais, como sistemas de computador ou máquinas industriais, dependem mais da venda pessoal do que da publicidade. A publicidade, no entanto, ainda serve a um propósito na promoção de bens comerciais. Anunciar na mídia comercial pode ajudar a localizar clientes potenciais para a força de vendas. A publicidade na mídia impressa, por exemplo, costuma incluir cupons solicitando ao cliente potencial que "preencha este formulário para obter informações mais detalhadas".

Em contraposição, porque os produtos de consumo, em geral, não são feitos sob medida, não exigem esforços de venda de um representante da empresa que possa adequá-los às necessidades do usuário. Assim, os produtos de consumo são promovidos principalmente por meio de publicidade para criar familiaridade com a marca. Anúncios em televisão e rádio, revistas orientadas para o consumidor e cada vez mais a internet e outras mídias altamente direcionadas são usados para promover produtos de consumo, especialmente bens não duráveis. A promoção de vendas, a marca e a embalagem do produto são duas vezes mais importantes para os produtos de consumo do que para produtos comerciais. A venda pessoal persuasiva é importante no nível do varejo para produtos como automóveis e eletrodomésticos.

Os custos e riscos associados a um produto também influenciam no *composto promocional*. Como regra geral, quando os custos ou riscos de comprar e usar um produto aumentam, a venda pessoal torna-se mais importante. Na verdade, os itens de baixo custo não podem suportar o custo do tempo e o esforço de um vendedor, a menos que o volume potencial seja elevado. Já as máquinas caras e complexas, carros e casas novas representam um investimento considerável. O vendedor deve assegurar que os compradores estão gastando dinheiro com sabedoria, e não incorrendo em um risco financeiro desnecessário.

O risco social também é um problema. Muitos bens de consumo não são produtos de grande importância social, porque não refletem a posição social. As pessoas não experimentam muito risco social ao comprar um pãozinho. No entanto, a compra de determinados produtos, como joias e roupas, envolve um risco. Muitos consumidores dependem da venda pessoal para orientá-los a fazer a escolha "correta".

Estágios do Ciclo de Vida do Produto

O estágio do produto no seu ciclo de vida é um fator importante na concepção de um *mix promocional* (ver Figura 16.5). Durante o *estágio de lançamento*, o objetivo básico da promoção é informar o público-alvo que o produto está disponível. Inicialmente, a ênfase está na classe geral do produto, por exemplo, telefones móveis. Essa ênfase muda gradualmente e passa a focar em determinada marca, como Nokia, Samsung, Sony Ericsson ou Motorola. Normalmente, tanto a publicidade ampla quanto as relações públicas informam o público-alvo quanto à classe ou marca do produto e aumentam o nível de consciência. A promoção de vendas incentiva testes iniciais do produto, ao passo que a venda pessoal faz os varejistas comercializarem o produto.

Quando o produto atinge o *estágio de crescimento*, a combinação de promoção pode mudar. Muitas vezes, uma mudança é necessária porque há diferentes tipos de compradores em potencial como alvo. Embora a publicidade e as relações públicas continuem a ser os principais elementos do *mix promocional*, a promoção de vendas pode ser reduzida porque os consumidores precisam de menos incentivos para comprar. A estratégia promocional é enfatizar a vantagem diferencial do produto sobre a concorrência. A promoção persuasiva é utilizada para construir e manter a fidelidade à marca durante o estágio de crescimento. Nesse estágio, a venda pessoal geralmente é bem-sucedida no que se refere à distribuição adequada do produto.

À medida que o produto chega ao *estágio de maturidade*, a concorrência torna-se feroz, consequentemente, a publicidade persuasiva e de lembrança são mais enfatizadas. A promoção de vendas volta a ser o foco, conforme os vendedores dos produtos tentam aumentar a participação de mercado.

Toda a promoção, especialmente a publicidade, é reduzida quando o produto entra no *estágio de declínio*. Entretanto, os esforços de venda pessoal e promoção de vendas podem ser mantidos, em particular, no nível do varejo.

Características do Mercado-Alvo

Um mercado-alvo caracterizado por clientes potenciais amplamente espalhados, consumidores bem informados e compradores fiéis às marcas, geralmente, requer um *mix promocional* com mais publicidade, promoção de vendas e menos venda pessoal. No entanto, às vezes, a venda pessoal é necessária mesmo quando os compradores estão bem informados e geograficamente dispersos. Embora as instalações industriais possam ser vendidas para pessoas bem instruídas, com extensa experiência profissional, os vendedores devem estar presentes para explicar o produto e elaborar os detalhes do contrato de compra.

Frequentemente, as empresas vendem produtos e serviços em mercados nos quais os clientes potenciais são difíceis de localizar. A publicidade impressa pode ser usada para encontrá-los. O leitor é convidado a conectar-se via internet, telefonar ou postar um cartão-resposta para obter mais informações. Quando as consultas on-line, telefonemas ou cartões são recebidos, os vendedores fazem visitas aos clientes em potencial.

Tipo de Decisão de Compra

O *mix promocional* também depende do tipo de decisão de compra, por exemplo, se é uma decisão de rotina ou uma decisão complexa. Para as do primeiro tipo, como a compra de pasta de dentes, a promoção mais eficaz chama a atenção para a marca ou faz o consumidor se lembrar dela. A publicidade e, especialmente, a promoção de vendas são as ferramentas de promoção mais produtivas a serem usadas em decisões de rotina.

Se a decisão não é de rotina nem complexa, a publicidade e as relações públicas ajudam a estabelecer a consciência para o produto ou serviço. Suponha que um homem está à procura de uma garrafa de vinho para servir a seus convidados. Como consumidor de cerveja, ele não está familiarizado com vinhos, mas leu um artigo em uma revista popular sobre a vinícola Robert Mondavi e viu um anúncio do produto. Ele pode estar mais propenso a comprar essa marca porque já tem conhecimento dela. Geralmente, as opiniões on-line também são importantes nesse tipo de decisão de compra porque os consumidores acessam facilmente uma série de opiniões de outros consumidores.

Em contraposição, os consumidores que tomam decisões complexas estão mais envolvidos. Eles

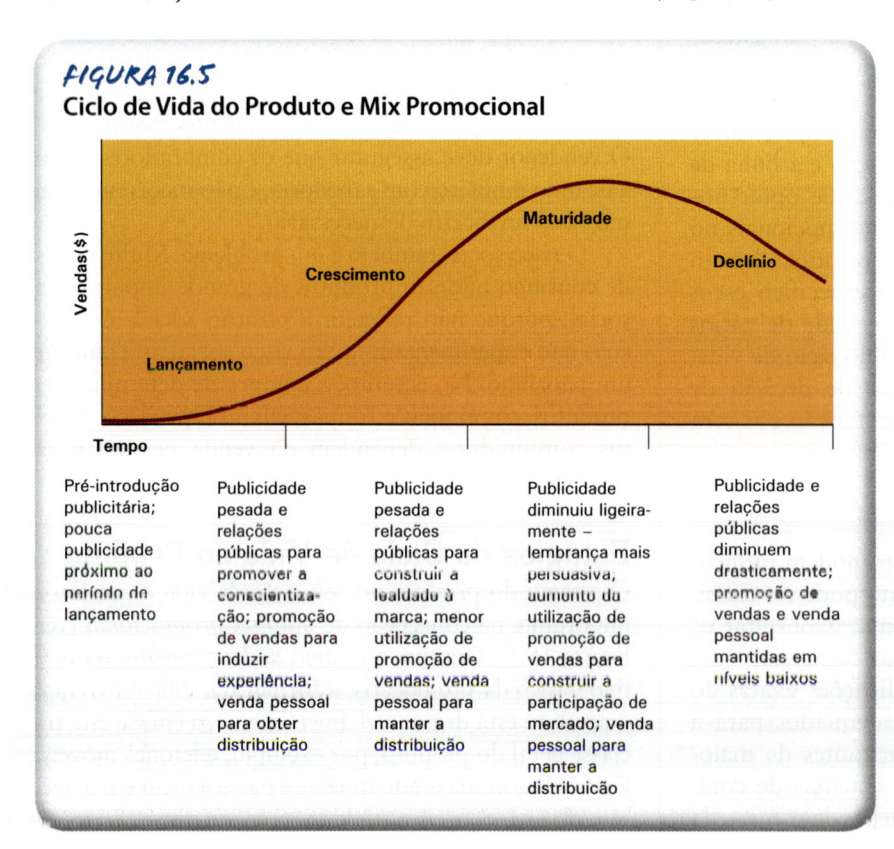

FIGURA 16.5
Ciclo de Vida do Produto e Mix Promocional

| Pré-introdução publicitária; pouca publicidade próximo ao período de lançamento | Publicidade pesada e relações públicas para promover a conscientização; promoção de vendas para induzir experiência; venda pessoal para obter distribuição | Publicidade pesada e relações públicas para construir a lealdade à marca; menor utilização de promoção de vendas; venda pessoal para manter a distribuição | Publicidade diminuiu ligeiramente – lembrança mais persuasiva; aumento da utilização de promoção de vendas para construir a participação de mercado; venda pessoal para manter a distribuição | Publicidade e relações públicas diminuem drasticamente; promoção de vendas e venda pessoal mantidas em níveis baixos |

contam com muitas informações para ajudá-los a chegar a uma decisão. A venda pessoal é mais eficaz para ajudar esses consumidores a decidir. Normalmente, os consumidores que pensam em comprar um carro fazem pesquisas na internet, em sites corporativos e de terceiros. No entanto, poucas pessoas compram um carro sem visitar uma concessionária. Elas dependem de um vendedor para fornecer as informações necessárias à tomada de decisão. Além dos recursos on-line, anúncios impressos também podem ser usados para produzir decisões de compra com alto nível de envolvimento porque, geralmente, fornecem muitas informações ao consumidor.

Fundos Disponíveis

O dinheiro, ou a falta dele, pode ser o fator mais importante na determinação do *mix promocional*. Um fabricante de pequeno porte e sem capital pode confiar completamente na publicidade gratuita se o seu produto for único. Se a situação justifica uma força de vendas, uma empresa sob tensão financeira pode optar pelos agentes do fabricante, que trabalham em regime de comissão, sem adiantamento ou reembolso de despesas. Até organizações bem capitalizadas podem não ser capazes de arcar com as taxas de publicidade em publicações como *Time Magazine*, *Readers Digest* e *Wall Street Journal*, ou com o custo de inserção de comerciais de televisão durante programas como *Desperate Housewives*, *American Idol* ou o *Super Bowl*. O preço de uma propaganda de alto nível nesses meios poderia cobrir os custos de vários vendedores por um ano inteiro.

Quando há fundos disponíveis para permitir um *mix* de elementos promocionais, uma empresa geralmente tenta otimizar o retorno sobre o montante gasto com a promoção, minimizando o *custo por contato* ou o custo para alcançar um membro do mercado-alvo. Em geral, o custo por contato é muito alto para a venda pessoal, relações públicas e promoções de vendas, como amostragens e demonstrações. Em contrapartida, dado o número de pessoas que a publicidade nacional alcança, o custo por contato é muito baixo. Normalmente, há uma troca entre os fundos disponíveis, o número de pessoas no mercado-alvo, a qualidade de comunicação necessária e os custos relativos dos elementos de promoção. Há muitas opções de baixo custo disponíveis para as empresas que não dispõem de um grande orçamento. Muitas delas incluem estratégias on-line e esforços de relações públicas, em que contam com publicidade gratuita.

Estratégias de empurrar e puxar

O último fator que afeta o *mix promocional* é a decisão sobre utilizar a estratégia de empurrar ou a estratégia de puxar. Os fabricantes podem usar estratégia agressiva de venda pessoal e publicidade comercial para convencer um atacadista ou varejista a adotar e a vender as suas mercadorias. Essa abordagem é conhecida como **estratégia de empurrar** (ver Figura 16.6). O atacadista, por sua vez, deve empurrar a mer-

> **estratégia de empurrar** estratégia de marketing que utiliza a venda pessoal agressiva e a propaganda comercial para convencer o atacadista ou o varejista a obter e vender mercadorias específicas

Apesar de ser possível pesquisar carros novos on-line, os consumidores dependem de um vendedor para ajudá-los a decidir.

estratégia de puxar estratégia de marketing que estimula a demanda do consumidor para obter a distribuição de produtos

cadoria para frente, persuadindo o varejista a trabalhar com ela. O varejista, então, faz uso de publicidade, amostras e outras formas de promoção para convencer o consumidor a comprar os produtos "empurrados".

O Walmart utiliza descontos agressivos para empurrar os produtos para fora de suas lojas, como no caso da venda de embalagens de 1,2 l do *ketchup* Heinz por US$ 1 ou de ofertas especiais em feriados, como de refrigerante ou de carne para o churrasco do Dia do Trabalho.[12] Esse conceito aplica-se também aos serviços.

No outro extremo, está a **estratégia de puxar**, que estimula a demanda do consumidor para obter a distribuição do produto. Em vez de tentar vender para o atacadista, o fabricante que utiliza essa estratégia concentra seus esforços promocionais no consumidor final ou nos líderes de opinião. Um exemplo clássico de estratégia de puxar é a publicidade e a promoção pesada de cereais açucarados para o café da manhã em programas infantis de televisão. A demanda criada por essas campanhas publicitárias, provavelmente, "puxará" a demanda das crianças (e, consequentemente, dos pais) e incentivará os varejistas a estocar cereais. Conforme os consumidores começam a exigir o produto, o varejista faz o pedido da mercadoria ao atacadista. Em seguida, o atacadista, diante da demanda crescente, solicita uma mercadoria "puxada" ao fabricante. A demanda dos consumidores puxa o produto pelo canal de distribuição (ver Figura 16.6).

A amostragem pesada, a publicidade inicial para o consumidor, as campanhas de pequenos descontos e os cupons são parte dessa estratégia.

É raro uma empresa usar exclusivamente uma ou outra estratégia. Ao contrário, a combinação enfatiza uma delas. As empresas farmacêuticas, geralmente, usam a estratégia de empurrar, por meio da venda pessoal e da publicidade comercial, para promover seus medicamentos e terapias entre os médicos. Apresentações de vendas e anúncios em revistas médicas dão aos profissionais as informações detalhadas de que necessitam para prescrever medicamentos para seus pacientes. A maioria das empresas farmacêuticas complementa sua estratégia promocional de empurrar com a estratégia de puxar voltada diretamente para os pacientes em potencial, por meio de anúncios em revistas de consumo e na televisão.

OA 7 Comunicação Integrada de Marketing

O ideal seria que as comunicações de marketing de cada elemento do mix promocional (venda pessoal, publicidade, promoção de vendas e relações públicas) fossem integradas, isto é, a mensagem que chega ao consumidor deveria ser a mesma, independentemente de ser transmitida por uma propaganda, por um vendedor de campo, por um artigo de revista ou por um cupom em um jornal.

Do ponto de vista do consumidor, a comunicação de uma empresa já está integrada. Os consumidores não pensam em termos dos quatro elementos da promoção: venda pessoal, publicidade, promoção de vendas e relações públicas. Em vez disso, tudo é um "anúncio". As únicas pessoas que reconhecem as diferenças entre esses elementos de comunicação são os próprios profissionais de marketing. Infelizmente, muitos deles negligenciam esse fato ao planejar as mensagens promocionais e não conseguem integrar os esforços de comunicação de um elemento para o próximo. A brecha mais

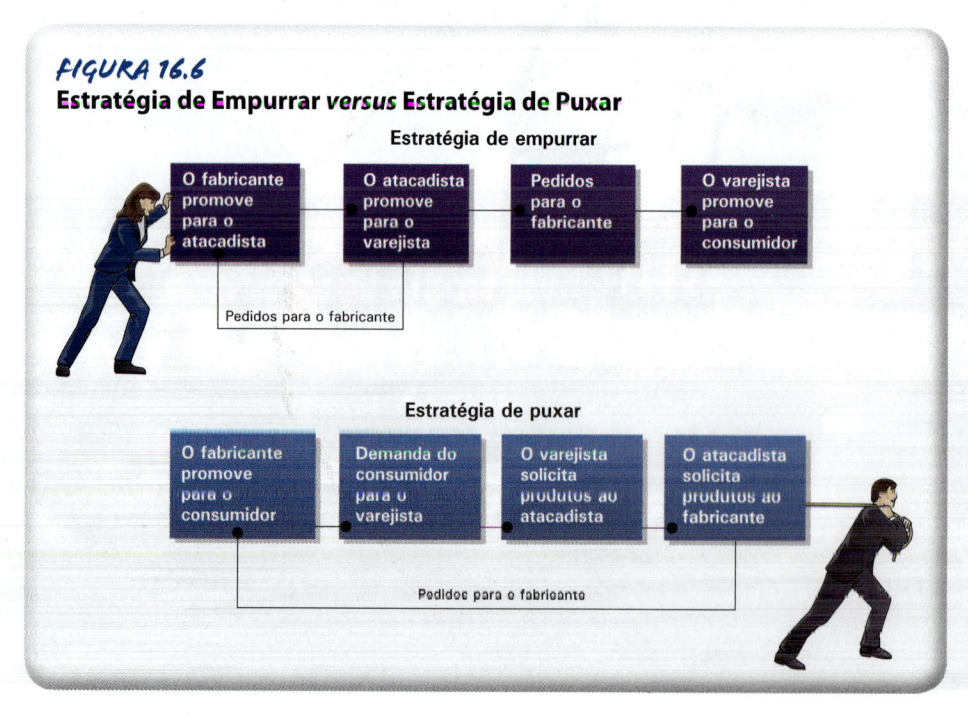

FIGURA 16.6
Estratégia de Empurrar *versus* Estratégia de Puxar

Estratégia de empurrar
O fabricante promove para o atacadista → O atacadista promove para o varejista → Pedidos para o fabricante → O varejista promove para o consumidor
Pedidos para o fabricante

Estratégia de puxar
O fabricante promove para o consumidor → Demanda do consumidor para o varejista → O varejista solicita produtos ao atacadista → O atacadista solicita produtos ao fabricante
Pedidos para o fabricante

comum ocorre entre a venda pessoal e os demais elementos do *mix promocional*.

A abordagem desintegrada e desarticulada da promoção tem impulsionado muitas empresas a adotar o conceito de **comunicação integrada de marketing (IMC)**. IMC é a coordenação cuidadosa de todas as mensagens promocionais, ou seja, propaganda tradicional, marketing direto, interatividade, relações públicas, promoção de vendas, venda pessoal, marketing de eventos e outras formas de comunicação relacionadas a um produto ou serviço, a fim de assegurar a consistência das mensagens em todos os pontos de contato entre a empresa e o consumidor. Seguindo o conceito de IMC, os gestores de marketing desenvolvem cuidadosamente os papéis que os vários elementos promocionais desempenham no marketing mix. A programação das atividades promocionais é coordenada e os resultados de cada campanha são monitorados para melhorar o uso futuro das ferramentas de *composto* promocional. Normalmente, o diretor de comunicação de marketing tem a responsabilidade de integrar a comunicação de marketing da empresa.

Campanhas de marketing de filmes beneficiam-se muito da abordagem IMC. *Os Mercenários*, filme lançado no segundo semestre de 2010 pela Nu Image e pela Millennium Films, explorou a nostalgia dos anos 1980 com um elenco que incluiu Sylvester Stallone, Bruce Willis, Arnold Schwarzenegger e Jet Li para oferecer um filme de ação extrema. A campanha de marketing foi simples, mas eficaz: Stallone gerou boas polêmicas para a imprensa e ajudou a criar um burburinho de cara durão presente em todos os aspectos da campanha. As páginas do filme no YouTube e no Facebook mostravam Stallone estourando um "buraco" na página com um lançador de granadas. Evocando a nostalgia e proporcionando uma campanha coesa com lançamento de granadas e combates intensos em vídeos do YouTube, lutas do Ultimate Fighting Championship (UFC) e anúncios de televisão, *Os Mercenários* geraram polêmica suficiente para se lançar ao topo das bilheterias no fim de semana de estreia.[13]

O conceito de IMC tem crescido em popularidade por várias razões. Primeira, a proliferação de milhares de opções de mídia além da tradicional televisão tornou a promoção uma tarefa mais complicada. Em vez de promover um produto apenas por meio de opções de mídia de massa, como televisão e revistas, as mensagens promocionais hoje podem aparecer em diversas fontes. Além do mais, o mercado de massa também está fragmentado, ou seja, mercados segmentados de forma mais seletiva e aumento do marketing de nichos substituíram os amplos grupos de mercado tradicionais nos quais os profissionais de marketing se promoviam. Por fim, os profissionais de marketing reduziram seus gastos com publicidade em favor de técnicas promocionais que geram respostas de vendas imediatas e que são mais facilmente mensuráveis, como o marketing direto. Assim, o interesse pela IMC é, em grande parte, uma reação ao escrutínio que a comunicação de marketing vem sofrendo e, particularmente, às sugestões de que a atividade promocional descoordenada leva a uma estratégia precária e ineficaz.

> **comunicação integrada de marketing (IMC)**
> coordenação cuidadosa de todas as mensagens promocionais para um produto ou serviço a fim de assegurar a consistência das mensagens nos pontos de contato entre a empresa e o consumidor

---

FERRAMENTAS DE ESTUDO — CAPÍTULO 16

Acesse a Trilha de MKTG em www.cengage.com.br/4ltr para:

- Acessar os cartões de revisão dos capítulos
- Responder aos questionários práticos para se preparar para as provas
- Realizar as atividades "Vença o relógio" para dominar os conceitos
- Completar as "Palavras cruzadas" para revisar os termos-chave

CAPÍTULO 17

Publicidade e Relações Públicas

Objetivos da Aprendizagem

OA 1 Discutir os efeitos da propaganda sobre a quota de mercado e sobre os consumidores

OA 2 Identificar os principais tipos de publicidade

OA 3 Discutir as decisões criativas no desenvolvimento de uma campanha publicitária

OA 4 Descrever avaliações de mídia e técnicas de seleção

OA 5 Discutir o papel das relações públicas no composto promocional

As AT&T, General Motors, Procter & Gamble e Time Warner investem quase US$ 10 milhões cada uma por dia em publicidade nacional somente nos Estados Unidos.

APÓS CONCLUIR ESTE CAPÍTULO, VÁ PARA A PÁGINA 285 PARA OBTER AS FERRAMENTAS DE ESTUDO

OA 1 Os Efeitos da Publicidade

No Capítulo 16, definimos publicidade como uma forma impessoal e unilateral de comunicação de massa de um produto ou empresa, paga por uma organização. É uma forma popular de promoção, especialmente para bens de consumo embalados e serviços. As despesas com publicidade normalmente aumentam todos os anos, mas em 2009 diminuíram em virtude das condições econômicas. Em 2008, 37 empresas investiram mais de US$ 1 bilhão cada uma em publicidade, e os 100 principais anunciantes globais representaram US$ 117,9 bilhões em gastos nessa área. Os cinco que mais investem? Procter & Gamble (US$ 9,73 bilhões), Unilever (US$ 5,72 bilhões), L'Oreal (US$ 4 bilhões), General Motors (US$ 3,67 bilhões) e Toyota (US$ 3,20 bilhões).[1] Em 2009, no entanto, as despesas totais com publicidade caíram para US$ 117 bilhões, montante inferior ao investido pelos 100 principais anunciantes globais do ano anterior.[2]

Serviços, agências e empresas de publicidade e marketing que fornecem serviços e comunicações para profissionais de marketing empregam cerca de 750 mil pessoas. Aproximadamente, outras 850 mil trabalham em publicidade de mídia, como jornais, TV aberta e a cabo, rádio, revistas e empresas de mídia de internet.[3] Isso representa uma diminuição em ambas as áreas, principalmente por causa das condições econômicas e das taxas mais baixas de empregos em jornais.

O montante orçado por algumas empresas para publicidade é estarrecedor. AT&T, General Motors, Procter & Gamble e Time Warner investem quase US$ 10 milhões cada uma por dia em publicidade nacional somente nos Estados Unidos. Se houver publicidade local, promoção de vendas e relações públicas, esse número aumenta. Mais de 100 empresas investem mais de US$ 300 milhões

Qual a sua opinião?

A publicidade televisiva me ajuda a conhecer as marcas com as características que procuro.

1 2 3 4 5 6 7
DISCORDO PLENAMENTE   CONCORDO PLENAMENTE

função de resposta de publicidade
fenômeno no qual os investimentos em publicidade e promoção de vendas aumentam as vendas ou a quota de mercado até um certo nível, mas depois produzem retornos decrescentes

cada em publicidade a cada ano.[4] Os gastos com publicidade variam de acordo com o setor.

Publicidade e Quota de Mercado

Atualmente, as marcas mais bem-sucedidas no que diz respeito a bens de consumo, como o sabonete Ivory e a Coca-Cola, foram estabelecidas há muito tempo por meio de publicidade pesada e investimentos em marketing. Hoje os dólares de publicidade para marcas de consumo de sucesso são gastos na manutenção da percepção de marca e quota de mercado.

Novas marcas com pequena quota de mercado tendem a investir proporcionalmente mais em publicidade e promoção de vendas do que aquelas com grande quota de mercado. Há duas razões para isso. Em primeiro lugar, além de certo nível de gastos com publicidade e promoção de vendas, retornos decrescentes se estabelecem. Isso significa que as vendas ou a quota de mercado começam a diminuir não importando o quanto é gasto em publicidade e promoção de vendas. Esse fenômeno é chamado **função de resposta de publicidade**. Compreender a função de resposta de publicidade ajuda os profissionais de marketing a utilizar o orçamento de forma sábia. Um líder de mercado como a Neutrogena, da Johnson & Johnson, proporcionalmente investem menos em publicidade do que uma linha mais recente, como a de hidratantes Natural Glow, da Jergens. A Neutrogena já chamou a atenção de grande parte de seu mercado-alvo. Ela só precisa fazer os consumidores se lembrarem de seu produto.

Em segundo lugar, é preciso considerar que um nível mínimo de exposição é necessário para, até certo ponto, afetar os hábitos de compra. Se a Jergens anunciasse seus hidratantes Natural Glow em apenas uma ou duas publicações e comprasse apenas um ou dois *spots* de televisão, não alcançaria a exposição necessária para penetrar as defesas perceptuais dos consumidores e afetar as intenções de compra.

Os Efeitos da Publicidade sobre os Consumidores

A publicidade afeta a vida diária dos consumidores: informa-os sobre produtos e serviços e influencia em suas atitudes, crenças e, por fim, nas compras que fazem. A publicidade afeta os programas de televisão que as pessoas assistem, o conteúdo dos jornais que leem, os políticos que elegem, os medicamentos que tomam e os brinquedos com os quais seus filhos brincam. Consequentemente, a influência da publicidade no sistema socioeconômico norte-americano tem sido objeto de amplo debate em quase todos os segmentos da sociedade.

Embora a publicidade não possa alterar valores e atitudes profundamente enraizados, ela pode ser bem-sucedida ao transformar a atitude negativa de uma pessoa em relação a um produto em uma atitude positiva. As propagandas sérias ou dramáticas são mais eficazes na mudança de atitudes negativas dos consumidores. Anúncios bem-humorados, por sua vez, têm sido eficazes na formação de atitudes quando os consumidores já têm uma imagem positiva da marca anunciada.[5]

A publicidade também reforça atitudes positivas em relação a marcas. Quando os consumidores possuem uma estrutura neutra ou favorável de referência em relação a um produto ou a uma marca, a publicidade, muitas vezes, exerce influência positiva. Quando os consumidores já são fiéis a uma marca, possivelmente vão comprar mais dela se houver mais publicidade e promoção.[6] É por isso que líderes de mercado investem bilhões de dólares anualmente para reforçar e lembrar seus fiéis clientes dos benefícios de seus produtos. Em 2009, a Kellogg's gastou entre US$ 30 e US$ 40 milhões na publicidade de sua marca Kashi.[7]

A publicidade também pode afetar a forma como os consumidores classificam os atributos de uma marca. Nos últimos anos, os anúncios de carro enfatizaram atributos de marca, como espaço, velocidade e baixa manutenção. Hoje, no entanto, os profissionais de marketing que trabalham com automóveis incluíram

A PUBLICIDADE AFETA O CONTEÚDO DOS JORNAIS QUE OS CONSUMIDORES LEEM.

na lista segurança, versatilidade, personalização e eficiência de combustível.

OA 2 Principais Tipos de Publicidade

Os objetivos promocionais de uma empresa determinam o tipo de publicidade que ela utiliza. Se o objetivo do plano de promoção é estabelecer a imagem da empresa ou do setor, pode-se utilizar a **publicidade institucional**. Em contraposição, se o anunciante quer aumentar as vendas de um bem ou de um serviço específico, deve utilizar a **publicidade do produto**.

Publicidade Institucional

Historicamente, a publicidade nos Estados Unidos tem sido orientada para o produto. Hoje, no entanto, as empresas comercializam vários produtos e precisam de um tipo diferente de publicidade. A publicidade institucional, ou publicidade corporativa, promove a empresa em sua totalidade e é projetada para estabelecer, mudar ou manter a identidade da corporação. Em geral, não se pede nada ao público, a não ser manter uma atitude favorável para com o anunciante e seus bens e serviços.

Uma forma de publicidade institucional chamada **publicidade de defesa** é utilizada como proteção contra atitudes negativas de consumidores e para aumentar a credibilidade da empresa entre clientes que já favorecem a sua posição. Muitas vezes, as empresas usam esse tipo de publicidade para expressar suas opiniões sobre questões polêmicas. Em outras ocasiões, as campanhas de defesa são uma forma de reação a críticas ou culpa, algumas em resposta direta a críticas feitas pela mídia. Outras campanhas de defesa podem tentar evitar o aumento de regras, prejudicando a legislação, ou um resultado desfavorável em uma ação judicial.

Ao mesmo tempo em que trabalhou para parar o vazamento de petróleo no Golfo do México, a BP gastou US$ 50 milhões em publicidade televisiva. Um anúncio exibiu o então CEO Tony Hayward se desculpando pelo vazamento e prometendo que a empresa arcaria com os custos da limpeza. A BP esperava dissipar a raiva do público posicionando-se como um grupo que cometeu um erro terrível, mas que estava trabalhando muito duro para corrigi-lo.[8]

Publicidade do Produto

Ao contrário da publicidade institucional, a publicidade do produto promove os benefícios de um bem ou serviço específico. O estágio do produto em seu ciclo de vida muitas vezes determina que tipo de publicidade é utilizado: a publicidade pioneira, a competitiva ou a comparativa.

Publicidade Pioneira A **publicidade pioneira** visa estimular a demanda primária por um novo produto ou por uma categoria de produto. Muito utilizada durante a fase introdutória do ciclo de vida do produto, a publicidade pioneira oferece aos consumidores informações detalhadas sobre os benefícios da classe do produto. Esse tipo de publicidade também busca criar interesse. Os fabricantes e vendedores de *e-readers* têm aumentado o seu volume de publicidade para criar um mercado para a nova tecnologia. A Barnes & Noble, por exemplo, lançou campanhas virtuais, impressas, em rádio e televisão para promover o *e-reader* da Nook e oferecer aos leitores informações sobre o aparelho. A campanha de 2010 marcou a primeira vez que a

---

publicidade institucional forma de publicidade desenvolvida para melhorar a imagem de uma empresa em vez de promover determinado produto

publicidade do produto forma de propaganda que divulga os benefícios de determinado bem ou serviço

publicidade de defesa forma de publicidade por meio da qual a organização manifesta suas opiniões sobre questões polêmicas ou reage a ataques da mídia

publicidade pioneira forma de publicidade designada a estimular a demanda primária por um novo produto ou categoria de produto

---

A publicidade institucional é destinada a promover, estabelecer, alterar ou manter a identidade positiva de uma empresa. Normalmente, não se pede nada ao público, exceto manter uma atitude favorável em relação à instituição.

publicidade competitiva forma de publicidade concebida para influenciar a demanda por uma marca específica

publicidade comparativa forma de publicidade que compara duas ou mais marcas competitivas especificamente nomeadas ou divulgadas em relação a um ou mais atributos específicos

campanha publicitária série de anúncios relacionados que focam um tema, *slogan* e conjunto de apelos publicitários comuns

objetivo de publicidade tarefa específica de comunicação que uma campanha deve realizar tendo em vista um público-alvo específico durante determinado período

Barnes & Noble anunciou na televisão desde a campanha de 1996 em que anunciou seu novo site. Da mesma forma, a Amazon.com investiu US$ 18 milhões para promover o *e-reader* da Kindle em versão impressa e on-line.[9]

Publicidade Competitiva As empresas usam a publicidade competitiva ou de marca quando um produto entra na fase de crescimento e outras empresas começam a ingressar no mercado. Em vez de criar demanda para a categoria de produto, o objetivo da **publicidade competitiva** é influenciar a demanda por uma marca específica. Muitas vezes, a promoção torna-se menos informativa e recorre mais às emoções. Os anúncios podem começar a destacar diferenças sutis entre marcas, com forte ênfase na construção da lembrança do nome de uma marca e na criação de uma atitude favorável em relação a ela. A publicidade de automóveis há muito tempo utiliza mensagens competitivas, traçando diferenças com base em fatores como qualidade, desempenho e imagem.

Publicidade Comparativa A **publicidade comparativa** compara, direta ou indiretamente, duas ou mais marcas concorrentes em relação a um ou mais atributos específicos. Alguns anunciantes utilizam a publicidade comparativa até contra suas próprias marcas. Produtos que estão passando por um crescimento lento ou aqueles que entram no mercado contra concorrentes fortes têm mais probabilidade de utilizar afirmações comparativas em sua publicidade.

Antes da década de 1970, a publicidade comparativa era permitida apenas se a marca concorrente fosse velada e não identificada. Em 1971, no entanto, a Federal Trade Commission (FTC) promoveu o crescimento da publicidade comparativa, dizendo que a publicidade fornecia informações para o consumidor e que os anunciantes eram mais hábeis do que o governo em comunicá-las. As decisões federais proíbem os anunciantes de descrever de maneira falsa produtos dos concorrentes e permitem que os concorrentes os processem caso os anúncios exibam seus produtos ou mencionem os nomes de sua marca de maneira incorreta ou falsa. As regras da FTC também se aplicam aos anunciantes, caso façam alegações falsas sobre seus próprios produtos.

Em 2009, a Pepsi processou a Coca-Cola por deturpar a eficácia do Gatorade da Pepsi em propagandas da bebida esportiva POWERade ION4 da Coca Cola. O anúncio mostra metade de uma garrafa de Gatorade com um rótulo de "incompleto" ao lado de uma garrafa cheia de POWERade ION4. A Pepsi diz que não há provas científicas de que o ION4 é mais completo do que o Gatorade e que a Coca-Cola está deturpando a marca.[10]

OA 3 Decisões Criativas na Publicidade

Normalmente, as estratégias de publicidade são organizadas em torno de uma campanha publicitária. Uma **campanha publicitária** é uma série de anúncios relacionados que focam um tema, *slogan* e conjunto de apelos publicitários comuns. É um esforço específico de publicidade de determinado produto que se estende por um período definido.

Antes que qualquer trabalho criativo possa começar em uma campanha publicitária, é importante determinar que metas ou objetivos a publicidade deve atingir. Um **objetivo de publicidade** identifica a tarefa específica de comunicação que uma campanha deve realizar para um público-alvo durante determinado período. Muitas vezes, os objetivos de uma campanha publicitária específica dependem de objetivos gerais da empresa e do produto anunciado.

A abordagem DAGMAR (Definição de Metas de Publicidade para Resultados Mensurados de Publicidade) é um método de definição de objetivos. De acordo com ele, todos os objetivos de publicidade devem definir com precisão o público-alvo, a variação percentual desejada em alguma medida específica de eficácia e o período em que essa mudança deve ocorrer.

Uma vez que os objetivos são definidos, pode-se dar início a um trabalho criativo. As campanhas publicitárias muitas vezes seguem o modelo AIDA, discutido no Capítulo 16. Dependendo

de onde os consumidores estão no modelo AIDA, o desenvolvimento criativo de uma campanha publicitária pode focar em criar atenção, despertar interesse, estimular desejo ou, em última análise, levar à ação de compra do produto. Especificamente, as decisões criativas incluem a identificação de benefícios do produto, o desenvolvimento e a avaliação de recursos de publicidade, a execução da mensagem e a avaliação da eficácia da campanha.

Identificação de Benefícios do Produto

Uma regra de ouro bem conhecida no setor da publicidade é "Venda o som da fritura, e não o bife", ou seja, na publicidade, o objetivo é vender os benefícios do produto, e não seus atributos. Um atributo é simplesmente uma característica do produto, como a embalagem de fácil abertura ou a formulação especial. Um benefício é o que os consumidores vão receber ou conseguir usando o produto. É preciso que o benefício dê ao consumidor a resposta para a pergunta "O que há nele que serve para mim?". Benefícios podem ser coisas como conveniência ou economia. Um teste rápido para determinar se uma publicidade está oferecendo os atributos ou benefícios é considerar a questão: "Então?". Veja este exemplo:

- *Atributo*: "Com apenas 10 calorias por porção, Propel hidrata e oferece vitaminas C e E, vitaminas do complexo B e antioxidantes. Propel está disponível nas formas pronto para beber e em pó". "Então...?"

- *Benefício*: "Então... Propel alimenta mulheres que obtêm energia e motivação por meio da atividade física e entende a necessidade delas de reabastecer, energizar e proteger todos os aspectos de suas vidas".[11]

Desenvolvimento e Avaliação do Apelo Publicitário

Um **apelo publicitário** identifica uma razão pela qual alguém compraria determinado produto. O desenvolvimento de apelo publicitário, uma tarefa desafiadora, é de responsabilidade da equipe criativa da agência de publicidade. Em geral, o apelo publicitário aproveita-se das emoções dos consumidores ou dirige-se a alguma necessidade ou desejo deles.

As campanhas publicitárias podem focar em um ou mais apelos de publicidade. Muitas vezes, o apelo é bem geral, permitindo, assim, que a empresa desenvolva uma série de subtemas ou minicampanhas que utilizam tanto a publicidade quanto a promoção de vendas. Vários possíveis apelos publicitários estão listados na Figura 17.1.

Escolher o melhor apelo dentre os já desenvolvidos requer pesquisa de mercado. Os critérios de avaliação incluem conveniência, exclusividade e credibilidade. Em princípio, o apelo deve produzir uma impressão positiva e ser desejável para o mercado-alvo. Além disso, deve ser exclusivo ou único; o consumidor deve conseguir fazer a distinção entre a mensagem do anunciante e a mensagem do concorrente. O mais importante: o recurso precisa ser plausível. Um apelo que faz alegações extravagantes não apenas desperdiça dinheiro, mas também cria má vontade em relação ao anunciante.

O apelo publicitário selecionado para a campanha torna-se o que os publicitários chamam de **proposta única de valor**. A proposta única de valor geralmente passa a ser o *slogan* da campanha. A frase "Red Bull te dá asas" da Red Bull promove os benefícios do produto, incluindo melhor concentração e tempo de reação, melhor desempenho e aumento da resistência (www.redbull.com). Muitas vezes, *slogans* eficazes tornam-se tão arraigados que os consumidores, ao ouvi-los, podem imediatamente evocar imagens do produto.

Execução da Mensagem

A execução da mensagem é a forma como um anúncio retrata as informações. Em geral, o conceito AIDA (ver Capítulo 16) é um bom modelo para a execução de

> **apelo publicitário** razão para uma pessoa comprar um produto
>
> **proposta única de valor** apelo publicitário desejável, exclusivo e verossímil escolhido como tema para uma campanha

FIGURA 17.1
Apelos Publicitários Comuns

Lucro	Informa se o produto fará o consumidor economizar, ganhar ou evitar perder dinheiro.
Saúde	Atrai aqueles que têm consciência do corpo ou que querem ser saudáveis; geralmente, o amor e o romance são temas utilizados na venda de cosméticos e perfumes.
Medo	Pode envolver constrangimento social, envelhecimento ou perda da saúde; em razão de sua força, exige que o anunciante tenha cuidado na execução.
Admiração	Frequentemente destaca porta-vozes de celebridades.
Conveniência	Costuma ser utilizada no caso de restaurantes *fast-food* e de alimentos para micro-ondas.
Diversão e Prazer	São cruciais na publicidade de férias, cerveja, parques de diversões etc.
Vaidade e Egoísmo	São aplicados com mais frequência em itens caros ou visíveis, como carros e roupas.
Consciência Ambiental	Envolve proteção ao meio ambiente e atenção para com os outros na comunidade.

FIGURA 17.2
Onze Estilos Comuns de Execução para Anunciar

Slice-of-Life	Retrata pessoas em situações normais, como na mesa de jantar ou no carro. O McDonald's costuma utilizar o estilo *slice-of-life*, mostrando jovens comendo batatas fritas do McLanche Feliz em passeios familiares.
Estilo de vida	Mostra o quão bem o produto se encaixará no estilo de vida do consumidor. À medida que seu Volkswagen Jetta percorre as ruas de um bairro francês, um motorista da geração X insere um CD de música *techno* e se admira com a forma como os ritmos musicais imitam a vibração do ambiente dentro do veículo.
Porta-voz/ Depoimento	Pode apresentar uma celebridade, funcionário de empresa ou consumidor típico dando um depoimento ou aprovando um produto. Sheryl Crow representou a tintura para cabelos da Revlon Colorist, e Beyoncé Knowles foi eleita o novo rosto da American Express. O fundador da Dell, Inc., Michael Dell, divulga sua visão da experiência do cliente com a Dell em anúncios na TV.
Fantasia	Cria uma fantasia para o espectador, formulada em torno da utilização do produto. As montadoras costumam usar esse estilo para levar os espectadores a fantasiar em como se sentiriam em alta velocidade em curvas fechadas ou correndo por longas estradas rurais em seus carros.
Bem-humorado	Os anunciantes costumam usar o humor em seus anúncios, como no caso da campanha da Snickers "Não Estou Indo para Lugar Algum Por Enquanto", em que aparecem centenas de almas esperando, por vezes impacientemente, para entrar no céu.
Produto Real/ Animado	Cria um personagem que representa o produto nas propagandas, como o coelho da Energizer ou Charlie, o atum da Starkist.
Símbolos	A lagartixa e os homens das cavernas da GEICO se tornaram clássicos para a companhia de seguros.
Estado de Espírito ou Imagem	Cria um estado de espírito ou uma imagem em torno do produto, como paz, amor ou beleza. Os anúncios da De Beers com silhuetas sombrias usando anéis de noivado e colares de diamante ao mesmo tempo em que representavam paixão e intimidade, exaltavam que "um diamante é para sempre".
Demonstração	Mostra aos consumidores o benefício esperado. Muitos produtos de consumo usam essa técnica. Os *spots* de sabão para roupas são famosos por demonstrar que o produto deixará a roupa mais branca. A Fort James Corporation mostrou em comerciais de televisão como sua linha de produtos descartáveis da Dixie Rinse & ReUse suporta o calor de um maçarico e sobrevive a um ciclo de máquina de lavar roupas.
Musical	Transmite a mensagem da propaganda por meio da música. Os anúncios da Nike retrataram o pé acabado de um maratonista e a coxa de um surfista marcada por um ataque de tubarão; ao fundo, é possível ouvir trechos da canção *You Are So Beautiful*, de Joe Cocker.
Científico	Usa evidências de pesquisa ou científicas para imprimir superioridade da marca sobre os concorrentes. Analgésicos como Advil, Bayer e Excedrin recorrem a evidências científicas em seus anúncios.

uma mensagem publicitária. Qualquer anúncio deve imediatamente chamar a atenção do leitor, do espectador ou do ouvinte. O anunciante deve, então, utilizar a mensagem para reter o interesse, criar o desejo pelo bem ou serviço e, por fim, provocar a compra.

O estilo da mensagem é um dos elementos mais criativos de um anúncio. A Figura 17.2 lista alguns estilos utilizados por anunciantes. Muitas vezes, o estilo dita que tipo de mídia deve ser aplicado para transmitir a mensagem. Os estilos científicos servem bem para a publicidade impressa, na qual mais informações podem ser transmitidas. Depoimentos de atletas são um dos estilos mais populares.

Colocar humor em um anúncio é um estilo popular e eficaz. O estilo humorístico é mais frequentemente usado em publicidade no rádio e na TV do que em publicidade impressa ou em revistas, em que o humor é menos fácil de ser comunicado. Normalmente, os anúncios humorísticos são utilizados mais para compras de baixo risco, baixo envolvimento e de rotina, como no caso de doces, cigarros e jeans despojados, do que para compras de maior risco ou dispendiosas, de bens duráveis ou extravagantes.[12]

Às vezes, a empresa modifica seu estilo para tornar sua publicidade mais eficaz. Durante décadas, a Procter & Gamble anunciou seus xampus na China usando um estilo demonstrativo. Anúncios de televisão mostravam como funciona a ciência dos xampus e, então, mostravam uma mulher com cabelos lindos e brilhantes. Hoje o chinês urbano já não faz mais compras exclusivamente utilitárias, por isso a P&G passou a utilizar o apelo emocional em seus anúncios. Um deles mostra uma mulher saindo de um casulo em animação como uma sofisticada borboleta, enquanto uma voz sussurra: "A Metamorfose de Head & Shoulders – vida nova para seus cabelos".[13]

Avaliação Pós-Campanha

Avaliar uma campanha publicitária pode ser a tarefa que mais exige dos anunciantes. Como um anunciante pode avaliar se a campanha levou a um aumento nas vendas ou na quota de mercado ou a uma consciência elevada do produto? Grande parte das campanhas publicitárias tem como objetivo criar uma imagem para o bem ou serviço em vez de solicitar uma ação; assim, seu efeito verdadeiro é desconhecido. São tantas as variáveis que moldam a eficácia de um anúncio que os anunciantes, muitas vezes, precisam adivinhar se o dinheiro foi bem gasto. No entanto, os profissionais de marketing investem um tempo considerável estudando a eficácia da publicidade e seu provável impacto sobre as vendas, sobre a quota de mercado ou sobre a conscientização.

O teste de eficácia de um anúncio pode ser feito antes ou depois da campanha. Antes que uma campanha seja lançada, os gestores de marketing realizam pré-testes para que seja possível determinar o melhor apelo publicitário, *layout* e veículo de mídia. Após os anunciantes implementarem a campanha, utilizam diversas técnicas de monitoramento para verificar se a campanha atingiu os objetivos originais. Mesmo se a campanha tiver sido muito bem-sucedida, os anunciantes ainda costumam fazer uma análise pós-campanha para identificar de que forma poderia ter sido mais eficiente e que fatores contribuíram para o sucesso.

OA 4 Decisões do Meio na Publicidade

Uma decisão importante para os anunciantes é a escolha do **meio** – canal utilizado para transmitir uma mensagem a um mercado-alvo. O **planejamento de mídia**, portanto, é a série de decisões que os anunciantes tomam em relação à seleção e à utilização da mídia, de modo a permitir que o profissional de marketing aperfeiçoe e comunique de maneira rentável a mensagem ao público-alvo. Especificamente, os anunciantes devem determinar que tipos de mídia comunicarão melhor os benefícios do produto ou serviço para o público alvo e quando e por quanto tempo o anúncio será exibido.

meio canal utilizado para transmitir uma mensagem a um mercado-alvo

planejamento de mídia série de decisões que os anunciantes tomam em relação à seleção e à utilização da mídia de modo a permitir que o profissional de marketing otimize e comunique de maneira rentável a mensagem ao público-alvo

COLOCANDO CLIENTES NO CAMINHO PARA A NATURE'S PATH

On the path to sustainability, look for the crunchy, toasted oat clusters along the way.

A Nature's Path, uma pequena empresa familiar, é especializada em cereais orgânicos e produtos para o café da manhã. A publicidade da empresa não tinha evoluído com o mercado e foi ficando difícil os clientes se lembrarem da marca, mesmo que ela estivesse presente nas residências. Com a ajuda de uma empresa de publicidade chamada egg, a Nature's Path criou anúncios que focavam na dedicação da empresa à divulgação da sustentabilidade. O slogan "Siga o Caminho" incentiva os consumidores a avaliar a sua adesão à sustentabilidade e à compra de produtos da marca como mais um passo em direção a um estilo de vida sustentável. No primeiro lançamento, a empresa envolveu ônibus e trens para enfatizar a ideia de uma viagem. O novo anúncio levou a um aumento de 22% nas vendas em relação ao ano anterior. A elevação ocorreu enquanto o restante do mercado de cereais orgânicos e naturais sofria uma queda – no mesmo período, as vendas do Kashi caíram 8%.[14]

NATURE'S PATH FOODS

CAPÍTULO 17: PUBLICIDADE E RELAÇÕES PÚBLICAS

FIGURA 17.3
Vantagens e Desvantagens dos Principais Meios Publicitários

Meio	Vantagens	Desvantagens
Jornal	Seletividade e flexibilidade geográfica; compromisso de curto prazo do anunciante; valor e imediatismo das notícias; leitores durante todo o ano; alta cobertura individual de mercado; disponibilidade de cooperação e conexão local; curto prazo de entrega	Pouca seletividade demográfica; capacidade limitada de cor; baixa taxa de repasse; custo pode ser elevado
Revista	Boa reprodução, especialmente para cores; seletividade demográfica; seletividade regional; seletividade de mercado local; vida publicitária útil relativamente longa; elevada taxa de repasse	Compromissos de longo prazo do anunciante; lento acúmulo de audiência; capacidade limitada de demonstração; falta de urgência; longo tempo de espera
Rádio	Baixo custo; imediatismo da mensagem; pode ser programado em curto prazo; relativamente nenhuma mudança sazonal em relação ao público; portátil; compromissos de curto prazo do anunciante; transição de entretenimento	Nenhum tratamento visual, curta vida útil da mensagem publicitária; é necessário frequência elevada para gerar compreensão e retenção; distrações de som de fundo; desordem comercial
Televisão	Capacidade de atingir um público amplo, diversificado; custo baixo a cada mil; oportunidades criativas para demonstração; imediatismo das mensagens; transição de entretenimento; seletividade demográfica com canais a cabo	Vida curta da mensagem; certo ceticismo do consumidor sobre queixas; elevado custo de campanha; pouca seletividade demográfica com estações de rede; compromissos de longo prazo do anunciante; muito tempo de espera para produção; desordem comercial
Internet	O meio de mais rápido crescimento; capacidade de atingir um estreito público-alvo; tempo de espera relativamente curto necessário para a criação de publicidade com base na *web*; custo moderado	Difícil mensurar a eficácia do anúncio e o retorno sobre o investimento; exposição do anúncio depende de *click-through* advindo de anúncios de *banner*; nem todos os consumidores têm acesso à internet
Mídia Externa	Repetição; custo moderado; flexibilidade; seletividade geográfica	Mensagem curta; falta de seletividade demográfica; nível de "ruído" alto que distrai o público

Os objetivos promocionais, o apelo e o estilo de execução do anúncio afetam muito a seleção de mídia. Tanto as decisões criativas quanto as de mídia são tomadas ao mesmo tempo: o trabalho criativo não pode ser concluído sem que se saiba que meio será utilizado para transmitir a mensagem ao mercado-alvo. Em muitos casos, os objetivos de publicidade ditam o meio e a abordagem criativa a serem utilizados. Se o objetivo é demonstrar a velocidade de funcionamento de um produto, um comercial de televisão que mostra essa ação pode ser a melhor escolha.

Os anunciantes norte-americanos investem cerca de US$ 300 bilhões por ano em mídia monitorada por meio de serviços nacionais de divulgação – jornal, revista, rádio, televisão, internet e *outdoor*. O restante é gasto com mídia não monitorada, como mala direta, exposições comerciais, publicidade cooperativa, panfletos, cupons, catálogos e eventos especiais. Cerca de 30% de cada dólar de mídia vai para anúncios de televisão, 20% para revistas e aproximadamente 18% para anúncios de jornal. Contudo, esses meios de comunicação tradicionais do mercado de massa estão em declínio com o crescimento de meios mais segmentados.

Tipos de Mídia

Meios de publicidade são canais que os anunciantes utilizam na comunicação de massa. Os seis principais são jornal, revista, rádio, televisão, *outdoor* e internet. A Figura 17.3 resume as vantagens e desvantagens de alguns desses principais canais. Nos últimos anos, no entanto, surgiram canais alternativos para fornecer aos anunciantes maneiras inovadoras de atingir o público-alvo.

Jornal As vantagens da publicidade em jornal incluem flexibilidade geográfica e atualidade. Pelo fato de os redatores conseguirem preparar anúncios de forma rápida e a um custo razoável, os profissionais de marketing podem atingir seu mercado-alvo quase diariamente. No entanto, porque os jornais são, em geral, um meio de mercado de massa, podem não ser o melhor veículo para profissionais de marketing que desejam atingir um mercado muito estreito. A publicidade em jornal disputa com anúncios e notícias dos concorrentes; dessa forma, o anúncio de uma empresa pode não estar visível.

As principais fontes de receita de anúncios de jornal são varejistas locais, anúncios classificados e publicidade cooperativa. Na **publicidade cooperativa**, o fabricante e o varejista dividem as despesas de publicidade da marca. Uma razão pela qual os fabricantes utilizam a publicidade cooperativa é a inviabilidade de listar todos os seus anunciantes na publicidade nacional. Além disso, a publicidade cooperativa incentiva varejistas a dedicar mais esforços em direção às linhas do fabricante.

Revista Comparado com o custo de outras mídias, o custo por contato da publicidade em revista é geralmente alto. No entanto, o custo por cliente em potencial pode ser muito inferior porque as revistas geralmente são direcionadas a públicos especializados e, assim, atingem mais clientes em potencial.

Uma das principais vantagens da publicidade em revistas é a seletividade de mercado. As revistas são publicadas para praticamente todos os segmentos de mercado. A *Lucky*, por exemplo, é uma revista líder do segmento de moda; a *ESPN the Magazine* é uma bem-sucedida revista de esportes; a *Essence* é voltada para mulheres afro-americanas; a *Marketing News* é uma revista de comércio para o profissional de marketing; e a *The Source* é uma publicação de nicho direcionada a jovens urbanos apaixonados por *hip-hop*.

Rádio O rádio tem vários pontos fortes como meio de publicidade: seletividade e segmentação de público, grande público não doméstico, baixos custos unitários e de produção, pontualidade e flexibilidade geográfica. Os anunciantes locais são os usuários mais frequentes de publicidade no rádio e respondem por mais de três quartos da receita dos anúncios. Como os jornais, o rádio também se presta bem à publicidade cooperativa.

À medida que os norte-americanos se tornam mais inconstantes e pressionados pelo tempo, as redes de televisão e os jornais têm perdido telespectadores e leitores, especialmente entre o público jovem, mas o rádio está resgatando sua popularidade, pois sua natureza imediata e portátil se encaixa muito bem com um estilo de vida acelerado. A capacidade de direcionar grupos demográficos específicos é um importante argumento de venda para emissoras de rádio, o que atrai anunciantes em busca de públicos estritamente definidos e com maior probabilidade de reagir a certos tipos de anúncios e produtos. Ouvintes de rádio tendem a ouvir habitualmente e em horários previsíveis, o horário mais popular é aquele em que estão dirigindo, quando os motoristas formam um grande público cativo. Por fim, o rádio via satélite tem atraído novos públicos que são expostos a anúncios, o que anteriormente não era permitido nesse formato.

> **publicidade cooperativa** acordo em que o fabricante e o varejista dividem as despesas de publicidade da marca

Televisão As emissoras de televisão incluem redes de televisão, canais independentes, TV a cabo e a relativamente recém-chegada TV ao vivo via satélite. As redes de televisão atingem um mercado amplo e diversificado, e os sistemas de TV a cabo e de transmissão ao vivo via satélite, como a DirecTV e a Dish Network, transmitem uma infinidade de canais dedicados a mercados altamente segmentados. Em virtude da segmentação, a TV a cabo é, muitas vezes, caracterizada pelos compradores de mídia como de "difusão seletiva".

GOOM RADIO

Estações de rádio exclusivas on-line, como a Goom, enfrentam alguns dos problemas observados no caso do rádio tradicional: os anúncios pagam as contas, as taxas de licenciamento para tocar músicas são elevadas e não há tempo para uma estação que está começando captar ouvintes suficientes para que os anúncios surtam efeito. A Goom espera atrair pessoas de 30 anos e mais jovens com transmissão de alta definição e DJs profissionais. Grande parte dos serviços de rádio *web-only* ou de transmissão (como Pandora) usam computadores na produção de canções. No entanto, a Goom permite que seus DJs compartilhem histórias e notícias com base na música que tocam. Além disso, os ouvintes podem criar, tocar e partilhar as suas próprias estações. A estação espera que o conteúdo interessante e a interatividade criem uma experiência única que atraia ouvintes e aumente o interesse dos anunciantes.[15]

Infomercial anúncio de 30 minutos ou mais que parece mais um *talk show* do que um argumento de venda

advergame colocar mensagens publicitárias em jogos on-line ou em vídeo para anunciar ou promover um produto, serviço, organização ou questão

O tempo de publicidade na televisão pode ser muito caro, especialmente para canais de rede e populares a cabo. Eventos especiais e programas de primeira execução e em horário nobre para os principais programas do ranking televisivo comandam as taxas mais elevadas para *spot* típico de 30 segundos: os anúncios mais baratos custam cerca de US$ 300 mil e os mais caros, US$ 500 mil. Um *spot* de 30 segundos durante o Super Bowl começa em US$ 3 milhões.[16]

Um dos recentes formatos televisivos mais bem-sucedidos é o **infomercial**, uma propaganda de 30 minutos ou mais, relativamente barata de se produzir e de se colocar no ar. Os anunciantes dizem que o infomercial é a forma ideal de apresentar informações complexas para clientes em potencial, o que outros veículos publicitários normalmente não têm tempo de fazer. Algumas empresas já estão produzindo infomerciais com aparência mais elegante, a qual está sendo adotada pelos principais profissionais de marketing.

Provavelmente, a tendência mais significativa que afeta a publicidade televisiva é o aumento da popularidade dos gravadores digitais de vídeo (DVRs), como o TiVo. Para cada hora de programação de televisão, uma média de 15 minutos é dedicada a materiais não destinados a programas (anúncios, anúncios de serviços públicos e promoções de rede), de modo que a popularidade dos DVRs surpreende telespectadores cansados de assistir anúncios. Assim como os profissionais de marketing e os anunciantes, as redes também estão muito preocupadas com o bloqueio de anúncios. Se os consumidores não estão assistindo às propagandas, então os profissionais de marketing vão investir uma proporção maior do orçamento com publicidade em mídias alternativas e uma fonte fundamental de receita para as redes vai desaparecer. A Coalizão para a Medição de Mídia Inovadora está tentando trabalhar com fornecedores de *set-top boxes* como a TiVo para acessar dados e ver de que forma os consumidores estão se comportando em relação a gravar e assistir televisão. A Nielsen, uma empresa de pesquisa, também está trabalhando para monitorar o uso de mídia caseira por meio de ferramentas domésticas de medição. Se entenderem onde está a atenção do consumidor, as empresas conseguirão atingir públicos-alvo em um mercado de mídia cada vez mais fragmentado.[17] Para evitar que o público avance rapidamente nos comerciais ou que mudem de canal, a NBC e a ABC estão implementando linhas de histórias paralelas em que personagens de seus programas interagem com produtos. Em uma série de anúncios dramatizados, um personagem da série *Heroes*, por exemplo, encontra sua filha usando poderes em conjunto com um Palm Pre. A Nielsen sugere que produtos em destaque nessas histórias de 30 segundos são mais lembrados do que se fossem exibidos em uma propaganda tradicional, mas o método mais eficaz é seguir o anúncio híbrido e dramático com um anúncio tradicional para o mesmo produto.[18]

Internet Com receitas publicitárias superiores a US$ 22 bilhões por ano, a internet tornou-se um sólido meio de publicidade. Em 2009, os profissionais de marketing investiram mais com anúncios on-line do que com anúncios em revista: 12,6% dos gastos totais foram com publicidade on-line e 10,3% com publicidade em revista.[19] A publicidade na internet está se tornando mais versátil e capaz de atingir grupos específicos. O Google tem o poder de *comprar público*: os anunciantes podem comprar espaço publicitário voltado a um grupo altamente específico, como mulheres entre 18 e 34 anos que gostam de basquete.[20]

Sites populares e motores de busca geralmente vendem espaço publicitário para que os profissionais de marketing promovam bens e serviços. Os usuários de internet clicam nesses anúncios para obter mais informações sobre o produto ou serviço anunciado. Os principais anunciantes, bem como empresas cujos orçamentos publicitários não são tão grandes, se tornaram anunciantes importantes também na internet.

Uma das abordagens mais populares para a publicidade na internet são os anúncios de motores de busca. O objetivo principal dos profissionais de marketing ao utilizar anúncios de motores de busca é aumentar a notoriedade da marca. Eles o fazem por meio da colocação paga de anúncios vinculados a palavras-chave utilizadas em motores de busca – sempre que alguém clica no anúncio, o anunciante paga uma taxa ao motor de busca. Esse tipo de publicidade é responsável por metade de todo o dinheiro gasto em publicidade na internet. Os motores de busca também geram quase metade de toda a receita de anúncios na rede. A segunda maior fonte de receita na internet vem de anúncios gráficos e *banners*.[21]

Advergame O **advergame** é outro formato de publicidade popular na internet. Por meio dele, as empresas colocam mensagens publicitárias em jogos on-line ou em vídeo para anunciar ou promover um produto, serviço, organização ou questão. Às vezes, o jogo todo equivale a um comercial virtual; outras vezes, os anunciantes patrocinam jogos ou compram espaço publicitário para uma colocação do produto dentro deles. A Microsoft e a Chevrolet se uniram para permitir que os jogadores fizessem um *test-drive* com um Chevy

PARTE 5: ESTRATÉGIAS DE PROMOÇÃO E DE COMUNICAÇÕES

Volt no *Kinect Joy Ride*, um jogo de corrida que usa um hardware de controle de movimentos da Microsoft chamado Kinect. O controle que pode ser utilizado sem as mãos é uma das mais recentes inovações no mercado de jogos, e o Chevy Volt é um inovador carro elétrico. Os jogadores podem testar o Volt assistindo a um anúncio antes de jogar.[22]

Mídia Externa A publicidade externa ou ao ar livre é um meio flexível e de baixo custo que pode assumir uma variedade de formas. Os exemplos incluem *outdoors*, publicidade aérea, infláveis gigantes, minioutdoors em shoppings e em pontos de ônibus, placas em arenas esportivas e placas móveis luminosas em terminais de ônibus e aeroportos, bem como anúncios pintados em carros, caminhões, ônibus, torres de água, tampas de bueiros, porta copos e até em pessoas, modalidade conhecida como "publicidade viva". Os andaimes usados em construções, muitas vezes, exibem anúncios, os quais, em lugares como a Times Square, em Manhattan, podem atingir mais de um milhão de espectadores por dia.

A publicidade ao ar livre atinge um mercado amplo e diversificado, portanto, é ideal para promover produtos e serviços de conveniência, bem como para direcionar consumidores para empresas locais. Uma das principais vantagens da publicidade ao ar livre sobre outros tipos de mídia é que sua frequência de exposição é muito elevada, apesar de a quantidade de anúncios de concorrentes ser muito baixa. A publicidade ao ar livre também pode ser adaptada a necessidades locais de marketing, razão pela qual empresas locais são os principais anunciantes ao ar livre em qualquer região.

Mídia Alternativa Para acabar com a confusão de meios tradicionais de publicidade, os anunciantes estão desenvolvendo novos veículos de mídia, como carrinhos de supermercado, protetores de tela de computador, DVDs, CDs, quiosques interativos em lojas de departamento, anúncios executados antes da projeção de filmes no cinema, cartazes sobre boxes de banheiro e *advertainments* – minifilmes que promovem um produto e são mostrados na internet.

Os profissionais de marketing estão procurando maneiras mais inovadoras de atingir passageiros habituais cativos e muitas vezes entediados. Agora, o metrô exibe anúncios em caixas iluminadas instaladas ao longo das paredes do túnel. Outros anunciantes buscam consumidores em casa. Alguns profissionais de marketing começaram a substituir a música de espera em linhas de atendimento ao cliente por propagandas e trailers de filmes. Essa estratégia gera receita para a empresa que está sendo chamada e prende a atenção dos consumidores. O truque é divertir e despertar interesse nesse público sem irritá-lo durante esperas que podem levar de 10 a 15 minutos.[23]

Os videogames estão surgindo como um excelente meio para atingir homens entre 18 e 34 anos. A Massive, Inc. iniciou uma rede de publicidade de videogames e estabeleceu parceria com a Nielsen Entertainment, Inc. para fornecer avaliações de anúncios. A Massive pode inserir anúncios com pleno movimento e som em jogos on-line. Ela também desenvolveu a AdEffx Action Lift for Gaming, uma maneira de mensurar a eficácia de seus anúncios em videogame. Em uma recente parceria, após os *gamers* terem visto anúncios do Microsoft Bing em jogos, 71% deles se lembraram de ter visto o anúncio e 60% apresentaram uma opinião mais favorável a respeito do Bing.[24]

Os telefones celulares são particularmente úteis para se atingir o mercado jovem. A publicidade móvel tem grande potencial de crescimento se considerarmos que há mais de quatro bilhões de usuários de celulares no mundo. A capacidade de GPS de hoje permite receber anúncios "baseados na localização" do celular. Um restaurante nas proximidades, por exemplo, pode alertá-lo sobre promoções quando você estiver na vizinhança. A publicidade em celular é menos popular nos Estados Unidos do que na Europa e na Ásia, onde os proprietários desses aparelhos utilizam mensagens de texto com mais frequência.[25]

As empresas têm notado o grande potencial de crescimento na publicidade móvel, particularmente por meio de anúncios em mensagens de texto ou cupons. No entanto, muitos consumidores percebem que os atuais anúncios em mensagens de texto são *spam* – e *spam* que lhes custa dinheiro para a utilização de dados. Quando as empresas individuais enviam anúncios em mensagens de texto, o receptor paga taxas normais de mensagem, não importando se a mensagem é desejada. Se operadoras de telefonia móvel como a Verizon ou a AT&T optassem por produzir anúncios para dispositivos móveis que fossem gratuitos para receber e responder, muito do potencial na publicidade móvel poderia ser explorado. A Alcatel-Lucent desenvolveu um sistema para fazer exatamente isso. Os usuários se inscreveriam

> **mix de mídia** combinação de mídias utilizadas em uma campanha promocional
>
> **custo por contato** custo de se atingir um dos membros do mercado-alvo
>
> **alcance** número de consumidores-alvo expostos a um comercial pelo menos uma vez durante um período específico, normalmente quatro semanas
>
> **frequência** número de vezes que um indivíduo é exposto a determinada mensagem durante um período específico
>
> **seletividade de público** capacidade do meio para atingir um mercado bem definido

para anúncios por meio de suas operadoras e receberiam anúncios como textos, anúncios gráficos ou multimídia, sem serem cobrados pelo uso de dados. Não apenas as operadoras se beneficiariam da receita obtida por meio da cobrança de publicidade (bem como televisão e rádio), mas os consumidores poderiam receber descontos ou cupons para serviços locais respondendo a um texto inicial (gratuito).[26]

Considerações sobre a Seleção de Mídia

Um elemento importante em qualquer campanha publicitária é o **mix de mídia**, a combinação de mídias a serem utilizadas. As decisões de *mix* de mídia são baseadas em vários fatores: custo por contato, alcance, frequência, considerações de público-alvo, flexibilidade do meio, nível de ruído e tempo de vida do meio.

O **custo por contato** refere-se ao custo de se atingir um dos membros do mercado-alvo. À medida que aumenta o tamanho do público, eleva-se o custo total. O custo por contato permite que o anunciante compare veículos de mídia, como televisão e rádio ou revista e jornal, ou mais especificamente *Newsweek* e *Time*. Um anunciante que precisa considerar se investirá dinheiro com publicidade local para *spots* de televisão ou de rádio pode levar em conta o custo por contato de cada um. Então, ele escolhe o veículo com o custo mais baixo por contato para maximizar o golpe de publicidade para o dinheiro gasto.

Alcance é o número de consumidores-alvo expostos a um comercial pelo menos uma vez durante um período de tempo específico, normalmente quatro semanas. Os planos de mídia para lançamentos de produtos e tentativas de aumentar a notoriedade da marca geralmente enfatizam o alcance. Um anunciante pode tentar chegar a 70% do público-alvo durante os primeiros três meses de campanha. O alcance está relacionado às classificações de um meio, geralmente considerado no setor como *pontos de audiência bruta*, ou GRP. Um programa de televisão com GRPs elevados significa que mais pessoas estão sintonizadas e o alcance é maior. Assim, à medida que os GRPs aumentam em um meio específico, o mesmo acontece com o custo por contato.

Porque o anúncio típico tem curta duração e porque, muitas vezes, apenas uma pequena parte de um anúncio pode ser percebida em um dado momento, os anunciantes repetem seus anúncios de forma que os consumidores se lembrem da mensagem. **Frequência** é o número de vezes que um indivíduo é exposto a determinada mensagem durante um período específico. Os anunciantes utilizam a frequência média para mensurar a intensidade de cobertura de um meio. A Coca-Cola, por exemplo, pode querer uma frequência média de exposição de cinco para os anúncios televisivos do POWERade. Isso significa que cada um dos telespectadores que viram o anúncio o fizeram uma média de cinco vezes.

A seleção de mídia também é uma questão de associar a mídia publicitária com o mercado-alvo do produto. Se os profissionais de marketing estão tentando atingir adolescentes do sexo feminino, podem selecionar a revista *Seventeen*. A capacidade que possui um meio para atingir um mercado bem definido é a sua **seletividade de público**. Alguns veículos de mídia, como jornal e rede de televisão, atraem uma ampla porção transversal da população. Outros – como *Brides*, *Popular Mechanics*, *Architectural Digest*, *Lucky*, MTV, ESPN e estações de rádio cristãs – atraem grupos muito específicos.

A *flexibilidade* de um meio pode ser extremamente importante para um anunciante. Por causa de *layout* e design, o tempo de espera para a publicidade em revista é consideravelmente mais longo do que para outros tipos de mídia, por isso é menos flexível. Já a publicidade no rádio e na internet oferece máxima flexibilidade. Se necessário, um anunciante pode alterar um anúncio de rádio no dia em que for ao ar.

Nível de ruído é o nível de distração do público-alvo em um meio. O ruído pode ser criado por anúncios concorrentes, como quando uma rua está forrada com *outdoors* ou quando um programa de televisão está repleto de anúncios concorrentes. Considerando que jornais e revistas possuem um alto nível de ruído, a mala direta é um meio com baixo nível de ruído. Normalmente, nenhum outro meio publicitário ou notícia compete pela atenção de leitores de mala direta.

Os meios de comunicação possuem *tempo de vida* tanto curto quanto longo, o que significa que as mensagens podem tanto desaparecer rapidamente quanto persistir como uma cópia tangível para ser cuidadosamente estudada. Um comercial de rádio pode durar menos de um minuto, mas os anunciantes podem exceder esse curto período de vida repetindo os anúncios de rádio com frequência. Em contrapartida, uma revista tem vida útil relativamente longa, que ainda é aumentada por uma taxa de transmissão elevada.

Tradicionalmente, os planejadores de mídia têm contado com os fatores citados na escolha de um *mix* de mídia eficaz, com alcance, frequência e custo muitas vezes como critérios primordiais. Marcas bem estabelecidas com mensagens familiares, porém, precisam de menos exposições para serem eficazes, ao passo que marcas mais recentes ou desconhecidas precisam de mais exposições para se tornarem familiares. Além disso, os planejadores de mídia de hoje possuem mais opções de mídia do que nunca. (Atualmente, nos Estados Unidos, existem mais de 1.600 estações de televisão; há 40 anos, havia três.)

A proliferação de canais de mídia está causando a *fragmentação da mídia* e forçando os planejadores de mídia a prestar atenção tanto no local onde colocam sua publicidade quanto na frequência com que o anúncio é repetido. Isso significa que os profissionais de marketing devem avaliar o alcance e a frequência na avaliação da eficácia da publicidade. Em determinadas situações, pode ser importante atingir consumidores potenciais por meio de tantos veículos de mídia quanto possível. No entanto, quando essa abordagem é considerada, o orçamento deve ser suficiente para atingir níveis satisfatórios de frequência para ter um impacto. Na avaliação de alcance contra frequência, portanto, o planejador de mídia, em última análise, deve selecionar uma abordagem que tenha mais probabilidade de resultar no anúncio que está sendo compreendido e lembrado quando uma decisão de compra está sendo tomada.

Os anunciantes também avaliam os fatores qualitativos envolvidos na seleção de mídia. Esses fatores incluem elementos como a atenção em relação ao comercial e ao programa, o envolvimento, o gosto pelo programa, a ausência de distração e outros comportamentos do público que afetam a probabilidade de uma mensagem comercial ser assistida e absorvida. Ainda que os anunciantes possam anunciar seu produto em tantas formas de mídia quanto possível e repetir o anúncio quantas vezes quiserem, o anúncio pode não ser eficaz se o público não estiver prestando atenção. Pesquisas sobre a atenção do público em relação à televisão, por exemplo, mostram que, quanto mais longo for o período em que os telespectadores ficam sintonizados em um programa específico, mais memoráveis eles julgam os comerciais. Ao contrário de premissas de longa data, "reter o poder" pode ser mais importante do que as avaliações (o número de pessoas sintonizando em qualquer parte do programa) quando veículos de mídia são selecionados. Programas no topo do ranking como *Mad Men*, *30 Rock* e *Modern Family* atraem muitos espectadores, mas eles podem não se lembrar dos comerciais que assistem, talvez porque estejam focados nos programas. Os *spots* publicitários exibidos durante programas menos populares, os quais atingem menos espectadores e custam menos, podem estar mais propensos a causar uma impressão memorável em um público limitado.

A publicidade on-line em sites que transmitem programas de televisão, como o Hulu.com, não está propiciando aos anunciantes a mesma receita que eles recebem por meio da publicidade televisiva tradicional. Enquanto as empresas continuam a transmitir programas em seus sites individuais, o Hulu.com atraiu programas como o *The Daily Show* e o *Colbert Report* porque os anúncios não estavam gerando dinheiro suficiente.[27]

A pesquisa adicional destaca os benefícios das campanhas publicitárias de cross mídia. Telespectadores que se deparam com anúncios tanto na televisão tradicional quanto on-line são mais propensos a se lembrar deles e esboçar reação. Recentemente, a Listerine fez uma campanha na ABC e no ABC.com e constatou que as vendas de seu antisséptico bucal aumentaram 33% entre espectadores que viram o anúncio nos dois lugares.[28]

A PUBLICIDADE NA TV NEM SEMPRE É "LOST" ("PERDIDA")

Os espectadores da série *Lost*, exibida na ABC, demonstram uma ligação mais forte com **propagandas** durante esse programa do que durante a maioria dos outros programas – em média, eles apresentam 27% melhor lembrança da marca do que os espectadores de outros programas do horário nobre. Além disso, os episódios finais de séries tendem a ter números mais fortes de ligação com anúncios publicitários. Esses dois fatores incentivaram os anunciantes a pagar o elevadíssimo preço de US$ 900 mil por *spots* de 30 segundos durante o episódio final de *Lost*. O investimento parece ter valido a pena. Os anúncios tiveram 51% mais lembrança de marca, 92% mais lembrança de mensagem e 66% mais simpatia em relação a outros programas do horário nobre. O favorito foi um anúncio da Target em que o monstro de fumaça da série foi usado para anunciar detectores de fumaça da First Alert.[29]

CAPÍTULO 17: PUBLICIDADE E RELAÇÕES PÚBLICAS

programação de mídia designação da mídia, publicações ou programas específicos e datas de inserção de publicidade

programação contínua de mídia estratégia de programação de mídia em que o anúncio é executado de forma constante durante todo o período de publicidade; utilizada para produtos nas fases posteriores de seu ciclo de vida

programação de mídia em etapas estratégia de programação de mídia em que os anúncios são executados de maneira sólida a cada dois meses ou a cada duas semanas para ter maior impacto com um aumento na frequência e no alcance

programação pulsante de mídia estratégia de programação de mídia que utiliza a programação contínua ao longo do ano juntamente com um cronograma cadenciado durante os melhores períodos de venda

programação sazonal de mídia estratégia de programação de mídia que executa o anúncio apenas durante épocas do ano em que o produto tem maior probabilidade de ser usado

> O ANUNCIANTE DEVE MANTER UMA PROGRAMAÇÃO CONTÍNUA PELO MAIOR TEMPO POSSÍVEL.

Programação de Mídia

Depois de escolher a mídia para a campanha publicitária, os anunciantes devem programar os anúncios. A **programação de mídia** designa o meio ou a mídia a serem utilizados (como revista, televisão ou rádio), os veículos específicos (como a revista *People*, o programa de TV *Mad Men* ou o programa nacional de rádio *American Top 40*) e as datas de inserção da publicidade.

Existem quatro tipos básicos de programação de mídia:

▶▶ Produtos nas fases posteriores do ciclo de vida, os quais são anunciados para serem lembrados, usam a **programação contínua de mídia**. Esse tipo permite que o anúncio seja executado de forma constante durante todo o período de publicidade. Exemplos incluem o sabonete Ivory e o papel higiênico Charmin, os quais podem ter um anúncio no jornal todos os domingos e um comercial na NBC todas as quartas às 19h30 durante um período de três meses.

▶▶ Com a **programação de mídia em etapas**, o anunciante pode programar os anúncios de maneira consistente a cada dois meses ou a cada duas semanas para atingir um maior impacto com um aumento na frequência e no alcance nesses momentos. Os estúdios de cinema podem programar a publicidade televisiva nas noites de quarta-feira e quinta-feira, quando os espectadores estão decidindo que filmes vão assistir no final de semana.

▶▶ A **programação pulsante de mídia** combina programação contínua com cadência de exibição. A publicidade contínua é mais pesada durante os melhores períodos de venda. Uma loja de departamentos pode anunciar em uma base anual, mas coloca mais anúncios durante períodos específicos de vendas, como Dia das Mães, Natal e volta às aulas.

▶▶ Determinadas épocas do ano pedem uma **programação sazonal de mídia**. Produtos como xarope para tosse e protetor solar, que são mais usados durante certas épocas do ano, tendem a seguir uma estratégia sazonal.

Uma nova pesquisa que comparou programações contínuas de mídia com programações em etapas constatou que as programações contínuas para anúncios de televisão são mais eficazes do que a cadência de exibição na condução de vendas. A pesquisa sugere que pode ser mais importante a exposição o mais próximo possível do momento em que alguém vai fazer uma compra. Assim, o anunciante deve manter uma programação contínua em um período de tempo tão longo quanto possível. Muitas vezes chamada de *planejamento de frequência*, essa teoria de programação agora é comumente utilizada na programação de publicidade televisiva para produtos comprados com frequência, como a Coca-Cola ou o detergente Tide. A principal premissa do planejamento de recência é que a publicidade influencia na escolha da marca de pessoas que estão prontas para comprar.

OA 5 Relações Públicas

Relações públicas é o elemento no composto promocional que avalia atitudes públicas, identifica questões que podem suscitar interesse público e executa programas para ganhar compreensão e aceitação por parte do público. Relações públicas é um elo vital no *mix* de comunicação de marketing de uma empresa progressiva. Os gestores de marketing planejam sólidas campanhas de relações públicas que se encaixam em planos globais de marketing e focam em públicos-alvo. Essas campanhas se esforçam para manter uma imagem positiva da empresa aos olhos do público. Como tais, devem capitalizar sobre os fatores que melhoram a imagem da empresa e minimizar os fatores que podem gerar uma imagem negativa.

Publicidade é o esforço para captar a atenção da mídia, por exemplo, por meio de artigos ou editoriais em publicações ou de histórias de interesse humano em programas de rádio ou televisão. As empresas normalmente iniciam a publicidade com um comunicado de imprensa que promove seus planos de relações públicas. Uma empresa prestes a lançar um novo produto ou a abrir uma nova loja pode enviar comunicados de imprensa para a mídia na esperança de que serão publicados ou divulgados. A publicidade inteligente muitas vezes pode criar estímulos ou criar boa vontade nos consumidores. Doações e patrocínios corporativos também são formas de publicidade favorável.

O departamento de relações públicas pode desempenhar qualquer uma das seguintes funções ou todas elas:

- *Relações com a imprensa*: Colocar informações positivas e interessantes na mídia para atrair a atenção para um produto, um serviço ou para uma pessoa associada à empresa ou instituição
- *Publicidade de produtos*: Divulgar produtos ou serviços específicos
- *Comunicação corporativa*: Criar mensagens internas e externas para promover uma imagem positiva da empresa ou instituição
- *Assuntos públicos*: Construir e manter relações com a comunidade local ou nacional
- *Lobby*: Influenciar os legisladores e funcionários do governo para que promovam ou extingam legislações e regulamentações
- *Relações com funcionários e investidores*: Manter relações positivas com funcionários, acionistas e outros membros da comunidade financeira
- *Gestão de crise*: Reagir à publicidade desfavorável ou a um evento negativo

Principais Ferramentas de Relações Públicas

Os profissionais de relações públicas costumam usar várias ferramentas, muitas das quais exigem um papel ativo por parte dele, como redigir comunicados de imprensa e se engajar em relações proativas de mídia. Às vezes, porém, essas técnicas criam sua própria publicidade.

Publicidade de Novo Produto A publicidade é crucial no lançamento de novos produtos e serviços. Ela pode ajudar os anunciantes a explicar o que é diferente no novo produto incitando notícias gratuitas ou um boca a boca positivo. Durante o período de lançamento, um produto novo especialmente inovador pode precisar de mais exposição do que pode custear a publicidade convencional paga. Os profissionais de relações públicas elaboram comunicados de imprensa ou desenvolvem vídeos em um esforço para gerar notícias sobre o novo produto. Eles também se esforçam para expor o produto ou o serviço em grandes eventos, em canais populares de televisão e em noticiários, ou os colocam nas mãos de pessoas influentes. Hoje, a internet ajuda os profissionais de marketing a criar seus próprios eventos e a propagar entusiasmo por meio de grupos de consumidores. A Old Spice tirou a sorte grande na publicidade com Isaiah Mustafa, o garoto propaganda. O que começou como uma propaganda de televisão se transformou em uma tempestade na internet, quando as pessoas começaram a postar vídeos de imitação. A Old Spice aproveitou a oportunidade e fez Mustafa responder aleatoriamente a *tweets* e *posts* no Facebook com vídeos de 30 segundos no YouTube. Ele fez mais de 200 vídeos.[30] Truques publicitários existem há muito tempo e, às vezes, deixam uma impressão duradoura. Em 1903, o editor de jornais Henri Desgrange promoveu uma nova corrida de bicicleta como truque publicitário para divulgar seu jornal. A corrida – Tour de France – ainda está firme e forte, mais de 100 anos depois.[31]

Posicionamento de Produto Os profissionais de marketing estão cada vez mais usando o posicionamento de produto para reforçar a notoriedade da marca e criar atitudes favoráveis. O **posicionamento de produto** é uma estratégia que envolve tomar um produto, serviço ou nome de alguém e fazê-los aparecer em um filme, programa de televisão, programa de rádio, revista, jornal, videogame, clipe de vídeo ou áudio, livro ou comercial de outro produto; na internet; ou em eventos especiais. Incluir um produto real, como uma lata de Pepsi, acrescenta a um filme, programa de televisão, videogame, livro ou veículo similar um senso de realismo que não pode ser criado por uma lata na qual está escrito simplesmente "refrigerante". O posicionamento de produto é organizado por meio de permuta (negociar o produto para posicioná-lo), de posicionamento pago ou gratuitamente, quando se considera que o produto melhora o veículo em que é posicionado.

Os custos com posicionamento de produto são de aproximadamente US$ 5 bilhões por ano, embora esse

posicionamento de produto estratégia que envolve tomar um produto, serviço ou nome de empresa e fazê-lo aparecer em um filme, programa de televisão, programa de rádio, revista, jornal, videogame, clipe de vídeo ou áudio, livro ou comercial de outro produto; na internet; ou em eventos especiais.

patrocínio estratégia de relações públicas em que uma empresa investe dinheiro para apoiar uma questão, uma causa ou um evento que seja consistente com os objetivos da empresa, como melhorar a notoriedade da marca ou realçar a imagem corporativa

marketing de causa tipo de patrocínio que envolve a associação de uma empresa com fins lucrativos e uma organização sem fins lucrativos; por meio do patrocínio, é possível promover o produto ou serviço da empresa e arrecadar dinheiro para a organização sem fins lucrativos

número tenha caído para US$ 3,61 bilhões em 2009 em razão da diminuição do orçamento de marketing durante a recessão.[32] Mais de dois terços dos posicionamentos de produto acontecem em filmes e programas de televisão, mas está havendo um crescimento em mídias alternativas, especialmente na internet e em videogames. A tecnologia digital permite que as empresas posicionem "virtualmente" seus produtos em qualquer produção de áudio ou de vídeo. O posicionamento virtual não só reduz o custo de novas produções, como também permite que as empresas posicionem seus produtos em programas anteriormente produzidos, como reprises de programas de televisão. Em geral, por meio do posicionamento de produto as empresas obtêm valiosa exposição, reforço da marca e aumento nas vendas, muitas vezes a um custo muito menor em comparação com meios de comunicação de massa como comerciais de televisão.

Educação do Consumidor Algumas grandes empresas acreditam que consumidores educados são consumidores melhores e mais leais. As empresas de planejamento financeiro geralmente patrocinam seminários gratuitos sobre gestão financeira, planejamento de aposentadoria e investem na esperança de que os participantes escolham a organização patrocinadora para suas necessidades financeiras futuras.

Patrocínio Os patrocínios estão aumentando tanto em número como em proporção de orçamento de marketing das empresas, com gastos chegando a US$ 16,51 bilhões, em 2009, nos Estados Unidos.[33] Provavelmente, a maior razão para o aumento do patrocínio é a dificuldade de atingir públicos e diferenciar um produto de marcas concorrentes por meio da mídia de massa.

O **patrocínio** permite que a empresa gaste dinheiro para apoiar uma questão, uma causa ou um evento que seja consistente com seus objetivos, como melhorar a notoriedade da marca ou realçar a imagem corporativa. A maior categoria é a de esportes, a qual responde por quase 70% dos gastos em patrocínio. As categorias não desportivas incluem passeios e atrações, causas, artes, festivais, feiras e eventos anuais, associações e organizações associativas.[34]

Embora os eventos de patrocínio mais populares ainda sejam os que envolvem esportes, música ou artes, recentemente as empresas têm se voltado para eventos mais especializados, como parcerias com escolas, instituições de caridade e outras organizações de serviços comunitários. Às vezes, os profissionais de marketing chegam a criar seus próprios eventos atrelados a seus produtos.

As empresas patrocinam tanto causas como eventos. O patrocínio de causas é bem diverso, os tipos mais populares são os programas de educação, de saúde e os sociais. As empresas costumam doar um percentual das vendas ou dos lucros a uma causa que seu mercado-alvo apoia.

Um tipo especial de patrocínio, o **marketing de causa**, envolve a associação de uma empresa com fins lucrativos com uma organização sem fins lucrativos. Por meio do patrocínio, é possível promover o produto ou serviço da empresa e arrecadar fundos para a organização sem fins lucrativos. Em um tipo comum de patrocínio de causas, uma empresa se compromete a doar um percentual do valor de compra de determinado item para uma instituição de caridade, mas alguns acordos são mais complexos. Escolas de todos os Estados Unidos coletam rótulos da sopa Campbell e a aba superior das caixas de cereais da General Mills porque essas empresas doam para as escolas certa quantia a cada rótulo ou aba apresentados. Vários estudos indicam que alguns consumidores levam em consideração a reputação de uma empresa na tomada de decisões de compra e que o envolvimento da empresa com a comunidade aumenta o moral e a lealdade dos funcionários.[35]

Sites de Empresas As empresas estão cada vez mais usando a internet em suas estratégias de relações públicas. Os sites de empresas são utilizados para lançar novos produtos, promover produtos existentes, obter *feedback* de consumidores, postar comunicados de imprensa, transmitir informações legislativas e regula-

A TOMS Shoes foi fundada com base na premissa de que a cada par de sapatos comprado, um par seria doado a uma criança carente. Em 2010, a empresa doou o milionésimo par.

mentações, divulgar eventos, fornecer *links* para sites, divulgar informações financeiras, interagir com clientes e potenciais clientes e realizar muitas outras atividades de marketing. As críticas on-line vindas de líderes de opinião e de outros consumidores ajudam os profissionais de marketing a influenciar decisões de compra em seu favor. No Playstation.com, a Sony oferece serviços on-line de suporte, eventos e promoções, *trailers* de jogos e lançamentos de produtos novos e atualizados. O site também inclui quadro de mensagens, nos quais a comunidade de *gamers* troca dicas sobre jogos, vota em questões relacionadas a estilo de vida, como músicas e vídeos, e fica sabendo de eventos promocionais.[36]

Os sites também são elementos-chave nas estratégias integradas de comunicação de marketing. A Kraft Foods trabalhou com a Meredith Integrated Marketing para desenvolver uma revista impressa com receitas para toda a família. O site da Kraft agrega as receitas tanto do usuário quanto da revista em um formato facilmente pesquisável. Os usuários podem até criar suas próprias caixas de receita. A Kraft também desenvolveu um aplicativo para iPhone com vídeos que mostram como fazer e listas de compras integradas.[37]

Cada vez mais as empresas estão usando também os *blogs* – tanto corporativos quanto não corporativos – como uma ferramenta para gerenciar a imagem pública. Os *blogs* não corporativos não podem ser controlados, mas os profissionais de marketing devem monitorá-los para se manterem cientes das informações negativas e reagir a elas, bem como incentivarem o conteúdo positivo. Além de "extrair a mensagem", as empresas estão usando *blogs* para criar comunidades de consumidores que têm um posicionamento positivo em relação à marca. A esperança é que as atitudes positivas gerem um intenso marketing boca a boca. No entanto, as empresas devem ter cautela ao mergulhar em *blogs* corporativos. A Coca-Cola lançou um *blog* criado por um personagem fictício que não fez nada além de repetir o *slogan* da empresa. Os consumidores logo viram o *blog* pelo que ele era (uma plataforma transparente de relações públicas) e criticaram a Coca-Cola por sua falta de sinceridade.[38]

Gerenciando a Publicidade Desfavorável

Embora os profissionais de marketing tentem evitar situações desagradáveis, crises acontecem. Em nosso ambiente de livre imprensa, a publicidade não é controlada com facilidade, especialmente em uma situação de crise. A **gestão de crise** é o esforço coordenado para lidar com os efeitos da publicidade desfavorável, assegurando uma comunicação rápida e precisa em momentos de emergência.

Quando os usuários perceberam que segurar o iPhone 4 de certa maneira causava interferência e queda de chamada, a mídia publicou uma série de histórias negativas questionando o design e a usabilidade do aparelho. Em sua resposta inicial à publicidade negativa, Steve Jobs tentou desviar os ataques ao design da antena do iPhone por meio de ataques aos aparelhos dos concorrentes. Por fim, Jobs e a equipe da Apple ofereceram reembolso total para clientes insatisfeitos ou cobertura gratuita que ajudou a minimizar os problemas causados pela antena mal projetada do iPhone 4. As ofertas esvaziaram os anúncios negativos da imprensa e a Apple, mostrando boa-fé para com os clientes que compraram o aparelho, aumentou a lealdade dos consumidores em relação a seus produtos e a sua marca.[39]

gestão de crise
esforço coordenado para lidar com todos os efeitos da publicidade desfavorável ou de outro evento negativo inesperado

---

FERRAMENTAS DE ESTUDO CAPÍTULO 17

Acesse a Trilha de MKTG em www.cengage.com.br/4ltr para:

❑ **Acessar os cartões de revisão dos capítulos**

❑ **Responder aos questionários práticos para se preparar para as provas**

❑ **Realizar as atividades "Vença o relógio" para dominar os conceitos**

❑ **Completar as "Palavras cruzadas" para revisar os termos-chave**

CAPÍTULO **18** Promoção de Vendas e Venda Pessoal

Objetivos da Aprendizagem

OA 1 Definir e afirmar os objetivos da promoção de vendas

OA 2 Discutir as formas mais comuns de promoção de vendas ao consumidor

OA 3 Listar as formas mais comuns de promoção de vendas em condições comerciais

OA 4 Descrever vendas pessoais

OA 5 Discutir as principais diferenças entre venda de relacionamento e venda tradicional

OA 6 Listar os estágios do processo de venda

> A publicidade oferece ao consumidor uma razão para comprar; a promoção de vendas oferece um incentivo.

APÓS CONCLUIR ESTE CAPÍTULO, VÁ PARA A PÁGINA 303 PARA OBTER AS FERRAMENTAS DE ESTUDO

OA 1 Promoção de Vendas

Além de utilizar publicidade, relações públicas e venda pessoal, os gestores de marketing podem fazer uso da promoção de vendas para aumentar a eficácia de seus esforços promocionais. A *promoção de vendas* consiste em atividades de comunicação de marketing que não sejam publicidade, venda pessoal e relações públicas, em que um incentivo de curto prazo motiva os consumidores ou membros do canal de distribuição a adquirir um bem ou um serviço imediatamente, seja pela redução do preço, seja pela adição de valor.

A publicidade oferece ao consumidor uma razão para comprar; a promoção de vendas oferece um incentivo. A promoção de vendas geralmente é menos dispendiosa do que a publicidade e é mais fácil de mensurar. Uma importante campanha publicitária nacional na TV precisa de US$ 5 milhões ou mais para ser criada, produzida e posicionada. Em contrapartida, as campanhas promocionais que utilizam a internet ou métodos diretos de marketing precisam de metade dessa quantia. É muito difícil determinar a quantidade de pessoas que adquirem um produto ou serviço como resultado de anúncios de rádio ou TV. Com a promoção de vendas, os profissionais de marketing sabem o número exato de cupons resgatados ou o número de inscrições em um concurso.

A promoção de vendas geralmente está focada em qualquer um dos dois tipos de mercado. A **promoção de vendas ao consumidor** tem como foco atingir o mercado consumidor final. A **promoção de vendas negociadas** tem o objetivo atingir membros do canal de marketing, como atacadistas e varejistas. As despesas de promoção de vendas aumentaram de maneira consistente nos últimos anos como

promoção de vendas ao consumidor atividades de promoção de vendas que visam ao consumidor final

promoção de vendas negociadas atividades de promoção de vendas que visam a um membro do canal de marketing, como um atacadista ou varejista

Qual a sua opinião?

O dinheiro que economizo utilizando cupons não chega a uma quantia muito grande.

1 2 3 4 5 6 7
DISCORDO PLENAMENTE — CONCORDO PLENAMENTE

cupom certificado que confere aos consumidores redução de preço imediata quando adquirem um produto

resultado do aumento da concorrência, da variação cada vez maior de opções de mídia disponíveis, do aumento progressivo de exigências dos varejistas por acordos vindos dos fabricantes e da dependência contínua de estratégias de marketing respeitáveis e mensuráveis. Além disso, os profissionais de marketing de produtos e serviços, como companhias de energia elétrica, que tradicionalmente ignoravam as atividades de promoção de vendas, descobriram o poder do marketing da promoção de vendas. Na verdade, os gastos anuais com marketing de promoção nos Estados Unidos ultrapassam os US$ 400 bilhões. A mala direta, meio promocional mais utilizado, responde por 50% dos gastos anuais com promoção.[1]

Objetivos da Promoção de Vendas

Em geral, a promoção de vendas tem mais efeito sobre o comportamento do que sobre as atitudes. A compra imediata é o objetivo da promoção de vendas, independentemente da forma que assume. Os objetivos de uma promoção dependem do comportamento dos consumidores-alvo. Profissionais de marketing que visam aos usuários leais de seu produto, por exemplo, precisam, na verdade, reforçar o comportamento existente ou aumentar o uso do item. Uma ferramenta eficaz para reforçar a lealdade à marca é o *programa de milhagem*, que premia consumidores por compras repetidas. Outros tipos de promoção são mais eficazes com clientes propensos a mudar de marca ou com aqueles que são leais a um produto do concorrente. Um cupom de desconto de centavos, uma amostra gratuita ou uma vitrine atraente em uma loja podem levar os consumidores a experimentar uma marca diferente.

Uma vez que os profissionais de marketing compreendem a dinâmica que ocorre em sua categoria de produto e determinam os consumidores específicos e os comportamentos que querem influenciar, podem selecionar ferramentas promocionais para atingir essas metas.

OA 2 Ferramentas para Promoção de Vendas ao Consumidor

Os gestores de marketing devem decidir quais dispositivos de promoção de vendas ao consumidor utilizarão em uma campanha específica. Os métodos escolhidos devem atender os objetivos para garantir o sucesso do plano de promoção geral. As ferramentas mais populares para a promoção de vendas ao consumidor discutidas nas páginas seguintes também foram transferidas para versões on-line, para incitar usuários de internet a visitar sites, comprar produtos ou utilizar serviços na web.

Cupons e Descontos

Um **cupom** é um certificado que confere aos consumidores uma redução de preço imediata na compra de um produto. Os cupons são uma boa forma de incentivar testes e compras frequentes do produto. Eles também podem aumentar a quantidade do produto comprado.

Nos Estados Unidos, quase 300 bilhões de cupons são distribuídos por ano a famílias, e isso não inclui os bilhões de cupons cada vez mais disponíveis na internet e nas lojas. A intensa concorrência na categoria de produtos de consumo embalados e o lançamento anual de mais de 1.200 novos produtos têm contribuído para essa tendência. Apesar de os cupons serem muitas vezes criticados por atingir consumidores que não têm interesse no produto ou por incentivar a compra repetida por usuários habituais, estudos recentes indicam que os cupons promovem o uso de novos produtos e podem estimular as compras.

Os suplementos de jornais independentes (FSI, do inglês *freestanding inserts*), suplementos de cupons promocionais encontrados em jornais, têm sido a forma tradicional de circulação de cupons impressos. Os FSIs são usados para distribuir 85% dos cupons. As taxas de resgate de cupons aumentaram para três anos, até 37% somente no primeiro semestre de 2010. Há também mais cupons circulando, com mais 18 bilhões de bens de consumo embalados oferecidos no primeiro semestre de 2010 em comparação ao primeiro semestre de 2009. A fim de aumentar o número de itens que o cliente compra, muitos cupons exigem a compra de dois ou mais itens. Os cupons também expiram mais rapidamente – de 10,6 semanas em 2008 para 9,5 semanas em 2009, o que aumenta a urgência para agir sobre a oferta.[2]

Os cupons de loja tornaram-se populares porque têm maior probabilidade de influenciar nas decisões de compra dos consumidores. Cupons instantâneos em pacotes de produtos, cupons distribuídos por equipamentos que ficam sobre as prateleiras e cupons eletrônicos emitidos no caixa têm alcançado taxas de resgate muito mais elevadas, uma vez que os consumidores estão tomando mais decisões de compra dentro da loja.

Os cupons de internet estão ganhando popularidade (até 79% em comparação 2010) e sites de compras coletivas, como o CoolSavings.com e o Valpak.com, estão surgindo como importantes pontos de distribuição de cupons.³ Os sites de compras coletivas como o Groupon.com (foto abaixo) fazem acordos com varejistas para gerar ofertas, que são enviadas por e-mail para assinantes da mesma região da empresa. Os clientes compram um cupom por menos de seu valor (US$ 10 por um cupom de US$ 25), e o site fica com um montante que varia entre um terço e metade do preço do cupom. Há também sites de negócios que agregam ofertas de sites diferentes por conveniência, como o DealSurf.com. Algumas empresas de pequeno porte estão sobrecarregadas pelo enorme número de pessoas que tiram partido das ofertas on-line, como a Xoom, loja de vitaminas em Nova York, que tinha 1.300 cupons adquiridos, mas apenas 900 resgatados. Embora não tenha perdido dinheiro, a loja não sentiu muita fidelidade, o objetivo principal da promoção, de acordo com o proprietário. O Groupon.com e o LivingSocial.com estão trabalhando na segmentação de cupons para assinantes com base em históricos de compras, na esperança de aumentar a taxa de 22% de retorno ao cliente para empresas que trabalham com sites de cupom.⁴ À medida que as táticas de marketing tornam-se mais sofisticadas, os cupons não são mais vistos como uma estratégia isolada, mas como um componente integral de uma grande campanha promocional. Ainda que a Xoom tivesse experimentado taxas muito baixas de retorno ao cliente com base no cupom da Groupon, uniu-se a restaurantes locais para trabalhar com um site de negócios específico da cidade de Nova York com a intenção de atingir consumidores da região. Ao trabalhar com um site local, a Xoom teve uma quantidade mais gerenciável de resgates de cupons e construiu uma base forte de retorno de clientes.⁵

Os **descontos** são semelhantes aos cupons no que diz respeito a ambos oferecem ao comprador redução de preço; no entanto, em razão de ser necessário o comprador enviar em um formulário e algum comprovante de compra, o desconto não é tão imediato. Os fabricantes preferem o desconto por várias razões. Ele permite que os fabricantes ofereçam corte de preço diretamente para o consumidor. Os fabricantes têm mais controle sobre promoções de desconto, porque elas podem ser estendidas e interrompidas rapidamente. Além disso, em virtude de o consumidor precisar preencher um formulário com seu nome, endereço e outros dados, os fabricantes utilizam programas de descontos para construir bases de dados do cliente. Talvez a melhor razão de todas para se oferecer descontos é que, embora sejam particularmente bons para incitar compras, a maioria dos consumidores nunca se preocupou em resgatá-los. A Comissão Federal de Comércio norte-americana calcula que apenas metade dos consumidores resgatam os descontos.⁶

Bonificação

A **bonificação** é um item extra, oferecido ao consumidor, geralmente em troca de alguma prova de que o produto promovido foi adquirido. As bonificações reforçam a decisão de compra, aumentam o consumo e convencem não usuários a trocar de marca. O melhor exemplo

desconto reembolso em dinheiro pela compra de um produto durante um período específico

bonificação item extra oferecido ao consumidor, geralmente em troca de alguma prova de que o produto promovido foi comprado

programa de marketing de fidelização programa promocional destinado a construir relações de longo prazo e mutuamente benéficas entre uma empresa e seus clientes-chave

programa de milhagem programa de fidelidade em que consumidores leais são recompensados por fazerem várias compras de determinado bem ou serviço

de bonificação é o McLanche Feliz do McDonald's, que recompensa as crianças com um brinquedo.

As bonificações também podem incluir mais do produto pelo preço normal, como pacotes extras do tipo "dois pelo preço de um" ou embalagens com maior quantidade do produto. A Kellogg's, por exemplo, acrescentou mais duas unidades de doce às suas Pop Tarts sem aumentar o preço, em um esforço para elevar a quota de mercado perdida para marcas de fabricantes e novos concorrentes. A promoção fez tanto sucesso que a empresa decidiu manter o produto adicional na embalagem regular. Outra possibilidade é anexar um prêmio à embalagem, como uma amostra de um produto complementar para os cabelos anexada ao frasco de xampu.

Programas de Marketing de Fidelização

Os **programas de marketing de fidelização**, ou **programas de milhagem**, recompensam consumidores leais por comprarem repetidamente. O objetivo desses programas é construir relações de longo prazo, mutuamente benéficas, entre uma empresa e seus clientes-chave.

Nos Estados Unidos, há mais de 1,8 bilhão de adesões a programas de fidelidade, em que o membro familiar médio se inscreve em 14 programas, mas participa ativamente de apenas 6 ou 7.[7] Popularizado pela indústria aérea por meio de programas de fidelidade, o marketing de fidelização permite às empresas investir estrategicamente dinheiro de promoção de vendas em atividades destinadas a captar mais lucros de clientes já fiéis ao produto ou à empresa. O bem-sucedido programa de recompensas My Starbucks oferece aos membros ouro a oportunidade de assistir a filmes e ganhar ingressos VIP para shows. Recentemente, os membros ouro foram notificados de que poderiam comprar grãos raros de café cultivados em uma fazenda em Galápagos. O café, vendido a US$ 12,50 por 230 g, esgotou em menos de um dia, uma indicação de que os membros ouro estão dispostos a utilizar os benefícios.[8]

Estudos mostram que a lealdade do consumidor está em declínio. De acordo com uma pesquisa realizada pelo Instituto Gartner, mais de 75% dos consumidores têm vários cartões de fidelidade que os premiam com pontos resgatáveis. Os programas de cartão de fidelidade oferecidos por muitos varejistas tornaram-se muito populares. Uma pesquisa do Instituto mostra que 54% dos principais clientes de supermercados participam de dois ou mais programas de fidelização.

Embora isso esteja relacionado à popularidade desses cartões, também mostra que os consumidores estão prometendo "lealdade" a mais de uma loja: 15% dos clientes de supermercados figuram como titulares em pelo menos três programas.[9]

Os cartões de crédito com bandeira são uma ferramenta de marketing de fidelização cada vez mais popular. Em um ano recente, quase um bilhão de apelos de marketing direto de cartão de crédito com bandeira foram enviados para clientes em potencial nos Estados Unidos. Target, Gap, Sony e American Airlines são apenas algumas das empresas patrocinadoras dos cartões Visa, MasterCard ou American Express.

Os programas de fidelização propiciam aos clientes descontos, alertas sobre novos produtos e outros tipos de ofertas atraentes. Em troca, os varejistas conseguem construir bases de dados que os ajudam a entender melhor as preferências do cliente.

Cada vez mais, as empresas estão usando a internet para fidelizar clientes por meio de e-mails e mídia social. Alguns clientes acham que os programas de recompensas, em especial os de hotéis, enviam muitos *spams*. Os programas de recompensa de hotéis podem beneficiar muito os negócios: a média de fidelidade de um membro é duas vezes tão rentável quanto um não membro, e um membro de elite é até 12 vezes mais rentável do que um não membro. No entanto, e-mails em excesso, programas muito complicados ou restritivos ou recompensas que não são consideradas valiosas podem tirar um cliente fiel do programa.[10] Algumas empresas usam sites de mídia social para ajudar os clientes a ganhar pontos de recompensa. A Tasti D-Lite, de Nova York, tem o cartão TastiRewards e incentiva os clientes a conectar seus cartões a suas contas no Twitter e no Foursquare. Se o fizerem, ganham pontos adicionais em cada compra, e suas contas no Twitter e no Foursquare são atualizadas com a compra quando o cartão é passado.[11]

Concursos e Sorteios

Concursos e sorteios costumam ser projetados para provocar o interesse em um bem ou serviço, muitas vezes para estimular a mudança de marca. Os *concursos* são promoções em que os participantes usam alguma habilidade ou capacidade para competir por prêmios. Em geral, um concurso requer que os participantes respondam perguntas, completem frases ou escrevam um parágrafo sobre o produto e apresentem um comprovante de compra. Ganhar um *sorteio*, por sua vez, depende da sorte, e a participação é gratuita. Os sorteios normalmente atraem cerca de dez vezes mais inscrições do que concursos.

Embora concursos e sorteios possam atrair interesse e publicidade consideráveis, não são instrumentos eficazes na geração de vendas em longo prazo. Para aumentar a sua eficácia, os gestores de promoção de vendas devem se certificar de que o prêmio vai atrair o mercado-alvo. Oferecer vários prêmios menores para muitos vencedores em vez de um prêmio grande para apenas uma pessoa pode aumentar a eficácia da promoção, mas não há como negar a atratividade de um prêmio do tipo "sorte grande".

Amostragem

A **amostragem** permite ao cliente experimentar um produto sem compromisso. Em um recente estudo de amostragem realizado na Costco, pesquisadores constataram que a amostragem aumentou as vendas em uma média de 88%. Os bens caros se beneficiaram mais, e os itens abaixo de US$ 10, particularmente as bebidas, se beneficiaram menos.[12]

As amostras podem ser enviadas diretamente ao cliente, entregues porta a porta, embaladas com outro produto, demonstradas ou distribuídas em uma prestadora de serviços. A amostragem em eventos especiais é um método de distribuição popular, eficaz e de alto nível que permite aos profissionais de marketing pegar carona em atividades focadas na diversão do consumidor – incluindo eventos esportivos, festivais universitários, feiras e eventos em praias e desafios culinários.

A distribuição de amostras em locais específicos, como academias de ginástica, igrejas ou consultórios médicos, é um dos métodos mais eficientes de amostragem. Que melhor maneira de fazer os consumidores experimentarem um produto do que lhes oferecendo uma amostra quando mais precisam dela? Se alguém visita uma academia de ginástica regularmente, há chances de que essa pessoa seja uma boa candidata a um produto alimentar ou suplemento vitamínico saudável. Os instrutores de academia entregam não apenas produtos desse tipo, mas também sabonete líquido, desodorante e toalha de rosto a clientes que estão transpirando ao final da aula. A amostragem on-line ganha força à medida que as comunidades virtuais reúnem pessoas com interesses em comum para testar novos produtos, muitas vezes usando *blogs* para difundi-los. A V8 permitiu que os usuários que "curtissem" a página do seu novo produto, o V8 V-Fusion, no Facebook, inserissem informações para receber uma amostra do V-Fusion V8 + Chá.[14]

> **amostragem** programa promocional que oferece ao consumidor a oportunidade de experimentar um produto ou serviço gratuitamente

LANÇAMENTOS DA QUIZNOS EM CONCURSOS DE VÍDEO

A lanchonete Quiznos, visando conquistar novos clientes, realiza concursos de vídeo para os quais os indivíduos enviam vídeos curtos sobre um tema definido pela empresa. Os vídeos são postados on-line, e os consumidores podem votar em seus favoritos. Em um desses concursos, que apresentou o sanduíche Toasty Torpedos, o vencedor "lançou" os sanduíches de um lançador de foguetes falso. Ele ganhou US$ 10 mil e US$ 260 em vale-presentes da Quiznos. Imitando a sua campanha publicitária que apresentou gatos cantando sobre os pratos de US$ 5, US$ 4 e US$ 3, no último concurso, a Quiznos pediu que os concorrentes apresentassem um vídeo que mostrasse o entusiasmo pelos pratos descritos na música. O vídeo que recebeu a maioria dos votos on-line ganhou US$ 5 mil e foi apresentado em anúncios da empresa na TV. A Quiznos esperava repetir o sucesso de seu concurso anterior: 68 mil novos nomes foram adicionados ao banco de dados de marketing da cadeia de restaurantes.[13]

Promoção de Ponto de Venda

Um **display de ponto de venda (POP)** refere-se a qualquer *display* promocional criado no ponto de varejo para incrementar o movimento, anunciar o produto ou induzir a compra por impulso. Os displays POP incluem "sitema de voz" de prateleira (recurso presente em placas presas às prateleiras), extensores de prateleira (anexos que estendem as prateleiras, de modo que os produtos se destaquem), anúncios em carrinhos e sacolas de supermercados, *displays* nos finais de corredor e *displays* em suportes de piso, monitores de televisão em caixas de supermercado, mensagens de áudio dentro da loja e *displays* audiovisuais. Uma grande vantagem do *display* POP é que ele mantém um público cativo em lojas de varejo. Outra vantagem é que entre 70% e 80% de todas as decisões de compra no varejo são feitas na loja; assim, os *displays* POP podem ser muito eficazes, aumentando as vendas em até 65%. A fórmula para bebês Similac, por exemplo, reprojetou sua embalagem para facilitar a preparação fácil em garrafas, mas a empresa lutou para aumentar a notoriedade da marca durante a recessão. Em parceria com a Mars Advertising, a Similac criou *displays* na Kroger para que os consumidores pudessem conhecer a nova embalagem, além disso, colocou *displays* em vídeo na CVS Caremark, em que aparecia Ty Pennington, que protagoniza o programa *Extreme Makeover: Home Edition*, da ABC, falando sobre a embalagem.[15] As estratégias para aumentar as vendas incluem adicionar cartões de cabeçalho ou *risers*, mudar mensagens em invólucros de base ou de caixa, incluir *displays* infláveis ou móveis e usar placas que destaquem a relação do produto com esportes, filmes ou com atividades beneficentes.[16]

display de ponto de venda (POP)
display promocional criado no ponto de varejo para incrementar o movimento, anunciar o produto ou induzir a compra por impulso

Promoção de Vendas On-line

Nos últimos anos, a promoção de vendas on-line têm se expandido drasticamente. Os profissionais de marketing estão gastando bilhões de dólares anualmente em tais promoções. A promoção de vendas on-line mostrou eficácia e boa relação custo-eficiência, gerando taxas de resposta de 3 a 5 vezes maiores do que promoções off-line. Os tipos mais eficazes de promoção de vendas on-line são mercadoria livre, sorteio, frete gratuito e cupons.

Ansiosos para impulsionar o tráfego, os varejistas da internet estão ocupados oferecendo serviços ou equipamentos gratuitos, como viagens e computadores, para atrair os consumidores não apenas para seus próprios sites mas também para a internet em geral. Outra meta é adicionar potenciais clientes a suas bases de dados.

Os profissionais de marketing descobriram que a distribuição on-line de cupons representa outro veículo para promover produtos. Além disso, os "e-cupons" (cupons eletrônicos) podem ajudar a atrair novos clientes. Muitas vezes, os cupons on-line têm uma taxa de resgate de mais de 20%, dez vezes mais elevada em comparação a cupons tradicionais.[17] Na verdade, quase 50% dos consumidores que fazem compras on-line utilizam cupons ou códigos de desconto promocionais. Com a velocidade de compilação de dados on-line, os profissionais de marketing podem realizar testes em tempo real e medir os resultados a tempo de oferecer promoções de última hora e reagir às mudanças das condições do mercado.[18]

Também estão surgindo as versões on-line de programas de fidelidade e, embora muitos tipos de empresas tenham esses programas, os mais bem-sucedidos são aqueles executados por empresas hoteleiras e companhias aéreas.

OA 3 Ferramentas para Promoção de Vendas Negociadas

Ao passo que as promoções para o consumidor atraem o produto através do canal criando a demanda, as promoções comerciais *empurram* o produto pelo canal de distribuição (ver Capítulo 13). Ao vender a membros do canal de distribuição, os fabricantes utilizam muitas das mesmas ferramentas de promoção de vendas usadas em promoções ao consumidor, como concursos, prêmios e *displays* POP. Várias ferramentas, no entanto, são exclusivas para fabricantes e intermediários.

- *Descontos comerciais*: O **desconto comercial** trata-se de uma redução de preço oferecida pelos fabricantes a intermediários, como atacadistas e varejistas. A redução de preço ou o desconto é oferecido em troca da execução de algo específico, como a alocação de espaço para um novo produto ou a compra de algo durante períodos especiais. Uma loja *outlet* da Best Buy poderia ganhar um desconto especial pela execução de sua própria promoção de sistemas de som *surround* da Sony.
- *Incentivo monetário*: Os intermediários recebem **incentivo monetário** como um bônus para empurrar a marca do fabricante pelo canal de distribuição. Muitas vezes, o incentivo monetário é direcionado para os vendedores de um varejista. A LinoColor, empresa líder em escâneres de alta qualidade, produz um catálogo, o Picture Perfect Rewards, repleto de produtos que os varejistas podem comprar com pontos acumulados a cada escâner LinoColor vendido.
- *Formação*: Às vezes, o fabricante pode treinar o pessoal do nível intermediário se o produto for muito complexo, como ocorre nas indústrias de informática e telecomunicações. Os representantes de um fabricante de TV, como a Toshiba, podem treinar vendedores para demonstrar aos consumidores os novos recursos dos aparelhos mais recentes.
- *Mercadoria gratuita*: O fabricante oferece aos varejistas mercadorias gratuitas em vez de descontos pela quantidade. Ocasionalmente, a mercadoria gratuita é usada como pagamento por descontos comerciais oferecidos por meio de outras promoções de vendas. Em vez de fornecer ao varejista uma redução de preço pela compra de certa quantidade de mercadorias, o fabricante pode incluir mercadorias extras "gratuitas" (isto é, a um custo que equivaleria à redução do preço).
- *Demonstrações na loja*: O fabricante também pode realizar, em conjunto com o varejista, uma demonstração na loja. É comum os fabricantes de alimentos enviarem representantes para mercearias e supermercados a fim de oferecer aos consumidores uma amostra do produto durante as compras.
- *Reuniões de negócios, convenções e feiras*: Reuniões de associações comerciais, conferências e convenções são um aspecto importante da promoção de vendas; trata-se de um mercado crescente e de vários bilhões de dólares. Nesses eventos, fabricantes, distribuidores e outros fornecedores têm a oportunidade de exibir seus produtos ou descrever seus serviços a clientes potenciais.

As empresas participam de feiras de negócios para atrair e identificar novas perspectivas, atender clientes já existentes, lançar novos produtos, melhorar a imagem corporativa, testar a resposta do mercado a novos produtos, melhorar o moral das empresas e reunir informações competitivas sobre o item.

As promoções são populares entre os fabricantes por muitas razões. As ferramentas comerciais de promoção de vendas ajudam os fabricantes a conseguir novos distribuidores para seus produtos, obter o apoio de atacadistas e varejistas para promoções de vendas ao consumidor, construir

desconto comercial redução de preço oferecida pelos fabricantes a intermediários, como atacadistas e varejistas

incentivo monetário dinheiro oferecido para intermediários do canal visando incentivá-los a "empurrar" produtos, ou seja, encorajar outros membros do canal a vender os produtos

A **Williams-Sonoma**, em suas lojas espalhadas pelos Estados Unidos, oferece demonstrações programadas de produtos, por exemplo, como preparar o cappuccino perfeito. As lojas também oferecem aulas gratuitas todos os domingos, quando especialistas da culinária demonstram como utilizar os produtos e dão receitas e amostras para os consumidores. As aulas propiciam a interação entre os funcionários da loja e os clientes.[19]

ou reduzir estoques de revendedores e melhorar as relações comerciais. Atualmente, os fabricantes de automóveis patrocinam dezenas de feiras de automóveis. Esses eventos atraem milhões de consumidores, consequentemente, aumentam o movimento da loja, assim como geram boas indicações.

OA 4 Venda Pessoal

Como mencionado no Capítulo 16, a *venda pessoal* é uma situação comercial que envolve comunicação pessoal e envolve duas pessoas na tentativa de influenciarem-se mutuamente. De certa forma, todos os empresários são vendedores. Um indivíduo pode se tornar gerente de fábrica, químico, engenheiro ou um profissional de qualquer área, e ainda ter de vender. Na busca por um emprego, os candidatos devem "vender-se" para seus possíveis empregadores durante a entrevista.

VANTAGENS DA VENDA PESSOAL:

- Oferece uma explicação ou demonstração detalhada do produto. Esse recurso é especialmente necessário no caso de bens ou serviços complexos ou novos.
- É possível variar a mensagem de vendas de acordo com as motivações e os interesses de cada cliente em potencial. Além disso, quando o possível cliente tem dúvidas ou levanta objeções, o vendedor está ali para dar explicações. Em contrapartida, a publicidade e a promoção de vendas só podem reagir às objeções que o redator publicitário julgar importantes para os clientes.
- Pode ser direcionada apenas para clientes qualificados. Outras formas de promoção envolvem certo grau de desperdício, que é inevitável, porque muitas pessoas não são clientes potenciais.
- É possível controlar os custos da venda pessoal ajustando-se o tamanho da força de vendas (e despesas decorrentes) em diferenciais individuais. Já a publicidade e a promoção de vendas devem ser negociadas em quantidades relativamente grandes.
- Talvez a vantagem mais importante seja que a venda pessoal é consideravelmente mais eficaz do que outras formas de promoção para concluir uma venda e manter o cliente satisfeito.

FIGURA 18.1
Comparação entre Venda Pessoal e Propaganda/Promoção de Vendas

A venda pessoal é mais importante se...	A publicidade e a promoção de vendas são mais importantes se...
O valor do produto for elevado.	O valor do produto for baixo.
O produto for feito sob medida.	O produto for padronizado.
Houver poucos clientes.	Houver muitos clientes.
O produto for tecnicamente complexo.	O produto for de fácil entendimento.
Os clientes estiverem concentrados.	Os clientes estiverem geograficamente dispersos.
Exemplos: Apólice de seguro, janela personalizada, motor de avião	**Exemplos:** Sabonete, assinatura de revista, camiseta de algodão

A venda pessoal oferece diversas vantagens em relação a outras formas de promoção. Além disso, pode funcionar melhor, considerando-se determinadas características do cliente e do produto. De modo geral, a venda pessoal torna-se mais importante à medida que diminui o número de potenciais clientes, que aumenta a complexidade do produto e que cresce o valor do produto (ver Figura 18.1). Para bens de alta complexidade, como jatos executivos ou sistemas de comunicação privada, é necessário que o vendedor determine as necessidades do possível cliente, explique as vantagens básicas do produto e proponha as características e os acessórios que satisfaçam as necessidades do cliente. As lojas de departamentos Macy's, Nordstrom, Saks Fifth Avenue e Barneys New York oferecem ajuda gratuita, por meio do qual os consultores encontram roupas que julgam corresponder com o estilo e com a necessidade específica do cliente. Esse serviço gratuito incentiva os clientes a continuar usando os *personal shoppers* e a desenvolver um relacionamento com a loja.[20]

OA 5 Venda de Relacionamento

Até recentemente, a teoria e a prática de marketing em relação à venda pessoal concentraram-se quase que inteiramente na apresentação planejada para potenciais clientes com o único propósito de fazer a venda. Os profissionais de marketing eram os mais preocupados em realizar a venda ocasional e depois passar para o próximo cliente. Os métodos tradicionais de venda pessoal tentavam persuadir o comprador a aceitar um ponto de vista ou convencê-lo a tomar uma atitude. Frequentemente, os objetivos do vendedor ficavam à custa do comprador, criando um resultado ganha-perde. Embora esse tipo de abordagem não tenha desaparecido por completo, está sendo utilizado cada vez menos por vendedores profissionais.

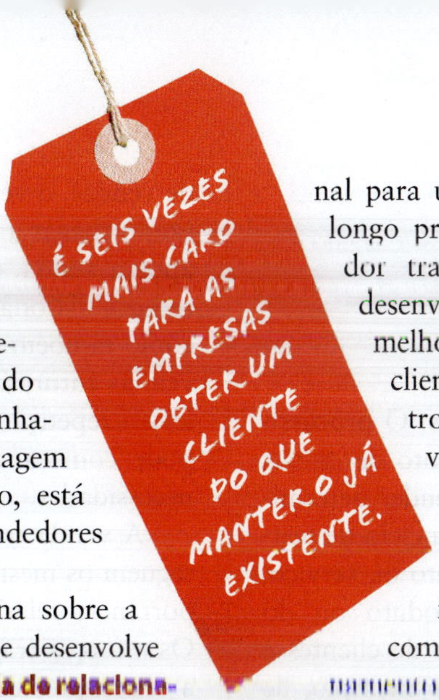

Em contrapartida, a visão moderna sobre a venda pessoal enfatiza a relação que se desenvolve entre o vendedor e o comprador. A **venda de relacionamento**, ou **venda consultiva**, é um processo de múltiplos estágios que enfatiza a personalização e a empatia como ingredientes-chave na identificação de clientes potenciais e no desenvolvimento deles como clientes de longo prazo e satisfeitos. O objetivo da venda de relacionamento é construir relacionamentos de longo prazo com consumidores e compradores, de modo que o foco seja a construção de confiança mútua entre o comprador e o vendedor por meio da entrega de benefícios antecipados, em longo prazo, e de valor agregado para o comprador.

Para os clientes, os vendedores de relacionamento ou consultivos, portanto, tornam-se consultores, parceiros e solucionadores de problemas. Eles se esforçam para construir relacionamentos de longo prazo com clientes-chave desenvolvendo a confiança ao longo do tempo. A ênfase se desloca de uma venda ocasional para um relacionamento de longo prazo em que o vendedor trabalha com o cliente desenvolvendo soluções para melhorar o lucro final do cliente. Uma pesquisa mostrou que relações positivas entre o cliente e o vendedor contribuem para a confiança, o aumento da fidelidade do cliente e a intenção de continuar o relacionamento com o vendedor.[21] Assim, a venda de relacionamento promove uma situação de ganhos tanto para o comprador quanto para o vendedor.

O resultado final da venda de relacionamento tende a ser clientes fiéis que compram da empresa repetidas vezes. Uma estratégia de venda de relacionamento focada na manutenção de clientes custa a uma empresa menos do que constantemente pesquisar e vender para novos clientes.

A venda de relacionamento é mais típica com situações de venda de bens industrializados, como máquinas pesadas ou sistemas de computadores, e serviços, como companhias aéreas e de seguro, do que para bens de consumo. A Figura 18.2 lista as principais diferenças entre a venda pessoal tradicional e a venda de relacionamento ou consultiva. Essas diferenças ficarão mais evidentes à medida que explorarmos o processo de vendas pessoais no final do capítulo.

> É SEIS VEZES MAIS CARO PARA AS EMPRESAS OBTER UM CLIENTE DO QUE MANTER O JÁ EXISTENTE.

venda de relacionamento (venda consultiva)
prática de vendas que envolve construção, manutenção e aumento das interações com os clientes, a fim de desenvolver a satisfação em longo prazo por meio de parcerias mutuamente benéficas

FIGURA 18.2
Principais Diferenças entre Venda de Relacionamento e Venda Tradicional

Venda Pessoal Tradicional	Venda de Relacionamento ou Consultiva
Venda de produtos (bens e serviços)	Venda de consultoria, assistência e aconselhamento
Foco no fechamento de vendas	Foco no lucro final do cliente
Planejamento de vendas limitadas	Planejamento de vendas como prioridade
Na maior parte do tempo de contato com o cliente, o vendedor oferece informações sobre o produto	Na maior parte do tempo de contato com o cliente, o vendedor tenta criar um clima de resolução de problemas
Condução de avaliação de necessidades "específicas do produto"	Condução de descobertas em todo o âmbito das operações do cliente
Adoção da abordagem "lone wolf" (lobo solitário) para a conta	Abordagem de equipe para a conta
Propostas e apresentações com base em preços e características do produto	Propostas e apresentações com base no impacto de lucro e benefícios estratégicos para o cliente
Acompanhamento de vendas é a entrega de produtos focada e de curto prazo	Acompanhamento de vendas é a melhoria do relacionamento focada e de longo prazo

Fonte: Robert M. Peterson, Patrick L. Schul e George H. Lucas Jr. "Consultative Selling: Walking the Walk in the New Selling Environment", National Conference on Sales Management Proceedings, mar. 1996.

OA 6 — Etapas do Processo de Venda

Concluir uma venda exige várias etapas. O **processo de venda**, ou **ciclo de venda**, é o conjunto de etapas pelas quais um vendedor passa para vender determinado produto ou serviço. O processo ou ciclo de vendas pode ser exclusivo para cada produto ou serviço, dependendo das características do produto ou do serviço, das características do segmento de clientes e dos processos internos da empresa, por exemplo, de que maneira coletar leads.

Algumas vendas levam apenas alguns minutos, outras podem levar muito mais tempo para serem concluídas. As vendas de produtos técnicos como um Boeing ou um Airbus, e de bens e serviços personalizados normalmente levam muitos meses, talvez até anos, para serem concluídas. Na outra extremidade, as vendas de produtos menos técnicos, como artigos de papelaria, são rotineiras e podem levar apenas alguns dias. Se o vendedor dispende alguns minutos ou alguns anos em uma venda, existem sete passos básicos no processo de venda pessoal, que são descritos mais adiante.

Sete Passos do Processo de Venda Pessoal

1. Gerar *leads*
2. Qualificar *leads*
3. Aproximar-se do cliente e sondar as necessidades
4. Desenvolver e propor soluções
5. Lidar com objeções
6. Concluir a venda
7. Fazer o acompanhamento

Como outras formas de promoção, esses passos seguem o conceito AIDA, discutido no Capítulo 16. Uma vez que o vendedor tenha localizado um possível cliente com autoridade para comprar, tenta chamar sua atenção. Uma avaliação exaustiva de necessidades se transforma em uma proposta eficaz de venda e apresentação que devem gerar interesse. Depois de desenvolver o desejo inicial do cliente (de preferência durante a apresentação da proposta de venda), o vendedor busca ação no fechamento tentando chegar a um acordo para a compra. O *follow-up* após a venda, o passo final no processo, não apenas reduz a dissonância cognitiva (consultar o Capítulo 6), como também pode abrir oportunidades para discutir vendas futuras. Um acompanhamento eficaz também leva à repetição da transação, uma vez que o processo pode começar novamente na etapa de avaliação de necessidades.

A venda tradicional e a venda de relacionamento seguem os mesmos passos básicos. Elas diferem na importância relativa colocada em etapas fundamentais. Os esforços tradicionais de venda são orientados para a transação, com foco na geração de tantas indicações quanto possível, na execução do maior número de apresentações e no fechamento do maior número de vendas. É colocado o mínimo de esforço para fazer perguntas a fim de identificar as necessidades e os desejos do cliente ou combinar tais necessidades e desejos com os benefícios do produto ou serviço. Em contrapartida, os vendedores que praticam a venda de relacionamento enfatizam o investimento inicial no tempo e esforço necessários para se descobrir as exigências e os desejos específicos de cada cliente e para fazê-los irem de encontro ao produto ou ao serviço oferecidos. Ao fazer a lição de casa previamente, os vendedores criam as condições apropriadas para um fechamento relativamente simples. Considere cada etapa do processo de vendas individualmente.

Etapa 1: Gerando leads

A base inicial deve preceder a comunicação entre o potencial comprador e o vendedor. A **geração de leads**, ou **prospecção**, é a identificação de empresas e pessoas mais propensas a adquirir as ofertas do vendedor. Essas empresas ou pessoas se tornam "*leads* de vendas" ou "possíveis clientes".

Os *leads* de vendas podem ser conquistados de várias maneiras, principalmente por meio de publicidade, feiras e convenções ou mala direta e programas de telemarketing. A publicidade favorável também ajuda a criar *leads*. Os registros da empresa de compras anteriores do cliente são outra excelente fonte de *leads*. Muitos profissionais de vendas também garantem valiosos *leads* por meio do site da empresa na internet.

Outra forma de se obter um *lead* é por **indicação** – recomendação vinda de um cliente ou associado comercial. As vantagens de indicações sobre outras formas de prospecção incluem *leads* altamente qualificados, taxas de fechamento mais altas, transações iniciais maiores e ciclos de vendas mais curtos. As indicações são tipicamente até dez vezes mais produtivas na geração de vendas do que são as visitas frias. Infelizmente, embora a maioria dos clientes esteja disposta a forne-

---

processo de venda (ciclo de venda)
conjunto de etapas pelas quais um vendedor passa para vender determinado produto ou serviço

geração de leads (prospecção)
identificação das empresas e pessoas mais propensas a adquirir as ofertas do vendedor

indicação recomendação a um vendedor vinda de um cliente ou associado comercial

cer indicações, muitos vendedores não as pedem. Um treinamento eficaz de vendas pode ajudar a superar essa relutância. Para aumentar o número de indicações, algumas empresas chegam a pagar ou enviar presentes a clientes ou fornecedores que fazem indicações.

As **redes** utilizam amigos, contatos comerciais, colegas de trabalho, conhecidos e colegas em organizações profissionais e cívicas para identificar clientes em potencial. De fato, foram criadas várias redes com o único propósito de gerar *leads* e oferecer uma valiosa consultoria de negócios. Cada vez mais, os profissionais de vendas utilizam sites de relacionamento on-line, como o LinkedIn, para se conectar com *leads* e clientes segmentados em todo o mundo, 24 horas por dia. Alguns dos aproximadamente 30 milhões de usuários do LinkedIn têm relatado taxas de resposta entre 50% e 60%, contra 3% vindos de esforços de marketing direto.[22]

Antes do advento de métodos mais sofisticados de geração de *leads*, como a mala direta e o telemarketing, a maior parte da prospecção era feita por meio de **visitas frias** — uma forma de geração de *leads* em que o vendedor aborda potenciais compradores sem nenhum conhecimento prévio das necessidades ou condições financeiras dos possíveis clientes. Embora as visitas frias ainda sejam usadas na geração de *leads*, muitos gerentes de vendas têm percebido o quão ineficiente é fazer os vendedores usar seu precioso tempo aplicando o provérbio "agulha num palheiro". Transferir o trabalho de fazer visitas frias a um funcionário de baixo custo, normalmente uma pessoa de suporte de vendas internas, permite que os vendedores dispendam mais tempo e utilizem suas habilidades de construção de relacionamento com perspectivas já identificadas.

Etapa 2: Qualificando leads

Quando um possível cliente mostra interesse em aprender mais sobre um produto, o vendedor tem a oportunidade de fazer o *follow-up* ou qualificar o *lead*. Visitar pessoalmente clientes potenciais não qualificados desperdiça tempo e recursos valiosos tanto do vendedor como da empresa. Muitos *leads* não são respondidos por que os vendedores são recebem nenhuma indicação sobre a qualificação deles no que se refere a interesse e capacidade de compra. Os possíveis clientes não qualificados fornecem respostas vagas ou incompletas a perguntas específicas do vendedor, tentam fugir de perguntas sobre orçamento e solicitam alterações em procedimentos-padrão, como preços ou condições de venda. Em contrapartida, *leads* qualificados são possíveis clientes reais que respondem a perguntas, valorizam o tempo e são realistas sobre o dinheiro e sobre quando estão dispostos a comprar. Vendedores que recebem informações precisas sobre *leads* qualificados têm mais do que o dobro de chances de acompanhamento.[23]

A **qualificação de leads** envolve determinar se o possível cliente possui três elementos:

» *Uma necessidade reconhecida*: O critério mais básico para se determinar se alguém é um possível cliente para um produto é identificar uma necessidade não satisfeita. Inicialmente, o vendedor deve considerar possíveis clientes que estejam cientes de uma necessidade, mas não devem desconsiderar os que ainda não reconheceram que têm uma. Com um pouco mais de informações sobre o produto, eles podem decidir que têm alguma necessidade. Entrevistas e questionamentos preliminares podem fornecer ao vendedor informações suficientes para determinar se existe alguma.

» *Poder de compra*: O poder de compra envolve tanto a autoridade para tomar a decisão de compra quanto o acesso aos fundos para pagá-la. Para evitar o desperdício de tempo e dinheiro, o vendedor precisa identificar a autoridade de compra e sua capacidade de pagar antes de fazer a apresentação. Os organogramas e as informações sobre a posição de crédito de uma empresa podem fornecer pistas valiosas.

» *Receptividade e acessibilidade*: O possível cliente deve estar disposto a ver o vendedor e ser acessível a ele. Alguns possíveis clientes simplesmente se recusam a ver vendedores. Outros, em razão de suas posições em sua empresa, veem o vendedor ou gerente de vendas em uma posição semelhante.

Muitas vezes, a tarefa de qualificação de *leads* é realizada por um grupo de telemarketing ou por um profissional de apoio de vendas que *pré-qualifica* o *lead* para o vendedor. Os sistemas de pré-qualificação liberam o representante de vendas da morosa tarefa de acompanhar os *leads* para determinar necessidades, poder de compra e receptividade. Tais sistemas podem até configurar compromissos iniciais com o possível cliente. O resultado é mais tempo para a força de vendas dispender com clientes interessados. Os softwares estão sendo utilizados mais frequentemente na qualificação de *leads*.

As empresas estão cada vez mais usando seus sites para qualificar *leads*. Enquanto qualificam leads on-line, elas querem que os visitantes se registrem, indiquem os produtos e serviços em que estão interes-

---

redes processo de identificar potenciais clientes por meio de amigos, contatos comerciais, colegas de trabalho, conhecidos e colegas em organizações profissionais e cívicas

visita fria forma de geração de *leads* em que o vendedor aborda potenciais compradores sem nenhum conhecimento prévio das necessidades ou da situação financeira dos possíveis clientes

qualificação de leads determinação de (1) necessidade; (2) poder de compra, e (3) receptividade e acessibilidade do possível cliente

pré-abordagem
processo que descreve a "lição de casa" que deve ser feita pelo vendedor antes de contatar um possível cliente

avaliação de necessidades
determinação de necessidades e desejos específicos do cliente e a variedade de opções que o cliente tem para satisfazê-los

sados e forneçam informações sobre sua estrutura de tempo e recursos. Os *leads* vindos da internet podem então ser priorizados (aqueles indicando um período de tempo curto, por exemplo, têm prioridade mais elevada) e depois transferidos para os vendedores. Seduzir visitantes para que se registrem permite que as empresas personalizem futuras interações eletrônicas.

Etapa 3: Aproximando-se do Cliente e Sondando Necessidades

Antes de abordar os clientes, o vendedor deve aprender o máximo possível sobre empresa e seus compradores. Esse processo, chamado de **pré-abordagem**, descreve a "lição de casa" que deve ser feita pelo vendedor antes de contatar o possível cliente. Isso pode incluir visitar o site da empresa, consultar fontes-padrão como Moody's, Standard & Poor ou Dun & Bradstreet, ou entrar em contato com conhecidos ou outras pessoas que possam ter informações sobre o possível cliente. Outra tarefa é determinar se a abordagem real deve ser na forma de visita pessoal, telefonema, carta ou alguma outra modalidade de comunicação.

Durante a abordagem de vendas, o vendedor pode conversar com o possível cliente ou garantir um encontro para sondar as necessidades dele. Os teóricos de venda de relacionamento sugerem que os vendedores comecem a desenvolver a confiança mútua com os possíveis clientes durante a abordagem. Os vendedores devem vender a si mesmos antes de vender o produto. A conversa miúda que projeta sinceridade e sugere amizade é encorajada para estabelecer harmonia com o possível cliente e observações que possam ser interpretadas como não sinceras devem ser evitadas.

O objetivo final do vendedor durante a abordagem é realizar a **avaliação de necessidades** para que possa descobrir a situação do possível cliente. O vendedor deve determinar como maximizar o ajuste entre o que pode oferecer e o que o possível cliente deseja. Como parte da avaliação de necessidades, o vendedor consultivo precisa conhecer tudo sobre:

▶▶ *O produto ou serviço*: O conhecimento do produto é a pedra angular para a realização de uma análise de necessidades bem-sucedida. O vendedor consultivo deve ser um perito no produto ou serviço com o qual trabalha, o que envolve conhecer as especificações técnicas, as características e benefícios do produto, os preços e procedimentos de faturamento, a garantia e suporte de serviços, as comparações de desempenho com a concorrência, as experiências de outros clientes com o produto e as mensagens atuais de publicidade e de campanha promocional. Um vendedor que está tentando vender uma copiadora da Xerox para um consultório médico deve estar muito bem informado da variedade de copiadoras da marca, seus atributos, capacidades, especificações técnicas e manutenção pós-compra.

▶▶ *Os clientes e suas necessidades*: O vendedor deve saber mais sobre os clientes do que eles sabem sobre si mesmos. Esse é o segredo das vendas de relacionamento e consultiva, em que o vendedor atua não apenas como um fornecedor de produtos e serviços, mas também como um consultor e um conselheiro de confiança. O vendedor profissional apresenta para o cliente ideias de negócios e soluções para problemas. Se o vendedor da Xerox está fazendo as perguntas "corretas", ele deve ser capaz de identificar áreas relacionadas a cópias nas quais o consultório esteja perdendo ou desperdiçando dinheiro. Em vez de apenas vender uma copiadora, o vendedor pode agir como um "consultor" no que diz respeito a informar de que maneira é possível economizar dinheiro e tempo.

▶▶ *Competição*: O vendedor deve saber tanto sobre a empresa e os produtos do concorrente quanto ele sabe sobre a sua própria empresa. A *inteligência competitiva* inclui vários fatores: quem são os concorrentes e o que se sabe sobre eles, em que medida os produtos e serviços se comparam, vantagens e desvantagens e pontos fortes e fracos. Se a copiadora da Canon custa menos do que a da Xerox, o consultório médico pode estar propenso a comprar a primeira. Mas se o vendedor da Xerox destacar que, em curto prazo, o custo de manutenção e dos cartuchos de toner são mais baixos para a copiadora da Xerox, compensando o custo inicial mais elevado, o vendedor pode persuadir o médico a comprar a copiadora da Xerox.

▶▶ *Indústria*: Conhecer a indústria envolve uma ativa pesquisa por parte do vendedor. Isso significa participar de reuniões de associações comerciais, ler artigos publicados em jornais de comércio e indústria, manter-se atualizado acerca da legislação e regulamentação que afetam a indústria, estar ciente de alternativas e inovações de produtos de concorrentes nacionais e internacionais e ter uma

QUANTO MAIS OS VENDEDORES CONHECEREM OS POTENCIAIS CLIENTES, MELHOR PODERÃO SATISFAZER SUAS NECESSIDADES.

ideia de condições econômicas e financeiras que possam afetar a indústria. Também é importante estar ciente de recessões econômicas, pois as empresas podem estar à procura de opções de financiamento mais baratas.

Criar um *perfil do cliente* durante a abordagem ajuda os vendedores a otimizar seu tempo e seus recursos. Esse perfil é então usado para ajudar a desenvolver uma análise inteligente das necessidades do possível cliente na preparação para a próxima etapa, desenvolvendo e propondo soluções. Normalmente, as informações do perfil do cliente são armazenadas e manipuladas usando-se pacotes de programas de automação da força de vendas, projetados para uso em *laptops*. Esses programas oferecem aos representantes um método computadorizado e eficiente de coleta de informações do cliente para uso durante todo o processo de vendas. Além disso, os dados do cliente e das vendas armazenados em um banco de dados de computador podem ser facilmente compartilhados entre os membros da equipe de vendas. As informações também podem ser anexadas a estatísticas da indústria, vendas ou notas de reuniões, dados de faturamento e outras informações que podem ser pertinentes para o possível cliente ou para a sua empresa. Quanto mais os vendedores conhecerem os potenciais clientes, melhor poderão satisfazer suas necessidades.

Um vendedor deve encerrar a missão de abordagem de vendas e de sondagem de necessidades resumindo a necessidade, o problema e o interesse do possível cliente. O vendedor também deve obter o compromisso do cliente em relação a algum tipo de ação, quer se trate de ler material promocional, quer se trate de concordar com uma demonstração. Esse compromisso ajuda a qualificar ainda mais o possível cliente e justificar o tempo adicional investido pelo vendedor. Este deve reiterar a ação que promete tomar, como o envio de informações ou a ligar novamente para fornecer respostas a questionamentos. A data e a hora da próxima ligação devem ser definidas na conclusão da abordagem de vendas, bem como a agenda para a próxima chamada no que diz respeito ao que o vendedor espera conseguir, como fazer uma demonstração ou apresentar uma solução.

Etapa 4: Desenvolvendo e Propondo Soluções

Uma vez que o vendedor tenha reunido informações adequadas sobre as necessidades e os desejos do cliente, o próximo passo é determinar se os produtos ou serviços da empresa correspondem às necessidades do potencial cliente. O vendedor, então, desenvolve uma solução ou, possivelmente, várias soluções, em que o produto ou serviço do vendedor resolve os problemas do cliente ou atende a uma necessidade específica.

A IMPORTÂNCIA RELATIVA DO COMPORTAMENTO DE APRESENTAÇÃO

1. *Contato visual eficaz*: O fator mais importante. Varredura da sala durante a apresentação, começando pelo fundo; fazer contato visual rapidamente com cada indivíduo.
2. *Recursos visuais*: O material visual, muitas vezes, pode ofuscar o orador. Sempre fale para a plateia, não para o material; evite usar *slides* do PowerPoint como recurso para anotações pessoais.
3. *Linguagem adequada*: A escolha do vocabulário e a organização da apresentação devem ser apropriadas para o público, sem frases longas ou jargão inadequado.
4. *Discurso*: Falar calmamente, com inflexão apropriada.
5. *Linguagem corporal*: Gestos e postura corporal oferecem pistas da confiança do orador.

Fonte: Bill Rosenthal. "How to Use Your Eyes for Better Presenting", *Fast Company*, 17 jan. 2010, www.fastcompany.com.

proposta de venda documento escrito ou apresentação que descreve como o produto ou o serviço da empresa vai atender ou exceder as necessidades do cliente

apresentação de venda reunião formal em que o vendedor apresenta uma proposta de venda a um possível comprador

negociação processo durante o qual tanto o vendedor quanto o possível cliente oferecem concessões especiais na tentativa de chegar a um acordo

Essas soluções normalmente são apresentadas ao cliente na forma de proposta de venda. Uma **proposta de venda** é um documento escrito ou uma apresentação profissional que descreve como o produto ou o serviço vai atender ou exceder as necessidades do cliente. A **apresentação de venda** é a reunião formal em que o vendedor tem a oportunidade de apresentar uma proposta. A apresentação deve estar explicitamente vinculada às necessidades expressas do possível cliente. Além disso, o potencial cliente deve ser envolvido na apresentação, incentivado a participar de demonstrações ou exposto a atividades no computador, *slides*, vídeo ou áudio, painéis, fotografias etc. Para muitos vendedores, a tecnologia tornou-se uma parte importante da apresentação de soluções.

Pelo fato de o vendedor muitas vezes ter apenas uma oportunidade para apresentar soluções, a qualidade tanto da proposta de vendas quanto da apresentação podem levar à conclusão da venda ou à sua perda. Os vendedores devem ser capazes de apresentar a proposta e lidar com quaisquer objeções dos clientes acerca da confiança e objeções profissionais. Para realizar uma apresentação de impacto, os vendedores devem estar bem preparados, usar o contato visual direto, fazer perguntas abertas, manter o equilíbrio, usar gestos e inflexão de voz, focar nas necessidades do cliente, incorporar elementos visuais que transmitam informações valiosas, saber operar o equipamento de áudio/visual ou computador e certificar-se de que o equipamento está funcionando de forma adequada.[24] Nada defina mais rápido do que uma apresentação enfadonha. Muitas vezes, o cliente se lembra mais do vendedor do que daquilo que foi apresentado.

Etapa 5: Lidando com Objeções

É raro um possível cliente dizer "eu vou comprar" logo após uma apresentação. Em vez disso, ele levanta objeções ou faz perguntas sobre a proposta e sobre o produto. O potencial comprador pode insistir que o preço é elevado demais ou que o bem ou serviço não vai satisfazer a sua necessidade.

Uma das primeiras lições que o vendedor aprende é que as objeções ao produto não devem ser levadas para o lado pessoal, como se fossem um confronto ou insulto. O bom vendedor considera as objeções uma parte legítima da decisão de compra. Para lidar com isso de forma eficaz, o vendedor deve antecipar objeções específicas, como a preocupação com o preço, analisar com o cliente a objeção apresentada, estar ciente do que a concorrência oferece e, acima de tudo, manter a calma. Quando a Dell apresentou seu modelo de venda direta, os vendedores previram que os clientes ficariam preocupados com o fato de que não receberiam o mesmo nível de serviço e dedicação que obteriam de um revendedor. Como resultado, os vendedores incluíram garantias do serviço e suporte pós-venda em suas apresentações.

Os vendedores podem se basear nas objeções para fechar a venda. Se o cliente tenta colocar fornecedores uns contra os outros para reduzir o preço, o vendedor deve estar preparado para apontar pontos fracos na oferta do concorrente e defender a qualidade de sua própria proposta.

Etapa 6: Concluindo a Venda

No final da apresentação, o vendedor deve perguntar ao cliente como ele gostaria de continuar. Se o cliente apresentar sinais de que está pronto para comprar, se todas as perguntas tiverem sido respondidas e todas as objeções tiverem sido elucidadas, o vendedor pode tentar fechar a venda. Muitas vezes, durante ou após a apresentação, os clientes dão sinais de que estão dispostos a comprar ou de que não estão interessados. São exemplos disso a alteração na expressão facial, os gestos e as perguntas feitas. O vendedor deve identificar esses sinais e reagir apropriadamente.

O fechamento exige coragem e habilidade. O vendedor deve manter a mente aberta ao solicitar a venda e estar preparado tanto para um sim quanto para um não. O vendedor típico faz várias centenas de visitas por ano, muitas delas são retornos para tentar fechar a venda. A construção de um bom relacionamento com o cliente é muito importante. Se o vendedor tiver desenvolvido uma forte relação com o cliente, são necessários apenas um esforço mínimo para o fechamento.

A **negociação** desempenha um papel fundamental no fechamento da venda. Negociação é o processo durante o qual tanto o vendedor quanto o possível

> SE O VENDEDOR DESENVOLVEU UMA **FORTE** RELAÇÃO COM O CLIENTE, É NECESSÁRIO APENAS UM **ESFORÇO** MÍNIMO PARA **FECHAR A VENDA.**

cliente oferecem concessões especiais na tentativa de chegar a um acordo. O vendedor pode oferecer redução de preço, instalação gratuita ou um período de experimentação. Negociadores eficazes, no entanto, evitam usar o preço como ferramenta de negociação. Uma vez que as empresas gastam milhões em publicidade e desenvolvimento de produtos para criar valor, quando os vendedores cedem muito rapidamente, o valor do produto cai. Em vez disso, o vendedor deve enfatizar o valor para o cliente, fazendo o preço deixar de ser um problema. Os vendedores também devem estar preparados para definir compromissos e tentar evitar concessões unilaterais. Além disso, se o cliente solicita um desconto de 5%, o vendedor deve pedir algo em troca, como maior volume ou maior flexibilidade nos horários de entrega.

Mais e mais empresas dos Estados Unidos estão expandindo seus esforços de marketing e vendas nos mercados globais. Os vendedores que atuam em mercados internacionais devem adaptar o estilo de apresentação e de fechamento a cada mercado. Diferentes personalidades e habilidades serão bem-sucedidas em alguns países e fracassarão em outros. Se o vendedor é um excelente finalizador de vendas e sempre se concentra na próxima negociação, fazer negócios na América Latina pode ser difícil porque as pessoas dispendem muito tempo na construção de uma relação pessoal com os fornecedores.

Etapa 7: Fazendo o Follow-Up

A responsabilidade do vendedor não termina com o fechamento da venda e com o posicionamento do pedido. Um dos aspectos mais importantes do trabalho é o **follow-up** – etapa final do processo de venda, na qual é preciso garantir que o prazo de entrega será cumprido, que os bens ou serviços funcionarão como prometido e que os funcionários dos compradores serão treinados para usar o produto.

Na abordagem tradicional de vendas, o *follow-up* com o cliente é geralmente limitado à entrega e ao desempenho bem-sucedido do produto. Um objetivo básico da venda de relacionamento é motivar o cliente a voltar, repetidamente, desenvolvendo e nutrindo relações de longo prazo. A Figura 18.3 retrata o tempo envolvido no processo de venda e como os elementos se relacionam com as abordagens tradicionais de venda de relacionamento.

A maioria das empresas depende da venda repetida, que depende do *follow-up* completo e contínuo realizado pelo vendedor. Quando os clientes se sentem abandonados, surge a dissonância cognitiva e as vendas repetidas diminuem. Hoje, essa questão é mais pertinente do que nunca, porque os clientes estão muito menos fiéis às marcas e aos fornecedores. Os compradores estão mais inclinados a procurar o melhor negócio, especialmente no caso de um *follow-up* fraco pós-venda. O marketing automatizado de *follow-up* por e-mail – uma combinação de automação das vendas e tecnologia de comunicação – está melhorando a satisfação do cliente, bem como gerando mais negócios para alguns profissionais de marketing. Após o contato inicial com o possível cliente, um programa de software envia automaticamente, durante um período, uma série de mensagens personalizadas por e-mail.

O Impacto da Tecnologia na Venda Pessoal

Será que a tecnologia disponível e cada vez mais sofisticada eliminará os vendedores? Os especialistas concordam que a relação entre o vendedor e o cliente será sempre necessária. A tecnologia, no entanto, pode ajudar a melhorar essa relação. Celulares, *laptops*, *pagers*, e-mail e agendas eletrônicas permitem maior acesso aos vendedores, tanto no caso de clientes quanto no de empresas. Além disso, a internet fornece aos vendedores vastos recursos de informações sobre clientes,

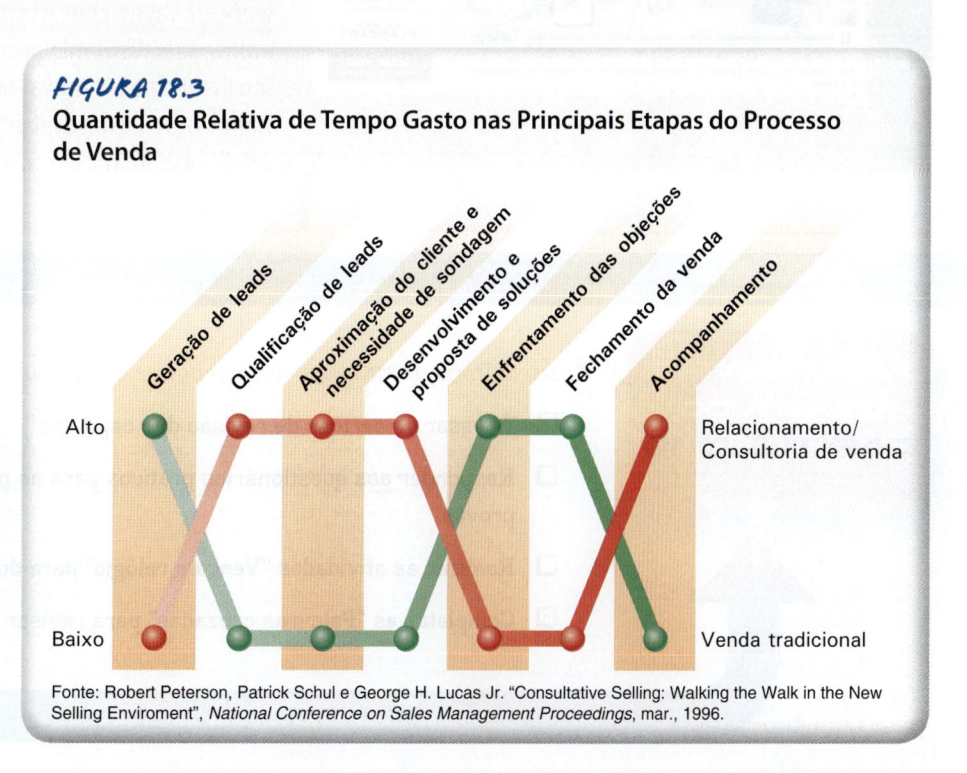

> **follow-up** etapa final do processo de venda na qual o vendedor deve garantir que os prazos de entrega sejam cumpridos, que os bens ou serviços funcionem como prometido e que os funcionários dos compradores serão treinados para usar o produto

FIGURA 18.3
Quantidade Relativa de Tempo Gasto nas Principais Etapas do Processo de Venda

Fonte: Robert Peterson, Patrick Schul e George H. Lucas Jr. "Consultative Selling: Walking the Walk in the New Selling Enviroment", *National Conference on Sales Management Proceedings*, mar., 1996.

concorrentes e indústria. Na verdade, muitas empresas estão utilizando a tecnologia para manter o contato com seus próprios funcionários. Quando a IBM realizou uma sessão de *brainstorming* eletrônico, 52.600 funcionários se conectaram ao evento para discutir questões de manutenção de funcionários, eficiência no trabalho, qualidade e trabalho em equipe.[25]

O *e-business* – compra, venda, marketing, colaboração entre parceiros e atendimento eletrônico ao cliente pela internet – tem tido um impacto significativo na venda pessoal. Praticamente todas as grandes empresas e a maior parte das empresas de médio e pequeno porte estão envolvidas no *e-commerce* e consideram que isso é necessário para se competir no mercado de hoje. Para os clientes, a web se tornou uma ferramenta poderosa, pois fornece informações precisas e atualizadas sobre produtos, preços e status de pedidos. A internet também processa pedidos e solicitações de serviços de maneira rentável. Embora superficialmente possa parecer uma ameaça à segurança do trabalho dos vendedores, a web liberta os representantes de vendas de tediosas tarefas administrativas como enviar catálogos, posicionar pedidos ou rastreá-los. Isso propicia aos vendedores mais tempo para focarem nas necessidades de seus clientes.

VENDA PESSOAL WEB 2.0

Gary Vaynerchuk conhece vinhos. E a mídia social. Ele também conhece marcas. A combinação dos três resultou na **Wine Library TV**, um *webcast* diário em que Vaynerchuk, de maneira muito honesta, experimenta vinhos e fala sobre eles para ajudar os apreciadores a desenvolver um paladar mais refinado. Vaynerchuk responde pessoalmente a todos os e-mails e grava os *webcasts* em uma única tomada. Não há engenhocas de iluminação ou produção sofisticada, apenas um homem que conhece vinhos e quer compartilhar o que sabe. Ele gerenciou a loja de varejo de vinhos da família, a Wine Library, e a fez crescer de US$ 4 milhões para US$ 45 milhões. Deixou a empresa para se dedicar à venda de tipos variados de vinho por meio de seu *webcast*. Vaynerchuk usa mídia social, televisão e todos os recursos midiáticos disponíveis (incluindo seu livro) para incentivar os consumidores a comprar vinhos novos e desconhecidos.[26]

FERRAMENTAS DE ESTUDO CAPÍTULO 18

Acesse a Trilha de MKTG em www.cengage.com.br/4ltr para:

❏ Acessar os cartões de revisão dos capítulos

❏ Responder aos questionários práticos para se preparar para as provas

❏ Realizar as atividades "Vença o relógio" para dominar os conceitos

❏ Completar as "Palavras cruzadas" para revisar os termos-chave

87% dos estudantes consultados acreditam que MKTG possui valor maior do que outros livros didáticos.

EXPRESSE-SE!

ELES DIZEM

"Eles são escritos com uma linguagem **concisa e objetiva**. Há toneladas de fotos e sinopses com informações interessantes. É muito relevante para minha vida. É bom ter um livro/site que parece **chegar até os estudantes e que realmente se preocupa** com a forma como aprendemos, e tenta se adequar às nossas necessidades, tanto quanto possível. Obrigada por isso."

– Alice Brent, aluna da Universidade Estadual do Arizona

MKTG foi desenvolvido sobre um princípio simples: criar uma nova solução de ensino e aprendizagem que reflete o modo como os docentes ensinam atualmente e a forma como você aprende.

Por meio de conversas, grupos, pesquisas e entrevistas, coletamos dados que resultaram na criação do livro MKTG que você está utilizando hoje. Mas não paramos por aí. Para tornar o MKTG uma experiência de aprendizagem ainda melhor, gostaríamos que você nos dissesse como o MKTG funcionou com você.

O que você gostou nele?
O que você mudaria?
Você tem ideias sobre os princípios de marketing que poderiam nos ajudar a desenvolver um produto melhor para os alunos?

Ao acessar a Trilha de MKTG, você encontrará todos os recursos necessários para ser bem-sucedido com os princípios de marketing – **cartões de revisão dos capítulos, games interativos, flashcards** e muito mais!

Expresse-se! Acesse **www.cengage.com.br/4ltr**.

CAPÍTULO **19** Conceito de Precificação

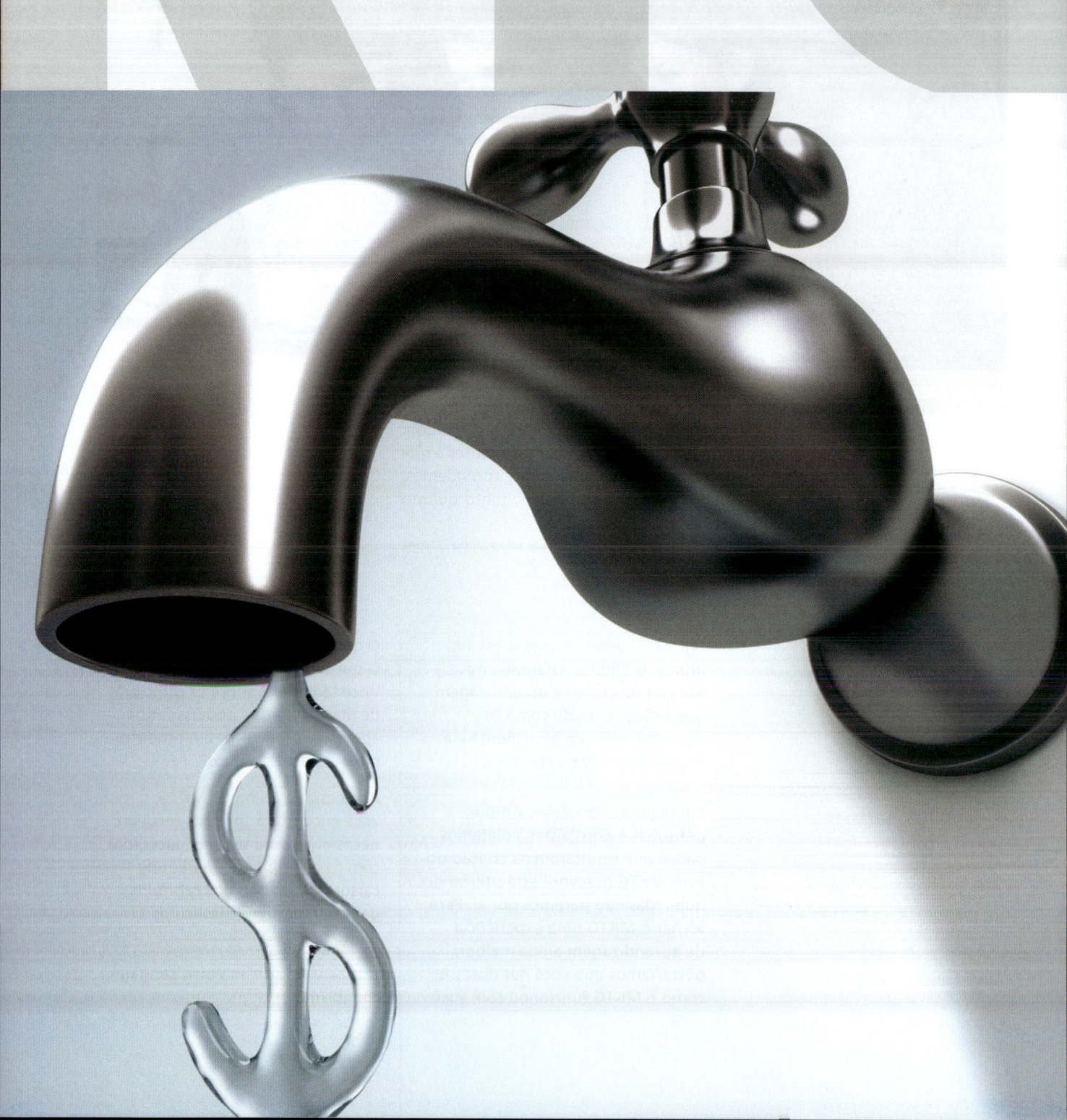

Objetivos da Aprendizagem

OA 1 Discutir a importância das decisões relacionadas à precificação para a economia e para a empresa

OA 2 Listar e explicar a variedade dos objetivos de precificação

OA 3 Explicar o papel da demanda na determinação de preços

OA 4 Compreender o conceito de sistemas de gestão de rendimentos

OA 5 Descrever estratégias de precificação orientadas para custos

OA 6 Demonstrar como o ciclo de vida do produto, a concorrência, as estratégias de distribuição e promoção, as demandas do cliente, a internet e a extranet e as percepções de qualidade podem afetar o preço

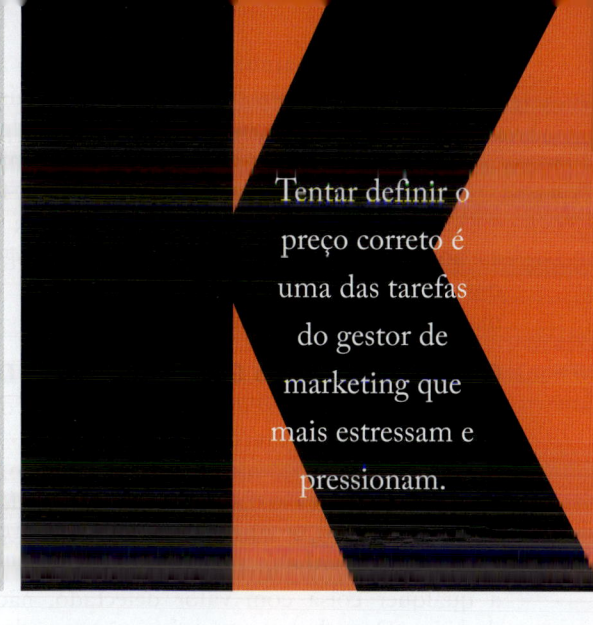

Tentar definir o preço correto é uma das tarefas do gestor de marketing que mais estressam e pressionam.

APÓS CONCLUIR ESTE CAPÍTULO, VÁ PARA A PÁGINA 321 PARA OBTER AS FERRAMENTAS DE ESTUDO

OA 1 A Importância do Preço

Preço significa uma coisa para o consumidor e outra para o vendedor. Para o consumidor, é o custo de algo. Para o vendedor, é a receita – a principal fonte de lucro. No sentido mais amplo, o preço aloca recursos em uma economia de livre mercado. Os gestores de marketing sempre estão sendo desafiados pela tarefa de fixar preços.

preço o que é dado em troca da aquisição de um bem ou serviço

O Que É Preço?

Preço refere-se ao que é dado em troca da aquisição de um bem ou serviço. O preço desempenha dois papéis na avaliação de alternativas do produto: como medida de sacrifício e como fonte de informações. Até certo ponto, trata-se de dois efeitos opostos.[1]

O Efeito Sacrifício O preço é "aquilo do que se desiste", ou seja, o que é sacrificado para se obter um bem ou serviço. Nos Estados Unidos, o sacrifício geralmente está relacionado ao dinheiro, mas também pode ter relação com outras coisas, como a perda de tempo no processo de aquisição de um bem ou serviço. O preço também pode envolver a "dignidade perdida" no caso de indivíduos que perdem seus empregos e contam com a caridade.

O Efeito Informativo Os consumidores nem sempre escolhem o produto de preço mais baixo em uma categoria, como sapatos, carros ou vinho, mesmo quando os produtos são similares. Uma explicação, baseada em pesquisas, é que podemos inferir informações acerca da qualidade considerando o preço.[2] Em outras palavras, mais qualidade é igual a preço mais elevado. O efeito informativo do preço

Qual a sua opinião?

Eu gosto do prestígio que a compra de uma marca cara propicia.

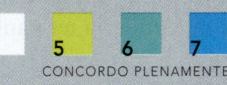

1 2 3 4 5 6 7
DISCORDO PLENAMENTE — CONCORDO PLENAMENTE

receita preço cobrado dos clientes, multiplicado pelo número de unidades vendidas

lucro receita menos despesas

também pode estender-se a percepções favoráveis dos demais, porque preços mais elevados podem transmitir a outras pessoas a importância e o status do comprador. Tanto um Swatch quanto um Rolex mostram as horas com precisão, mas transmitem significados diferentes. A relação preço-qualidade será discutida mais adiante neste capítulo.

O Valor Baseia-se no Grau de Satisfação Detectado

Os consumidores estão interessados em obter um "preço razoável". "Preço razoável" significa "valor razoável detectado" no momento da transação. O preço pago baseia-se na satisfação que os consumidores *esperam* do produto, e não necessariamente a satisfação que eles *de fato* obtêm. O preço pode estar relacionado a qualquer coisa com valor detectado, não apenas dinheiro. Quando bens e serviços são trocados, a transação é chamada de *permuta*.

Importância do Preço para os Gestores de Marketing

O preço é a chave para a receita, que, por sua vez, é a chave para os lucros de uma organização. **Receita** é o preço cobrado dos clientes, multiplicado pelo número de unidades vendidas. A receita é o que é pago por atividade da empresa: produção, finanças, vendas, distribuição, e assim por diante. O restante (se houver) é o **lucro**. Os gestores esforçam-se para cobrar um preço que renda um lucro justo.

Preço x Unidades = Receita

Para obter lucro, os gestores devem escolher um preço que não seja muito elevado, nem muito baixo — um preço que seja equivalente ao valor detectado para consumidores-alvo. Se for fixado um preço muito alto na mente do consumidor, o valor detectado será menor do que o custo, e as oportunidades de venda serão perdidas. Inversamente, se o preço for baixo demais, o consumidor pode detectá-lo como um grande valor, mas a empresa perde receita que poderia ter ganhado.

Tentar definir o preço correto é uma das tarefas que mais estressam e pressionam os gestores de marketing, uma vez que as marcas no mercado consumidor afetam:

» Diante de uma enxurrada de novos produtos, os potenciais compradores avaliam cuidadosamente o preço de cada produto em comparação ao valor dos já existentes.
» O aumento da disponibilidade de marcas próprias cujos preços são fixados com base em negociações e marcas genéricas tem exercido pressão sobre os preços em geral.
» Muitas empresas tentam manter ou reconquistar a sua quota de mercado por meio da redução de preços.
» A internet facilitou a comparação entre produtos.
» Do final de 2007 até 2009, os Estados Unidos estavam em recessão.

No mercado de negócios, os compradores também estão se tornando mais sensíveis ao preço e mais bem informados. Os sistemas de informação computadorizados permitem que os compradores de empresas comparem preço e desempenho com grande facilidade e precisão. As melhorias na comunicação e o aumento do marketing direto e das vendas auxiliadas pelo computador também têm aberto muitos mercados para novos concorrentes. Por fim, a concorrência em geral está aumentando; portanto, algumas instalações, acessórios e peças componentes estão sendo comercializados como mercadorias indistinguíveis.

OA 2 Objetivos da Precificação

Para sobreviver no mercado altamente competitivo de hoje, as empresas precisam de objetivos de precificação específicos, atingíveis e mensuráveis. Objetivos de precificação realistas exigem monitorização periódica a fim de que seja possível determinar a eficácia da estratégia da empresa. Por conveniência, os objetivos de precificação podem ser divididos em três categorias: fins lucrativos, orientados para a venda e *status quo*.

Objetivos de Precificação com Fins Lucrativos

Os objetivos com fins lucrativos incluem a maximização do lucro, lucros satisfatórios e objetivo de rendimento sobre o investimento.

Maximização do Lucro O objetivo denominado *maximização do lucro* refere-se à fixação de preços de modo que a receita total seja tão grande quanto possível em relação aos custos totais. No entanto, a maximização do lucro nem sempre significa preços excessivamente elevados. Tanto o preço quanto os lucros dependem do tipo de ambiente competitivo que uma empresa enfrenta, por exemplo, se ela está em posição de monopólio (como única vendedora) ou em uma situação mais competitiva. Além disso, lembre-se de que uma empresa não pode cobrar um preço mais elevado do que o valor detectado do produto. Muitas empresas não possuem os dados contábeis de que necessitam para maximizar lucros.

Às vezes, os gestores dizem que a sua empresa está tentando maximizar os lucros – em outras palavras, tentando ganhar dinheiro tanto quanto possível. Embora essa meta possa parecer impressionante para os acionistas, não é boa o suficiente para o planejamento.

Na tentativa de maximizar lucros, os gestores podem tentar expandir a receita aumentando a satisfação do cliente ou podem tentar reduzir custos operando com mais eficiência. Uma terceira possibilidade é tentar fazer as duas coisas. Algumas empresas podem se concentrar demais na redução de despesas à custa do cliente ou confiar tanto na satisfação do cliente para aumentar a receita que os custos aumentam desnecessariamente. No entanto, as empresas podem manter custos ou fazer cortes sutis e, ao mesmo tempo, aumentar a fidelidade do consumidor por meio de iniciativas de atendimento ao cliente, programas de fidelização, programas de gestão de relacionamento e alocação de menos recursos para programas projetados para melhorar a eficiência e reduzir custos. Ambos os tipos de programas, é claro, são críticos para o sucesso da empresa.

Lucros Satisfatórios Os lucros satisfatórios são um nível razoável de lucros. Em vez de maximizar os lucros, muitas organizações se esforçam para obter lucros que sejam satisfatórios para os acionistas e para a gerência – em outras palavras, um nível de lucros consistente com o nível de risco que a organização enfrenta. Em uma indústria de risco, o lucro satisfatório pode ser de 35%. Em uma indústria de baixo risco, pode ser de 7%.

Meta de Retorno sobre o Investimento O objetivo de lucro mais comum é a meta de **retorno sobre o investimento (ROI)**, às vezes chamada de retorno da empresa sobre ativos totais. O ROI mensura a eficácia da administração na geração de lucros com os ativos disponíveis. Quanto mais elevado o ROI, em melhor situação a empresa está. Muitas empresas utilizam um ROI-alvo como seu objetivo principal de preço. Em resumo, o ROI é um percentual que coloca os lucros de uma empresa em perspectiva mostrando lucros em relação ao investimento.

> **retorno sobre o investimento (ROI)**
> lucro líquido após dedução de impostos dividido pelos ativos totais
>
> **quota de mercado**
> vendas de produtos de uma empresa como um percentual do total de vendas para esse setor

O ROI é calculado da seguinte forma.

$$ROI = \frac{\text{Lucro líquido após a dedução de impostos}}{\text{Ativos totais}}$$

Suponha que, em 2008, a Johnson Controls tivesse ativos de US$ 4,5 milhões, lucro líquido de US$ 550 mil e um ROI-alvo de 10%. Este seria o ROI real:

$$ROI = \frac{US\$ 550.000}{US\$ 4.500.000}$$
$$= 12,2\%$$

Como podemos observar, o ROI para a Johnson Controls excedeu seu objetivo, uma indicação de que a empresa prosperou em 2010.

Entretanto, comparar o ROI de 12,2% com a média do setor cria uma imagem mais significativa. Qualquer ROI precisa ser avaliado em relação ao ambiente competitivo, riscos no setor e condições econômicas. De modo geral, as empresas buscam ROIs na faixa de 10% a 30%. Em alguns setores, como o de supermercados, no entanto, um retorno de menos de 5% é comum e aceitável.

Uma empresa com ROI-alvo pode predeterminar seu nível desejado de rentabilidade. O gestor de marketing utiliza o padrão, como um ROI de 10%, para definir se determinado preço e *mix* de marketing são viáveis. Além disso, o gestor deve pesar o risco de determinada estratégia, mesmo se o retorno estiver na faixa aceitável.

Objetivos de Precificação Orientados para a Venda

Os objetivos de precificação orientados para a venda baseiam-se na quota de mercado, nas vendas em dólar ou nas vendas unitárias.

Quota de Mercado A **quota de mercado** consiste na venda de produtos de uma empresa como um percentual do total de vendas para esse setor. As vendas podem ser relatadas em dólar ou em unidades de produto. É muito importante saber se a quota de mercado é expressa em receita ou em unidades, uma vez que

FIGURA 19.1

Duas Maneiras de Medir a Quota de Mercado (Unidades e Receita)

Empresa	Unidades Vendidas	Preço Unitário	Receita Total	Quota de Mercado em Unidade	Quota de Mercado em Receita
A	1.000	US$ 1,00	US$ 1.000	50	25
B	200	4,00	800	10	20
C	500	2,00	1.000	25	25
D	300	4,00	1.200	15	30
Total	2.000		US$ 4.000		

os resultados podem ser diferentes. Considere quatro empresas concorrentes em um setor com um total de duas mil vendas unitárias e US$ 4 mil de receita total do setor (ver Figura 19.1). A empresa A tem a maior quota de mercado em unidade, 50%, mas tem apenas 25% da quota de mercado em receita. Em contrapartida, a empresa D tem apenas uma quota de 15% em unidade, mas tem a maior quota de receita: 30%. Normalmente, a quota de mercado é expressa em receita, não em unidades.

Muitas empresas acreditam que manter ou aumentar a quota de mercado é um indicador da eficiência de seu mix de marketing. Quotas de mercado maiores, de fato, significam lucros mais elevados, graças a economias de escala maiores, poder de mercado e capacidade de compensar uma gerência de alta qualidade. O senso comum também diz que a quota de mercado e o ROI estão fortemente relacionados. Para a maioria das pessoas, eles estão; no entanto, muitas empresas com baixa quota de mercado sobrevivem e até prosperam. Para ter sucesso com baixa quota de mercado, as empresas precisam competir em setores cujo crescimento é lento e nos quais há poucas mudanças de produtos, por exemplo, o segmento de suprimentos industriais. Caso contrário, devem competir em um setor que produz itens que são comprados com frequência, como bens de conveniência.

Entretanto, a senso comum sobre quota de mercado e lucratividade nem sempre é confiável. Em razão da concorrência extrema em alguns setores, muitos dos que lideram as quotas de mercado ou não atingem o

PATENTES REFERIDAS

A Monsanto detém a patente do gene que torna a soja e o milho imunes a herbicidas — especificamente o **Roundup**, da própria Monsanto. Isso significa que os agricultores podem plantar a semente da Monsanto e depois espalhar o Roundup para matar as ervas daninhas, sem prejudicar a colheita. Por causa da proteção de patentes, a empresa pode cobrar dos agricultores taxas de licenciamento para plantar a semente. Desde 1996, quando a introduziu a variedade de sementes geneticamente modificadas e patenteadas, os preços das sementes quase quadruplicaram. Mas os agricultores continuam a pagar o preço **premium** pela facilidade de extirpar de forma química suas colheitas. As patentes da Monsanto expiram em 2014. Para evitar perder uma parte dos 90% de quota de mercado para versões genéricas de suas sementes, a Monsanto incentiva os agricultores a mudar para a recém-patenteada segunda geração de sementes. Com 90% do mercado, a Monsanto controla os preços das sementes, mas recentemente sofreu investigação antitruste por suas práticas comerciais, incluindo as relacionadas a preços.[3]

ROI-alvo ou perdem dinheiro. A Procter & Gamble passou de quota de mercado para objetivos de ROI depois de perceber que os lucros não advêm automaticamente de uma grande quota de mercado. Ainda assim, a luta por quotas de mercado pode ser avassaladora para algumas empresas.

O Nintendo DS é a escolha popular quando se fala em jogos portáteis, mas a Apple está lutando por sua quota de mercado nesse segmento. O iPod Touch, o iPhone e o iPad têm funções em telas *multitouch* e uma série de aplicativos de jogos de baixo custo que renderam à Apple uma quota de 20% (valor em crescimento) do mercado de jogos portáteis. A Nintendo espera recuperar algumas das perdas com a nova versão em 3D do DS que não exige o uso de óculos para ver o efeito. No entanto, 44% dos novos aplicativos que estão sendo testados para o iPad são jogos, isso sugere que a Nintendo pode ter de lutar por quotas de mercado.[4]

Empresas que fazem pesquisas, como a Nielsen Company e a Information Resources, Inc., elaboram relatórios de quota de mercado para muitos setores. Esses relatórios permitem que as empresas acompanhem o próprio desempenho em várias categorias de produtos ao longo do tempo.

Maximização de Vendas Em vez de lutar por quotas de mercado, às vezes, as empresas tentam maximizar as vendas. Uma empresa que tem como objetivo maximizar as vendas ignora lucros, concorrência e o ambiente de marketing, contanto que as vendas aumentem.

Se uma empresa está precisando de fundos ou tem à frente um futuro incerto, pode tentar gerar um montante máximo de dinheiro em curto prazo. A tarefa da gerência ao considerar esse objetivo é calcular que relação preço-quantidade gera a maior receita. A maximização das vendas também pode ser efetivada temporariamente para possibilitar a comercialização do excesso de estoque.

A maximização de dinheiro nunca deve ser um objetivo em longo prazo porque pode significar pouca ou nenhuma rentabilidade.

Objetivos de Precificação *Status Quo*

A **precificação *status quo*** buscam manter preços existentes ou ir de encontro aos preços da concorrência. Essa terceira categoria de objetivos da precificação tem a vantagem de exigir pouco planejamento. É essencialmente uma política passiva.

Muitas vezes, as empresas concorrentes em um setor com um líder de preços estabelecido simplesmente vai de encontro aos preços da concorrência. Nesses setores, a guerra de preços é menos frequente do que naqueles em que há concorrência direta. Outras vezes, os gestores compram lojas da concorrência para garantir que seus preços são comparáveis.

OA 3 A Demanda como Determinante de Preços

Após o estabelecimento dos objetivos de precificação, os gestores de marketing devem definir preços específicos para alcançar as metas. O preço fixado para cada produto depende de dois fatores principais: a demanda pelo bem ou serviço e o custo desse bem ou serviço para o vendedor. Quando os objetivos de precificação são orientados para a venda, as considerações de demanda geralmente dominam. Outros fatores, como estratégias de distribuição e promoção, qualidade decretada, necessidades de grandes clientes,
 podem influenciar no preço.

A Natureza da Demanda

Demanda é a quantidade de um produto que será vendido no mercado a preços diferentes por um período específico. A quantidade de um produto que as pessoas compram depende do preço. Quanto maior o preço, menos bens ou serviços os consumidores exigem. Inversamente, quanto mais baixo o preço, mais bens ou serviços eles exigem.

Essa tendência está representada no gráfico da demanda semanal por biscoitos finos, com preços variados, em um varejista. O gráfico é chamado de *curva de demanda* (Figura 19.2a). O eixo vertical mostra diferentes

precificação *status quo* objetivo de precificação que mantém preços existentes ou que vai de encontro aos preços da concorrência

demanda quantidade de um produto que será vendido no mercado a preços diferentes por um período específico

FIGURA 19.2
Curva e Programação de Demanda por Biscoitos Finos

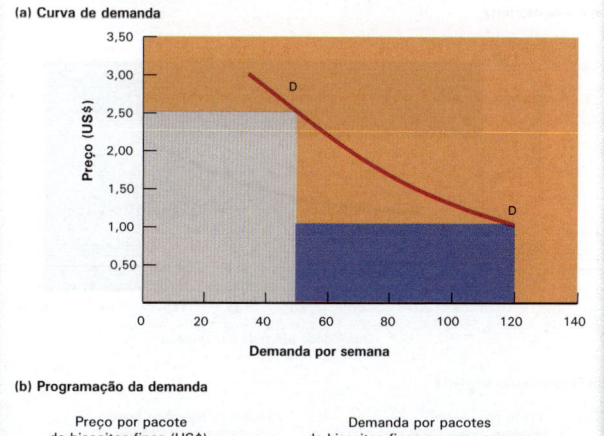

(a) Curva de demanda

(b) Programação da demanda

Preço por pacote de biscoitos finos (US$)	Demanda por pacotes de biscoitos finos em uma semana
3,00	35
2,50	50
2,00	65
1,50	85
1,00	120

CAPÍTULO 19: CONCEITO DE PRECIFICAÇÃO

oferta quantidade de um produto oferecido no mercado a preços diferentes por um período específico.

equilíbrio de preços situação em que a demanda e a oferta têm preços iguais.

preços de biscoitos finos, em dólar por pacote. O eixo horizontal mede a quantidade de biscoitos finos exigida por semana a cada preço. Ao preço de US$ 2,50, por exemplo, serão vendidos 50 pacotes por semana; a US$ 1,00, o consumidor vai adquirir 120 pacotes – de acordo com o que mostra a *programação de demanda* (Figura 19.2b).

Observe como a curva da demanda se inclina para baixo e para a direita, o que indica que a demanda por biscoitos finos aumenta à medida que ocorre a redução de preço. Em outras palavras, se os fabricantes de biscoitos introduzirem uma maior quantidade no mercado, a expectativa de vender tudo será satisfeita mediante a venda a um preço inferior.

Uma razão pela qual as vendas aumentam em razão de preços mais baixos do que em razão de preços mais elevados é que os primeiros trazem novos compradores. Além disso, a cada redução de preço, os clientes já existentes podem comprar mais.

Oferta é a quantidade de um produto oferecido no mercado a preços diferentes por um período específico. O gráfico (Figura 19.3a) ilustra a *curva de oferta* resultante no caso de biscoitos finos. Ao contrário da curva descendente de demanda, a curva de oferta de biscoitos finos se inclina para cima e para a direita. Com preços mais elevados, os fabricantes desse produto terão mais recursos (farinha, ovos, chocolate) e produzirão mais biscoitos. Se o preço que os consumidores estão dispostos a pagar pelo produto aumenta, os produtores têm condições de comprar mais ingredientes.

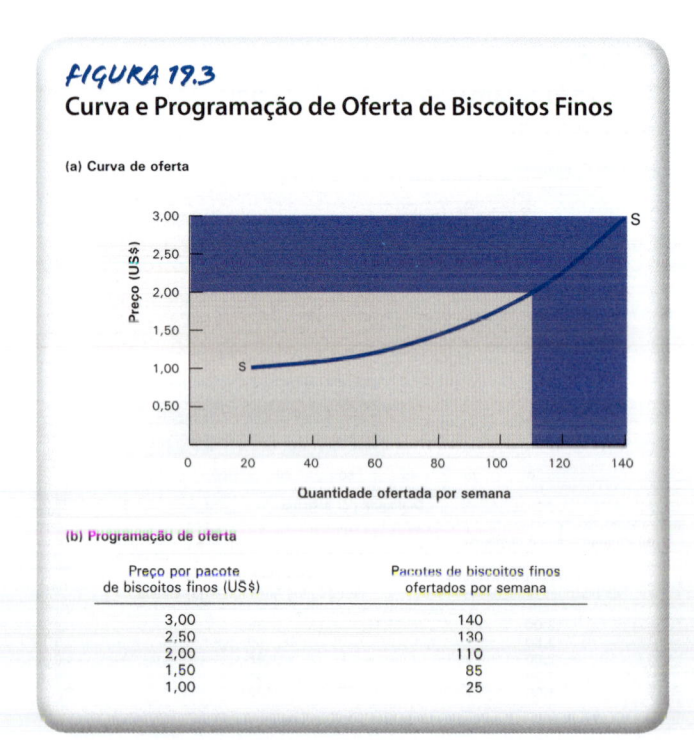

A saída tende a aumentar a preços mais elevados porque os fabricantes podem vender mais biscoitos e obter maiores lucros. A *programação de oferta* na Figura 19.3b mostra que a US$ 2, os fornecedores estão dispostos a colocar 110 pacotes de biscoitos finos no mercado, mas oferecerão 140 pacotes ao preço de US$ 3.

Como a Demanda e a Oferta Estabelecem Preços Neste ponto, combine os conceitos de demanda e oferta para verificar como os preços competitivos são determinados. Até agora, a premissa é que se o preço é X, os consumidores comprarão uma quantidade Y de biscoitos finos. A curva da demanda não pode prever o consumo nem a curva da oferta sozinha pode prever a produção. Em vez disso, precisamos olhar para o que acontece quando a oferta e a demanda interagem – como mostramos na Figura 19.4.

Ao preço de US$ 3, a demanda seria apenas de 35 pacotes de biscoitos finos. Contudo, os fornecedores estão prontos para colocar 140 pacotes no mercado a esse preço (dados da programação de demanda e de oferta). Se o fizerem, eles criariam um superávit de 105 pacotes. Como eliminar o superávit? Reduzindo o preço.

A US$ 1, a demanda seria de 120 pacotes, mas apenas 25 seriam colocados no mercado. Seria criada uma escassez de 95 unidades. Se um produto está em falta e os consumidores o querem, como eles seduzem o revendedor para obter mais desse produto? Oferecem mais dinheiro – isto é, pagam um preço mais elevado.

Agora vamos examinar o preço de US$ 1,50. Nesse caso, a demanda é de 85 pacotes e a mesma quantidade é oferecida. Quando demanda e oferta são iguais, chega-se a uma posição chamada **equilíbrio de preços**. Um preço temporário abaixo do equilíbrio – digamos, US$ 1 – resulta em escassez, porque a esse preço a demanda por biscoitos finos é maior do que a oferta. Essa escassez exerce pressão sobre os preços. No entanto, enquanto a demanda e a oferta permanecem iguais, aumentos ou reduções temporárias de preços tendem a retornar ao

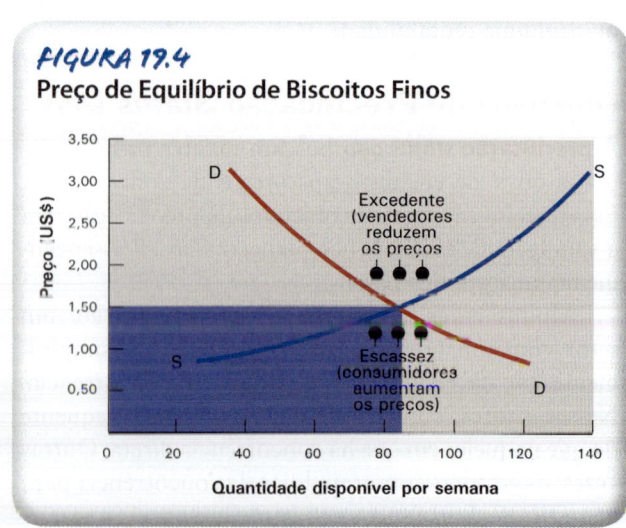

FIGURA 19.3
Curva e Programação de Oferta de Biscoitos Finos

(a) Curva de oferta

(b) Programação de oferta

Preço por pacote de biscoitos finos (US$)	Pacotes de biscoitos finos ofertados por semana
3,00	140
2,50	130
2,00	110
1,50	85
1,00	25

FIGURA 19.4
Preço de Equilíbrio de Biscoitos Finos

PREÇOS DE DEMANDA

Empresas como AT&T, Sprint e Verizon reduzem significativamente o preço de um celular em troca de um contrato de dois anos (fora da rede AT&T, um iPhone custa cerca de US$ 500). No varejo, *smartphones* mais novos custam US$ 199, e os mais antigos ou aparelhos com alguns recursos (celulares apenas com mensagens de texto) são vendidos por US$ 149 ou US$ 99. Com a implementação desse sistema hierarquizado, não há nenhuma sugestão de que um aparelho de determinada faixa de preço seja melhor do que outro; dessa forma, os clientes são mais propensos a comprar uma variedade mais ampla de tecnologia. O sistema hierarquizado ajuda as operadoras a compor parte da perda de hardware na tecnologia de ponta (como o iPhone) fixando preços de telefones menos avançados, mais antigos, como o Blackberry Bold, a US$ 199. O mercado paga um máximo de US$ 199 pela nova tecnologia, evidenciada pelo iPhone original, vendido com contrato de dois anos a US$ 599. Em dois meses, o preço caiu para US$ 399 e em menos de um ano tinha estabilizado em US$ 199, quando se tornou um *best-seller* da AT&T.[5]

AP IMAGES/DAMIAN DOVARGANE

---

equilíbrio. Em equilíbrio, não há nenhuma inclinação para que os preços aumentem ou diminuam.

Os preços podem oscilar durante um período de tentativa e erro à medida que o mercado de um bem ou serviço se desloca para o equilíbrio. Mais cedo ou mais tarde, porém, a demanda e a oferta acomodam-se.

Elasticidade da Demanda

Para apreciar a análise da demanda, é necessário entender o conceito de elasticidade. A **elasticidade da demanda** refere-se à capacidade de resposta ou à sensibilidade dos consumidores a mudanças no preço. A **demanda elástica** é observada quando os consumidores compram mais ou menos de um produto que sofreu alteração no preço. A **demanda inelástica**, por sua vez, significa que o aumento ou a diminuição no preço do produto não afeta de forma significativa a demanda pelo produto.

A elasticidade sobre o intervalo de uma curva de demanda pode ser medida por meio desta fórmula:

$$\text{Elasticidade } (E) = \frac{\text{Variação do percentual na quantidade exigida do bem A}}{\text{Variação do percentual no preço do bem A}}$$

Se E for maior que 1, a demanda é elástica.
Se E for menor que 1, a demanda é inelástica.
Se E for igual a 1, a demanda é unitária.

Elasticidade unitária significa que o aumento nas vendas compensa exatamente a diminuição nos preços; então, a receita total permanece a mesma.

A elasticidade pode ser medida por meio da observação destas mudanças na receita total:

- Se o preço cai e a receita sobe, a demanda é elástica.
- Se o preço diminui e a receita diminui, a demanda é inelástica.
- Se o preço sobe e a receita sobe, a demanda é inelástica.
- Se o preço sobe e a renda cai, a demanda é elástica.
- Se o preço aumenta ou diminui e a receita permanece igual, a elasticidade é unitária.

A curva de demanda para os DVDs players da Sony é muito elástica. Diminuir o preço desse produto de US$ 300 para US$ 200 aumenta as vendas de 18 mil unidades para 59 mil unidades. A receita aumenta de US$ 5,4 milhões (US$ 300 × 18.000) para US$ 11,8 milhões (US$ 200 × 59.000). A diminuição de preços resulta em um grande aumento nas vendas e na receita.

> **elasticidade da demanda** resposta ou sensibilidade dos consumidores a mudanças no preço
>
> **demanda elástica** situação em que a demanda do consumidor é sensível a mudanças no preço
>
> **demanda inelástica** situação em que o aumento ou a diminuição no preço do produto não afeta de forma significativa a demanda pelo produto
>
> **elasticidade unitária** situação em que a receita total permanece a mesma quando os preços mudam

> **sistemas de gestão de rendimentos (SGM)** técnica de ajuste de preços que usa softwares matemáticos complexos para, de forma lucrativa, preencher a capacidade ociosa por meio de desconto em compras iniciais, da limitação das vendas iniciais aos preços com desconto e da criação de capacidade de sobrevenda

Demanda Inelástica Quando o preço e a receita total caem, a demanda é inelástica. Nesse caso, os vendedores podem elevar os preços e aumentar a receita total. Muitas vezes, itens que são relativamente baratos e convenientes tendem a ter demanda inelástica. Culturas como trigo, soja e milho têm demanda inelástica. Se o ano for particularmente produtivo (como 2010 foi nos Estados Unidos), boas safras ou safras em excesso fazem os preços diminuírem. A menos que haja uma mudança drástica nas taxas de consumo, os consumidores não comprarão maiores quantidades de grãos, de modo que a receita diminui com o preço da safra. Se a safra não é boa, os preços aumentam, mas os consumidores mantêm o mesmo nível de demanda porque alimentação é uma necessidade, e eles continuarão a comprar os produtos mesmo estando mais caros.[6]

Demanda Elástica No exemplo anterior dos DVDs da Sony, quando o preço cai de US$ 300 para US$ 200, a receita total aumenta US$ 6,4 milhões (US$ 11,8 milhões menos US$ 5,4 milhões). O aumento na receita total quando o preço sofre uma queda indica que a demanda é elástica. Vamos medir a elasticidade de demanda da Sony quando o preço cai de US$ 300 para US$ 200 por meio da aplicação da fórmula apresentada anteriormente:

$$E = \frac{\text{Variação na quantidade}/(\text{Soma de quantidades}/2)}{\text{Variação no preço}/(\text{Soma de preços}/2)}$$

$$E = \frac{(59.000 - 18.000)/[(59.000 \; 18.000)/2]}{(US\$\ 300 - US\$\ 200)/[(US\$\ 300 + US\$\ 200)/2]}$$

$$E = \frac{41.000/38.500}{US\$\ 100/\ US\$\ 250}$$

$$E = \frac{1,065}{0,4}$$

$$E = 2,66$$

Porque E é maior que 1, a demanda é elástica.

Fatores que Afetam a Elasticidade Vários fatores afetam a elasticidade da demanda, incluindo os seguintes:

▶▶ *Disponibilidade de substitutos*: Quando muitos produtos substitutos estão disponíveis, o consumidor pode mudar facilmente de um produto para outro, tornando a demanda elástica. A mesma coisa ocorre no sentido inverso: uma pessoa com insuficiência renal arcará com todos os custos de um transplante de rim porque não há substituto.

▶▶ *Preço em relação ao poder de compra*: Se o preço é tão baixo que é uma parte insignificante do orçamento de um indivíduo, a demanda será inelástica.

▶▶ *Durabilidade do produto*: muitas vezes, os consumidores têm a opção de fazer reparos em produtos duráveis em vez de substituí-los, prolongando, assim, sua vida útil. Em outras palavras, as pessoas são sensíveis ao aumento de preço, e a demanda é elástica.

▶▶ *Usos variados de um mesmo produto*: Quanto maior a diversidade de usos de um produto, mais elástica a demanda tende a ser. Se um produto tem apenas uma aplicação, como no caso de um novo medicamento, a quantidade comprada não vai variar à medida que o preço varia. A pessoa consumirá apenas a quantidade prescrita, independentemente do preço. Já um produto como o aço tem muitas aplicações possíveis. À medida que seu preço cai, torna-se mais viável economicamente em uma variedade mais ampla de aplicações, o que torna a demanda relativamente elástica.

▶▶ *Taxa de inflação*: Uma pesquisa recente revelou que quando a taxa de inflação de um país (a taxa em que o nível de preços aumenta) é alta, a demanda torna-se mais elástica. Em outras palavras, aumentar níveis de preço torna os consumidores mais sensíveis ao preço. Durante períodos inflacionários, os consumidores baseiam seu *timing* (quando comprar) e as decisões relacionadas à quantidade nas promoções. Isso sugere que uma marca obtém vendas adicionais ou quota de mercado se o produto é promovido de forma eficiente ou se o gestor de marketing mantém baixo o aumento de preço em relação à taxa de inflação.[7]

OA 4 O Poder dos Sistemas de Gestão de Rendimentos

Quando as pressões competitivas são intensas, a empresa precisa saber se pode aumentar os preços para maximizar sua receita. Mais e mais empresas estão recorrendo a sistemas de gestão de rendimentos para ajudar no ajuste de preços. Desenvolvidos pela primeira vez no setor aéreo, os **sistemas de gestão de rendimentos (SGM)** utilizam complexos softwares matemáticos para preencher a capacidade ociosa de forma rentável. O software utiliza técnicas como desconto em compras iniciais, limite de vendas iniciais aos preços com desconto e desenvolvimento da capacidade de sobrevenda. Agora, os SGM também estão sendo utilizados em outros serviços.

Os YMS estão se espalhando para além da indústria de serviços à medida que aumenta sua popularidade. As lições de companhias aéreas e hotéis não são inteiramente aplicáveis a outros setores. Uma vez que os assentos de avião e os quartos de hotel são perecíveis, se ficarem vazios, a oportunidade de receita é perdida para sempre. Por isso faz sentido reduzir preços para se mover em direção à capacidade se for possível fazê-lo sem reduzir os preços que os outros clientes pagam. Carros e aço não são tão perecíveis, mas a capacidade de sua criação é. Uma fábrica subutilizada é uma oportunidade de receita perdida. Por isso faz sentido reduzir preços para usar a capacidade se for possível fazê-lo mantendo os clientes que pagam o preço cheio.

A Duane Reade dispõe dos algoritmos Demand-Tec para determinar os preços de dois terços dos itens que vende. Os preços de alguns medicamentos para tosse estão em alta. (As pessoas doentes não fazem compras.) O preço por comprimido em frascos de 50 cápsulas de determinados analgésicos costumava ser menor em comparação a frascos de 24 comprimidos. Agora ele é mais alto. As pessoas que compram frascos de comprimidos são menos sensíveis ao preço unitário mais elevado.[8]

O **custo marginal (CM)** é a mudança nos custos totais associados com uma mudança unitária na produção. A Figura 19.5(b) mostra que, quando a produção aumenta de 7 para 8 unidades, a mudança no custo total é de US$ 640 a US$ 750, portanto, o CM é de US$ 110.

Todas as curvas ilustradas na Figura 19.5(a) têm relações definidas:

- O CVM mais o CFM é igual a CTM.
- O CM reduz por um tempo e depois volta para cima, nesse caso com a quarta unidade. Nesse ponto, rendimentos decrescentes se estabelecem,

> **custo variável** custo que varia de acordo com as mudanças no nível de produção.
>
> **custo fixo** custo que não se altera enquanto a produção aumenta ou diminui
>
> **custo variável médio (CVM)** custos variáveis totais divididos pela quantidade da produção
>
> **custo total médio (CTM)** custos totais divididos pela quantidade de produção
>
> **custo marginal (CM)** mudança nos custos totais associados a uma mudança unitária na produção

OA 5 O Custo como Determinante do Preço

Às vezes, as empresas minimizam ou ignoram a importância da demanda e decidem o preço de seus produtos em grande parte, ou exclusivamente, com base nos custos. Preços determinados estritamente com base em custos podem ser altos demais para o mercado-alvo, o que reduz ou elimina as vendas. Os preços com base nos custos também podem ser baixos demais, o que leva a empresa a obter um retorno menor do que deveria. De qualquer forma, os custos deveriam ser parte da determinação de preços, se forem apenas como um piso abaixo do qual um bem ou serviço não deve ter seu preço fixado no longo prazo.

A ideia de custo pode parecer simples, mas, na verdade, é um conceito multifacetado, especialmente no caso de produtores de bens e serviços. O **custo variável** é um custo que varia de acordo com as mudanças no nível da produção; um exemplo de um custo variável é o de materiais. Em contrapartida, o **custo fixo** não se altera enquanto a produção aumenta ou diminui. Exemplos incluem aluguel e salários de executivos.

Para comparar o custo de produção ao preço de venda de um produto, é útil calcular os custos por unidade, ou custos médios. O **custo variável médio (CVM)** equivale aos custos variáveis totais divididos pela quantidade da produção. O **custo total médio (CTM)** equivale aos custos totais divididos pela produção. Como mostramos o gráfico na Figura 19.5(a), CVM e CTM são basicamente curvas em forma de U. Em contraposição, o custo fixo médio (CFM) diminui continuamente à medida que a produção aumenta, pois os custos fixos totais são constantes.

A INDÚSTRIA DE PIZZAS PAGA PELO AUMENTO DE PREÇO

No início da década, nos Estados Unidos, o segmento de pizza aumentou os preços com rapidez, e os clientes se valeram de cupons ou promoções dos restaurantes para obter o melhor valor. À medida que o preço de uma pizza grande no Pizza Hut subia para US$ 19, alternativas como pizza congelada e outros tipos de *fast-food* ofereciam maior valor para o consumidor. Agora, o Pizza Hut está simplificando a sua estrutura de preços (US$ 8, US$ 10, US$ 12 para pizzas pequenas, médias e grandes com três coberturas) e reduzindo ofertas de cupons para tentar recuperar a quota de mercado que perdeu com os aumentos de preços excessivamente agressivos.[9]

FIGURA 19.5
Fixação Hipotética de Curvas de Custo e Programação de Custo

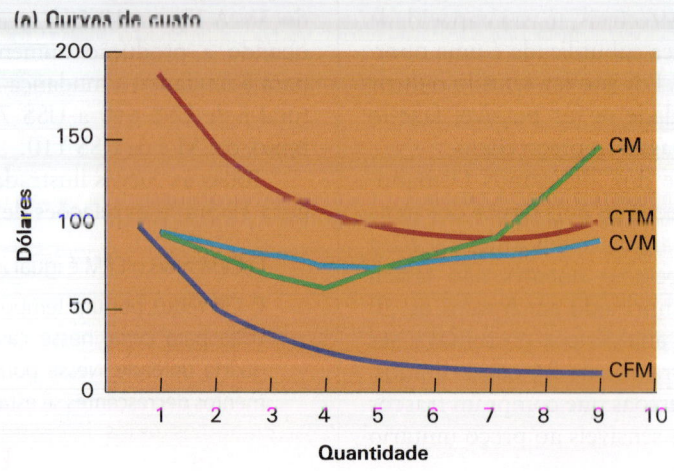

(a) Curvas de custo

[Gráfico mostrando curvas CM, CTM, CVM e CFM versus Quantidade (1 a 10) no eixo x e Dólares (0 a 200) no eixo y]

(b) Programação de custo

Dados do custo total por semana				Dados do custo médio por semana			
(1) Produto total (Q)	(2) Custo fixo total (CFT)	(3) Custo variável total (TCVT)	(4) Custo Total (CT)	(5) Custo fixo médio (CFM)	(6) Custo variável médio (CVM)	(7) Custo total médio (CTM)	(8) Custo marginal médio (CMM)
			CT = CFT + CVT	CFM = CFT/Q	CVM = CVT/Q	CTM = CT/Q	(CM) = Mudança em CT / Mudança em Q
0	$100	$ 0	$ 100	—	—	—	—
1	100	90	190	$100,00	$90,00	$190,00	$ 90
2	100	170	270	50,00	85,00	135,00	80
3	100	240	340	33,33	80,00	113,33	70
4	100	300	400	25,00	75,00	100,00	60
5	100	370	470	20,00	74,00	94,00	70
6	100	450	550	16,67	75,00	91,67	80
7	100	540	640	14,29	77,14	91,43	90
8	100	650	750	12,50	81,25	93,75	110
9	100	780	880	11,11	86,67	97,78	130
10	100	930	1.030	10,00	93,00	103,00	150

isso significa que menos produção é gerada para cada dólar adicional gasto em *inputs* variáveis.

▶▶ O CM cruza tanto com o CVM quanto com o CTM em seus pontos o mais baixo possível.

▶▶ Quando o CM é inferior ao CVM ou ao CTM, o custo incremental continua a puxar as médias para baixo. Inversamente, quando o CM é maior do que o CVM ou o CTM, ele puxa a média para cima, então, CTM e CVM começam a subir.

▶▶ O ponto mínimo da curva de CTM é o ponto de menor custo para uma empresa de capacidade fixa, embora não seja necessariamente o ponto mais rentável.

Os custos podem ser usados para definir preços de diversas formas. A remarcação de preços é relativamente simples. Os preços de maximização de lucros e os preços de ponto de equilíbrio fazem uso dos conceitos de custo mais complicados.

Preço de Remarcação

O **preço de remarcação**, método mais popular usado por atacadistas e varejistas para estabelecer um preço de venda, não considera diretamente os custos de pro-

> **preço de remarcação** custo de comprar o produto do produtor, mais os montantes de lucros e despesas de outra forma não contabilizados

dução. Em vez disso, baseia-se no custo de comprar o produto do produtor, mais os montantes de lucros e despesas de outra forma não contabilizados. O total determina o preço de venda.

Um varejista, por exemplo, adiciona certa porcentagem ao custo da mercadoria recebida para chegar ao preço de varejo. Um item que custa ao varejista US$ 1,80 e é vendido por US$ 2,20 é remarcado em 40 centavos, 22% sobre o custo (US$ 0,40 ÷ US$ 1,80). Os varejistas tendem a discutir a remarcação em relação a seu percentual do preço de varejo – nesse exemplo, 18% (US$ 0,40 ÷ US$ 2,20). A diferença entre o custo do varejista e o preço de venda (40 centavos) é a margem bruta.

A fórmula para o cálculo do preço de varejo dada certa remarcação desejada é a seguinte:

$$\text{Preço de varejo} = \frac{\text{Custo}}{1 - \text{Retorno desejado sobre as vendas}}$$

$$= \frac{\text{US\$ } 1{,}80}{1{,}00 - 0{,}18}$$

$$= \text{US\$ } 2{,}20$$

Se o varejista quiser um retorno de 30%, então:

$$\text{Preço de varejo} = \frac{\text{US\$ } 1{,}80}{1{,}00 - 0{,}30}$$

$$= \text{US\$ } 2{,}57$$

A razão pela qual, varejistas e outros falam de remarcações no preço de venda é que muitos números importantes em relatórios financeiros, como os de vendas e receitas brutas, são números de vendas, e não de custos.

Para utilizar a remarcação com base no preço de custo ou de venda de forma eficaz, o gestor de marketing deve calcular uma margem bruta adequada – o montante adicionado ao custo para determinar o preço. A margem deve, em última análise, prover fundos adequados para cobrir despesas com vendas e lucro. Uma vez determinada a margem adequada, a técnica de remarcação tem a grande vantagem de ser fácil de empregar.

Muitas vezes, as remarcações são baseadas na experiência. Pequenos varejistas remarcam mercadorias 100% sobre o custo. (Em outras palavras, eles duplicam o custo.) Essa tática é chamada de **distorção**. Outros fatores que influenciam nas remarcações são os atrativos da mercadoria para os clientes, a reação passada à remarcação (uma consideração implícita de demanda), o valor promocional do item, a sazonalidade dos produtos, o apelo da moda, o preço tradicional de venda e a concorrência. A maioria dos varejistas evita remarcação fixada em virtude de considerações como valor promocional e sazonalidade.

Preços de Maximização de Lucro

Em comparação aos distribuidores, os produtores tendem a usar métodos mais complicados de fixação de preços. Um desses métodos é a **maximização do lucro**, que ocorre quando a receita marginal é igual ao CM. Vimos que CM é a mudança nos custos totais associada à mudança unitária na produção. Da mesma forma, a **receita marginal (RM)** é a receita extra, associada à venda de uma unidade extra de produção. Desde que a receita da última unidade produzida e vendida seja maior do que o custo da última unidade produzida e vendida, a empresa deve continuar produzindo e vendendo o produto.

Na Figura 19.6 apresentamos RMs e CM para uma empresa hipotética, utilizando os dados da Figura 19.5(b). A quantidade de maximização do lucro, onde RM = CM, é de seis unidades. Você pode dizer: "Se o lucro é zero, por que produzir a sexta unidade? Por que não parar em cinco?". Na verdade, você estaria certo. A empresa, no entanto, não saberia que a quinta unidade produziria lucro zero até determinar que os lucros não estavam mais crescendo. Os economistas sugerem que se produza até o ponto em que RM = CM. Se o RM é apenas um centavo maior do que CM, ele ainda aumentará os lucros totais.

Precificação de Ponto de Equilíbrio

Agora vamos examinar mais de perto na relação entre vendas e custos. A **análise do ponto de equilíbrio** determina qual volume de vendas deve ser alcançado antes que a empresa chegue a um ponto de equilíbrio (custos totais iguais à receita total) e não obtenha nenhum lucro.

> **distorção** prática de remarcação de preços em 100% ou duplicação do custo
>
> **maximização do lucro** método de fixação de preços que ocorre quando a receita marginal é igual ao custo marginal
>
> **receita marginal (RM)** receita extra associada com a venda de uma unidade extra da produção ou a mudança na receita total com uma mudança unitária na produção
>
> **análise do ponto de equilíbrio** método para determinar que volume de vendas deve ser alcançado antes que a receita total se iguale aos custos totais

FIGURA 19.6
Ponto de Maximização do Lucro

Quantidade	Receita Marginal	Custo Marginal	Lucro Total Cumulativo
0	—	—	—
1	$140	$90	$50
2	130	80	100
3	105	70	135
4	95	60	170
5	85	70	185
*6	80	80	185
7	75	90	170
8	60	110	120
9	50	130	40
10	40	150	(70)

* Maximização do lucro.

O modelo típico de ponto de equilíbrio assume determinado custo fixo e um CVM constante. Suponha que a Universal Sportswear, uma empresa hipotética, tenha custos fixos de US$ 2 mil e que o custo de mão de obra e materiais para cada unidade produzida seja de 50 centavos. Considere que a empresa possa vender até 6 mil unidades de seu produto a US$ 1 sem ter de baixar o preço.

A Figura 19.7(a) ilustra o ponto de equilíbrio da Universal Sportswear. Como indica a Figura 19.7(b), os custos variáveis totais da empresa aumentam em 50 centavos cada vez que uma nova unidade é produzida, e os custos fixos totais permanecem constantes em US$ 2 mil, independentemente do nível de produção. Assim, para 4 mil unidades de produção, a Universal Sportswear tem US$ 2 mil em custos fixos e US$ 2 mil em custos variáveis totais (4.000 unidades × US$ 0,50), ou US$ 4 mil em custos totais.

A receita também é de US$ 4 mil (4.000 unidades × US$ 1), rendendo um lucro líquido de zero dólar em um ponto de equilíbrio de 4 mil unidades. Observe que, uma vez que a empresa consegue passar pelo ponto de equilíbrio, a diferença entre receita total e custos totais fica maior e mais ampla porque se presume que ambas as funções sejam lineares.

A fórmula para calcular quantidades de ponto de equilíbrio é simples:

$$\text{Quantidade de ponto de equilíbrio} = \frac{\text{Custos fixos totais}}{\text{Contribuição de custo fixo}}$$

A contribuição de custo fixo é o preço menos o CVM. Portanto, para a Universal Sportswear,

FIGURA 19.7
Custos, Receita e Ponto de Equilíbrio da Universal Sportswear

(a) Ponte de equilíbrio

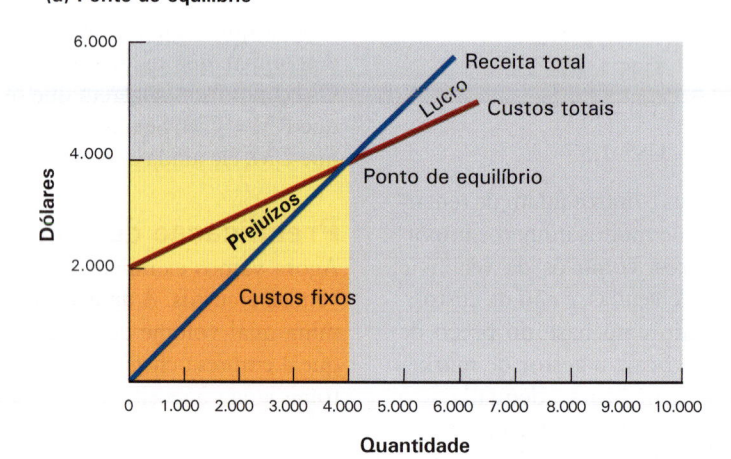

(b) Custos e receitas

Produção	Custos totais fixos	Custos variáveis médios	Total de custos variáveis	Custos médios totais	Receita média (preço)	Receita total	Custos totais	Lucro ou prejuízo
500	US$ 2.000	US$ 0,50	US$ 250	US$ 4,50	US$ 1,00	US$ 500	US$ 2.250	(US$ 1.750)
1.000	2.000	0,50	500	2,50	1,00	1.000	2.500	(1.500)
1.500	2.000	0,50	750	1,83	1,00	1.500	2.750	(1.250)
2.000	2.000	0,50	1.000	1,50	1,00	2.000	3.000	(1.000)
2.500	2.000	0,50	1.250	1,30	1,00	2.500	3.250	(750)
3.000	2.000	0,50	1.500	1,17	1,00	3.000	3.500	(500)
3.500	2.000	0,50	1.750	1,07	1,00	3.500	3.750	(250)
*4.000	2.000	0,50	2.000	1,00	1,00	4.000	4.000	0
4.500	2.000	0,50	2.250	0,94	1,00	4.500	4.250	250
5.000	2.000	0,50	2.500	0,90	1,00	5.000	4.500	500
5.500	2.000	0,50	2.750	0,86	1,00	5.500	4.750	750
6.000	2.000	0,50	3.000	0,83	1,00	6.000	5.000	1.000

* Ponto de equilíbrio.

$$\text{Quantidade de ponto de equilíbrio} = \frac{\text{US\$ 2.000}}{(\text{US\$ 1,00} - \text{US\$ 0,50})}$$

$$= \frac{\text{US\$ 2.000}}{(\text{US\$ 0,50})}$$

$$= 4.000 \text{ unidades}$$

A vantagem da análise de ponto de equilíbrio é que ela fornece uma estimativa rápida de quanto a empresa deve vender para chegar ao ponto de equilíbrio e quanto de lucro pode ser obtido se um volume de vendas mais elevado for obtido. Caso uma empresa esteja operando perto do ponto de equilíbrio, ela pode querer ver o que é possível fazer para reduzir os custos ou aumentar as vendas. Além disso, em uma análise simples do ponto de equilíbrio, não é necessário calcular CM e RM porque se presume que o preço e o custo médio por unidade sejam constantes. Uma vez que os dados de contabilidade para o custo marginal e a receita nem sempre estão disponíveis, é conveniente não depender dessa informação.

A análise do ponto de equilíbrio não existe sem várias limitações importantes. Às vezes, é difícil saber se um custo é fixo ou variável. Se a mão de obra ganha um difícil contrato de emprego, as despesas resultantes são um custo fixo? Mais importante do que a determinação de custos é o fato de que a análise simples de ponto de equilíbrio ignora a demanda. Como a Universal Sportswear sabe que pode vender 4 mil unidades por US\$ 1? Ela poderia vender as mesmas 4 mil unidades por US\$ 2 ou mesmo US\$ 5? Obviamente, essas informações afetariam profundamente as decisões de precificação da empresa.

OA 6 Outros Determinantes do Preço

Além da demanda e dos custos, outros fatores podem influenciar no preço. As etapas do ciclo de vida do produto, a concorrência, a estratégia de distribuição do produto, a estratégia de promoção, bem como a qualidade detectada podem afetar os preços.

Etapas do Ciclo de Vida do Produto

À medida que um produto se move através de seu ciclo de vida (ver Capítulo 11), a demanda pelo produto e as condições de concorrência tendem a mudar:

▸ *Estágio de lançamento*: Normalmente, a gerência define preços elevados durante esse estágio. Uma razão para isso é a expectativa de recuperar os custos de desenvolvimento rapidamente. Além disso, a demanda se origina no núcleo do mercado (os clientes cujas necessidades correspondem idealmente aos atributos do produto), portanto, é relativamente inelástica. Se o mercado-alvo for muito sensível ao preço, a gerência pode optar por fixar um preço para o produto ao nível do mercado ou inferior.

▸ *Estágio de crescimento*: À medida que o produto entra na etapa de crescimento, os preços começam a se estabilizar por vários motivos. Primeiro, os concorrentes ingressam no mercado, aumentando a oferta disponível. Segundo, o produto começa a atrair um mercado mais amplo, muitas vezes grupos de renda menor. Por fim, as economias de escala reduzem custos, o que pode ser repassado para o consumidor na forma de preços mais baixos.

▸ *Estágio de maturidade*: A maturidade geralmente traz mais redução de preço à medida que aumenta a concorrência e empresas ineficientes e de alto custo são eliminadas. Os canais de distribuição tornam-se um fator significativo de custo em razão da necessidade de oferecer linhas amplas de produtos para mercados altamente segmentados, das exigências de serviço extensivas e do grande número de negociantes necessário para absorver uma produção de volume elevado. Os fabricantes que permanecem no mercado até o final desse estágio normalmente oferecem preços semelhantes. Nessa etapa, o aumento de preço é causado geralmente pelos custos, e não pela demanda. Nem as reduções de preço na fase tardia de maturidade estimulam a demanda. Uma vez que a demanda é limitada e os produtores têm estruturas de custo semelhantes, os concorrentes restantes provavelmente combinarão reduções de preço.

▸ *Estágio de declínio*: A etapa final do ciclo de vida pode ver mais reduções de preço à medida que os poucos concorrentes remanescentes tentam salvar os últimos vestígios de demanda. Quando apenas uma empresa permanece, os preços começam a se estabilizar. Na verdade, os preços podem, eventualmente, aumentar de forma drástica se o produto sobreviver e passar para a categoria de bens especializados, como no caso de carruagens puxadas por cavalo e discos de vinil.

venda contra a marca estocar itens de marcas conhecidas a preços elevados a fim de vender as próprias marcas a preços com desconto

extranet rede eletrônica privada que conecta uma empresa com seus fornecedores e clientes

A Concorrência

Obviamente, a concorrência varia durante o ciclo de vida do produto, por isso pode afetar muito as decisões de precificação. Embora a empresa possa não enfrentar concorrência a princípio, os preços elevados que ela pratica podem induzir outra empresa a entrar no mercado.

Muitas vezes, em mercados intensamente competitivos, ocorrem guerras de preços. A Amazon.com tem aumentado a sua presença on-line oferecendo mais do que apenas livros, ela quer se tornar a varejista on-line imprescindível. O Walmart reagiu à expansão da Amazon vendendo on line os livros de capa dura mais esperados por apenas US$ 10 cada (normalmente um livro de capa dura custa cerca de US$ 25). Mais tarde, no mesmo dia, a Amazon cobriu o preço. A batalha continuou até que os preços se estabilizaram: os livros foram negociados por US$ 9 na Amazon, US$ 8,99 na Target e US$ 8,98 no Walmart. Esses preços têm causado preocupação sobre o valor percebido de livros e a capacidade das livrarias independentes para competir com as grandes cadeias na venda dos mesmos livros por até 74% menos do que o preço de tabela.[10]

Estratégia de Distribuição

Muitas vezes, uma rede de distribuição eficaz supera pequenas falhas no *mix* de marketing.[11] Embora os consumidores possam considerar determinado preço ligeiramente superior ao normal, compram o produto se ele estiver sendo vendido em um ponto de venda conveniente.

A distribuição adequada de um novo produto pode ser alcançada por meio da oferta aos distribuidores de uma margem de lucro maior do que a usual. Uma variação dessa estratégia é dar aos negociantes um subsídio de grande comércio para ajudar a compensar os custos de promoção e estimular ainda mais a demanda no varejo.

Aos poucos, os fabricantes têm perdido o controle dentro do canal de distribuição para atacadistas e varejistas, que, muitas vezes, adotam estratégias de preços que servem aos seus próprios interesses. Alguns distribuidores **vendem contra a marca**: eles colocam nas prateleiras marcas conhecidas a preços elevados e oferecem outras marcas – normalmente, as marcas de fábrica, como as peras enlatadas da Kroger – a preços mais baixos. É claro, as vendas de marcas de preço mais elevado caem.

Atacadistas e varejistas também podem sair dos canais de distribuição tradicionais para comprar produtos no mercado negro. Como explicado anteriormente, os distribuidores obtêm as mercadorias por meio de canais não autorizados por menos do que normalmente pagariam, de modo que possam vender os produtos com uma margem de lucro maior do que o normal ou a um preço reduzido. As importações parecem ser particularmente suscetíveis ao mercado negro. Embora os consumidores paguem menos por produtos no mercado negro, muitas vezes eles acham que o fabricante não vai honrar a garantia.

Os fabricantes podem recuperar o controle sobre os preços usando um sistema de distribuição exclusivo, por franquia, ou evitando fazer negócios com cadeias de lojas de descontos. Eles também podem embalar o produto com o preço de venda estampado ou colocar produtos em consignação. No entanto, a melhor maneira de os fabricantes controlarem os preços é desenvolver nos consumidores a fidelidade à marca, oferecendo qualidade e valor.

O Impacto da Internet e da Extranet

A internet, a **extranet** (rede eletrônica privada) e as instalações sem fio estão conectando pessoas, equipamentos e empresas ao redor do mundo – e conectando compradores e vendedores como nunca se viu. Essas conexões permitem que os compradores, de forma rápida e fácil, comparem produtos e preços, colocando-os em uma melhor posição de negociação. Ao mesmo tempo, a tecnologia permite que os vendedores coletem dados detalhados sobre os hábitos de compra, as preferências e até os limites de gastos dos clientes,

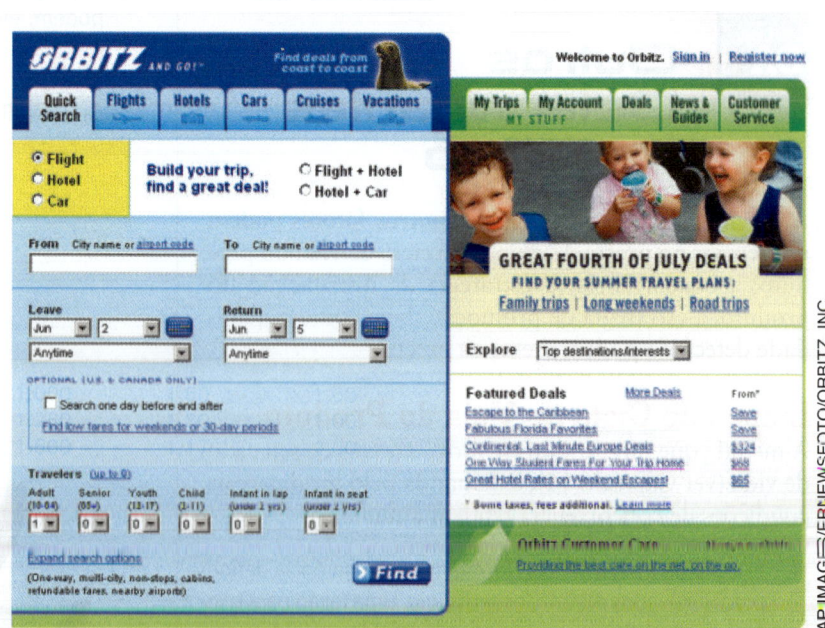

Se quiser comprar uma passagem aérea, aonde você vai? Direto para o site de sua companhia preferida? Ou você faz uma busca comparada em um site como o Orbitz?

de forma que os vendedores podem adaptar seus produtos e preços.

Usando Bots de Compras Um *bot* de compras é um programa que busca na *web* o melhor preço para determinado item que se deseja comprar. *Bot* é a abreviação de *robot* (robô). Teoricamente os *bots* de compras conferem poder de precificação ao consumidor. Quanto mais informações o cliente tiver, mais eficiente será sua decisão de compra.

Existem dois tipos de *bots*. O primeiro é o tipo amplo que busca uma variada gama de categorias de produtos, nessa categoria, temos o MySimon.com, o DealTime.com, o Bizrate.com, o Pricegrabber.com e o PriceScan.com. Esses sites funcionam como as Páginas Amarelas, uma vez que listam todos os varejistas que puderem encontrar. O segundo é o tipo orientado para o nicho de mercado, que busca um único tipo de produto, como equipamento de informática (CNET.com), livros (Bookfinder.com) ou preço de passagem (Farecast.com).[12]

A maioria dos *bots* de compras fornece listagens preferenciais aos varejistas on-line que pagarem pelo privilégio. Esses assim chamados parceiros recebem cerca de 60% dos cliques na página.[13] Normalmente, o *bot* lista, em princípio, os parceiros, não o varejista que oferece o menor preço.

Leilões pela Internet O negócio de leilões pela internet é enorme. Entre os sites de leilões mais populares estão:

▶▶ www.ebay.com: o mais conhecido

▶▶ www.bidz.com: site que compra artigos em liquidação em lotes muito grandes e os oferece on-line em seus leilões, sem reserva

Embora os consumidores gastem bilhões de dólares em leilões pela internet, aqueles do tipo *business to business* são suscetíveis de ser a forma dominante no futuro. Recentemente, a Whirlpool começou a fazer leilões on-line. Os participantes davam lances sobre o preço dos itens que forneceriam à Whirlpool, mas com uma diferença: eles tinham de incluir a data em que a Whirlpool teria de pagar pelos itens. A empresa queria saber quais fornecedores ofereceriam o maior período de carência antes de exigir o pagamento. Cinco leilões realizados em cinco meses ajudaram a Whirlpool a identificar uma economia de cerca de US$ 2 milhões, e a empresa mais do que duplicou o período de carência.

O sucesso da Whirlpool é um sinal de que o mundo dos leilões *business-to-business* está mudando seu foco da negociação de preços para os parâmetros do acordo. Garantias, prazos de entrega, modalidade de transporte, suporte ao cliente, opções de financiamento e qualidade tornaram-se moedas de troca.

Estratégias de Promoção

Muitas vezes, o preço é usado como uma ferramenta promocional para aumentar o interesse do consumidor.

PREÇOS DE PROMOÇÃO GALOPANTES DO SUBWAY

Enquanto a recessão atacava os bolsos das pessoas, um franqueado da Subway na Flórida começou a oferecer qualquer sanduíche grande por US$ 5 aos sábados e domingos. Após as vendas da loja terem duplicado, o gerente regional implementou os preços promocionais em diversas unidades. Apesar da hesitação inicial da administração, a promoção emplacou em outros estados, e o cativante e simples *jingle* do sanduíche grande de US$ 5 e um gesto com os cinco dedos estendidos conquistaram toda a franquia. Ao contrário da maioria das promoções, que funcionam por um tempo limitado com uma perda para a empresa, a promoção Footlong US$ 5 da Subway aumentou as vendas nas franquias em até 35%, mesmo com a contabilização de custos operacionais ligeiramente elevados para cobrir um volume maior. Agora, a Subway oferece sanduíches grandes por US$ 5, o que representa mais de US$ 4 bilhões em vendas.[15]

> **preço por prestígio**
> cobrar um preço elevado para promover uma imagem relacionada à alta qualidade

Os comerciantes do jardim zoológico de Pittsburgh usaram uma série de artifícios para aumentar a frequência. Alguns dos artifícios para obter descontos incluem "curtir" o zoológico no Facebook ou vestir uma camisa com uma gravata pintada. Certo dia, o melhor corte de cabelo no estilo *mullet* ganhou um passeio, e o vice-campeão levou um corte de cabelo gratuito. E se quiser se divertir no zoológico, você entra por US$ 5.[14] Os *flyers* semanais oferecidos no jornal de domingo, por exemplo, anunciam muitos produtos com preços especiais. O *resort* Ski Crested Butte, no Colorado, fez a oferta incomum de esqui gratuito entre o feriado de Ação de Graças e o Natal. As únicas fontes de receita foram contribuições voluntárias de proprietários de acomodações e de restaurantes que se beneficiaram da massa de esquiadores que aproveitaram a promoção. As acomodações durante esse período são reservadas com antecipação, e o Crested Butte Resort já não perde dinheiro durante essa época do ano.

Os preços também podem ser uma ferramenta para promoções comerciais. As *dockers* da Levi's (calças casuais masculinas) são muito populares. Percebendo uma oportunidade, a Bugle Boy, fabricante de calças rival, começou a oferecer peças semelhantes a preços mais baixos no atacado, o que proporcionou aos varejistas uma margem bruta maior do que a que eles estavam obtendo com as *dockers*. A Levi's teve de reduzir os preços ou arriscar as vendas anuais de US$ 400 milhões do modelo. Embora a Levi's pretendesse colocar no varejo suas *dockers* mais baratas, US$ 35, começou a vendê-las aos varejistas por US$ 18 cada. Então, os varejistas conseguiram anunciar as peças a um preço de varejo muito atraente, US$ 25.

Demandas dos Grandes Clientes

Os fabricantes perceberam que os grandes clientes, como lojas de departamentos, muitas vezes fazem exigências específicas de preços com as quais os fornecedores devem concordar. As lojas de departamentos estão exigindo que os fornecedores cubram os pesados descontos e as remarcações em seus próprios pontos de venda. Eles querem que os fornecedores garantam as margens de lucro das lojas e insistem em reembolsos em dinheiro se a garantia não for cumprida. Além disso, exigem multas por violações de regras de *ticketing*, embalagem e transporte. Cumulativamente, de acordo com estilistas e fabricantes de roupas, as exigências estão acabando com os lucros dos fornecedores, com exceção dos maiores.

Em 2008, com os preços da gasolina, dos grãos e dos laticínios explodindo, era de se esperar que o maior vendedor de flocos de milho e cacau em pó estivesse sendo atropelado pelos custos crescentes dos alimentos. No entanto, o Walmart reverteu temporariamente os preços de itens alimentares em até 30%. Como? Pressionando os vendedores para remover os custos da cadeia de suprimentos. "Quando nossos fornecedores de produtos de mercearia aumentam os preços, não os aceitamos", diz Pamela Kohn, gerente-geral de produtos perecíveis do Walmart.[16]

A Relação entre Preço e Qualidade

Como mencionado no início deste capítulo, quando uma decisão de compra envolve grande incerteza, os consumidores tendem a confiar em um preço elevado como prenúncio de boa qualidade. A confiança no preço como indicador de qualidade parece ocorrer em relação a todos os produtos, mas revela-se mais forte no caso de alguns itens do que em outros, especialmente itens voltados para os mais abastados.[17] Entre os produtos que se beneficiam desse fenômeno estão: aspirina, café, sal, cera para piso, xampu, roupas, móveis, uísque e vários serviços. Na ausência de outras informações, as pessoas presumem que os preços são mais elevados porque o produto tem material melhor, porque é feito com mais cuidado ou, no caso de serviços profissionais, porque o prestador de serviços tem mais expertise.

Uma pesquisa constatou que produtos percebidos como de alta qualidade tendem a se beneficiar mais de promoções de preços do que produtos percebidos como de qualidade inferior.[18] No entanto, quando produtos de alta e de baixa qualidade percebida são oferecidos em locais onde os consumidores têm dificuldade em fazer comparações, as promoções têm efeito igual sobre as vendas. As comparações são mais difíceis em *displays* no final do corredor, na publicidade de efeito, e assim por diante.

Comerciantes experientes levam em conta as atitudes dos consumidores quando elaboram suas estratégias de preços. O **preço por prestígio** refere-se a cobrar um preço elevado para ajudar a promover uma imagem relacionada à alta qualidade. Uma estratégia de preço por prestígio bem-sucedida requer um preço de varejo que seja razoavelmente consistente com as expectativas dos consumidores. Ninguém vai às compras em uma loja da Gucci em Nova York e espera pagar US$ 9,95 por um par de sapatos. Na verdade, a demanda cairia drasticamente a um preço tão baixo. Além de preço por prestígio, a pesquisa identificou outros dois efeitos associados com a relação qualidade-preço: *efeito hedonista* e *efeito alocativo*.[19] Preços elevados de compra podem criar sentimentos de prazer e entusiasmo associados ao consumo de produtos mais caros. Esse é o efeito hedonista. O consumo hedonista refere-se a buscar respostas emocionais, como prazer, entusiasmo, excitação, bons sentimentos e divertimento, associadas ao uso de um produto.

O efeito alocativo refere-se à noção de que os consumidores devem alocar os seus orçamentos para bens e serviços alternativos. Quanto mais você gasta com um único produto, menos tem para gastar com outros. Consumidores sensíveis ao efeito alocativo preferem preços baixos. No entanto, os gestores devem estar cientes de que a fixação de preços baixos ou a redução de preços com um desconto podem diminuir a percepção da qualidade, valor de prestígio e valor hedonista do produto. Isso se deve às pistas negativas associadas com preços mais baixos.[20]

Algumas empresas, atentas às consequências para a imagem de sua marca, resistem à redução de preço. A Abercrombie & Fitch, usando modelos escandalosos e seminus, posicionou a sua marca em roupas de luxo para adolescentes e, por vários anos, manteve parte dos maiores lucros na categoria adolescente. No entanto, à medida que a recessão e os bolsos apertavam, a Aéropostale, concorrente mais barata, levava grande parte dos negócios da Abercrombie. Apesar dos lucros em declínio, a Abercrombie ofereceu pequenas vendas com poucas promoções, cautelosa com o prejuízo internacional da marca. Mesmo em liquidações, as roupas da Abercrombie continuam muito mais caras do que as de seus concorrentes. No entanto, com preços mais elevados, mantém as vendas maiores com menos unidades em comparação a seus concorrentes e espera que a preservação de seu status de marca de luxo e *cool* permita-lhe sair da recessão com a imagem intacta.[21]

Algumas das últimas pesquisas sobre a relação preço-qualidade têm se concentrado em bens de consumo duráveis. Em princípio, os pesquisadores conduziram um estudo para verificar as dimensões da qualidade. Essas dimensões são (1) facilidade de uso; (2) versatilidade (a capacidade que tem um produto de executar mais funções ou de ser mais flexível); (3) durabilidade; (4) manutenção (facilidade de acesso a reparos de qualidade); (5) desempenho; e (6) prestígio. Os pesquisadores constataram que, quando os consumidores focam em prestígio e/ou durabilidade para avaliar a qualidade, o preço é um forte indicador de qualidade geral detectada. O preço é menos importante como indicador de qualidade se o consumidor está concentrado em uma das outras quatro dimensões da qualidade.[22]

FERRAMENTAS DE ESTUDO CAPÍTULO 19

Acesse a Trilha de MKTG em www.cengage.com.br/4ltr para:

❑ **Acessar os cartões de revisão dos capítulos**

❑ **Responder aos questionários práticos para se preparar para as provas**

❑ **Realizar as atividades "Vença o relógio" para dominar os conceitos**

❑ **Completar as "Palavras cruzadas" para revisar os termos-chave**

CAPÍTULO **20** Fixando o Preço Correto

Objetivos da Aprendizagem

OA 1 Descrever o procedimento para fixar o preço correto

OA 2 Identificar as restrições legais e éticas relacionadas às decisões de precificação

OA 3 Explicar de que forma descontos, atribuição geográfica de preços e outras táticas de precificação podem ser usadas para ajustar a base de preço

OA 4 Discutir os preços da linha de produtos

OA 5 Descrever o papel dos preços durante períodos de inflação e recessão

> Os objetivos da precificação possuem compromissos que os gestores devem pesar.

OA 1 Como Fixar o Preço de um Produto

APÓS CONCLUIR ESTE CAPÍTULO, VÁ PARA A PÁGINA 339 PARA OBTER AS FERRAMENTAS DE ESTUDO

Fixar o preço correto de um produto é um processo de quatro etapas, ilustrado na Figura 20.1 e discutido ao longo deste capítulo:

1. Estabelecer metas de precificação.
2. Calcular demanda, custos e lucros.
3. Escolher uma estratégia de preços para ajudar a determinar um preço-base.
4. Ajustar o preço-base utilizando táticas de precificação.

Estabelecendo Metas da Precificação

A primeira etapa da fixação do preço correto é estabelecer metas de precificação. No Capítulo 19, vimos que os objetivos da precificação podem ser divididos em três categorias: fins lucrativos, orientados para a venda e *status quo*. Esses objetivos são derivados dos objetivos globais da empresa. Um bom entendimento do mercado e do consumidor pode indicar ao gestor, de forma muito rápida, se uma meta é realista.

Os objetivos da precificação possuem compromissos que os gestores devem pesar. O objetivo de maximização de lucros pode exigir um investimento inicial maior do que um com o qual a empresa pode ou quer se comprometer. Atingir a quota de mercado desejada, muitas vezes, significa sacrificar lucros no curto prazo, pois sem uma gestão cuidadosa, as metas de lucro de longo prazo não podem ser alcançadas.

Qual a sua opinião?

Uma pessoa pode economizar muito dinheiro fazendo compras com descontos.

1 2 3 4 5 6 7
DISCORDO PLENAMENTE — CONCORDO PLENAMENTE

estratégia de preço estrutura básica e de longo prazo que estabelece o preço inicial de um produto e a direção pretendida para movimentos de preço ao longo do ciclo de vida do produto

desnatação de preço política de precificação pela qual uma empresa cobra um alto preço introdutório, muitas vezes juntamente com promoção pesada

Ir de encontro à concorrência é a meta de precificação mais fácil de implementar. Contudo, será que os gestores podem se permitir ignorar a demanda e os custos, o estágio do ciclo de vida e outras considerações? Ao criar objetivos de precificação, os gestores devem considerar esses compromissos em face do cliente-alvo, do ambiente e dos objetivos globais da empresa.

Calculando Demanda, Custos e Lucros

O Capítulo 19 explica que receita total é uma função do preço e da quantidade demandada e que a quantidade demandada depende da elasticidade. Os tipos de pergunta que os gestores levam em consideração na realização de pesquisas de marketing sobre a demanda e a elasticidade são fundamentais.

Depois de estabelecer os objetivos da precificação, os gestores devem calcular a receita total considerando uma variedade de preços. Em seguida, devem determinar custos correspondentes para cada preço. Então, estão prontos para calcular quanto lucro, se houver, e quanto de quota de mercado podem ser conquistados a cada preço possível. Os gestores podem estudar as opções perante receita, custos e lucros. Essas informações, por sua vez, podem ajudar a determinar qual é o preço que melhor atenderia aos objetivos de precificação da empresa.

PERGUNTAS PARA PESQUISA DE MERCADO SOBRE DEMANDA E ELASTICIDADE

▶▶ Que preço é tão baixo a ponto de levar os consumidores a questionar a qualidade?

▶▶ Qual é o preço mais elevado em que o produto ainda seria uma pechincha?

▶▶ Qual é o preço em que o produto começa a ficar caro?

▶▶ Qual é o preço em que o produto se torna caro demais para que se considere a sua compra?[1]

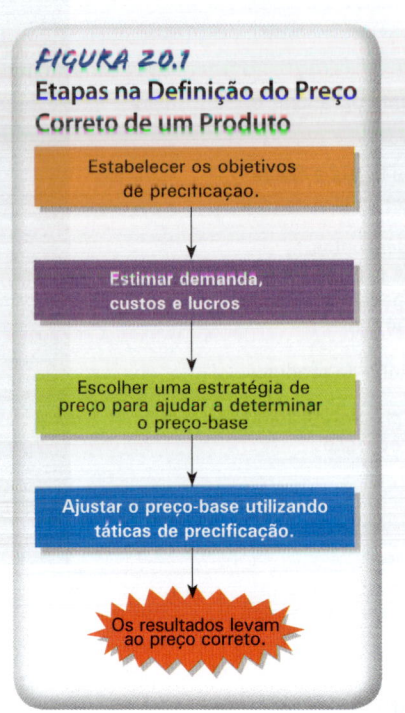

FIGURA 20.1
Etapas na Definição do Preço Correto de um Produto

- Estabelecer os objetivos de precificação.
- Estimar demanda, custos e lucros
- Escolher uma estratégia de preço para ajudar a determinar o preço-base
- Ajustar o preço-base utilizando táticas de precificação.
- Os resultados levam ao preço correto.

Escolhendo uma Estratégia de Preço

A estrutura básica e em longo prazo da precificação para um bem ou serviço deve ser uma extensão lógica dos objetivos desse tipo de atribuição. A **estratégia de preço** escolhida pelo gestor de marketing define o preço inicial e direciona os movimentos de preços ao longo do ciclo de vida do produto.

A estratégia de preço fixa um preço competitivo em um segmento específico de mercado, com base em uma estratégia de posicionamento bem definida. Alterar o nível de preço de *premium* para *superpremium* pode exigir mudanças relacionadas ao próprio produto, aos clientes-alvo atendidos, à estratégia promocional ou aos canais de distribuição.

A liberdade de uma empresa na precificação a um novo produto e a concepção de uma estratégia de preço depende das condições de mercado e dos outros elementos do *mix* de marketing. Se uma empresa lança um novo item semelhante a vários outros já existentes, a sua liberdade de precificação será limitada. Para ter sucesso, a empresa terá de cobrar um preço próximo ao preço médio de mercado. Em contrapartida, uma empresa que lança um produto totalmente novo sem substitutos próximos terá liberdade considerável na precificação.

Apesar de seu valor estratégico, a pesquisa de precificação é uma ferramenta subutilizada. A Pesquisa de Benchmark de Precificação da McKinsey & Company calcula que apenas 15% das empresas fazem pesquisa de preços sérias.[2]

As decisões estratégicas de precificação tendem a ser feitas sem a compreensão do provável comprador ou da reação da concorrência. Muitas vezes, os gestores tomam decisões táticas de precificação sem revisar de que forma podem se encaixar na precificação global ou na estratégia de marketing da empresa. Várias empresas tomam decisões de precificação e fazem mudanças sem um processo que permita gerenciar essa atividade. Como resultado, muitas não têm uma estratégia de preços séria e não conduzem pesquisas para desenvolver sua estratégia.[3]

As empresas que fazem um planejamento sério para a criação de uma estratégia de preços podem se basear em três abordagens básicas: desnatação de preço, preço de penetração e *status quo*.

Desnatação de Preço Às vezes, a **desnatação de preço** é considerada uma abordagem para a fixação de preço porque denota um preço elevado em relação aos preços de produtos concorrentes. O termo *desnatação de preço* é derivado da frase "tirar o creme de cima". As empresas frequentemente usam essa estratégia para um novo produto quando ele é percebido pelo mercado-alvo como tendo vantagens exclusivas. Muitas vezes, as organizações usam a desnatação e, então, reduzem os preços ao longo do tempo. Isso é chamado de "deslizar a curva de demanda". Editoras de livros de capa dura, como a HarperCollins, reduzem o preço quando os livros são relançados em brochura. Outros fabricantes mantêm os preços de desnatação ao longo do ciclo de vida do produto. Um gerente da fábrica que produz as bolsas Chanel (vendidas no varejo por mais de US$ 2 mil cada) disse a um dos autores que a empresa destrói o estoque não vendido, em vez de vendê-lo com desconto.

A desnatação de preço funciona melhor quando o mercado está disposto a comprar o produto, ainda que tenha um preço acima da média. Com descontos do governo para carros elétricos e um grande entusiasmo em torno do Chevy Volt, os fornecedores têm atribuído preços mais elevados do que o preço de varejo sugerido pelo fabricante (MSRP) – até US$ 61 mil. Assim que o Leaf, de US$ 32.780, carro elétrico da Nissan, chegar ao mercado, as concessionárias Chevrolet podem não alcançar o preço *premium* para o Volt.[4] As empresas utilizam a desnatação de preço de forma eficaz quando o produto está bem protegido legalmente, quando representa um avanço tecnológico ou quando, de alguma outra forma, bloqueia a entrada de concorrentes. Os gestores podem seguir uma estratégia de desnatação quando a produção não pode ser expandida rapidamente por causa de dificuldades tecnológicas, escassez ou limitações impostas pela habilidade e tempo necessários para se produzir um produto. Enquanto a demanda for maior que a oferta, a desnatação é uma estratégia viável.

Uma estratégia de desnatação bem-sucedida permite que a gerência recupere rapidamente os custos de desenvolvimento de produto. Mesmo se o mercado percebe um preço inicial como muito alto, os gestores podem baixar o preço. Muitas vezes, as empresas entendem que é melhor testar o mercado a um preço elevado e depois reduzir o preço se as vendas forem muito lentas. As estratégias de desnatação bem-sucedidas não estão limitadas a produtos. Atletas, advogados e cabeleireiros são especialistas em desnatação de preço. Naturalmente, uma estratégia de desnatação incentiva os concorrentes a entrar no mercado.

Precificação para Penetração A **precificação para penetração** está no extremo oposto do espectro em relação à desnatação. Ela diz respeito a cobrar um preço relativamente baixo por um produto como forma de chegar ao mercado de massa. O preço baixo é projetado para captar uma grande parcela de um mercado substancial, resultando em custos de produção mais baixos. Se um gestor de marketing fez da obtenção de uma grande quota de mercado o objetivo de precificação da empresa, a precificação para penetração é uma escolha lógica.

No entanto, a precificação para penetração não significa lucros mais baixos por unidade. Assim, para atingir o ponto de equilíbrio, é necessário um volume mais elevado de vendas do que seria no caso da política de desnatação. A recuperação de custos de desenvolvimento de produto pode ser lenta. Como se poderia esperar, a precificação para penetração tende a desestimular a concorrência.

Uma estratégia de penetração tende a ser eficaz em um mercado sensível ao preço. O preço deve cair mais rapidamente quando a demanda é elástica, uma vez que o mercado pode ser expandido por meio de preços mais baixos. Além disso, a sensibilidade ao preço e a maior pressão da concorrência devem levar a um preço inicial menor e a um declínio relativamente lento no preço posterior a um preço estável baixo.

Embora o Walmart esteja associado à precificação de penetração, outras cadeias têm feito um excelente trabalho ao também seguir essa estratégia. Restaurantes *fast-food* têm em seus cardápios pratos a US$ 1 e alimentos com preço baixo para estimular clientes a visitar uma cadeia após a outra. O McDonald's tem sido bem-sucedido em relação ao concorrente Burger King porque oferece uma ampla gama de alimentos a preços diversificados – os *wraps* de preço reduzido atraem os clientes, que podem decidir por também comprar um item mais caro, como suco ou salada.[5]

Outra forma de precificação extrema que aumentou drasticamente as vendas durante a recessão econômica são os comerciantes de recuperação ou de excedentes. Os comerciantes de recuperação vendem *close-outs*, que incluem produtos cuja produção os fabricantes

> **precificação para penetração** política de precificação em que uma empresa, de início, cobra um preço relativamente baixo por um produto como uma forma de chegar ao mercado de massa

precificação status quo cobrar preço idêntico ou muito próximo ao preço da concorrência

descontinuaram, itens sazonais desatualizados e produtos perto da data de vencimento. Muitas lojas desse tipo também vendem produtos danificados no transporte, mas que são ainda comestíveis, como no caso de Cheerios em uma embalagem amassada. Os preços podem ser até 75% mais baratos do que nas principais lojas.[6]

Se uma empresa tem estrutura de custo fixo baixo, e cada venda proporciona uma grande contribuição para os custos fixos, a precificação de penetração podem impulsionar as vendas e proporcionar grande aumento nos lucros – mas apenas se o tamanho do mercado se desenvolver ou se os concorrentes optarem por não reagir. Preços baixos podem atrair compradores adicionais. O aumento das vendas pode justificar a expansão da produção ou a adoção de novas tecnologias, ambas podendo reduzir custos. E se as empresas têm capacidade em excesso, até mesmo as empresas baratas podem fornecer dólares de incremento para custos fixos.

A precificação para penetração também pode ser eficaz se a curva de experiência fizer os custos por unidade caírem significativamente. A curva de experiência propõe que os custos por unidade se reduzam à medida que aumenta a experiência de produção de uma empresa. Fabricantes que não conseguem tirar proveito desses efeitos ficam em desvantagem no que se refere a custos competitivos em relação a outros que estão mais à frente ao longo da curva.

A grande vantagem da precificação de penetração é que ela normalmente desestimula ou bloqueia a entrada da concorrência em um mercado. A desvantagem é que penetração significa preparar-se para a produção em massa para vender um grande volume a preços baixos. Se o volume não se concretizar, a empresa terá de arcar com enormes prejuízos advindos da construção ou conversão de uma fábrica para produzir um produto fracassado.

É possível que a precificação para penetração prejudique todo o ciclo de lucro do setor se os clientes esperarem grandes descontos, se os produtos não forem vendidos ou se houver estoque em excesso. Em razão do excesso de estoque durante a recessão, a indústria da moda começou a aplicar descontos em produtos de estoque, comprados antes da crise econômica. Porque as lojas mantinham grande parte do mesmo estoque, a única opção era competir em relação ao preço. Agora, com a recuperação da economia, a indústria da moda espera estabilizar a demanda, oferecendo menos itens, tudo ao preço cheio. A JCPenney informou ganhos inesperados de vendas após o lançamento de linhas exclusivas de Liz Claiborne e do estilista europeu Mango, que eram vendidas a preço cheio.[7]

Precificação *Status Quo* A terceira estratégia básica de preços que uma empresa pode escolher é a **precificação *status quo***, também chamada de encontro de preços em direção à concorrência ou em direção às taxas (ver Capítulo 19). Isso significa cobrar um preço idêntico ou muito próximo ao preço da concorrência.

Embora os preços *status quo* tenham a vantagem da simplicidade, a desvantagem é que podem ignorar a demanda ou o custo, ou ambos. Se a empresa é relativamente pequena, no entanto, ir de encontro à concorrência pode ser o caminho mais seguro para a sobrevivência em longo prazo.

OA 2 Legalidade e Ética da Estratégia de Preço

Como mencionamos no Capítulo 4, algumas decisões de precificação estão sujeitas às regulamentações governamentais. Entre as questões que se enquadram nessa categoria estão práticas desleais de comércio, fixação de preços, discriminação de preços e preços predatórios.

Práticas Desleais de Comércio

Em mais de metade dos estados dos Estados Unidos, as **leis contra práticas desleais de comércio** colocam um piso sob os preços no atacado e no varejo. Vender abaixo do custo nesses estados é ilegal. Normalmente, atacadistas e varejistas devem ficar com um percentual mínimo de remarcação sobre os custos combinados de mercadorias e de transporte. Os números de remarcação mais comuns são 6% no nível do varejo e 2% no nível do atacado. Se um atacadista ou varejista específico fornece "provas conclusivas" de que os custos operacionais são inferiores ao valor mínimo exigido, preços mais baixos podem ser permitidos.

A intenção das leis contra práticas desleais de comércio é proteger pequenas empresas locais de gigantes como Walmart, que operam de forma muito eficiente com margens de lucro apertada. A aplicação por parte do estado de leis contra práticas desleais de comércio tem sido frouxa, em parte porque os preços baixos beneficiam consumidores locais.

Fixação de Preços

A **fixação de preços** é um acordo entre duas ou mais empresas sobre o preço que cobrarão por um produto. Imagine que dois ou mais executivos de empresas concorrentes se reúnam para decidir quanto cobrar por um produto ou para decidir qual deles apresentará o menor lance em determinado contrato. De acordo com a Lei Sherman e a Federal Trade Commission Act, tais práticas são ilegais. Os infratores são multados e, às vezes, a pena é a prisão. A fixação de preços é uma área e que a lei é bem clara e a aplicação do Departamento de Justiça é enérgica. Em maio de 2009, a Asiana Airlines declarou-se culpada por fixar taxas e tarifas de cargas internacionais e de passageiros e concordou em pagar uma multa de US$ 50 milhões. Em agosto de 2010, nos Estados Unidos, dois ex-executivos da empresa foram responsabilizados por conspirarem para fixar preços de classe econômica de voos entre Estados Unidos e Coreia do Sul. As penas para essas acusações são 10 anos de prisão e multa de US$ 1 milhão.[8]

A fixação de preços internacional por entidades privadas pode ser processada sob as leis antitruste de muitos países. A Nova Zelândia apresentou acusações contra seis empresas de transporte por supostamente fixarem preços em serviços de fretamento aéreo para a Nova Zelândia. O Supremo Tribunal está analisando as acusações, mas há investigações em andamento desde 2001 para instaurar um processo contra essas empresas. Se forem consideradas culpadas, elas podem incorrer em penalidades que variam de US$ 10 milhões a três vezes seu lucro líquido.[9]

A maioria dos casos de fixação de preços está focada em preços elevados cobrados dos clientes. Uma forma inversa de fixação de preços ocorre quando compradores poderosos forçam a redução de preços de seus fornecedores. Recentemente, os produtores de mirtilo do Maine alegaram que quatro grandes indústrias conspiraram para empurrar para baixo o preço que pagariam por frutos silvestres frescos. Um júri do tribunal estadual concordou e arbitrou milhões para reparar os prejuízos.[10] Algumas acusações de fixação de preços são menos claras. A Leegin Creative Leather Products procurou controlar sua imagem de marca insistindo que os varejistas cobrem determinado preço mínimo por seus produtos. A Leegin processou a boutique Kay's Kloset por oferecer seus produtos a um preço mais baixo. A ação foi decidida em favor da boutique, mas os recursos estão em andamento e podem influenciar nas estratégias de preços e de varejo de empresas de artigos de luxo que estão tentando controlar sua imagem de marca.[11]

Discriminação de Preços

A Lei Robinson-Patman de 1936 proíbe qualquer empresa de vender para dois ou mais compradores diferentes, dentro de um prazo razoavelmente curto, *commodities* (não serviços) como de classe e de qualidade a preços diferentes, prática cujo resultado seria diminuir substancialmente a concorrência. A lei também torna ilegal o ato de um vendedor oferecer serviços suplementares diferentes a dois compradores e de compradores usarem seu poder de compra para forçar vendedores a conceder preços ou serviços discriminatórios.

> **leis contra práticas desleais de comércio** leis que proíbem que atacadistas e varejistas vendam abaixo do custo
>
> **fixação de preços** acordo entre duas ou mais empresas sobre o preço que cobrarão por um produto

SÃO NECESSÁRIOS SEIS ELEMENTOS PARA QUE OCORRA A VIOLAÇÃO DA LEI ROBINSON-PATMAN:

1. Deve haver discriminação de preço, ou seja, o vendedor deve cobrar preços distintos de clientes diferentes para o mesmo produto.
2. A transação deve ocorrer no comércio interestadual.
3. O vendedor deve discriminar por preço entre dois ou mais compradores, ou seja, o vendedor deve efetuar duas ou mais vendas reais dentro de um prazo razoavelmente curto.
4. Os produtos vendidos devem ser mercadorias ou outros bens tangíveis.
5. Os produtos vendidos devem ser de classe e qualidade, não necessariamente idênticos. Se os bens são verdadeiramente intercambiáveis e substituíveis, são da mesma classe e qualidade.
6. Deve haver prejuízo competitivo significativo.

precificação predatória prática de cobrar um preço muito baixo por um produto com a intenção de afastar competidores do negócio ou de retirá-los de um mercado

A Lei Robinson-Patman fornece três defesas para o vendedor acusado de discriminação de preços (em cada caso, a responsabilidade é da parte do réu para tirar a prova de defesa):

- *Custo*: Uma empresa pode cobrar preços distintos de clientes diferentes se os preços representam economia de fabricação ou de desconto de quantidade.
- *Condições de mercado*: As variações de preços são justificadas se foram concebidas para irem de encontro a condições fluidas de produto ou de mercado. Exemplos incluem deterioração de produtos perecíveis, obsolescência de produtos sazonais, venda desesperada sob ordem judicial e venda legítima para se fechar o negócio.
- *Concorrência*: A redução no preço pode ser necessária para se chegar ao mesmo nível da concorrência. Especificamente, se um concorrente reduz o preço cotado por um vendedor para um comprador, a lei autoriza o vendedor a baixar o preço cobrado do comprador pelo produto em questão.

Precificação Predatória

A **precificação predatória** refere-se à prática de cobrar um preço muito baixo por um produto com a intenção de afastar competidores do negócio ou de retirá-los de um mercado. Uma vez afastados os concorrentes, a empresa aumenta seus preços. De acordo com a Lei Sherman e a Federal Trade Commission Act, tais práticas são ilegais. Para provar preços predatórios, o Departamento de Justiça deve mostrar que o predador – a empresa destrutiva – tentou explicitamente arruinar um concorrente e que o preço predatório estava abaixo do custo médio variável do predador.

PODE HAVER ALGO COMO PUBLICIDADE RUIM...

Em São Francisco, na Califórnia, um juiz determinou que o San Francisco Weekly havia vendido espaços publicitários com grande desconto com a intenção de prejudicar um jornal semanal concorrente. O *Bay Guardian* foi ressarcido em US$ 16 milhões. As leis da Califórnia diferem das leis federais: o *Bay Guardian* não tem de provar que o *San Francisco Weekly* será capaz de recuperar as perdas com a venda do espaço publicitário abaixo do custo, o que deveria ocorrer em um caso federal. A Califórnia espera demonstrar que as ações que desestimulam ou prejudicam a concorrência são dignas de punição.[12]

As acusações por precificação predatória sofreram um grande revés quando um juiz federal rejeitou um processo de precificação predatória arquivado pelo Departamento de Justiça contra a American Airlines. O Departamento de Justiça alegou que a interpretação deveria ser atualizada e que o teste deveria verificar se havia alguma justificativa comercial, que não afastar os concorrentes, para a fixação agressiva de preços da American. Sob essa interpretação, os advogados do Departamento de Justiça acharam que tinham um grande caso. Sempre que uma companhia aérea nova tentava fincar pé no mercado de Dallas, a American cumpria suas tarifas e adicionava voos. Assim que o rival recuava, aumentava novamente suas tarifas.

De acordo com a definição de custo médio variável, no entanto, o caso teria sido quase impossível de vencer. O motivo é que, como indústria de alta tecnologia, a indústria da aviação tem custos fixos altos e baixos custos marginais. Uma vez que um voo está programado, o custo marginal de se fornecer um assento para um passageiro adicional é quase zero. Assim, é muito difícil provar que uma companhia aérea está atribuindo preços abaixo do seu custo médio variável. No entanto, o juiz não ficou impressionado com o argumento do Departamento de Justiça e se apegou à definição de custo médio variável de precificação predatória.

OA 3 Táticas para o Ajuste do Preço-Base

Após terem compreendido tanto as consequências legais quanto as de marketing das estratégias de preços, os gestores devem definir um **preço-base** – o nível geral de preços em que a empresa espera vender o bem ou serviço. O nível geral de preços está correlacionado com a política de preços: acima do mercado (desnatação de preços), no mercado (precificação *status quo*) ou abaixo do mercado (para preço de penetração). O passo final é, então, ajustar o preço-base.

As técnicas de ajuste são abordagens de curto prazo que não alteram o nível geral de preços. No entanto, resultam em mudanças em tal nível. As táticas de precificação permitem que a empresa se ajuste à concorrência em determinados mercados, satisfaça as regulamentações governamentais em constante mudança, tire proveito de situações de demanda exclusiva e cumpra as metas de promoção e posicionamento. As táticas de ajuste de preços incluem vários tipos de desconto, precificação geográfica e outras táticas.

Descontos, Subsídios, Abatimentos e Precificação com Base no Valor

Um preço-base pode ser reduzido por meio de descontos e de táticas de subsídio, abatimento, financiamento baixo ou de 0% e precificação baseada em valor. Os gestores utilizam as diversas formas de desconto para incentivar os clientes a fazer o que normalmente não fariam, como pagar em dinheiro em vez de usar o crédito, contratar serviços de entrega fora de época ou realizar determinadas funções em um canal de distribuição.[13] A seguir, apresentamos as táticas mais comuns:

» *Desconto de quantidade*: Quando os compradores obtêm um preço mais baixo pela compra de várias unidades ou acima de um valor específico em dólar, estão recebendo um **desconto de quantidade**. O **desconto cumulativo de quantidade** é uma dedução do preço de tabela que se aplica às compras totais do comprador feitas durante um período específico; é destinado a incentivar a lealdade do cliente. Em contraposição, o **desconto não cumulativo de quantidade** é uma dedução do preço de tabela que se aplica a um único pedido, e não ao volume total de pedidos feitos durante certo período. Esse tipo de desconto tem como objetivo incentivar pedidos em grandes quantidades.

» *Desconto em dinheiro*: O **desconto em dinheiro** é uma redução do preço oferecida ao consumidor, usuário industrial ou intermediário de marketing em troca do pagamento imediato de uma fatura. O pagamento à vista poupa o vendedor de arcar com encargos e despesas de faturamento e evita a inadimplência.

» *Desconto funcional*: Quando intermediários de canais de distribuição, como atacadistas ou varejistas, executam um serviço ou função para o fabricante, devem ser compensados. Essa compensação, tipicamente uma porcentagem de desconto sobre o preço-base, é chamada de **desconto funcional** (ou **desconto comercial**). Os descontos funcionais variam de canal para canal, dependendo das tarefas executadas pelo intermediário.

» *Desconto sazonal*: O **desconto sazonal** refere-se à redução de preço na compra de mercadorias fora de época. Ele muda a função de armazenamento para o comprador.

---

preço-base nível geral de preços em que a empresa espera vender o bem ou o serviço

desconto de quantidade redução de preços oferecida a compradores que adquirem várias unidades ou compram acima de um valor específico em dólar

desconto cumulativo de quantidade dedução do preço de tabela que se aplica às compras totais do comprador feitas durante um período determinado

desconto não cumulativo de quantidade dedução do preço de tabela que se aplica a um único pedido, e não ao volume total de pedidos feitos durante certo período

desconto em dinheiro redução de preços oferecida ao consumidor, usuário industrial ou intermediário de marketing em troca do pagamento imediato de uma fatura

desconto funcional (desconto comercial) desconto para que atacadistas e varejistas executem funções do canal

desconto sazonal redução de preços pela compra de mercadorias fora de época

subsídio promocional
pagamento a um comerciante por promover produtos do fabricante

abatimento reembolso em dinheiro pela compra de um produto durante um período específico

precificação baseada no valor definição do preço em um nível que, para o cliente, parece um bom preço em comparação com os preços de outras opções

Os descontos sazonais também permitem que os fabricantes mantenham uma programação de produção o ano todo.

▶▶ *Subsídio promocional*: O **subsídio promocional** (também conhecido como **subsídio comercial**) refere-se ao pagamento a um comerciante por promover produtos do fabricante. É tanto uma ferramenta de precificação quanto um dispositivo promocional. Como ferramenta de precificação, o subsídio promocional é como um desconto funcional. Se, por exemplo, um varejista veicula um anúncio para o produto de um fabricante, o fabricante pode arcar com metade do custo.

▶▶ *Abatimento*: O **abatimento** é um reembolso dado em dinheiro pela compra de um produto durante um período específico. A vantagem do abatimento sobre a redução de preço simples para estimular a demanda é que se trata de um incentivo temporário que pode ser retirado sem alterar a estrutura básica de preços. Um fabricante que usa a redução de preços simples por um tempo curto pode encontrar resistência ao tentar restaurar o preço a seu nível original e mais elevado.

▶▶ *Financiamento a 0%*: Durante meados e final dos anos 2000, as vendas de carros novos recuaram. Para fazer os consumidores voltarem às concessionárias, os fabricantes ofereceram financiamentos a 0%. Isso permitiu que os compradores pedissem dinheiro emprestado para o pagamento do carro novo sem cobrança de juros. A tática aumentou muito as vendas, mas não sem custo para os fabricantes. Durante a promoção de 0%, um empréstimo de cinco anos sem juros representou um custo de mais de US$ 3 mil para um veículo típico vendido.

Precificação Baseada no Valor A **precificação baseada no valor**, também chamada de *precificação de valor*, é uma estratégia de precificação que cresceu fora do movimento da qualidade. Em vez de considerar preços com base nos custos ou nos preços dos concorrentes, começa com o cliente, considera a concorrência e, então, determina o preço adequado. O pressuposto básico é que a empresa é guiada pelo cliente, buscando entender os atributos que os clientes desejam nos produtos e serviços que compram e o valor desse conjunto de atributos para os clientes. Pouquíssimas são as empresas que operam em um monopólio puro, por isso um comerciante que utiliza a precificação baseada no valor também deve determinar o valor das ofertas da concorrência para os clientes. Os clientes determinam o valor de um

ATRIBUIR PREÇOS BAIXOS DEMAIS PODE REDUZIR OS LUCROS.

um locutor diz, "Kool-Aid: oferecendo mais sorrisos por litro".

O setor de chocolates finos viu um aumento de vendas e um ligeiro aumento de preços em 2009, apesar da recessão. Os pequenos fabricantes independentes vendiam pequenos chocolates finos como uma indulgência para os clientes.[15]

Atribuindo Preços Muito Baixos Às vezes, os gestores atribuem preços muito baixos, reduzindo os lucros das empresas. Isso parece acontecer por duas razões. Primeira, eles tentam comprar quotas de mercado por meio da atribuição agressiva de preços. No entanto, esses cortes de preço são rapidamente alcançados pelos concorrentes. Assim, qualquer ganho de quota de mercado é de curta duração, e os lucros da indústria acabam caindo. Segunda, os gestores têm uma tendência natural a tomar decisões que podem ser justificadas objetivamente.

O problema é que as empresas, muitas vezes, não têm dados concretos sobre os complexos determinantes de lucratividade, como a relação entre mudanças de preço e volumes de venda ou a ligação entre níveis de demanda e custos e as prováveis reações dos concorrentes às mudanças de preço. Em contrapartida, as empresas têm informações ricas e inequívocas sobre custos, vendas, quotas de mercado e preços dos concorrentes. Como resultado, os gestores tendem a tomar decisões de precificação com base em custos correntes, ganhos projetados de quota de curto prazo ou preços atuais da concorrência, e não com base na rentabilidade em longo prazo.

O problema de "subprecificar" pode ser resolvido conectando-se informações sobre preço, custo e demanda dentro do mesmo sistema de apoio à decisão. Os dados de demanda podem ser desenvolvidos por meio de pesquisas de marketing. Isso permitirá que os gestores obtenham os dados concretos de que precisam para calcular os efeitos das decisões de precificação sobre a rentabilidade. A Parker Hannifin Corporation fabrica componentes industriais utilizados em tudo, de ônibus espacial a mecanismo de inclinação do modelo de navio a vapor utilizado no filme *Titanic*. A empresa era boa, mas ficou presa em um sulco de margem de lucro. Ela não conseguia melhorar o retorno sobre o capital investido. Como a maioria dos fabricantes dos Estados Unidos, a Parker usou um método de precificação "cost-plus" – calcula-se quanto custa para fabricar um produto e adiciona-se um percentual plano no topo, geralmente 35%. Então o novo CEO, Donald Washkewicz, decidiu começar a

produto (não apenas o seu preço) em relação ao valor das alternativas. Na precificação baseada em valor, portanto, o preço do produto é definido em um nível que, para o cliente, parece um bom preço em comparação com os preços de outras opções.

Em razão da forte entrada de mercado do Walmart no setor de supermercados, a precificação baseada em valor está sendo adotada como um movimento defensivo por supermercados rivais. Os compradores em mercados concorrentes estão vendo os preços caírem à medida que o Walmart estimula os rivais a chegar a seus preços. Cadeias, como a Save-A-Lot, que se concentram em oferecer uma seleção menor por preços mais baixos do que lojas grandes, estão crescendo a um ritmo acelerado, uma vez que os consumidores buscam preços baixos. A Save-A-Lot oferece cupons imprimíveis para marcas de nome, bem como para as marcas próprias e, estando em bairros ao redor dos Estados Unidos, oferece uma experiência de compra mais pessoal do que cadeias maiores, com os preços baseados em valor, sem aumentar os custos.[14]

A recessão de 2007-2009 deu às empresas de alimentos uma oportunidade de empurrarem a precificação de valor em determinadas linhas. Só porque um produto é precificado em termos de valor, não significa necessariamente que tenha margem baixa de lucro. As bebidas em pó Kool-Aid são baratas e extremamente rentáveis. Pela primeira vez em mais de uma década, a Kraft está anunciando a Kool-Aid na TV. O comercial mostra que quatro jarros do produto custam o mesmo que uma garrafa de dois litros de refrigerante. No final,

precificação de origem FOB tática de preço que exige que o comprador absorva os custos de frete desde o ponto de embarque ("free on board")

precificação uniforme entregue tática de preços em que o vendedor paga o frete real e cobra de cada comprador um frete idêntico e plano

precificação de área modificação de precificação uniforme entregue que divide os Estados Unidos (ou o mercado total) em segmentos ou áreas e cobra uma taxa de frete fixa para todos os clientes em determinada região

precificação de absorção de frete tática de preços em que o vendedor paga a totalidade ou parte dos encargos de frete e não os repassa para o comprador

pensar menos como "fabricante de widget" e mais como varejista.[16] Isso significava que a Parker Hannifin começaria a determinar seus preços com base no valor que o consumidor estava disposto a pagar, em vez de considerar quanto um produto custa para ser feito. Washkewicz solicitou que seus novos "gurus de preços" determinassem quais de seus produtos eram *commodities* de grande volume com mercado competitivo e quais eram produtos personalizados com concorrência limitada ou nenhuma. Em seguida, determinaram que produtos ofereciam algum valor único, como entrega mais rápida ou melhor design. O processo estratégico de fixação de preços da Parker levou a algumas reduções de preço de seus produtos básicos e a alguns aumentos de mais de 25% em seus produtos personalizados. O lucro líquido da Parker subiu de US$ 130 milhões, em 2002, para US$ 830 milhões, em 2007. Seu capital de retorno de investimento aumentou de 7% para 21% nesse mesmo período.[17]

os compradores estiverem dos vendedores, mais pagam, porque os custos de transporte aumentam com a distância do ponto em que a mercadoria é embarcada.

» *Precificação uniforme entregue*: Se o gestor de marketing quer que os custos totais, incluindo frete, sejam iguais para todos os compradores de produtos idênticos, a empresa adotará a precificação uniforme entregue, ou precificação de "selo de postagem". Com a **precificação uniforme entregue**, o vendedor paga o frete real e cobra de cada comprador um frete idêntico e plano.

» *Precificação de área*: Um gestor de marketing que quer igualar os custos totais entre compradores dentro de grandes áreas geográficas – mas não necessariamente todas as áreas de mercado do vendedor – pode modificar o preço-base com uma tática de precificação de área. A **precificação de área** é uma variação da precificação uniforme entregue. Em vez de usar uma taxa de frete uniforme para todos os Estados Unidos (ou o seu mercado total), a empresa a divide em segmentos ou áreas e cobra uma taxa de frete plana para todos os clientes em determinada região. A estrutura de taxas de envio de encomendas do Serviço Postal dos Estados Unidos é, provavelmente, o mais conhecido sistema precificação de área do país.

» *Precificação de absorção de frete*: Na **precificação de absorção de frete**, o vendedor paga a totalidade ou parte dos encargos de frete e não os repassa para o comprador. O gestor pode usar essa tática em áreas intensamen-

Precificação Geográfica

Muitos vendedores enviam seus produtos para um mercado nacional ou até mesmo mundial, em razão disso, o custo do frete pode afetar de forma significativa o custo total de um produto. Os vendedores usam várias táticas de precificação geográfica diferentes para suavizar o impacto dos custos de frete sobre clientes distantes. Os métodos de precificação geográfica mais comuns são:

» *Precificação de origem FOB*: a **precificação de origem FOB**, também chamada de *fábrica FOB* ou *ponto de remessa FOB*, é uma tática de preço que exige que o comprador absorva os custos de frete desde o ponto de embarque ("free on board"). Quanto mais longe

As concessionárias de veículos seguem estratégias flexíveis de preço, incluindo as negociações. Uma promoção popular oferece aos consumidores os preços praticados com funcionários.

tes competitivas ou como uma forma de entrar em novas áreas de mercado.

- *Precificação de ponto-base:* Com a **precificação de ponto-base**, o vendedor designa um local como um ponto de base e cobra de todos os compradores o custo do frete desde esse ponto, independentemente da cidade da qual as mercadorias são expedidas. Graças a várias decisões judiciais adversas, a precificação de ponto-base diminuiu em popularidade. As taxas de frete cobradas quando nenhuma taxa era realmente devida, o que se chamou de frete fantasma, foram declaradas ilegais.

Outras Táticas de Precificação

Ao contrário da precificação geográfica, outras táticas de precificação são únicas e desafiam a categorização pura. Os gestores usam essas táticas por razões diversas – por exemplo, para estimular a demanda por produtos específicos, para aumentar a clientela da loja e para oferecer uma maior variedade de mercadorias a um determinado preço. "Outras" táticas de precificação incluem tática de preço único, precificação flexível, precificação de serviços profissionais, lista de preços, preço de líder, preço isca, precificação par-ímpar, pacotes de preço e precificação de duas partes.

Tática de Preço Único O comerciante que usa uma **tática de preço único** oferece todos os bens e serviços ao mesmo preço (ou talvez dois ou três preços). A Apple espera imitar o sucesso inicial da tática de preço único do iTunes em programas de televisão e aluguel de filmes. Agora o iTunes aluga programas de TV em alta definição por US$ 0,99 e novos lançamentos de filmes por US$ 4,99.[18]

Vender a um único preço elimina as comparações de preços do processo de tomada de decisão do consumidor. O varejista desfruta dos benefícios de um sistema simplificado de precificação e erros mínimos de escrita. No entanto, os custos continuamente crescentes são uma dor de cabeça para varejistas que seguem essa estratégia. Em tempos de inflação, eles têm de aumentar frequentemente o preço de venda.

Precificação Flexível A **precificação flexível** (ou **precificação variável**) significa que clientes diferentes pagam preços diferentes pela mesma mercadoria comprada em quantidades iguais. Essa tática é frequentemente observada na venda de bens comerciais, mercadorias especiais e bens industriais, exceto a maioria dos itens de fornecimento. Concessionárias de automóveis e muitos varejistas de aparelhos costumam adotar essa prática. Ela permite que o vendedor se ajuste à concorrência alcançando o preço de outro vendedor. Assim, um gestor de marketing com um objetivo de precificação *status quo* pode adotar a tática imediatamente. A precificação flexível também permite que o vendedor feche uma venda com consumidores atentos aos preços.

As desvantagens óbvias da precificação flexível são a ausência de margem de lucro consistente, a potencial má vontade de compradores com níveis de pagamento elevados, a tendência que têm os vendedores para automaticamente baixar o preço a fim de fazer uma venda e a possibilidade de guerra de preços entre vendedores.

Negociação Muitas vezes, precificações flexíveis e negociações andam de mãos dadas. Aproximadamente 57% de todas as vendas de carros novos envolvem uma negociação.[19]

As negociações ocorrem para outros produtos também, como instrumentos musicais, artigos esportivos, joias e alguns eletrodomésticos. Se uma negociação está envolvida, o consumidor deve negociar dois preços, um para o novo produto e um para o produto já existente. A existência de uma negociação levanta várias questões para o comprador. O preço do novo produto será diferente, dependendo da possibilidade de haver negociação? O consumidor estará em melhor situação se negociar o produto usado para a compra de um produto novo do mesmo varejista, ou será que deve manter as duas operações separadas e negociar com varejistas diferentes? Vários guias de compras de carros, como o Edmunds.com e o Autotrader.com, aconselham os consumidores a manter as duas operações separadas.[20]

Uma pesquisa recente constatou que clientes que negociam tendem a se preocupar mais com o valor da negociação recebido do que com o valor pago pelo novo produto. Assim, esses compradores tendem a pagar mais do que em compras sem negociação. A análise de dados do mercado de automóveis indicou que, em média, clientes que negociam acabam pagando US$ 452 a mais do que clientes que simplesmente compram um novo carro em uma concessionária.[21]

Precificação de Serviços Profissionais A precificação de serviços profissionais é usada por pessoas que possuem muita experiência, treinamento e, não raro, certificação expedida por uma comissão de licenciamento – por exemplo, advogados, médicos e consultores. Algumas vezes, os profissionais cobram dos clientes uma taxa por hora, outras, as taxas se baseiam na solução de um problema ou na realização de um ato (como um exame oftalmológico) em vez de se basear no tempo real envolvido.

Aqueles que se baseiam na precificação profissional têm a responsabilidade ética de não sobrecarregar

---

precificação de ponto-base tática de preços que cobra o frete desde um dado ponto (base), independentemente da cidade da qual as mercadorias são expedidas

tática de preço único tática de preços que oferece todos os bens e serviços ao mesmo preço (ou talvez dois ou três preços)

precificação flexível (precificação variável) tática de preços em que clientes distintos pagam preços diferentes pela mesma mercadoria comprada em quantidades iguais

linha de preços prática de oferecer uma linha de produtos com vários itens a preços específicos

preço chamariz (ou redução líder de preço) tática de preços em que um produto é vendido próximo ao custo ou mesmo abaixo dele, na esperança de que os consumidores, uma vez dentro da loja, comprem outros itens

precificação isca tática de preços que tenta fazer o consumidor entrar em uma loja atraído por propaganda falsa ou enganosa e, em seguida, utiliza a venda de alta pressão para convencê-lo a comprar mercadorias mais caras

precificação par-ímpar (precificação psicológica) tática de preços que utiliza preços ímpares para conotar pechincha e preços pares para sugerir qualidade

um cliente. Uma vez que a demanda é altamente inelástica, como quando a pessoa necessita de uma cirurgia cardíaca para sobreviver, pode existir a tentação de cobrar "tudo o que for possível".[22]

Linha de Preços Quando um vendedor estabelece uma série de preços para um tipo de mercadoria, ele cria uma linha de preços. **Linha de preços** é a prática de oferecer uma linha de produtos com vários itens a preços específicos. As operadoras de telefonia celular, conforme discutido no Capítulo 19, usam a linha de preços para telefones celulares. O preço da camada superior está fixado em US$ 199 (o máximo que o mercado paga), as camadas subsequentes são de US$ 149 e US$ 99. O iTunes da Apple deslocou as compras de uma única faixa de taxa fixa para uma estrutura de linha de preços. As faixas mais populares são US$ 1,29 cada, com faixas menos populares custando US$ 0,99 ou US$ 0,69.

A linha de preços reduz a confusão, tanto para o vendedor quanto para o consumidor. A cada preço estabelecido, é possível oferecer ao comprador uma ampla variedade de mercadorias. As linhas de preços também permitem que um vendedor atinja diversos segmentos de mercado. Para os compradores, a questão do preço pode ser bem simples: tudo o que eles têm de fazer é encontrar um produto adequado a um preço pré-determinado. Além disso, a linha de preços é uma estratégia valiosa para o gestor de marketing, pois a empresa pode conseguir manter um estoque total menor do que poderia, sem linhas de preços. Os resultados incluem menos remarcações para baixo, compras simplificadas e taxas mais baixas de manutenção de estoque.

Há inconvenientes em relação às linhas de preços, em especial se os custos estão continuamente aumentando. As lojas podem compensar o aumento dos custos de três maneiras. Primeira, começam a estocagem de mercadorias de qualidade inferior a cada ponto de preço. Segunda, os vendedores podem alterar os preços, embora frequentes mudanças na linha de preços confundam os compradores. Terceira, os vendedores podem aceitar margens de lucro mais baixas e manter a qualidade e os preços constantes. Essa última alternativa tem benefícios no curto prazo, mas suas desvantagens no longo prazo podem afastar os vendedores do negócio.

Preço de líder Preço chamariz (ou redução líder de preço) é uma tentativa dos gestores de marketing para atrair clientes por meio da venda de um produto próximo do custo ou mesmo abaixo dele, na esperança de que, uma vez na loja, os consumidores comprem outros itens. Esse tipo de precificação aparece semanalmente nos anúncios em jornais de supermercados. O preço líder é normalmente utilizado em itens conhecidos, de modo que os consumidores possam facilmente reconhecer a pechincha. A tendência de campanhas chamariz geossociais está crescendo em popularidade à medida que as empresas veem como o preço chamariz bem-sucedido está estimulando as pessoas a comprar. Recentemente, a Gap ofereceu cupons por meio do Groupon, site social de cupons, que usou a precificação chamariz. O cupom oferecia US$ 50 em mercadorias na Gap por US$ 25. A Gap arrecadou US$ 11 milhões em vendas de cupons, vendendo pelo menos 534 cupons por minuto.[23] A Gap não divulgou dados das vendas com o impacto dos cupons, mas muitos blogueiros acreditam que a temporada de compras de volta às aulas resultará em consumidores gastando mais de US$ 50 quando visitarem a Gap.[24]

A precificação chamariz não se limita a produtos. Academias de ginástica oferecem um período gratuito de um mês como chamariz.

Precificação isca Em contraposição à precificação chamariz, que é uma tentativa genuína de oferecer ao consumidor um preço reduzido, a precificação isca é enganosa. A **precificação isca** tenta fazer o consumidor entrar em uma loja atraído por propaganda falsa ou enganosa e, em seguida, ocorre a venda de alta pressão para convencê-lo a comprar mercadorias mais caras. É possível que você já tenha visto este anúncio ou algo semelhante:

RECUPERADA... Máquina de costura Singer com inclinação de agulha... em 8 pagamentos de US$ 5,10 por mês... Centro ABC de Costura.

Essa é a isca. Quando o cliente entra para ver a máquina, o vendedor diz que ela acabou de ser vendida ou, então, mostra ao potencial comprador um pedaço de ferro velho. Em seguida, o vendedor diz: "Mas eu posso lhe oferecer um ótimo negócio neste lindo modelo novo". Essa é a mudança que pode levar o consumidor a sair com uma máquina de US$ 400. A Comissão de Comércio Federal considera a precificação isca um ato enganoso e proibiu sua prática no comércio interestadual. A maioria dos estados nos Estados Unidos também proíbe a prática, mas às vezes a aplicação da lei é frouxa.

Precificação Par-Ímpar A **precificação par-ímpar (ou precificação psicológica)** significa atribuir preços ímpares para conotar uma pechincha e preços pares para sugerir qualidade. Muitos varejistas têm feito a precificação de seus produtos com preços em números ímpares – por exemplo, US$ 99,95 – para fazer os consumidores sentirem que estão pagando um preço mais baixo pelo produto. A precificação a números pares é frequentemente usada para itens de "prestígio", como um perfume fino a US$ 100 o frasco ou um bom relógio a US$ 500. A curva de demanda por esses itens também seria serrilhada, exceto que as bordas externas representariam preços pares e, portanto, demanda elástica.

Agrupamento de Preços O **agrupamento de preços** consiste em comercializar dois ou mais produtos em um único pacote, por um preço especial. A Microsoft oferece "pacotes" de software que agrupam planilhas, processadores de texto, gráficos, e-mail, acesso à internet e *groupware* para redes de microcomputadores. O agrupamento de preços pode estimular a demanda pelos itens agrupados se o mercado-alvo considerar o preço como um bom valor.

Serviços como hotéis e companhias aéreas vendem *commodities* perecíveis (quartos de hotel e assentos em aviões), com custos fixos relativamente constantes. O agrupamento pode ser uma importante fonte de renda para essas empresas porque o custo variável tende a ser baixo – por exemplo, o custo de limpeza de um quarto de hotel. Assim, a maior parte da receita pode ajudar a cobrir os custos fixos e gerar lucros.

O agrupamento também tem sido usado no setor de telecomunicações. As empresas oferecem serviço local, de longa distância, internet DSL, sem fio e até TV a cabo em vários combos. Empresas de telecomunicação usam a agregação como forma de proteger a sua quota de mercado e combater a concorrência, bloqueando os clientes em um grupo de serviços. Para os consumidores, compras de comparação podem ser difíceis, pois nem sempre é possível determinar o quanto estão realmente pagando pelos componentes unitários do pacote. Uma tática de preços relacionada é o **desagrupamento**, ou redução do pacote de serviços que vem com o produto de base. Para ajudar a manter os custos, algumas lojas exigem que os clientes paguem pela embalagem para presente.

> **agrupamento de preços** comercialização de dois ou mais produtos em um único pacote, por um preço especial
>
> **desagrupamento** reduzir o pacote de serviços que vem com o produto de base

Claramente, o agrupamento de preços pode influenciar no comportamento de compra dos consumidores. Mas e a decisão de consumir por determinado produto ou serviço agrupado? Algumas das mais recentes pesquisas têm se concentrado em como as pessoas consomem determinados produtos ou serviços agrupados. De acordo com essa pesquisa, a chave para o comportamento de consumo é quanto os consumidores aproximam os custos dos benefícios da troca.[25] Em operações complexas, como um pacote de férias, pode não estar claro quais custos estão pagando por quais benefícios. Nesses casos, os consumidores tendem a minimizar mentalmente os custos iniciais para o produto agrupado; assim, podem estar mais propensos a renunciar a um benefício que faz parte do pacote, como um jantar gratuito.

Da mesma forma, quando as pessoas compram ingressos para a temporada de uma série de concertos, eventos desportivos ou outra atividade, os custos irrecuperáveis (preço do pacote) e os benefícios pendentes (assistir ao evento) tornam-se dissociados. Isso reduz a probabilidade de consumo do evento ao longo do tempo.

Espectadores que compram ingressos para uma única peça certamente vão usá-los. Isso é consistente com a ideia de que, em uma transação individual (ou seja, um pagamento, um benefício), os custos e benefícios dessa transação estão fortemente unidos, resultando em intensa pressão de custos irrecuperáveis para consumir o benefício pendente.

Um gerente de teatro poderia esperar uma

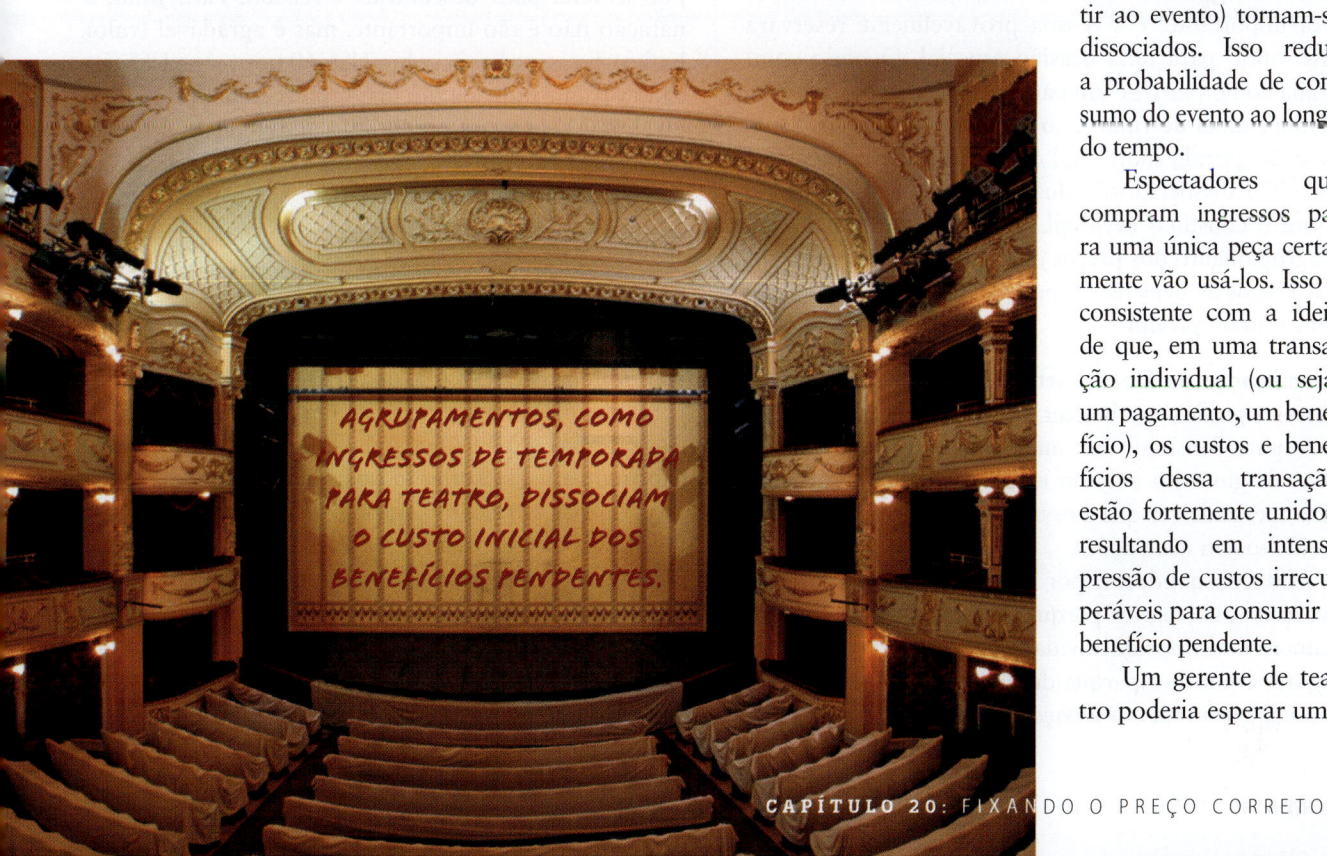

precificação de duas partes tática de preços que cobra dois montantes separados para se consumir um único bem ou serviço

penalidade ao consumidor taxa extra paga pelo consumidor por violar os termos do contrato de compra

taxa de não comparecimento de 20% quando é alta a porcentagem de portadores de ingressos de temporada, mas uma taxa de não comparecimento de apenas 5% quando é baixa a porcentagem de portadores de ingressos de temporada. Com um elevado número de portadores de ingressos de temporada, o gerente poderia exagerar nas vendas de performances e maximizar a receita para o teatro. O aumento dos preços do petróleo em 2007-2008 forçou as companhias aéreas a se desagrupar de forma drástica. Agora tudo, desde a verificação da bagagem até os refrigerantes, travesseiros e cobertores têm um preço. As taxas de desagrupados geraram quase US$ 8 bilhões para a American Airlines em 2009. Todas as companhias aéreas dos Estados Unidos juntas recolheram US$ 769 milhões em taxas de bagagem e US$ 554 milhões em taxas de alteração da reserva. A maioria das principais companhias aéreas agora cobra US$ 50 para confirmar um assento em um voo mais cedo, que substitui voos *standby* gratuitos. A American Airlines concede privilégios a clientes *standby* e aos que embarcam mais cedo se eles pagarem uma tarifa extra de US$ 9 a US$ 19 na compra da passagem.[26]

Embora o agrupamento dos preços dos serviços possa resultar em uma taxa mais baixa de consumo total desse serviço, o mesmo não é necessariamente verdadeiro para os produtos. Considere a compra de um vinho caro. Quando comprado como uma única unidade, o custo e o benefício eventuais estão fortemente integrados. Como resultado, o custo do vinho será importante, e a pessoa provavelmente reservará esse vinho para uma ocasião especial. Quando comprada como parte de um pacote (por exemplo, no caso de uma caixa de vinho), no entanto, o custo e o benefício da garrafa individual de vinho provavelmente se tornarão dissociados, reduzindo o impacto do custo sobre o consumo eventual. Assim, em contraste com o agrupamento dos preços de serviços, o agrupamento dos preços de bens físicos pode levar a um aumento no consumo do produto.

Precificação de Duas Partes A **precificação de duas partes** significa estabelecer duas cobranças em separado para consumir um único bem ou serviço. Academias de ginástica cobram uma taxa de adesão e uma taxa fixa cada vez que a pessoa usa determinados equipamentos ou instalações.

Os consumidores, por vezes, preferem a precificação de duas partes porque não estão certos sobre o número e os tipos de atividades que poderiam usar em lugares como um parque de diversões. Além disso, as pessoas que usam um serviço na maioria das vezes paga um preço total mais elevado. A precificação de duas partes pode aumentar a receita do vendedor ao atrair consumidores que não pagariam uma taxa elevada mesmo para uso ilimitado. Uma academia de ginástica pode vender apenas 100 adesões anuais de US$ 700 com uso ilimitado de instalações, para uma receita total de US$ 70 mil. No entanto, ela poderia vender 900 adesões a US$ 200 com uma garantia de uso das quadras de tênis dez vezes por mês. Cada uso sobre dez exigiria que o membro pagasse uma taxa de US$ 5. Assim, a receita das adesões proporcionaria uma base de US$ 180 mil, com algumas taxas adicionais de uso ao longo do ano.

Pesquisas têm demonstrado que, quando os consumidores estão pensando em comprar um bem ou serviço com precificação de duas partes, podem processar mentalmente o preço-base, como uma taxa de adesão, mais profundamente do que a taxa adicional ou sobretaxa (jogando uma partida de tênis). Assim, eles podem subestimar o valor total em comparação com preços não são fracionados.[27] Os pesquisadores também constataram que é preciso fixar preços relativamente baixos em componentes de benefícios considerados baixos, e vice-versa. Os consumidores consideram mais aceitável um preço total mais elevado quando o componente de altos benefícios é precificado alto do que quando o componente de baixos benefícios é precificado alto. Imagine que John se torna membro de uma academia de ginástica e nada quatro vezes por mês. John realmente gosta de fazer exercícios e considera o fato de frequentar uma academia parte de um estilo de vida saudável (valor alto). Ele nada após o treino uma vez por semana para descontrair e relaxar. Para John, a natação não é tão importante, mas é agradável (valor baixo). Se a academia cobra US$ 60 por mês e US$ 5 a cada vez que utiliza a piscina, John considera isso aceitável. Segundo a pesquisa, John acharia menos atraente se os encargos mensais fossem de US$ 40 e, por sessão na piscina, fossem cobrados US$ 10. No entanto, o custo total é o mesmo!

Penalidades ao Consumidor

Mais e mais empresas estão adotando **penalidades ao consumidor** – taxas adicionais pagas por consumidores por violarem os termos de um acordo de compra. As empresas impõem penalidades por duas razões: elas supostamente (1) sofrerão uma perda irremediável de receita; e/ou (2) ficarão sujeitas a significativos custos adicionais de transação se os clientes não puderem ou não estiverem dispostos a cumprir com as suas obrigações de compra. Para a empresa, esses pagamentos de clientes fazem parte dos negócios em um mercado altamente competitivo. Com as margens de lucro em muitas empresas cada vez mais sob pressão, elas estão buscando conter perdas resultantes de clientes que não cumprem com suas obrigações. No entanto, a injustiça percebida de uma penalidade pode afetar a disposição de alguns consumidores em se tornar clientes de uma empresa no futuro.

OA 4 Precificação da Linha de Produtos

A **precificação da linha de produtos** é a fixação dos preços para uma linha inteira de produtos. Em comparação com a fixação do preço somente em um único produto, a precificação da linha de produtos engloba preocupações mais amplas. Na precificação da linha de produtos, o gestor de marketing tenta atingir o máximo de lucros ou outros objetivos para toda a linha em vez de um único componente da linha.

Relações entre Produtos

O gestor deve, primeiro, determinar o tipo de relação que existe entre os vários produtos de uma linha:

▶ Se há itens *complementares*, o aumento na venda de um bem causa o aumento na demanda pelo produto complementar, e vice-versa. A venda de bastões de esqui depende da demanda por esquis, tornando esses dois itens complementares.

▶ Dois produtos em uma linha podem ser *substitutos* um para o outro. Se os compradores compram um item da linha, eles se tornam menos propensos a comprar um segundo item dessa linha.

▶ Entre dois produtos também pode existir uma relação *neutra*. Em outras palavras, a demanda por um dos produtos não está relacionada à demanda pelo outro.

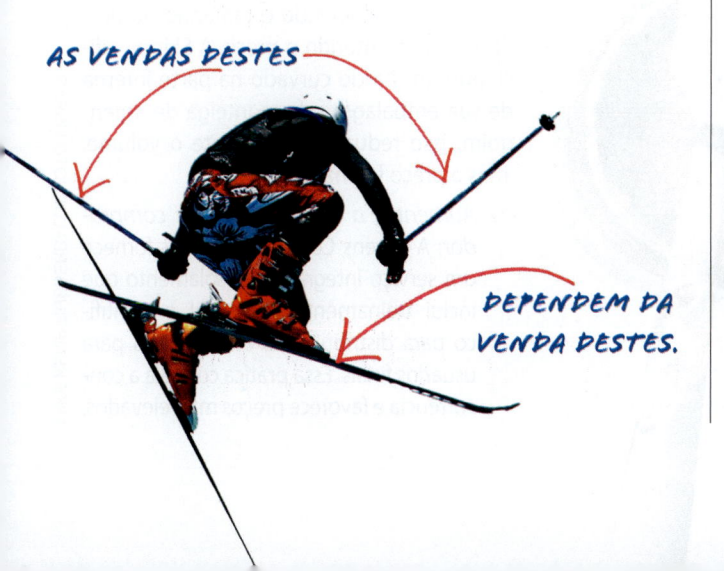

Custos Conjuntos

Custos conjuntos são custos compartilhados na fabricação e na comercialização de vários produtos em uma linha de produtos. Esses custos representam um problema exclusivo na precificação de produtos (por exemplo, a produção de CDs que combinam fotos e música).

Qualquer atribuição de custos conjuntos deve ser um tanto subjetiva, pois os custos são realmente compartilhados. Imagine que uma empresa produz dois produtos, X e Y, em um processo comum de produção, com custos conjuntos alocados em uma base de peso. O produto X pesa 453 kg, e o produto Y pesa 226 kg, aproximadamente. Assim, os custos são alocados na base de US$ 2 para X para cada US$ 1 para Y. Então, as margens brutas (vendas menos o custo de mercadorias vendidas) podem ser as seguintes:

	Produto X	Produto Y	Total
Vendas	US$ 20.000	US$ 6.000	US$ 26.000
Menos custo de mercadorias vendidas	15.000	7.500	22.500
Margem bruta	US$ 5.000	(US$ 1.500)	US$ 3.500

Essa afirmação revela uma perda de US$ 1.500 sobre o produto Y. No entanto, a empresa deve perceber que, no geral, obteve um lucro de US$ 3.500 sobre os dois itens na linha. Além disso, o peso não pode ser o caminho certo para alocar os custos conjuntos. Em vez disso, a empresa pode utilizar outras bases, incluindo o valor de mercado ou a quantidade vendida.

OA 5 Precificando Durante Períodos Econômicos Difíceis

Precificar é sempre um aspecto importante do marketing, mas é especialmente crucial em tempos de inflação e recessão. A empresa que não se ajusta às tendências econômicas pode perder um terreno que nunca vai recuperar.

Inflação

Quando a economia é caracterizada por alta inflação, são necessárias táticas especiais de precificação. Elas podem ser subdivididas em táticas orientadas aos custos e orientadas à demanda.

---

precificação da linha de produtos
fixação de preços para uma linha inteira de produtos

custos conjuntos
custos que são compartilhados na fabricação e comercialização de vários produtos em uma linha de produtos

---

AS VENDAS DESTES DEPENDEM DA VENDA DESTES.

CAPÍTULO 20: FIXANDO O PREÇO CORRETO | 337

precificação de cotação tardia tática de preços utilizada para instalações industriais e muitos itens acessórios; um preço não está definido até que o item tenha sido acabado ou tenha sido entregue

precificação escada rolante tática em que o preço final de venda reflete aumento de custos incorridos entre o momento do pedido e o momento da entrega

sombreamento de preços uso de descontos por vendedores para aumentar a demanda por um ou mais produtos em uma linha

Táticas Orientadas aos Custos Uma conhecida tática orientada aos custos é abater produtos com baixa margem de lucro da linha de produtos. No entanto, essa tática pode produzir efeitos negativos por três razões:

» Um volume elevado de vendas de um item com baixa margem de lucro pode tornar o item altamente rentável.

» A eliminação de um produto de uma linha de produtos pode reduzir economias de escala, diminuindo, assim, as margens sobre outros itens.

» A eliminação do produto pode afetar a imagem preço-qualidade de toda a linha.

Outra tática popular orientada aos custos é a **precificação de cotação tardia**, usada para instalações industriais e muitos itens acessórios. O preço não está definido até que o item tenha sido acabado ou tenha sido entregue. Longos períodos de espera de produção forçam muitas empresas a adotar essa política durante períodos de inflação. Às vezes, construtores de usinas nucleares, navios, aeroportos e torres de escritórios usam a tática de cotação tardia.

A **precificação escada rolante** é semelhante à precificação de cotação tardia, pois o preço final de venda reflete aumentos de custos incorridos entre o momento do pedido e o momento da entrega. Uma cláusula de escada rolante permite aumento de preço (em geral, em todos os sentidos) com base no índice de custo de vida ou em alguma outra fórmula. Como acontece com qualquer aumento de preço, a capacidade da gerência para implementar essa política se baseia na demanda inelástica do produto. Muitas vezes, ela é usada apenas no caso de produtos extremamente complexos que demoram muito tempo para serem produzidos ou no caso novos clientes. Outra tática que está se tornando muito popular é manter preços constantes, mas adicionar novas taxas.

Qualquer política de precificação baseada em custos que tenta manter uma margem bruta fixa sob todas as condições pode levar a um círculo vicioso. Um aumento de preços resultará na redução da demanda, que por sua vez aumenta os custos de produção (por causa de economias de escala perdidas). Os aumentos em custos de produção exigem um aumento adicional de preços, levando a uma demanda ainda mais reduzida, e assim por diante.

Táticas Orientadas à Demanda As táticas de precificação orientadas à demanda usam o preço para refletir mudanças nos padrões de demanda causadas pela inflação ou por taxas de juros elevadas. Alterações de custos são levadas em consideração, é claro, mas principalmente no contexto de como preços mais elevados afetarão a demanda.

O **sombreamento de preços** é o uso de descontos por vendedores para aumentar a demanda por um ou mais produtos em uma linha. Muitas vezes, o sombreamento se torna habitual e é feito rotineiramente, sem muita premeditação. Para tornar a demanda por um bem ou serviço mais inelástica e criar dependência do comprador, uma empresa pode utilizar várias estratégias:

» *Cultivar a demanda selecionada*: Os gestores de marketing podem segmentar clientes prósperos que pagam mais por conveniência ou serviço. Ao cultivar relações estreitas com clientes organizacionais afluentes, os gestores de marketing devem evitar colocar-se à mercê de uma empresa dominante. Eles podem aumentar os preços mais facilmente quando uma conta for substituível. Por fim, em empresas nas quais engenheiros exercem mais influência do que departamentos de compras, o desempenho é favorecido em relação ao preço. Muitas vezes, a variação de precificação de um fornecedor preferencial se expande se outros fornecedores se mostrarem tecnicamente insatisfatórios.

» *Criar ofertas exclusivas*: Os gestores de marketing devem estudar as necessidades dos compradores. Se o vendedor puder projetar produtos ou serviços diferenciais que se ajustam a atividades, equipamentos e procedimentos dos compradores, um relacionamento mutuamente benéfico vai evoluir. Ao satisfazer compradores-alvo de forma superior, os gestores de marketing podem torná-los dependentes. Os fabricantes de cereais têm conseguido repassar custos por meio da comercialização de cereais exclusivos de valor agregado ou multi-ingredientes.

» *Alterar o design do pacote*: Outra maneira pela qual as empresas repassam custos mais elevados é encolhendo o tamanho do produto, mas mantendo o preço. A Skippy adicionou um fundo curvado na parte interna de sua embalagem de manteiga de amendoim, isso reduziu ligeiramente o volume, mas o preço foi mantido.[28]

» *Aumentar a dependência do comprador*: A Owens Corning Fiberglass fornece um serviço integrado de isolamento que inclui treinamento comercial e científico para distribuidores e seminários para usuários finais. Essa prática congela a concorrência e favorece preços mais elevados.

Recessão

Como discutido no Capítulo 4, a recessão é um período de redução da atividade econômica, tal como ocorreu nos Estados Unidos em 2007-2009. A redução da demanda por bens e serviços, juntamente com taxas mais elevadas de desemprego, é um traço comum da recessão. No entanto, comerciantes astutos podem encontrar oportunidades durante essa fase. A recessão é um excelente momento para construir quota de mercado porque os concorrentes estão lutando para sobreviver.

De acordo com os consultores de estratégias de precificação, Paul Hunt e Greg Thomas, usar pesquisas de precificação para ajustar preços durante a recessão ou condições econômicas difíceis pode resultar em uma melhoria de lucro de 20%, às vezes, até mais.[29]

Duas táticas eficazes de precificação para manter ou construir quota de mercado durante a recessão são precificação baseada em valor e agrupamento. A *precificação baseada em valor*, discutida anteriormente neste capítulo, enfatiza aos clientes que eles estão recebendo um bom valor pelo seu dinheiro.

O *agrupamento* ou *desagrupamento* também podem estimular a demanda durante a recessão. Se forem adicionadas características a um pacote, os consumidores podem considerar a oferta como tendo maior valor. Por outro lado, as empresas podem desagrupar ofertas e reduzir preços-base para estimular a demanda.

Os períodos de recessão são um bom momento para que os gestores de marketing estudem a demanda por itens individuais em uma linha de produtos e as receitas que produzem. Suprimir itens não rentáveis pode poupar recursos para serem mais bem utilizados em outros lugares.

Os preços costumam cair durante o período de recessão à medida que a concorrência tenta desesperadamente manter a demanda por seus produtos. Mesmo se a demanda se mantém constante, a queda de preços significa lucros mais baixos ou nenhum lucro. Preços em queda, portanto, são um incentivo natural para se reduzir custos. Durante a última recessão, as empresas implementaram novas tecnologias para melhorar a eficiência e, em seguida, reduziram a folha de pagamento. Elas também descobriram que os fornecedores eram uma excelente fonte de economia de custos; o custo de compra de materiais é responsável por pouco mais da metade das despesas de fabricantes dos Estados Unidos. As estratégias específicas que as empresas utilizam com fornecedores incluem as seguintes:

- *Renegociar contratos*: Envio de cartas aos fornecedores exigindo redução de preços de 5% ou mais; colocar à disposição para nova licitação os contratos daqueles que se recusam a cortar custos.
- *Oferecer ajuda*: Enviar equipes de especialistas às fábricas dos fornecedores para ajudar na reorganização e sugerir mudanças para estimular a produtividade; trabalhar com os fornecedores para tornar a produção de peças mais simples e barata.
- *Manter a pressão*: Para garantir que as melhorias continuem, fixar metas anuais de redução de custos em todos os sentidos, muitas vezes de 5% ou mais por ano.
- *Enxugar fornecedores*: Para melhorar as economias de escala, reduzir o número total de fornecedores, às vezes em até 80%, e impulsionar as compras daqueles que permanecerem.

FERRAMENTAS DE ESTUDO CAPÍTULO 20

Acesse a Trilha de MKTG em www.cengage.com.br/4ltr para:

☐ Acessar os cartões de revisão dos capítulos

☐ Responder aos questionários práticos para se preparar para as provas

☐ Realizar as atividades "Vença o relógio" para dominar os conceitos

☐ Completar as "Palavras cruzadas" para revisar os termos-chave

CAPÍTULO 21 **Gerenciamento de Relacionamento com o Cliente (CRM)**

Objetivos da Aprendizagem

OA 1 Definir gerenciamento de relacionamento com o cliente

OA 2 Explicar como identificar o relacionamento do cliente com a organização

OA 3 Entender as interações com a base de clientes atual

OA 4 Delinear o processo de captação de dados de clientes

OA 5 Descrever o uso da tecnologia para armazenar e integrar dados de clientes

OA 6 Descrever como identificar os melhores clientes

OA 7 Explicar como aproveitar as informações do cliente em toda a organização

> A CRM costuma ser descrita como um sistema de ciclo fechado que constrói relacionamentos com clientes

---

APÓS CONCLUIR ESTE CAPÍTULO, VÁ PARA A PÁGINA 353 PARA OBTER AS FERRAMENTAS DE ESTUDO

OA 1 O Que é Gerenciamento de Relacionamento com o Cliente?

O gerenciamento de relacionamento com o cliente é o objetivo final de uma nova tendência em marketing que se concentra em entender clientes como indivíduos, e não como parte de um grupo. Para isso, os profissionais de marketing estão tornando sua comunicação mais específica tendo em vista o cliente. Esse movimento foi popularizado como marketing individual. No entanto, a CRM é uma abordagem muito mais ampla para entender e atender as necessidades do cliente do que o marketing individual.

O **gerenciamento de relacionamento com o cliente (CRM)** é uma estratégia corporativa projetada para aperfeiçoar a rentabilidade, a receita e a satisfação do cliente concentrando-se em grupos de clientes altamente definidos e precisos. Isso é alcançado por meio da organização da empresa em torno de segmentos de clientes, do estabelecimento e acompanhamento de interações do cliente com a empresa, do fomento de comportamentos de satisfação do cliente e da ligação de todos os processos da empresa, de clientes a fornecedores. A diferença entre a CRM e o marketing de massa tradicional pode ser comparada à diferença entre o disparo de um rifle e o de uma espingarda. Em vez de dispersar mensagens amplamente por meio do espectro da mídia de massa (a abordagem da espingarda), os profissionais de marketing da CRM buscam oportunidades para se comunicar de forma eficiente com cada cliente (a abordagem do rifle).

gerenciamento de relacionamento com o cliente (CRM) estratégia corporativa projetada para otimizar a rentabilidade, a receita e a satisfação do cliente concentrando-se em grupos de clientes altamente definidos e precisos

Qual a sua opinião?

Muitas vezes, reclamo quando estou insatisfeito com uma empresa ou com um produto porque sinto que é meu dever fazê-lo.

1 2 3 4 5 6 7
DISCORDO PLENAMENTE — CONCORDO PLENAMENTE

O Ciclo de Gerenciamento de Relacionamento com o Cliente

Superficialmente, a CRM pode assemelhar-se a uma estratégia simplista de atendimento ao cliente. Embora o atendimento ao cliente seja parte do processo de CRM, é apenas uma pequena fração de uma abordagem totalmente integrada para a construção de relacionamentos com o cliente. A CRM costuma ser descrita como um sistema de ciclo fechado que constrói relacionamentos com clientes. A Figura 21.1 ilustra esse sistema de ciclo fechado, que é contínuo e circular sem um ponto pré-definido de partida ou final.[1]

Para iniciar o ciclo de CRM, a empresa deve *identificar relacionamentos do cliente com a organização*. Isso pode implicar aprender quem são os clientes ou onde estão localizados, ou pode exigir informações mais detalhadas sobre os produtos e serviços que estão usando. A VCC, varejista internacional de construção, investiu em *smartphones* e iPads equipados com ferramentas de CRM da IBM para seus gerentes de negócios. As ferramentas, como a Mobile Edge, permitem que os gerentes de negócios façam *upload* de dados, de possíveis clientes e até destaquem *leads* para fazer um trabalho semelhante a projetos já existentes, o que incentiva o acompanhamento de *leads*.[2] Os tipos de informações coletadas incluem dados demográficos básicos, como a frequência com que clientes compram bens de consumo, quanto compram e até onde eles dirigem.

Em seguida, a empresa deve *compreender as interações com clientes atuais*. As empresas fazem isso por meio da coleta de dados sobre todos os tipos de comunicação que o cliente tem com a empresa. As tecnologias móveis da IBM permitem que os gerentes de negócios localizem e entendam rapidamente todas as interações anteriores com um cliente sem memorizar impressões ou fazer suposições. Esse tipo de tecnologia permite que os gestores da VCC acessem informações-chave para responder a consultas de clientes e cursos específicos de ação com base em decisões anteriores. Nessa fase, as empresas organizam as informações iniciais coletadas e desenvolvem um banco de dados mais útil.

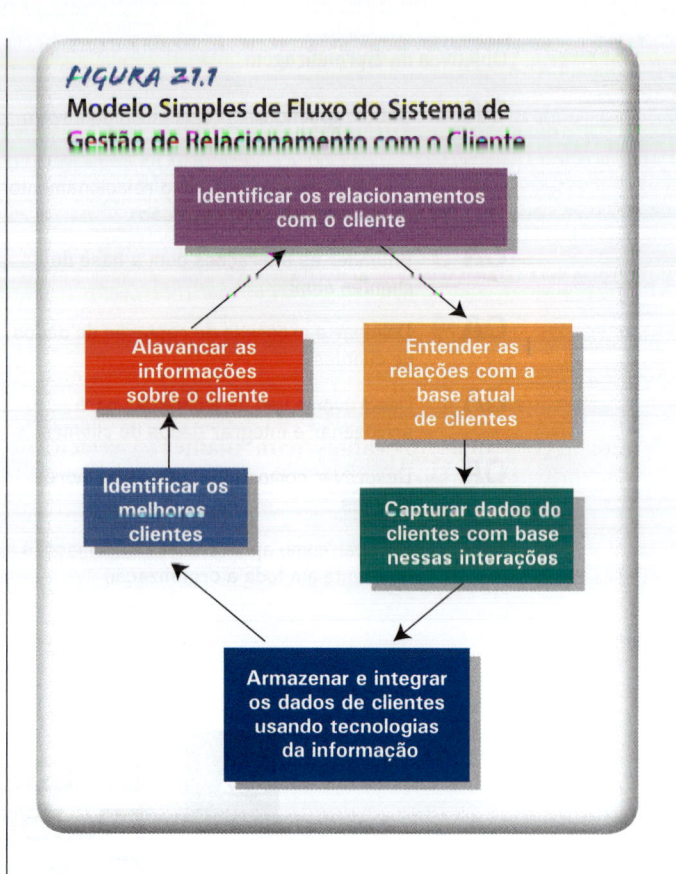

FIGURA 21.1
Modelo Simples de Fluxo do Sistema de Gestão de Relacionamento com o Cliente

Usando o conhecimento acerca dos clientes e de suas interações, a empresa *capta dados relevantes dos clientes sobre interações*. Após se reunirem com um cliente potencial ou atual, os gerentes de negócios da VCC fazem o *upload* de informações da reunião, incluindo as decisões tomadas, as propostas apresentadas e os dados para o projeto, para o banco de dados central da empresa.

Como os profissionais de marketing podem analisar os clientes individuais e se comunicar com eles de forma realista? A resposta está em como a tecnologia da informação é usada para implantar o sistema de CRM. Fundamentalmente, uma abordagem CRM não é mais do que a relação com o cliente, cultivada por um vendedor. O vendedor de sucesso constrói um relacionamento ao longo do tempo, pensa sempre sobre o que o cliente necessita e quer e está ciente das tendências e padrões no histórico de compras do cliente. O vendedor também pode informar, educar e instruir o cliente sobre novos produtos, tecnologias ou aplicações, antecipando necessidades ou exigências futuras.

Esse tipo de atenção consciente é a base de sistemas da CRM bem-sucedida. A tecnologia da informação é utilizada não somente para melhorar a coleta de dados de clientes mas também para armazenar e integrar *dados dos clientes* em toda a empresa e, por fim, para "conhecer" os clientes em uma base pessoal. Os dados do cliente são as respostas em primeira mão, obtidas de clientes por meio de investigação ou de perguntas diretas. Esses dados iniciais, que podem incluir respostas individuais a questionários, respostas nos cartões de garantia ou listas de compras gravadas por caixas registradoras eletrônicas, ainda não foram analisados ou interpretados.

O valor dos dados do cliente depende da consistência deles e do sistema utilizado para armazená-los. Obtendo alta qualidade, os dados acionáveis de várias fontes diferentes são um elemento-chave em qualquer sistema CRM. A VCC trabalha com a IBM para manter o aplicativo de CRM organizado; dessa forma, os gerentes de negócio que estão no campo dispõem das informações mais relevantes para manter o relacionamento com o cliente. Diferentes tipos de software de gestão de banco de dados estão disponíveis, desde bases de dados extremamente caras e de alta tecnologia até programas padronizados.

Cada cliente quer ser a principal prioridade de uma empresa. Ainda assim, nem todos os clientes são igualmente importantes aos olhos das organizações. Consequentemente, a empresa deve *identificar os clientes rentáveis e não rentáveis*. A mineração de dados é um processo analítico que compila dados acionáveis sobre os hábitos de compra dos clientes atuais e potenciais de uma empresa. Essencialmente, esse processo transforma dados de clientes em informações que a empresa pode usar para tomar decisões de gestão. Depois que a VCC garante um novo emprego, o aplicativo iExtensions sinaliza oportunidades semelhantes como alta prioridade. Essas sinalizações são retransmitidas para que outros gestores de empresas as sigam como *leads* bem qualificados.

Uma vez que os dados do cliente são analisados e transformados em informações úteis, elas devem ser *aproveitadas*. O sistema de CRM envia as informações do cliente a todas as áreas da empresa, pois o cliente interage com todos os aspectos dela. Essencialmente, a empresa está tentando melhorar as relações com os clientes obtendo as informações corretas para a pessoa correta no lugar e momento corretos.

A VCC percebeu que obter informações oportunas de clientes para seus gerentes de negócios tem sido rentável de várias formas: negócios com novos clientes são de até 40%; os funcionários estão trabalhando 400 horas a menos por mês; e a VCC adicionou clientes do governo, de escolas e de hospitais.[3]

Implantação do Sistema de Gestão de Relacionamento com o Cliente

Nossa discussão sobre o sistema de CRM pressupõe dois pontos-chave. Primeiro, os clientes se tornam o centro das atenções em qualquer organização. Segundo, a empresa deve gerenciar o relacionamento com o cliente em todos os pontos de contato por toda a organização. Nas próximas seções, vamos examinar como o sistema de CRM é implantado e seguir a progressão descrita na Figura 21.1 à medida que explicamos cada passo mais detalhadamente.

OA 2 Identificando o Relacionamento com o Cliente

Empresas que têm um sistema de CRM seguem um modelo ou um foco centrado no cliente. **Foco no cliente** é uma filosofia de gestão interna semelhante ao conceito de marketing discutido no Capítulo 1. Segundo essa filosofia, a empresa personaliza seus produtos e ofertas de serviços com base em dados gerados por meio de interações entre o cliente e a empresa. Essa noção transcende todas as áreas funcionais do negócio, produzindo um sistema interno em que todas as decisões e ações da empresa são resultado direto das informações do cliente.

A empresa centrada no cliente constrói relacionamentos duradouros, focando no que satisfaz e mantém clientes valiosos. A Zappos.com, varejista de calçados on-line, entende o valor da retenção de clientes, de modo que se concentra em fornecer um excelente atendimento. O logotipo da empresa com o *slogan* "alimentada pelo atendimento" faz jus à sua dedicação. Cada funcionário tem pelo menos quatro semanas de treinamento – cinco no caso de trabalhar no call center. O call center constrói informações e relacionamentos com as pessoas que ligam. Cada funcionário é incentivado a fazer perguntas sobre o cliente, a reagir a um cachorro latindo ao fundo e até a enviar flores para uma noiva. Os funcionários da Zappos tratam

> **foco no cliente**
> filosofia segundo a qual a empresa personaliza sua oferta de produtos e serviços com base em dados gerados por meio de interações entre o cliente e a empresa

aprendizagem processo informal de coleta de dados de clientes por meio de comentários e de *feedback* sobre o desempenho de produtos ou serviços

gestão do conhecimento processo pelo qual as informações aprendidas dos clientes são centralizadas e compartilhadas, a fim de melhorar o relacionamento entre os clientes e a organização

empowerment atribuição de autoridade para resolver os problemas dos clientes rapidamente — em geral, essa responsabilidade é delegada à primeira pessoa a quem o cliente notifica um problema

interação momento em que o cliente e o representante de uma empresa trocam informações e desenvolvem relações de aprendizagem

cada ponto de contato como mais uma oportunidade para construir um relacionamento com o cliente e desenvolver a lealdade.[4]

As empresas centradas no cliente aprendem continuamente formas de melhorar seus produtos e ofertas de serviços. A **aprendizagem** em um ambiente de CRM envolve a coleta de informações de clientes por meio de comentários e *feedback* sobre o desempenho do produto e do serviço.

Normalmente, cada setor de uma empresa tem sua própria maneira de registrar o que aprende e, talvez, até seu próprio sistema de informação sobre os clientes. Os diferentes interesses dos departamentos dificultam a reunião das informações acerca dos clientes em um só local, em um formato comum. Para superar esse problema, as empresas que utilizam a CRM contam com a gestão do conhecimento. **Gestão do conhecimento** é um processo pelo qual as informações dos clientes são centralizadas e compartilhadas, a fim de melhorar o relacionamento entre os clientes e a organização. As informações coletadas incluem observações experimentais, comentários, ações de clientes e fatos qualitativos relacionados a eles.

Como explicamos no Capítulo 1, a capacitação envolve a delegação de autoridade para que se resolvam os problemas dos clientes. Em outras palavras, **empowerment** é a liberdade que as organizações dão aos seus representantes para negociar compromissos mutuamente satisfatórios com os clientes. Em geral, os representantes da empresa conseguem fazer mudanças durante interações com clientes por meio de telefone, fax, e-mail, comunicação pela rede ou pessoalmente.

A **interação** ocorre quando o cliente e o representante de uma empresa trocam informações e desenvolvem relações de aprendizagem. No caso da CRM, o cliente – não a organização – define os termos da interação, muitas vezes, afirmando as suas preferências. A organização reage por meio da concepção de produtos e serviços em torno das experiências desejadas dos clientes. A Starbucks implantou um site para que os clientes façam sugestões de novos produtos, de maneiras de modificar a experiência Starbucks e de novas oportunidades para o envolvimento da comunidade. Muitos clientes informaram que o nível de ruído dos liquidificadores nas lojas estava afetando negativamente o ambiente antes acolhedor. Em resposta, a Starbucks instalou liquidificadores novos e silenciosos em todas as unidades. A empresa também respondeu à sugestão de café da manhã saudável, frutas frescas com porções de aveia, sanduíches de clara de ovo e uma seleção de frutas.[5]

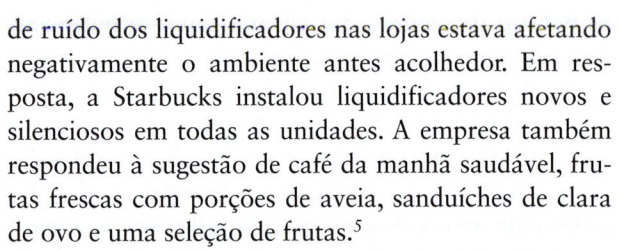

O sucesso da CRM – na construção de relacionamentos duradouros e lucrativos – pode ser medido pela eficácia da interação entre o cliente e a organização. Na verdade, o que mais diferencia a CRM de outras iniciativas estratégicas é a capacidade que tem a organização de estabelecer e gerenciar interações com sua base atual de clientes. Quanto mais liberdade (*empowerment*) uma empresa dá a seus representantes, maior a probabilidade de concluir a interação de uma forma que satisfaça o cliente.

Se um voo atrasa ou muda de rota, ou se outros imprevistos ocorrem, a Southwest Airlines envia e-mails aos clientes em 24 horas. Cada e-mail tem um sincero pedido de desculpas, uma breve explicação e um brinde (normalmente um *voucher*). Após um voo para Chicago ser desviado para Milwaukee, a Southwest enviou um e-mail explicando que um sensor nos *flaps* de aterrissagem havia disparado, por isso os pilotos precisaram de uma pista mais longa. Instruir o cliente e dar-lhe a oportunidade de saber por que algo acontece levou a Southwest Airlines a ter a menor taxa de reclamações entre todas as principais companhias aéreas. A Delta Airlines, com a pior classificação, tinha mais de nove vezes a quantidade de reclamações da Southwest.[6]

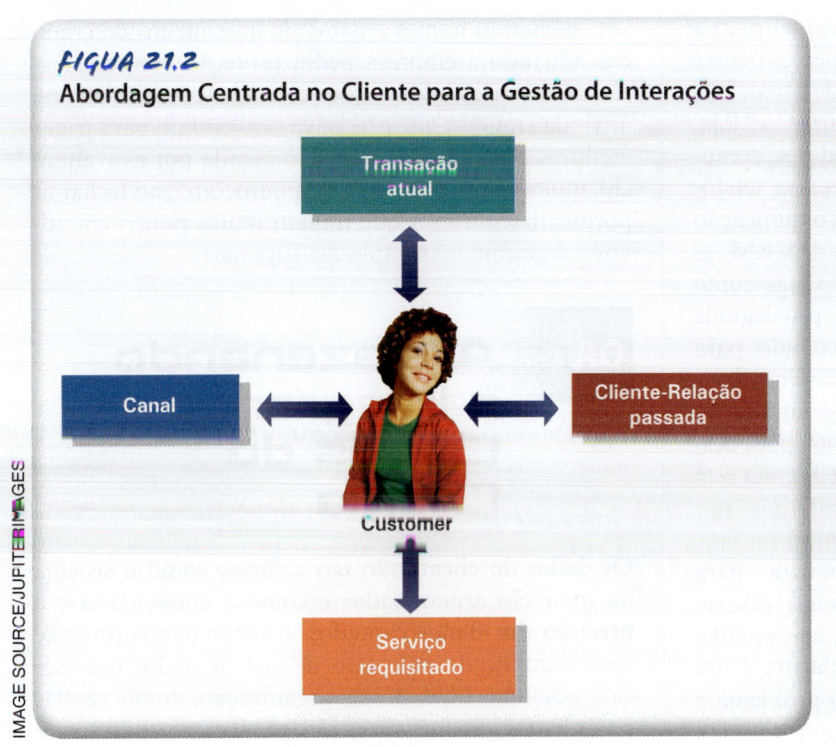

FIGURA 21.2
Abordagem Centrada no Cliente para a Gestão de Interações

[Diagrama: Customer ao centro, com setas para Transação atual, Canal, Cliente-Relação passada, Serviço requisitado]

devolver o formulário de garantia de um produto; ou falar com vendedores, entregadores e instaladores de produtos. Os dados recolhidos nesses pontos de contato, uma vez interpretados, fornecem informações que afetam os pontos de contato existentes na empresa. As informações interpretadas podem ser redirecionadas a pesquisas de marketing com o intuito de desenvolver perfis de compradores de garantia estendida, à produção para analisar problemas recorrentes e fazer reparos em componentes e à contabilidade para estabelecer modelos de controle de custos no caso de visitas para serviços de reparo.

> **pontos de contato**
> todas as possíveis áreas de uma empresa por meio das quais os clientes se comunicam com ela
>
> **interações no ponto de venda**
> comunicação entre clientes e organizações que ocorre em um ponto de venda, normalmente em uma loja

As interações baseadas na rede são um ponto de contato cada vez mais popular para que os clientes se comuniquem com empresas em seus próprios termos. Os usuários da rede podem avaliar e comprar produtos, fazer reservas, inserir dados preferenciais e fornecer *feedback* sobre serviços e produtos. Os dados dessas interações são, então, captados, compilados e usados para segmentar clientes, aperfeiçoar esforços de marketing, desenvolver novos produtos e desenvolver um grau de personalização individual para melhorar as relações com os clientes.

Outro ponto de contato ocorre por meio de **interações no ponto de venda** em lojas ou em quiosques de informações. Muitos programas de software permitem que os clientes forneçam informações sobre si mesmos sem se sentirem violados. As informações são, então, usadas para atividades de marketing e de *merchandising*, bem como para identificar com precisão os melhores clientes da loja e os tipos de produtos que compram. Os dados coletados em interações no ponto de venda também são usados para aumentar a satisfação do cliente por meio do desenvolvimento de serviços e promoções de reconhecimento do cliente dentro da loja.

OA 3 Entendendo as Interações da Base Atual de Clientes

A *interação* entre o cliente e a organização é a base sobre a qual o sistema de CRM é construído. Apenas por meio de interações eficazes as organizações podem conhecer as expectativas de seus clientes, gerar e gerenciar o conhecimento sobre eles, negociar compromissos mutuamente satisfatórios e construir relacionamentos de longo prazo.

A Figura 21.2 ilustra a abordagem centrada no cliente para a gestão de interações. Seguindo uma abordagem centrada no cliente, a interação pode ocorrer por meio de um canal de comunicação formal ou direto, como telefone, internet ou um vendedor. Qualquer atividade ou ponto de contato que o cliente tem com a organização, direta ou indiretamente, constitui uma interação.

Empresas que efetivamente gerenciam interações com os clientes reconhecem que eles fornecem dados para a organização que afetam uma ampla variedade de **pontos de contato**. Em um sistema de CRM, os pontos de contato dizem respeito a áreas de uma empresa por meio das quais os clientes estabelecem contato e nas quais é possível coletar dados. Por intermédio dos pontos de contato o cliente pode solicitar determinado serviço; contatar o atendimento ao cliente para obter informações de produtos; preencher e

OA 4 Captando Dados do Cliente

Grandes quantidades de dados podem ser obtidas das interações entre uma organização e seus clientes. Assim, em um sistema de CRM, a questão não é quantos dados podem ser obtidos, mas que tipos de dados devem ser coletados e de que forma os dados podem ser efetivamente usados para a melhoria do relacionamento.

armazém de dados repositório central de dados de diversas áreas da organização que são armazenados e estocados em um sistema computadorizado centralizado, de forma que as informações possam ser compartilhadas por todos os departamentos da empresa

base de dados coleta de dados, especialmente uma que possa ser acessada e manipulada por softwares

lista de respostas lista de clientes que inclui nomes e endereços de pessoas que responderam a uma oferta por e-mail, telefone, televisão, descontos, concursos ou sorteios ou inserção de faturas

A abordagem tradicional para a aquisição de dados de clientes ocorre por meio de interações de canal. Tais interações incluem visitas à loja, conversas com os vendedores, comunicação via web, conversas telefônicas tradicionais e comunicação sem fio. Em um sistema de CRM, as interações de canal são vistas como fontes de informação privilegiada com base no canal escolhido para iniciar a interação, e não com base nos dados adquiridos. Se um consumidor acessa o site da Sony para descobrir por que um aparelho não está funcionando corretamente e a resposta não estiver disponível on-line, o consumidor é direcionado para uma página em que possa descrever o problema. O site, em seguida, envia um e-mail com a descrição do problema a um representante da empresa, que pesquisa o problema e responde via e-mail. A Sony continua a usar o e-mail como meio de comunicação porque o cliente o estabeleceu como o método preferencial de contato.[7]

As interações entre a empresa e o cliente facilitam a coleta de grandes quantidades de dados. As empresas podem obter não somente informações simples de contato (nome, endereço, número de telefone) mas também dados relativos ao atual relacionamento do cliente com a organização – histórico de compras, quantidade e frequência com que ocorrem, valor médio gasto, sensibilidade para atividades promocionais, e assim por diante.

Dessa forma, muitas informações podem ser captadas de um cliente individual por meio de vários pontos de contato. Multiplique isso pelos milhares de clientes em todos os pontos de contato com uma organização e, rapidamente, o volume de dados pode se tornar incontrolável para o pessoal da empresa. Os grandes volumes de dados resultantes de uma iniciativa de CRM podem ser gerenciados de forma eficaz apenas por meio da tecnologia. Uma vez que os dados do cliente são coletados, a questão de quem possui esses dados torna-se extremamente importante. Em sua declaração de privacidade, o Toysmart.com declarou que nunca venderia a um terceiro, informações registradas em seu site, incluindo nomes e datas de nascimento de crianças. Quando a empresa pediu proteção contra falência, disse que as informações coletadas constituíam um ativo da empresa que precisava ser vendido para pagar credores. Apesar da indignação gerada por esse anúncio, muitas empresas do tipo "pontocom", ao fechar as portas, descobriram que tinham muito pouco em ativos e seguiram o exemplo do Toysmart.

OA 5 Armazenando e Integrando Dados do Cliente

Os dados do cliente são tão valiosos como o sistema no qual são armazenados e como a consistência e a precisão dos dados captados. Coletar dados torna-se mais complicado pelo fato de que os dados necessários por uma unidade da organização, como vendas e marketing, muitas vezes são gerados por outra área da empresa ou até mesmo por um fornecedor externo, como uma empresa independente de pesquisas de marketing. Assim, as empresas devem usar a tecnologia da informação para captar, armazenar e integrar informações estrategicamente importantes do cliente. Esse processo de centralização de dados em um sistema de CRM é denominado armazenamento de dados.

Um **armazém de dados** é um repositório central (*base de dados*) de dados do cliente, coletados por uma organização. Essencialmente, é um grande arquivo informatizado de todas as informações coletadas na fase anterior do processo de CRM – por exemplo, informações coletadas em pontos de contato no canal, na transação e no produto/serviço. O núcleo de armazenagem de dados é a **base de dados**, uma coleção de dados, em especial, uma que possa ser acessada e manipulada por softwares. A base de dados de CRM se concentra na coleta de estatísticas vitais sobre consumidores, seus hábitos de compra, modalidades de transação e uso do produto em um repositório centralizado que seja acessível a todas as áreas de uma empresa. Utilizando o armazém de dados, os gestores de marketing podem acessar rapidamente vastas quantidades de informações necessárias para se tomar decisões.

Quando uma empresa constrói sua base de dados, o primeiro passo é desenvolver uma lista. A **lista de respostas** é baseada em clientes que indicam interesse por um produto ou serviço ou em uma lista compilada criada por uma empresa externa que tenha coletado nomes e informações de contato de consumidores em potencial. As listas de respostas são de grande valor, pois o comportamento passado é um forte indicador do comportamento futuro e porque consumidores que indicaram interesse no produto ou serviço são mais propensos a comprar. As empresas podem achar valioso melhorar os registros com informações sobre as características demográficas ou sobre o estilo de vida dos clientes ou potenciais clientes. Elas podem conseguir isso aumentando os registros com listas compiladas. A **lista compilada** é criada por uma empresa externa que tenha coletado nomes e informações de contato de consumidores em potencial. Essas informações geralmente são obtidas de listas telefônicas e diretórios de adesão de vários grupos. As listas variam, desde aquelas de propriedade de grandes empresas de listas, como a Dun & Bradstreet para dados interempresariais e a Donnelley e R. L. Polk para listas de consumidores, até pequenos grupos ou associações dispostos a vender listas de seus associados. De fato, muitas listas são compiladas de pessoas que aderiram à lista depois de terem comprado um produto relacionado. Os dados compilados por grandes empresas de coleta de dados geralmente são muito precisos.

Nessa fase, as empresas estão geralmente coletando informações de canal, de transação e de produtos/serviços, como loja, vendedor, canal de comunicação, informações de contato, de relacionamento e marcas.

Uma base de dados torna-se ainda mais útil para os gestores de marketing quando é ampliada para incluir mais do que simplesmente nome, endereço, número de telefone e histórico de transações de um cliente ou de um potencial cliente. O aprimoramento da base de dados envolve a aquisição de informações sobre clientes ou clientes potenciais para melhor descrever suas necessidades ou determinar até que ponto eles poderiam ser receptivos a programas de marketing. Os tipos de dados de melhoria normalmente incluem informações sobre demografia, estilo de vida ou comportamento.

O aprimoramento da base de dados permite aumentar a eficácia de programas de marketing. Ao aprender mais sobre os melhores e mais rentáveis clientes, os profissionais de marketing podem maximizar a eficácia das comunicações de marketing e vendas cruzadas. O aprimoramento da base de dados também ajuda a empresa a identificar novos potenciais clientes.

Empresas multinacionais que estão construindo bases mundiais de dados enfrentam problemas quando reúnem dados internos sobre seus clientes. As diferenças relacionadas ao idioma, aos sistemas de computador e aos métodos de coleta de dados podem ser grandes obstáculos a serem superados. Apesar dos desafios, muitas empresas globais estão empenhadas na construção de bases de dados.

OA 6 Identificando os Melhores Clientes

A CRM gerencia as interações entre uma empresa e seus clientes. Para serem bem-sucedidas, as empresas devem identificar clientes que rendem altos lucros ou lucros em potencial. Para isso, quantidades significativas de dados devem ser coletados de clientes, armazenados e integrados no armazém de dados e, em seguida, analisados e interpretados de forma que seja possível buscar padrões comuns que possam identificar clientes homogêneos diferentes de outros segmentos de clientes. Em virtude de que nem todos os clientes são iguais, as organizações precisam desenvolver interações que tenham como objetivo as necessidades e os desejos *individuais* do cliente. Lembre o que abordamos no Capítulo 8: o princípio 80/20 – 80% da receita da empresa é gerado por 20% de seus clientes. Assim, a pergunta é: como identificar os 20% de nossa base de clientes que contribuem com 80% de nossa receita? Em um sistema de CRM, a resposta é mineração de dados.

Mineração de Dados

A mineração de dados é usada para encontrar padrões e relações nos dados do cliente reunidos no armazém de dados. É uma abordagem de análise de dados que identifica padrões de características relacionados com determinados clientes ou grupos de clientes. Embora as empresas tenham

lista compilada
lista de clientes desenvolvida pela coleta de nomes e endereços de diretórios telefônicos e listas de sócios, geralmente aprimorada com informações de registros públicos, como dados de censo, autorregistros, anúncios de nascimentos, start-ups de empresas ou falências.

realizado tais análises por muitos anos, os procedimentos foram executados considerando-se pequenos conjuntos de dados contendo somente de 300 a 400 clientes. Hoje, com o desenvolvimento de sofisticados bancos de dados, milhões de padrões de compra de clientes podem ser analisados.

Por meio da mineração de dados, os profissionais de marketing podem buscar o armazém de dados, captar dados relevantes, categorizar características significativas e desenvolver perfis de clientes. Ao usar essa abordagem, é importante lembrar que o valor real está na capacidade que tem a empresa de transformar seus dados de *bits* e *bytes* operacionais em informações de que os profissionais de marketing precisam para desenvolver estratégias de marketing bem-sucedidas. As empresas devem analisar os dados para identificar e traçar um perfil dos melhores clientes, calcular o seu valor e, por fim, prever o comportamento de compra por meio da modelagem estatística. A Sense Networks lançou recentemente em Nova York um aplicativo para celular chamado CabSense. O CabSense utiliza dados de mais de 90 milhões de viagens de táxi em 3 mil táxis para informar ao usuário o local mais provável para se encontrar um veículo livre com base na localização atual da pessoa. O GPS e o Google Maps determinam a localização do usuário, e o CabSense classifica cruzamentos próximos pela probabilidade de se encontrar um táxi livre.[8]

Antes que as informações sejam niveladas, são executados vários tipos de análise dos dados. Essas análises incluem segmentação de clientes, análise monetária de recência e frequência, análise de valor e modelagem preditiva.

Segmentação de Clientes

Lembre que a *segmentação de clientes* é o processo de quebra de grandes grupos de clientes em grupos menores e mais homogêneos. Esse tipo de análise gera um "perfil" ou uma imagem de traços semelhantes dos clientes com base nos aspectos demográfico, geográfico e psicográfico, bem como em comportamentos anteriores de compra; direciona-se especialmente aos melhores clientes. Os perfis dos melhores clientes podem ser comparados e contrastados com outros segmentos de clientes. Um banco poderia segmentar consumidores em frequência de uso, de crédito, idade e volume de negócios.

Uma vez que um perfil do melhor cliente é desenvolvido usando esses critérios, eles podem ser utilizados para exibir outros potenciais consumidores. Da mesma forma, os perfis de clientes podem ser usados para introduzir clientes de maneira seletiva para ações específicas de marketing. Clientes jovens e com mente aberta pode ser introduzidos ao *home banking*. No Capítulo 8, apresentamos uma discussão detalhada sobre segmentação.

ONDE ESTÁ QUENTE?

O Foursquare, aplicativo de rede social baseado em localizações, permite que as pessoas entrem em um local e que os amigos saibam onde elas estão. Espera-se que o aplicativo consiga imitar o sucesso do Twitter ao fazer as pessoas saberem "o que está quente" respondendo à pergunta "Onde está quente?". Os motores de busca populares podem se unir ao Foursquare para mostrar aos usuários onde a maioria das pessoas esteve em sua região, exibindo os lugares populares por meio do fluxo de dados ao vivo do Foursquare.[9]

Análise Monetária de Recência e de Frequência Clientes que compraram recentemente e com frequência e que gastaram quantias consideráveis em dinheiro são mais propensos a comprar novamente. A análise de frequência, recência e volume (FRV) identifica os clientes mais propensos a comprar novamente, porque compraram recentemente, com frequência ou gastaram uma quantia específica de dinheiro com a aquisição. As empresas desenvolvem equações para identificar os "melhores clientes" (muitas vezes os 20% do topo da base de clientes), atribuindo uma pontuação para registros de clientes em relação à frequência, à recência e ao volume de compras. Os clientes são, então, classificados para que seja possível determinar quais vão para o topo da lista e quais caem. O ranking fornece a base para maximizar os lucros porque permite à empresa utilizar as informações do banco de dados para selecionar as pessoas que provaram ser boas fontes de receita.

Análise de Valor Vitalício Os dados relacionados a frequência, recência e volume também podem ser usados para se criar um modelo do valor vitalício do cliente

PARTE 7: MARKETING ORIENTADO PELA TECNOLOGIA

na base de dados. Ao passo que a FRV analisa até que ponto um cliente é valioso para a empresa atualmente, a **análise de valor vitalício (AVV)** projeta o valor futuro do cliente ao longo de um período de anos. Um dos pressupostos básicos em qualquer cálculo de valor é que o marketing para repetir clientes é mais rentável do que o marketing para pessoas que compram pela primeira vez. Isso significa que é mais caro encontrar um novo cliente em termos de promoção e conquista de confiança do que vender mais para um cliente que já é leal.

O valor vitalício do cliente tem uma série de benefícios. Ele mostra aos profissionais de marketing quanto podem gastar para *adquirir* novos clientes, informa o nível de gastos para se *manter* clientes e facilita a segmentação de clientes novos, que podem ser rentáveis no futuro. Alguns profissionais de marketing levaram a análise de valor vitalício do CRM mais além por meio da implantação de estratégias de gestão de valor do cliente (ou CVM). O objetivo é determinar quais são os clientes individuais mais valiosos, de modo que sua compra total possa ser maximizada. A CVM exige uma série de "trocas de valor" que recompensa clientes por fornecerem informações pessoais e utiliza as informações para incentivar os clientes a fazer compras adicionais ou renovar serviços em andamento. Chris Zane, proprietário da Zane's Cycles, loja independente de bicicletas em Connecticut, oferece ótimo atendimento ao cliente para incentivá-lo a gastar muito dinheiro com as bicicletas de sua loja. Ele oferece o valor da primeira bicicleta de uma criança em troca de atualizações anuais até que ela alcance uma roda de 20 polegadas. A Zane's só ganha dinheiro depois que a família compra uma segunda bicicleta a preço cheio, mas conquista um cliente vitalício.[10]

Modelagem Preditiva A capacidade de prever o comportamento futuro do cliente fornece aos profissionais de marketing uma vantagem competitiva significativa. Por meio da **modelagem preditiva**, eles tentam determinar, com base em um conjunto anterior de ocorrências, quais as probabilidades de alguma outra ocorrência, como um questionário ou uma compra pela internet, acontecer no futuro. O SPSS Predictive Marketing é uma ferramenta que os profissionais de marketing podem utilizar para responder a perguntas sobre seus consumidores. O software exige conhecimentos mínimos de análise estatística. Os usuários operam com base em um modelo pré-construído, o que gera perfis em 3 a 4 dias. O SPSS oferece também um produto on-line que prevê o comportamento de usuários do site.

análise do valor vitalício (AVV) técnica de manipulação de dados que prevê o valor futuro de um cliente ao longo de um período extenso utilizando a assunção de que o marketing para clientes recorrentes é mais lucrativo do que o marketing para novos compradores

modelagem preditiva técnica de manipulação de dados por meio da qual os profissionais de marketing tentam determinar, com base em um conjunto anterior de ocorrências, quais as probabilidades de alguma outra ocorrência, como uma reação ou uma compra, acontecer no futuro

gerenciamento de campanha desenvolvimento de ofertas de produtos ou serviços customizados para o segmento apropriado de clientes; precificação e comunicação dessas ofertas de uma maneira que fortaleça o relacionamento com os clientes

OA 7 Nivelando as Informações do Cliente

A mineração de dados identifica os clientes e potenciais clientes mais rentáveis. Os gestores podem, então, projetar estratégias de marketing sob medida para melhor atrair os segmentos identificados. Na CRM, isso é considerado nivelamento de informações do cliente para facilitar as relações intensificadas com eles. A Figura 21.3 apresenta algumas aplicações comuns de base de dados de marketing da CRM.

Gerenciamento de Campanha

Por meio da gestão de campanha, todas as áreas da empresa participam do desenvolvimento de programas voltados para os clientes. O **gerenciamento de campanha** envolve o monitoramento e o nivelamento de interações com clientes para vender produtos e para aumentar o atendimento ao consumidor. As campanhas são baseadas em dados obtidos de clientes por meio de diversas interações. O gerenciamento de campanhas inclui o monitoramento do sucesso das comunicações baseadas em reações do cliente por meio de vendas, pedidos,

FIGURA 21.3
Aplicações Comuns da Base de Dados de Marketing CRM

Banco de Dados de Marketing CRM
- Gerenciamento de campanha
- Manter clientes fiéis
- Fazer venda cruzada de outros produtos ou serviços
- Desenvolver comunicações de marketing segmentadas
- Reforças decisões de compra dos clientes
- Induzir testes de produto por novos clientes
- Aumentar a eficiência de marketing dos canais de distribuição
- Melhorar o atendimento ao cliente

callbacks para a empresa, e assim por diante. Se uma campanha parece malsucedida, é avaliada e alterada para melhor alcançar o objetivo desejado da empresa.

O gerenciamento de campanha envolve o desenvolvimento de ofertas de produtos e serviços personalizadas para o segmento apropriado de clientes, a precificação de ofertas atraentes e a comunicação dessas ofertas de uma maneira que fortaleça o relacionamento com os consumidores. Personalizar ofertas de produtos e serviços requer a gestão de múltiplas interações com os clientes, bem como dar prioridade aos produtos e serviços vistos como mais desejáveis para um cliente especificamente designado. Mesmo em um segmento de mercado altamente definido, surgem diferenças individuais entre os clientes. Dessa forma, as interações entre eles devem se concentrar em experiências, expectativas e desejos individuais.

Mantendo Clientes Fiéis

Se uma empresa identificou seus melhores clientes, ela deve fazer todos os esforços para manter e aumentar a lealdade deles. Ao reter 5% a mais de seus clientes a cada ano, a empresa consegue fazer aumentar seus lucros em até 25%. Além do mais, melhorar a retenção de clientes em apenas 2% pode diminuir os custos em até 10%.[11]

Os programas de fidelidade recompensam clientes por fazerem compras repetidas. O objetivo é a construção de relações de longo prazo e mutuamente benéficas entre uma empresa e seus clientes-chave. Os hotéis Marriott, Hilton e Starwood, por exemplo, premiam seus melhores clientes com vantagens especiais não disponíveis para aqueles que se hospedam com menos frequência. Hóspedes que passam um número determinado de noites por ano têm garantias de reserva, presente de boas-vindas, como cestas de frutas e vinho em seus quartos, e acesso a *lounges* exclusivos. Além de premiar bons clientes, os programas de fidelização fornecem às empresas uma riqueza de informações sobre seus clientes e tendências de compras que podem ser usadas para a tomada de decisões futuras.

Venda Cruzada de Outros Produtos e Serviços

A CRM oferece muitas oportunidades para a venda cruzada de produtos relacionados. Os profissionais de marketing podem usar a base de dados para relacionar perfis de produtos e perfis de consumidores, de modo que possam fazer a venda cruzada para clientes de produtos que correspondam às suas características demográficas, de estilo de vida ou comportamentais. A DesignWorks NY, empresa de design gráfico e comunicação de marketing, envia uma carta a cada um de seus clientes. Essa carta tem uma lista de todos os serviços oferecidos pela DesignWorks, menos os serviços já utilizados pelo cliente. A carta ajuda a desenvolver relacionamentos, lembra os clientes de sua experiência com a empresa e faz a venda cruzada de outros serviços para um cliente habitual. Os clientes reagem positivamente e, muitas vezes, contratam serviços adicionais.[12]

Empresas de internet usam perfis do produto e do cliente para revelar oportunidades de vendas cruzadas enquanto um cliente está navegando em seus sites. Compras anteriores em determinado site e o site de onde vem o internauta fornecem aos profissionais de marketing on-line pistas sobre os interesses desse usuário e que itens devem ser vendidos de forma cruzada.

Projetando Comunicações Segmentadas de Marketing

Utilizando dados de transação e de compra, uma base de dados permite que os profissionais de marketing façam o rastreamento de relações dos clientes com os produtos e serviços da empresa e modifiquem a mensagem de marketing adequadamente. A Sense Network tem um aplicativo chamado Citysense em São Francisco que determina a demografia da cidade com base em suas atividades e cria um mapa ao vivo mostrando os locais com demografia semelhante. A empresa espera usar esse algoritmo para ajudar as organizações a focar em grupos-alvo de pessoas por meio de anúncios adaptados. Um usuário que gasta tempo em restaurantes baratos, clubes noturnos e *campi* universitários é seguido como aluno. Anúncios de livros didáticos podem ser enviados para usuários com essas características, e não para usuários com características mais típicas de, digamos, pessoas de negócios. Dessa forma, cria-se menos *spam*.[13]

Os clientes também podem ser segmentados em usuários não frequentes, usuários moderados e usuários pesados. A estratégia de comunicação segmentada pode ser desenvolvida com base em que grupo o cliente está inserido. As mensagens para usuários não frequentes podem estimular compras repetidas por meio de um incentivo direto, como desconto no preço por tempo limitado no caso de um novo pedido. As mensagens a usuários moderados podem usar menos incentivos e mais reforço de decisões de compra anteriores. Aquelas para usuários pesados são projetadas em torno da lealdade e do reforço da compra, em vez de focarem nas promoções de preços.

Reforçando Decisões de Compra do Cliente

Como vimos no Capítulo 6, a dissonância cognitiva é o sentimento que os consumidores desenvolvem quando reconhecem uma inconsistência entre seus valores e opiniões e seu comportamento de compra. Em outras palavras, eles duvidam da solidez de sua decisão de compra e, muitas vezes, se sentem ansiosos. A CRM oferece aos profissionais de marketing uma excelente oportunidade de atingir clientes para reforçar a decisão de compra. Ao agradecer a clientes por suas compras e dizer que eles são importantes, os profissionais de marketing podem ajudar a solidificar um relacionamento rentável e de longo prazo.

Atualizar periodicamente os clientes sobre o status de seu pedido reforça as decisões de compra. Os e-mails de pós-venda também oferecem a possibilidade de fornecer mais atendimento ao cliente ou de fazer a venda cruzada de outros produtos.

A Subaru tem uma nova forma de incentivar a lealdade do cliente, um dos pontos fortes da montadora. Os que possuem carros dessa marca podem enviar o número de identificação do veículo (VIN; no Brasil, Renavam) para comprar adesivos de lealdade para serem afixados em seus Subarus. O adesivo principal é um número que mostra quantos Subarus a pessoa já teve, e os adesivos complementares mostram interesses/realizações dessa pessoa, como esqui, caminhada, música, corrida ou jardinagem. O programa permite que os motoristas de Subaru demonstrem orgulho da compra e que façam parte de um grupo, ambas manifestações formas fortes para compensar a dissonância cognitiva.[15]

MINERAÇÃO DA REALIDADE

A **mineração de dados** compila dados de uma variedade de fontes e esmiúça os números para revelar padrões escondidos. Pentland Alexander, diretor do Massachusetts Institute of Technology's Human Dynamics Laboratory, tem desenvolvido métodos de pesquisa que adicionam o elemento humano real à mineração de dados. O Bank of America participou de um estudo de produtividade em que 80 funcionários de call centers usavam crachás que registravam a rapidez com que concluíam as ligações e com quem e quando falavam. Os funcionários que conversavam com mais clientes e atendiam mais ligações tinham, na verdade, o mesmo índice de aprovação observado em relação ao resto dos funcionários. A tecnologia da Pentland demonstrou que, quando se apresentam mais oportunidades de compartilhamento de informações, as pessoas se tornam mais produtivas. Esse tipo de dados de interação de realidade poderia ser aproveitado pelos profissionais de marketing para focar em pessoas que tenham mais quantidade de interações, a fim de fazer a divulgação de seus produtos ou serviços. Ter esses dados específicos é outra forma de segmentar e visar potenciais clientes, bem como de aumentar o número de pontos de contato disponíveis para a equipe de marketing.[14]

Induzindo Testes de Produto por Parte de Novos Clientes

Embora muito tempo e dinheiro sejam gastos para encorajar compras repetidas pelos melhores clientes, uma base de dados de marketing também é utilizada para identificar novos consumidores. Em virtude do fato de uma empresa que usa uma base de dados de marketing já ter um perfil de seus melhores clientes, ela pode usar os resultados de modelagem para traçar o perfil de potenciais clientes. A EATEL, empresa regional de telecomunicações dos Estados Unidos, utiliza a modelagem para identificar potenciais clientes de telefonia residencial e comercial e atrair empresas de forma bem-sucedida.

Os gestores de marketing geralmente utilizam dados demográficos e comportamentais sobrepostos em dados existentes do cliente para desenvolver um perfil detalhado do cliente, uma poderosa ferramenta para avaliar listas de potenciais clientes. Se os melhores clientes de uma empresa têm idades entre 35 anos e 50 anos, vivem em áreas suburbanas e fazem escaladas em montanhas, a empresa pode encontrar potenciais clientes já em sua base de dados ou clientes que atualmente são identificados como usuários do produto de um concorrente que corresponda a esse perfil.

Aumentando a Eficácia do Marketing do Canal de Distribuição

No Capítulo 13, vimos que um canal de comercialização é uma estrutura de negócios de organizações interdependentes, como atacadistas e varejistas, que transportam um produto desde o produtor até o consumidor final. A maioria dos profissionais de marketing conta com canais indiretos para transportar seus produtos até o usuário final. Assim, muitas vezes os profissionais de marketing perdem o contato com o cliente como um indivíduo, uma vez que a relação é entre o varejista e o consumidor. Nessa situação difícil, os clientes são vistos como estatísticas agregadas, pois informações específicas do cliente são difíceis de reunir.

Com as bases de dados da CRM, os fabricantes têm uma ferramenta para obter *insights* sobre quem está comprando seus produtos. Em vez de simplesmente descarregar produtos no canal de distribuição e deixar a construção do marketing e do relacionamento para os negociantes, os fabricantes de automóveis estão usando websites para manter contato com clientes e potenciais clientes, conhecer seus estilos de vida e *hobbies*, entender suas necessidades em relação a veículos e desenvolver relações na esperança de que esses consumidores vão recompensá-los com fidelidade à marca no futuro. A BMW e outros fabricantes de veículos têm bases de dados com nomes de milhões de consumidores que manifestaram interesse em seus produtos.

Com muitas lojas físicas criando lojas on-line, as empresas são desafiadas a monitorar movimentações de clientes que compram tanto em lojas quanto on-line. Esse conceito é chamado de marketing multicanal. Após a Lands 'End ter determinado que os clientes multicanal são os mais valiosos, criou campanhas de marketing com o objetivo de reter esses clientes e aumentar as vendas de forma significativa.

As empresas também estão usando a tecnologia de identificação por radiofrequência (RFID) para melhorar a distribuição. Essa tecnologia usa um *microchip* com uma antena que rastreia qualquer coisa, desde uma lata de refrigerante até um carro. Um computador pode localizar o produto em qualquer lugar. A principal implicação dessa tecnologia é que as empresas terão uma redução nos roubos e nas perdas no embarque de mercadorias e sempre saberão onde a mercadoria está no canal de distribuição. Além disso, à medida que essa tecnologia se desenvolve, os profissionais de marketing conseguirão reunir informações essenciais relacionadas à utilização e ao consumo do produto.[17]

Melhorando o Atendimento ao Cliente

As técnicas de marketing de CRM estão cada vez mais sendo usadas para melhorar o atendimento ao cliente. A Amazon.com usa várias ferramentas de sites da rede que fazem os clientes retornarem. Os clientes podem criar listas de desejos, bem como um registro de presentes, de modo que os amigos e a família possam fazer compras na data de aniversário e em outras ocasiões. A Amazon também oferece recomendações para produtos com base no comportamento anterior de compras e buscas. Essas recomendações são listadas quando um cliente registado faz *logon* no site. Por fim, a empresa armazena todas as informações de pagamento e envio, de modo que os clientes possam fazer a compra com um clique e, em seguida, acompanhar o envio. A Amazon torna o processo de busca e compra de livros e de outros produtos fácil e eficiente.

> Em um estudo recente realizado pela **Experian**, foi constatado que o grupo mais propenso a agir motivados por mala direta é o composto por pessoas com idades entre 15 e 24 anos. Empresas que enviam e-mails contendo ofertas com cupons, descontos ou produtos gratuitos terão respostas melhores para as ofertas. Esse grupo também é o mais propenso a pesquisar produtos e empresas antes de comprar itens. Se uma empresa ou um produto tem uma avaliação geral desfavorável, no entanto, os descontos são pouco propensos a beneficiar as vendas no caso de pessoas que estão na faixa etária citada.[16]

Preocupações Relacionadas a Privacidade e CRM

Antes de se apressar para investir em um sistema de CRM e construir uma base de dados, os profissionais de marketing devem considerar as reações dos consumidores ao crescente uso de bases de dados. Muitos norte-americanos e clientes estrangeiros estão preocupados com bases de dados em razão do potencial para invasão da privacidade. O grande volume de informações agregadas em bases de dados as torna vulneráveis ao acesso e uso não autorizados. Um aspecto fundamental do uso de bases de dados da CRM pelo marketing é oferecer serviços valiosos com base no conhecimento do valor real dos clientes. É fundamental, no entanto, que os profissionais de marketing se lembrem de que essas relações devem ser baseadas na confiança. Embora a tecnologia de base de dados permita que eles compilem informações cada vez mais ricas sobre os seus clientes e passíveis de serem usadas para construir e gerenciar relacionamentos, se esses clientes sentem que sua privacidade está sendo violada, o relacionamento se torna uma responsabilidade.

A popularidade da internet no *e-commerce* e na coleta de dados do cliente e como um repositório para dados confidenciais de clientes tem alarmado clientes que prezam a privacidade. Usuários on-line reclamam de "spams", e os internautas, incluindo crianças, são rotineiramente solicitados a divulgar informações pessoais para acessar determinadas telas ou comprar bens ou serviços. Muitos usuários não têm conhecimento da forma como as informações pessoais são coletadas, utilizadas e distribuídas. O governo vende grandes quantidades de informações pessoais para empresas que trabalham com listas. Hospitais vendem os nomes de mulheres que acabaram de dar à luz em suas instalações. As bases de dados de crédito ao consumidor são frequentemente usadas por comerciantes de cartões para pré-filtrar objetivos para solicitações. As preocupações relacionadas a privacidade on-line e off-line estão crescendo e, em última instância, devem ser consideradas por empresas e órgãos reguladores.

Em 2007, a Privacy International, organização de pesquisa de direitos humanos e de campanhas, investigou, durante seis meses, as práticas de grandes empresas baseadas na internet. Os resultados listam os melhores e os piores desempenhos em sites de busca, e-mails, *e-commerce* e sites de redes sociais. Amazon.com, AOL, Apple, eBay, Facebook, Google e Yahoo! estão classificados, segundo seus notáveis lapsos no quesito proteção da privacidade, como hostis à privacidade. A Privacy International considera seu relatório uma consulta inicial e continuará a solicitar contributos durante vários meses antes de liberar um relatório final.[18]

As políticas de privacidade para empresas nos Estados Unidos são, em grande parte, voluntárias, e os regulamentos sobre como os dados pessoais são coletados e utilizados estão sendo desenvolvidos. No entanto, a coleta de dados sobre consumidores fora dos Estados Unidos é uma questão diferente. Para os profissionais de marketing da base de dados que se aventuram além das fronteiras desse país, o sucesso requer a navegação cuidadosa nas leis internacionais de privacidade. Sob a Diretiva Europeia para a Proteção de Dados da União Europeia, por exemplo, qualquer empresa que faz negócios com uma organização europeia deve respeitar as normas da UE para o tratamento de informações sobre indivíduos ou acusação de risco. Mais de 50 países têm legislação de privacidade ou a estão desenvolvendo. A Europa tem a legislação mais restrita relativa à coleta e à utilização de dados de clientes, outros países estão tomando essa legislação como exemplo para formular as próprias políticas.

FERRAMENTAS DE ESTUDO — CAPÍTULO 21

Acesse a Trilha de MKTG em www.cengage.com.br/4ltr para:

- ❏ Acessar os cartões de revisão dos capítulos
- ❏ Responder aos questionários práticos para se preparar para as provas
- ❏ Realizar as atividades "Vença o relógio" para dominar os conceitos
- ❏ Completar as "Palavras cruzadas" para revisar os termos-chave

CAPÍTULO **22** Mídia Social e Marketing

Objetivos da Aprendizagem

OA 1 Descrever a mídia social, como é utilizada e sua relação com comunicação integrada de marketing

OA 2 Explicar como criar uma campanha de mídia social

OA 3 Avaliar os vários métodos de mensuração de mídias sociais

OA 4 Explicar o comportamento do consumidor na mídia social

OA 5 Descrever as ferramentas de mídia social de que dispõe o profissional de marketing e de que forma elas são úteis

OA 6 Descrever o impacto da tecnologia móvel na mídia social

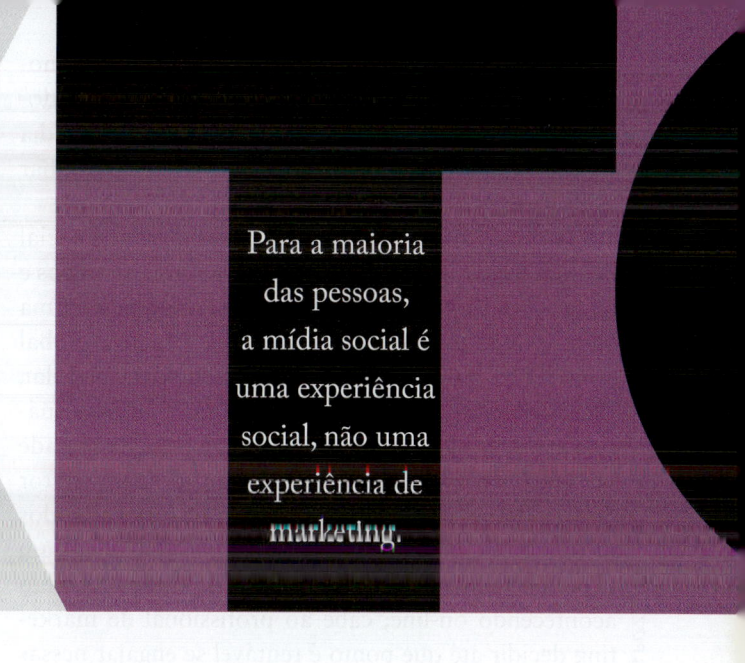

> Para a maioria das pessoas, a mídia social é uma experiência social, não uma experiência de marketing.

APÓS CONCLUIR ESTE CAPÍTULO, VÁ PARA A PÁGINA 371 PARA OBTER AS FERRAMENTAS DE ESTUDO

OA 1 O Que É Mídia Social?

O fator mais empolgante na área de marketing e promoção é o uso crescente da tecnologia on-line, particularmente da mídia social, para promover marcas. A mídia social tem mudado a maneira como os profissionais de marketing podem se comunicar com suas marcas – de mensagens de massa a conversas íntimas. À medida que o marketing se movimenta na mídia social, os profissionais de marketing devem lembrar que, para a maioria das pessoas, a mídia social é uma experiência social, não uma experiência de marketing. Na verdade, a mídia social significa muitas coisas para pessoas diferentes, embora a maioria dos indivíduos a considere tecnologia digital. Brian Solis, da FutureWorks, define **mídia social** como "qualquer ferramenta ou serviço que usa a internet para facilitar conversas".[1] No entanto, a mídia social também pode ser definida em relação à publicidade tradicional, como televisão e revistas, no que diz respeito ao fato de que os meios tradicionais de marketing oferecem um método de mídia de massa para interagir com os consumidores, ao passo que a mídia social oferece mais maneiras individuais de satisfazer os consumidores. Em comparação com a publicidade tradicional, a mídia social tem métodos mais sofisticados de mensurar a forma como os profissionais de marketing conhecem e interagem com os consumidores. Atualmente, a mídia social inclui ferramentas e plataformas, como redes sociais, blogs, microblogs e sites de compartilhamento de mídia, que podem ser acessadas por meio de um número crescente de dispositivos como computadores, laptops,

mídia social qualquer ferramenta ou serviço que utiliza a internet para facilitar conversações

Qual a sua opinião?

Os profissionais de marketing são adeptos do uso de mídias sociais como ferramentas de marketing.

| 1 | 2 | 3 | 4 | 5 | 6 | 7 |
DISCORDO PLENAMENTE — CONCORDO PLENAMENTE

355

smartphones, e-readers, tablets e netbooks. Essa tecnologia muda diariamente, oferecendo aos consumidores novas maneiras de conhecer plataformas de mídia social, que inovam constantemente para acompanhar as exigências do consumidor.

No nível básico, os consumidores de mídia social querem trocar informações, colaborar com os outros e manter conversas. Esse tipo de mídia mudou a forma como e onde as conversas acontecem, tornando global a interação humana por meio da tecnologia popular. De acordo com uma pesquisa, mais de 73% dos usuários ativos on-line já leram um blog e mais da metade pertence a pelo menos uma rede social. O consultor de marketing John Haydon disse: "O real valor dos meios de comunicação social é que eles potencializam exponencialmente o boca a boca".[2] As conversas estão acontecendo on-line; cabe ao profissional de marketing decidir até que ponto é rentável se engajar nessas conversas e encontrar o método mais eficaz de participar delas.

Os profissionais de marketing estão interessados nas comunicações on-line porque são muito populares; marcas, empresas, indivíduos e celebridades promovem as suas mensagens on-line. Hoje, Lady Gaga é a rainha dos meios de comunicação social: ela detém o recorde da pessoa viva com o maior número de fãs no Facebook; no Twitter, interage diretamente com seus milhões de seguidores; o videoclipe de Bad Romance detém o título de mais assistido de toda a história do YouTube. A fama de Lady Gaga se deve, em grande parte, ao fato de ser uma marca altamente eficaz – suas mensagens ecoam em plateias no mundo inteiro, e ela torna a sua marca acessível por meio de plataformas populares de mídia social. Sua estratégia cuidadosamente elaborada traduz-se em dinheiro; recentemente, Lady Gaga estreou no quarto lugar da Power List for 2010 da edição Celebrity 100, da Forbes, ganhando mais de US$ 62 milhões (incluindo patrocínios e endossos corporativos) nos últimos 12 meses de 2010.[3] No que diz respeito a marcas, pouquíssimos profissionais de marketing têm alavancado a mídia social para impulsionar as vendas de produtos básicos melhor do que Lady Gaga.[4]

Como os Consumidores Utilizam as Mídias Sociais

Esperando repetir um pouco do sucesso de mídia social de Lady Gaga, muitos profissionais de marketing estão transmitindo suas mensagens na plataforma de mídia social que mais cresce – o Facebook. O Facebook surgiu como uma comunidade para estudantes universitários que foi se abrindo ao público em geral à medida que sua popularidade crescia. Há centenas de milhões de usuários nessa plataforma: se o Facebook fosse um país, seria o terceiro maior do mundo. O segmento de novos perfis que mais cresce é o de baby boomers, que o utiliza como uma maneira de conectar-se com velhos amigos e ficar a par dos assuntos da família. Outras redes sociais, como o MySpace e o Bebo, oferecem redes alternativas a outras áreas demográficas. O MySpace tem um grande número de fãs de música; muitas bandas e músicos fazem as pré-estreias de seus álbuns e videoclipes nas páginas dessa plataforma. Os vídeos são uma das ferramentas mais populares por meio das quais os profissionais de marketing atingem consumidores; o YouTube é, de longe, o maior repositório on-line de vídeos – tem mais conteúdo do que qualquer grande rede de televisão. Em virtude de sua ligação com o Google, o YouTube também oferece uma poderosa ferramenta de busca.[5] O Flickr é um site de compartilhamento de fotos, no qual milhões de pessoas fazem uploads diários de novas imagens. O Twitter possui centenas de milhões de usuários registrados que fazem uma média de bilhões de tweets diariamente (basta verificar o site da GigaTweet para ver o total atual).

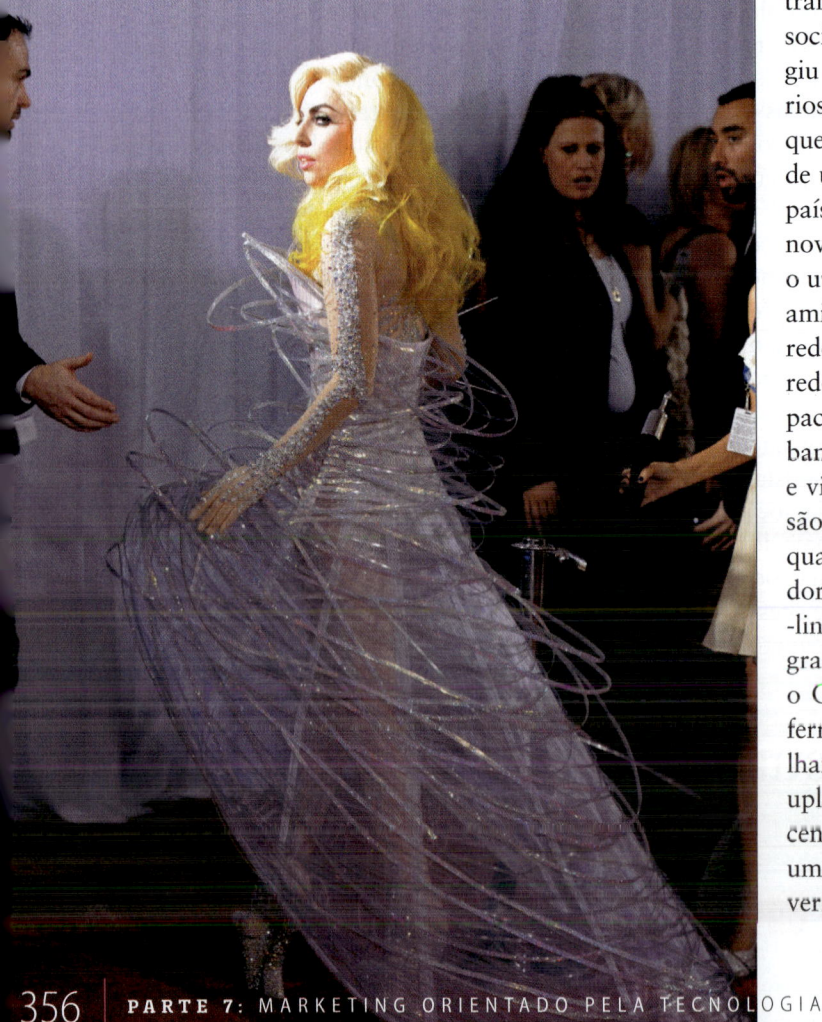

O Technorati rastreia centenas de milhões de blogs e calcula cerca de dois milhões de posts novos no Twitter, por dia.[6] Mais da metade dos usuários ativos da Technorati tem feito uploads de fotos e quase um quarto, de vídeos. A conclusão, de acordo com o Estudo Comparativo sobre Tendências de Mídias Sociais da Universal McCann é que "se você está on-line, está usando mídias sociais".[7]

O aumento da utilização de plataformas alternativas, como smartphones e tablets, tem contribuído ainda mais para a proliferação do uso de mídias sociais. Nos Estados Unidos, 90% das pessoas entre 18 e 29 anos possuem um telefone celular. Entre esse grupo, 95% enviaram uma mensagem de texto, 65% acessaram a Internet e pelo menos 23% acessaram um site de rede social usando seus aparelhos.[8] Em abril de 2010, a Apple lançou o tão aguardado iPad. Mais de 8.500 aplicativos para iPad (muitos dos quais se conectam a redes sociais) estão disponíveis para download, e nos primeiros dois meses do lançamento do tablet, 35 milhões de downloads haviam sido gravados.[9] O impacto global dos tablets sobre a mídia social (e, portanto, sobre a disciplina de marketing) ainda deve ser analisado, mas dado o incrível impacto que o smartphone provocou em sua curta vida, os tablets podem mudar o jogo.

Comércio Social Uma nova área de crescimento nas mídias sociais é o **comércio social**, que combina mídias sociais com os fundamentos do e-commerce. Comércio social é um subconjunto do e-commerce que envolve a interação e os aspectos de contribuição do usuário a respeito de mídias sociais on-line para auxiliar na compra e na venda on-line de produtos e serviços.[10] Basicamente, o comércio social conta com um conteúdo gerado pelo usuário em sites da rede para ajudar os consumidores nas compras. No Polyvore.com, os membros criam colagens de fotos de peças de vestuário que resultam em um visual elegante. As fotos vêm de vários varejistas e incluem acessórios, roupas, calçados e maquiagem. Uma vez que o look está completo, outros membros o veem e podem clicar sobre os itens individuais para verificar preços e varejistas. Os sites de comércio social incluem avaliações e recomendações (como o Amazon) e ferramentas sociais de compras (como o Groupon). Em geral, os sites de comércio social são projetados para ajudar os consumidores a tomar decisões sobre compras ou serviços com base em mais informações.

Mídia Social e Comunicação Integrada de Marketing

Enquanto os profissionais de marketing empregam uma estratégia de mídia social em paralelo com canais tradicionais, como o canal impresso e de transmissão, muitos pêndulos de orçamento estão oscilando na direção da mídia social. Na Previsão de Marketing Interativo dos Estados Unidos, 2009-2014, a Forrester Research prevê que o marketing de telefones celulares, a mídia social, o marketing por e-mail, as placas e o marketing de busca crescerão de 13% dos gastos com publicidade em 2010 para mais de 21% até 2014. A maior parte desse orçamento ainda irá para o marketing de busca (quase duplicando em 2014), mas investimentos substanciais também serão feitos no marketing de telefonia móvel e de mídia social.[11]

Uma consequência única da mídia social é a mudança generalizada da comunicação "um para muitos" para a comunicação "muitos para muitos". Em vez de simplesmente colocar o anúncio de uma marca na televisão, sem outros meios para *feedback*, a mídia social permite que os profissionais de marketing mantenham conversas com consumidores, criem relações mais profundas e construam a fidelidade à marca. A mídia social também permite que os consumidores se conectem uns com os outros, compartilhem opiniões e ofereçam colaboração no que se refere a novas ideias de acordo com seus interesses. Em 2009, a Vodka Grey Goose criou uma comunidade on-line exclusiva para bartenders. Essa comunidade permitiu que os "misturólogos" conversassem uns com os outros e compartilhassem ideias e piadas sobre seu negócio em comum. A comunidade da Grey Goose tinha a intenção não tanto de fazer propaganda da marca, mas de criar um espaço compartilhado e agregar valor genuíno para bartenders. A defesa da marca, então, veio naturalmente.[12] Com a mídia social, o público passa a ter o controle da mensagem, dos meios, da reação, ou dos três. Com frequência, o ajuste a essa distribuição de controle é difícil para as empresas, mas o foco do marketing social é, inevitavelmente, sobre o público, e a marca deve se adaptar para ser bem-sucedida. A interação entre produtor e consumidor torna-se menos focada em entreter e muito mais em escutar, influenciar e envolver.

Em 2009, a Hewlett-Packard usou meios de comunicação social para evitar

> **comércio social**
> subconjunto do *e-commerce* que envolve a interação e a contribuição do usuário a respeito dos aspectos de mídias sociais on-line para auxiliar na compra e na venda on-line de produtos e serviços

crowdsourcing
uso de consumidores para desenvolver e comercializar produtos

mídia proprietária
conteúdo on-line que uma organização cria e controla

mídia conquistada
termo da área de relações públicas que conota mídia gratuita, como cobertura de mídia convencional

uma crise de relações públicas (RP) após um vídeo que alegava racismo por parte da empresa ter tido dois milhões de visualizações no YouTube. Uma vez que estava ciente dos diálogos sociais entre seus clientes, a HP percebeu a onda logo no início e foi capaz de acabar com a história antes que ela ganhasse força.[13] A equipe de marketing da Mountain Dew testou os limites de controle do consumidor e o poder das mídias sociais transformando a publicidade da marca quase inteiramente on-line. A equipe recorreu à demografia central para o consumidor da marca – pessoas do sexo masculino entre 18 e 39 anos e com forte presença no Facebook, MySpace e You Tube – para construir extensões de linha e ajudar a escolher um parceiro de marketing.

Usar consumidores para desenvolver e comercializar produtos é chamado de **crowdsourcing**. O crowdsourcing descreve de que forma a contribuição de muitas pessoas pode ser aproveitada na tomada de decisão que costumava ocorrer com base na contribuição de apenas algumas pessoas.[14] As empresas obtêm *feedbacks* sobre campanhas de marketing, ideias de novos produtos e outras decisões de marketing solicitando a contribuição dos clientes. Após a grande varejista Gap ter lançado um logotipo redesenhado que teve reações negativas, optou por fazer crowdsourcing para criar um logotipo aprovado pelo consumidor. A Gap pediu que seus clientes criassem um logotipo para substituir o logotipo novo e impopular. Depois de mais de mil pessoas terem postado comentários negativos na página da empresa no Facebook sobre tais esforços, a Gap decidiu voltar para o antigo logotipo.[15] O crowdsourcing oferece uma maneira para que as empresas apostem em usuários pesados de uma marca e recebam contribuições, o que, por sua vez, aumenta a defesa da marca por parte desses usuários e diminui a probabilidade de que uma mudança não agrade tanto a ponto de afastar clientes fiéis.

OA 2 Criando e Aproveitando uma Campanha de Mídia Social

Mídia social é um campo novo e estimulante, e seu potencial para a expansão do impacto de uma marca é **enorme**. Uma vez que os custos costumam ser mínimos e a curva de aprendizagem costuma ser relativamente baixa, algumas organizações são tentadas a mergulhar de cabeça na mídia social. No entanto, como em qualquer campanha de marketing, é sempre importante começar com uma estratégia. Para a maioria das organizações, isso significa começar com um plano de marketing ou de comunicação, conforme abordado no Capítulo 2.

O novo paradigma da comunicação criado por uma mudança de marketing de mídia social levanta questões sobre categorização. À luz da convergência de mídias tradicionais e digitais, os pesquisadores têm explorado as diferentes maneiras por meio das quais profissionais de marketing interativos podem categorizar os tipos de mídia. Um desses pesquisadores, Sean Corcoran, da Forrester Research, elaborou uma distinção entre mídia de proprietária, mídia conquistada e mídia paga. **Mídia proprietária** consiste no conteúdo on-line que uma organização cria e controla. Essa mídia inclui blogs, sites, páginas do Facebook e outros formatos de mídia social. A finalidade da mídia proprietária é desenvolver relacionamentos mais profundos com os clientes. A **mídia conquistada** é um termo da área de relações públicas que conota mídia

Uma jovem segura um copo de vinho tinto durante uma degustação de vinhos on-line. Pessoas de todas as partes da Alemanha reúnem-se virtualmente para degustar vinhos e trocar opiniões via Twitter, isso gera buzz de mídia conquistada para a vinícola cujo vinho está sendo apreciado.

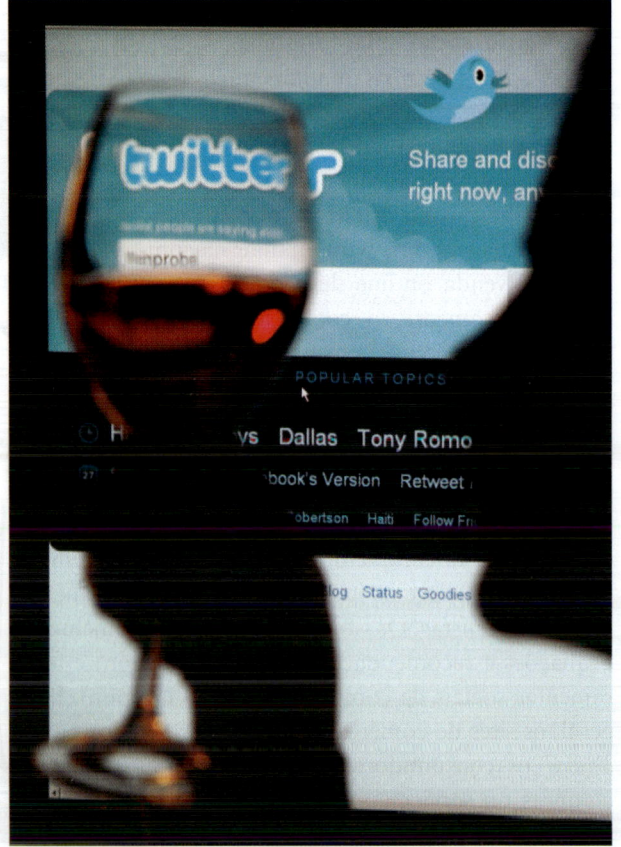

gratuita, como cobertura de mídia convencional. Em um espaço interativo, a mídia é conquistada por meio do boca a boca ou do buzz on-line sobre algo que a marca esteja fazendo. A mídia conquistada inclui vídeos virais, retweets, comentários em blogs e outras formas de *feedback* de clientes resultantes da presença na mídia social. A **mídia paga** é o conteúdo pago por uma empresa para ser inserido on-line. A mídia paga é semelhante aos esforços de marketing que utilizam a mídia tradicional, como jornais, revistas e televisão. Em um espaço interativo, mídia paga inclui a publicidade de exibição, palavras-chave de busca pagas e outros tipos de publicidade direta on-line.[16]

Para alavancar os três tipos de mídia, os profissionais de marketing precisam seguir algumas diretrizes principais. Em primeiro lugar, devem maximizar a mídia de propriedade indo além de seus sites existentes para criar portfólios de pontos digitais de contato. Isso é especialmente verdadeiro no caso de marcas com orçamentos apertados, uma vez que a organização pode não conseguir arcar com muita mídia paga. Segundo, os profissionais de marketing devem reconhecer que a aptidão em relações públicas e de mídia não mais se traduz em mídia conquistada. Em vez disso, os mercados devem aprender a ouvir as partes interessadas e fornecer-lhes uma resposta. Isso estimula o boca a boca. Por fim, os profissionais de marketing precisam compreender que a mídia paga não está morta, ela deve servir como catalisador para conduzir o envolvimento do cliente.[17] Se equilibrados corretamente, os três tipos de mídia podem ser ferramentas poderosas para profissionais de marketing interativos.

O Sistema de Escuta

A primeira ação que uma equipe de marketing deve tomar ao iniciar uma campanha de mídia social é simples – apenas ouvir. O desenvolvimento de um sistema eficaz de escuta é necessário tanto para a compreensão quanto para o envolvimento de um público on-line. Os profissionais de marketing devem não apenas ouvir o que está sendo dito sobre a marca, a indústria, a concorrência e o cliente – eles devem prestar atenção em quem está dizendo o quê. As formas específicas por meio das quais clientes e não clientes avaliam, classificam, criticam, elogiam, ridicularizam, recomendam, desrespeitam e geralmente discutem marcas são todas importantes. Comentários negativos e reclamações são de particular importância, tanto porque podem esclarecer erros de marcas desconhecidas quanto porque são os comentários que tendem a se tornar virais. Ferramentas on-line como o Google Alerts, o Google Blog Search, o Twitter Search, o SiteVolume, o Social Mention e o Socialcast são extremamente úteis no desenvolvimento de uma escuta eficiente e eficaz. Na Figura 22.1, o estrategista de mídias sociais Jeremiah Owyang descreve oito etapas de uma escuta eficaz. Ouvir clientes falando sobre a marca própria de alguém pode ser muito revelador, mas a mídia social também é uma ótima maneira de monitorar as presenças on-line de concorrentes, fãs e seguidores. Prestar atenção às formas pelas quais as marcas concorrentes atraem e envolvem seus clientes pode ser particularmente esclarecedor para empresas pequenas e marcas globais.

mídia paga conteúdo pago por uma empresa para ser inserido on-line

Objetivos da Mídia Social

Depois de estabelecer uma plataforma de escuta, a organização deve desenvolver uma lista de objetivos a serem cumpridos por sua equipe de mídia social. Esses objetivos devem ser desenvolvidos tendo em vista uma compreensão clara de como a mídia social altera a dinâmica da comunicação com os clientes e para eles. Lembre-se de que tentar chegar ao grande público com uma mensagem estática nunca será tão bem-sucedido como influenciar pessoas por meio do diálogo. Os gestores de marketing devem estabelecer objetivos que reflitam essa realidade. A seguir, apresentamos algumas ideias práticas que os gestores de marketing devem considerar quando da definição de objetivos de mídia social:

- *Ouvir e aprender.* Monitorar o que está sendo dito sobre a marca e sobre os concorrentes; coletar ideias sobre públicos. Usar ferramentas on-line e fazer pesquisas para implementar as melhores práticas de mídia social. Se a empresa estabeleceu uma estratégia de escuta, esse objetivo já deve ser realizado.

- *Construir relacionamentos e consciência.* Abrir diálogo com as partes interessadas e fornecer-lhes conteúdo atraente em variedade de mídias. Envolver-se em conversas e responder às perguntas dos clientes com franqueza. Isso vai tanto aumentar o tráfego da rede quanto impulsionar a classificação do motor de busca.

- *Promover produtos e serviços.* O caminho mais claro para aumentar resultados usando a mídia social é fazer os clientes falarem sobre produtos e serviços, o que, em última instância, se traduz em vendas.

- *Gerenciar a reputação.* Desenvolver e melhorar a reputação da marca, respondendo a comentários e críticas que aparecem em blogs e fóruns. Além disso, as organizações podem posicionar-se como úteis e benevolentes por meio da participação em outros fóruns e discussões.

- *Melhorar o atendimento ao cliente.* Os comentários de clientes sobre produtos e serviços nem sempre são positivos. Usar a mídia social para procurar clientes descontentes e envolvê-los diretamente a fim de resolver seus problemas de atendimento.

FIGURA 22.1
Oito Estágios da Escuta Eficaz

Etapa	Descrição	Recursos Necessários	Finalidade
Etapa 1: Sem Objetivo	A organização criou um sistema de escuta, mas não tem metas.	Ferramentas de notificação de mídia social (Google Alerts)	Acompanhar as informações da marca e da concorrência.
Etapa 2: Acompanhamento das menções à marca	A organização rastreia menções no espaço social, mas não tem orientação sobre os próximos passos.	Plataforma de escuta com capacidade para relatório de palavra-chave (Radian6)	Acompanhar discussões, compreender sentimentos e identificar influenciadores para melhorar a estratégia global de marketing.
Etapa 3: Identificar riscos de mercado e oportunidades	A organização busca discussões on-line que possam resultar na identificação de problemas e oportunidades.	Plataforma de escuta com uma grande equipe dedicada ao cliente (Converseon)	Os funcionários procuram discussões e relatórios para outras equipes, como desenvolvimento de produto e vendas. Essas equipes, então, envolvem os clientes diretamente ou conduzem pesquisas mais aprofundadas.
Etapa 4: Melhorar a eficiência da campanha	A organização utiliza ferramentas para obter dados em tempo real sobre eficiência de marketing.	Software analítico da rede (Google Analytics)	Observar a riqueza de informações sobre o comportamento dos consumidores em seus sites (e mídia social).
Etapa 5: Medir a satisfação do cliente	A organização coleta informações sobre satisfação, incluindo mensuração dos sentimentos.	Plataformas de insight que oferecem soluções on-line de grupos focais	Medir o impacto de satisfação ou frustração durante a interação.
Etapa 6: Responder a indagações do cliente	A organização identifica os clientes onde eles estão (por exemplo, no Twitter).	Uma equipe de atendimento ao cliente tem permissão de fornecer respostas em tempo real	Gerar um elevado senso de satisfação para o cliente; pode provocar reclamações do público.
Etapa 7: Entender melhor os clientes	A organização acrescenta informações sociais, dados demográficos e psicográficos para obter um perfil mais preciso.	Sistemas sociais de gestão de relacionamento com o cliente (CRM) para sincronizar dados	A CRM social associa a base de dados com a mídia social para criar uma poderosa ferramenta analítica. (Ver Capítulo 21 para saber mais sobre CRM.)
Etapa 8: Ser proativo e se antecipar às exigências do cliente	A organização analisa padrões anteriores de dados e comportamento social para antecipar as necessidades.	Base de dados avançada de clientes com aplicativos de previsão (ainda a ser criada)	Modificar a estratégia de mídia social para antecipar as modificações de comportamento do consumidor com base em tendências.

Fonte: Jeremiah Owyang. "Web Strategy Matrix: The Eight Stages of Listening", Web Strategy, 10 nov. 2009, www.web-strategist.com/blog/2009/11/10/evolution-the-eight-stages-of-listening/; Jim Sterne. Social Media Metrics (Hoboken, NJ: John Wiley & Sons, 2010).

OA 3 Avaliação e Mensuração de Mídias Sociais

A mídia social tem o potencial de revolucionar a forma como as organizações se comunicam com as partes interessadas. Dada a relativa facilidade e eficiência com que as organizações podem usar a mídia social, o retorno positivo sobre o investimento (ROI) é provável para muitas – senão a maioria – organizações. Um relatório da Forrester Research constatou que 95% dos profissionais de marketing planejaram aumentar ou manter seus investimentos em mídia social. No entanto, embora entenda que é um investimento rentável, a maioria deles não conseguem descobrir como mensurar os benefícios da mídia social. À medida que ela

CONSTRUINDO CONFIANÇA ON-LINE

Para ter sucesso em qualquer campanha de marketing, é preciso conquistar a confiança dos clientes. O Angie's List é um grande exemplo de website em que os consumidores confiam para direcioná-los para provedores de serviço seguros. Aqui estão algumas orientações para se conquistar a confiança do cliente:

- O conteúdo on-line deve ser atualizado, fácil de entender e útil. Seja o tradutor para seus clientes à medida que eles percorrem mensagem após mensagem.
- Certifique-se de que o seu site é fácil de navegar e oferece aos clientes acesso rápido às informações e à mídia que eles buscam.
- Torne o seu espaço social divertido e interativo. Interatividade é tudo no fortalecimento de relações. Trate os clientes como pessoas, não como dados, e eles vão tratar você como uma pessoa, não como lixo eletrônico.
- Acompanhe as tendências de design contemporâneo. Inevitavelmente, o público julga o livro pela capa.[18]

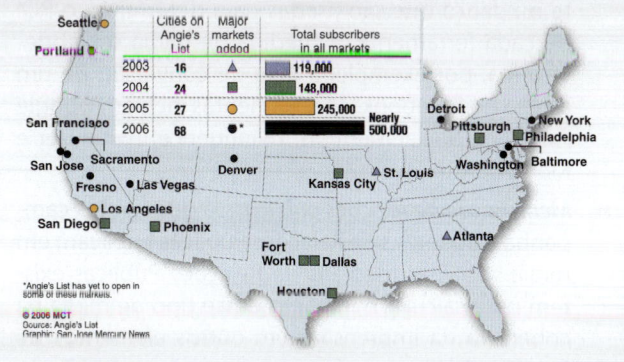

evolui, o mesmo acontece com as medições e métricas que a acompanham.[19] No entanto, assim como no caso da publicidade tradicional, faltam aos profissionais de marketing provas concretas quanto à relativa eficácia dessas ferramentas. Alguns deles aceitam essa variável desconhecida e se concentram no fato de que a mídia social é menos focada no ROI do que em aprofundar relacionamentos com clientes; outros trabalham incansavelmente para entender melhor a medição da eficácia da mídia social. Ainda que estejam sendo desenvolvidas centenas de métricas para mensurar o valor da mídia social, elas não têm sentido a menos que estejam vinculadas a indicadores de desempenho.[20] O gestor de uma cafeteria local, por exemplo, pode mensurar o sucesso de sua presença na mídia social por meio do número bruto de amigos no Facebook e de seguidores no Twitter. Mas esses números dependem inteiramente do contexto. A taxa de acumulação, o investimento por fã e seguidor e a comparação com cafeterias de tamanho semelhante são importantes variáveis a se considerar. Sem contexto, as medições não têm sentido.

Mark Zuckerberg, CEO do Facebook, apresenta novos recursos durante uma conferência para desenvolvedores, patrocinada pelo Facebook. Atrás dele, podemos ver algumas formas pelas quais os sites de redes sociais podem interagir.

TRÊS ÁREAS DE MEDIDA:

- *Mensuração de mídia social*: Métricas em constante mudança que são usadas para determinar o ROI de cada ferramenta. A medida de mídia social determina, por exemplo, a taxa de conversão de um amigo do Facebook. As ferramentas incluem Google Analytics, Social Mention, Twinfluence, Twitalyzer e Klout, dentre outras.[21]

- *Mensuração de relações públicas*: Já que muitas campanhas modernas de Relações Públicas implicam em mídia social, as medidas de Relações Públicas existem para calcular o impacto desse tipo de mídia na cobertura da imprensa e em outros elementos de Relações Públicas. As ferramentas incluem DIY Dashboard, Tealium e Vocus, que quantifica informações como o compartilhamento da voz relativa aos concorrentes, histórias por localização e uma análise de sentimento para cada sucesso da imprensa.

- *Monitoramento de mídia social*: Ferramentas que são usadas menos para métricas de campanha e mais para melhoria do atendimento ao cliente, gestão da marca e prospecção. As ferramentas incluem BlogPulse, Technorati, Trendrr, Google Trends, Tweetdeck, Visible Technologies e Trackur. O Google News Alerts, uma ferramenta on-line gratuita, influencia a tecnologia de pesquisa do Google para relatar notícias relevantes e posts de blogs sobre qualquer tópico ou organização.

OA 4 Comportamento Social dos Consumidores

Uma vez que os objetivos tenham sido determinados e as ferramentas de medição, implementadas, é importante identificar o consumidor. Quem está usando a mídia social? Que tipos de mídia social essas pessoas usam? O Facebook atrai usuários mais jovens? Os usuários do Twitter retweetam vídeos virais? Perguntas como essas devem ser consideradas, pois determinam não apenas quais ferramentas são mais eficazes, como também, e mais importante, se o lançamento de uma campanha de mídia social ainda faz sentido para determinada organização.

Entender um público requer a compreensão de como esse público usa a mídia social. Na *Groundswell*, Charlene Li e Josh Bernoff, da Forrester Research, identificam seis categorias de usuários de mídia social:

1. *Criadores:* Os que produzem e compartilham conteúdo on-line, como blogs, sites, artigos e vídeos
2. *Críticos:* Os que postam comentários, avaliações e opiniões sobre produtos e serviços em blogs e fóruns
3. *Coletores:* Os que usam feeds de RSS para coletar informações e votar em sites on-line
4. *Joiners:* Os que mantêm um perfil de rede social e visitam outros sites
5. *Espectadores:* Os que leem blogs, ouvem podcasts, assistem a vídeos e geralmente consomem mídia
6. *Inativos:* Os que não fazem nada disso[22]

Um estudo de 2009 determinou que 24% dos usuários de mídia social tinham a função de criadores, 37% de críticos, 21% de coletores, 51% de joiners e 73% de espectadores. Embora a participação em cada uma dessas categorias apresentasse tendência ascendente, o percentual de usuários inativos caiu de 44% em 2007 para apenas 18% em 2009.[23] No entanto, uma pesquisa recente da Forrester mostra que o número de pessoas que contribuem com conteúdo está diminuindo. A participação na maioria das categorias caiu ligeiramente, o que levou os analistas a recomendar que os profissionais de marketing reexaminem a forma como estão se envolvendo on-line com seus clientes. Apesar da aparente desaceleração, a pesquisa também mostra que mais "rookies" de redes sociais são classificados como joiners. Outro ponto de destaque é uma nova categoria, os "conversadores", ou pessoas que postam atualizações de status em sites de redes sociais e serviços de microblog como o Twitter. Os conversadores representam 31% dos usuários.[24]

OA 5 Ferramentas de Mídia Social: Conteúdo Gerado pelo Consumidor e pela Empresa

Uma série de ferramentas e plataformas pode ser empregada como parte da estratégia de mídia social de uma organização. Os blogs, microblogs, redes sociais, sites de criação de mídia e de compartilhamento, sites de notícias sociais, sites de redes sociais baseados em localização, sites de review, mundos virtuais e jogos on-line têm seu lugar no plano de marketing social de uma empresa. Esses são os itens que devem estar na caixa de ferramentas de um gestor de marketing disponíveis, quando for o caso, para o plano de marketing, mas não necessariamente para serem usadas de uma só vez. Em razão do ritmo alucinante em que a tecnologia muda, essa lista de recursos certamente estará muito diferente daqui a cinco anos. Mais ferramentas surgem a cada dia, e as estratégias de marca devem acompanhar o mundo tecnológico em constante mudança. Por enquanto, os recursos destacados nesta seção são o mais forte conjunto de plataformas do profissional de marketing para a comunicação e o fortalecimento do relacionamento com os clientes.

Blogs

Os blogs tornaram-se básicos em muitas estratégias de mídia social e, muitas vezes, são a peça central de uma marca. Um **blog** é uma página da web publicamente acessível que funciona como um jornal interativo por meio do qual os leitores postam comentários sobre o que o autor publica. Alguns especialistas acreditam que toda empresa deveria ter um blog que fala a clientes atuais e potenciais, não como consumidores, mas como pessoas.[25] Os blogs permitem que os profissionais de marketing criem conteúdo em forma de posts, que, idealmente, motivam a confiança e o senso de autenticidade nos clientes. Uma vez que os posts são inseridos, o público pode fornecer *feedback* por meio de comentários. Por abrir o diálogo e dar voz aos clientes, a seção de comentários é uma das vias mais importantes de conversa entre marcas e consumidores.

Os blogs podem ser divididos em duas grandes categorias: corporativos e profissionais e blogs não corporativos, como os pessoais. Os **blogs corporativos** são patrocinados por uma empresa ou por uma de suas marcas e são mantidos por um ou mais colaboradores da organização. Eles disseminam informações controladas pelo marketing e são plataformas eficazes para o desenvolvimento da liderança de pensamento, pois promovem um melhor relacionamento com as partes interessadas, maximizam os motores de busca, atraem novos clientes, cativam a organização com anedotas e histórias sobre marcas e fornecem um fórum ativo para testar novas ideias. Uma vez que blogs são projetados para serem atualizados diariamente, os corporativos são dinâmicos e flexíveis, dando aos profissionais de marketing a oportunidade de adaptar suas mensagens com mais frequência do que qualquer outro canal de comunicação.

Várias marcas usam os blogs de forma eficaz. O blog do FastLane da GM é considerado o melhor no segmento corporativo. Está recheado com áudios, vídeos e fotos e é organizado em categorias que oferecem um pouco de tudo. Uma de suas maiores atrações é a escrita de alta qualidade. Cada comentário do leitor é respondido em um tom divertido e enérgico, incentivando a participação e a leitura contínua (http://fastlane.gmblogs.com). O Vans Girls, blog oficial da Vans Shoes, é outro sucesso corporativo. Por meio de posts de fotos de moda, organização de eventos bem como de destaques para notícias de estilo e sobre celebridades, o Vans Girls cativa seu público com conteúdo que é interessante e relevante para a marca. Esse é um bom exemplo de blog corporativo que visa a um público singular (http://offthewallvansgirls.wordpress.com). A Southwest Airlines (Loucos pela Southwest, www.blogsouthwest.com) e a Dell (que criou um hub para vários blogs) também produzem blogs corporativos bem-sucedidos.

Em contrapartida, os **blogs não corporativos** são independentes e não estão associados aos esforços de marketing de nenhuma empresa ou marca específica.

Sean Combs, também conhecido como P. Diddy, mostra a sua página no Twitter. Combs usa o Twitter como um blog para manter os fãs atualizados sobre as suas atividades.

---

blog página da web publicamente acessível que funciona como um jornal interativo, por meio do qual os leitores podem postar comentários sobre o que o autor publica

blogs corporativos blogs patrocinados por uma empresa ou por uma de suas marcas e mantidos por um ou mais colaboradores da organização

blogs não corporativos blogs independentes não associados aos esforços de marketing de uma empresa ou marca específica

microblogs blogs com limites rígidos de postagem

sites de redes sociais site por meio dos quais as pessoas se conectam – ou criam redes – com amigos, colegas ou parceiros de negócios

Uma vez que contêm informações não controladas por profissionais de marketing, são considerados mais autênticos do que os blogs corporativos. As mamães blogueiras, mulheres que fazem críticas de produtos infantis e discutem temas relacionados à família, usam blogs não corporativos. O objetivo de blogs de mães é permitir que o usuário compartilhe dicas e experiências como pais e torne-se parte de uma comunidade. Por causa da popularidade desses e de outros tipos de blogs, há blogueiros que recebem produtos e/ou dinheiro de empresas em troca de uma crítica. Muitos blogueiros divulgam onde receberam o produto ou se receberam dinheiro, mas a filiação nem sempre é clara. Em virtude disso, nos Estados Unidos, os blogueiros têm de divulgar qualquer relação financeira com uma empresa, conforme orientam as regras da Comissão Federal de Comércio norte-americana. É importante que os gestores de marketing entendam as regras por trás dos produtos ofertados aos blogueiros, bem como o elevado potencial de ruído social; quatro em cada cinco blogueiros não corporativos postam críticas ou comentários de produtos. Mesmo se a empresa não tem uma estratégia formal de mídia social, se um gestor de marketing se aproximou de um blogueiro, há chances de a marca estar na blogosfera.

Microblogs

Os **microblogs** são blogs com limites rígidos quanto ao tamanho dos posts. O Twitter, plataforma de microblog mais popular, exige que os posts não tenham mais de 140 caracteres. No entanto, existem outras plataformas, incluindo Jaiku, Tumblr, Plurk e, claro, as atualizações de status do Facebook. Originalmente concebido como um sistema de mensagens curtas usadas para a comunicação interna, o Twitter ganhou popularidade mundial e hoje é utilizado como uma ferramenta de comunicação e pesquisa por pessoas físicas e marcas em todo o mundo. Uma grande parte do sucesso do Twitter decorre do fato de que a plataforma é extremamente versátil: os posts e as mensagens particulares podem ser enviados e recebidos via mensagens de texto, aplicativos para smartphone, por meio do desktop, sites externos, tablets e e-mail, entre outros. Os posts do Twitter, popularmente chamados de tweets, podem ser editados com fotos, vídeos e links externos. Recentemente, o Twitter mudou sua interface para incluir recursos visuais, como vídeos e fotos, e acrescentou novos produtos para tornar o site rentável. Também desenvolveu os tweets promovidos, anúncios que aparecem nos resultados de busca e em feeds de usuários tanto do Twitter.com quanto de clientes de terceiros, como o TweetDeck, o twhirl, o TwitterBerry e o Tweetie, que acessam o serviço.

Apesar do rígido limite de caracteres, o Twitter tem se mostrado eficaz para a divulgação de notícias de última hora, promovendo posts mais longos e campanhas, compartilhamento de links, anunciando eventos e promoção de vendas. Ao seguir, ou retweetar, responder aos tweets de potenciais clientes, e twittar conteúdos que inspirem os clientes a se envolver com a marca, os usuários do Tweeter corporativo podem criar uma base para conversas significativas de duas vias. Uma pesquisa constatou que, quando operadas corretamente, as contas corporativas do Twitter são muito respeitadas e bem recebidas. Essa rede social pode ser usada para construir comunidades; ajudar no atendimento ao cliente; obter perspectivas; aumentar a sensibilização; e, no caso de entidades sem fins lucrativos, angariar fundos.

As formas pelas quais uma empresa pode usar o Twitter para se envolver com êxito com os clientes são quase ilimitadas. O carro da Kogi Korean BBQ oferece tacos gourmet para moradores de Los Angeles durante a noite. Uma vez que o trânsito, as obras e outros fatores impedem que o veículo estacione sempre no mesmo local, o proprietário, Mark Manguera, usa o Twitter para informar a seus clientes onde está localizado a cada noite. Uma vez que seus tweets são informativos, úteis e relevantes para o negócio, a conta do Kogi Korean BBQ no Twitter tem dezenas de milhares de seguidores.[26]

Redes Sociais

Os **sites de redes sociais** permitem que as pessoas se conectem – ou criem redes – com amigos, colegas e parceiros de negócios. As conexões podem ser feitas em torno de interesses e ambientes compartilhados ou relações pessoais. Dependendo do site, os indivíduos conectados podem trocar mensagens entre si, acompanhar as atividades e ver as informações pessoais uns dos outros, compartilhar multimídia ou comentar os posts de blogs e microblogs alheios. Dependendo dos objetivos, existem várias redes sociais com que uma equipe de marketing pode se envolver como parte de sua estratégia de mídia social: o Facebook é a maior rede e a que cresce mais rápido; o MySpace atende a um público mais jovem; o LinkedIn é voltado para profissionais e empresas que o utilizam para recrutar pessoal; e as redes de nicho, como Bebo, Last.fm, We AreTeachers, Black Planet e Match.com, atendem mercados especializados. Há uma rede social de nicho para quase todas as demografias e interesses. Além daquelas já estabelecidas, uma organização pode decidir desenvolver uma rede ou comunidade social específica de marca. Ainda que os sites de redes sociais sejam diferentes, alguns objetivos de marketing podem ser alcançados em qualquer desses sites. Dada a estratégia certa, objetivos de marketing como sensibilizar as pessoas, visar públicos, promover produtos, moldar relações, destacar expertise e liderança, atrair participantes de eventos, realizar pesquisas e gerar novos negócios são atingíveis em qualquer rede social.

O Facebook é, de longe, o maior site de redes sociais. Enquanto os usuários individuais do Facebook criam perfis, as marcas, organizações e causas sem fins lucrativos funcionam como páginas. Ao contrário de perfis individuais, todas as páginas são públicas e estão sujeitas à indexação do motor de busca. Ao manter uma página popular no Facebook, uma marca não só aumenta a sua presença na mídia social mas também ajuda a otimizar resultados de pesquisas. Muitas vezes, as páginas incluem álbuns de fotos e de vídeo, informações da marca e links para sites externos. No entanto, o recurso mais útil da página é o Mural. O Mural permite que uma marca se comunique diretamente com os fãs por meio de atualizações de status, o que possibilita aos profissionais de marketing formar bases de dados das partes interessadas. Quando um indivíduo torna-se um fã da sua organização ou posta em seu Mural, essa informação é compartilhada com os amigos do indivíduo, criando uma minicampanha de marketing viral. Outras ferramentas de marketing do Facebook incluem grupos, aplicativos e anúncios. O Facebook é uma plataforma extremamente importante para profissionais de marketing que trabalham com mídias sociais.

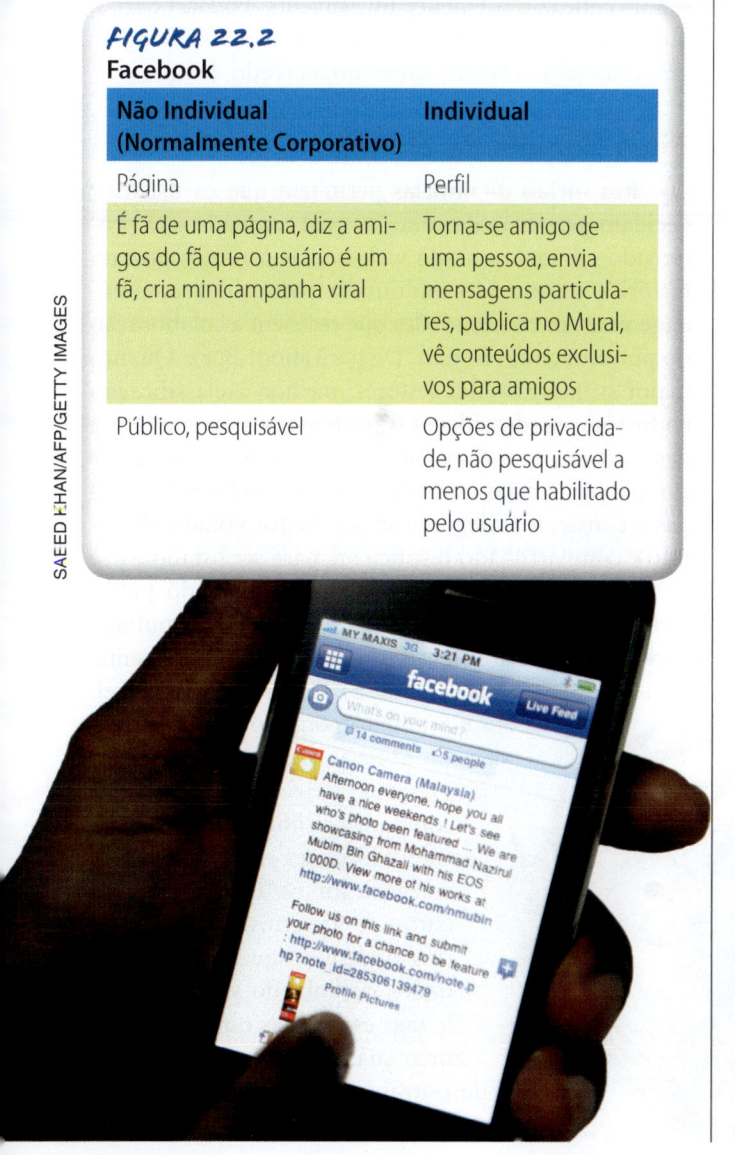

sites de compartilhamento de mídia websites por meio dos quais os usuários fazem uploads e distribuem conteúdo multimídia, como vídeos e fotos

O Facebook provou ser um terreno fértil para novas ideias e campanhas de marketing. Ao criar um aplicativo para o Facebook chamado Verdadeiro ou Falso, a Adobe usou a plataforma de software embutida na rede social para fazer propaganda de edições do Photoshop direcionadas a estudantes. Quando os usuários instalaram o aplicativo, ganharam acesso a imagens semanais por meio das quais foram desafiados a distinguir imagens autênticas das digitalmente manipuladas. Aceito o desafio, os usuários foram direcionados para tutoriais que demonstravam como as fotos alteradas foram manipuladas com o Photoshop. Até o final da campanha, a Adobe havia ganhado fãs adicionais no Facebook e testemunhado um aumento em visualizações de página, de 5.057 para 53 mil por semana. Mais de 6% dos que utilizaram o Verdadeiro ou Falso realmente compraram o software. Por meio dessa campanha, a Adobe não apenas estabeleceu uma presença na mídia social como também criou uma nova maneira de envolver seus fãs.[27] A página da Coca-Cola no Facebook, que ostenta cinco milhões de fãs, foi desenvolvida por dois indivíduos, na Califórnia. Em vez de assumir a gestão da página, a Coca-Cola decidiu trabalhar com os fãs para mantê-la. Mais uma vez, para ter sucesso nas mídias sociais, as organizações devem aprender a compartilhar o controle com o consumidor.

O Linkedin possui muitos dos mesmos serviços do Facebook (perfis, atualizações de status, mensagens privadas, páginas de empresas e grupos), mas está orientado para negócios e relacionamentos profissionais. Diferente do Facebook, possui um fórum de perguntas e respostas, em que os usuários podem pedir conselhos e compartilhar conhecimentos especializados em áreas específicas, e um serviço de hospedagem de arquivos, em que os usuários podem fazer upload de propriedade intelectual, como slides, apresentações e outros documentos compartilhados.[28] O Linkedin é utilizado principalmente por profissionais que desejam construir suas marcas pessoais on-line e empresas que estão recrutando funcionários e freelancers.

Sites de Compartilhamento de Mídia

Os **sites de compartilhamento de mídia** permitem que os usuários façam upload e distribuam conteúdo

FIGURA 22.2
Facebook

Não Individual (Normalmente Corporativo)	Individual
Página	Perfil
É fã de uma página, diz a amigos do fã que o usuário é um fã, cria minicampanha viral	Torna-se amigo de uma pessoa, envia mensagens particulares, publica no Mural, vê conteúdos exclusivos para amigos
Público, pesquisável	Opções de privacidade, não pesquisável a menos que habilitado pelo usuário

sites sociais de notícias websites por meio dos quais os usuários decidem, por votação, qual conteúdo deve ser promovido em determinado site

multimídia, como vídeos e fotos. O YouTube e o Flickr são particularmente úteis para estratégias de marketing social de marcas, pois adicionam um vibrante canal interativo no qual é possível divulgar conteúdos. A distribuição de conteúdo gerado pelo usuário mudou acentuadamente ao longo dos últimos anos. Hoje, as organizações podem contar histórias convincentes sobre marcas por meio de vídeos, fotos e áudio.

Os sites de compartilhamento de fotos permitem que os usuários arquivem e compartilhem fotos. Flickr, Picasa, TwitPic, Photobucket, Facebook e Imgur oferecem serviços gratuitos de hospedagem de fotos que podem ser utilizados por pessoas físicas e empresas. Para fortalecer sua imagem de transparência e sua relação com doadores em potencial, a Cruz Vermelha Americana manteve no Flickr centenas de fotos da tragédia provocada pelo furacão Katrina e rastreou opiniões sobre seus serviços durante a crise.[29]

A criação e a distribuição de vídeos também se tornaram populares entre profissionais de marketing por causa da preciosa habilidade do vídeo para contar histórias. O YouTube, site baseado em vídeos mais visitado e o sexto site mais visitado no geral, permite que os usuários façam uploads e transmitam seus vídeos a uma comunidade entusiasta e ativa.[30] O YouTube não é apenas grande (no que diz respeito à quantidade de visitantes), ele atrai uma base diversificada de usuários: os dados demográficos de idade e sexo são muito equilibrados.

Muitas empresas de entretenimento e profissionais de marketing que trabalham com filmes usam o YouTube como vitrine para novos produtos, promoções e trailers. A Lions Gate Entertainment comprou espaço publicitário na página inicial do YouTube em 15 países para promover o trailer do filme *Avatar*. Algumas marcas de roupas para adolescentes, como a Forever 21 e a JCPenney, atraem seguidores no YouTube porque postam hauls – vídeos feitos por adolescentes que focam em moda. O conteúdo gerado pelo usuário pode ser uma poderosa ferramenta para as marcas, que podem utilizá-lo de forma efetiva.

O podcast, outro tipo de mídia gerada pelo usuário, é um arquivo de áudio ou vídeo digital distribuído em série para que outras pessoas ouçam ou assistam. Os podcasts podem ser transmitidos on-line, reproduzidos em computador, enviados para um media player portátil (como um iPod) ou baixados em um smartphone (como o Droid Incredible HTC). Eles são como programas de rádio distribuídos por vários meios e não ligados a um horário programado. Enquanto não experimentam as exponenciais taxas de crescimento de outras plataformas digitais, os podcasts acumulam um número crescente de devotos fiéis. Um bom exemplo de seu uso eficaz é o Fidelity Investments' Podcast Series, que oferece a seus clientes e não clientes informações gratuitas sobre investimentos no mercado de ações.[31]

Sites Sociais de Notícias

Os **sites sociais de notícias** permitem que os usuários decidam, por meio de votação, qual conteúdo será promovido em determinado website. Os usuários postam histórias e conteúdo multimídia para que a comunidade vote em comunidades que recebem a colaboração do público, como Reddit, Digg e Yahoo! Buzz. Quanto maior o interesse dos leitores, melhor a classificação da história ou do vídeo. Os profissionais de marketing descobriram que esses sites são úteis para promover campanhas, iniciar conversas sobre questões relacionadas e construir tráfego de sites.[32] Se for votado, discutido e compartilhado o suficiente para ser listado entre os tópicos mais populares do dia, o conteúdo publicado em um site que recebe a colaboração do público pode tornar-se viral em outros sites e, eventualmente, em toda a rede. Sites de bookmarking social, como Del.icio.us e StumbleUpon, são semelhantes a sites de notícias sociais, mas o objetivo de seus usuários é coletar, salvar e compartilhar links interessantes e valiosos. Nesses sites, os usuários categorizam os links com tags curtas e descritivas. Os usuários podem pesquisar a base de dados de links do site em busca de tags específicas ou podem adicionar suas próprias tags aos links de outras pessoas. Dessa forma, as tags servem como base para o agrupa-

Estas imagens foram usadas como parte do jogo Verdadeiro ou Falso da Adobe no Facebook. Você consegue dizer qual é verdadeiro e qual é falso? O camaleão é falso (os chifres são de cabra) e a estrada é real (fica no Marrocos).

mento e o compartilhamento de informações em sites de bookmarking social.³³

Sites de Redes Sociais Baseados em Localização

Considerados por muitos como a próxima novidade em marketing social, os sites de localização como o Gowalla e o Loopt devem estar no radar de cada profissional de marketing. Essencialmente, os **sites de redes sociais** baseados em localização combinam a diversão das redes sociais com a utilidade da tecnologia de localização por GPS. O Foursquare, um dos mais populares sites de localização, trata as microrredes baseadas em localização como um jogo: os usuários ganham emblemas e status especial com base em seu número de visitas a determinados locais. Os usuários podem postar e ler opiniões e dicas breves sobre empresas, organizar meet-ups e ver quais amigos usuários do Foursquare estão por perto. As atualizações do Foursquare podem ser enviadas para contas do Twitter e do Facebook para serem compartilhadas com seguidores e amigos. Os sites de localização como o Foursquare são ferramentas de marketing social particularmente úteis para empresas locais, especialmente quando combinadas com promoções de vendas como cupons, ofertas especiais, concursos e eventos. Esses sites podem ser aproveitados para estabelecer relações duradouras e desenvolver a lealdade dos clientes.³⁴ Um restaurante local, por exemplo, pode permitir que os consumidores registrem sua entrada no Foursquare usando seus smartphones e recebam um cupom para compras naquele dia. Uma vez que a tecnologia de sites de localização é relativamente nova, muitas marcas ainda estão tentando descobrir a melhor forma de utilizar o Foursquare. O Facebook adicionou "Locais" para capitalizar sobre a tecnologia baseada em localização, o que permite às pessoas fazer "check in" e compartilhar sua localização com amigos on-line. Será interessante observar como o uso dessa tecnologia crescerá ao longo do tempo.

Sites de Críticas

Os indivíduos tendem a confiar em opiniões de outras pessoas quando se trata de compras. De acordo com a Nielsen Media Research, mais de 70% dos consumidores disseram que confiam em opiniões de consumidores on-line. Esse percentual é muito maior do que o de consumidores que confiam em publicidade tradicional. Com base no trabalho precoce do Amazon e do eBay no sentido de integrar opiniões do usuário em páginas do produto e do vendedor, inúmeros sites que permitem aos usuários expressar suas opiniões têm surgido em todos os segmentos do mercado de internet. Os **sites de críticas** permitem que os consumidores publiquem, leiam, avaliem e comentem opiniões sobre produtos e serviços. O Yelp, por exemplo, diretório de críticas mais ativo da rede, combina opiniões de clientes sobre empresas locais com informações de negócios e elementos das redes sociais para criar uma experiência envolvente e informativa. Os usuários avaliam restaurantes locais, academias de ginástica, estúdios de tatuagem e outras empresas e cada uma delas ganha um perfil detalhado. Empresários e representantes podem editar as páginas de suas organizações e responder a críticas tanto de forma particular como pública.³⁵ Dando aos profissionais de marketing a oportunidade de responder diretamente a seus clientes e oferecer uma perspectiva positiva de seus negócios, os sites de críticas constituem ferramentas úteis para empresas locais e nacionais.

> **sites de redes sociais** baseados em localização websites que combinam a diversão das redes sociais com a utilidade da tecnologia de localização por GPS
>
> **sites de críticas** websites por meio dos quais os consumidores publicam, leem, avaliam e comentam opiniões acerca de produtos e serviços

Mundos Virtuais e Jogos On-line

Os mundos virtuais e os jogos on-line propiciam oportunidades adicionais para que os profissionais de marketing se envolvam com os consumidores. Essas oportunidades incluem jogos multiplayer on-line (MMOGs), como World of Warcraft e The Sims On-line, bem como comunidades on-line (ou mundos virtuais), como Second Life, Poptropica e Habbo Hotel. A empresa de consultoria KZero Worldwide relatou que quase 800 milhões de pessoas participaram de algum tipo de experiência no mundo virtual e que a receita anual do setor chegou perto de US$ 1 bilhão. Grande parte dessa receita veio da publicidade interna do jogo – ambientes do mundo virtual são terreno fértil para as marcas. Várias empresas, como a IBM e a empresa de consultoria Crayon, desenvolveram presenças rentáveis no Second Life. A IBM tem usado o seu espaço no jogo para realizar conferências virtuais com mais de 200 participantes, ao passo que a Crayon realizou uma série de eventos e encontros no mundo virtual.[36] Outras organizações, como o Centros de Controle de Desastres e a Sociedade Americana de Câncer, mantiveram os seus próprios eventos virtuais no Second Life. Embora não familiar e até mesmo intimidante para muitos profissionais de marketing tradicionais, o segmento dos mundos virtuais é uma consideração importante, viável e crescente para o marketing de mídia social.

Uma área em expansão é a de jogos sociais. Quase 25% das pessoas jogam em sites de redes sociais como Facebook e MySpace. O jogador típico é mulher, de 43 anos, que trabalha em tempo integral e tem educação universitária. As mulheres têm mais probabilidade de jogar com amigos ou parentes do mundo real do que com estranhos. A maioria joga várias vezes por semana e mais de 30% joga diariamente. O Facebook é, de longe, a maior rede social para jogos. Os cinco jogos desse site são Farmville, Bejeweled Blitz, Texas Hold'em Poker, Café World e Mafia Wars. Em razão da popularidade desse tipo de jogo, os profissionais de marketing têm de integrar suas mensagens com base nas plataformas de redes sociais e na área demográfica do participante do jogo.[37]

Outro tipo popular de jogos on-line tem como alvo um grupo diferente – os MMOGs visam pessoas do sexo masculino, entre 18 e 34 anos. Nesses ambientes, milhares de pessoas jogam ao mesmo tempo, e a receita advinda é de mais de US$ 400 bilhões por ano. Independentemente do tipo de experiência, as marcas precisam ser criativas em relação a como se integrar nos jogos. Os títulos sociais e semelhantes ao mundo real são os mais apropriados para marketing e publicidade (em oposição aos jogos de fantasia), e as promoções geralmente incluem eventos especiais, concursos e sorteios. Em alguns jogos (como o The Sims), ter anúncios aumenta a autenticidade. A Nike, por exemplo, oferece no Sims On-line calçados que permitem ao jogador correr mais rápido.

OA 6 Mídia Social e Tecnologia Móvel

Embora grande parte do entusiasmo em relação aos meios de comunicação social tenha se baseado nos websites e nos novos usos da tecnologia, grande parte do crescimento se deve a novas plataformas. Essas plataformas incluem a grande variedade de smartphones, por exemplo, iPhone e BlackBerry, bem como de netbooks e iPads. As principais implicações das novas plataformas dizem respeito ao fato de os consumidores poderem acessar sites populares como Facebook, Mashable, Twitter e Foursquare das várias plataformas.

Tecnologia de Telefonia Móvel e Smartphones

Mais de 25% da população mundial – e mais de 75% da população dos Estados Unidos – tem um telefone celular.[38] Então, não é nenhuma surpresa que a plataforma de telefonia móvel seja uma ferramenta de marketing tão eficaz, especialmente quando o alvo é um público mais jovem. Na campanha presidencial de 2008, a equipe de Barack Obama utilizou mensagens de texto para arrecadar fundos e organizar o apoio de estudantes universitários, enquanto organizações de base, como a DoSomething.org, utilizaram mensagens para alertar os jovens para oportunidades de voluntariado. Os smartphones aceleraram o passo ao permitir que as pessoas façam quase tudo o que se pode fazer com um computador – de qualquer lugar. Com um smartphone na mão, ler blogs, escrever e-mails, agendar reuniões, postar no Facebook, participar de jogos multiplayer, assistir vídeos, tirar fotos, usar GPS e navegar na internet são ações que podem acontecer durante um passeio de carro de dez minutos. A tecnologia dos smartphones, muitas vezes considerada a conquista suprema no que se refere a convergência digital e integração de mídia social, abriu as portas para a publicidade móvel moderna como uma estratégia viável de marketing.

De acordo com uma pesquisa do eMarketer, os gastos com marketing móvel nos Estados Unidos chegaram a quase US$ 593 milhões em 2010, e devem aumentar. Há várias razões para a popularidade recente do marketing móvel. Primeira, um esforço para padronizar plataformas móveis resultou em uma baixa barreira à entrada. Segunda, especialmente tendo em conta o público mais jovem, há mais consumidores do que nunca se adaptando às outrora preocupantes políticas de precificação e privacidade. Terceira, uma vez que a maioria dos consumidores está sempre com seu smartphone, o marketing móvel é excepcionalmente eficaz em atrair a atenção do consumidor em tempo real. Quarta, o marketing móvel é mensurável: as estatísticas de métrica e uso o tornam uma ferramenta eficaz para obter insights sobre o comportamento do consumidor. Por fim, a taxa de resposta do marketing móvel é mais elevada do que a de mídias tradicionais, como propaganda impressa e televisiva. Algumas ferramentas comuns do marketing móvel incluem:

Um exemplo de tecnologia móvel é a digitalização de códigos de barras da tela do celular – uma forma conveniente e ecológica de agregar valor aos clientes.

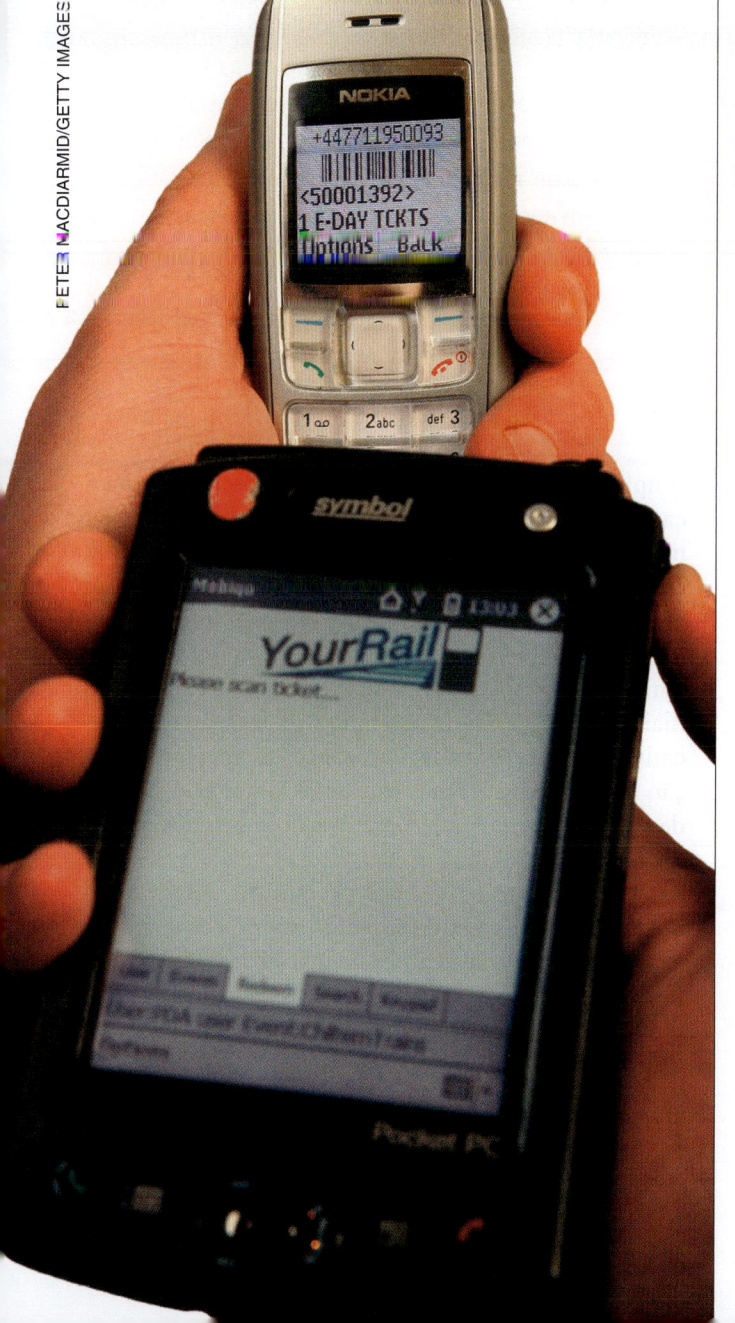

- *SMS (short message service):* Mensagens de texto de 160 caracteres enviadas e recebidas por meio de celular. Normalmente, o SMS está integrado com outras ferramentas.
- *MMS (multimedia messaging service).* Semelhante ao SMS, mas permite anexar às mensagens de texto imagens, vídeos, ringtones e outros produtos multimídia.
- *Sites móveis (MOBI e websites WAP):* Sites concebidos especificamente para visualização e navegação em dispositivos móveis.
- *Anúncios para celular:* Anúncios visuais integrados em mensagens de texto, aplicativos e sites móveis da rede. Os anúncios para celular costumam ser vendidos em uma base de custo por clique.
- *Marketing de bluetooth:* Um sinal é enviado para o bluetooth dispositivo habilitado que permite aos profissionais de marketing enviar mensagens com base na localização geográfica do usuário.
- *Aplicativos para smartphones:* Softwares projetados especificamente para celulares e tablets. Esses aplicativos incluem softwares para transformar telefones em escâneres para vários tipos de códigos de barras – incluindo códigos QR, como os encontrados nos finais dos capítulos 1 e 2.

A Rémy Martin, fabricante de conhaque de alto nível, utilizou mensagens de texto, e-mails e promoções de sites para divulgar eventos VIP realizados simultaneamente em seis cidades dos Estados Unidos. Para garantir o interesse de gerações mais jovens por esses eventos, a empresa também desenvolveu um site WAP chamado Rémy's Chill Zone em que, após a adesão, os usuários podem obter informações adicionais e se envolver com a marca em um nível mais profundo. Resultado: os seis eventos lotaram, e a Rémy Martin começou a dialogar com clientes mais jovens que nunca haviam experimentado seu produto. Como esse exemplo ilustra, o marketing móvel é uma ótima maneira de envolver as gerações X e Y.[39]

Aplicativos e Widgets

Dada a ampla adoção do iPhone da Apple, da linha BlackBerry da RIM, dos telefones Android e de outros smartphones, não é surpresa que milhões de aplicativos tenham sido desenvolvidos para o mercado móvel. Dezenas de aplicativos novos e exclusivos que utilizam a tecnologia móvel são adicionados ao mercado de telefonia móvel todos os dias. Ao passo que muitos aplicativos executam tarefas específicas da plataforma, outros convertem o conteúdo existente para um formato pronto para a telefonia móvel. Se oferece conteúdo novo ou já existente, quando um aplicativo carrega uma boa marca e está integrado na estratégia global de marketing de uma empresa, pode provocar ruído e gerar o envolvimento do cliente.

MENSAGENS DE TEXTO HUMANITÁRIAS

Após a inundação no Paquistão ter desabrigado mais de 14 milhões de pessoas, o Comitê de Emergência para Desastres criou um serviço de doações por mensagens de texto semelhante ao usado no Haiti. Ele é promovido pelo lutador de boxe Amir Khan.

Em janeiro de 2010, um terremoto de 7,0 atingiu Porto Príncipe, no Haiti, e áreas circunvizinhas. No momento em que a poeira baixou, 230 mil pessoas haviam morrido e mais 1,9 milhão estavam desabrigadas. Entre as organizações que prometeram ajuda, a campanha de doações por mensagens de texto elaborada pela Cruz Vermelha Americana provou ser a verdadeira ruptura dessa crise. Enviando a palavra "HAITI" para 90999, as pessoas podiam fazer doações de US$ 10 para a Cruz Vermelha Americana, valor cobrado na fatura mensal. Mais de três milhões de pessoas levantaram mais de US$ 32 milhões para o socorro no Haiti — simplesmente por meio do envio de mensagens de texto.

Uma série de fatores tornou a campanha bem-sucedida. O grande desastre inspirou a cobertura de notícias no longo prazo e a facilidade de enviar doações por mensagens de texto propiciou a muitas pessoas uma maneira de ajudar após serem expostas à tragédia. Um anúncio de utilidade pública proferido na televisão pela primeira-dama Michelle Obama solicitou um aumento significativo nas doações, assim como no play-off da NFL durante o qual os comentaristas discutiram a campanha da Cruz Vermelha.[40]

Um exemplo de utilização de aplicativos para smartphone de forma efetiva foi quando o Volkswagen Group of America lançou o GTI sedã 2010 em um aplicativo chamado VW Real Racing GTI, promovido pelo Facebook, Twitter, YouTube e outros canais tradicionais. O VW Real Racing GTI é um jogo de corrida em que os jogadores participam de corridas de competição em seus dispositivos móveis. O aplicativo conectou-se com os jogadores – é um dos mais comentados da loja da Apple, com quase cinco milhões de downloads.[41] A Benjamin Moore Paint concentrou-se no fato de que a utilidade pode ser um foco de venda tão eficaz quanto a conectividade ao desenvolver o Color Capture, um aplicativo que permite aos usuários de iPhone combinar cores em fotos com tons da coleção de Benjamin Moore. Os usuários também podem salvar suas cores e nomes de chip favoritos para uso futuro.[42]

Os widgets da rede, também conhecidos como gadgets e emblemas, são aplicativos de software que rodam em plataformas on-line. Essencialmente, um widget permite que o desenvolvedor incorpore um aplicativo simples, como previsão do tempo, horóscopo ou mercado de ações, em um site, mesmo se o desenvolvedor não escrever (ou não entender) o código-fonte do aplicativo. Com base em uma perspectiva de marketing, os widgets permitem que os clientes exibam informações da empresa (como promoções, cupons ou notícias) em seus próprios sites. Muitas vezes, os widgets são mais baratos de desenvolver em comparação aos aplicativos, podem estender o alcance de uma organização além de plataformas existentes, ampliar o sistema de escuta e tornar uma organização mais fácil de ser encontrada.[43]

Permitir que os clientes promovam um material atualizado de marketing em seus próprios blogs e sites é muito atraente, mas antes de investir em um widget orientado para o marketing, é preciso considerar algumas questões:

» A organização pública regularmente conteúdos interessantes, como notícias, descontos do dia ou cupons em seu site ou blog?

- Será que o o conteúdo envolve as pessoas ou é atraente para suas necessidades como clientes?
- O conteúdo é susceptível de inspirar conversas com a empresa ou com outros clientes? Será que os clientes vão querer compartilhar o conteúdo com os outros?

Se for possível responder "sim" a essas perguntas, um widget pode ser uma ferramenta eficaz para a organização.

O Mundo da Mídia Social em Mudança

Como vimos neste capítulo, algumas das tendências observadas podem já parecer antigas. A taxa de mudança na mídia social é espantosa – as estatísticas de uso mudam diariamente para sites como Facebook e Twitter. Algumas coisas que são apenas boatos enquanto este texto está sendo escrito podem explodir em popularidade; outras podem ter fracassado antes mesmo de aparecer. Na Figura 22.3, listamos alguns dos itens que parecem estar à beira de explodir no cenário da mídia social. Dedique um momento para preencher o estado atual de cada um. Você já ouviu falar? Tem ido e vindo? Talvez ainda seja boato, talvez tenha se esgotado. Esse exercício evidencia não apenas a velocidade das mudanças na mídia social, mas também a importância de manter tabs em boatos. Fazer isso pode resultar em uma vantagem competitiva pela habilidade de entender e investir no próximo grande site de mídia social.

FIGURA 22.3
Tendências das Mídias Sociais

Site	Mudança	Onde Está Agora?
Facebook	Comentários "rosqueados", comentários a favor/contra.	
Twitter	Tweets promovidos.	
Facebook/Bing	Buscas conectadas ao Bing. Resultados de pesquisa incluem itens semelhantes que amigos no Facebook curtiram; as pessoas buscam informações do seu perfil para encontrar a pessoa correta.	
Facebook Places/Foursquare	O Facebook Places acabou de ser lançado; o Foursquare está ganhando popularidade longe de grandes cidades.	
Ping, mídia social de música da Apple	Lançado com o iTunes 10, o Ping permite aos usuários curtir música, seguir astros e amigos envolvidos com música, postar músicas e álbuns e encontrar usuários com gostos musicais semelhantes.	

FERRAMENTAS DE ESTUDO CAPÍTULO 22

Acesse a Trilha de MKTG em www.cengage.com.br/4ltr para:

- ❑ **Acessar os cartões de revisão dos capítulos**
- ❑ **Responder aos questionários práticos para se preparar para as provas**
- ❑ **Realizar as atividades "Vença o relógio" para dominar os conceitos**
- ❑ **Completar as "Palavras cruzadas" para revisar os termos-chave**

Notas Finais

1

1. Comunicado ao Conselho Acadêmico da AMA por Patricia K. Goodrich, Diretora Sênior de Desenvolvimento Profissional da American Marketing Association, 25 de outubro de 2007.
2. George Anderson. "Satisfied Workers Generate Greater Returns", *Retailwire*, 16 de janeiro de 2008, www.retailwire.com.
3. Ann Zimmerman. "Home Depot Chief Renovates", *Wall Street Journal*, 5 de junho de 2008, B1-B2; "Our Company Values", The Home Depot, http://corporate.homedepot.com (Acesso em: 22 de junho de 2010).
4. Philip Kotler e Kevin Lane Keller. *A Framework for Marketing Management*, 3. ed. (Upper Saddle River, NJ: Prentice-Hall, 2007), 3.
5. "How to Reward Employees on a Budget", *Inc.*, 19 de abril de 2010, www.inc.com/guides/2010/04/rewarding-employees-on-a-budget.html.
6. "Aggressive Deals Are Expected to Boost Toyota Sales 30 Percent in March", *Palm Beach Post*, 12 de março de 2010, www.palmbeachpost.com/money/aggressive-deals-are-expected-to-boost-toyota-sales-346358.html.
7. Woody Driggs. "Serving Up Customer Delight", *Customer Relationship Management*, 14 de abril de 2008.
8. Ibid.
9. Ellen Davis. "Top Ten Retailers for Customer Service", National Retail Federation, 12 de janeiro de 2010, http://blog.nrf.com/2010/01/12/top-ten-retailers-for-customer-service/.
10. Jena McGregor. "Customer Service Champs 2010", *Bloomberg Businessweek*, 18 de fevereiro de 2010, http://images.businessweek.com/ss/10/02/0218_customer_service_champs/index.htm.
11. Anya Kamenetz. "Cleaning Solution", *Fast Company*, setembro de 2009, 121-124.
12. Ibid.
13. "U.S. Consumers Still Willing to Pay More for 'Green' Products", environmentalleader.com, 29 de março de 2010, www.environmentalleader.com/2010/03/29/u-s-consumers-still-willing-to-pay-more-for-green-products/.
14. Becky Ebenkamp. "Study: 'Green' Products Leave Consumers Puzzled", *Brandweek.com*, 15 de julho de 2008, www.brandweek.com/bw/content_display/news-and-features/shopper-marketing/e3i26f4ff48c6b4dae290f1bbb4854e7b58.
15. Marc Gunther. "PET Project: Coke's Big Recycling Plant", 14 de janeiro de 2009, GreenBiz.com, www.greenbiz.com/blog/2009/01/14/pet-project-cokes-big-recycling-plant.
16. "Burt's Bees, Whole Foods Perceived Greenest US Brands", environmentalleader.com, 9 de junho de 2010, www.environmentalleader.com/2010/06/09/climate-change-identified-as-biggest-issue-for-global-consumers.
17. "U.S. Consumers Still Willing to Pay More for 'Green' Products", environmentalleader.com.
18. A. G. Lafley e Rom Charan. The Consumer Is Boss", *Fortune*, 17 de março de 2008, 121-126.
19. Anjali Athavaley. "What Makes a Mattress Cost $33,000?", *Wall Street Journal*, 16 de junho de 2010, D1-D2.
20. Tim Donnelly. "How to Open a Business in Brooklyn", *Inc.*, 28 de junho de 2010, www.inc.com/guides/2010/06/opening-a-business-in-brooklyn.html.
21. "The Importance of Great Customer Experiences and the Best Ways to Deliver Them", *Insight*, novembro de 2007, 32.
22. Phred Dvorak. "Next in Line for Reinvention: The Art of Selling", *Wall Street Journal*, 28 de janeiro de 2008, B3.
23. Jena McGregor. "USAA's Battle Plan", *Bloomberg Businessweek*, 18 de fevereiro de 2010, www.businessweek.com/magazine/content/10_09/b4168040782858.htm.
24. Karen Aho. "The Customer Service Hall of Shame", *MSN*, 18 de maio de 2010, http://articles.moneycentral.msn.com/Investing/Extra/the-customer-service-hall-of-shame-2010.aspx.
25. Ibid.
26. McGregor. "USAA's Battle Plan".
27. Jeffrey M. O'Brien. "A Perfect Season", *Fortune*, 4 de fevereiro de 2008, 61-66.
28. Jeff Green e David Welch. "Cadillac Starts Putting on the Ritz", *Bloomberg Businessweek*, 21-27 de junho de 2010, 24.
29. Samuel Fromartz. "Good Enough to Eat", *Fast Company*, setembro de 2008, 29.
30. Lafley e Charan. "The Consumer Is Boss", 122.
31. Courtney Rubin. "The Truth about Who's Using Twitter", *Inc.*, 10 de maio de 2010, www.inc.com/news/articles/2010/05/twitter-just-as-well-known-as-facebook.html; Jessie Kunhardt. "The Best Publishers on Twitter and Facebook", *Huffington Post*, 24 de junho de 2010, www.huffingtonpost.com/2010/06/24/the-best-publishers-on-tw_n_623364.html.
32. "U.S. & World Population Clocks", U.S. Census Bureau, 30 de junho de 2010, www.census.gov/main/www/popclock.html.

2

1. Julie Naughton. "Macy's Reacts to Changing Consumer Shopping Habits", *Women's Wear Daily*, 11 de junho de 2010, 6.
2. David Welch e Ola Kinnander. "Saab Lives! At Least for a While", *Bloomberg Businessweek*, 21-27 de junho de 2010, 73-77.
3. Bruce Einhorn e Tim Culpan. "A Netbook Pioneer Enters the iPad Age", *Bloomberg Businessweek*, 14-20 de junho de 2010, 31-32.
4. Site corporativo: www.benjerry.com (Acesso em: 1º de dezembro de 2008).
5. Connie Gugielmo e Aaron Ricadela. "Mulling Options, Dell Considers Going Private", *Bloomberg Businessweek*, 21-27 de junho de 2010, 37-38.
6. Duane Stanford. "How PepsiCo Refreshed Its SoBe Water Brand", *Bloomberg Businessweek*, 28 de junho-4 de julho de 2010, 15-16.
7. Alex Schleifer e Jonathan Anderson. "Lessons from Ikea", *UX Magazine*, 12 de janeiro de 2010, www.uxmag.com/strategy/lessons-from-ikea.
8. Green B.E.A.N. Delivery. "Green Beans Bins", 11 de outubro de 2010, www.greenbeandelivery.com/cincinnati/index.php/what-we-offer/farm-fresh-green-bins.
9. Rob Forbes. "Let's Rethink the Way We Get Around", Public, 6 de julho de 2010, http://publicbikes.com/c/VISION.
10. The Chef's Garden. "Our Story", 2 de julho de 2010, www.chefs-garden.com/our-story; The Chef's Garden. "Research and Development", 2 de julho de 2010, www.chefs-garden.com/research-and-development.
11. Austin Carr. "Netflix Reacts to Blockbuster's Boasts, iPhone App, and Hulu", *Fast Company*, 11 de junho de 2010, www.fastcompany.com/1659085/netflix-reacts-to-blockbuster-and-ceo-jim-keyes-speaks-on-iphone-app-and-competition-from-hu.
12. Molly Prior. "CVS Comes Calling", *Women's Wear Daily*, 11 de junho de 2010, 6.
13. Arik Hesseldahl. "Why the Mac Is Still a Rock Star at Apple", *Bloomberg Businessweek*, 28 de junho-4 de julho de 2010, 30.
14. Ina Fried. "Microsoft Pulls the Plug on Kin", Cnet, 30 de junho de 2010, http://news.cnet.com/8301-13860_3-20009336-56.html?tag=mncol.
15. Hesseldahl. "Why the Mac Is Still a Rock Star at Apple".
16. "Capcom's a Different Kind of Street Art", *Antenna*, verão de 2010, 81; "Super SFIV: Artist Series Campaign", *Capcom Blog*, 1º de abril de 2010, www.capcom-unity.com/grant008/blog/2010/04/01/super_sfiv:_artist_series_campaign.

3

1. Marianne M. Jennings. *Business Ethics*, 5. ed. (Mason, OH: Thomson Higher Education, 2006), 5-6.
2. Susan Carey. "Snap, Crackle, Slap: FTC Forbids Rice Krispies' Claim", *Wall Street Journal*, 6 de junho de 2010, B1.
3. Baseado na obra de Edward Stevens, *Business Ethics* (Nova York: Paulist Press, 1979). Utilizado com permissão da Paulist Press.
4. Anusorn Singhapakdi, Skott Vitell e Kenneth Kraft. "Moral Intensity and Ethical Decision Making of Marketing Professionals", *Journal of Business Research*, 36, março de 1996, 245-255; Ishmael Akaah e Edward Riordan. "Judgments of Marketing Professionals about Ethical Issues in Marketing Research: A Replication and Extension", *Journal of Marketing Research*, fevereiro de 1989, 112-120. Ver também Shelby Hunt, Lawrence Chonko e James Wilcox. "Ethical Problems of Marketing Researchers", *Journal of Marketing Research*, agosto de 1984, 309-324; Kenneth Andrews. "Ethics in Practice", *Harvard Business Review*, setembro/outubro de 1989, 99-104; Thomas Dunfee, Craig Smith e William T. Ross, Jr. "Social Contracts and Marketing Ethics", *Journal of Marketing*, julho de 1999, 14-32; Jay Handleman e Stephen Arnold. "The Role of Marketing Actions with a Social Dimension: Appeals to the Institutional Environment", *Journal of Marketing*, julho de 1999, 33-48; e David Turnipseed. "Are Good Soldiers Good? Exploring the Link between Organizational Citizenship Behavior and Personal Ethics", *Journal of Business Research*, janeiro de 2002, 1-16.
5. "A Strong Ethical Culture Is Key to Cutting Misconduct on the Job", Ethics Resource

Center, 23 de junho de 2010, http://ethics.org/news/strong-ethical-culture-key-cutting-misconduct-job.

6. Ibid.

7. "Business Ethics: The Role of Culture and Values for an Ethical Workplace", Society for Human Resource Management, 4º trimestre de 2009, 5, www.shrm.org/Research/Articles/Documents/09-0711_RQ_4_2009_FINAL.pdf; Lauren Bloom. "Ring in the Year with Good Business Ethics – The Innovators", TheStreet, 14 de janeiro de 2010, www.thestreet.com/story/10658690/2/ring-in-year-with-good-business-ethics--the-innovators.html.

8. Dexter Roberts e Justin Blum. "Bribery Is Losing Its Charm in China", Bloomberg Businessweek, 12-18 de julho de 2010, 11.

9. Marc Gunther. "Will Social Responsibility Harm Business?", Wall Street Journal, 18 de maio de 2005, A2.

10. Essa seção é uma adaptação da obra de Archie B. Carroll, "The Pyramid of Corporate Social Responsibility: Toward the Moral Management of Organizational Stakeholders", Business Horizons, julho/agosto de 1991, 39-48; ver também Kirk Davidson. "Marketers Must Accept Greater Responsibilities", Marketing News, 2 de fevereiro de 1998, 6.

11. "Globally, Companies Are Giving Back", HR Magazine, 1º de junho de 2007, 30.

12. "Americans Seek More Responsibility from Companies", Daytona Beach News Journal, 26 de maio de 2007, 3B.

13. "United Nations Global Compact Annual Review – Anniversary Edition June 2010", United Nations Global Compact, junho de 2010, www.unglobalcompact.org/docs/news_events/8.1/UNGC_Annual_Review_2010.pdf.

14. "Secretary-General Opens Global Compact Leaders Summit as Business, Government, Civil Society Leaders Rally for Corporate Citizenship", UNESCAP Press Release, 5 de julho de 2007, Press Release n. L/38/2007.

15. Rachel Beck. "Once Lauded, BP Exposes Corporate Citizenship Sham", Jakarta Globe, 13 de julho de 2010, www.thejakartaglobe.com/business/once-lauded-bp-exposes-corporate-citizenship-sham/385622.

16. Ben Steverman. "BP Disaster Vexes Socially Responsible Investors", Bloomberg Businessweek, 2 de junho de 2010, www.businessweek.com/investor/content/jun2010/pi2010062_229025.htm.

17. Stanley Reed. "Why the U.S. Can't Turn Its Back on BP", Bloomberg Businessweek, 23 de junho de 2010, www.businessweek.com/magazine/content/10_27/b4185013837191.htm.

18. American Marketing Association, www.marketingpower.com (Acesso em: 28 de outubro de 2008).

19. "Marketing a Green Product", BusinessWeek Online, 5 de março de 2007, 13.

20. "Its Not Easy Being Green", julho-agosto de 2008, 14-15, www.usbusiness-review.com.

21. "Easy but Green, Rider", Marketing Magazine, 14 de julho de 2008, 29.

4

1. "Brand Barbie Gets a Makeover", Fortune, 20 de julho de 2009, 17.

2. Essa é uma lista parcial de tendências projetadas pelo Natural Marketing Institute, "Healthy, Green, Simple – Trends to Watch in the Next Ten Years", Quirk's Marketing Research Review, maio de 2010, 6.

3. "Quick Stats of Women Workers", www.dol.gov (Acesso em: 17 de junho de 2010).

4. "Women Want Home Improvement Retailers to Boost Service; National Survey Reveals Gaps in Service, Product Knowledge", PR Newswire, 27 de fevereiro de 2006.

5. Projeção do autor com base na obra de J. Walker Smith, "Make Time Worth It", Marketing Management, julho/agosto de 2005, 56.

6. Michael Mandel. "The Real Reasons You're Working So Hard", BusinessWeek, 3 de outubro de 2005, 60.

7. "Changing Consumer Lifestyles Create New American Neighborhood", Marketing Matters Newsletter, www.marketingpower.com (Acesso em: 28 de outubro de 2008).

8. "American Time Use Survey –2007 Results", (Washington, DC: Bureau of Labor Statistics) 25 de junho de 2008.

9. "Welcome to the Weisure Lifestyle", CNN, 11 de maio de 2009, http://articles.cnn.com/2009-05-11/living/weisure_1_creative-class-richard-florida-leisure-time.

10. "First Steps to Digital Detox", New York Times, 7 de junho de 2010, http://roomfordebate.blogs.nytimes.com/2010/06/07/first-steps-to-digital-detox.

11. "Fewer Americans Are Relocating within the U.S.", Wall Street Journal, 10 de julho de 2008, A3.

12. "Cities Grow at Suburbs' Expense during Recession", Wall Street Journal, 1º de julho de 2009, A5.

13. "Marketing and Tweens", Branding, 16 de junho de 2010.

14. "Filling a Niche for Tweens", Houston Chronicle, 23 de agosto de 2007, 5.

15. "Coming of Age in Consumerdom", American Demographics, abril de 2004, 14.

16. Stan Pugsley. "Digital Marketing and the Tweens", iCrossing, 23 de abril de 2009, http://greatfinds.icrossing.com/marketing-to-the-digital-natives.

17. "Pew Survey: Teens Love Facebook, Hate Blogging, Are Always Online, and Don't Use Twitter", Fast Company, 3 de fevereiro de 2010, www.fastcompany.com/blog/zachary-wilson/and-how-pew-survey-finds-increase-social-media-internet-time-decrese-blogging-te.

18. "Teens Prefer Real Friends to Online Ones", Quirk's Marketing Research Review, agosto de 2008, 6.

19. "Teen Marketing Techniques", www.ehow.com (Acesso em: 18 de junho de 2010); Brian Theriot. "Teen Marketing Tips", Suite101.com, 22 de abril de 2010, http://www.suite101.com/content/teen-marketing-tips-a228866.

20. "Boomers and GenX the Most Spend-Happy; Millennials Buy More Per Trip", Quirk's Marketing Research Review, maio de 2010, 10.

21. Lynne Lancaster e David Stillman. "The M Factor", Delta Sky Magazine, maio de 2010, 70-73, 100-105.

22. Andrew Rohm, Fareena Sultan e Fleura Bardhi. "Multitasking Youth", Marketing Management, novembro/dezembro de 2009, 20-25.

23. "Gen Y's Fave: Whole Foods", Brandweek, 28 de julho de 2008, 13.

24. Demographic Profile: America's GENX, MetLife Mature Market Institute, 2009.

25. "Gen X, Y Will Lead Economic Recovery", www.marketingcharts.com (Acesso em: 19 de junho de 2010).

26. "Gen X More Involved Than Boomers", USA Today, 4 de abril de 2007, D5.

27. MetLife Study of the American Dream, MetLife, 2009.

28. "Gen Xers and Their Concerns Are Reshaping the Retail Landscape: Be True to Your Word, When Marketing to Them, Researcher Advises", Montreal Gazette, 13 de junho de 2007, B1.

29. "The Incredible Shrinking Boomer Economy", BusinessWeek, 3 de agosto de 2009, 27-30.

30. "Boomer Bust", Wall Street Journal, 21 de outubro de 2008, A13.

31. "Baby Boomers Delay Retirement", Wall Street Journal, 22 de setembro de 2008, A4.

32. Jennifer Wang. "Reboot Sonny", Entrepreneur, junho de 2010, 68.

33. "Growing Numbers, More Opportunity to Spend", Marketing News, 30 de abril de 2009, 22-24.

34. "Minority Population Tops 100 Million", US Fed News, 17 de maio de 2007; "Nonwhites to Be Majority in U.S. by 2042", Wall Street Journal, 14 de agosto de 2008, A4; ver também "U.S. Nears Racial Milestone", Wall Street Journal, 11 de junho de 2010, A3.

35. Sean Callebs. "Whites Become Minority in Kansas", CNN, 22 de maio de 2009, http://articles.cnn.com/2009-05-22/living/garden.city.kansas.minorities_1_meatpacking-minority-majority.

36. "Online Shopping by Minorities Up Sharply", Quirk's Marketing Research Review, junho de 2008, 80.

37. "To Woo Gen Y, Marketers Push Culture, Not Language", Brandweek, 1º de janeiro de 2007, 5.

38. "Report Shows a Shifting African-American Population", Brandweek, 11 de janeiro de 2009, 6.

39. Projeções dos autores com base no Censo dos Estados Unidos.

40. "The Asian-American Market", delivermagazine, setembro de 2008, 8.

41. Burt Helm. "Ethnic Marketing: McDonald's Is Lovin' It", Bloomberg Businessweek, 12-18 de julho de 2010, 22-24.

42. Christine Huang. "GlobalHue Presents: The New Asian American Market", maio de 2010, www.slideshare.net/christinewhuang/asian-american-market-ad-tech-sf.

43. www.census.gov/compendia/statab/2010/tables.

44. http://education-portal.com/articles/How_much_more_do_college_graduates_earn_than_non-college_graduates.html.

45. David Wessel. "Did 'Great Recession' Live Up to Its Name?", Wall Street Journal, 8 de abril de 2010, http://online.wsj.com/article/SB10001424052702303591204575169693166352882.html.

46. "At the Supermarket Checkout, Frugality Trumps Brand Loyalty", Wall Street Journal, 6 de novembro de 2008, D1.

47. "Food Firms Cook Up Ways to Combat Rare Sales Slump", Wall Street Journal, 21 de abril de 2010, A1, A18.

48. "Ben Franklin, Where Are You?", Bloomberg Businessweek, 4 de janeiro de 2010, 29.

49. "The 50 Most Innovated Companies 2010", Bloomberg Businessweek, 15 de abril de 2010, www.businessweek.com/interactive_reports/innovative_companies_2010.html.

50. Adotado parcialmente da obra de John Bessant, Kathrin Moslein e Bettina Von Stamm, "In Search of Innovation", Wall Street Journal, 22 de junho de 2009, R4.

51. "Creativity Pays. Here's How Much", BusinessWeek, 24 de abril de 2006, 45.

52. "Yes, Innovations Do Pay Off, Study Finds", International Herald Tribune, 30-31 de agosto de 2008, 15.

53. www.ftc.gov/bc (Acesso em: 24 de junho de 2010).

54. www.ftc.gov/bsp/edu/microsites/idtheft/consumers/pretexting.html (Acesso em: 28 junho de 2010).

55. Emily Steel e Justin Scheck. "Smartphone Trackers Raise Privacy Worries", Wall Street Journal, 14 de junho de 2010, http://online.wsj.com/article/SB10001424052748704067504575304643134531922.html.

5

1. William Wrigley Jr Company, release, 2 de julho de 2007.

2. "How to Start Selling Internationally", Inc., 1º de novembro de 2009, www.inc.com/articles/2009/11/how-to-sell-internationally.html.

3. Gary Locke e Francisco Sanchez. "Exports Support American Jobs", International Trade Administration, abril de 2010, http://trade.gov/publications/pdfs/exports-support-american-jobs.pdf, 1-2.
4. *Trade and American Jobs: The Impact of Trade on U.S. and State-Level Employment* (Washington, DC: Business Roundtable), fevereiro de 2007.
5. Locke e Sanchez. "Exports Support American Jobs", 2.
6. "Globalization's Gains Come with a Price", *Wall Street Journal*, 24 de maio de 2007, A1, A12.
7. Li Qiaoyi. "US Tries to Block Angang Steel's Investment", *Global Times*, 4 de julho de 2010, http://business.globaltimes.cn/industries/2010-07/548180.html.
8. Theodore Levitt. "The Globalization of Markets", *Harvard Business Review*, maio/junho de 1983, 92-100.
9. "Ford Chief Bets on One Global Car", *International Herald Tribune*, 22 de janeiro de 2010, 1, 16.
10. Ellen Gamerman. "Exporting Broadway", *Wall Street Journal*, 16 de julho de 2010, W1-W2.
11. "Gross National Income Per Capita 2008, Atlas Method and PPP", *World Development Indicators Database*, World Bank, 7 de outubro de 2009, http://siteresources.worldbank.org/DATASTATISTICS/Resources/GNIPC.pdf; "Gross National Income 2008, Atlas Method", *World Development Indicators Database*, World Bank, 7 de outubro de 2009, http://siteresources.worldbank.org/DATASTATISTICS/Resources/GNI.pdf.
12. Vanessa Wong. "Cities Where the Dollar Is Weakest", *Bloomberg Businessweek*, 22 de junho de 2010, www.businessweek.com/lifestyle/content/jun2010/bw20100622_768389.htm.
13. Baseado em Anil K. Gupta e Haiyan Wang. "How to Get China and India Right", *Wall Street Journal*, 28-29 de abril de 2007, R9. Reimpresso com permissão do *Wall Street Journal* © 2007 Dow Jones & Company, Inc. Todos os direitos reservados.
14. Peter Coy. "Five Ways Forward with China", *Bloomberg Businessweek*, 28 de junho-4 de julho de 2010, 4-5; Arnold J. Karr. "Study: China Top Market for Retail Development", *Women's Wear Daily*, 23 de junho de 2010, 2.
15. "Doing Business 2008", The World Bank, www.doingbusiness.org/.
16. Bruce Einhorn. "Vietnam: An Asian-Tiger Wannabe (Again)", *Bloomberg Businessweek*, 21-27 de junho de 2010, 12-13.
17. Mark Lee. "China Unicom Boycott of Google May Signal Fallout Is Spreading", *Bloomberg Businessweek*, 25 de março de 2010, www.businessweek.com/news/2010-03-25/china-unicom-boycott-of-google-may-signal-fallout-is-spreading.html.
18. David Wessel. "Free-Trade Winds May Be Blowing Again", *Wall Street Journal*, 1º de julho de 2010, http://online.wsj.com/article/SB10001424052748704334604575338793673236632.html.
19. Tom Barkley. "U.S. Chamber Kicks Up Campaign for Free Trade", *Wall Street Journal*, 14 de maio de 2010, http://online.wsj.com/article/SB10001424052748703460404575244170961738574.html.
20. "Refighting NAFTA", *BusinessWeek*, 31 de março de 2008, 56-59; ver também "Make the World Go Away", *Fortune*, 4 de fevereiro de 2008, 105-107.
21. Barkley. "U.S. Chamber Kicks Up Campaign for Free Trade".
22. "U.S. Central America-Dominican Republic Free Trade Agreement (CAFTA-DR) Analysis", (Washington, DC: International Trade Association), verão de 2008, 12.
23. www.eurunion.org (Acesso em: 20 de julho de 2010).
24. Natascha Gewaltig. "Greece's Painful Choice", *Bloomberg Businessweek*, 19 de fevereiro de 2010, www.businessweek.com/investor/content/feb2010/pi20100218_722508.htm; Stephen Fidler e Charles Forelle. "World Races to Avert Crisis in Europe", *Wall Street Journal*, 10 de maio de 2010, http://online.wsj.com/article/SB10001424052748703880304575235632618569478.html; Katie Martin. "Emergency Lenders Play It Straight", *Wall Street Journal*, 19 de julho de 2010, http://blogs.wsj.com/source/2010/07/19/emergency-lenders-play-it-straight.
25. "European Union's Kroes Says U.S. Criticism of Microsoft Ruling Is Unacceptable", *Associated Press Newswires*, 19 de setembro de 2007.
26. Jonathan Bensky. "World's Biggest Market: European Union Offers Great Opportunities for U.S. Companies, But There Are Also Plenty of Challenges", *Shipping Digest*, 30 de julho de 2007.
27. Elliot Blair Smith, Eltaf Najafizada e James Rupert. "Afghan Mineral Wealth: No Easy Road for Westerners", *Bloomberg Businessweek*, 21-27 de junho de 2010, 11-12.
28. Gamerman. "Exporting Broadway", W1-W2.
29. www.franchise.org (Acesso em: 20 de julho de 2010).
30. Liza Algar. "Abrams & Chronicle Books Announce Sales, Marketing and Distribution Joint Venture to Serve the United Kingdom and Europe Export Markets", 22 de junho de 2010, www.chroniclebooks.com/Chronicle/pressroom/A_CB_mediaRelease.pdf.
31. Kenneth Hein. "Emerging Markets Still Like U.S. Brands", *BrandWeek*, 16 de abril de 2007, 4. Usado com permissão da Aegis Group, plc.; ver também "Best Global Brands", 29 de setembro de 2008, 52-57.
32. "Fad Marketing's Balancing Act", *BusinessWeek*, 6 de agosto de 2007, 42.
33. Will Connors e Sarah Childress. "Africa's Local Champions Begin to Spread Out", *Wall Street Journal*, 26 de maio de 2010, B8.
34. Linda Blake. "Floating Supermarket Cater to Indian Villagers", *Wall Street Journal*, 3 de maio de 2010, http://online.wsj.com/video/floating-supermarket-caters-to-indian-villagers/AF2D474B-97BE-4661-AF30-9236E410A7B9.html.
35. "100 Best Global Brands", *BusinessWeek*, 28 de setembro de 2009, 50.

6

1. "LG Electronics: Rural Is the Future", *Wall Street Journal*, 6 de maio de 2010, http://online.wsj.com/article/SB127313731105787137.html.
2. "Virtually Satisfied", *Marketing News*, 15 de outubro de 2008, 26.
3. Allen Weiss, Nicholas Lurie e Deborah MacInnis. "Listening to Strangers: Whose Responses Are Valuable, How Valuable Are They, and Why?", *Journal of Marketing Research*, agosto de 2008, 450-461.
4. Jonah Berger e Grainne Fitzsimons. "Dogs on the Street, Pumas on Your Feet: How Cues in the Environment Influence Product Evaluation and Choice", *Journal of Marketing Research*, fevereiro de 2008, 1-14.
5. Barbara Thau. "A J. Crew Wedding Dress? How Far Can Brands Stretch?", *CNBC*, 24 de junho de 2010, www.cnbc.com/id/37820458/A_J_Crew_Wedding_Dress_How_Far_Can_Brands_Stretch.
6. Jeffrey Inman e Russell Winer. "Impulse Buys", *Wall Street Journal*, 15 de abril de 1999, A1; David Silvera, Anne Lavack e Fredric Kropp. "Impulse Buying: The Role of Affect, Social Influence, and Subjective Well-Being", *Journal of Consumer Research*, 25, n. 1, 2008, 23-33.
7. Ford ad, *Entrepreneur*, junho de 2010, 31.
8. "How It Works", Pepsi Refresh Project, 22 de junho de 2010, www.refresheverything.com; "Trading TV Commercials for Cause Marketing", *The Anatomy of Wow*, 8 de janeiro de 2010, http://theanatomyofwow.com/index.php/2010/01/08/trading-tv-commercials-for-cause-marketing/.
9. Alice Truong. "Q&A: A Social Network Built on Mobile Phones", *Wall Street Journal*, 14 de julho de 2010, http://blogs.wsj.com/digits/2010/07/14/mocospace/.
10. Alexandria Alter. "Luxury Lit: A Book for $75,000", *Wall Street Journal*, 16 de julho de 2010, W4.
11. Bradley Johnson. "Mo' Money, Mo' Buyin'", *Advertising Age*, 78, n. 3, 15 de janeiro de 2007, 29.
12. "TJX: Dressed to Kill for the Downturn", *BusinessWeek*, 27 de outubro de 2008, 60.
13. Ulrich Orth e Lynn Kahle. "Intrapersonal Variation in Consumer Susceptibility to Normative Influence: Toward a Better Understanding of Brand Choice Decisions", *Journal of Social Psychology*, 8 de agosto de 2008, 423-448.
14. Gwendolyn Bounds. "In the New Dream Home, Majestic Boilers and Designer Pipes", *Wall Street Journal*, 15 de julho de 2010, A1, A14.
15. Orth e Kahle. "Intrapersonal Variation in Consumer Susceptibility to Normative Influence: Toward a Better Understanding of Brand Choice Decisions", 429.
16. Ronald Clark, James Zboja e Ronald Goldsmith. "Status Consumption and Role-Relaxed Consumption: A Tale of Two Retail Consumers", *Journal of Retailing and Consumer Services*, janeiro de 2007, 45-59.
17. Chenting See, Kevin Zheng Zhou, Nan Zhou e Julie Juan Li. "Harmonizing Conflict in Husband-Wife Purchase Decision-Making: Perceived Fairness and Spousal Influence Dynamics", *Journal of the Academy of Marketing Science* (outono de 2008), 378-394; ver também Michel Laroche, Zhiyong Yang, Kim Chankon e Marie-Odile Richard. "How Culture Matters in Children's Purchase Influence: A Multi-level Investigation", *Journal of the Academy of Marketing Science* (primavera de 2007), 113-116.
18. Derek Gale. "Who's the Boss?", *Restaurants & Institutions*, 117, n. 2, 1º de fevereiro de 2007, 50.
19. Ira Mayer. "New Report: Teen Spending and Influence", Publicity e-mail, 16 de junho de 2010.
20. Karin Ekstrom. "Parental Consumer Learning or 'Keeping Up with Their Children'", *Journal of Consumer Behavior*, julho/agosto de 2007, 203-217.
21. Tamara Schweitzer. "Chris Easter and Bob Horner, Founders of The Man Registry", *Inc.*, 19 de julho de 2010, www.inc.com/30under30/2010/profile-chris-easter-bob-horner-man-registry.html.
22. Sue Shellenbarger. "Daunting Task for Mr. Mom: Get a Job", *Wall Street Journal*, 19 de maio de 2010, http://online.wsj.com/article/SB10001424052748703957904575252270698575294.html.
23. Stephanie Rosenbloom. "My Dad, American Inventor", *New York Times*, 16 de agosto de 2007.
24. Nanette Byrnes. "Secrets of the Male Shopper", *BusinessWeek*, www.businessweek.com/magazine/content/06_36/b3999001.htm (Acesso em: 17 de agosto de 2007); ver também Xee Xin He, Jeffrey Inman e Vikas Mittal. "Gender Jeopardy in Financial Risk-Taking", *Journal of Marketing Research*, agosto de 2008, 414-424.

25. Steve McClellan. "Are Demographics Dead?", *AdWeek*, 22 de fevereiro de 2010, www.adweek.com
26. Anil Mathur, George Moschis e Euehun Lee. "A Longitudinal Study of the Effects of Life Style Status Changes on Changes in Consumer Preferences", *Journal of the Academy of Marketing Sciences*, verão de 2008, 234-246.
27. www.ampacet.com, 28 de dezembro de 2007.
28. Karyn Monget. "Does Sex Sell?", *Women's Wear Daily*, 21 de junho de 2010, 1, 12.
29. Laura Petrecca. "Axe Ads Turn Up the Promise of Sex Appeal", *USA Today*, 17 de abril de 2007.
30. Elizabeth J. Wilson. "Using the Dollar-metric Scale to Establish the Just Meaningful Difference in Price". In: 1987 AMA *Educators' Proceedings*, ed. Susan Douglas et al. (Chicago: American Marketing Association, 1987), 107.
31. Kenneth Hein. "Teens Schizophrenic about Their Brands: Millennials Have Complex Feelings about Brands Unless, of Course, It's Apple", *Brandweek*, 18 de junho de 2007.
32. Katherine Boehret. "Making Hotmail Hot Again", *Wall Street Journal*, 9 de junho de 2010, http://online.wsj.com/article/SB10001424052748703302604575294700105749996.html.
33. Stephanie Thompson. "Cole Haan Fashions an Effort for Women", *Advertising Age*, 25 de agosto de 2003, 6.
34. www.cadillac.com (Acesso em: 25 de outubro de 2008).
35. Jyothi Datta. "Aspartame: Bitter Truth in Artificial Sweeteners?", *Business Line*, www.thehindubusinessline.com/2005/10/04/stories/2005100404220300.htm (Acesso em: 14 de setembro de 2007).

7

1. "2008 Marketing Priorities and Plans", *BtoB Magazine*, 15 de julho de 2008, 25.
2. Michael D. Hutt e Thomas W. Speh. *Business Marketing Management: B2B*, 9e. (Cincinnati, OH: Thomson, 2007), 4.
3. "BtoB's Best Marketers", *BtoB Magazine*, 11 de outubro de 2010, www.btobonline.com/section/best2010marketers.
4. Hutt e Speh. *Business Marketing Management*, 315.
5. Ibid.
6. Mary E. Morrison. "Industrial Buyers Shopping Online", *BtoB Magazine*, 13 de outubro de 2008, 19.
7. Karen J. Bannan. "10 Great b2b Sites", *BtoB Magazine*, 13 de setembro de 2010, www.btobonline.com/article/20100913/FREE/309139988/10-great-b-to-b-sites.
8. "Survey Says! Recent BtoB Webcast Audience Poll Results", *BtoB Magazine*, 10 de novembro de 2008, 8.
9. NetGenesis, E-Metrics: Business Metrics for the New Economy, www.spss.com.
10. Morrison. "Industrial Buyers Shopping Online".
11. Karen Bannan. "How RSS Can Complement eMail Marketing", *BtoB Magazine*, 28 de setembro de 2009, www.btobonline.com/apps/pbcs.dll/article?AID=/20090928/FREE/309289985.
12. "B2B Marketers Missing Out on Influencing Buyers Online", *Marketing Matters Newsletter*, Chicago: American Marketing Association, on-line, 28 de outubro de 2008.
13. "Disintermediation", marketingterms.com, www.marketingterms.com/dictionary/disintermediation/.
14. Christopher Hosford. "'BtoB' Leading Edge Attendees Urged to 'Flip the Funnel' Towards Retention", *BtoB Magazine*, 23 de julho de 2010, www.btobonline.com/apps/pbcs.dll/article?AID=/20100623/FREE/100629964

15. Seth Goldman. "The Big Brewer", *Inc.*, 21 de abril de 2010, www.inc.com/seth-goldman/the-big-brewer.html.
16. Steven Reinberg. "The Issue: DHL Turns to Rival UPS", *BusinessWeek*, 11 de junho de 2008, www.businessweek.com/managing/content/jun2008/ca20080611_101915.htm.
17. "Jim McCann of 1-800-Flowers on Strategic Partnerships", *Inc.*, 1º de maio de 2009, www.inc.com/magazine/20090501/jim-mccann-of-1-800-flowers-on-strategic-partnerships.html.
18. Robert M. Morgan e Shelby D. Hunt. "The Commitment-Trust Theory of Relationship Marketing", *Journal of Marketing*, 58, n. 3, 1994, 23.
19. Ibid.
20. "Suzuki-VW Alliance to Include Hybrids, Management", *Bloomberg Businessweek*, 15 de janeiro de 2010, www.businessweek.com/news/2010-01-15/suzuki-vw-alliance-to-include-hybrids-management-update1-.html.
21. Amir Efrati. "Microsoft, Google Vie to Sell U.S. Cloud Mail", *Wall Street Journal*, 26 de julho de 2010, http://online.wsj.com/article/SB10001424052748704719104575388374158004334.html.
22. Rebecca Smith e Mike Ramsey. "Rent a Leaf: Enterprise Buys a Fleet", *Wall Street Journal*, 27 de julho de 2010, http://online.wsj.com/article/SB10001424052748704700404575391602609091276.html.
23. Daniel Michaels. "Rivals Race for Tanker Deal", *Wall Street Journal*, 23 de julho de 2010, http://online.wsj.com/article/SB10001424052748704421304575383132903915038.html.
24. "Exostar's Global Customer Base", Exostar, www.exostar.com/Exostar_Customers.aspx.
25. Peter Sanders. "Boeing 787 Lands in Farnborough", *Wall Street Journal*, 19 de julho de 2010, http://online.wsj.com/article/SB10001424052748704196404575374693695488042.html.
26. Marshall Lager. "Listen Up", *Customer Relationship Management*, março de 2007, 24-27.
27. "Right-Channeling: Making Sure Your Best Customers Get Your Best Service", Right Now Technologies, 3 de junho de 2009, http://jobfunctions.bnet.com/abstract.aspx?docid=132740.

8

1. Goran Mijuk. "Nestlé Bets on Emerging Markets", *Wall Street Journal*, 22 de junho de 2010, http://online.wsj.com/article/SB10001424052748704853404575322382547240528.html.
2. "Rural Calling: Can Nokia Sustain Its First-mover Advantage?", *Wall Street Journal*, 4 de maio de 2010, http://online.wsj.com/article/SB127296947929886511.html.
3. Evan Bailyn. "Keeping It Simple: Marketing to Tweens on a Shoestring", www.mediapost.com, 2 de dezembro de 2008.
4. Khanh T. L. Tran. "Retailing's Sweet Spot: Stores Look to Lure Millennial Generation", wwd.com, 2 de julho de 2010.
5. Tricia Romano. "Look What I Bought (ou Got Free)", *New York Times*, 5 de maio de 2010, www.nytimes.com/2010/05/06/fashion/06skin.html.
6. Cathy Yan. "Can Shopping Be Fun Again?", *Wall Street Journal*, 6 de maio de 2010, http://online.wsj.com/article/SB10001424052748704343260457522154392631860 2.html.
7. Toni Whitt. "Boomers Rewrite Rules for Marketing", *Herald Tribune*, 25 de junho de 2007, www.heraldtribune.com.
8. Michael Silverstein. "Ten Mistakes Male Executives Make with Female Customers", *Wall Street Journal*, 15 de janeiro de 2010,

http://online.wsj.com/article/SB10001424052748704281204575002992691739142.html; Rachel Brown. "Fashion Gets in the Game: $20 Billion Video Industry Aiming for Female Fans", *Women's Wear Daily*, 12 de janeiro de 2010, 14.
9. Brown. "Fashion Gets in the Game".
10. Ray Smith. "Pimp My Bed: The Male Sleep Lair", *Wall Street Journal*, 23 de setembro de 2009, http://online.wsj.com/article/SB10001424052970204488304575442907036465029 0.html; Napolean Perdis. "Who's Grooming Who: Makeup and the Modern Male", *Huffington Post*, 30 de julho de 2010, www.huffingtonpost.com/napoleon-perdis/whos-grooming-who-makeup_b_665156.html; Paul Casciato. "Fear of Ageing Drives Men's Cosmetic Sales", *Reuters*, 8 de março de 2010, www.reuters.com/article/idUSTRE6273CI20100308.
11. "CoolStuffForDads.com, an Online Store Dedicated to Gifts for Dads, Continues to Add Great Products for Men", biz.yahoo.com, 22 de setembro de 2008.
12. Alyssa Abkowitz. "The Ladies' Turn", *Wall Street Journal*, 3 de abril de 2010, http://online.wsj.com/article/SB10001424052702304871704575160112777930360.html.
13. Francine Kizner. "Where the Rich Shop", www.entrepreneur.com, 16 de fevereiro de 2007.
14. "Luxury Brands: Marketing the Upscale during a Downturn", 13 de novembro de 2008, http://knowledge.wharton.upenn.edu/article.cfm?articleid=2091.
15. Christina Passariello. "Danone Expands Its Pantry to Woo the World's Poor", *Wall Street Journal*, 25 de junho de 2010, http://online.wsj.com/article/SB10001424052748703615104575328943452822722.html.
16. "The New Mainstream: How the Buying Habits of Ethnic Groups Are Creating a New American Identity", http://knowledge.wharton.upenn.edu/article.cfm?articleid=1270, 15 de novembro de 2005 (Acesso em: 9 de junho de 2008).
17. Bobbie Gossage. "An Extreme Brand Makeover", *Inc.*, 1º de dezembro de 2009, www.inc.com/magazine/20091201/an-extreme-brand-makeover.html.
18. Emily Steel. "Marketers Tie Ads to Bollywood", *Wall Street Journal*, 20 de maio de 2009, http://online.wsj.com/article/SB124278296830537521.html.
19. Doug Anderson e Laurel Kennedy. "Baby Boomer Segmentation: Eight Is Enough", *ACNielsen*, outono/inverno de 2006, 6.
20. Ann Zimmerman. "Home Depot Learns to Go Local", *Wall Street Journal*, 7 de outubro de 2008, B1.
21. Emily Steel. "Exploring Ways to Build a Better Consumer Profile", *Wall Street Journal*, 15 de março de 2010, http://online.wsj.com/article/SB1000142405274870344710457511797228465 6374.html.
22. George Stalk Jr. "In Praise of the Heavy Spender", *Globe and Mail*, 21 de maio de 2007, www.theglobeandmail.com/report-on-business/.
23. Niraj Sheth e Yukari Iwatani Kane. "Smart-Phone Makers Call the Doctor", *Wall Street Journal*, 8 de outubro de 2009, http://online.wsj.com/article/SB125487806705169673.html.
24. Anne Riley-Katz. "An Age of Specialization: Reworking Retail's Model to Get Smaller, Fresher", *Women's Wear Daily*, 14 de julho de 2010, 8.
25. Jeff Green e Alan Ohnsman. "At Subaru, Sharing the Love Is a Market Strategy", *Bloomberg Businessweek*, 24-30 de maio de 2010, 18-19.
26. Miguel Bustillo e Mary Ellen Lloyd. "Best Buy Seeks Female Shoppers", *Wall Street Journal*, 16 de junho de 2010, B5.

27. "Targeting Wal-Mart's Core Customer Segments", *retailwire.com*, 2 de abril de 2008.
28. Jennifer Valentino-DeVries. "Is the iPad Cannibalizing Other Apple Products?", *Wall Street Journal*, 17 de maio de 2010, http://blogs.wsj.com/digits/2010/01/17/is-the-ipad-cannibalizing-other-apple-products.
29. Adam Baer. "Packaging Designed by Customers", *Inc.*, 1º de julho de 2010, www.inc.com/magazine/20100701/packaging-designed-by-customers.html.
30. "The Birth of SuperJam", SuperJam™, www.superjam.co.uk/about.html.
31. "Our Brands", Gap Inc., www.gapinc.com/public/OurBrands/brands.shtml.
32. Sonia Reyes. "Can Frozen Treats Sell Outside the Freezer Aisle?", *Brandweek*, 26 de março de 2007, 16.
33. Raymund Flandez. "Three Best Ways to Create a Brand Name", *Wall Street Journal*, 18 de setembro de 2009, http://online.wsj.com/article/SB125328266881923153.html.
34. Ellen Byron. "P&G Plots Course to Turn Lackluster Tide", *Wall Street Journal*, 11 de setembro de 2008, http://online.wsj.com/article/SB125258933720499429.html.
35. Jenny McTaggart. "Taking a Bite Out of Baggers", *Brandweek*, 27 de junho de 2005, 42-45.
36. Chris Herring. "After Complaint, Wal-Mart Rolls Back an Ad Campaign", *Wall Street Journal*, 25 de junho de 2009, http://blogs.wsj.com/law/2009/06/25/after-complaint-wal-mart-rolls-back-an-ad-campaign/.
37. Paul Ziobro. "Kroger Earnings to Feel Effect of Price War with Wal-Mart", *Wall Street Journal*, 16 de junho de 2010, http://online.wsj.com/article/SB10001424052748703513604575310591652681302.html.

9

1. Ellen Byron. "Wash Away Bad Hair Days", *Wall Street Journal*, 30 de junho de 2010, D1.
2. Ibid.
3. "Second Half of '09 Could Set Research in Motion", *Quirks Marketing Research Review*, julho de 2009, 80-81.
4. "Be Mindful of Cellphone Interviews", *Marketing Research*, verão de 2009, 4.
5. "Marketers Watch As Friends Interact Online", *Wall Street Journal*, 15 de abril de 2010, B5.
6. Suzanne Vranica. "Tallying Up Viewers", *Wall Street Journal*, 26 de julho de 2010, http://online.wsj.com/article/SB10001424052748704818000457500500790712010.html.
7. Raymond R. Burke. "Virtual Shopping: Breakthrough in Marketing Research", *Harvard Business Review*, março/abril de 1996, 120-131.
8. Ellen Byron. "A Virtual View of the Store Aisle", *Wall Street Journal*, 3 de outubro de 2007, B1, B12.
9. "US Internet Users", www.emarketer.com, 4 de junho de 2010.
10. Jean Palmieri. "Survey Stresses Knowing a Shopper's Personality", *Women's Wear Daily*, 30 de julho de 2010, 11.
11. Kira Signer e Andy Korman. "One Billion and Growing", *Quirk's Marketing Research Review*, julho/agosto de 2006, 62-67.
12. Conversa com Roger Gates, Presidente da DSS Marketing Research, 2 de junho de 2010.
13. "Research in a Petri Dish: Learning from Communities", *Marketing News*, 3 de setembro de 2009, 22.
14. Melissa Campanelli. "Building Loyalty from the Lobby Up", *eMarketing & Commerce*, setembro de 2009, www.emarketingandcommerce.com/article/building-loyalty-lobby/1.
15. "About Consumer-Generated Media (CGM)", Nielsen, http://www.nielsen-online.com/resources.jsp?section=about_cgm (Acesso em: 25 de outubro de 2010).
16. "BuzzMetrics", Nielsen (Acesso em: 25 de outubro de 2010), http://en-us.nielsen.com/content/nielsen/en_us/product_families/nielsen_buzzmetrics.html.
17. Produtos e Soluções. InfoScan Tracking Service, Information Resources Inc. www.us.infores.com/ProductsSolutions/AllProducts/AllProductsDetail/tabid/159/productid/83/Default.aspx (Acesso em: 1º de dezembro de 2008).
18. Byron. "Wash Away Bad Hair Days".

10

1. Darren Murph. "LG Debuts Optimus Smartphone Series, Froyo-powered 'One' and 'Chic' Arriving First", Engadget, 5 de julho de 2010, www.engadget.com/2010/07/05/lg-debuts-optimus-smartphone-series-froyo-powered-one-and-ch.
2. Roger Cheng. "Apartments Get TV Focus", *Wall Street Journal*, 4 de julho de 2010, B5.
3. WSJ Staff. "Jane Austen and Shakespeare Go for the 'Twilight' Audience", *Wall Street Journal*, 29 de dezembro de 2009, http://blogs.wsj.com/speakeasy/2009/12/29/jane-austen-and-shakespeare-go-for-the-twilight-audience.
4. Ethan Smith. "Disney Invites 'Goths' to the Party", *Wall Street Journal*, 19 de fevereiro de 2010, http://online.wsj.com/article/SB10001424052748704269004575073580675774138.html.
5. Gren Manuel. "Scrabble Rules Are Not Being Changed", *Wall Street Journal*, 7 de abril de 2010, http://blogs.wsj.com/source/2010/04/07/scrabble-rules-are-not-being-changed/.
6. Ellen Byron. "Wash Away Bad Hair Days", *Wall Street Journal*, 30 de junho de 2010, http://online.wsj.com/article/SB10001424052748704911704575327141935381092.html.
7. Reena Jana e Helen Walters. "OXO Gets a Grip on New Markets", *BusinessWeek*, 5 de outubro de 2009, 71.
8. Miguel Bustillo e Christopher Lawton. "Best Buy Expands Private-Label Brands", *Wall Street Journal*, 27 de abril de 2009, http://online.wsj.com/article/SB124078866665357525.html.
9. Nirmalya Kumar e Jan-Benedict E. M. Steenkamp. "Premium Store Brands: The Hottest Trend in Retailing", www.marketingprofs.com, 20 de março de 2007.
10. Steve McKee. "The Pros and Cons of Co-Branding", *BusinessWeek*, 10 de julho de 2009, www.businessweek.com/smallbiz/content/jul2009/sb20090710_255169.htm.
11. Elaine Wong. "Retailers Rally Behind Their 'Captive Brands'", *Brandweek.com*, 29 de setembro de 2008.
12. Elaine Wong. "Mr. Clean Finds Fresh Smell by Teaming with Febreze", *Brandweek*, 11 de agosto de 2008, 14.
13. Deborah L. Vence. "Product Enhancement", *Marketing News*, 1º de maio de 2005, 19.
14. Ibid.
15. Steve Stecklow. "The Scariest Monster of All Sues for Trademark Infringement", *Wall Street Journal*, 4 de abril de 2009, http://online.wsj.com/article/SB123869022704882969.html.
16. David Kesmodel. "U.S. Judge Rules in Bacardi's Favor in Rum Dispute", *Wall Street Journal*, 7 de abril de 2010, http://online.wsj.com/article/SB10001424052702303591204575169911818091240.html.
17. Jim Edwards. "Brand Defense", *Brandweek*, 25 de agosto-1º de setembro de 2008, S1-S2.
18. Diane Brady. "Ian Schrager", *Bloomberg Businessweek*, 28 de junho-4 de julho de 2010, 84.
19. Emily York. "Miracle Whip Ad Campaign to Spread 'Boring' Mayo Message", *Advertising Age*, 22 de março de 2010, http://adage.com/article?article_id=142914.
20. Cecily Hall. "The High Stakes of Repackaging", *Women's Wear Daily*, 8 de abril de 2009, 12.
21. Deborah Ball. "The Perils of Packaging: Nestlé Aims for Easier Openings", *Wall Street Journal*, 17 de novembro de 2005, B1.
22. "Environmentally Responsible Packaging: Convenience vs. Conscience", www.retailwire.com, 30 de abril de 2008.
23. Kate Galbraith. "A Compostable Chips Bag Hits the Shelves", *New York Times*, 16 de março de 2010, http://green.blogs.nytimes.com/2010/03/16/a-compostable-chips-bag-hits-the-shelves; "The Compostable Label", Biodegradable Products Institute, www.bpiworld.org/BPI-Public/Program.html.
24. George Anderson. "Consumers Want More/Different Info on Labels", www.retailwire.com, 17 de julho de 2008.
25. Gwendolyn Bounds. "As Eco-Seals Proliferate, So Do Doubts", *Wall Street Journal*, 2 de abril de 2009, http://online.wsj.com/article/SB123862823846680371.html.
26. Darren Rovell. "One-on-One with Nike Brand President Charlie Denson", CNBC, 9 de junho de 2010, www.cnbc.com/id/37600508/One_on_One_with_Nike_Brand_President_Charlie_Denson.

11

1. Reena Jana. "In Data", *BusinessWeek*, 22 de setembro de 2008, 48.
2. "The 50 Most Innovative Companies 2010", *Bloomberg Businessweek*, 11 de agosto de 2010, www.businessweek.com/interactive_reports/innovative_companies_2010.html.
3. Jana. "In Data".
4. Jennifer Saranow. "Eddie Bauer Returns to Roots", *Wall Street Journal*, 27 de fevereiro de 2009, http://online.wsj.com/article/SB123570227750489887.html.
5. Nadine Heintz. "New QuickBooks 2010 Debuts Today", *Inc.*, 28 de setembro de 2009, www.inc.com/nadine-heintz/2009/09/new_quickbooks_2010_debuts_tod.html.
6. Ray Smith e Christina Passariello. "The Anti 'It' Handbag", *Wall Street Journal*, 6 de agosto de 2010, http://online.wsj.com/article/SB10001424052748703545604575407311457877890.html.
7. Joel Rubinson. "Innovating Innovation: The Best Ideas Can Come from Anywhere", *Fast Company*, 17 de junho de 2009, www.fastcompany.com/blog/joel-rubinson/brave-new-marketing/innovating-innovation-best-ideas-can-come-anywhere.
8. Melanie Warner. "P&G's Chemistry Test", *Fast Company*, julho/agosto de 2008, 71.
9. Rubinson. "Innovating Innovation".
10. Matthew Dolan. "Ford 'Wants to Hear Your Ideas' Online", *Wall Street Journal*, 13 de abril de 2010, http://blogs.wsj.com/drivers-seat/2010/04/13/ford-wants-to-hear-your-ideas-online/.
11. Nadine Heintz. "Managing: Unleashing Employee Creativity", *Inc.*, 1º de junho de 2009, www.inc.com/magazine/20090601/managing-unleashing-employee-creativity.html.
12. Michael Arndt e Brice Einhorn. "The 50 Most Innovative Companies", *Bloomberg Businessweek*, 15 de abril de 2010, www.businessweek.com/magazine/content/10_17/b4175034779697.htm.
13. Tom Ryan. "Finding Sources of Innovation", *RetailWire*, 18 de julho de 2008, on-line.
14. Ibid.
15. John Karolefski. "CPG Matters: P&G Changes Rules for Product Development", *Retail Wire*, 19 de fevereiro de 2008, on-line.
16. Spence Ante e Nathan Becker. "IBM to Open Research Lab in Brazil", *Wall Street Journal*,

9 de junho de 2010, http://online.wsj.com/article/SB10001424052748703302604575294820196314024.html.

17. William Bulkeley. "MIT Unveils New Digital Sandbox", *Wall Street Journal*, 3 de março de 2010, http://blogs.wsj.com/digits/2010/03/05/mit-unveils-new-digital-sandbox/.
18. Andrew Marton. "2006: A Face Odyssey", *Fort Worth Star-Telegram*, 16 de fevereiro de 2006, E1, E8.
19. Pete Engardio. "Scouring the Planet for Brainiacs", *BusinessWeek*, 11 de outubro de 2004, 106.
20. Allison Enright. "P&G Looks Outside for Innovative Solutions", *Marketing News*, 1º de março de 2007, 20-21.
21. Tom Ryan. "Crowdsourcing: Power to the People", *RetailWire*, 20 de novembro de 2008, on-line.
22. Associated Press. "1962 Glass Could Be Corning's Next Bonanza Seller", *Wall Street Journal*, 2 de agosto de 2010, http://online.wsj.com/article/APfbe39da1528b4a81bdf18dc4ff0277fe.html.
23. Hanah Cho. "Baltimore a Valuable Test Market for Chick-fil-A", *Baltimore Sun*, 25 de julho de 2010, http://articles.baltimoresun.com/2010-07-25/business/bs-bz-interview-dan-cathy-20100725_1_chick-fil-a-spicy-chicken-sandwich-market.
24. "Think Big with a Gig: Our Experimental Fiber Network", The Official Google Blog, 2 de fevereiro de 2010, http://googleblog.blogspot.com/2010/02/think-big-with-gig-our-experimental.html; Nancy Gohring. "Majority of US States Request Google Broadband Fibre Network", *TechWorld*, 15 de julho de 2010, http://news.techworld.com/networking/3232059/majority-of-us-states-request-google-broadband-fibre-network/; John Sutter. "Topeka 'Renames' Itself, 'Google, Kansas'", CNN, 2 de março de 2010, www.cnn.com/2010/TECH/03/02/google.kansas.topeka/index.html.
25. David Kesmodel. "Smokeless Products Are Tough Test for Reynolds", *Wall Street Journal*, 26 de março de 2010, http://online.wsj.com/article/SB10001424052748703523204575129633103406778.html.
26. "PG.com – All P&G Products", Proctor & Gamble, www.pg.com/en_US/products/all_products/index.shtml (Acesso em: 20 de outubro de 2008).
27. Mark Phelan. "Lessons from the Tiny Nano", FreePress, 28 de março de 2010, www.freep.com/article/20100328/COL14/3280499/1014/BUSINESS01/Lessons-from-the-tiny-Nano.
28. Robert Scoble. "PassionPlay", *Fast Company*, novembro de 2008, 90.
29. Kevin J. Clancy e Peter C. Krieg, "Product Life Cycle: A Dangerous Idea", *Brandweek*, 1º de março de 2004, 26.
30. Ross Tucker. "Stretch Jeans Expand Appeal", *Women's Wear Daily*, 20 de maio de 2010, 32.
31. David Goldman. "Music's Lost Decade: Sales Cut in Half", CNNMoney, 3 de fevereiro de 2010, http://money.cnn.com/2010/02/02/news/companies/napster_music_industry/index.htm.
32. Ronald J. Baker. *Pricing on Purpose: Creating and Capturing Value* (Hoboken, NJ: John Wiley & Sons, 2006), 338.

12

1. "Employment Projections: 2008-2018 Summary", Bureau of Labor Statistics, 10 de dezembro de 2009, www.bls.gov/news.release/ecopro.nr0.htm.
2. Spence Morgan. "Scent Branding Sweeps the Fragrance Industry", *Bloomberg Businessweek*, 21-27 de junho de 2010, 86-87.
3. Alexandra Berzon. "Independent Hotels Sign On with Marrriott", *Wall Street Journal*, 24 de janeiro de 2010, http://online.wsj.com/article/SB10001424052748703415804575023 2/4246886214.html.
4. Valarie Zeithaml, Mary Jo Bitner e Dwayne Gremler. *Services Marketing* (Nova York: McGraw Hill, 2006).
5. Ibid.
6. Muito do material dessa seção está baseado na obra de Christopher H. Lovelock e Jochen Wirtz, *Services Marketing*, 5. ed. (Upper Saddle River, NJ: Prentice Hall, 2004); Christian Gronroos, *Service Management and Marketing: Customer Management in Service Competition*, 3. ed. (Hoboken, NJ: John Wiley & Sons, 2007).
7. "Old Spice Voicemail Generator", http://oldspicevoicemail.com.
8. Larry Magid. "Control Facebook Instant Personalization & Other Privacy Settings", *Huffington Post*, 17 de maio de 2010, www.huffingtonpost.com/larry-magid/new-video-control-faceboo_b_578148.html.
9. Denise Power. "Brands Expand Mobile and Social Marketing", *Women's Wear Daily*, 16 de junho de 2010, 9.
10. Lovelock e Wirtz. *Services Marketing*; Gronroos. *Service Management and Marketing*.
11. Ibid.
12. Muito do material dessa seção está baseado na obra de Leonard L. Berry e A. Parasuraman, *Marketing Services* (Nova York: Free Press, 1991), 132-150.
13. Sandra Kofler. "'Psych' Fans Encouraged to Play for USA Character Rewards", *Wall Street Journal*, 12 de julho de 2010, http://blogs.wsj.com/speakeasy/2010/07/12/psych-fans-encouraged-to-play-for-usa-character-rewards.
14. Alaina Love. "The Passion and Power of Giving Back", *BusinessWeek*, 28 de julho de 2009, www.businessweek.com/managing/content/jul2009/ca20090728_516144.htm.

13

1. Simon Zekaria. "Burberry Has Reasons to Be Bullish", *Wall Street Journal*, 13 de julho de 2010, http://blogs.wsj.com/source/2010/07/13/why-burberry-has-reasons-to-be-bullish.
2. Daisuke Wakabayashi e Jung-Ah Lee. "Gadget Appetite Strains Suppliers", *Wall Street Journal*, 14 de julho de 2010, http://online.wsj.com/article/SB100014240527487037927045753670032654290096.html.
3. Lauren Schuker. "'Eat, Pray, Love' – and Shop at HSN", *Wall Street Journal*, 5 de agosto de 2010, http://online.wsj.com/article/SB10001424052748704499604575407460346870810.html.
4. Matthew Futterman. "Verizon Will Carry NFL's RedZone Channel", *Wall Street Journal*, 9 de março de 2010, http://online.wsj.com/article/SB10001424052748704869304575110180782484198.html.
5. Anjali Cardeiro. "After Buying Its Bottlers, Pepsi Cozies Up to Stores", *Wall Street Journal*, 21 de junho de 2010, B6.
6. Elizabeth Holmes. "Rue21 Builds Business in Smaller Towns", *Wall Street Journal*, 27 de maio de 2010, http://online.wsj.com/article/SB10001424052748703341904575266541225006102.html.
7. Eric Newman. "Red Bull, Meet Black Bunny", *Brandweek*, 25 de fevereiro de 2008, www.brandweek.com/bw/esearch/article_display.jsp?vnu_content_id=1003714610 (Acesso em: 22 de julho de 2008).
8. Lynnley Browning. "Do-It-Yourself Logos for Proud Scion Owners", *New York Times*, 24 de março de 2008, www.nytimes.com/2008/03/24/business/media/24adco.html (Acesso em: 24 de março de 2008).
9. Molly Prior. "CVS Comes Calling", *Women's Wear Daily*, 11 de junho de 2010, 6.

14

1. "2011 Ford Fiesta Build Your Own", http://bp2.forddirect.fordvehicles.com/2011-Ford-Fiesta.
2. Steve Banker. "General Mills and Tesco: How Supply Chain Boosts Profits", 3 de fevereiro de 2010, http://logisticsviewpoints.com/2010/02/03/general-mills-and-tesco-how-supply-chain-boosts-profits.
3. Grande parte dessa seção está baseada em materiais adaptados de *21st Century Logistics: Making Supply Chain Integration a Reality*, de Donald J. Bowersox, David J. Closs e Theodore P. Stank, Council of Logistics Management, Oak Brook, IL.
4. Grande parte dessa seção e das seções seguintes está baseada em materiais adaptados do volume editado *Supply Chain Management: Processes, Partnerships, Performance*, ed. Douglas M. Lambert, 2004, Supply Chain Management Institute, Sarasota, FL.
5. Paul Ziobro. "Smoothie Hype Cools, for Now", *Wall Street Journal*, 2 de julho de 2010, B7.
6. Banker. "General Mills and Tesco".
7. Anjali Cordeiro. "After Buying Its Bottlers, Pepsi Cozies Up to Stores", *Wall Street Journal*, 21 de junho de 2010, B6.
8. "BMW to Push Build-to-Order for X3", Autoweek.com, 14 de maio de 2010, www.autoweek.com/article/20100514/CARNEWS/100519923.
9. Elizabeth Holmes. "Tug-of-War in Apparel World", *Wall Street Journal*, 16 de julho de 2010, http://online.wsj.com/article/SB10001424052748703722804575369392983459752.html.
10. Geoffrey A. Fowler e Rachel Dodes. "Retailers Tap Stores to Speed Online Orders", *Wall Street Journal*, 20 de maio de 2010, http://online.wsj.com/article/SB10001424052748703565804575238542925807102.html.
11. Robert Hardman. "Santa's Not so Little Helper", *Mail On-line*, 8 de dezembro de 2009, www.dailymail.co.uk/news/article-1233766/Santas-little-helper-Todays-busiest-online-shopping-day-year-So-ready-biggest-grotto-Lapland.html.
12. Miguel Bustillo. "Wal-Mart Radio Tags to Track Clothing", *Wall Street Journal*, 23 de julho de 2010, http://online.wsj.com/article/SB10001424052748704421304575383213061198090.html.
13. John Wasik. "The Surprising Success of the Green Supply Chain", *Fortune*, 13 de agosto de 2010, http://money.cnn.com/2010/08/13/news/companies/corporate_sustainability.fortune/index.htm.

15

1. "U.S. Non-Agricultural Employment by Industry 2009", National Retail Federation, www.nrf.com/modules.php?name=Pages&sp_id=1242.
2. "Industry at a Glance: NAICS 42-45, Wholesale and Retail Trade", Bureau of Labor Statistics, 17 de agosto de 2010, www.bls.gov/iag/tgs/iag42.htm.
3. "Retail Industry Indicators", National Retail Federation, www.nrf.com/modules.php?name=News&op=viewlive&sp_id=933.
4. "Monthly and Annual Retail Trade", U.S. Census Bureau, 13 de março de 2010, www.census.gov/retail; Betty Su. "The U.S. Economy to 2012: Signs of Growth", *Monthly Labor Review*, 127, n. 2, fevereiro de 2006, www.bls.gov.
5. Rachel Brown. "Urban Outfitters Adds Fixtures for Top Industry Sellers", *Women's Wear Daily*, 9 de julho de 2010, 7.
6. Elizabeth Holmes. "OMG, These Bags Cost a Lot!", *Wall Street Journal*, 27 de maio de 2010, D1.

7. Holly Haber. "Military Retail Giant Sees Opportunities for Expansion", *Women's Wear Daily*, 5 de janeiro de 2010, 13; "Fact Sheet", AAFES, junho de 2010, www.aafes.com/pa/factsheet19.pdf.
8. Cecily Hall. "Consumers Making the Shift to Thrift", *Women's Wear Daily*, 22 de abril de 2009.
9. "Walmart.com: Save Money. Live Better", Walmart, www.walmart.com (Acesso em: 20 de outubro de 2008).
10. "Restaurant Trendmapper", *National Restaurant Association*, www.restaurant.org/trendmapper (Acesso em: 20 de outubro de 2008).
11. Gene G. Marcial. "Vending Machines Are Learning to Love Plastic", *BusinessWeek*, 13 de agosto de 2007, www.businessweek.com/magazine/content/07_33/b4046081.htm.
12. "Sun, Swim and the Standard", *Women's Wear Daily*, 7 de julho de 2010, 5.
13. Avon Products. "About Mark", www.meetmark.com, Acesso em: 20 de outubro de 2008.
14. Darrell Dawsey. "Mail Spend to Rise", *Deliver*, 7 de janeiro de 2010, www.delivermagazine.com/2010/01/mail-spend-to-rise.
15. Daniel R. Shiman. "An Economic Approach to the Regulation of Direct Marketing", 6 de abril de 2006, www.law.indiana.edu/fclj/pubs/v58/no2/Shiman.pdf.
16. Teri Evans. "Firms Hold Fast to Snail Mail Marketing", *Wall Street Journal*, 12 de janeiro de 2010, http://online.wsj.com/article/SB10001424052748703481004574646904234860412.html.
17. "Dell Solutions for Large Enterprise", Dell, www.dell.com/content/default.aspx?c=us&cs=555&l=en&ref=hs&s=biz (Acesso em: 20 de outubro de 2008).
18. Katherine Boehret. "New Way to Flit from Store to Store", *Wall Street Journal*, 3 de fevereiro de 2010, D3.
19. Lauren Schuker "'Eat, Pray, Love' – and Shop at HSN", *Wall Street Journal*, 5 de agosto de 2010, http://online.wsj.com/article/SB10001424052748704499604575407460346870810.html.
20. "Purchasing Your Franchise", About McDonald's, 12 de fevereiro de 2009, www.aboutmcdonalds.com/mcd/franchising/us_franchising/purchasing_your_franchise.html.
21. Douglas MacMillan. "French E-tailer Vente-privee Designs an Expansion", *Bloomberg Businessweek*, 24 de maio de 2010, www.businessweek.com/technology/content/may2010/tc20100524_876704.htm.
22. Janet Adamy. "Why Wendy's Finds Vanilla So Exciting", *Wall Street Journal*, 6 de abril de 2007, B1-B2.
23. Rachel Dodes. "Penney Weaves New Fast-Fashion Line", *Wall Street Journal*, 11 de agosto de 2010, http://online.wsj.com/article/SB10001424052748703435104575421580334396678.html.
24. "Matcha Box Pop-Up Stores in NYC", Matcha Source, www.matchasource.com/as-seen-in-s/86.htm.
25. Sharon Edelson. "Tia's Opens in Grand Central", *Women's Wear Daily*, 21 de agosto de 2009, 13.
26. "USA Technologies: ePort", USA Technologies, www.usatech.com/eport/index.php; "VeriSign Enables Coca-Cola Vending Machine Purchases via Mobile Phones", VeriSign, http://press.verisign.com/easyir/customrel.do?easyirid=AFC0FF0DB5C560D3&version=live&prid=181452&releasejsp=custom_97.
27. Kaila Krayewski. "The M-Commerce Revolution Begins: Consumers Use Their Mobile Phones for Online Shopping", ISEdb.com, 21 de janeiro de 2010, http://isedb.com/20100121-2947.php.
28. Chris Foresman. "Wireless Survey: 91% of Americans Use Cell Phones", Ars Technica, março de 2010, http://arstechnica.com/telecom/news/2010/03/wireless-survey-91-of-americans-have-cell-phones.ars.
29. Peter Eichenbaum e Margaret Collins. "AT&T, Verizon to Target Visa, MasterCard with Smartphones", *Bloomberg*, 2 de agosto de 2010, www.bloomberg.com/news/2010-08-02/at-t-verizon-said-to-target-visa-mastercard-with-smartphones.html.

16

1. Eric Clemons, Paul Nunes e Matt Reilly. "Six Strategies for Successful Niche Marketing", *Wall Street Journal*, 24 de maio de 2010, http://online.wsj.com/article/SB10001424052748704130904574644084205858424.html.
2. "Target: Company: Education", Target, https://redcard.target.com/redcard/content/rcw_benefits_tgt_rewards.
3. Huaxia Rui, Andrew Whinston e Elizabeth Winkler. "Follow the Tweets", *Wall Street Journal*, 30 de novembro de 2009, http://online.wsj.com/article/SB10001424052970204731804574391102221959582.html.
4. Joseph De Avila. "Who Could Eat All This?", *Wall Street Journal*, 17 de março de 2010, D1-D2.
5. Ellen Byron. "An Old Dice Game Catches On Again, Pushed by P&G", *Wall Street Journal*, 30 de janeiro de 2007, A1, A13.
6. Valerie Bauerlein e Robb Stewart. "Coca-Cola Hopes to Score with World Cup Campaign", *Wall Street Journal*, 29 de junho de 2010, http://online.wsj.com/article/SB10001424052748704569204575328983721865268.html.
7. Ibid.
8. Ibid; News Release, "The Coca-Cola Company Reports 2010 Second Quarter and Year-to-Date Results", Coca-Cola Company, 21 de julho de 2010, www.thecoca-colacompany.com/presscenter/nr_20100721_corporate_second_qtr_earnings.html.
9. O conceito AIDA tem como base a clássica pesquisa de E. K. Strong, Jr., conforme teorizada em *The Psychology of Selling and Advertising* (Nova York: McGraw-Hill, 1925) e "Theories of Selling", *Journal of Applied Psychology*, 9, 1925, 75-86.
10. Thomas E. Barry e Daniel J. Howard. "A Review and Critique of the Hierarchy of Effects in Advertising", *International Journal of Advertising*, 9, 1990, 121-135.
11. Lauren Schuker. "'Eat, Pray, Love' – and Shop at HSN", *Wall Street Journal*, 5 de agosto de 2010, B8; Shahnaz Mahmud. "HSN, Sony Promote 'Eat Pray Love' Movie with Direct Mail, Integrated Effort", DMNews, 8 de julho de 2010, www.dmnews.com/hsn-sony-promote-eat-pray-love-movie-with-direct-mail-integrated-effort/article/174207; "Rotten Tomatoes, Weekend Box Office Results", Rotten Tomatoes, 14-16 de agosto de 2010, www.rottentomatoes.com/movie/box_office.php.
12. Anjali Cordeiro. "Promotions Boost Sales for Food and Beverage Makers", *Wall Street Journal*, 14 de julho de 2010, B5.
13. Aris Georgiadis. "When Marketing Nostalgia, Showmanship Isn't Expendable", *Advertising Age*, 4 de agosto de 2010, http://adage.com/madisonandvine/article?article_id=145244; Eric Ditzian. "Why 'Expendables' Soared, 'Scott Pilgrim' Crashed at Box Office", MTV, 16 de agosto de 2010, www.mtv.com/news/articles/1645818/20100816/story.jhtml.

17

1. Laurel Wentz e Bradley Johnson. "Top 100 Global Advertisers Heap Their Spending Abroad", *Advertising Age*, 30 de novembro de 2009, http://adage.com/globalnews/article?article_id=140723; "Global Marketers 2009", *Advertising Age*, http://adage.com/globalmarketers09.
2. Aaron Lewis. "U.S. Ad Spending Down Nine Percent in 2009, Nielsen Says", Nielsen, 24 de fevereiro de 2010, http://blog.nielsen.com/nielsenwire/wp-content/uploads/2010/02/2009-Year-End-Ad-Spend-Press-Release.pdf.
3. "Ad Industry Jobs", Ad Age DataCenter, http://adage.com (Acesso em: fevereiro de 2009).
4. "Global Marketers 2009".
5. Michael R. Solomon. *Consumer Behavior*, 6. ed. (Upper Saddle River, NJ: Prentice Hall, 2004), 275.
6. Tom Duncan. *Integrated Marketing Communications* (Burr Ridge, IL: McGraw-Hill, 2002), 257.
7. Alissa Walker. "Nature's Path Leads Consumers through Complicated Grocery Shelves", *Fast Company*, 12 de fevereiro de 2010, www.fastcompany.com/1548994/natures-path-leads-consumers-through-complicated-grocery-shelves.
8. Suzanne Vranica. "BP Rolling Out New Ads Aimed at Repairing Image", *Wall Street Journal*, 7 de junho de 2010, http://online.wsj.com/article/NA_WSJ_PUB:SB10001424052748704002104575290993225476092.html.
9. Suzanne Vranica. "Barnes & Noble Returns to TV to Tout Nook", *Wall Street Journal*, 22 de abril de 2010, http://online.wsj.com/article/NA_WSJ_PUB:SB10001424052748703404004575198300333039616.html.
10. Valerie Bauerlein. "Pepsi Sues Coke Over Sports-Drink Ads", *Wall Street Journal*, 14 de abril de 2009, B8.
11. "Active Women Say Their Lifestyle Makes Them More Confident, Sexy and Ready to Say 'Yes!'", *PR Newswire*, 19 de agosto de 2010, www.prnewswire.com/news-releases/active-women-say-their-lifestyle-makes-them-more-confident-sexy-and-ready-to-say-yes-101083819.html.
12. Laura Q. Hughes e Wendy Davis. "Revival of the Fittest", *Advertising Age*, 12 de março de 2001, 18-19.
13. Geoffrey Fowler. "For P&G in China, It's Wash, Rinse, Don't Repeat", *Wall Street Journal*, 7 de abril de 2006.
14. Alissa Walker. "Nature's Path Leads Consumers through Complicated Grocery Shelves".
15. Ty McMahan. "Goom Radio Hopes to Avoid Same Sad Song", *Wall Street Journal*, 15 de abril de 2009, http://blogs.wsj.com/venturecapital/2009/04/15/goom-radio-hopes-to-avoid-same-sad-song.
16. Stephanie Kang e Suzanne Vranica. "NIB Manages to Rack Up Strong Sales on Super Bowl", *Wall Street Journal*, 12 de setembro de 2008, http://online.wsj.com/article/SB122115475640124189.html.
17. Suzanne Vranica. "Tallying Up Viewers", *Wall Street Journal*, 26 de julho de 2010, http://online.wsj.com/article/SB10001424052748704249004575385680793742048.html.
18. Associated Press. "TV's New Attempt at Keeping Viewers Tuned In", *New Jersey Business*, 5 de outubro de 2009, www.nj.com/business/index.ssf/2009/10/post_10.html.
19. PricewaterhouseCoopers. "IAB Internet Advertising Revenue Report", Interactive Advertising Bureau, abril de 2010, www.pwc.com/us/en/industry/entertainment-media/assets/IAB-Ad-Revenue-Full-Year-2009.pdf; Teddy Wayne. "A Milestone for Internet Ad Revenue", *New York Times*, 25 de abril de 2010, www.nytimes.com/2010/04/26/business/media/26drill.html.
20. "Google Talks about Android, Personalized Ads and New Hires", *Wall Street Journal*, 15 de julho de 2010, http://blogs.wsj.com/digits/2010/07/15/live-blogging-google-on-its-earnings.

21. PricewaterhouseCoopers. "IAB Internet Advertising Revenue Report".
22. Addy Dugdale. "Chevy Volt and Microsoft Kinect Join for Virtual Test Drive Advergame", *Fast Company*, 22 de junho de 2010, www.fastcompany.com/1662575/this-is-not-a-tired-marketing-campaign-chevy-volt-and-microsoft-kinect-connect.
23. Andrew LaValle. "Start-Ups Find Revenue Source on Hold", *Wall Street Journal*, 11 de junho de 2008, B9.
24. "Massive Incorporated: Video Game Advertising", www.massiveincorporated.com; "Massive Inc. and comScore Prove In-Game Advertising ROI for Bing", Microsoft News Center, 20 de maio de 2010, www.microsoft.com/presspass/press/2010/may10/05-20ingameadroipr.mspx.
25. Paul Korzeniowski. "Technology News: Wireless: Cell Phones Emerge as New Advertising Medium", *ECT News Network*, www.technewsworld.com/story/46630.html (Acesso em: 21 de outubro de 2008); "Media Planning Instala En Barcelona La Primera Lona Con Bluetooth De Europa", www.marketingdirecto.com/noticias/noticia.php?idnoticia=16532.
26. Ryan Singel. "Mobile Phone Companies Get Ad System to Bypass Apps", *Wired*, 13 de abril de 2010, www.wired.com/epicenter/2010/04/mobile-ads-bypass-apps.
27. Shira Ovide e Marcelo Prince. "Digits Live Show: Hulu Loses Stewart, Colbert", *Wall Street Journal*, 3 de março de 2010, http://blogs.wsj.com/digits/2010/03/03/digits-live-show-hulu-loses-stewart-colbert/.
28. Andrew Hampp. "Cross-Platform Ads: What's Working?", *Advertising Age*, 26 de junho de 2008, http://adage.com/mediaworks/article?article_id=128029.
29. "'Lost' Finale Finds Above Average Ad Engagement", Nielsenwire, 1º de junho de 2010, http://blog.nielsen.com/nielsenwire/online_mobile/lost-finale-finds-above-average-ad-engagement.
30. Chloe Albanesius. "'Old Spice Guy' Scores Marketing Coup with YouTube Videos", *PCMag*, 14 de julho de 2010, www.pcmag.com/article2/0,2817,2366477,00.asp.
31. Geoff Williams. "Top 10 Successful Marketing Stunts", *Entrepreneur*, 20 de julho de 2006, www.entrepreneur.com/marketing/marketingideas/article159484.htm.
32. "New PQ Media Report Finds U.S. Branded Entertainment Spending on Consumer Events & Product Placement Dipped Only 1.3% to $24.63 Billion in 2009 & on Pace to Grow 5.3% in 2010, Exceeding Most Advertising & Marketing Segments", *Product Placement News*, 7 de julho de 2010, www.productplacement.biz/201007072619/product-placement-research/new-pq-media-report-finds-u-s-branded-entertainment-spending-on-consumer-events-product-placement-dipped-only-1-3-to-24-63-billion-in-2009-on-pace-to-grow-5-3-in-2010-exceeding-most-advertising.html.
33. Patricia Odell. "Sponsorship Spending Struggles to Recover", *Promo*, 28 de janeiro de 2010, http://promomagazine.com/news/sponsorship-spending-struggles-0128/.
34. Ibid.
35. "Information on Select Cause Marketing Campaigns", Breast Cancer Action, http://thinkbeforeyoupink.org/?page_id=13; *Business in the Community*, www.bitc.org.uk/.
36. "PlayStation® – PS3™, PS2™, PSP® & PSP®go Systems, Games, & PlayStation® Network" Sony Computer Entertainment America, www.playstation.com.
37. "Kraft Foods – Great Recipes and Meal Ideas from Kraft Foods", Kraft, www.kraftrecipes.com/home.aspx.
38. "Blogs Can Offer a Big Advantage to Brands If They're Honest", *New Age Media*, 23 de março de 2006, 15.
39. Geoffrey Fowler, Ian Sherr e Niraj Sheth. "A Defiant Steve Jobs Confronts 'Antennagate'", *Wall Street Journal*, 16 de julho de 2010, http://online.wsj.com/article/SB10001424052748704913304575371131458273498.html.

18

1. http://promomagazine.com, relatório de outubro de 2008.
2. "CPG Marketers Drop 18 Billion More Coupons in 2010 First Half", *PROMO Magazine*, 28 de julho de 2010, http://promomagazine.com/retail/news/cpg-more-coupons-2010-0728/index.html.
3. Ibid.
4. Ian Sherr. "Online Coupons Get Smarter", *Wall Street Journal*, 25 de agosto de 2010, http://online.wsj.com/article/SB10001424052748703447004575449453225928136.html.
5. Ibid.
6. Bruce Mohl. "Retailers Simplify the Rebate Process", *Boston Globe*, 7 de novembro de 2004; FTC Consumer Alert. "Taking the 'Bait' Out of Rebates", www.ftc.gov/bcp/edu/pubs/consumer/alerts/alt059.shtm.
7. Convenience Store News Staff. "Loyalty Rewards Membership on the Rise", *Brandweek*, 17 de abril de 2009, www.brandweek.com/bw/content_display/news-and-features/direct/e3i76c769b73ce851586daedf100023fcf1.
8. Julie Jargon. "Restaurants Serve Perks for Loyalty", *Wall Street Journal*, 9 de agosto de 2010, http://online.wsj.com/article/SB10001424052748704271804575405363647189110.html.
9. Matthew Haeberle. "Loyalty Is Dead: Great Experiences, Not Price, Will Create Loyal Customers", *Chain Store Age*, janeiro de 2004, 17.
10. Barbara De Lollis. "Loyalty Programs: Study Reveals Top Complaints; Spam Tops List", *USA Today*, 8 de fevereiro de 2010, http://travel.usatoday.com/hotels/legacy/2010/02/marriott-rewards-hilton-hhonors-intercontinental-priority-club-rewards-choice-wyndham-loyalty/1.
11. Jennifer Van Grove. "Twitter and Foursquare Become the New Loyalty Program at Tasti D-Lite", *Mashable*, janeiro de 2010, http://mashable.com/2010/01/13/tasti-d-lite-tasti-rewards/.
12. John Wu. "Effects of In-Store Sampling on Retail Sales: Case Study of a Warehouse Store", *FindArticles.com*, primavera de 2010, http://findarticles.com/p/articles/mi_hb6054/is_201004/ai_n53928748/.
13. Joseph De Avila. "Who Could Eat All This?", *Wall Street Journal*, 17 de março de 2010, D2; "Quiznos.com 543 Video Contest", Quiznos, www.quiznos.com/543video.html.
14. Brian Quinton. "V-8 Fusion Opts for Facebook as Sampling Channel", *PROMO Magazine*, 22 de julho de 2010, http://promomagazine.com/socialmedia/facebook/0722-v8-fusion-facebook-sampling/index.html.
15. Suzanne Vranica. "Y&R Allies With Specialist Mars", *Wall Street Journal*, 14 de abril de 2009, B8.
16. "Point-of-Purchase: $17 Billion", *PROMO Magazine*, 29 de outubro de 2001, 3; "In Praise of Promotion", *PROMO Xtra*, http://promomagazine.com.
17. Anne Hollard. "MarketingSherpa: Search Marketing and At-Work Coupon Campaigns: Redemption Rate Data and Four Useful Hotlinks", MarketingSherpa, www.marketingsherpa.com/article.html?ident=29788.
18. "Internet", CMS, www.couponinfonow.com/Couponing/Internet.cfm.
19. "Free Culinary Demonstrations from Williams-Sonoma", Williams-Sonoma, http://edm.williams-sonoma.com/we/2009/noimage/cept_storedemo_all_082708.html.
20. Peter King. "Personal Shoppers Find Clothes to Make the Man", *Wall Street Journal*, 12 de agosto de 2010, http://online.wsj.com/article/SB10001424052748704164904575421373622725304.html.
21. Michael Beverland. "Contextual Influences and the Adoption and Practice of Relationship Selling in a Business-to-Business Setting: An Exploratory Study", *Journal of Personal Selling & Sales Management*, 21, n. 3, verão de 2001, 207; Gabriel R. Gonzalez, K. Douglas Hoffman e Thomas N. Ingram. "Improving Relationship Selling through Failure Analysis and Recovery Efforts: A Framework and Call to Action", *Journal of Personal Selling & Sales Management*, 25, n. 1, inverno de 2005, 57.
22. Catherine Seda. "The Meet Market", *Entrepreneur*, agosto de 2004, 68; Jim Dickie. "Is Social Networking an Overhyped Fad or a Useful Tool?", *Destination CRM*, 21 de janeiro de 2005; Kristina Dell. "What Are Friends For?", *Time*, 21 de setembro de 2004; Media Releases, www.linkedin.com, 3 de dezembro de 2007; "About Us", www.linkedin.com/static?key=company_info.
23. Barton Weitz, Stephen Castleberry e John Tanner. *Selling: Building Partnerships* (Burr Ridge, IL: McGraw-Hill/Irwin, 2004), 198-201.
24. "Effective Business Presentation – Sales Presentation – Effective Presentation Skill", Nielsen Business Media, www.presentations.com.
25. Kathleen Cholewka. "E-Market Stats", *Sales & Marketing Management*, setembro de 2001, 21; Jamie Smith Hopkins. "Corporations Podcast Their Marketing Nets", *Baltimore Sun*, 11 de dezembro de 2005.
26. "About Winelibrary TV", Wine Library TV, http://tv.winelibrary.com/about.

19

1. Franziska Volckner. "The Dual Role of Price: Decomposing Consumers' Reactions to Price", *Journal of the Academy of Marketing Science*, 36, n. 3, outono de 2008, 359-377.
2. Ibid.
3. Scott Kilman. "Monsanto Draws Antitrust Scrutiny", *Wall Street Journal*, 11 de março de 2010, B8.
4. Kit Eaton. "Nintendo Announces 3-D Handheld – But Can It Steal Back Apple's Gaming Market Shares?", *Fast Company*, 23 de março de 2010, www.fastcompany.com/1594735/nintendo-ds-3d-ipad-iphone-apple-gaming-portable-handheld-mobile.
5. David Goldman. "Why All Smartphones Are $199", *CNNMoney*, 1º de setembro de 2010, http://money.cnn.com/2010/09/01/technology/smartphone_price.
6. Edward Lotterman. "Why a Great Crop Year Like 2010 Can Be Bad News for U.S. Farmers", *Idaho Statesman*, 15 de agosto de 2010, www.idahostatesman.com/2010/08/15/1302125/ed-lotterman-why-a-great-crop.html.
7. Tammo H. A. Bijmolt, Harald J. Van Heerde e Rik G. M. Pieters. "New Empirical Generalizations on the Determinants of Price Elasticity", *Journal of Marketing Research*, 42, maio de 2005, 141-156; Christian Homburg, Wayne Hoyer e Nicole Koschate. "Customers' Reactions to Price Increases: Do Customer Satisfaction and Perceived Motive

Fairness Matter?", *Journal of the Academy of Marketing Science*, 33, n. 1, inverno de 2005, 35-49; Gadi Fibich, Arieh Gavious e Oded Lowengart. "The Dynamics of Price Elasticity of Demand in the Presence of Reference Price Effects", *Journal of the Academy of Marketing Science*, 33, n. 1, inverno de 2005, 66-78.
8. "What the Traffic Will Bear", *Forbes*, 7 de julho de 2008, 69.
9. Paul Ziobro. "Domino's Profit Rises 56% as Pizza Hut Cuts Prices", *Wall Street Journal*, 27 de julho de 2010, http://online.wsj.com/article/SB10001424052748703292704575392962594974960.html.
10. Miguel Bustillo e Jeffrey A. Trachtenberg. "Amazon, Wal-Mart Cut Deeper in Book Duel", *Wall Street Journal*, 17 de outubro de 2009, B1.
11. Joseph Cannon e Christian Homburg. "Buyer-Supplier Relationships and Customer Firm Costs", *Journal of Marketing*, 65, janeiro de 2001, 29-43.
12. Yun Wan e Nan Hu, "Comparison Shopping Channel Selection by Small Online Vendors: An Exploratory Study (Abstract)", IGI Global, 2009, www.igi-global.com/bookstore/Chapter.aspx?TitleId=6735.
13. "How Shopping Bots Really Work", *MSN Money*, 11 de julho de 2005, http://moneycentral.msn.com.
14. The Associated Press. "Sporting a Mullet Pays off at Pittsburgh Zoo", *Boston Herald*, 6 de julho de 2010, www.bostonherald.com/news/offbeat/.
15. Matthew Boyle. "The Accidental Hero", *BusinessWeek*, 5 de novembro de 2009, www.businessweek.com/magazine/content/09_46/b4155058815908.htm.
16. "Wal-Mart Puts the Squeeze on Food Costs", *Fortune*, 9 de junho de 2008, 16.
17. Vicki Young. "Cautions for Luxury: Survey Finds Wealthy Less Keen on Category", *Women's Wear Daily*, 22 de setembro de 2009, 20.
18. Katherine Lemon e Stephen Nowlis. "Developing Synergies between Promotions and Brands in Different Price-Quality Tiers", *Journal of Marketing Research*, 39, maio de 2002, 171-185; ver também Valerie Taylor e William Bearden. "The Effects of Price on Brand Extension Evaluations: The Moderating Role of Extension Similarity", *Journal of the Academy of Marketing Science*, 30, n. 2, primavera de 2002, 131-140; Raj Sethuraman e V. Srinivasan. "The Asymmetric Share Effect: An Empirical Generalization on Cross-Price Effects", *Journal of Marketing Research*, 39, n. 3, agosto de 2002, 379-386.
19. Volckner. "The Dual Role of Price".
20. Ibid.
21. Elizabeth Holmes. "Skimpy Profits Pressure Abercrombie's Pricing Attitude", *Wall Street Journal*, 14 de agosto de 2009, B1.
22. Merrie Brucks, Valarie Zeithaml e Gillian Naylor. "Price and Brand Name as Indicators of Quality Dimensions for Consumer Durables", *Journal of the Academy of Marketing Science*, 28, n. 3, verão de 2000, 359-374; Wilford Amaldoss e Sanjay Jain. "Pricing of Conspicuous Goods: A Competitive Analysis of Social Effects", *Journal of Marketing Research*, 42, fevereiro de 2005, 30-42; ver também Margaret Campbell. "Says Who?! How the Source of Price Information and Affect Influence Perceived Price (UN)fairness", *Journal of Marketing Research*, 44, n. 2, maio de 2007, 261-271.

20

1. Keith Chrzan. "An Overview of Pricing Research", *Quirk's Marketing Research Review*, julho/agosto de 2006, 24-29.
2. Kent Monroe e Jennifer Cox. "Pricing Practices that Endanger Profits", *Marketing Management*, setembro/outubro de 2001, 42-46.
3. Ibid.
4. Sharon Terlep. "Dealers Attempt to Fleece GM Volt Buyers; AutoNation Clamps Down on Price Mark up", *International Business Times*, 16 de agosto de 2010, www.ibtimes.com/articles/43638/20100816/gm-volt-nissan-leaf-autonation.htm.
5. Julie Jargon e Gina Chon. "Burger King's Latest Pickle", *Wall Street Journal*, 1º de setembro de 2010, http://online.wsj.com/article/SB10001424052748704791004575465961922888040.html.
6. Brad Tuttle. "Salvage Grocery Stores: Who Cares about Sell-By Dates If You're Saving Money?", *Time*, 5 de agosto de 2009, http://money.blogs.time.com/2009/08/05/salvage-grocery-stores-who-cares-about-sell-by-dates-if-youre-saving-money.
7. Christina Binkley. "Fashion's Elite Wage a War on Discounts", *Wall Street Journal*, 13 de agosto de 2009, D6; Andria Cheng. "Shoppers Show Their Staying Power in August", *Market Watch*, 2 de setembro de 2010, www.marketwatch.com/story/same-store-sales-top-expectations-in-august-2010-09-02.
8. Sookyung Seo. "Ex-Asiana Executives Indicted in U.S. on Price-Fixing", *Bloomberg Businessweek*, 27 de agosto de 2010, www.businessweek.com/news/2010-08-27/ex-asiana-executives-indicted-in-u-s-on-price-fixing.html.
9. Liam Baldwin. "Freight Price Fixing Cartel Charged", *National Business Review*, 2 de setembro de 2010, www.nbr.co.nz/article/freight-price-fixing-cartel-charged-129366.
10. "How Driving Prices Lower Can Violate Antitrust Statutes", *Wall Street Journal*, 24 de janeiro de 2004, A1, A11.
11. Evan Clark e Kristi Ellis. "Price Fixing Plays Out in Supreme Court", *Women's Wear Daily*, 19 de junho de 2008.
12. Kenneth Ofgang. "C.A. Upholds $16 Million Predatory Competition Judgment", *Metropolitan News-Enterprise*, 12 de agosto de 2010, www.metnews.com/articles/2010/bayy081210.htm.
13. Bruce Alford e Abhijit Biswas. "The Effects of Discount Level, Price Consciousness, and Sale Proneness on Consumers' Price Perception and Behavioral Intention", *Journal of Business Research*, 55, n. 9, setembro de 2002, 775-778; ver também V. Kumar, Tobias Madan e Jimmi Srinivasan. "Price Discounts or Coupon Promotions: Does It Matter?", *Journal of Business Research*, 57, n. 9, setembro de 2004, 933-941.
14. "About Save-A-Lot", Save-A-Lot, http://save-a-lot.com/about-save-a-lot.
15. Holly Henschen. "Premium Chocolate Holds Steady in Tough Economy", *Wall Street Journal*, 7 de janeiro de 2009, http://online.wsj.com/article/SB123129657237259887.html.
16. Timothy Aeppel. "Seeking Perfect Prices, CEO Tears Up the Rules", *Wall Street Journal*, 27 de março de 2007, A1, A16.
17. Ibid.
18. Ragnhild Kjetland e Pavel Alpeyev. "Sony Challenges Apple in Streaming of Videos, Music", *Bloomberg*, 2 de setembro de 2010, www.bloomberg.com/news/2010-09-02/sony-challenges-apple-with-video-and-music-streaming-service.html.
19. Rui (Juliet) Zhu, Xinlei (Jack) Chen e Srabana Dasgupta. "Can Trade-Ins Hurt You? Exploring the Effect of a Trade-In on Consumers' Willingness to Pay for a Product", *Journal of Marketing Research*, 45, n. 2, abril de 2008, 159-170.
20. Ibid.
21. Ibid.
22. Para aprender mais sobre imparcialidade na precificação, ver Lan Xia, Kent Monroe e Jennifer Cox. "The Price Is Unfair! A Conceptual Framework of Price Fairness Perceptions", *Journal of Marketing*, 68, n. 4, outubro de 2004, 1-15.
23. Christopher Heine. "How Gap's 'Groupon Went Crazy Viral'", *ClickZ*, 25 de agosto de 2010, www.clickz.com/clickz/news/1729509/how-gaps-groupon-went-crazy-viral.
24. Sam Diaz. "Groupon's $11 Million Gap Day: A Business Winner or Loser?", *ZDNet*, 23 de agosto de 2010, www.zdnet.com/blog/btl/groupons-11-million-gap-day-a-business-winner-or-loser/38259.
25. Dilip Soman e John Gourville. "Transaction Decoupling: The Effects of Price Bundling on the Decision to Consume", MSI Report, 2002, 98-131; Stefan Stremersch e Gerard J. Tellis. "Strategic Bundling of Products and Prices: A New Synthesis for Marketing", *Journal of Marketing*, 66, n. 1, janeiro de 2002, 55-71; "Forget Prices and Get People to Use the Stuff", *Wall Street Journal*, 3 de junho de 2004, A2.
26. Susan Stellin. "Airline Fees Test Traveler's Limits", *New York Times*, 3 de agosto de 2010, http://travel.nytimes.com/2010/08/08/travel/08prac.html.
27. Rebecca Hamilton e Joydeep Srivastava. "When 2+2 Is Not the Same as 1+3: Variations in Price Sensitivity across Components of Partitioned Prices", *Journal of Marketing Research*, 45, n. 4, agosto de 2008, 450-461.
28. Sean Cole. "Less Product, Same Price", American Public Media, 8 de janeiro de 2009, http://marketplace.publicradio.org/display/web/2009/01/08/pm_deceptive_packaging/.
29. Paul Hunt e Greg Thomas. "Scoring Birdies instead of Bogies", *Pricing Solutions Newsletter*, 2, n. 2, inverno de 2009, www.pricingsolutions.com.

21

1. Joseph Hair, Robert Bush e David Ortinau. *Marketing Research: Within a Changing Information Environment*, 3. ed. (Burr Ridge, IL: McGraw-Hill/Irwin, 2006), 114.
2. "IBM Helps Construction Firm Boost Number of Clients by 40% through Mobile Real-Time Trends Analysis", *PRNewswire*, 1º de setembro de 2010, www.prnewswire.com/news-releases/ibm-helps-construction-firm-boost-number-of-clients-by-40-through-mobile-real-time-trends-analysis-101965838.html.
3. Ibid.
4. Jennifer Beaudry. "Zappos Milestone: Customer Service", Zappos.com, 4 de maio de 2009, http://about.zappos.com/press-center/media-coverage/zappos-milestone-customer-service.
5. "My Starbucks Idea", Starbucks, http://mystarbucksidea.force.com/.
6. Terry Maxon. "For Southwest Airlines Team, Work Means Always Having to Say You're Sorry", *Dallas Morning News*, 15 de agosto de 2010, www.dallasnews.com/sharedcontent/dws/bus/stories/DN-swapology_15bus.ART0.State.Edition1.26cd7a0.html.
7. SAP Customer Success Story. "Playstation.com Chooses my SAP CRM", http://h20338.www2.hp.com/enterprise/downloads/playstation.pdf.
8. Neil Savage. "Data Mining Your Digital Footprints", CNNMoney.com, 14 de junho de 2010, http://money.cnn.com/2010/06/14/smallbusiness/sensenetworks/index.htm.
9. Nick Saint. "Foursquare in Partnership Talks with Google, Microsoft, and Yahoo", *Busi-

ness Insider, 19 de julho de 2010, www.businessinsider.com/foursquare-looking-to-sell-check-in-data-to-search-engines-2010-7.
10. Donna Fenn. "10 Ways to Get More Sales from Existing Customers", Inc, 31 de agosto de 2010, www.inc.com/guides/2010/08/get-more-sales-from-existing-customers.html.
11. Barton Weitz, Stephen Castleberry e John Tanner. Selling: Building Partnerships (Burr Ridge, IL: McGraw-Hill/Irwin, 2004), 184-185.
12. Fenn. "10 Ways to Get More Sales from Existing Customers".
13. Savage. "Data Mining Your Digital Footprints".
14. Andy Greenberg. "Mining Human Behavior at MIT", Forbes, 12 de agosto de 2010, www.forbes.com/forbes/2010/0830/e-gang-mit-sandy-pentland-darpa-sociometers-mining-reality_2.html.
15. Chris Shunk. "Subaru Letting Owners Show Loyalty, Hobbies with Free Badge Program", Autoblog, 28 de maio de 2010, www.autoblog.com/2010/05/28/subaru-letting-owners-show-loyalty-hobbies-with-free-badge-prog.
16. "Young Adults 'More Receptive to Direct Mail'", Equi Media, 8 de setembro de 2010, www.equimedia.co.uk/index.php?id=98&article=800056175.
17. Miguel Bustillo. "Wal-Mart Radio Tags to Track Clothing", Wall Street Journal, 23 de julho de 2010, http://online.wsj.com/article/SB10001424052748704421304575383213061198090.html.
18. Privacy International. "Consultation Report: Race to the Bottom? 2007", 9 de junho de 2007, www.privacyinternational.org/issues/internet/interimrankings.pdf.

22

1. Brian Solis. Engage: The Complete Guide for Brands and Businesses to Build, Cultivate and Measure Success in the New Web (Hoboken, NJ: John Wiley & Sons, 2010), 37.
2. "Social Media for Non Profits", Primalmedia, 18 de fevereiro de 2009, www.primalmedia.com/blog/social-media-non-profits.
3. Salma Jafri. "Lady Gaga's Social Media Success and Strategy", Suite101.com, 5 de junho de 2010, http://marketingpr.suite101.com/article.cfm/lady-gagas-social-media-success-and-strategy; Dorothy Pomerantz. "Lady Gaga Leads List of Celeb 100 Newcomers", Forbes, 28 de junho de 2010, www.forbes.com/2010/06/22/lady-gaga-kristin-stewart-business-entertainment-celeb-100-10-newcomers.html.
4. Andrew Hampp. "Gaga, Oooh La La: Why the Lady Is the Ultimate Social Climber", Advertising Age, 22 de fevereiro de 2010, http://adage.com/digitalalist10/article?article_id=142210.
5. Solis. Engage.
6. Ibid.
7. Universal McCann. "Power to the People – Wave3 Study on Social Media Trends", março de 2008, www.slideshare.net/mickstravellin/universal-mccann-international-social-media-research-wave-3.
8. Aaron Smith. "Mobile Access 2010", Pew Internet & American Life Project, 7 de julho de 2010, www.pewinternet.org/Reports/2010/Mobile-Access-2010.aspx.
9. Shane Snow. "iPad by the Numbers", Mashable, julho de 2010, http://mashable.com/2010/06/07/ipad-infographic-2.
10. Paul Marsden. "Simple Definition of Social Commerce", Social Commerce Today, junho de 2010, http://socialcommercetoday.com/social-commerce-definition-word-cloud-definitive-definition-list.
11. Shar VanBoskirk. "U.S. Interactive Marketing Forecast 2009 to 2014", Forrester Research, 6 de julho de 2009, www.forrester.com/rb/Research/us_interactive_marketing_forecast,_2009_to_2014/q/id/47730/t/2.
12. Marketing News Staff. "Digital Dozen: Step Up to The Bar", Marketing News, 15 de março de 2010, www.marketingpower.com/ResourceLibrary/Publications/MarketingNews/2010/3_15_10/Digital Dozen.pdf.
13. Ibid.
14. Jeff Howe. Crowdsourcing: Why the Power of the Crowd Is Driving the Future of Business (Nova York, NY: Three Rivers Press, 2009), 32.
15. Ryan Flinn. "Gap Scraps New Logo after Backlash, Revives Blue Box", Bloomberg, 12 de outubro de 2010, www.bloomberg.com/news/2010-10-12/gap-scraps-new-logo-after-online-backlash-will-return-to-blue-box-design.html.
16. Sean Corcoran. "Defining Earned, Owned and Paid Media", Forrester Blogs, 16 de dezembro de 2009, http://blogs.forrester.com/interactive_marketing/2009/12/defining-earned-owned-and-paid-media.html; Brian Solis. "Why Brands Are Becoming Media", Mashable, 11 de fevereiro de 2010.
17. Ibid.
18. Jonathon Hensley. "How to Build Trust Online", Marketing News, 15 de março de 2010.
19. Erik Bratt. "Social Media ROI Success Stories", MarketingProfs, 2009, www.marketingprofs.com/store/product/27/social-media-roi-success-stories.
20. David Berkowitz. "100 Ways to Measure Social Media", Inside the Marketers Studio, 17 de novembro de 2009, www.marketersstudio.com/2009/11/100-ways-to-measure-social-media-.html.
21. Jim Sterne. Social Media Metrics (Hoboken, NJ: John Wiley & Sons, 2010).
22. Charlene Li e Josh Bernoff. "Groundswell": Winning in a World Transformed by Social Technologies (Boston, MA: Harvard Business Press, 2009).
23. North American Technographics Interactive Marketing Online Survey, Forrester Research, junho de 2009, www.forrester.com/ER/Research/Survey/Excerpt/1,10198,726,00.html.
24. Juan Carlos Perez. "Forrester Notes Social Media Contributor Slowdown", Computerworld, 28 de setembro de 2010, www.computerworld.com/s/article/9188538/Forrester_notes_social_media_contributor_slowdown.
25. Dan Zarella. The Social Media Marketing Book (Pequim, China: O'Reilly, 2010).
26. Marketing Profs. "Building Community – Kogi Korean BBQ", Twitter Success Stories, 2009, www.marketingprofs.com/store/product/21/twitter-success-stories.
27. Marketing Profs. "Adobe Systems", Facebook Success Stories, 2009, www.marketingprofs.com/store/product/35/facebook-success-stories.
28. MarketingProfs. LinkedIn Success Stories, 2009, www.marketingprofs.com/store/product/37/linkedin-success-stories.
29. Solis. Engage, 64.
30. Ramya Raghavan. "Using Video to Connect with Your Donors and Prospects", International Fundraising eConference, 12-14 de maio de 2009.
31. Solis. Engage, 46.
32. Zarella. The Social Media Marketing Book.
33. Solis. Engage, 54.
34. Solis. Engage, 97.
35. Zarella. The Social Media Marketing Book.
36. Solis. Engage, 51.
37. "Social Gaming Integral to Social Networking", Marketing Profs, 19 de fevereiro de 2010, www.marketingprofs.com/charts/2010/3425/social-gaming-integral-to-social-networking.
38. Lon Safko e David K. Brake. The Social Media Bible: Tactics, Tools & Strategies for Business Success (Hoboken, NJ: John Wiley & Sons, 2009).
39. Marketing Profs. Mobile Marketing Success Stories, 2009, www.marketingprofs.com/store/product/36/mobile-marketing-success-stories.
40. Michael Bush. "Red Cross Delivers Real Mobile Results for a Real Emergency", Advertising Age, 22 de fevereiro de 2010, http://adage.com/digitalalist10/article?article_id=142204; Nicole Wallace e Ian Wilhelm. "Charities Text Messaging Success Shakes Up the Fundraising World", Chronicle of Philanthropy, 11 de fevereiro de 2010, 7.
41. "Real Racing GTI", Volkswagen, www.vw.com/realracinggti/en/us (Acesso em: 14 de outubro de 2010).
42. Marketing News Staff. "Digital Dozen: Benjamin Moore Paints App Success", Marketing News, 15 de março de 2010, www.marketingpower.com/ResourceLibrary/Publications/MarketingNews/2010/3_15_10/Digital Dozen.pdf.
43. Beth Kanter. "Screencast: Using Widgets to Build Community on Blogs Featured on NTEN Blog", Beth's Blog, 20 de março de 2007, http://beth.typepad.com/beths_blog/2007/03/screncast_using.html.

Índice

Negrito indica termo-chave.

A

Abacaxi, 26
Abatendo produtos com baixa margem de lucro, 338
Abordagem da Market-plus em relação à precificação, 324
Abordagem tradicional de vendas, 302
Abordando o cliente, 297
Acessibilidade, como critérios de segmentação, 126
Acompanhamento, 155
Acontecimentos da vida, 98
Acordo de Livre Comércio da América do Norte (NAFTA), 67, 113, 217
Acordo Geral sobre Tarifas e Comércio (GATT), 66
Acordos,
   distribuição, 110
   licenciamento, 110
   não equidade, 215
Acordos de não equidade, 215
Adolescentes, 47
Adotantes iniciais, 52, 184
Adotantes, no início, 52, 183
Advergame (propagandas em jogos), 278
Afiliações ao Warehouse club, 240
Afro-americanos, marketing para, 49
Agências do governo em pesquisas de mercado, 146
Agências reguladoras, 53
Agente de exportação, 71
Agentes e corretores, 208
   canal do agente/corretor, 210, 211
Agregador de pesquisas de marketing, 146
Agrupamento, 339
Agrupamento de preços, 335
Alcance, 280
   versus frequência, 281
Aliança estratégica de canal, 212
Aliança estratégica (parceria estratégica), 110, 111, 215
   relacionamentos em outras culturas, 111
Aliança para Medição de Média Inovadora, 151, 278
Alianças, estratégicas, 111, 215
Alinhamento de preços, 333
Alternativas estratégicas, 25
   seleção, 25
Alternativas no processo de tomada de decisões do consumidor, 83
Ambiente, 7
   atual e potencial, 20
   simulado por computador, 151
Ambiente atual, 20
Ambiente competitivo, 53
Ambiente de fabricação "pull" do cliente, 227
Ambiente de marketing, externo, 43, 44
Ambiente externo,
   comerciantes globais, 63-71
   compreendendo o, 44
Ambiente externo de marketing, 43, 44
Ambiente global, 70

ambiente potencial, 20
Ambientes simulados em computador, 151
American Cancer Society (Sociedade Americana de Câncer), 94, 368
American Heart Association, 94
American Marketing Association, 5, 6
   código de ética, 36
Americanos Asiáticos, marketing para, 50
Amostra, 153
   tipos de, 153
      amostras não probabilísticas, 153
      amostras probabilísticas, 153
Amostra aleatória, 153
Amostra aleatória simples, 153
Amostra bola de neve, 153
Amostra de agrupamento, 153
Amostra de conveniência, 153
Amostra de julgamento, 153
Amostra de probabilidade, 153
Amostra de quota, 153
Amostra estratificada, 153
Amostragem, 291
Amostra grátis, 288
Amostra não probabilística, 153
Amostra sistemática, 153
Análise ambiental, 20, 159
Análise da situação, realizando, 20, 21
Análise de cesto de compra, 249
Análise de escuta não autorizada de conversas, 150
Análise de negócios, 179
   geração de ideias, 179
   perguntas comuns, 179
Análise de oportunidade de mercado (MOA), 27
Análise de ponto de equilíbrio, 315
Análise de valor (LTV), 349
Análise pós-campanha, 275
análise SWOT, 20
Anúncios de motor de busca, 278
Anúncios gráficos, 278
Antropólogos, 151
Apelo publicitário, 273
   admiração, 273
   comum, 272
   consciência ambiental, 273
   conveniência, 273
   decisões criativas em, 273
   diversão e prazer, 273
   lucro, 273
   medo, 273
   saúde, 273
   vaidade e egoísmo, 273
Aperto de mão, 63
Aplicativos e Widgets, 369
Apoio, 94
   celebridades, 94
Apple, 5, 6, 26, 53, 138, 166, 216, 333
   Produtos da Apple, 47, 100, 102, 211, 260, 261, 309, 357
Aprendizagem, 102, 344
   conceitual, 102
   experiencial, 102
   nas decisões de compra do consumidor, 102

Aprendizagem conceitual, 102
Aprendizagem empírica, 102
Apresentação de venda, 300
Apresentando um relatório, 154
Aproveitando as interações com clientes, 349
Aquisição e 'sourcing', 227, 228
Armazém de dados, 346, 347
Arrendamento em mercados empresariais versus mercados de consumo, 117
Associação dos Fabricantes de Rótulos Particulares, 167
Associação Nacional de Restaurantes, 240
Assuntos públicos, 282
Atacadista, 208
   canal, 211
   e varejistas, 210
Atacadista comerciante, 208
Atendimento ao cliente, 250
   comportamento de compras empresariais, 121
   gestão de capacidade de serviço, 218
   melhorando, 352
   melhorando a prestação de serviços, 218
   minimizando o tempo de espera, 218
   no comportamento de compras empresariais, 121
   pontos de contato, 226
Atitude, 103
   como uma base de posicionamento, 140
   e crenças, mudando, 104
Atmosfera, 249
   fatores visuais, 250
   odores, 249
   som, 249
   tipo e densidade de funcionário, 249
   tipo e densidade de instalação, 249
   tipo e densidade de mercadoria, 249
Atos desleais de práticas comerciais, 325, 326
Atratividade, 109
Auditoria de marketing, 30
Autoconceito, nas decisões de compra do consumidor, 98
Autoentrevista assistida pelo computador, 147
Autoimagem ideal, 98
Autoimagem verdadeira, 98
Autoridade, delegando, 344
Autorrealização, 102
Autossuficientes, 45
Avaliação, 30
   de alternativas e compras, processo de tomada de decisão do consumidor, 83
Avaliação de necessidades, 298
   da concorrência, 299
   da indústria, 299
   de clientes e suas necessidades, 299
   do produto ou serviço, 299
Avaliação pós-campanha, 275

decisões criativas em, 275

B

Baby Boomers, 48, 128
Banners, 278
Base de dados, 346
   cliente, 290
Bases (variáveis) de segmentação, 127, 133, 134
BehaviorScan, 158
Bem(ns),
   consumidor, 107
   fluxo reverso de, 226
   mercado negro, 318
   sem frescuras, 22
Benefício, 273
Benefícios do produto,
   decisões criativas em, 273
   identificação, 273
Bens do mercado negro, 318
Bens e serviços "sem frescuras", 22
Bernoff, Josh, 362
Better Business Bureau, 141
Blog, 109, 363
   corporativo, 260
   gerado pelo consumidor, 261
   mão, 364
   profissional, 363
Blogs Corporativos, 260, 363
Blogs gerados pelo consumidor, 260
Blogs não corporativos, 363, 364
Blogs profissionais, 362
Bloomberg Businessweek, 64, 177
Boeing, 22, 57, 115, 117, 180
Boicote, 65
"Bots" de compras, 319
"Bots" de compras de base ampla, 319
'Bots' de compras orientados para nichos, 319
Brainstorming, 178
BtoB Magazine, 103, 108
Busca de informações,
   internas e externas, 81
   processo de tomada de decisão do consumidor, 81, 82
Busca de informações controladas pela não comercialização, 81
Busca de informações externas, 81
Busca interna de informações, 81

C

Cadeia de suprimentos, 221
   e gestão da cadeia de suprimentos, 221-223
   gerenciando a programação de produção, 227
   gerenciando componentes logísticos, 226-231
   gerenciando o controle de estoque, 229
   gerenciando o fornecimento e a aquisição, 227
   gerenciando o manuseio de armazenagem e materiais, 230
   gerenciando o processamento de pedidos, 228

gerenciando o transporte, 231
global, 233
membros, 221
Cadeia de suprimentos, tipos de integração, 222
 integração de fornecedores de materiais e serviços, 223
 integração de medição, 222
 integração de operações internas, 223
 integração de relacionamento, 223
 integração de tecnologia e planejamento, 223
 integração do cliente, 223
Cadeias de lojas, 236
Cadeias globais de suprimentos, 233
Calcular demanda, custos e lucros, 324
Calendários de implementação, 19
Caminhos não tradicionais de ciclo de vida, 98
Campanha de mídia social, objetivos de mídia social, 361
 sistema de escuta, 359
Campanha publicitária, 272
Campanhas de líder de perda geo-social, 333
Campanhas promocionais, 287
Campbell, linhas de produtos e mix de produtos, 26, 74, 87, 163
Canais de comunicação, diretos, 345
 formal, 345
Canais múltiplos, 212
Canais não tradicionais, 211
Canal, 257
 acordos, alternativos, 212
 alianças, estratégicas, 212
 atacadista, 211
 decisões para mercados globais, 217
 decisões por serviços, 218
 direto, 210, 211
 distribuição, 18, 161
 interações, 346
 intermediários e suas funções, 208-210
 marketing, 205-208
 múltiplo, 212
 não tradicional, 211
 para produtos comerciais e industriais, 211
  canal direto, 211
  canal do agente/corretor, 211
  distribuidor industrial, 211
  distribuidor industrial do agente/corretor, 211
 para produtos de consumo, 210
 pontos de contato, 346
 varejista, 211
Canal de comunicação direta, 345
Canal de comunicação formal, 345
Canal de distribuição, 18, 161, 205
Canal de distribuição (canal de marketing), 205-208
Canal de marketing (canal de distribuição), 205-208
Canal de marketing para produtos de consumo, 210
 canal direto, 210
 canal do agente/corretor, 210
 canal do atacadista, 210
 canal do varejista, 210
Canal de varejo, 211
Canal direto, 210, 211
Canal(is) de marketing,
 discrepâncias em, 206
 divisão de mão de obra em, 206
 especialização de, 206
 facilitando funções em, 209
 fornecendo eficiência de contato, 207
 fornecendo especialização e divisão de mão de obra, 206
 funções logísticas em, 209
 superando discrepâncias, 206
Canibalização, 138

Capacidade de resposta, 193
 como critérios para a segmentação, 126
Capacitação (Empowerment), 10, 344
Capital-intensivo, 62
Característica do produto, 273
Características do canal,
 características de mercado, 209
 características do produto, 208
 considerações do comprador, 208
 determinantes para, 208, 209
Características do mercado-alvo, 264
 mix promocional, 264
Características do produto, 184
 compatibilidade, 184
 complexidade, 184
 observabilidade, 184
 tentativa, 184
 vantagem relativa, 184
Cartões de crédito de comarcas, 291
Catálogos, 242
Categoria de produto, 185
Câmara de Comércio dos EUA, 67
Câmbio, 4
Câmbio on-line, interempresa, 115
Câmbio particular, 212
Código de ética, 36
Códigos universais de produtos (UPCs), 172
CCOs, 10
Censo dos EUA, 90, 98
Centrada no cliente, 343
 abordagem para a gestão de relações com os clientes, 345
Central American Free Trade Agreement (CAFTA), 66, 67
Centro-Americanos, 49
Centro de compra, 119
 implicações para o gerente de marketing, 120
 papéis em, 119
Centros comerciais, 248
 comunidade, 247
Centros de faixa, 248
Centros para Controle e Prevenção de Doenças, 368
Chefe de equipe do canal (líder do canal), 216
Ciber grupo focal, 156
Ciclo de gestão de relacionamento com o cliente, 342
Ciclo de vendas (processo de vendas), 296
Ciclo de vida, de um produto, 263
Ciclo de vida do produto (PLC), 185-188, 264, 317
 e processo de difusão, 188
 estágios em, 263
 etapa de crescimento, 186, 317
 etapa de declínio, 187, 317
 etapa de maturidade, 187, 317
 etapa introdutória, 186, 317
 etapas em, 186, 317
 implicações para a gestão de marketing, 187
 mix promocional, 263, 264
 para estilos, modas e modismos, 187
Ciclo de vida familiar (FLC), 97, 131
 etapas em, 132
Ciclo 'order-to-cash', 225
Classe capitalista, classes sociais dos EUA, 91
Classe média alta, classes sociais dos EUA, 90
Classes mais baixas, classes sociais dos EUA, 91
Classes médias,
 classes sociais dos EUA, 90
 consumidores, 92
Classe social, 90
Classe trabalhadora, classes sociais dos EUA, 91, 92
Cliente(s), 6-10
 base, interações de, 345
 bases de dados, 290

conquista, 107
decisões de compra, reforçando, 351
demandas de, 320
em mercados empresariais, 114
experiência, 9
geração de ideias, 177
gestão, 341-343
identificar da melhor forma, 347
informações, alavancar, 349
integração, 223
interação com atuais, 342
interações, monitoramento, 349
número de mercados empresariais versus mercados consumidores, 114
necessidades e desejos, 347
programas de fidelização, 350
quota de, 138
retenção, 107, 350
segmentação, 348
valor, 349
Clientes empresariais, categorias principais, 111-114
 governos, 111
 instituições, 112
 produtores, 111
 revendedores, 111
Clientes fiéis, 288
Co-branding, 167
Coca-Cola Company, 7, 21, 25, 63, 93, 99, 105, 111, 126, 136, 152, 162, 172, 177, 250, 257, 270
 Produtos Coca-Cola, 47, 74, 139, 172, 250, 272, 365
Codificação, 257
Codificação de barras, 231
Colbert Report, 281
Colocação de produtos, 283
Colocação virtual de produtos, 284
Comércio,
 acordo, 66
 associações em pesquisa de mercado, 146
 dumping, 76
 e da globalização, o medo do, 60
 mídia, 263
 praticar atos, desleais, 327
Comércio eletrônico B2B (B-to-B), 108
 Tendências de marketing pela Internet, 109
Comércio eletrônico interempresas, 108
Comércio móvel, 250
Comércio, social, 357
Comércio social, 357
Comercialização, 182
 novo produto, 182
Comercialização cruzada, 238
Comerciantes,
 bens de consumo, 127
 global, 61
 produtos e serviços, 288
Comerciantes de recuperação, 325
Comerciantes eletrônicos (eMarketer), 8, 368
Comerciantes globais, 61
 enfrentando o ambiente externo, 63-70
Comissão da União Europeia, 68
Comissão Federal do Comércio (FTC), 53, 54, 272, 290
Comitê de Investimentos Estrangeiros nos Estados Unidos (CFIUS), 62
Comitê de Segurança do Produto de Consumo (CPSC), 52, 54
Commerce Business Daily, 112
Componentes logísticos da cadeia de suprimentos, 226
Comportamento ético,
 ética em outros países, 36
 conceito de, 33
 diretrizes éticas, 36
 moralidade e de ética nos negócios, 35

no comportamento de compras empresariais, 121
nos negócios, 34-36
tomada de decisão ética, 33
Comportamento de compras empresariais, 119-121
 atendimento ao cliente, 121
 ética empresarial, 121
 centros de compra, 119
 critérios de avaliação, 120
 situações de compra, 120
Comportamento do consumidor, 79
 compreensão, 79
Comportamento, pós-compra, 84, 85
Comportamento pós-compra, 84, 85
Comportamento rotineiro de resposta, 85
Comportamentos de apresentação, contato visual eficaz, 300
 discurso, 300
 escolha de linguagem, 300
 importância, 300
 linguagem corporal, 300
 uso de recursos visuais, 300
Comportamentos em conformidade, 34
Comportamentos incomuns, 34
Comportamento social dos consumidores, 362
Composição psicológica, 98
Compra,
 escala, 262
 imediata, 288
 não planejada, 84
 no processo de tomada de decisão do consumidor, 83
 parcialmente planejada, 84
 processo de decisão, 84
 totalmente planejada, 84
 volume em mercados empresariais, 114
Comprador(es), 237
 em mercados empresariais, 114
 localização de mercados empresariais versus mercado consumidor, 114
Compradores misteriosos, para a coleta de dados primários, 150
Compra imediata, 288
Compra não planejada, 84
Compra parcialmente planejada, 84
Comprar,
 novo, 120
 tipos de recompras, 120
Compras governamentais, 112
Compras, virtuais, 151
Compras virtuais, 151
Compra totalmente planejada, 84
Compromisso de relacionamento, 111
Comunicação, 256
 boca a boca, 84
 corporativa, 282
 direta, 256
 entre os profissionais de marketing e consumidores, 184
 interpessoal, 256
 marketing, 256
 marketing integrado, 357
 massa, 256
 muitos para muitos, 357
 on-line, 356
 processo, 256, 259
 um para muitos, 357
 unidirecional e bidirecional, 259
Comunicação boca a boca, 184
Comunicação de marketing, 18, 256-260
 impacto da web 2.0, 260
 processo de comunicação, 256
 processo de comunicação e mix promocional, 259
Comunicação de massa, 256
Comunicação interpessoal, 256
Comunicação 'muitos para muitos', 357

384 ÍNDICE

Comunicação pós-compra, 197
Comunicação 'um para muitos', 357
Comunicações corporativas, 282
Comunicações direcionadas de marketing, projetando, 350
Comunicações integradas de marketing (IMC), 266, 267, 357
Comunicações on-line, 356
Comunicador, 222
Comunicar a disponibilidade para marketing, sem fins lucrativos, 201
comunidades on-line, 368
conceito AIDA (atenção, interesse, desejo, ação), 261, 296
 ação, 261
 atenção, 261
 desejo, 261
 e mix promocional, 262
 interesse, 261
 modelo, 262, 272, 273
conceito de marketing, 5
Concluindo a venda, 301
Concorrência, 317
 global, 57
concorrência global, 57
Concorrentes,
 como uma base de posicionamento, 141
 geração de ideias, 177
Concursos, 291
Condições ambientais esperadas, 19
Condições ambientais existentes, 19
Condições ambientais, existentes e esperadas, 19
Conectar + Desenvolver Modelo, 180
Confiabilidade, 193
Confiança, 111
 construção on-line, 361
Conflito,
 canal, 216
 horizontal, 216
 vertical, 217
Conflito de canais, 216
Conflito horizontal, 216
Conflitos éticos, 34
Conflito vertical, 217
Conformidade, 45
Conjunto de consideração (conjunto evocado), 83
Conjunto evocado (conjunto de consideração), 83
Consequências negativas, em fatores determinantes do envolvimento do consumidor, 86
Considerações jurídicas no mercado global, 65
Construir sob encomenda (personalização em massa), 227
 ambientes, 228
Consultores, geração de ideias, 178
Consumidor, 95
Consumidor(es),
 avaliação, 83
 bem, 107
 classe alta e classe média, 92
 clientes da concorrência, 288
 clientes fiéis, 288
 comerciantes de bens, 127
 comportamento social de, 362
 compradores de preços, 288
 educação, 284
 privacidade, 53, 56
 rendas, 50, 51
 tipos de, 288
 trocadores de marca, 288
Consumidores de classe alta, 92
Contas do Foursquare, 291
Contato visual, 63
 em apresentações, 300
Contração, linha de produtos, 165
Controle, 30
Controle de canais, 216
Controle de câmbio, 65
Controle de estoque, cadeia de suprimentos, 229

Cooperação de canais (parceria de canais), 217
Corporação, multinacional, 61
Corporação multinacional, 61-64
 bloqueando investimentos estrangeiros, 62
 padronização global de marketing, 62
Corretor de exportação, 71
Cortes, 83
Críticas on-line, 285
Crença, 103
 e atitudes, mudando, 104
 e atitudes nas decisões de compra do consumidor, 103
Crescimento do ciclo de vida do produto, 264
Criança problema (ponto de interrogação), 27
Crianças pequenas, segmentação por idade, 128
Crianças, segmentação por idade, 128
Criando consciência de marca, 107
Criar e alavancar uma campanha de mídia social, 359-361
Critérios de avaliação, 120
 no comportamento de compras empresariais, 120
Critérios para o modo de transporte, 231
 accessibilidade
 capacidade de, 231
 confiabilidade, 231
 custo, 231
 rastreabilidade, 231
 tempo de trânsito, 231
CRM, veja Gestão de relacionamento com o cliente
Cronograma de mídia, 282
 tipos de, 282
Cronograma de mídia em etapas, 282
Cronograma de mídia pulsante, 282
Crowdsourcing, 358
Cruzada, 168
Cubanos, 49
Cultura, 34, 88
 de mercados globais, 63
 fatores no processo de tomada de decisão do consumidor, 88
 relacionamentos em, 111
Cupom, 288, 289
 Groupon, 357
 tipos de, 290
Cupom de desconto de centavos, 288
Cupons de produtos ao consumidor embalados, 289
Cupons eletrônicos, 289
Cupons instantâneos, 289
Cupons na loja, 289
Cupons sociais, 289
Curva de demanda, 309
 reduzindo a, 324
Curvas de experiência, 22, 326
Curvas, experiência, 22
Custo determinante de preços, 313-318
 maximização de lucros da precificação, 314
 precificação de ponto de equilíbrio, 314
 precificação de remarcação, 314
Custo fixo, 313
Custo marginal (CM), 313, 314
Custo médio variável, 313
Custo por contato, 254, 265, 280
Custo(s),
 cronograma, 314
 curvas, 314
 oportunidade, 230
 receitas, e ponto de equilíbrio, 316
 tipos de, 313
Custos conjuntos, 337
Custos de oportunidade, 230
Custo total médio (CTM), 313
Custo variável, 313

Customização em massa (construir sob encomenda), 196, 227

D

Dados,
 analisando, 154
 cliente, 343, 345
 coletando, 154
 primário, 146, 147
 secundário, 145, 146
Dados de clientes, 343
 armazenar e integrar, 346
 captura, 345
 coleta, 224
Dados primários, 146
 coleta, 151
 em pesquisas de mercado, 146, 147
Dados secundários, 145
 fornecedores em pesquisa de mercado, 146
Decisão de distribuição direta, 196
Decisão de distribuição indireta, 196
Decisões complexas de compra, 264
Decisões de compra, 264
 mix promocional, 264
 tipo de, 264
Decisões de compra do consumidor, 98
 aprendizagem, 102
 continuum das decisões de compra, 85
 crenças e atitudes em, 103
 e envolvimento do consumidor, tipos de, 85-87
 etapa de ciclo de idade e de vida familiar, 97
 fatores que influenciam, 88
 implicações do envolvimento em termos de marketing, 87
 influências culturais sobre, 88
 influências individuais sobre, 96-99
 influências psicológicas sobre, 99-105
 influências sociais sobre, 92-96
 motivação, 101
 nível de envolvimento do consumidor, 86
 percepção, 99
 personalidade, autoconceito e estilo de vida, 98
 sexo, 96
 valores, 88
Decisões de distribuição para mercados globais, 217
Decisões de distribuição para serviços, 218
Decisões de mídia em publicidade, 275-282
 considerações de seleção de mídia, 280
 programação de mídia, 282
 tipos de mídia, 276
Decisões de precificação em marketing sem fins lucrativos, 202
 objetivos de precificação, 203
 pagamento indireto, 202
 preços não financeiros, 202
 precificação abaixo do custo, 203
 separação entre contribuintes e usuários, 203
Decisões de produto em marketing sem fins lucrativos, 201
 complexidade de benefícios, 201
 envolvimento, 202
 força dos benefícios, 201
Decisões de promoção de marketing sem fins lucrativos, 202
 promoção de vendas, 202
 publicidade de utilidade pública, 202
 voluntários profissionais, 202
Decisões estratégicas de canal, fatores que afetam a escolha do canal, 212

níveis de intensidade de distribuição, 214
 tomando, 212-215
Decisões globais de marca, 172
Decisões rotineiras do consumidor, 264
Declaração de missão, 19, 20
Declínio no ciclo de vida do produto, 264
Decodificação, 257
Definindo metas para a abordagem de resultados mensurados de publicidade (DAGMAR), 272
Delegando autoridade, 344
Dell, 20, 110, 228, 231, 243
 Modelo de venda direta da Dell, 301
Demanda, 309
 conjunta, 114
 cronograma, 309
 derivada, 114
 determinante de precificação, 309-313
 determinante, natureza, 309
 e elasticidade, pesquisa de mercado sobre, 324
 elástica e inelástica, 311, 312
 estabelece preços, 309
 flutuante, 114
 mercados empresariais versus mercados de consumo, 114
Demanda conjunta, 114
Demanda derivada, 114
Demanda elástica, 311, 312
Demanda flutuante, 114
Demanda inelástica, 311
Demandas de grandes clientes, 320
Demografia, 46
Demográfico,
 características, 46
 composição de mercados globais, 69
 fatores, 46
 perfil, 151
Departamento de Comércio dos EUA, 71, 96
Departamento de Concorrência, 54
Departamento de Economia, 56
Departamento de relações públicas, assuntos públicos, 282
 comunicação corporativa, 282
 funções de, 282
 gestão de crises, 283
 lobby, 283
 publicidade de produtos, 282
 relações com a imprensa, 282
 relações com funcionários e investidores, 283
Dependência indulgente, 111
Desagrupamento, 335, 339
Desconto,
 abatimento, 330
 comércio, 328
 em dinheiro, 330
 funcional, 330
 quantidade, 328
 quantidade cumulativa, 329
 quantidade não cumulativa, 330
 sazonal, 330
 subsídio de comércio, 330
 subsídio promocional, 330
 tipos de, 329
Desconto à vista, 330
Desconto comercial, 330
Desconto cumulativo de quantidade, 330
Desconto de lojas especializadas, 237
Desconto de quantidade, 330
Desconto funcional (desconto comercial), 330
Desconto não cumulativo de quantidade, 330
Descontos, 289, 290, 330
Desconto sazonal, 330
Descontos comerciais, 293
Desejo, 80

ÍNDICE 385

Desenvolvimento, 179
  geração de ideias, 177
  mercado, 24
  produto, 24, 25
  programas e serviços para marketing sem fins lucrativos, 201
  soluções, 300
Desenvolvimento de mercado, 24
Desenvolvimento de produtos, 24, 25, 178
  simultâneo, 180
Desenvolvimento de produtos e processo de comercialização, 226
Desenvolvimento econômico no mercado global, 64
Desenvolvimento simultâneo de produtos, 180
Desenvolvimento tecnológico, mercados globais, 64
Desintermediação, 109
Desnatação de preços, 324, 330
Desnatação, preço, 324, 330
Diferenças culturais, compreendendo, 89
Diferenças subculturais, 90
Diferenciação de produto, 103, 140
Diferenciação, produto, 103, 140
Difusão, 183
Difusão seletiva, 277
Dinheiro, 4
Direcionamento comportamental (BT), 56, 150
  para o agrupamento de dados primários, 150, 152
Diretrizes, éticas, 36
Diretrizes éticas, 36
Discrepância de quantidade, 206
Discrepância de variedade, 207
Discrepância espacial, 207
Discrepâncias,
  em canais de marketing, 206
  temporais e espaciais, 207
Discrepância temporal, 207
Discriminação de estímulo, 103
Discriminação de preços, 327
  concorrência, 328
  condições de mercado, 328
  custo, 327
  defesa contra acusações, 327
  estratégia de preços, 327
Discriminação, estímulo, 103
Discurso, em apresentações, 300
Display atraente, 288
Display de ponto de venda (POP), 292
  anúncios em carrinhos e sacolas de supermercados, 292
  displays audiovisuais, 292
  extensores de prateleira, 292
  faladores de prateleira, 292
  mensagens de áudio na loja, 292
  monitores de televisão, 292
Disseminando informações controladas pelo marketing, 363
Dissonância cognitiva, 84, 85
Distorção, 315
Distorção seletiva, 100
Distração para o público-alvo, 280
Distribuição,
  acordos, 110
  eletrônicos, 233
  estratégia, 318
  intensiva e seletiva, 214
  marketing mix global, 75
  mercados empresariais *versus* mercados de consumo, 115
Distribuição automática, 241
Distribuição dupla (distribuição múltipla), 212
Distribuição eletrônica, 233
Distribuição exclusiva, 215
Distribuição intensiva, 214
Distribuição múltipla (distribuição dupla), 212
Distribuição seletiva, 214
Distribuidores, geração de ideias, 177
Distribuidor industrial, 211

Diversificação, 24, 25
Divisão de mão de obra em canais de marketing, 206
Doha Round, 66
Dominicanos, 49
Drogaria, 238
  características de, 236
  operações de varejo, 238
Drucker, Peter, 187
DSS, *veja* Sistema de apoio à decisão
Dumping, 76

E

E-business, 302
  evolução de, 109
Efeito informativo dos preços, 305
Efeito multiplicador (princípio acelerador), 114
Efeito sacrificador dos preços, 305
Efeitos alocativos, 320
Efeitos hedonistas, 320
Eficiência de contato, fornecendo, 207
Elasticidade,
  disponibilidade de substitutos, 312
  durabilidade do produto, 312
  fatores que afetam, 312
  outros usos do produto, 312
  preço em relação ao poder de compra, 312
  taxa de inflação, 312
Elasticidade da demanda, 311
Elasticidade unitária, 311
Elementos de planejamento estratégico, 19
Elementos no mix promocional,
  características de, 259
  controle comunicador, 259
  controle sobre o conteúdo, 259
  flexibilidade da mensagem, 259
  identificação do patrocinador, 259
  meio de comunicação, 259
  quantidade de *feedback*, 259
  sentido da mensagem, 259
  velocidade de *feedback*, 259
  velocidade para atingir o público, 259
Eletroencefalograma, 158
Embalagem, 170-172
  e marcas, questões globais, 172, 173
  necessidades, globais, 172
Emblemas, 370
Emenda de Medicamentos Kefauver-Harris de, 55, 1962
Emendas Wheeler-Lea da Lei FTC de, 54, 1938
Emoção como base de posicionamento, 141
Empatia, 193
Empresa,
  agregadores, 146
  multinacional, 61-64
  negócios em orientações de mercado, 11
  negócios em orientações de vendas, 11
  objetivo principal, 12
Empresa de logística terceirizada (3PL), 225
Empresa de serviço de campo, 154
Empresas,
  características como bases para a segmentação, 133
  ecológico, 7
  inovador, 52
  websites, 284
Empresas agregadoras, 146
Empresas ecológicas, 7
Empresas industriais com a maior receita no exterior, 61
Empresas inovadoras, dez primeiras, 53
Encartes (FSIs), 289
Endossos de celebridades, 94

Engenharia reversa, 22
Entrando no mercado global, níveis de risco, 70
Entrevista,
  assistida por computador, 147
  autoentrevista assistida pelo computador, 147
  executiva, 148
  interceptação em shoppings, 147
  perguntas, 149
  pessoal em domicílio, 147
  telefone assistido pelo computador (CATI), 156
  telefone de localização central, 148
Entrevista de interceptação em shopping, 147
Entrevista executiva, 148
Entrevistas pessoais assistidas pelo computador, 147
Entrevistas pessoais em domicílio, 147
Entrevistas por telefone, 147
Entrevistas telefônicas a partir de localizações centrais, 148
Entrevistas telefônicas assistidas por computador (CATI), 156
Envolvimento, 85
Equidade da marca, 166
Equilíbrio de preços, 310
Equipamento acessório, 117
Equipe da cadeia de suprimentos, 227
Erro aleatório, 153
Erro de amostragem, 153
Erro de estrutura, 153
Erro de medição, 153
Erros, tipos de amostragem, 153
Escolha do canal,
  fatores que afetam, 212
    fatores de mercado, 212
    fatores de produto, 213
    fatores de produtor, 213
Escuta, etapas de eficaz, 359
Esforços tradicionais de vendas, 296
  e vendas de relacionamento, diferenças fundamentais, 296
Especialização de canais de marketing, 206
Especificar objetivos de marketing sem fins lucrativos, 200
Estações de rádio on-line, 277
Estados Unidos,
  classes sociais, 90-91
  leis ambientais, 37
  população, 46
Estatísticas vitais da população, 46
Estatísticas vitais, das pessoas, 46
Estética do pacote, 172
Estética, pacote, 172
Estímulo, 80
Estímulo mental processando como um serviço, 195
Estímulos externos, 80
Estímulos internos, 80
Estímulos, internos e externos, 80
Estilo de vida, 45
  centros, 248
  como variável de segmentação, 131
  complementares, 45
  crescimento de componentes, 45
  nas decisões de compra do consumidor, 98
Estilos de execução para publicidade, 274
  bem-humorado, 274
  científico, 274
  demonstração, 274
  episódio verídico de vida, 274
  estilo de vida, 274
  fantasia, 274
  humor ou imagem, 274
  musical, 274
  porta-voz/testemunho, 274
  produto real/animado, 274
  símbolos, 274
Estilos de vida de componentes, 45
Estimular o leitor eletrônico, 164, 273

Estratégia,
  canal, 212-215
  distribuição, 318
  empurrar *versus* puxar, 266
  marketing de varejo, 245-251
  mídia social, 356
  mercado-alvo, 27
  novos produtos, 176
  preço, 28, 197, 324
  promoção, 161, 246, 253, 256, 320
Estratégia concentrada de segmentação, 137
Estratégia de atração, 227, 266
Estratégia de empurrar, 265, 266
  versus estratégia de puxar, 266
Estratégia de marketing, 25
Estratégia de marketing de varejo, 245, 250
Estratégia de nichos, 23
Estratégia de novos produtos, 176
Estratégia de preços, 197, 324
  discriminação de preços, 327
  escolhendo, 324
  fixação de preços, 326
  legalidade e ética, 326-329
  práticas desleais de comércio, 326
  precificação predatória, 329
Estratégia de promoção, 27, 161, 246, 320
  criando uma forte imagem organizacional, 197
  do marketing mix, 197
  engajar-se na comunicação pós-compra, 197
  salientando pistas tangíveis, 197
  usando informações pessoais, 197
Estratégia de segmentação,
  concentrada, 137
  indiferenciada, 137
  multissegmento, 136, 138
Estratégia de segmentação multissegmento, 136, 138
Estratégia indiferenciada de segmentação, 135, 137
Estratégia promocional, 253, 256
Estratégias de gestão de valor para o cliente (CVM), 349
Estrela, 26
Estrutura comum de referência, 258
Estrutura de referência, 270
Estrutura neutra ou favorável de referência, 270
Estrutura para um crescimento forte, sustentável e equilibrado, 69
Estrutura política,
  ações no mercado global, 65
  mercados globais, 69
Estruturas de canal, 210, 211
  acordos alternativos de canal, 212
  alianças estratégicas, 212
  canais não tradicionais, 211
  produtos comerciais e industriais, 211
  produtos de consumo, 210
Estudo Corporativo de Tendências de Mídia Social da Universal McCann, 357
Estudos 'piggyback' em pesquisas de mercado, 147
Etapa de ciclo da família em decisões de compra do cliente, 97
Etapa de crescimento, 185, 186
Etapa de declínio, 185, 187
Etapa de identificação de um problema/uma oportunidade, 145
Etapa de maturidade, 185, 187
Etapa introdutória, 186
Etapa no ciclo de vida do produto, 263
  etapa de crescimento, 264
  etapa de declínio, 185, 187, 264
  etapa de maturidade, 185, 187, 264
  etapa introdutória, 264
Etapas da escuta eficaz, 359
Etapas da vida, 97

Etapas de envolvimento do consumidor, 261
Ética, 33
   código de, 36
   comportamento de compras empresariais, 121
   em outros países, 36
Ética empresarial
   e moralidade, 35
   no comportamento de compras empresariais, 121
Ética profissional, 45
Ética, trabalho, 45
Ethics Resource Center, 36
Etiquetas inteligentes, 232
Executando a mensagem, decisões criativas em, 273
Experiência anterior, envolvimento do consumidor, 86
Experimento, 152
Exportação, 70
Exposição seletiva, 99
Extensão da linha de produtos, 165
Extranet, 318
   impacto sobre o preço, 318

F

Fabricação assistida por computador (CAM, sigla em inglês), 22
Fabricação por contrato, 71
Fabricantes de equipamentos originais (OEMs), 112, 117
Face a face, comunicação, 256
Facebook, 47, 260, 356, 365, 366, 368
   Serviço de Personalização Instantânea do Facebook (IP), 196
Facilitando funções em canais de marketing, 209
Família,
   influências sociais sobre, 95
   marketing, 95
   mudança de papel, 45
Fatores competitivos, 56, 57
   concorrência global, 57
   concorrência para quota e lucros de mercado, 57
Fatores econômicos, 50-52
   inflação, 51
   poder de compra, 51
   recessão, 51
   rendimentos do consumidor, 50
   responsabilidades, 38
Fatores individuais no processo de tomada de decisão do consumidor, 88
Fatores jurídicos, 53-56
Fatores políticos, 52-56
Fatores psicológicos no processo de tomada de decisão do consumidor, 88
Fatores sociais, 44-46
   crescimento de estilos de vida de componentes, 45
   mudança de papel das famílias e mulheres que trabalham, 45
   no processo de tomada de decisão do consumidor, 88
   Valores norte-americanos, 45
Fatores tecnológicos, 52
Fazendo Negócios com a General Services Administration, 112
Fazendo prospecções, 296
Fóruns, 109
Federação Nacional de Varejo, 235
   Pesquisa de Atendimento ao Cliente da American Express, 2009, 6
Feedback, 257
   cliente direto, 226
   direta e indireta, 226
   quantidade e velocidade, 259
Feedback direto, 258

Feedback direto do cliente, 226
Feedback indireto, 258
Feeds de RSS, 109
Feeds de RSS (Real Simple Syndication), 109
Ferramentas,
   orientação de mercado, 12
   orientação de vendas, 12
Ferramentas de mídia social, 362-368
   blogs, 362
   jogos on-line, 368
   microblogs, 364
   mundos virtuais, 368
   redes sociais, 365
   sites de compartilhamento de mídia, 366
   sites de críticas, 367
   sites de notícias sociais, 367
   sites de redes sociais baseados em localizações, 367
Ferramentas Web 2.0, 109, 260
   blogs (diarios on-line), 260
   podcasting (programas de rádio on-line), 260
   redes, 260
   vodcasts (vídeos e noticiários on-line), 260
Fidelidade à marca, 166
Filosofias, gestão de marketing, 4-7
Fixação de preços, 327
Flexibilidade do meio, 280
Fluxo reverso de bens, 226
Follow-up, 301
Follow-up-pós-venda, 301
Fonte de informações controladas pelo marketing, 82
Fonte de materiais, ecológicos, 233
Fonte de materiais ecológicos, 233
Food and Drug Administration (FDA), 54, 171
Forças ambientais, 98
Forças macroambientais, 21
Ford, 63, 87, 111, 177
Ford, Henry, 136
Fornecedores de descodificadores, 278
Fornecedores, geração de ideias, 177
Fornecimento e aquisição, 227, 228
Foursquare, 348, 367
Franqueado, 245
Franqueador, 245
   top, 10, 245
Franquia, 236
Franquia, 245
   no mercado global, 71
Frequência, 109, 280
Frequência de recenticidade, análise monetária, 348
Frequência média, 280
Frequência *versus* alcance, 281
Frete fantasma, 333
Friedman, Milton, 38
Função da resposta de publicidade, 270
Função preditiva na pesquisa de marketing, 144
Funções da embalagem, 170
   conter e proteger, 170
   facilitando a reciclagem, 170
   facilitando o armazenamento, a utilização e a conveniência, 170
   promovendo produtos, 170
   redução de danos ambientais, 170
Funções de canais efetuadas por intermediários, 209
Funções do canal de marketing, 209
   facilitando funções, 209
   funções logísticas, 209
   funções transacionais, 209
Funções logísticas em canais de marketing, 209
Funções transacionais em canais de marketing, 209
Funcionários, 4
   geração, 177
Fundo Monetário Internacional (FMI), 60, 67, 68

Fundos disponíveis, 265
Furacão Katrina, 366

G

Gabinete de Patentes e Marcas Registradas dos EUA, 167
Gadgets, 370
Garantia, 173
Garantia, 193
   expressa, 173
   implícita, 173
   produto, 173
Garantia expressa, 173
Garantia implícita, 173
Garantia Magnuson-Moss-Lei de Melhoria da Comissão Federal de Comércio, 173
General Electric (GE), 40, 53, 61, 67, 68, 107
Generalização de estímulo, 103
Generalização, estímulo, 103
General Mills, 34, 49, 105, 152, 222, 225
General Motors, 18, 89, 101, 107, 111, 116, 118, 179, 269
Geração de ideias,
   análise de negócios, 179
   clientes, 175
   concorrentes, 177
   consultores, 178
   de novos produtos, 177
   desenvolvimento, 179
   distribuidores, 177
   funcionários, 177
   marketing de teste, 181
   pesquisa e desenvolvimento, 178
   triagem de ideias, 178
   vendedores, 177
Geração de leads, 296
Geração milenar, 47
Geração X, 48
   segmentação por idade, 128
Geração Y, 47, 80
   consumidores, 249
   segmentação por idade, 128
Gerentes de marketing, importância do preço para, 306
Gestão
   ambientais, 44
   atendimento ao cliente, 218
   campanha, 349
   cliente, 341-343
   componentes logísticos da cadeia de suprimentos, 226-231
   crise, 283, 285
   decisões, 178
   Publicidade desfavorável, 285
   sistemas de informação, 144
Gestão ambiental, 44
Gestão da cadeia de suprimentos ecológicos, 232
Gestão da cadeia se suprimentos, 221
   atendimento de pedidos, 225
   benefícios, 222
   desenvolvimento e comercialização de produtos, 226
   distribuição eletrônica, 233
   e logística global, 233
   gestão da cadeia de suprimentos ecológicos, 232
   gestão da demanda, 224
   gestão de atendimento ao cliente, 224
   gestão de devoluções, 226
   gestão de relacionamento com clientes, 223
   gestão de relacionamento com o fornecedor, 225
   gestão do fluxo de produção, 225
   logística global, 233
   principais processos, 223-226
   tecnologia informática avançada, 231
   tendências, 231, 232

   terceirização de funções logísticas, 232
   verde, 233
Gestão de campanha, 349
Gestão de crises, 283, 285
Gestão de final do ciclo de vida para produtos, 233
Gestão de materiais, 229
Gestão de relacionamento com o cliente (CRM), 341
   aplicativos de base de dados de marketing, 349
   preocupações com privacidade, 353
Gestão do conhecimento, 344
Globalização,
   benefícios, 61
   e comércio, medo de, 60
Google, 48, 52, 65, 111, 181, 356
   Produtos Google, 64, 112, 278, 359
Governo federal, como um cliente empresarial, 112
Governos como clientes de negócios, 111
Grande Depressão, 52
Gravadores de vídeos digitais, 278
Groupon, 289, 334, 357
Grupo de Recurso Estratégico, 141
Grupo de referência, 92
   influências sociais sobre, 92
Grupo dos Vinte (G-20), 69
Grupo focal, 149
   cibernético, 157
   moderador, 157
   on-line, 156, 157
Grupos aspiracionais de referência, 93
Grupos de referência não aspiracionais, 93
Grupos diretos de referência, 92
Grupos focais on-line, 156
   vantagens de, 157
Grupos secundários de adesão, 93

H

hauls, 128
Haydon, John, 356
Heterogeneidade, 192
Hierarquia de necessidades de Maslow, 101
Hipermercados, 238
Hispano-Americanos, marketing para, 49
Hunt, Paul, 339

I

IBM, 20, 53, 119, 178, 342, 368
Idade,
   em decisões de compra do consumidor, 97
   grupos, 47
   idade, *veja* Segmentação por idade
   étnica, 130
   benefício, 133
   capacidade de resposta para, 127
   critérios para bem-sucedida, 126
   de múltiplas variáveis, 127
   demográfica, 128
   geodemográfica, 131
   geográfica, 127
   identificabilidade, 126
   mensurabilidade, 126
   mercado, 125, 126
   por sexo, 129
   psicográfica, 131
   renda, 130
   taxa de uso, 133
   uma única variável, 127
Identificabilidade e mensurabilidade para a segmentação, 126

Identificar clientes para marketing sem fins lucrativos, 200
Idosos, segmentação por idade, 128
Impacto da Web 2.0 sobre a comunicação de marketing, 260
Implantação, 29
Importância de crenças, mudando, 104
Incentivo monetário, 293
Indicação, 296
Inflação, 51, 338
   taxa de, 312
Influência de compra nos negócios versus mercados consumidores, 115
Influências sociais,
   sobre a família, 95
   sobre grupos de referência, 92
   sobre líderes de opinião, 94
Influenciadores, 93, 95
Infomercial, 278
Informações de marketing, 143
Informações interpretadas, 345
Informações, marketing, 143
Informações secundárias, uso da Internet, 146
Information Resources, Inc., 158, 309
InfoScan, 158
Iniciadores, 95
Iniciativa Nacional de Exportação (NEI), 60
Inovação, 183
   descontínua, 175
   estimular a, 52
   marketing, 52
Inovação da difusão, 183
Inovações descontínuas, 175
Inovadores, 183
Inquéritos por painéis via correio, 148
Inseparabilidade, 192
Instalação telefônica a partir de localizações centrais (CLT), 147
Instituições como clientes de negócios, 112
Instituto de Produtos Biodegradáveis (BPI), 171
Instituto Natural de Marketing, 45
Intangibilidade, 192
Integração,
   cadeia de suprimentos, 222, 223
   cliente, 223
   de medidas, 222
   fornecedor de materiais e serviços, 223
   operações internas, 223
   relacionamento, 223
   tecnologia e planejamento, 223
Integração da cadeia de suprimentos, 222, 223
Integração das operações internas, 223
Integração de fornecedores de materiais e serviços, 223
Integração de medição, 222
Integração de relacionamento, 223
Integração vertical, 215
Inteligência competitiva (CI), 159
Intensidade de distribuição, níveis de, 214
Interação, 344
Interações de ponto de venda, 345
Intercâmbio de dados, eletrônico (EDI), 228
Intercâmbio eletrônico de dados (EDI), 229
Intercâmbio on-line interempresas, 115
Intermediários, 205
Internet, 278
   anunciantes, 278
   impacto de, 77
   impacto sobre o preço, 310
   inquéritos, vantagens de, 156
   leilões, 319
   marketing empresarial, 107-110
   pesquisa de marketing, 154-158

tecnologia, 8
   uso para informações secundárias em pesquisas de mercado, 146
   uso por pesquisadores de marketing, 156
Intuição gerencial, 19
Investimento estrangeiro,
   bloqueio, 62
   direto, 72
Investimento estrangeiro direto, 72
Investimento, retorno sobre, 306
Item de produto, 163
   linhas e misturas, 163-166
Itens MRO, 118

J

Jogos massivos on-line multijogadores (MMOGs), 368
Jogos on-line, 368
Jogos, sociais, 368
Jogos sociais, 368
Joint venture, 72, 110, 215
Jornais, 276

K

Keiretsu, 111

L

Laboratório de Dinâmica Humana do Instituto de Tecnologia de Massachusetts, 350
Laboratório de Mídia do Instituto de Tecnologia de Massachusetts (MIT), 178
Lares com mães solteiras, 98
Largura,
   mix de produtos, 163
   variedade de produtos, 246
Largura do mix de produtos, 163
Líder de canal (chefe de equipe do canal), 216
Líder de opinião, 94
   influências sociais sobre, 92
Lead(s),
   gerando, 297
   pré-qualificar o/a, 297
   qualificando, 297
Legalidade e ética, estratégia de preços, 326-329
Legislação federal, 53-56
Lei Antifusão de Celler-Kefauver de, 54, 1950
Lei Clayton de, 54, 1914
Lei da Comissão Federal do Comércio de, 54, 327, 328, 1914
Lei da Segurança Interna de, 55, 2002
Lei de CAN-SPAM de, 55, 56, 2003
Lei de Controle do Tabagismo, 54
Lei de Lanham de, 54, 1946
Lei de Melhoria da Segurança de Produtos de Consumo, 54
Lei de Práticas de Estrangeiros Corruptos (FCLPA), 37, 54
Lei de Proteção ao Crédito do Consumidor de, 55, 1968
Lei de Proteção à Criança de, 55, 1990
Lei de Proteção à Criança e de Segurança dos Brinquedos de, 55, 1969
Lei de Proteção à Privacidade On line das Crianças de, 55, 56, 1998
Lei de Rotulagem e Educação Nutricionais de, 171, 1990
Lei de Rotulagem para Prevenção de Envenenamento de, 55, 1970
Lei de Segurança de Aviação de, 55, 2001
Lei de Segurança de Produtos para o Consumidor de, 55, 180, 1972

Lei de Tabagismo da Saúde Pública de, 55, 1970
Lei de Tabagismo da Saúde Pública de, 55, 1971
Lei do Cartão de Crédito de, 55, 2009
Lei Federal de Produtos Farmacêuticos e Alimentícios de, 55, 1906
Lei Federal de Substâncias Perigosas de, 55, 1960
Lei Hart-Scott-Rodino de, 54, 1976
Lei Nacional de Política Ambiental de, 55, 1970
Lei Não Telefone de, 55, 2003
Lei Robinson-Patman de, 54, 327, 1937
Leis, 33, 53-56
   protegendo consumidores, 55
   que afetam o marketing, 54
Leis ambientais, EUA, 37
Leis estaduais, 53
Lei Sherman de, 54, 327, 328, 1890
Leis (legislativo), protegendo os consumidores, 54, 55
Licenciador, 71
Licenciamento, 71
   acordos, 110
   no mercado global, 71
Li, Charlene, 362
Lidando com objeções, 301
Limiar de percepção, 101
Linguagem, em apresentações, 300
Linha de produtos, 18, 163
   benefícios de, 164
      componentes padronizados, 164
      economias de publicidade, 164
      qualidade equivalente, 164
      uniformidade do pacote, 164
      vendas e distribuição eficientes, 164
   contração, 165
   existentes, 176
   novos, 176
Lista compilada, 347
Lista de respostas, 346
Lobby, 283
Local apropriado, 246
Localização,
   adequada, 247
   local, 247
Localização do site, 247
Logística, 209, 226
   contrato, 232
   contrato de terceiros, 232
   fornecedores, 232
Logística de contrato, 232
Logística de contrato de terceiros, 232
Logística global e gestão da cadeia de suprimentos, 233
Loja de conveniência, 238
   características de, 236
   operações de varejo, 239
Loja de departamentos, 237
   características de, 236
   operações de varejo, 237
Loja de desconto, 239
   operações de varejo, 239
Loja de descontos especializada, 240
   características de, 236
Loja de descontos na linha completa, 239
   características de, 236
Loja de fábrica, 240
Loja dentro da loja, 248
Loja de varejo,
   apresentação, 249
   características de, 236
   nível de serviço em, 236
   propriedade de, 236
   variedade de produtos em, 236
Loja especializada, 236, 238
   características de, 236
   operações de varejo, 238

Lojas,
   características, 236
   tipos de, 236-241, 249
Lojas âncora, 248
Lojas de destino, 248
Lojas de gerador, 248
Lojas independentes, 248
Lojas pop-up, 248
Longa vida útil, 280
Lucro, 306
   concorrência para, 57
   crescimento da margem, 53
Lucros satisfatórios, 306
Lugar (estratégias de distribuição), 27
   decisões em marketing sem fins lucrativos, 202
   estratégia no marketing mix, 196

M

Maioria inicial, 183
Maioria inicial, 184
Maioridade,
   maioria final, 183
   maioria inicial, 183
Mala direta, 242
Mamães blogueiras, 364
Manuseio de armazenagem e materiais, 228, 230
   cadeia de suprimentos, 230
Manuseio e armazenagem de materiais, 228, 230
Mapeamento perceptual, 140
Marca, 166-170
   benefícios de, 166
   co-branding, 167
   complementares, 168
   cooperativo, 168
   decisões, globais, 172
   de ingredientes, 167
   e embalagens, questões globais, 172, 173
   estratégias, 166
   estratégias de marca, 166
   marcas individuais versus marcas da família, 167
   marcas registradas, 168
Marca cativa, 167
Marca de serviço, 168
Marca do fabricante, 166, 167
Marca global, 166
   melhor, 76
Marca particular, 166
Marca registrada, 168
   proteção, 168
Marca(s), 166
   cativo, 167
   comparação, 167
   conscientização, criando, 107
   dos fabricantes, 166
   extensões, 84
   familiares, 167
   imagem, 102
   individual, 167
   própria, 166
   trocadores de, 288
Marcas norte-americanas em mercados emergentes, 73
Marcas complementares, 168
Marcas cooperativas, 168
Marcas de família, 167
Marcas de ingredientes, 167
Marcas individuais, 167
Marca Victoria, 77
March of Dimes, 17
Margem bruta, 237
Marketing, 3, 4
   base de dados, 144
   Bluetooth, 369
   busca, 357
   comerciantes eletrônicos, 8
   direto, 139, 241, 242
   etapas na segmentação, 134, 135
   implicações do envolvimento do consumidor, 87

implicações do processo de adoção, 184
importante nos negócios, 14
individual, 141, 341
inovação, 17
inteligência, 159
interna, 199
mídia de massa, 139
móvel, 357, 369
negócios, 108
oportunidades de carreira, 13
orientação para a produção, 5
orientação para o mercado, 5
orientação para vendas, 5
orientação societal para marketing, 6
papel na sociedade, 13
pessoal, 139
por que estudar, 13
programas, fidelidade, 238
relacionado à causa, 284
relacionamento, 9, 111
resposta direta, 242
tamanho único, 139
telemarketing, 242
verde, 40
vida cotidiana, 14
Marketing de base de dados, 144
Marketing de bluetooth, 369
Marketing de busca, 357
Marketing de canal de distribuição, aumentando a eficácia, 352
Marketing de mídia de massa, 139
Marketing de organizações sem fins lucrativos, 200
estratégias, aspectos únicos, 201
Marketing de relacionamento, 9, 111, 199
Nível, 1, 199
Nível, 2, 199
Nível, 3, 199
nos serviços, 198, 199
Marketing de relacionamento e
alianças estratégicas, 110, 111
alianças estratégicas, 110
relacionamentos em outras culturas, 111
Marketing de resposta direta, 242
Marketing de teste, 181
alternativas, 181
custo de, 181
novas ideias, 181
novos produtos, 181
Marketing direto, 241, 242
Marketing direto e pessoal, 139
Marketing do tamanho único, 139
Marketing ecológico, 7, 40
Marketing empresarial, 107, 108
mensurando o sucesso on-line, 103
na Internet, 107-110
tendências no marketing "Back-to-Back" da Internet, 109
Marketing global, 62
importância para os Estados Unidos de, 60
pela firma individual, 70
recompensas, 59
Marketing individual, 138-140, 341
Marketing interno, 199
empresas de serviços, 199
Marketing móvel, 357, 369
Marketing mix, 28-30, 43, 126, 135, 254
estratégias de precificação, 28
estratégias de produto, 28
estratégias de promoção, 28, 197
lugar (estratégias de distribuição), 27, 254
papel da promoção, 253, 254
para serviços, 195-198
estratégia de lugar (distribuição), 196
estratégia de preços, 197
estratégia de produtos (serviços), 195

estratégia de promoção, 197
preço, 254
produto, 254
promoção, 254
marketing mix global, 72-76
adaptação de promoções, 74
lugar (distribuição), 74
preços, 75
produto e promoção, 73
Marketing preditivo SPSS, 349
Marketing relacionado à causa, 284
Marketing sem fins lucrativos,
alvos apáticos ou fortemente opostos, 201
comunicar a disponibilidade de, 201
decisões de precificação em, 202
objetivos de precificação, 203
pagamento indireto, 202
preços não financeiros, 202
precificação abaixo do custo, 203
separação entre contribuintes e usuários, 203
decisões de produto, 201
complexidade de benefícios, 201
envolvimento, 202
força do benefício, 201
decisões de promoção em, 202
promoção de vendas, 202
publicidade de serviço público, 202
voluntários profissionais, 202
desenvolver, gerenciar e eliminar programas e serviços para, 200
especificar objetivos para, 200
estratégias indiferenciadas de segmentação, 201
identificar clientes para, 200
mercados-alvo para, 201
objetivos de, 201
posicionamento complementar, 201
programar eventos ou programas para, 201
Marketing tradicional de massa, 341
Matadoras da categoria, 240
Matérias-primas, 117
Materiais processados, 117
Matriz de portfólio, 19, 25
Maturidade no ciclo de vida do produto, 264
Maximização de lucros, 302, 314
precificação, 314
Máquina de dinheiro, 25
Máquinas de distribuição automática de cupons na prateleira, 289
Mão de obra eficiente, 22
Mão de obra eficiente, 22
Métodos de prestação de serviços, novos, 201
Métodos de promoção em mercados empresariais *versus* mercados de consumo, 117
Mídia,
advergaming (propagandas em jogos), 278
considerações para seleção, 280
fragmentação, 281
Internet, 278
jornais, 276
mídia alternativa, 279
mídia externa, 279
rádio, 277
revistas, 277
social, 357
televisão, 277
tipos, 276-280, 358
Mídia alternativa, 279
Mídia externa, 279
Mídia ganha, 358
Mídia gerada pelo consumidor (CGM), 158
Mídia global, 74

Mídia paga, 358
Mídia social media, 355, 357, 368
avaliação e medição, 361, 362
como os consumidores utilizam, 356
estratégia, 356
medição, 361
monitoramento, 362
mundo em mudança, 371
objetivos, 362
McDonald's, 25, 28, 50, 63, 74, 121, 130, 169, 192, 224, 245, 325
Produtos do McDonald's, 290
Medo do comércio e da globalização, 60
Meio, 275
Meios de publicidade,
Internet, 276
jornais, 276
mídia exterior, 276
rádio, 276
revistas, 276
televisão, 276
vantagens e desvantagens, 276
Meios de transporte, classificação, 231
Membros do canal, 205
Mensagens informativas, 260
Mensurando quotas de mercado (unidades e receita), 308
Mercado, 125
agrupamento, 66
Alvo, 43, 44, 135
reposição, 117
seletividade, 277
testes, simulados, (laboratório), 181
verde, 7
Mercado-alvo, 43, 44, 51, 135, 246
definição, 245, 246
descrição, 27
estratégia, 27
para a seleção, 134
vantagens e desvantagens, 136
papel da promoção, 254
para o marketing sem fins lucrativos, 201
alvos apáticos ou fortemente opostos, 201
estratégias indiferenciadas de segmentação, 201
posicionamento complementar, 201
Mercado de reposição, 117
Mercado global,
composição demográfica de, 69
considerações de ordem jurídica, 65
cultura, 63
decisões de canais e de distribuição, 217
desenvolvimento econômico, 64
desenvolvimento tecnológico, 64
estrutura e ações políticas, 65
fazer negócios na China e na Índia, 64
franchising, 71
licenciamento, 71
níveis de risco, 70
recursos naturais, 69
Mercados,
alvo, 51
de consumo, 114, 125
de outros países, 50
empresarial, 113, 125
Mercados étnicos,
Americanos Asiáticos, 50
crescimento, 49-51
marketing para Afro-americanos, 49
marketing para Hispano-americanos, 49
mercados chineses, 50
Mercados consumidores, 114, 125
bases para a segmentação, 127-133

segmentação da taxa de uso, 133
segmentação demográfica, 128
segmentação geográfica, 127
segmentação psicográfica, 131
Mercados consumidores *versus* mercados comerciais, 114-117
demanda conjunta, 114
demanda flutuante, 114
volume de compras, 115
Mercados Coreanos, 50
Mercados da Índia, 50
Mercados emergentes, marcas norte-americanas, em, 73
Mercados empresariais, 114, 125
bases para segmentação, 133, 134
compradores em, 115
volume de compras em, 115
Mercados empresariais *versus* mercado consumidor, 114-117
demanda, 114
demanda conjunta, 114
demanda flutuante, 114
demanda inelástica, 114
estrutura de distribuição, 115
localização de compradores, 115
método promocional básico, 117
natureza da compra, 115
número de clientes, 114
tipo de negociações, 116
uso de arrendamento, 118
uso de reciprocidade, 115
volume de compras, 115
Mercados Filipinos, 50
Mercados japoneses, 50
Mercados paquistaneses, 50
Mercados vietnamitas, 50
Mercearias de excedentes, 325
Merchandising de massa, 239
Mercosul, 66
Metas, ferramentas para se alcançar, 12
Mexicanos, 49
Microblogs, 364
Microrredes baseadas em localização, 367
Microrredes, 367
Microsoft, 8, 52, 68, 104
Produtos Microsoft, 100, 112, 196, 279
Milla, Roger, 257
Mineração de dados, 246, 343, 347, 351
Mineração de realidade, 351
Miopia de marketing, 20
Mix de casamento, 161
Mix de mídia, 280
Mix de mercadorias, 246
Mix de produtos, 163
Mix de varejo, 246
Mix promocional, 254-256, 259
características do mercado-alvo, 264
estratégias de atração e repulsão, 265
etapa no ciclo de vida do produto, 263
fatores que afetam, 263-265
fundos disponíveis, 265
natureza do produto, 263
promoção de vendas, 254, 255
publicidade, 254
relações públicas, 254
tipo de decisões de compra, 264
venda pessoal, 254, 255
Mix sem fins lucrativos, 201
MMS (serviço de mensagens multimídia), 369
Mobilidade, ascendente, 45
Modelagem preditiva, 349
Modelo Gap, 193
Modelo Gap de qualidade de atendimento, 193, 194
Gap, 1, 193, 194
Gap, 2, 194
Gap, 3, 194

Gap, 4, 194, 195
Gap, 5, 194, 195
Moderador em grupo focal on-line, 157
Modificação,
    estilo, 165
    funcional, 164
    produto, 164, 178
    qualidade, 164
Modificação de estilo, 164
Modificação de produtos, 164, 178
Modificação funcional, 164
Monitoramento de interações com clientes, 349
Moral, 34
Moralidade convencional, 35
Moralidade e de ética empresarial, 35
Moralidade pós-convencional, 35
Moralidade pré-convencional, 35
Motivação nas decisões de compra do consumidor, 101
Motivo, 101
Motivos como variável de segmentação, 131
Movimento do corpo, em apresentações, 300
Movimento Verde, 171
Mudança de crenças e atitudes, 104
Mudança, social, 44
Mudança social, 44
Mulheres, lares com mães solteiras, 98
Mulheres que trabalham, mudança de papel, 45
Mundos virtuais, 368
Myspace, 260, 356, 364, 368

N

Natureza da compra em mercados empresariais *versus* mercados de consumo, 115
Natureza da demanda, 309
Natureza do planejamento estratégico, 17-19
Natureza do produto, 263
    mix promocional, 263
Níveis de risco para a entrada no mercado global, 70
Nível de envolvimento do consumidor, fatores determinantes, 86
Nível de ruído, 280
Necessidade reconhecida, 298
Necessidade(s),
    autoestima, 102
    fisiológicas, 102
    Hierarquia de necessidades de Maslow, 101
    reconhecida, 298
    sondagem, 300
Necessidades de autoestima, 102
Necessidades fisiológicas, 102
Necessidades globais de embalagens, 172
Negócios,
    comportamento ético em, 34-37
    missão, definindo, 19-21
    na China e na Índia, 64
Negociação, 250
Negociação, 301
    em mercados empresariais *versus* mercados de consumo, 115
Negrito indica termo-chave.
Neuro marketing, 158
Nicho, 137
Nome comercial e franquia do produto, 245
Nome da marca, 166
Nome do produto genérico, 169
Norma, 93
North American Industry Classification System (NAICS), 113
Nova compra, 120
Novas crenças, acrescentando, 104

Novo Estudo Americano de Lanchonetes da *Restaurants & Institutions*, 95
Novo produto, 175
    adições a linhas de produtos existentes, 176
    análise empresarial, 179
    categorias de, 175
    comercialização, 182
    desenvolvimento, 179
    geração de ideias, 177
    importância de, 175, 176
    linhas de produtos, 176
    marketing de teste, 181
    melhorias ou revisões de linhas de produtos existentes, 176
    produtos com preços mais baixos, 176
    produtos novos ao mundo, 175
    produtos reposicionados, 176
    propagação de, 183
    publicidade, 283
    triagem de ideias, 178

O

Obama, Barack, 50, 60, 66, 67, 368
Objetivo de marketing, 21, 53
Objetivo de pesquisas de marketing, 145
Objetivo de publicidade, 272
Objetivos de precificação, 306-309
    de serviços, 198
    orientados para as vendas, 306, 307
    status quo, 309
    voltados para o lucro, 306
Objetivos de precificação com fins lucrativos, 306
Objetivos de precificação com orientação para vendas, 306
Objetivos do marketing sem fins lucrativos, 201
Observadores participantes, 151
Obsolescência, planejada, 165
Obsolescência planejada, 165
Oferta, 310
    curva, 310
    estabelece preços, 309
    programação, 310
Oferta de produtos, 246
Office of Congressional Ethics, 36
Operações de varejo,
    classificação de, 236
    drogarias, 238
    lojas de conveniência, 239
    lojas de departamentos, 237
    lojas de desconto, 239
    lojas especializadas, 238
    nível de serviço, 236
    principais tipos de, 237-241
    propriedade, 236
    restaurantes, 241
    supermercados, 238
    variedade de produtos, 236
Orçamentos, 19
Organização,
    foco na orientação de marketing, 7
    foco na vendas de vendas, 7
    sem fins lucrativos, 200
Organização Mundial do Comércio (OMC), 60, 66, 233
Organização sem fins lucrativos, 200
Organizações governamentais, 112
Orientação Campo dos Sonhos, 5
Orientação de marketing social, 6
Orientação de mercado, 6
    produto direcionado para, 11
Orientação de produção, 5
Orientação para vendas, 5, 7-13
    produto direcionado para, 11
Orientações,
    a quem o produto é direcionado, 11

ferramentas para atingir metas, 12
foco da organização, 7
negócios da empresa, 11
objetivo principal da empresa, 11
vendas e marketing, 7-13
Orientações de marketing,
Orientações estratégicas, 24-27
    alternativas estratégicas, 25
    selecionando alternativas estratégicas, 25
Otimizadores, 134
Owyang, Jeremiah, 359

P

Pacote de elementos, 198
Pacotes bônus do tipo 'dois pelo preço de um', 290
Padrões, 33
Padrões de vida, 51
Padronização/personalização de serviços, 195
Padronização global de marketing, 62
Padronização, mercado global, 62
Papel da promoção, 254
    marketing mix, 254
    mercado-alvo, 254
    mix promocional, 254
    objetivos gerais de marketing, 254
    plano de promoção, 254
Papel descritivo em pesquisas de marketing, 144
Parceria de canais (cooperação de canais), 217
Parceria estratégica (aliança estratégica), 110
Parcerias, 109
Parcerias integradas de canal, 222
Partes interessadas, 4
Participantes não membros, 210
Patrocínio, 284
Público-alvo, distração para, 280
Público compra, 278
Peças componentes, 117
Pedido de reposição, 228
Pedido por correio, 243
Penalidade do consumidor, 337
Penetração de mercado, 24
PepsiCo, 20, 49, 60, 76, 87, 105, 212, 226, 250
    Produtos PepsiCo, 76, 87, 131, 151, 272
Percepção, 99
    implicações de marketing de, 100
    nas decisões de compra do consumidor, 99
    subliminar, 101
Percepção subliminar, 101
Perecibilidade, 193
Perfil detalhado do cliente, 352
Perfil do cliente, 299, 348
    detalhado, 352
Perfil psicográfico, 151
Pergunta aberta, 149
Pergunta de resposta em escala, 149
Pergunta fechada, 149
Personalidade,
    como variável de segmentação, 131
    nas decisões de compra do consumidor, 98
Personalização/customização de serviços, 196
Personalização, massa, 196, 227
Pesquisa, 52
Pesquisa,
    com base em escâner, 158
    comunidade na rede, 157
    design, 158
    etnográfica, 151
    marketing, 144
    painel via correio, 148

pesquisa, 147
pesquisa on-line, 155
por correio autoadministradas, 148
por correspondência única, 148
primária, 147
Pesquisa aplicada, 52
Pesquisa baseada em escâner, 157-159
Pesquisa básica, 52
Pesquisa de Benchmarking de Precificação da McKinsey & Company, 324
Pesquisa de comunidade de rede, 157
Pesquisa de marketing, 144
    esforços, 19
    função preditiva, 144
    Impacto da Internet sobre, 155-158
    mídia gerada pelo consumidor em, 158
    papel descritivo, 144
    papel diagnóstico, 144
    processo, etapas em, 144
    quando realizada, 159
Pesquisa de mercado,
    agências do governo em, 146
    associações comerciais em, 146
    estudos rodo-ferroviários em, 147
    questionário psicológico em, 146
Pesquisa de observação, para a coleta de dados primários, 151
Pesquisa de opinião, 147
Pesquisa de opinião on-line, 156
    métodos de realização, 156
Pesquisadores observacionais, 151
Pesquisa e desenvolvimento (R&D), 52
    consórcios, 110
    geração de ideias, 177
Pesquisa etnográfica, 151
Pesquisa Nacional de Ética Empresarial, **2008**, 36
Pesquisa primária, 147
Pesquisas por correio autoadministradas, 148
Pesquisas por correspondência única, 148
Pessoa de suporte de vendas internas, 297
Pessoal, 250
    orientados para o cliente, 10
Pessoas processando como um serviço, 195
Pirâmide de responsabilidade social corporativa, 38
Planejamento, 18
Planejamento de distribuição de recursos (DRP), 230
Planejamento de exigência de materiais (MRP) (gestão de materiais), 230
Planejamento de marketing, 18
Planejamento de mídia, 275
Planejamento estratégico, 17
    elementos de, 19
    natureza de, 17
Planejamento, Previsão de Vendas e Reposição Colaborativos (CPFR), 225
Plano de marketing, 18, 44
    acompanhamento, 29
    elementos, 18
    escrita, 18
    objetivos, fixação, 21
    o que é, 18
    por que elaborar, 18
Podcasts, 109
Poder de compra, 51
Poder de compra, 297
Poder do canal, 216
Ponto de interrogação (criança-problema), 27
Ponto de maximização de lucros, 314

Pontos de classificação bruta (GRP), 280
Pontos de contato, 345, 346
Pontos de contato de transação, 346
Pontos de contato de serviço/produto, 346
População, EUA, 46
Porto Riquenhos, 49
Posição, 139
Posicionamento, 139-141
Positivamente reforçado, 103
Potencial de crescimento do comércio móvel, 251
Práticas desleais de comércio, estratégia de preços, 326
Práticas predatórias, 76
Pré-abordagem, 298
Pré adolescentes, 47
  segmentação por idade, 128
Prêmio, 290
Preço, 18, 52
Preço, 237, 305
  abordagem 'market-plus' em relação a, 324
  absorção de frete, 332
  área, 332
  baixo demais, 331
  baseado no valor, 339
  chamariz, 334
  como critérios de avaliação, 120
  como uma base de posicionamento, 140
  compradores, 288
  cotação adiada, 338
  duas partes, 336
  efeito sacrificador e de informações, 305
  em relação ao poder de compra, 312
  equilíbrio, 310
  escada rolante, 338
  estratégia, 197
  estratégias, 28
  fixando o correto, 323, 325
  flexível, 333
  geográficas, 332
  importância de, 305, 306
  isca, 333, 334
  líder, 333
  linha de produtos, 337
  marketing mix, 254
  metas, estabelecer, 323-329
  oferta e demanda estabelece, 310
  origem FOB, 332
  para qualidade, relacionamento, 320
  penetração, 325, 329
  ponto base 000
  precificação par-ímpar, 334
  predatória, 328
  prestígio, 320
  psicológica, 334
  serviços profissionais, 333
  status quo, 309, 326, 329
  subprecificar, 331
  taxa atual, 326
  tipos de, 334
  uniforme entregue, 332
  valor, 330
  variável, 333
Preço-base, 330
  descontos, subsídios, abatimentos, precificação baseada em valores, 329
  precificação geográfica, 332
  táticas para ajuste, 329-337
Preço de equilíbrio, 310
Preços baseados nos custos, 313
Preços de varejo, 248
Preços escada rolante, 338
Precificação baseada em valor, 330, 339
precificação com origem FOB, 332
Precificação da concorrência, alcançando, 325

Precificação da linha de produtos, 337
Precificação de absorção de frete, 332
Precificação de duas partes, 336
Precificação de isca, 333, 334
Precificação de penetração, 325, 330
Precificação de ponto baixo, 333
Precificação de ponto de equilíbrio, 314
Precificação de prestígio, 320
Precificação de remarcação, 314
Precificação de serviços orientada para a receita, 198
Precificação de serviços orientada para o patrocínio, 198
Precificação de serviços orientada para operações, 198
Precificação de serviços profissionais, 333
Precificação de taxa aplicada, 326
Precificação de valor, 330
Precificação flexível (precificação variável), 333
Precificação geográfica, 332
Precificação líder (redução líder de preço), 334
Precificação par-ímpar (precificação psicológica), 334
Precificação por área, 332
Precificação predatória, 328
Precificação psicológica, 334
Precificação status quo, 309, 326, 330
Precificação tardia de cotação, 338
Precificação uniforme entregue, 332
Precificação variável (precificação flexível), 333
Preparando um relatório, 154
Previsão de demanda futura, 224
Previsão de Marketing Interativo dos EUA, 2009-2014, 357
Princípio 80/20, 133
Princípio acelerador (efeito multiplicador), 114
Principais equipamentos (instalações), 117
Principais grupos de adesão, 93
Privacidade,
  consumidor, 53, 56
  Internacional, 353
  preocupações e CRM, 353
Problema de decisão de gestão, 145
Problema de decisão, gestão, 145
Problema de pesquisas de marketing, 145
Problema de questão de grau, 36
Processamento de preço como um serviço, 195
Processamento de informações como um serviço, 195
Processo de amostragem, especificando, 153
Processo de atendimento de pedidos, 225
Processo de comunicação, 256
Processo de desenvolvimento de novos produtos, 176-183
  questões globais, 183
Processo de difusão, 183
  e ciclo de vida do produto, 188
Processo de fluxo físico, 222
Processo de gestão,
  fluxo de produção, 225
  relacionamento com fornecedores, 225
Processo de gestão de atendimento ao cliente, 224
Processo de gestão de demanda, 224
Processo de gestão de fluxo de produção, 225
Processo de gestão de relacionamento com o cliente (CRM), 223, 225
Processo de gestão de relacionamento com o fornecedor, 225

Processo de gestão de retornos, 226
Processo de socialização, 95
Processo de tomada de decisão do consumidor, 80-85, 88
  avaliação de alternativas e de compra, 83
  busca de informações, 81
  fatores culturais, 88
  fatores individuais, 88
  fatores psicológicos, 88
  fatores sociais, 88
  reconhecimento de necessidade, 80
Processo de vendas,
  abordando o cliente e sondando necessidades, 297
  desenvolvendo e propondo soluções, 300
  etapas, 296-302
  fechando a venda, 301
  follow up, 302
  gerando leads, 296
  impacto da tecnologia sobre a venda pessoal, 302
  lidando com objeções, 301
  qualificando leads, 297
  tempo gasto, 302
  venda de relacionamento/venda consultiva, 301
  vendas tradicionais, 302
Processo de vendas (ciclo de vendas), 296
Processos de compra como uma base para a segmentação, 134
Processos empresariais, 223
Processo unidirecional de comunicação, 257
Procter & Gamble (P&G), 20, 27, 52, 74, 119, 129, 138, 139, 141, 144, 145, 152, 159, 165, 167, 177, 178, 180-182, 269, 274, 309
Produção,
  enxuta, 228
  inovações, 44
  programação, 227
Produção de vendas on-line, 292
Produção enxuta, 228
Produção just in time (JIT), 227
  processos de fabricação, 230
produção, vendas, Campo dos Sonhos, 5
  marketing societal, 5
Produto comercial (produto industrial), 107, 162, 263
  equipamento acessório, 117
  equipamento principal, 117
  matérias-primas, 117
  materiais processados, 118
  peças componentes, 117
  serviços empresariais, 119
  suprimentos, 118
  tipos de, 117, 118
Produto de compra, 162
  heterogêneos, 162
  homogêneos, 162
Produto de consumo, 107, 162, 263
  produtos comerciais, 162
  produtos de conveniência, 162
  produtos especiais, 162
  produtos não procurados, 163
  tipos de, 162
Produto de conveniência, 162
Produto especializado, 162
Produto industrial (produto comercial), 162
Produto interno bruto, 51
Produto não procurado, 163
Produtores, como clientes empresariais, 111
Produto(s), 161
  baixo envolvimento e alto envolvimento, 85
  característica do, 273
  cão, 26
  classe de produto como base de posicionamento, 141

  colocação virtual, 284
  consumidor, 107, 263
  criança problema (ponto de interrogação), 27
  design, 22
  durabilidade, 312
  ecológico, 7
  e nome comercial da franquia, 245
  estratégia de precificação no marketing mix, 195
  estratégias, 27
  estrela, 26
  garantias, 173
  gestão de final de vida para, 233
  identificação, 168
  invenção, 74
  marketing mix global, 73
  máquina de dinheiro, 25
  negócios, 108, 262
  novo, 175
  pontos de contato, 346
  preço, fixação, 323
  profissionais de marketing, 288
  publicidade, 282
  serviço principal, 195
  serviço suplementar, 195
  testes por novos clientes, induzindo, 352
  usuário como uma base de posicionamento, 140
Produtos com baixo envolvimento, 85
Produtos comerciais heterogêneos, 162
Produtos comerciais homogêneos, 162
Produtos com preços mais baixos, 176
Produtos de alto envolvimento, 85
Produtos ecológicos, 6
Produtos reposicionados, 176
Produzir adaptação, 74
Profundidade,
  de variedade de produtos, 246
  mix de produtos, 163
Profundidade da linha de produtos, 163
Programação contínua de mídia, 282
Programação de mídia sazonal, 282
Programação, produção, 227, 228
Programa de anúncios ruins, 54
Programa de marketing de fidelização, 238, 290
Programa de milhagem, 263, 288, 290
Programa de reabastecimento automático, 230
Programa Energy Star, 171
Programar eventos ou programas de marketing sem fins lucrativos, 201
Programas de fidelização, 350
  adesões, 290
  on-line, 292
Programas de fidelização on-line, 292
Programas de software de ponto de venda, 345
Projeto assistido por computador (CAD, sigla em inglês), 22
Projeto de pesquisa de marketing,
  agregadores, 146
  análise de dados, 153
  coleta de dados, 153
  concepção e coleta de dados primários, 146
  dados secundários, 145
  especificando procedimentos de amostragem, 153
  etapas em, 144-154
  fazendo o acompanhamento, 155
  Internet, 146
  preparando e apresentando o relatório, 154

ÍNDICE 391

Projeto de pesquisa, pesquisa interna de mercado, 146
Projeto do questionário, 149
Promoção, 13, 53, 253
   adaptação, marketing mix global, 74
   de produtos exclusivos, 247
   em mercados globais, 73
   ferramentas, 288-294
   informativas, 260
   lembrança, 261
   objetivos, 288
   objetivos e tarefas, 260, 288
     informar, 260
     lembrar, 260
     persuadir, 260
   persuasiva, 260, 264
   vendas, 255, 287, 288
   vendas ao consumidor, 287
   vendas comerciais, 287, 293, 294
   vendas on-line, 292
Promoção comercial de vendas, 287
   demonstrações de loja, 293
   ferramentas, 293, 294
   formação, 294
   incentivo monetário, 293
   mercadoria gratuita, 293
   reuniões de negócios, convenções, feiras, 294
   subsídios de comércio, 292
Promoção de vendas, 255, 287, 288
   metas, 288
   objetivos, 288
Promoção de vendas ao consumidor, 287
   amostragem, 291
   concursos e sorteios, 292
   cupons e abatimentos, 289
   dispositivos, 288
   ferramentas, 288-293
   prêmios, 189
   produção de vendas on-line, 292
   programas de marketing de fidelização, 290
   promoção de ponto de venda, 292
Promoção informativa, 260
Promoção lembrete, 261
Promoção persuasiva, 260, 264
   campanha, 161
Prophet, 177
Propondo soluções, 300
Proposição única de vendas, 273
Proposta de vendas, 300
   e apresentação, 296
Propriedade de loja de varejo, 236
Provedores on-line de painéis, 156
Psicografia, 99
Publicidade, 255, 282
Publicidade, 3, 53, 254
   anúncios gráficos e de banners, 278
   critérios para avaliação, 273
   decisões criativas em, 272-275
   decisões de mídia em, 275-282
   defesa, 271
   efeitos de, 269, 270
     quota de mercado, 270
     sobre os consumidores, 270
   e quota de mercado, 270
   estilos de execução, 274
   móvel, 369
   tipos de, 271
   vivo, 277
Publicidade competitiva, 272
Publicidade cooperativa, 277
Publicidade corporativa, 271
Publicidade de comparação, 272
Publicidade de defesa, 271
Publicidade de produto, 271
Publicidade desfavorável, gestão, 285
Publicidade de utilidade pública (PSA), 202
Publicidade institucional, 271
Publicidade móvel, 369
Publicidade Pioneira, 271

Publicidade viva, 279

Q

Qualidade,
   como critérios de avaliação, 120
   crédito, 192
   discrepância de, 206
   experiência, 192
   modificação, 164
   pesquisa, 192
   serviço, 193-195
Qualidade de busca, 192
Qualidade de crédito, 192
Qualidade de experiência, 192
Qualidade do serviço, 193-195
   modelo gap, 193
Qualificação de leads, 297
   necessidade reconhecida, 298
   poder de compra, 297
   receptividade e acessibilidade, 298
Quantidades de ponto de equilíbrio, calculando, 316
Quatro Ps (do marketing mix), 28
Questões de patrocínio, 284
Questões globais em marketing de serviços, 200
Questionário psicológico em pesquisa de mercado, 146
Quota, 65
Quota de mercado, 138, 306
   concorrência por, 57
   e propaganda, 270
Quota do cliente, 138
Quota relativa de mercado, 25

R

Rádio, 277
Recém-nascidos, segmentação por idade, 128
Recência, 109
   planejamento, 282
Receita, 306
   e unidades, 308
Receita marginal (RM), 315
Receptor, 257
Recessão, 51, 339
Reciprocidade, 111, 116
   em mercados empresariais *versus* mercados de consumo, 115
Recompensas eletrônicas, 156
Recompensas, marketing global, 59-61
Recompra,
   direta, 121
   modificada, 121
Recompra direta, 121
Recompra modificada, 121
Reconhecimento de necessidades, 80
   processo de tomada de decisão do consumidor, 80
Recursos naturais em mercados globais, 69
Recursos, organizacionais, 20
Recursos organizacionais, 20
Redes, 297
Redes do tipo "compre sem sair de casa", 243
Redes sociais, 12, 47, 151
Redução de percentual em valor, 51
Redução líder de preço (precificação líder), 334
Reduzindo a curva de demanda, 325
Reengenharia, 22
Reforço,
   negativo, 102
   positivo, 102
Reforço negativo, 102
Regulamentação governamental, 53
Regulamento, governo, 53
Reintermediação, 110

Relação de cooperação, 215
Relações com a imprensa, 282
Relações com funcionários, 283
Relações com investidores, 283
Relações do canal, 215
   cooperativo, 215
   curta distância, 215
   gestão, 217
   integrado, 215
   tipos, 215
Relações do fornecedor, 227
Relações entre produtos, 337
Relações Públicas, 254, 262, 282-285
   ferramentas, 283
   gestão de publicidade desfavorável, 285
   medição, 361
Relacionamento a curta distância, 215
Relacionamento com o cliente, identificando, 343-345
   com a organização, 342
Relacionamento integrado, 215
Remetente, 257
Renda discricionária, 51
Renda nacional bruta, (GNI), 64
Rendimento, discricionário, 51
Repetição, 102
Reposicionamento, 141
Representantes do fabricante, 211
Responsabilidades, filantrópica, jurídicas, econômicas, 38
Responsabilidades filantrópicas, 38
Responsabilidades jurídicas, 38
Responsabilidade social,
   crescimento de, 38
   custo de ignorar, 39
Responsabilidade social corporativa (CSR), 37-40
Restaurando a Lei de Estabilidade Financeira da América de, 55, 2010
Restaurantes,
   características de, 236
   operações de varejo, 241
Resultado financeiro, 53
Resultado ganha-ganha, 256
Resultado ganha-perde, 256
Retenção de clientes fiéis, 350
Retenção seletiva, 100
Reter o poder, 281
Retorno sobre dinheiro de promoção, 265
Retorno sobre o investimento (ROI), 306
Revendedores, 205
   como clientes empresariais, 111
Revistas, 277
Risco social, 263
Rodada do Uruguai, 66
Rotulagem, 171, 172
   informacional, 171
   persuasivo, 171
Rotulagem informacional, 171
Rotulagem persuasiva, 171
Ruído, 257

S

Satisfação detectada, valor com base em, 306
Satisfação do cliente, 8
Satisfação, valor com base em, 306
Satisfazíveis, 134
Símbolo da marca, 166
SBU, *veja* Unidade estratégica empresarial
Segmentação,
Segmentação étnica, 130
Segmentação, comportamental, 56
Segmentação de benefícios, 133
Segmentação de gênero, 129
Segmentação de informações declaradas pelo usuário, 151

Segmentação de múltiplas variáveis, 127
Segmentação de mercado, 125, 126
   importância de, 126
Segmentação demográfica, 128
   mercados de consumo, 128
Segmentação de taxa de uso, 133
   mercados de consumo, 133
Segmentação de variável única, 127
Segmentação geodemográfica, 131
Segmentação geográfica, 127
   mercados consumidores, 127
Segmentação por idade, 128
   adolescentes, 128
   baby boomers, 128
   crianças, 128
   crianças menores, 128
   Geração X, 128
   Geração Y, 128
   pré adolescentes, 128
   recém-nascidos, 128
Segmentação por rendimento, 130
Segmentação psicográfica, 131
   mercados de consumo, 131
Segmentando,
   características da empresa, 133
   etapas de marketing em, 134, 135
   processos de compra, 134
Segmento de mercado, 125
Seleção de alternativas estratégicas, 25
Seletividade de público, 280
Sem sincronia, 180
Sequenciamento, 228
Serviço, 191
   como critérios de avaliação, 120
   como um processo, 195
   empresas, marketing interno, 199
   entrega, métodos de, 22
   fábrica, 195
   marketing, questões globais em, 200
   mistura de organizações de serviço, 196
   nível em loja de varejo, 236
   objetivos de precificação, 198
   organizações, mix de serviços de, 196
   pós-venda, 120
   pessoas de processamento como um, 195
   pré-compra, 120
   profissionais de marketing, 288
Serviço de Defesa do Consumidor, 55
Serviço on-line de transmissão de rádio, 196
Serviço pós-venda, 120
Serviço pré-compra, 120
Serviço principal, 195
   para um hotel de luxo, 196
   produtos, 195
Serviços,
   decisões de canais e de distribuição, 218
   decisões de canal por, 218
   decisões de distribuição para, 218
   importância de, 191
   marketing de relacionamento em, 198, 199
   precificação orientada para a receita de, 198
   precificação orientada para o patrocínio de, 198
   precificação orientada para operações de, 198
   sem frescuras, 22
Serviços de adesão, 199
Serviços diferem de bens, 192
   heterogeneidade, 192
   inseparabilidade, 192
   perecibilidade, 193
Serviços empresariais, 119
Serviços suplementares, 195
Sexo, nas decisões de compra do cliente, 96

Shopping centers de comunidades, 248
Shoppings, regionais, 248
Shoppings regionais, 248
Sistema de apoio à decisão (DSS), 143
　característica acessível de, 144
　característica flexível de, 143
　característica interativa de, 143
　característica orientada para a descoberta de, 144
　características de, 143
　marketing, 143, 144
Sistema de controle de estoque, 228, 229
Sistema de distribuição exclusiva, 318
Sistema de escuta, 359
Sistema de gestão de relacionamento com o cliente, modelo de fluxo, 342
Sistema de informações logísticas, 227
Sistema de manuseio de materiais, 230
Sistema de processamento de pedidos, 227, 228
　cadeia de suprimentos, 228
Sistemas automatizados de manuseio de materiais, 230
Sistemas automáticos de identificação (auto ID), 231
Sistemas de apoio à decisão de marketing, 143, 144
Sistemas de gestão de rendimentos (YMS), 312
Sistemas de informação, gestão, 144
Sistemas de pesquisa na web, 156
Sistemas de pré-qualificação, 297
Sistemas de reabastecimento de estoque, 230
Sistema unificado de resposta multiempresa, 224
Sites de compartilhamento de mídia, 366
Sites de críticas, 367
Sites de notícias sociais, 367
Sites de redes sociais, 109, 365
　baseados em localização, 367
Sites de redes sociais baseados em localizações, 367
Sites móveis (MOBI e WAP), 369
Situação, determinando o envolvimento do consumidor, 87
Situações de compra, comportamento de compra empresarial, 120
Situações de observação para coleta de dados primários, 150
SMS (Short Message Service), 369
sociais, 47, 109, 151, *veja também* Redes sociais
Sociedade, 6
Software Infopoll, 156
Soluções, desenvolvendo e propondo, 300
Sombreamento de preços, 338
Sondagem de necessidades, 297
Sony, 53, 57, 207, 262
　Produtos Sony, 103, 212, 311, 312, 346
Sorteios, 291
Standard & Poors, 298
Subclasse, classes sociais dos EUA, 91
Subcultura, 90
Subprecificar, 331
Subsídio promocional, 330
Subsídio promocional (subsídio comercial), 330
Subsídios, 330
Subsídios do governo, 22
Substituição, 165
Substitutos, disponibilidade de, 312
Sucesso on-line, mensurando, 109

Sul-americanos, 49
Superlojas, 239
Supermercado, 238
　características de, 236
　operações de varejo, 239
Suprimentos, 118
Sustentabilidade, 38
　como critérios para a segmentação, 126

T

Tabulação cruzada, 154
Tangíveis, 193
Target (loja de departamentos), 48, 101, 140, 236, 240, 246, 248, 255
Tarifa, 65
Taxa de adoção, 184
Taxas de câmbio, 76
　flutuante, 76
Taxas de câmbio flutuantes, 76
Tática de preço único, 332
Tática orientada para os custos para a inflação
tática para a inflação orientada para a demanda, 338
Tecnologia,
　e integração de planejamento, 223
　e vendas pessoais, 302
　externa, 53
　identificação por radiofrequência (RFID), 352
　impacto sobre as vendas pessoais, 302
　Internet, 8
　móvel, 368
　radiofrequência, 231
　smartphone, 368
Tecnologia de identificação por radiofrequência (RFID), 227, 231, 352
Tecnologia externa, 53
Tecnologia informática avançada na gestão da cadeia de suprimentos, 231
Tecnologia móvel, 368
Tecnologia Smartphone, 90, 250, 368
Tecnologias, Web 2.0, 109
Telefonemas não solicitados, 297
Telefones Android, 85, 261
Telemarketing, 242
　de saída e de entrada, 242
Telemarketing de entrada, 242
Telemarketing de saída, 242
Televisão, 277
Tempos econômicos difíceis, precificação, 337-339
Tendências de mídia social, 371
　categorias, 362
　coletores, 362
　críticos, 362
　criadores, 362
　espectadores, 362
　inativos, 362
　joiners, 362
Terceirização de trabalho, 60, 232
Terceirização (logística de contrato), 60, 232
　funções na gestão da cadeia de suprimentos, 232
Teste de conceito, 179
Testes de mercado (simulados) em laboratório, 181
Testes simulados de mercado (em laboratório), 181
Thomas, Greg, 339
Tomada de decisão,
　ético, 35
　limitado e extensivo, 85
Tomada de decisão ética, 35

Tomada de decisão limitada, 85
Tomada de decisões extensiva, 85
Tomador de decisão, 95
Tomando posse, 208
Tornando-se verde, 89
Tour de France, 283
Toyota Motor, 5, 53, 82, 119, 269
　Produtos Toyota, 99, 111, 254
Trabalhadora pobre, classes sociais dos EUA, 91
Trabalho em equipe, 10
Trajetos de ciclo de vida, não tradicionais, 98
Transmissão de mensagem, 257
Transporte, 231
　classificar modalidades de, 231
Treinador, 43 anos
Treinamento, 10
Triagem, 179
Triagem de ideia, 178
Troca de Varejo Mundial, 211
Trocas AAFES, 237
Trocas compensatórias, 76
Tweets, 364
　publicidade, 253
Twitter, 12, 47, 356, 359, 364

U

U.S.P.S., 104
Um produto, uma mensagem, 73
Unboxing, 128
União Europeia (UE), 66, 67, 217
　Diretiva Europeia de Proteção de Dados, 353
Unidade de consumo de serviços, 197
Unidade estratégica empresarial (SBU), 20
Unidades e Receita, 308
United Nations Global Compact, 38
United Technologies, 61
Universo, 152
Uso ou aplicação como base de posicionamento, 140
Utilidade do tempo, 230

V

Valor, 45, 89
　cliente, 7
Valores,
　Americanos, 45
　decisões de compra do consumidor, 88
Valores norte-americanos, 45
Valor monetário, 109
Valor para o cliente, 7
Vantagem competitiva, 4, 21 25, 253
　construindo sustentável, 24
　custo, 21
　diferenciação de produto/serviço, 23
　nicho, 23
　sustentável, 24
Vantagem competitiva da diferenciação entre produtos e serviços, 23
Vantagem competitiva de custos, 21
Vantagem competitiva de nicho, 23
Vantagem competitiva sustentável, 24
Vantagem, competitiva, *veja* Vantagem competitiva
Varejista, 208
　e atacadistas, 210
　independentes, 236
Varejista de ponta de estoque, 240
　características de, 236
Varejistas independentes, 236
Varejo, 235
　eletrônico, 243
　novos desenvolvimentos, 250
　comércio móvel, 250

　interatividade, 250
　on-line, 243
　papel de, 235
Varejo direto, 241
Varejo eletrônico, 243
varejo eletrônico, 243
Varejo on-line, 243
Variáveis (bases de segmentação), 127
Variável externa, 44
Variedade de produtos, 246
　na loja de varejo, 236
Vídeo, 109
　viral, 359
Vídeos virais, 359
veja também Canais
veja também Canais de marketing
veja também Funções do canal de marketing
veja também Mercados comerciais *versus* mercados consumidores
Venda,
　abordagem tradicional, 302
　fazendo o acompanhamento, 301
　fechamento, 301
　maximização, 309
Venda consultiva, 295
Venda cruzada, 350
Venda empresa-consumidor, 256
Venda inter empresas, 256
Venda pessoal, 255, 262, 264, 265, 294
　vantagens de, 294
　vendas/promoção de publicidade, comparação, 295
Venda pessoal persuasiva, 263
Vendas, 3
　agentes, 211
　consultiva, 295
　entre empresa e consumidor, 256
　impacto da tecnologia, 302
　inter empresa, 256
　pessoal, 262, 264, 265
　pessoal persuasiva, 263
　relacionamento, 256, 295, 296, 301
　sugestão, 250
　venda cruzada, 350
Vendas contra a marca, 318
Vendas de relacionamento, 256, 295, 296, 301
　e vendas tradicionais, diferenças fundamentais, 296
　teóricos, 298
Vendas de sugestão, 250
Vendas repetidas, 166, 302
Vida curta, 280
Violação de direitos autorais, 53
Visar retorno sobre os investimentos, 306
Visão global, 59
Visibilidade social, o envolvimento do consumidor, 87
Visita fria, 297
Visuais, em apresentações, 300

W

Walmart, 9, 22, 48, 138, 140, 141, 166, 213, 214, 232, 235, 238-240, 246, 248, 249, 266, 318, 325, 331
Warehouse club, características do, 236
Websites,
　dez grandes, 108
　sites de hospedagem, 156
Widgets, 369
Wikis, 109

Y

Yuan, 65

Este livro foi impresso na
LIS GRÁFICA E EDITORA LTDA.
Rua Felício Antônio Alves, 370 – Bonsucesso
CEP 07175-430 – Guarulhos – SP
Fone: (11) 3382-0777 – Fax: (11) 3382-0778
lisgrafica@lisgrafica.com.br – www.lisgrafica.com.br